KB182402

제주 설화 연구

탐라문화학술총서 20

제주 설화 연구

一한국 설화와 대비하여

(Folktales of Jeju: Comparison with Folktales of Korea)

허 춘(Chun Heo)

景仁文化社

차 례

부록

머리말

주된 관심 분야인 소설 외에 오지랖 넓게도 설화에 그리고 언론 매체의 우리말에 오랫동안 관심을 쏟았는데, 이제야 우선 제주와 우리 나라 설화 관련 글을 한데 묶어 연구의 이정표를 다시 세우려 한다. 제주 설화의 성격을 밝히기 위해 본토의 설화를 먼저 조망하여 대비가 되도록 했다.

대부분의 글이 꽤 오래전에 발표되었고 인용이나 서술이 간혹 중복되지만 그런대로 사적인 의미가 있다고 생각해서 손대지 않았다. 다만 발표 시에는 한자가 아주 많았는데 본문의 상당 부분을 한글로 바꿨다. 발표지마다 달라 읽기에 불편할 것 같은, 각주와 참고문헌의 양식도 한가지로 바꿔 썼다. 그리고 직접이든 간접이든, 인용이 아니라면 주몽신화는 동명왕신화로 고쳐 부른다. 흔히 말하는 단군신화도 단제신화라고 하는 게 온당하다고 생각하지만, 아직 대부분의 호응을 받지 못하므로 단군신화라 한다. 번거로움을 피해 참고문헌은 맨 뒤에 한꺼번에 적고, 각 편의 말미에 발표했던 지면을 밝혔다.

지역학이 빠지기 쉬운 자민족 중심주의에 유의하면서 문화의 차별성과 우위성을 잘 살펴야 한다는 점을 다시 한 번 강조한다.

이 기회를 빌려, 제주와도 관련이 있을 민요, 향가, 유배문학에 대한 글도 1편씩 보였다.

인용하거나 참고한 부분은 틀려도 당연히 그대로 보였지만, 그 외에는 원칙적으로 현행 맞춤법 규정에 따랐다.

　해당 설화 원문을 다 소개하고 싶어 힘들여 준비했으나 각주도 번거롭고 양이 너무 많아 부득이 할애한다.

　그런저런 까닭으로 세 살에 도리질하는 격이 되어 버려 스스로 마뜩잖다. 그러나 이를 한 계기로 삼고자 한다.

　너무 늦지 않게 소설과 우리말 관련 글도 다시 정리하여 보이겠다.

　솥 떼어 놓고 삼 년 아니 삼십 년인데, 이 계기를 만들어 준 탐라문화연구원에 고마움을 표한다.

2016년 12월
駬山書屋에서
許椿

I. 한국 설화 조명

1. 韓國 神話의 系列論

—競合과 互讓

I. 緒言

한국 신화의 계열[1] 분류는 여러 측면으로 할 수 있겠다. 신화의 자
생 여부에 따라 자생형·외래형, 신 출현의 방법에 따라 下降型·湧出
型·渡來型,[2] 하강을 하는 천손신화와 알에서 태어나는 난생신화 그리

---

1 주제에 기준을 둔, 신화 各篇群의 최대 공통단락의 집약인 유형(金泰坤, "韓國 巫俗
神話의 類型", 「古典文學研究」 第4集, 韓國古典文學會, 1988, p. 78. f.)을 통합하는 의
미로 쓴다.

2 〈檀君神話〉(昔有桓因庶子桓雄 … 雄率徒三千 降於太伯山頂神壇樹下 謂之神市「三國遺史」,
卷第一, 紀異 第一, 〈古朝鮮 王儉朝鮮〉), 〈北扶餘 建國神話〉(前漢書宣帝神爵三年壬戌四月
八日 天帝降于訖升骨城 乘五龍車 立都稱王 國號北扶餘 自稱名解慕漱「三國遺史」, ibid, 北
扶餘))에서 보듯 육지에서는 하강형이, 〈駕洛國記〉(…又曰 皇天所以命我者 御是處 惟
新家邦 爲君后 爲玆故降矣 … 忽自海之西南隅 掛緋帆 張茜旗 而指乎北「三國遺史」, 卷第
二, 紀異 第二), 〈三姓神話〉(太初無人物 三人從地聳出 … 一日見紫泥封藏木函 浮至于東海
濱「高麗史」, 五十七 志, 卷第十一 地理 二)에서 보듯 해안이나 섬에서는 용출형과
도래형이 주로 나타난다.

Cf. 尹徹重, "韓國 渡來神話의 類型-脫解神話를 기본형으로 삼아서-", 「陶南學報」 第10
輯, 陶南學會, 1987.

許椿, "濟州島 巫俗神話의 文化英雄 考", 玄容駿博士華甲紀念論叢 刊行委員會 編, 「玄
容駿博士華甲紀念 濟州島言語民俗論叢」, 圖書出版 濟州文化, 1992.

〈천상으로부터의 하강과 정착〉을 무조신화와 변별되는 국가 창업주 신화의 중
요한 자질로 보기도 하지만(姜恩海, "韓國神話의 方位와 創業主 形成의 分節論", 金烈
圭 編, 「韓國文學의 두 問題-怨恨과 家系」, 學研社, 1985. pp. 181~205.), 신화는 천강
형뿐 아니라 도래형도 국조신화의 한 줄기를 형성하고 있거니와, 무조신화도 천
강형이 많은 비중을 차지하고 있다(後述). 또 「耽羅紀年」(金錫翼, 「耽羅文獻集」, 濟州

고 이의 혼합인 천강난형 신화,[3] 獸祖神話·卵生神話·自生神話, 신의 성격에 따라 결백한 신(白神派)과 부정한 신(黑神派),[4] 연대기에 따라 단대기·이대기·삼대기[5]·누대기, 기록 여부에 따라 문헌신화·구전신화, 기록자나 전승자에 따라 일반신화·무속신화 등으로 계열을 나눌 수 있다. 그 외에도 영농신처럼 주기적으로 나타나는 신과 당신처럼 상존하는 신, 天·巫·地의 세 계열,[6] 부자의 수직적 관계와 부부의 수평적 관계, 父(天→地→天) 子(地→天→地)의 대칭적 구조,[7] 동적 존재인 남성의 우위와 정적 존재인 여성의 우위, 동물상징과 식물상징 등 여러 가지의 계열체(paradigme)로 살필 수 있다. 그리고 신표(신물) 유무와 그 종류, 부자 상봉의 방법, 보상 획득 방법 등 여러 측면에서 계열 지을 수 있겠다.[8]

道 敎育委員會, 1975, p. 345.)에서 〈삼성신화〉를 소개하면서 송시열의 말을 빌려 "三神人이 漢羅山에 내려왔다"고 하고 있는 것(宋尤菴時烈曰 三神人降于耽羅之漢羅山 分長一島 至新羅改良爲梁)은, 天降을 신화의 일반적 형식으로 인식하였음을 보여준다.

3 羅景洙, "韓國 建國神話 硏究", 全南大 大學院 博士學位論文, 1988, pp. 117~118.

4 白神派黑神派는, 秦聖麒, "巫俗神話에서 보는 黑白兩派", 「國語國文學」 第31號, 國語國文學會, 1966.의 용어임.

5 金烈圭, "試鍊의 三代記(1)", 「韓國文學史」, 探求堂, 1983.
　姜恩海, op.cit.

6 金戊祚, "隧神攷", 「韓國神話의 原型」, 正音文化社, 1989, p. 191.

7 徐大錫, "韓國 神話와 民譚의 世界觀 硏究-대칭적 세계관의 검토", 「국어국문학」 제101호, 국어국문학회, 1989, p. 9.

8 한국 신화의 계열만을 중점적으로 다룬 논고는 거의 없으나, 위에 든 글 외에도
　張籌根, "濟州島 天地創造說話의 文化領域性", 「제주도」 38, 濟州道, 1969.
　金和經, "西歸浦 本鄕堂 본풀이의 構造分析", 「口碑文學」 5, 韓國精神文化硏究院, 1981.
　金烈圭, "韓國의 神話", 「韓國民俗大觀」 6, 高麗大 民族文化硏究所, 1982.
　玄容駿, "三姓神話硏究", 「耽羅文化」 第2輯, 濟州大 耽羅文化硏究所, 1983.
　楊熙喆, "時間論을 통한 祖-父-子 三代 素材의 主題的 變容考", 金烈圭 編, op.cit.
　玄容駿, 「濟州島 巫俗 硏究」, 集文堂, 1986.
　辛德龍, "檀君神話의 意味", 慶熙大 民俗學硏究所 編, 「韓國의 民俗」 3, 시인사, 1986.
　金泰坤, "韓國 巫俗神話의 類型과 異本의 分布 硏究, 「省谷論叢」 第19輯, 省谷學術文化財

　다방면에 걸쳐 이루어진 신화 연구 중 계통을 나누어 분류하는 일은 신화의 특성을 밝히는 중요한 작업의 하나다. 여기에는 신 출현의 방법, 연대기 등이 집중적으로 탐구되었고, 신화의 자생 여부는 근본적인 문제라 앞으로도 계속 논의될 성질이다.

　글쓴이는 한국 신화에 競合과 互讓의 두 계열이 존재하고 있으며, 이 점이 중요한 측면임을 밝히고 그 의미를 검토해 보려 한다. 모든 신화를 다 살필 수는 없으나 문헌이나 구전을 막론하고 특징적인 몇 편을 검토 대상으로 한다.

II. 本論

1. 競合型

　서사문학인 신화 역시 기본 주지는 갈등과 그 해소에 있다. 갈등을 결핍(결실)으로 바꾸어도 좋겠다. 즉 경합이 상존한다는 뜻인데, 경합은 탐색을 포함한 여러 시련을 동반하기 마련이다. 아마도 신화의 본래 모습은 이를 통해 나타나는 것이 아닌가 생각한다.

　•〈檀君神話〉: "數意天下 貪求人世"하였던 환인의 서자 환웅은, 太伯山 마루의 신단수 밑 신시에 내려 와 곡식·수명·질병·형벌·선악 등과 모든 인간의 360여 가지 일을 주관하며 세상을 다스리고 교화하였다. 그런데 범과 곰이 사람이 되어지길 원하니, 환웅이 쑥 한 줌과 마늘 이십 개를 주면서 이것을 먹고 백일 동안 일광을 보지 말라 한 바,

---

　團, 1988.
　李秀子, "제주도 무속과 신화 연구", 梨大 大學院 博士學位論文, 1989. 등이 참고된다.

삼칠일 동안 忌한 곰은 사람(여자)이 되어 단군 왕검을 낳았다.9

범과 곰은 인간이 되기 위해 백일 동안 일광을 보지 않고 삼칠일 동안을 忌하는 인내 경쟁을 벌인다. 여기엔 동물과 인간의 대립이 있으며, 경합에는 시련이 수반됨을 보여 주는 일례이기도 하다. 환웅, 범, 곰의 관계에서 환웅은 仲裁者10 역을 맡아 갈등을 화합으로 이끌고 있다. 우리 민족의 시원을 말해 주는 〈단군신화〉에서 경합이 나타남은 신화 본래의 모습이라고 생각한다.

• 〈脫解王〉: 알에서 부화하고 궤 속에 넣어져 계림에 도착한 탈해가 可居之地인 호공의 집을 차지하기 위해 벌인 일을 보면, 경합에서의 승리가 등극으로까지 이어지고 있다.

동자는 지팡이를 끌며 두 종을 데리고 토함산 위에 올라가 돌집을 지어 7일 동안 머무르면서 성안에 살 만한 곳이 있나 보니 산봉우리 하나가 초사흘 달처럼 보이는데 오래 살 만한 곳 같았다. 이내 그 곳을 찾아가 보니 瓠公의 집이었다. 이에 속임수를 써서 몰래 숫돌과 숯을 그 집 곁에 묻고 이튿날 아침 "이 집은 우리 조상들이 살던 집이오." 하니, 호공은 그렇지 않다 하며 다투었다. 다툼이 끝나지 않자 관청에 고발하였다. 관에서 "무엇으로 네 집임을 증명할 수 있느냐."고 묻자, 동자는 "내 조상은 본디 대장장이였습니다. 잠시 이웃 고을에 간 사이에 다른 사람이 빼앗아 살고 있는 터이니 그 집 땅을 파서 조사해 보면 알 수 있을 것입니다." 하였다. 땅을 파니 과연 숫돌과 숯이 나오매 그 집을 빼앗아 살게 되었다. 남해왕은, 탈해가 슬기로운 사람임을 알고 맏공주를 아내 삼게 하니, 이 곧 阿尼夫人이다.11

---

9 時有一熊一虎 同穴而居 常祈于神雄 願化爲人 時神遺靈艾一炷蒜二十枚曰 爾輩食之 不見日光百日 便得人形 熊虎得而食之 忌三七日 熊得女身 虎不能忌 而不得人身 熊女者無與爲婚 故每於壇樹下 祝願有孕 熊乃假化而婚之 孕生子 號曰壇君王儉(「三國遺史」, op.cit., 〈古朝鮮王儉朝鮮〉)

10 중재자의 개념과 유형에 대해서는 許椿, "古小說의 人物 硏究—仲裁者를 中心으로—", 延世大 大學院 博士學位論文, 1986.을 참고 바람.

僞計師와 文化英雄[12]의 전형적인 예라 하겠는데, 탈해가 위계로 자신의 지혜를 입증하여 혼인과 신분 상승(登極)을 이룬 것은 마치 무속신화에서 공적의 대가로 오곡의 종자나 꽃을 얻어오는 것과 같다.[13]

탈해는 白衣와의 대립을 통해 서열을 정하고 지배를 확인하게 된다.[14] 角盃가 백의의 입에 붙어 떨어지지 않게 된 것은 곧 탈해의 신이함을 보인 것이니 신화에 흔히 보이는 지모자에의 경도를 확인해 주는 한 예이며, 서열은 경합을 통해 이루어짐을 나타내는 것이기도 하다.

•〈東明王神話〉: 주몽의 탄생·시련·혼인·등극·죽음에 걸친 생애와 해모수·유화·유리의 시련과 탐색이 잘 갖추어진 신화다.

수수께끼 풀기, 잃은 물건 찾기, 斷劍符合, 呪術的 飛翔(高空跳躍) 등의 주지가 고루 나타나는데, 특히 주술적 비상은 해모수·동명·유리를 일관하고 있는 맥락이다.[15] 그런데 이 비상은, 천자 확인 같은 경합과 親子 認知 과정에서 나타난다.

하늘에서 내려와 북부여를 건국한 해모수는 물가에서 놀고 있던 하백의 세 딸에 반해 위계(궁전을 만들고 문을 닫아 가로막은 후 술을 권하여 대

---

11 其童子曳杖率二奴 登吐含山上作石塚 留七日 望城中可居之地 見一峯如三日月 勢可久之地 乃下尋之 卽瓠公宅也 乃設詭計 潛埋礪炭於其側 詰朝至門云 此是吾祖代家屋 瓠公云否 爭訟不決 乃告于官 官曰 以何驗是汝家 童曰 我本冶匠 乍出隣鄕 而人取居之 請掘地撿看 從之 果得礪炭 乃取而居焉 時南解王 知脫解是智人 以長公主妻之 是爲阿尼夫人(「三國遺史」, op.cit.,〈第四 脫解王〉)

12 위계사와 문화영웅의 제 측면에 대해서는,
    許椿(1986), op.cit.
    ——(1992), op.cit.를 참고 바람.

13 許椿(1992), ibid.

14 一日吐解登東岳 廻程次 令白衣索水飮之 白衣汲水 中路先嘗而進 其角盃貼於口不解 因而嘖之 白衣誓曰 爾後若近遙不敢先嘗 然後乃解 自此白衣誓服 不敢欺罔 (「三國遺史」, op.cit., 第四 脫解王)

15 金烈圭, "韓國 神話의 몇 가지 局面", 國際文化財團 編, 「韓國의 民俗文化」, 1982, pp. 19~20. ff.

취하게 함.)로 하백의 장녀인 유화와 혼인하려 한다. 하백이 그 무례함에
크게 노하자, 五龍車를 타고 하백궁에 이른 해모수는 자신이 천제의
아들임을 보이기 위해 변신을 통한 주술 경쟁을 한다. 여기에서 이김
으로써 사위로 인정을 받아 예로서 혼례를 치른다. 그들은 잉어, 수달,
사슴, 승냥이, 꿩, 매 차례로 변신하며 경쟁한다. 하백은 해모수가 딸을
데려가지 않을까 두려워 딸과 함께 가죽 가마에 넣어 龍車에 실었으나,
술이 깬 해모수는 가죽 가마를 뚫고 혼자 하늘로 올라가 버린다.16

주몽은 沸流王 松讓과의 활쏘기 경합에서 이겨 자신이 천손임을 증
명해 보이고, 색칠한 기둥과 썩은 나무로 된 낡은 기둥을 세우므로써
그의 왕국이 오래 된 것인 양 꾸며서 왕위와 아내를 얻게 된다.17 혼
인이 적통의 신분을 확고히 하는 제도18라 함은 이 같은 경우를 두고
한 말이다.

주몽도 위계사로서의 성격을 띠는데, 이 점은 말을 기르면서 준마

---

16 其女[河伯의 三女: 柳花, 萱花, 葦花]見王卽入水 左右曰 大王何不作宮殿 俟女入室當戶遮之 王
以爲然 以馬鞭畵地 銅室俄成壯麗 於室中設三席置樽酒 其女各坐其席 相勸飮酒大醉云云 王俟
三女大醉 急出遮 女等驚走 長女柳花爲王所止 河伯大怒 遣使告曰 汝是何人留我女乎 王報云
我是天帝之子 … 河伯曰 王[解慕漱]是天帝之子 有何神異 王曰 唯在所試 於是 河伯於庭前水化
爲鯉 隨浪而游 王化爲獺而捕之 河伯又化爲鹿而走 王化爲豺逐之 河伯化爲雉 王化爲鷹擊之 河
伯以爲誠是天帝之子 以禮成婚 恐王無將女之心 張樂置酒 勸王大醉 與女入於小革輿中 載以龍
車 欲令升天 其車未出水 王卽酒醒 取女黃金釵 刺革輿 從孔獨出升天(「東國李相國集」, 卷三 古
律詩,〈東明王篇〉)

17 讓曰 予是仙人之後 累世爲王 今地方至小 不可分爲兩王 君(글쓴이 註: 東明王)造國日淺 爲我
附庸可乎 王曰 寡人繼天之後 今主非神之冑 强號爲王 若不歸我 天必殛之 松讓以王累稱天孫
內自懷疑 欲試其才 乃曰 願與王射矣 以畵鹿置百步內射之 其矢不入鹿臍 猶如倒手 王使人王指
環懸於百步之外 射之破如瓦解 松讓大驚云云 … 王曰 以國業新造 未有鼓角威儀 沸流使者往來
我不能以王禮迎送 所以輕我也 從臣夫芬奴進曰 臣爲大王取沸流鼓角 … 於是扶芬奴等三人 往
沸流取鼓而來 沸流王遣使告曰云云 王恐來觀鼓角 色暗如故 松讓不敢爭而去 … 松讓欲以 立都
先後爲附庸 王造宮室 以朽木爲柱 故如千世 松讓來見 竟不敢爭立都先後(「東國李相國集」,
ibid.)

18 E. Leach, *Social Anthropology,* Oxford University Press, 1982. p. 178.

를 알아보고 그 말의 혀에 바늘을 꽂아 일부러 여위게 하는 데서 잘
드러난다.19 결핍을 위계로 충족하는 일이 서사문학 전개의 중요한 방
식임은 이미 지적된 바 있다.20 이로 보면 주몽은 '힘이 있는 주인공'
이기보다 '지혜로운 주인공'인데,21 신화의 지모자에의 경도를 알 수
있다. 주몽은 탈해나 유리처럼 자신의 결핍을 위계를 통해 해결하고
있으나, 대개 원조자(동물, 햇빛, 유화 등)에 의해 행해지는 점이 다르다.
그리고 주몽이 금와의 추격을 피해 달아날 때, 물고기와 자라의 도움
을 받아 겨우 淹㴲(일명 蓋斯水)를 건넌 일22은 출생시의 시련과 더불어
이중적 통과의례의 예를 잘 보여 준다.

　유리의 부친 탐색을 위한 수수께끼 풀이와 인지를 받기 위한 비
상23도 일종의 경합이라 하겠다.

---

19 其母[柳花]曰 此吾之所以日夜腐心也 吾聞 士之涉長途者 須憑駿足 吾能擇馬矣 遂往馬牧 即以
　長鞭亂捶 群馬皆驚走 一騂馬跳遇二丈之欄 朱蒙知馬駿逸 潛以針 舌根 其馬舌痛 不食水草 甚
　瘦悴 王[金蛙王]巡行馬牧 見群馬悉肥 大喜 仍以瘦錫朱蒙 朱蒙得之 拔其針加餧云(「東國李相國
　集」, op.cit.) (「三國遺史」(卷第一, 紀異 第一, 高句麗)에는 어머니의 도움 없이 주몽 스스
　로 말을 고른 것으로 되어 있다.)

20 Alan Dundes, The Morphology of North American Indian Folktales, Folklore Fellous
　Communications, No. 195, Helsinki, Suomalainen Tiedeakatemia, 1964. pp. 72~75. 여기에
　서 제시한 공식은 결핍-속임수-속임-충족(L-Dct-Dcpn-LL)이다.

21 A.J.Greimas, "Les actants, les acteur et les figures", C. Chabrol, eds. Sémitoque narrative et
　textuelle, Paris, Larousse, 1973, p. 165.(宋孝燮, 「三國遺史說話와 記號學」, 一潮閣, 1990, p.
　46. 再引.)

22 欲渡無舟 恐追兵奄及 迺以策指天 慨然嘆曰 我天帝之孫 河伯之甥 今避難至此 皇天后土 憐我
　孤子 速致舟橋 言訖 以弓打水 魚鼈浮出成橋 朱蒙乃得渡 良久 追兵至(「東國李相國集」, ibid.)
　(「三國遺史」에는 淹水로 되어 있음.)

23 母曰 汝父去時 有遺言 吾有臟物 七嶺七谷石上之松 能得此者 乃我之子也 類利自往山谷 搜
　求不得 疲倦而還 類利聞堂柱有悲聲 其柱乃石上之松 木體有七稜 類利自解之曰 七嶺七谷者
　七稜也 石上松者柱也 起而親觀之 柱上有孔 得毀劍一片大喜 前漢鴻嘉四年夏四月 奔高句麗
　以劍一片 奉之於王(글쓴이 註: 東明王) 王出所有毀劍一片合之 血出連爲一劍 王謂類利曰
　汝實我子 有何神聖乎 類利應聲擧身聳空乘 中日 示其神聖之異 王大悅 立爲太子(「東國李相
　國集」, ibid.)(高句麗 二代 유리왕은 瑠璃, 琉璃, 類利, 孺留, 累利 등 여러 가지로 표기
　되고 있다.)

• 〈駕洛國記〉: 龜旨로 하강한 수로왕이 大駕洛(伽倻國)을 세웠을 때, 알로 태어난 탈해가 바다를 좇아 가락국에 와서 왕의 자리를 뺏으려 했다. 탈해의 제안에 따라 술법으로 겨루는데 매, 독수리, 참새, 새매 차례로 변신하며 경쟁한다. 여기에서 진 탈해가 엎드려 항복하고 계림 땅으로 달아났다.[24] 왕위 다툼이 경합(변신술 경쟁)에 의해 행해지고 있으며, 결과적으로 아유타국의 공주인 허황옥과의 혼인도 성취하게 된다.

물론 여기에서 수평 이동한 인물과 수직 하강한 인물, 외래인과 토착인, 버림받은 자와 인정받은 자의 쟁투라는 점도 유념될 필요가 있겠다.[25]

• 〈바리공주〉[26]: 부모를 위해 求藥旅行을 떠나 독서지옥, 한빙지옥, 구렁지옥, 배암지옥, 물지옥, 혼암지옥, 무간 팔만사천지옥을 넘어 무장승을 만난 바리데기는, 약수를 얻기 위하여 물 삼 년 길어 주고 불 삼 년 때 주고 나무 삼 년 해 주고 또 무장승과 결혼하여 일곱 아들을 낳아 준 후에야 약수와 환생꽃을 얻게 된다. 이 같은 바리데기의 시련은 탐색을 하는 과정에서 수반되는 것으로, 탐색 대상 또는 派送者[27]와의 경합담이라 하겠다.

• 〈당금애기〉(帝釋本풀이): 〈당금애기〉는 신화적 성격으로 볼 때 단군·주몽 같은 국조신화와 동궤의 것임이 검증된 바 있는데,[28] 그렇다

---

24 〈脫解〉語王[首露王]云 我欲奪王之位 故來耳 王答曰 天命我 卽于位將令安中國 而綏下民 不敢
　違天之命 以與之位 又不敢以吾國吾民 付屬於汝 解云若爾可爭其術 王曰可也 俄頃之間 解化爲
　鷹 王化爲鷲 又解化爲雀 王化爲鷹 于此際也 寸陰未移 解還本身 王亦復然 解乃伏膺曰 僕也適
　於角術之場 鷹之鷲 雀之於鷹 獲免焉 此盖聖人惡殺之仁而然乎 僕之與王 爭位良難 便拜辭而出
　(「三國遺史」, op.cit., 〈駕洛國記〉)

25 宋孝燮, op.cit., p. 51.

26 金泰坤, 「韓國巫歌集」 I, 集文堂, 1971, pp. 77~80.(서울地域, 〈진오귀巫歌〉)

27 派送者는 行爲項(actant) 범주의 하나다.

　V. Propp, *Morphology of the Folktales*, 1928(trans. by Laurence Scott, Univ. of Texas Press, Austin & London, 1970.), pp. 79~86.

　A. J. Greimas, *Sémantique structurale*, Paris, Larousse, 1966, pp. 172~191.

면 이의 후대적 변모인 〈당금애기〉에서도 당연히 경합이 수반될 것이다. 스님은 딸아기의 오라비들과 바둑·장기 내기를 두어 이기고 도술(山變爲海之術, 生死八門禁邪陣)을 보여 주고 나서야 당금애기를 보러 갈 수 있게 되고,[29] 아버지를 만난 아들들은 쉰 길 淸沼의 三附魚를 낚아 먹고 다시 토해 낼 것, 종이 버선을 신고 물에 걸어 다녀도 버선이 처지지 않을 것, 삼 년 묵은 소 뼈다귀로 산 소를 만들어 타고 부처님 앞에 들어올 것, 짚으로 북과 닭을 만들어 북이 소리나고 닭이 울음 울어야 된다는 등의 시험과 斷指 合血 과정을 거쳐 자식임을 인정받는다.[30] 같은 계열인 〈초공본풀이〉에서도 ᄌᆞ지맹왕아기씨의 세 아들은 삼천천제석궁에 갇힌 어머니를 구하기 위해 저절로 죽은 소와 말의 가죽을 벗겨 두 이레 동안을 두드린 후에야 어머니를 만나게 된다.[31]

• 〈천지왕본풀이〉[32]: 〈동명왕신화〉의 하백과 주몽의 翁壻 관계는 제주도 무속신화인 〈천지왕본풀이〉의 대별왕·소별왕 형제로 대응되어 나타난다. 천지개벽 당시 하강한 천지왕이 지상의 총맹부인을 배필로 맞는데, 둘 사이에서 태어난 쌍둥이 형제가 이승과 저승 차지를 위해 수수께끼 맞추기 내기와 꽃 피우기 시합을 벌여 속임수로 이긴 동생이 이승을 차지한다는 일종의 통치자 경합담이다.

수수께끼는 신화적 지식을 가정하고 그 지식에 기반을 둔 시험이나

---

28 徐大錫, 「韓國巫歌의 硏究」, 文學思想社, 1980. pp. 70~110.

———, "創世始祖神話의 意味와 變異", 「口碑文學」 4, 韓國精神文化硏究院, 1980. p. 25.

29 金榮振, 「忠淸道巫歌」, 螢雪出版社, 1982, pp. 244~278. (《제석푸리(一, 二)》)

30 崔正如·徐大錫, 「東海岸巫歌」, 螢雪出版社, 1974, pp. 72~110. (東萊本; 세존굿, 〈당금아기〉(1, 2))

31 玄容駿, 「濟州島巫俗資料事典」, 新丘文化社, 1980. pp. 172~173.(이하 제주의 무속신화는 이에 의함.) 〈제석본풀이〉와 〈초공본풀이〉는 대상신의 성격은 生/死라는 면에서 매우 이질적이지만 내용 전개가 유사하다는 점에서, 이 글에서는 동일 계열로 간주하였다.

32 Ibid., pp. 35~43.

입사식으로써 제시되는 것이다.33 예컨대 오이디푸스(Oedipus)가 왕위에 오르기 전에 스핑크스의 수수께끼를 풀었음에 유의하면, 수수께끼 풀이는 즉위의 전제였다는 점에서 그것이 지닌 통과제의적 의의는 크다고 할 것이다. 왕이 되거나 왕자의 자리에 오르거나 결혼을 함에 있어 수수께끼 풀이가 다한 구실을 생각하면 고대사회에서 수수께끼가 차지했던 요긴한 기능을 헤아릴 수 있을 것이다.34 이는 〈동명왕신화〉와 〈천지왕본풀이〉에서도 알 수 있는 바다.

같은 천지개벽계인 〈창세가〉35에서도 동일한 전개를 하고 있다. 신(미륵)이 세상에 사람이 태어나게 하고 생활 방편을 마련하는데, 세상의 지배권을 놓고 신들이 다투어 악한 신(석가)이 속여서 이겨 이 세상을 차지했기 때문에 세상이 어지러워졌다는 것이다. 이처럼 경합은 갈등이 존재하는 곳에는 거의 반드시 나타남을 알 수 있다. 〈힘내기형 전설〉에서도 역시 경합이 주를 이루는데, 경합은 어떤 식으로든 갈등이 해소되기 위해서는 반드시 수반되는 것이다.36

그런데 위계로 경합에서 이긴 경우, 상대방을 속인 인과를 받는다. 모란꽃 피워 올리기 내기에서 석가에게 속아 진 미륵님은 석가의 성화가 싫어서 세월을 내 주고는 난세가 되리라고 예언하고(〈창세가〉), 꽃 피우기 내기에서 소별왕에게 속아 진 대별왕은 인간세계에 살인·역

33 Robert Scholes·위미숙 譯, 「문학과 구조주의」, 새문社, 1987. p. 52.

34 金烈圭, ibid., pp. 60~61. passim.

35 孫晉泰, 「朝鮮神歌遺篇」, 東京: 鄕土硏究社, 1930. pp. 1~13.

36 〈오누이 장사 전설〉의 결말 부분을 두고, 육지가 대립·갈등의 분열상을 나타내는 데 반해 제주의 그것은 화해를 나타내고 있어서 삶의 진지함과 화합이라는 긍정적 요소로 작용하고 있어서 진지한 삶의 한 양식이라 볼 수 있다는 견해가 있다.(玄吉彦, "제주도의 오누이 장사전설", 「耽羅文化」創刊號, 濟州大 耽羅文化硏究所, 1982, pp. 40~42. ff.) 그런데 전설의 비극성이라는 본래의 면모를 상기해 볼 때, 이 점이 긍정적 변모인지 또 이를 두고 우월성을 논할 수 있는지는 의문이다. 비교 연구에는 철저한 객관성과 냉정성이 요구된다는 뜻이다.

적·도둑이 많으며 십오 세가 넘으면 남녀 모두 간음하리라고 예언한다((천지왕본풀이)).

• 〈세경본풀이〉: 농경의 기원을 말한 제주의 무속신화인데, 출생-혼인-공업-신으로의 좌정담으로 전개되고 있다.

1) 자청비가 문 도령에게 반해 男服을 하고 함께 글공부를 하러 떠난다.
2) 문 도령은 본메를 나누어 갖고 하늘로 되돌아간다.
3) 자청비는 겁간하려는 정수남을 죽이게 되고 일 잘하는 남종을 죽인 죄로 집에서 쫓겨난다.
4) 남장을 한 자청비는 서천 꽃밭에 들어가 그 집의 사위가 되고 생명꽃을 얻어와 정수남을 살리나 여자가 사람을 죽였다 살렸다 한다고 부모에게서 또 내쫓긴다.
5) 시험을 통과한 자청비는 문 도령과 혼인하는데 문 도령과 정혼했던 서수왕따님애기는 자살하고 온갖 邪氣를 불러일으킨다.
6) 하늘 나라의 선비들이 자청비를 푸대쌈하기로 하여 문 도령을 초청한 후 술을 먹여 죽게 하는데 자청비의 기지로 잔치에서는 죽지 않게 되나 외눈할망에게 속아 결국 문 도령은 죽는다.
7) 자청비는 서천 꽃밭에서 환생꽃을 가져다가 문 도령을 살린다.
8) 변란이 일어나자 자청비는 자원하여 수레멜망악심꽃으로 난을 진압한다.
9) 이 공으로 열두시만국과 오곡 씨를 얻고 문 도령과 지상으로 내려온다.[37]

단락 1), 5)의 자청비와 문 도령 그리고 시부모와의 경합에 유의하여 살펴보겠다.

남장을 하고 문 도령과 같이 한솥밥을 먹고 한 이불 속에서 잠을 자며 공부하던 자청비는, 문 도령의 의심을 풀기 위해 은대야에 물을 가득 떠다 놓고 은저와 놋저를 걸쳐두고 떨어지지 않아야 글공부를

---

37 玄容駿(1980), op.cit., pp. 315~364.

잘한다고 속인다. 이를 따른 문 도령이 낮에 졸음이 오게 함으로써, 자청비는 삼천 선비 가운데에 장원을 하고 문 도령이 자기를 의심하지 못하게 한다. 또 오줌 갈기기 내기(오좀 굴길락)를 하면서 자청비는 대막대기를 잘라다가 바짓가랑이에 넣어두고 한번 힘을 써서 오줌을 갈겼더니 열두 발 반이나 나갔다. 이에 자청비가 여자 아닌가 하던 문 도령의 의심이 말끔히 씻어졌다.

자청비는 궁녀 시녀의 청을 들어준 후에야 낭군을 만나게 된다. 문 도령이 부모에게 가서 서수왕에게 장가들지 않는다 하니, 대로한 부모는 자청비에게 숯불 위의 칼날 위를 걷게 하는 과제를 주었으나, 이를 행한 자청비는 며느리로 인정을 받는다.

> 이놈 저놈 죽일 놈아, 이게 무슨 말이냐? 나 메누리될 ᄀ심(감)은 쉬은자(五十尺) 구뎅이 파 놓고 숫(炭) 쉰섬을 문영 불을 살라놓고 불 우희 칼썬드리(칼날이 위로 서게 걸쳐 놓은 것) 노아그네(놓아서) 발아나거(타 나가고) 발아들어사 나 메누리 ᄀ심이 됀다. … ᄌ청빈 비옥(翡玉)ᄀ뜬 얼굴에 주춤(염주)ᄀ뜬 눈물을 연새지듯허여가멍 발에 신었단 벡녹(白綾)보선 벗어두고 콕씨(박씨)ᄀ뜬 발로 칼썬드리 우(上)의 올라산다.[38]

• 〈할망본풀이〉[39]: 産神인 삼승할망을 맞아들여 祈子하는 의식인 〈불도맞이〉의 제차 중 하나다. 멩진국 따님애기와 동해 용왕 따님아기는 서로 생불왕(産神)이 되려고 옥황상제께 等狀을 하여 꽃 피우기 내기를 하게 된다. 그 결과 꽃이 번성한 멩진국 따님애기가 삼승할망(무속신화에서는 멩진국 할마님, 어승할마님, 불도할마님 등으로 불린다.)이 된다. 즉 이긴 쪽인 멩진국따님아기는 이승의 아기를 돌보는 이승할망(産神)으로, 진 쪽인 동해용왕따님애기는 저승할망으로 염라국의 죽은 아이

38 Ibid., p. 356.
39 Ibid., pp. 108~116.

들을 맡아보게 한다.

•〈마누라본풀이〉:〈불도맞이〉때〈할망본풀이〉에 이어서 불려지는
것으로 대별상(마누라(마마)신)과 삼승할망(産神)과의 다툼에서 삼승할망
이 이기는 내용이다.

길에서 대별상을 만난 삼승할망이, 자기가 출산하게 한 자손에게
고운 얼굴을 주십사 하자 "예성(女性)이라 ᄒᆞ는 건 꿈에만 시꾸와도
(꾸어도, 나타나도) 새물(邪物)인디 남ᄌᆞ(男子)의 대장부 행촛질(行次路)
에 사망(邪妄)ᄒᆞᆫ 예성(女性)이라 ᄒᆞᆫ 게 웬일이냐? 괘씸ᄒᆞ다." 하며 모욕
을 주고, 삼승할망이 내어 준 자손들의 고운 얼굴을 뒤웅박처럼 만
들어 놓았다. 이에 삼승할망은 생불꽃을 가져다가 대별상의 아내인
서신국마누라에게 有胎를 준다. 그 후 대별상의 아내가 해산하게 됨
에 사경을 헤매게 되자, 대별상이 삼승할망의 요구대로 머리 깎고 고
깔 쓰고 장삼 입고 맨버선 바람으로 엎드려 몇 번이고 빌고 난 후에
야, 삼승할망은 "그만ᄒᆞᆫ 하늘 노프고 땅 ᄂᆞ자운(낮은) 줄 알겠느냐?
뛰는 제주(재주)가 좋댕(좋다고) 허여도 ᄂᆞ는[飛] 제주가 싯젠(있다고)
허여라(하더라)."[40] 하고 호통 치며 해산하게 해 준다.

단순한 세력 다툼을 넘어 남성과 여성의 대립에서 여성(産神)이 이
기는 흥미 있는 본풀이다.

•〈上倉 하르방당 본풀이〉[41]: 남판돌판고나무상태자하로산(──上太子
漢拏山: 상창 하르방당 당신)과 무둥이왓[東廣里] 당신 황서국서가 활쏘기
로 힘을 다투어 황서국서가 항복하여 군졸이 되고 남판돌판고나무상
태자하로산은 상창리 통천 당동산에 좌정하게 된다. 그런데 활쏘기의
내용은 누가 멀리 또는 정확히 쏘느냐가 아니라 화살 하나로 백 명
군사를 눕히고 일으키는 특이한 시합이다.

---

40 Ibid., pp. 119~121.
41 Ibid., pp. 762~765. 安德面 당본풀이

단순히 所居地를 정하는 것과 달리 신분의 상하 서열을 정하는 일은 자연히 경합의 성격을 띠게 된다. 苗族의 시조신화에서도 칼로 돌 쏘기, 土船 따기 등 경쟁으로 임금을 정하고 있고,[42] 이는 후술할 〈삼성신화〉에도 나타난다.

• 〈三姓神話〉: 한라산 북쪽의 모홍혈에서 聳出한 세 신인은 年次로 장가들고 射矢卜地한다. 여기까지는 큰 갈등 없이 互讓에 가깝게 진행된다. 그런데 돌을 쏘아 용력을 시험하여 군신의 서열을 정하고 건국하는 데서는 경합을 하여 정한 것임을 알 수 있다.[43] 세 神人이 형제 순위를 매기는데 나무에 오르기를 하는 것[44]도 이와 유사한 예라고 하겠다. 이처럼 서열을 정하는 데서는 반드시 경합을 하기 마련임을 알 수 있다.

• 〈松堂・궤네깃당 본풀이〉: 밭갈이 나갔던 남편 소천국이 지나던 중에게 점심을 빼앗기고는 밭 갈던 자기 소와 남의 소를 잡아먹자 부부의 갈등이 깊어져 아내 벡주또마누라의 제의(당신 쉐(소) 잡아먹은 건 떳떳흔 일이나 놈(남)이 쉐 잡아먹어시니 쉐도둑놈이 아니냐? 오늘부떠 살렴(살림)을 분산(分散)ᄒ자.[45])로 살림을 나누게 된다. 해서 벡주또는 당오름에, 소천국은 알손당[下松堂] 고부니ᄆ를에 좌정한다. 부부간의 갈등을 보여주는데, 소천국의 육남 궤네깃한집이 알궤눼기로 좌정하는 데서는 갈등 없이 정착하게 된다.

여기에 나타난 갈등・대립 양상이 양 마을 간에 실재적으로 상존해

---

42 玄容駿(1983), op.cit., p. 37.

43 盖九百之後 三人(글쓴이 註: 三乙那)各射石以試勇力 高爲上 良爲中 夫爲下 故民心幷歸于高氏 以高爲君長 以梁爲臣 以夫爲民 而國號乇牟(「瀛洲誌」(「長興高氏家承」所載), ibid., p. 52. 再引)

44 梁重海, "三姓神話와 婚姻址", 「國文學報」 3輯, 濟州大 國語國文學會, 1970, p. 63. (〈三姓神話〉에 관한 傳說)

45 玄容駿(1980), op.cit., p. 638.

온 갈등·대립의 양상을 신화적 사유로 형상화했다고 보고 그 실재적 요인을 찾아 본 연구46는, 당본풀이를 이해하는 데 유익한 견해이다. 지금까지 살펴본 대로, 갈등 요인을 꼭 실재적인 데서 찾지 않더라도, 경합(갈등)이 신화의 주된 줄기임은 의심할 여지가 없다.

•〈西歸·東烘 본향당 본풀이〉: 남편인 비씨영감(卑氏令監) ㅂ룸웃도, 큰부인 고산국, 작은 부인 지산국 三夫妻가, 화의가 안되어 뽕개질(노끈 끝에 돌을 접혀 날려 보내는 일)을 하여 차지할 땅을 정한다.

> 삼부체(三夫妻)가 화이(和議)ㅎ랴 화이홀 수 엇어지고 어서 땅과 국을 가르자. 큰부인이 성식(화)을 내며 뽕개질을 ㅎ니 홍리(烘里) 안까름(內洞) 혹 담(흙담)에 지고 비씨영감(卑氏令監)은 뽕개질을 ㅎ니 민섬(蚊島) 한도에 가 집데다. 고산국이 말을 ㅎ뒈 이젠 어서 저 뽕개 지는 대로 난 서홍리(西烘里) 지경(地境)을 츠지허여 갈 것이니, 너네랑 우알서귀(上下西歸)를 츠지허영 들어가라. 고산국이 말을 ㅎ뒈 …기영ㅎ곡(그리 하고) 이젠 땅광 물을 갈르라. <u>느네(너희) 지경(地境) 물ㅁ쉬(牛馬) 우리 지경 못 올 거. 느네 지경 사름(사람) 우리 지경 못 올 거. 느네 지경 사름 우리 지경 혼연(婚姻) 못ㅎ다.…</u>47

여기에서는 화합과 호양이 나타나지 않으나, 다른 채록본48에 의하면, 고산국·지산국 자매의 경합에 이어 일문관 바람운님과 지산국의 호양을 통해 지경을 정하는 과정이 계속된다. 호양은 후술하기로 하고, 여기에서는 갈등 양상을 보겠다.

---

46 高光敏, "당본풀이에 나타난 葛藤과 對立-松堂·細花·西歸堂 본풀이의 경우-", 「耽羅文化」 第2號, op.cit., pp. 29~31.

47 玄容駿(1980), op.cit., p. 740. 밑줄 글쓴이. 이하 같음.

48 赤松智城秋葉隆, 「朝鮮巫俗の硏究」 上, 大阪屋號書店, 1937, pp. 341~369. (〈西歸浦 本鄉堂 본풀이〉)

고산국이 로색(怒色)을 풀지 안이하며/어찌하야 다시 맛나자고 나를 불
넛소/언제든지 이 모양으로 하기보담은/우리가 원만이 상의하야, 지경(地
境)을 갈으고/땅 차지 인물 차리[차지]로 들어스는 것이 부당할까/한번 연
을 아주 끈어바렷는데/원만이 무엇이며, 상의가 무엇이라/그러나 일문관
바람운(風神)이 강(强)히 사정을 하니/부득 무가내하라[란]듯이, 고산국이
성을 내며/뿡게를 날니니, 학탐[흙담]에 이르고/일문관 바람운이 활을 쏘
니, 문섬(蚊島) 한 돌로 일으럿다/거게서 고산국 말이 무가내하요/나는 학
담을 경계하야/서홍골을 전양 차지할 터이니/당신내란 문섬 이북(以北) 우
얄서귀(上下西歸)를 차지로 들어가되/서홍리 사람이 동홍리 혼인 못하고/동
홍리 인간이 서홍리 혼인 못하고/동홍리 당한(壯漢)이 서홍리 못가고/서홍
리 당한이 동홍리 못갈 테이니/그리 알시요[49]

〈천지왕본풀이〉처럼 경합 후의 감정의 앙금이 그대로 남아 있음을
보여 준다.

위에서 소략하게나마 살핀 바와 같이 우리의 신화는, 서사의 속성
이 그러하듯, 경합형이 한 계열을 형성하고 있음을 알 수 있다.

2. 互讓型

한국 신화의 중요한 한 줄기로 호양형을 들 수 있으니, 이제 신화
몇 편을 통해 이를 검토해보겠다.

• 〈解夫婁〉: 북부여의 왕인 해부루의 대신 아란불의 꿈에 천제가
이르기를 "장차 내 자손으로 이곳에 나라를 세우려 하니 너는 다른
곳으로 피하라. 동해 가의 迦葉原이 땅이 기름지니 왕도를 세울 만하
다."하니, 아란불이 왕에게 권하여 도읍을 옮기고 동부여라 하였다.[50]

---

49 Ibid., pp. 344~355. 漢字 註 글쓴이. 이하 같음.
50 北扶餘王 解夫婁之相 阿蘭弗 夢 天帝降而謂曰 將使吾子孫 立國於此 汝其避之東海之濱 有地
    名迦葉原 土壤膏 宜立王都 阿蘭弗勸王 移都於彼 國號東扶餘「三國遺史」, 卷第一, 紀異 第一,

옛 도읍터에는 해모수가 도읍하였다. 천제의 명으로 옮긴 것으로 기록되어 있으나, 이는 호양을 나타낸 것으로, 토착신과 외래신 사이에 빚어지는 갈등의 한 해결 방식을 보인 것이다.

• 〈沸流·溫祚〉: 주몽이 북부여에 있을 때 낳은 아들 유리가 졸본부여로 도망해 오자, 동명왕의 두 아들 비류와 온조는 유리와 왕위 다툼을 하지 않고 오히려 유리에게 용납되지 않을 것을 걱정하여 남쪽으로 떠난다. 河南慰禮城에 도읍한 온조는 彌雛忽에 도읍했다가 죽은 비류의 백성들을 수용하여 백제를 세운다.51 이복 형제이긴 하지만 경합하지 않고 한쪽이 떠난 것은 호양의 범주에 포함된다고 하겠다.

• 〈칠성본풀이〉: 사신인 칠성의 내력담이다. 중의 자식을 임신하여 석곽에 넣어져 쫓겨난 정승의 딸이, 제주도에 표착하여 딸 일곱을 낳아 같이 뱀으로 변신한 후 각각 신으로 좌정하였다는 내용이다.

석곽에 넣어져 바다에 떠다닐 때 김선주란 사람이 석곽을 싣고 다니며 장사하니 장사가 잘 되었던 바, 진도 사람들이 신처럼 숭배하였다. 이를 안 진도 본향신이 이를 질투하니 석곽을 도로 바다에 띄운다. 그래서 제주도 함덕에 표착한 칠성은, 함덕의 본향신에 의해 쫓겨나 송씨 집으로 들어가 좌정한다. 진도와 함덕의 토착신과 부닥친 위의 두 경우 모두 칠성은 토착신과 경합하지 않고 양보하며 물러나 다른 곳을 찾는다.

〈東扶餘〉)
51 百濟始祖溫祚 其父雛牟王 或云朱蒙 … 朱蒙嗣位 生二子 長曰沸流 次曰溫祚恐後太子(글쓴이 註: 類利·〈東明王篇〉의 표기에 따름.)所不容 遂與烏干馬黎等臣南行 百姓從之者多 遂至漢山 登負兒岳 望可居之地 沸流欲居於海濱 … 沸流不聽 分其民 歸彌雛忽居之 溫祚都河南慰禮城 以十臣爲輔翼 國號十濟 … 後以來時百姓樂悅 改號百濟「三國遺史」, 卷第二, 紀異 第二,〈南扶餘 前百濟〉)
단군, 금와, 주몽, 혁거세, 탈해, 수로 등에 비해 비류·온조는 견훤처럼 그 신화적 성격이 약화되어 있기는 하지만, 건국·시조신화에서 벗어나는 것은 아니다.

　진도 사람들이 모다 이 석곽을 우해여가니/진도 본향 귀신이 질투하야
심서(心思)를 피우니/할 수 없이 석곽을 바다에 띄여 부리니/제주(濟州)에
굴너와서, 함덕(咸德)계여 드난/ …함덕 마을이 무사태평하더니/본향(本鄉)
귀신이 옥향에 다녀와서 보고/뜻박게 귀신의 와서 함덕 마을 차지하고 이
시난/크게 노하야 쫏처내니, 할일없이 성내로 드러가서/…52

　제주에 표착한 칠성은 산지포, 화북, 삼양, 신촌, 조천, 신흥, 함덕,
북촌, 동복, 김녕, 세화 등에서 다 토착신에 의해 밀린다. 그런데 누추
하고 재수 없다고 뱀을 박대한 송첨지와 일곱 潛嫂가 사경에 이르게
되어, 점 잘 치는 이원신에게 문복을 하자 "어떤 일로 놈(他人)의 나라
에서 온 임신(一神)을 박접(薄接)호 췌목(罪目)이 뒈옵네다. 전새남(治病
을 기원하는 굿)을 허여사쿠다."53 하고 있다. 외래신을 박대하지 않아야
된다는 의식의 일단을 엿볼 수 있는데, 이는 어느 먼 섬인 제주의 지
역적 특성이 반영된 것이라 본다.

　•〈兎山堂 본향풀이〉: 제주도의 당굿 중 하나다. 토산리 여드렛당의
신은 나주 영산 금성산에서 솟았는데 한 아가리는 천하에 붙고 한 아
가리는 지하에 붙은 大蟒이었다. 목사에 의해 쫓겨 난 신은 금·옥 바
둑돌 몸에 환생하여 제주 온평리로 들어갔다. 그런데 그 마을 당신인
멩호부인에게 가니 다른 곳으로 가라 하거늘 멩호부인의 권유로 토산
리에 좌정하게 된다. 이 과정에서 둘은 별 갈등 없이 지경을 정하며
토착신의 기득권을 존중하고 있다.

　그 때 한집님이 멩호부인안티 가 멩암(名啣) 혼장을 디렸더니 "땅도 내
땅이요, 물도 내 물이요, 조손(子孫)도 내 조손이요. 공(空)혼 땅 공혼 조손
이 엇어진다." "어들로 가민(어디로 가면) 공혼 땅이 잇어지고 공혼 조손

---

52 赤松智城秋葉隆, op.cit., pp. 523~524. (《칠성본푸리》)

53 玄容駿(1980), op.cit., p. 425. (《칠성본풀이》)

이 잇어집네까?" 그리 말고 무른(嶺) 넘고 제(嶺) 넘어 저 兎山 메떼기무루 가고 보라. 앞읜 방광터 좋아지고 뒤읜 금세숫물이 좋아지고 읆의는(옆에는) 금베릿물(硯水)이 좋아진다. 어서 글로 강(거기로 가서) 좌정(坐定)ᄒ라." "그걸랑 기영홉서.(그리 하십시오)"[54]

• 〈三姓神話〉: 땅에서 솟아난 세 신인은, 나이 차례에 따라 나누어 장가들고 활쏘기로 거처할 땅을 점쳤다.[55] 활쏘기 재주를 겨루어 경합을 하는 과정은 〈동명왕신화〉에서 볼 수 있는데,[56] 이는 실패하면 파멸로 이어지는 시련이므로, 〈삼성신화〉와는 그 성격을 달리 한다. 즉 〈삼성신화〉의 활쏘기는 경합이라기보다 호양에 가깝다. 삼신인에게 시련 과정이 없는 것은, 이들이 본래적 의미의 문화영웅이라기보다 단순한 시조에 불과하거나 후대의 문헌 정착 과정에서의 개변·첨삭일 것이다.[57]

射矢卜地하여 소거지를 정하는 일은 〈上貴 본향당 본풀이〉, 〈광정당 본풀이〉에서도 나타나는데 이들도 호양에 가깝다. 그런데 같은 활쏘기라도 〈上倉 하르방당 본풀이〉는 경합이 뚜렷하다. 그리고, 전술한 대로, 射石以試勇力하는 〈삼성신화〉는 호양과 경합이 혼효되어 있다. 이로 보면 경합과 호양은 확연히 구분할 수 없는 성질의 것임을 알 수 있다.

대체로 지경을 정하는 데는 호양, 서열을 정하는 데는 경합의 성격을 띤다고 하겠다.

• 〈西歸浦 본향당 본풀이〉[58]: 일문관 바람운님과 그의 아내 고산국

---

54 Ibid., p. 553. (《兎山堂 本鄕풀이》 중 〈여드렛도 본풀이〉)

55 太初無人物 三神人從地聳出 … 三人以年次分娶之 就泉甘土肥處 射矢卜地 良乙那所居曰第一 都 高乙那所居曰第二都 夫乙那所去曰第三都「高麗史」, 卷五十七 志, 卷第十一 地理 二)
〈삼성신화〉의 여러 유형과 성격 등은 梁重海, op.cit., 玄容駿(1983), op.cit.를 참고 바람.

56 註 17).

57 許椿(1992), op.cit.

그리고 고산국의 동생인 지산국의 갈등을 바탕으로 전개되고 있는데, 일문관 바람운님-지산국이 고산국과 화해를 하여 다스릴 땅의 경계를 결정한다. 해서 각각 서홍리와 하서귀를 차지하기로 합의한다. 그런데 먼저 이 곳에 자리 잡고 있던 토착신 今上皇帝夫人은 이들에게 토지를 양보하고 용궁으로 들어가 배의 항해를 담당하는 바다의 신이 되니, 토착신과 외래신의 갈등이 토착신의 양보로 해결되고 있다. 이는 어로사회에서 농경어로사회에의 생산양식의 전환이 평화적 방법과 수단에 의해 이루어졌다고 해석된다.[59]

여기서의 화해는 금상황제부인과 지산국 사이의 이야기이고, 고산국과 일문관바람운님은 〈천지왕본풀이〉나 〈창세가〉처럼 갈등의 양상을 보인다. 그리고 고산국·지산국 자매의 갈등이 동생의 승리로 끝나는 점에서도 상통하고 있다.

앞에서 감정의 앙금이 그대로 표출된 경합의 양상은 살펴보았다. 그런데 금상황제부인과 일문관 바람운님·지산국은 호양을 통해 지경을 정한다.

그 전붙어 소남머리(西南岐), 수진포 금상황제부인(今上皇帝夫人)이/웃서귀(上西歸) 신 남쪽을 바라보니/어쩐 의외 신위가 좌뎡(坐定)하야 잇거늘/괴리(怪異)히 역여 와서, 어떤 신위뇨/바람운 지산국이오다/무슨 일로 이 곳에 오섯소이가/우알서귀(上下西歸) 인물 차지로 와소이다/나도 하서귀 차지임니다/아챠 실수하얏슴니다/당신이 하서귀 인물 차지로 잇는 줄 알엇다면/우리가 이럿치를 안을 터인데/그 줄을 몰낫슴이다, 미안함니다/그러나 황제부인은 더욱 친절히 하는 말이/나는 힘이 약함으로/동서으로 오는 위험을 막을 수 업고/동서의 인물을 다사릴 수 업소이다/당신은 우알서귀 뭇(陸地)테 인민을 마타서 다스리면/나는 룡궁을 마타서/가는 배 오는 배, 가는 바자기(漁夫) 오는 버자기/가는 잠수(潛嫂) 오는 잠수, 가는 손임 오는

58 赤松智城秋葉隆, op.cit., pp. 341~369.에 의함.
59 金和經, op.cit., p. 43.

손임/마타서 다스리겟습니다/황제부인은 룡궁으로 들어가고/일문관 지산
국은 우알서귀 인물 차지로 들어가서/인간에게 제명(祭名)을 밧는다[60]

위에서 본 바와 같이 경합과 호양은 서로 혼효되고 있다. 이는 신화
의 본래 모습인 경합이 토착신과 외래신과의 경쟁 때문에 호양으로
나타난 것이라고 생각한다.

•〈松堂·궤눼깃당 본풀이〉[61]: 송당과 김녕의 당본풀이다. 하송당리
에서 솟아난 소천국과 강남천자국에서 솟아난 벡주또마누라는 그들
의 여섯째 아들 궤눼깃한집을 불효하다 하여 무쇠 석갑에 담아 동해
에 띄운다. 강남천자국에서 대공을 세운 궤눼깃한집은 제주에 온 후
좌정할 곳을 정하고 상·중·하단골에 풍운 조화를 내린다. 이에 단골
들은 심방(巫)을 청하여 소천국 여섯째 아들이 김녕리 신당으로 상을
받으러 왔음을 알게 되고, 궤눼깃한집은 알궤눼기로 좌정한다는 내용
이다.

단골과 심방이 있음을 보아 이미 그들이 모시는 즉 그 곳에 좌정한
토착신이 있었음을 짐작할 수 있다. 그런데 궤눼깃한집은 전혀 갈등
없이 좌정하여 주민들의 제물을 받고 있음을 보아, 호양의 과정이 생
략된 것이라고 봄이 타당할 것이다.

•〈시루말〉: 경기도 오산의 십이 제차 중 하나다. 천하궁의 당칠성
이 지상에 내려와 지하궁의 매화부인과 결연하여 선문이·후문이 두
아들을 낳는데 지상에서 놀림 받던 아이들이 천상에 올라가 아버지를
만나 왕이 된다는 내용으로, 〈천지왕본풀이〉와 같은 전개를 하고 있
는 본풀이다. 위의 두 신화 다 부친의 친자 확인 과정의 시련은 나타

60 赤松智城·秋葉隆, ibid., pp. 356~357. 바자기(海女), 잠수(潛水)의 日譯은 잘못임.
61 玄容駿, op.cit., pp. 636~647.

나지 않는다. 그런데 〈시루말〉에서는 경합 없이 서로 다스릴 땅을 정한다.

> (아들 형제가) 아비 본 차질 적에, 당칠성 하는 말숨이/너의 모친이 너의 형데 낫슬제/성은 무엇이라 하며, 일홈은 무엇이라 하시든야/먼저 난이 선문이요, 뒤에 난 이 후문이라 하옵듸다/성은 성신이라 하는이다/먼저 난 이 선문이는 대한국을 진여 먹고/뒤에 난 이 후문이는 소한국을 진이 실제…62

이로 보면 원래 경합형이었는데 경합이 약화되어 사라지고 있음을 짐작할 수 있겠다. 호양이 표면에 나타나지 않는 것은 경합형이 호양형으로 변하는 과정 중임을 보여 주는 것이다.

3. 두 系列의 意味

신화가 原一性을 회복하는 중간 지점이고 대극적인 대립과 분열을 지양하는 통일의 장63이라면, 신화에는 원일성 회복을 위한 인간의 노력이 나타나기 마련이다. 또 신화 제일의 쌍이 生死이고 신화적 사고가 어떤 대립 의식에서 출발되어 그의 점차적 매개에로 진행된다고 보면,64 경합이 신화 본래의 형태이고 후기에 오면서 호양이 종교적 또는 지역적인 것과 어우러져 나타났다고 생각하는 것이 온당할 것이다. 양면성을 띠고 生/死, 正/邪를 넘나들며 중재 기능을 하는 문화영웅이 등장하는 것도 신화의 이러한 대립과 분열을 해소하기 위함이라 하겠다. 게다가 신들 역시 인간과 마찬가지로 갈등과 세력 다툼이 치

---

62 赤松智城·秋葉隆, op.cit., p. 132.
63 黃浿江, "民俗과 神話文化의 神話的 原理-",「韓國民俗學」8, 韓國民俗學會, 1975. p. 107.
64 C. Lévi-Struss·김진욱 譯,「構造人類學」, 종로서적, 1983. pp. 213~214. ff.

열하니, 신 출현의 형태가 강림이든 용출·도래이든 간에, 신화 본래의
모습은 경합일 것이다. 서사의 핵심이 갈등·대립이므로 결말이 비극
이든 화합이든 간에 신화는 경합에 초점이 있는 것이 훨씬 원형에 가
까울 것이다.

경합은 자연히 변신, 시련 그리고 그 준비 단계로서의 탐색을 수반
한다. 즈지멩왕아기씨는 주자대선생을 찾았을 때 기름 바른 지장쌀의
나락을 벗기는 시험을 받고《초공본풀이》, 원강아미는 장자와의 갈등
끝에 죽음을 당하며《이공본풀이》, 조정승따님애기는 장사하러 간다고
나가 돌아오지 않는 남편을 삼 년이나 밤마다 찾아 헤매며 결국 첩에
게 속아 죽음을 당한다《문전본풀이》. 시련(경합)은 아버지의 어머니 선
택, 아들의 아버지 찾기에서 두루 나타나는데 이는 또 세대마다 나타
나는 이중적 통과의례이기도 하다.

그런데 이러한 시련을 극복하는 방법이 공업에 의함은 특기할 만하
다. 〈바리데기〉도 그렇거니와, 아이들을 낳아 기른 뒤에야 그 공으로
삼신 또는 골매기신이 되는 〈당금애기〉, 난을 진압하고 그 공으로 열
두시만국과 오곡 씨를 얻어오는 자청비《세경본풀이》도 그러하다. 무속
신화의 윤리관의 일단을 보여 주는 예이다.

〈시루말〉은 시조신화와 같은 맥락이지만 경합이 약화되어 타 신화
와 다른 궤적을 갖는다. 〈시루말〉의 인세 차지 경쟁에서 석가의 수단
방법을 가리지 않는 도전을 두고, 비공격적 비호전적인 민족심리의 반
영65으로 보거나 미륵(토속)신앙 대 불교(외래)신앙의 싸움으로 보아 석
가가 욕심이 많고 꾀가 많다고 한것을 외래사상에의 혐오감으로 해석
하기도 한다.66 신화에서 경합이 중요한 줄기이고 미륵이나 석가가 큰

---

65 任晳宰, "우리나라의 天地開闢神話", 一刊行委員會 編, 「耕學金敎博士華甲紀念 敎育學論叢」,
　　耕學金敎博士華甲紀念敎育學論叢 刊行委員會, 1977. p. 33.
66 徐大錫, "巫歌", 「韓國民俗大觀」 6, 高麗大 民族文化硏究所, 1982. p. 495.

의미 없이 차용되었다고 보면 너무 우의적 해석이긴 하지만, 많은 시
사를 준다. 그리고 무속신화에서는 경합에서 패배한 신이 저승을 관장
하게 된다. 꽃 피우기 경쟁에서 진 대별왕·동해 용왕국 따님아기가 저
승을 관장하는 것을 보아도 알 수 있다(〈천지왕본풀이〉, 〈할망본풀이〉).

〈삼성신화〉의 세 신인은 나이 차례로 혼인하고 살면서 활을 쏘아
소거지를 정한다. 이들은 문화영웅이라기보다 단순한 시조에 불과하
므로 큰 시련 과정은 없는데, 이들의 경합은 주거지를 정하는데(射矢
卜地 所居地選定) 더 역점이 있기 때문이다. 〈드리 본향당 본풀이〉[67]
에서도 아홉 명의 아들들은 射矢卜地하여 좌정하고 있다. 일종의 경
합을 하되 시련이나 위계가 없는 점에서 호양에 가깝다. 이렇게 보면
〈삼성신화〉, 〈드리 본향당 본풀이〉의 활쏘기와 〈西歸 본향당 본풀이〉
의 뽕개질은 그 성격을 달리 함을 알 수 있다. 전자는 호양에, 후자는
경합에 가까운 것이다. 그런데 〈삼성신화〉에서 보듯 경합과 호양은
서로 혼효되고 있음을 알 수 있다. 그 序列을 정하는 데서는 돌을 쏘
거나 나무에 오르기를 하여 경합을 하고 있다.

나무에 오르기, 활쏘기, 뽕개질 등이 근본적으로 경합의 방법이라
는 점에서는 같지만, 신화에 따라 경합의 성격이 약화되거나 제비뽑
기처럼 변하는 양상에 유의할 필요가 있다. 〈삼성신화〉의 호양은 〈오
누이장사〉 전설을 통해서도 나타난다. 육지가 대립·갈등의 분열상을
나타내는데 반해 제주의 그것은 화해를 나타내고 있는 것[68]이라 본다
면, 이는 호양의 맥을 잇는 것이라 하겠다.

시련 중 가장 중요한 경합은 대개 주술 경쟁인데 이 중 변신이 상
당한 비중을 차지한다. 원초적 사유에 의하면 동물은 사람보다 신령
적인 것에 가까우므로, 신의 示顯에는 동물이 靈獸로서의 기능을 지

---

67 玄容駿(1980), op.cit., pp. 620~621. 朝天面 橋來里.
68 玄吉彦, op.cit., pp. 13~16.

니기 때문일 것이다.[69] 변신은 식물도 있지만 동물로의 변신이 주류를
차지하는데, 제주의 무속신화는 식물이 주류를 이루고 있다.[70]

신화에 꽃 피우기 내기나 수수께끼 풀기류의 능력 다툼 같은 것이
흔히 등장한다. 수수께끼 풀기와 위계는 자격 확인이나 입사식과도
연관이 되어 있으며, 신화적 영웅 여부를 확인해 준다. 신화는 아니지
만 知幾三事한 선덕여왕, 관세음보살로 화신한 여인을 알아보지 못한
원효[71] 등에서도 이를 알 수 있다. 月水帛을 빨고 있는 여인 즉 "수수
께끼를 겸한 神體顯示"[72]를 풀이하지 못한 원효는 신화적 영웅으로서
의 자격을 갖추지 못했음을 보여 준다. 신화에 자주 등장하는 수수께
끼나 문답은 이러한 관점에서 논의해야 할 것이다. 탈해가 호공의 집
을 차지하고 남해왕의 사위가 되는 데서도 숨겨진 물건을 찾는 것이
결정적이며, 유리는 '七嶺七谷石上之松'을 풂으로써 왕위를 계승하게
된다. 신화가 힘보다 지모를 우선하고 있음을 알 수 있다.

'영웅의 일생'[73]이라는 순차적 구조를 바탕으로 이루어진 고소설에
서도 위기를 극복하는 과정에서 경합(시련, 탐색)이 나타나게 된다. 이
른바 귀족적 영웅소설군인 '단군신화계'의 〈숙향전〉, 〈소대성전〉, 〈유
충렬전〉 등에서는 뜻밖의 행운 같은 원조자가 등장하는 운명론적 구
조를 보이는데, 무속신화의 〈삼공본풀이〉 같은 예를 들 수 있다. 이

---

69 李相日, "變身說話의 理論과 展開-韓獨事例의 비교검토를 중심으로", 成均館大 大學院
   博士學位論文, 1978. p. 80. f.
70 李秀子는 인간의 생명 체계를 식물 체계에 비유하는 것을 제주도 무속신화의 한
   특징으로 꼽은 바 있다.(李秀者, op.cit., pp. 186~204)
71 「三國遺史」, 卷第一, 紀異 第一, 〈善德王 知幾三事〉.
   Ibid., 卷第三, 塔像 第四, 〈洛山二大聖 觀音 正趣 調信〉.
72 金烈圭, "〈洛山二聖〉과 神秘體驗의 敍述構造", 金烈圭 編, 「三國遺史와 韓國文學」, 學研社,
   1983. p. 19.
73 趙東一, "英雄의 一生-그 文學史的 展開", 「東亞文化」 10輯, 서울大 東亞文化研究所, 1971.
   p. 180.

점이 〈홍길동전〉, 〈춘향전〉 같은 '주몽신화계' 작품에서는 스스로 위기를 물리치는 능동적 단락으로 변화한다.[74] 경합(시련, 탐색)이 고소설에서도 주된 줄기이며 갈등 해소 방법 중 호양은 잘 나타나지 않는데, 〈홍부전〉에서 보듯 호양은 후대적 변모라고 본다.

이는 한편으로는 신화와 소설의 친연성을 보이는 것인데, 서정에는 호양이 있다. 즉 공존이 있다. 또 경합이 없는 곳에는 호양도 존재하지 않으니 이들은 서로 동반되고 상호의존적이다. 〈홍부전〉처럼 형제간의 갈등이 동생의 양보로 해소되는 경우도 있으나 이런 경우는 드문데, 동생이 승리하는 점은 〈沸流·溫祚〉, 〈西歸·東烘 본향당 본풀이〉와 마찬가지다.

결말이 열려 있는 과정이 신화[75]라 함은, 신화의 가변성을 지적한 말이다. 이는 구술자에 따라 내용이 바뀐다는 뜻은 아니고 구술되는 시대나 지역에 따라 내용이 가감됨을 지적한 말로 해석함이 타당하겠다. 그렇게 본다면 신화가 경합에서 호양으로 변하고 혼효되는 양상을 수긍할 수 있다. 〈三姓神話〉, 〈松堂·궤뇌깃당 본풀이〉, 〈西歸·東烘 본향당 본풀이〉 등에서 이를 알 수 있고, 〈시루말〉에서는 경합이 약화되어 가는 과정을 확인할 수 있다.

Ⅲ. 結言

어떤 신화든 그 신화 자체의 우월성 논의는 의미가 없다. 신화는 세계관이나 생활환경 등이 표출되는 것이므로, 각각의 특징이 있을 뿐이다. 신화의 계열론 또한 같은 맥락에서 논의되는 것이다.

---

74 Cf. 姜恩海, op.cit., pp. 184~196.
75 K. K. Ruthven·金明烈 譯, 「神話」, 서울大學校 出版部, 1987. p. 79.

한국 신화를 계열체로 묶어서 논의하는 일은 일종의 유형화 작업인데, 신화를 좀 더 면밀히 검토하고자 하는 기초 작업이기도 하다. 서론에서 예거했듯이 여러 형태로 볼 수 있는데, 특징적 신화 몇 편을 검토한 결과 경합과 호양의 두 계열로 나눌 수 있었다.

서사의 속성이 그러하듯, 갈등과 이의 해소를 위해서는 어떤 방식으로든 경합을 하기 마련이다. 경합은 시련과 탐색을 동반하는데 위기의 극복을 위해서는 반드시 필요한 관문이기 때문이다.

경합은 〈단군신화〉, 〈탈해왕〉, 〈동명왕신화〉, 〈가락국기〉, 〈바리공주〉, 〈당금애기〉(〈제석본풀이〉), 〈세경본풀이〉, 〈할망본풀이〉, 〈마누라본풀이〉, 〈上倉 하르방당 본풀이〉 등에서, 호양은 〈해부루〉, 〈비류·온조〉, 〈칠성본풀이〉, 〈兎山堂 본향풀이〉 등에서 확인할 수 있었다. 그리고 〈삼성신화〉, 〈松堂·궤눼깃당 본풀이〉, 〈西歸·東烘 본향당 본풀이〉를 통해서는 양자의 혼효 현상을, 〈시루말〉에서는 경합이 약화되어 가는 과정을 살펴보았다. 이를 통해 신화가 경합에서 호양으로 변하고 혼효되는 양상을 검토하였다.

경합이 주류를 이루고 있음을 알 수 있는데, 호양은 소거지를 정한다든지 외래신과 토착신과의 세력 다툼에서 일어나고 있다. 외래신·토착신의 경합은 주로 제주에서 호양으로 나타나는 바, 이는 지리적 여건에서 비롯된 것이라고 본다.

대체로 수렵이 위주인 북방에서는 경합형이, 농업이 위주인 남방에서는 호양형이 주류를 이룬다. 그러나 이들을 확연히 선을 가를 수는 없고 서로 혼효되고 있는데, 서사에서 경합에 호양은 변형되어 동반된다.

이 글에서 경합과 호양을 임의로 나눈 것은 이 같은 신화의 성격상 불가피하였으나, 자의성이 있다는 점과 신화를 모두 포괄할 수 있는지 검증하는 일이 과제로 남는다. 외국의 신화와 함께 우리 신화도 더 많은 자료를 면밀하게 분석했어야 될 미진한 점은 후고를 기약한다.

(「白鹿語文」 9집, 1992)

2. 韓國 神話의 系列論(續)

I. 緖言

신화는 신화의 자생 여부, 신 출현의 방법, 신의 성격, 연대기, 인간
생명의 기원, 기록 여부, 기록자나 전승자, 전승 지역, 행위자의 성취
방식 등에 따라 여러 측면으로 묶어 분류할 수 있겠다. 계열을 지어
신화를 검토하는 작업은 그 특성을 밝히는 첩경이라고 생각한다. 글
쓴이는 한국 신화를 競合과 互讓의 두 계열로 나누어 신화의 주류를
이루는 경합이 호양으로 변하고 양자가 혼효되는 양상과 그 의미를
검토한 바 있다.1 계열을 지어 신화를 검토하는 작업은 그 특성을 밝
히는 첩경이라고 생각한다.

신화에는 각각의 세계관과 토양이 반영되므로 그 특징이 있을 뿐,
신화 자체의 우월성 논의는 별 의미가 없다. 신화에는 여러 상황이 혼
효되어 있기 마련이므로 명확하게 선을 그을 수는 없지만 특징적인
요소를 중심으로 살펴볼 필요가 있겠다.

한국 신화는 상황에 대처하는 주인공의 행동 방식이 각기 계열을
이루고 있으니 곧 智謀와 勇力이요, 순응적 受容과 적극적 開拓이다.
이 글은 이들을 집중적으로 살펴서 신화의 특성 구명에 일조하고자
한다.

---

1 許椿, "韓國 神話의 系列論-競合과 互讓", 「白鹿語文」 第9輯, 濟州大 國語敎育科, 1992-a.
기존 연구의 성과 소개는 여기에 미룬다.

대본으로는 설화의 집성이라 할『三國遺事』를 중심으로 하고『三國
史記』,『東明王篇』 등에 나타난 문헌신화와 함께 무속신화를 아울러
검토하였다. 이 중『三國史記』는 삼국의 건국신화를 합리적으로 설명
하기 위해 다소 변형시키고 있다고 보이나, 신화가 유가적인 史官에
의해 기록된 사실 자체가 의의를 갖는다 할 것이다. 그리고 꼭 초자연
적인 것을 언급하고 있는 신화가 아니라도, 기타 설화와 역사적 사실
도 보조자료로 삼았음을 밝혀둔다.

II. 智謀와 勇力

신화의 주인공이 탐색 과정에서 겪는 시련과 이를 극복하는 방법은
크게 두 가지로 나뉘는데 智謀와 勇力이 그것이다. 서사의 속성상 갈
등과 이의 해소를 위해서는 어떤 방식으로든 경합을 하기 마련이다.
경합은 시련과 탐색을 동반하는데 위기의 극복을 위해서는 반드시 필
요한 관문이기 때문이다.[2] 영웅들의 쟁투는 대체로 직접적인 힘겨룸
보다 지략 경쟁과 술책을 통한 해소로 끝맺는데, 변신 경쟁 같은 경우
는 그 내용을 볼 때 용력에 더 가깝다.

먼저 지모로 난관을 극복하는 예를 보겠다.

하늘에서 내려와 북부여를 건국한 解慕漱는 물가에서 놀고 있던 河
伯의 세 딸에 반해 궁전을 만들고 문을 닫아 가로막은 후 술을 권하여
취하게 하는 위계로 하백의 장녀인 柳花와 혼인한다. 沸流王 松讓과
의 활쏘기 경합에서 이겨 자신이 천손임을 증명해 보인 朱蒙은, 이제
세운 나라라 鼓角의 威儀가 없어 비류국이 업신여길까 염려하여 신하

---

2 Ibid., p. 131.

들의 권고를 받아들여 왕권의 상징인 고각을 훔쳐오게 한다. 종신 扶
芬奴가 훔쳐온 비류국의 고각을 검게 칠하여 오래된 것처럼 해 놓고
색칠한 기둥과 썩은 나무로 된 낡은 기둥을 세움으로써 그의 왕국이
오래 된 것인 양 꾸며서 왕위를 확고하게 한다.[3] 졸본부여왕은 주몽의
비범함을 보고 자신의 둘째 딸을 아내로 주었는데, 부여왕 사후 주몽
이 왕위를 이어받으니 곧 동명왕이다.[4] 왕권의 완성이 송양왕과의 쟁
투를 통해 이루어지며, 그 쟁투는 지모로 해결되고 있다. 주몽은 위계
사의 성격을 띠는데,[5] 이 점은 말을 기르면서 준마를 알아보고 그 말
의 혀에 바늘을 꽂아 일부러 여위게 하는 데서 잘 드러난다. 주몽은
말의 성질을 잘 살피어 준마에게는 먹을 것을 줄여 파리하게 하고 노
둔한 말은 잘 먹여 살찌게 하였다. 이에 왕은 살찐 말은 자기가 타고
야윈 말은 주몽에게 주었다.[6] 주몽은 자신의 부족함을 위계를 써서 해
결하고 있는데, 결핍을 위계로 충족하는 일은 서사문학 전개의 중요
한 방식이다.[7] 신화는 인간의 모든 현실적 체험과 의식이 집약되어 있
기 마련임을 상기해 볼 때 그 특징으로 현세 중시 사상과 지모자에의
경도를 지적할 수 있는데,[8] 동명왕신화 역시 지모자에의 경도를 잘 보
여 준다. 유리의 부친 탐색을 위한 수수께끼(七嶺七谷石上之松) 풀이 또

---

3 「東國李相國集」, 卷三, 古律詩, 東明王篇.(동명왕신화는 이에 의함.)
4 「三國史記」(以下 「史記」), 卷 第二十三, 百濟本紀 第一, 始祖 溫祚王.
5 許椿, op.cit., p. 113.
　　위계사에 대해서는 許椿, "古小說의 人物 研究-仲裁者를 中心으로-", 延世大 大學院
　　博士學位論文, 1986. pp. 20~26., ──── , "濟州島 巫俗神話의 文化英雄 考", -刊行委員會
　　編, 「玄容駿博士華甲紀念 濟州島言語民俗論叢」, 濟州文化, 1992-b. pp. 284~289.를 참고
　　바람.
6 「三國遺事」(以下 「遺事」), 卷 第一, 紀異 第一, 高句麗, 「史記」, 卷 第十三, 高句麗本紀 第
　　一, 始祖 東明聖王.(「東國李相國集」, op.cit.에서는 어머니인 유화가 말을 골라 준다.)
7 Cf. Alan Dundes, The Morphology of North American Indian Folktales, Folklore Fellows
　　Communications, No.195, Helsinki, Suomalainen Tiedeakatemia, 1964. pp. 72~75.
8 許椿(1992-b), op.cit., p. 291.

한 같은 맥락으로 이해된다. 여기에서 주몽은 무력보다 지략으로 난관을 극복하고 있다.

궤에 담겨 계림에 이른 외래인 脫解는 토착인 瓠公의 집을 차지하기 위해 그 집 주위에 숫돌과 숯을 묻는 詭計를 쓴다.9 탈해는 이로써 자신의 지혜를 입증함으로써 왕위에 오르는 신분 상승을 한다. 여기에서 주목되는 점은 이 사실에 대한 南解王의 반응이다. 남해왕은, 탈해가 智人임을 알고 맏공주를 아내 삼게 하였다. 위계를 정당하지 못하다고 貶하기는커녕 오히려 슬기롭다고 칭찬하며 사위를 삼았다.

천지왕본풀이10는 초감제 때 부르는 것으로 일종의 통치자 경합담이다. 천지개벽 당시 하강한 천지왕이 지상의 총명부인을 배필로 맞는데, 둘 사이에서 태어난 쌍둥이 형제가 이승과 저승 차지를 위해 수수께끼 맞추기 내기와 꽃 피우기 시합을 벌여 속임수로 이긴 동생이 이승을 차지한다는 내용이다. 저승을 맡게 되어 있던 동생 소별왕은, 수수께끼 맞추기에서 형 대별왕에게 지자 꽃 피우기 내기를 하자 하고는 형의 꽃을 훔쳐 자기 것으로 만들어 이긴 것처럼 한다. 이리하여 동생은 이승을, 형은 저승을 차지하게 되고, 그 결과 이승은 혼란하게 되었다. 위에서 예시한 신화에서도 확인할 수 있듯이 신화의 수수께끼는 통과의례적 기능을 하고 있는데, 수수께끼는 智力을 비교하는 것이다.

수수께끼 내기에서 진 동생은 주몽이나 탈해의 경우처럼 지모를 앞

---

9 「遺事」, 卷 第一, 紀異 第一, 第四 脫解王.
  「史記」(卷 第一, 新羅本紀 第一, 始祖 赫居世居西干)에는 "族性이 자세하지는 않으나 瓠公이 본시 倭人으로 박을 허리에 차고 바다를 건너왔으므로 瓠公이라 하였다." (瓠公者未詳其族性 本倭人 初以瓠繫腰 渡海而來 故稱瓠公)고 하고 있으므로 토착·외래는 상대적인 뜻으로 썼다.

10 玄容駿, 「濟州島巫俗資料事典」, 新丘文化社, 1980. pp. 35~43.(이하 제주도 무속신화는 이에 의함.)

세워 위계로 목적을 달성한다. 카인·아벨의 예에서 보듯 인류의 역사는 형제의 분열로 시작되고 있는데, 이는 대별왕·소별왕의 경우도 다르지 않다. 그러나 천지왕본풀이의 경우 분열의 후유증(인간 세계에 살인, 역적, 도둑이 많으며 십오 세가 넘으면 남녀 모두 간음하리라는 형의 예언)이 남긴 하지만 형의 양보로 결국은 화합의 길을 걷는다.

제주의 체수본풀이는 差使의 내력담이다. 아내를 열여덟 명이나 두고 있던 강님은 염라대왕을 잡아오라는 원님의 분부를 받고 큰부인의 지혜와 정성으로 저승으로 떠나게 된다. 문 안에 아홉 각시, 문 밖에 아홉 각시 합쳐 열여덟이나 처를 거느리고 있는 사람이면 영걸임에 틀림없다고 보아 강님을 택하고, 이를 위해 새벽마다 관장을 소집하자는 의견을 낸 것은 원의 부인이다. 강님은 처를 많이 거느리고 있으니 새벽잠 때문에 미참할 것이라고 예상했는데, 과연 이레째 되는 날 강님은 문 밖의 好妾에 빠져 불참하게 되었던 것이다. 강님의 큰부인은 竈王과 門神에게 정성으로 축원하여 강님의 저승 가는 길을 인도하게 하며, 차사 복장과 명정을 제대로 준비하고 저승 본메를 명주 전대에 싸준다. 큰부인은 또한 강님이 저승에 다녀왔을 때의 증표로 삼으려고 아무도 몰래 귀 없는 바늘 한 쌈을 강님의 장옷 앞섶에 촘촘히 찔러 놓아 이로써 염라국에서 돌아온 강님을 확인한다. 원의 부인이나 강님의 큰부인은 그 지혜와 정성으로 사건 진행을 주도하고 있음을 알 수 있다. 아내들은 지혜를 짜내 각각 남편들이 주어진 임무를 훌륭히 수행하도록 하고 있다. 이에 비해 원님은 강님을 반 조각씩 나눠 가지자는 염라대왕의 제안에 육신을 차지하는 바람에 강님을 죽게 하였고, 강님은 이승에 내려오다가 赤牌旨를 까마귀에 맡기는 바람에 그만 이승의 죽음을 순서 없이 만들었다.

강님이 사람 잡아가는 인간 차사가 된 것은 定命이 다 된 東方朔을 잡아온 공을 인정받아서이지 武勇 때문이 아니다. 강님이 동방삭을 잡은 것은 지모를 써서이다.

> 강님이가 그 마을에 내려서서 검은 숯을 시내 방천(防川)에서 발강발강
> 씻고 있으니까 동방삭이가 넘어가다가 "넌 어떤 일로 숯을 앉아 씻느냐?"
> "그런 것이 아니라, 검은 숯을 백일만 씻고 있으면 백숯[白炭]이 되어 백
> 가지 약이 된다고 해서 씻고 있습니다." "이 놈아 저 놈아, 나 동방삭이 삼
> 천 년을 살아도 그런 말 들어본 도리 없노라." 강님이가 방끗 웃으며 옆에
> 찼던 紅絲 줄을 내어놓고 동방삭의 사몸[四身] 결박을 하니 "어떤 차사(差
> 使)가 와도 날 잡을 차사는 없더라마는 동방삭이 삼천 년을 살다 보니 강
> 님의 손에는 잡히는구나. 어서 저승엘 가자." 염라왕에 바쳤더니 염라왕에
> 서 "강님이 똑똑하고 역력하니 사람 잡는 인간 차사로 들어서라." 인간 사
> 람 잡아 가는 강님차사 되옵니다.(p. 274. 표준어 표기는 글쓴이)

이는 우리 민족이 외향적인 용맹보다 내면적인 지혜에 비중을 두었
음을 보여 주는 바, 이러한 예는 도처에서 찾아볼 수 있다.

제주도 甫木 본향당 본풀이는 신들의 좌정담인데, 신들은 바둑 경
쟁으로 형제를 가른다. 여기에서 이긴 세 신(할로영산벡관님, 강남천ᄌ도
원님, 칠오름도병서)은 위를 차지하여 禮村神으로, 진 ᄇ릏못님은 甫木神
으로 가게 된다(禮村 甫木 孝敦 ᄠᅦ 본향당 본풀이).

弩禮王이 매부인 탈해에게 양위하려 하자 탈해는 덕이 있는지 여부
를 가리며 서로 양보하였다. 탈해는 성스럽고 지혜로운 사람은 이가
많더라며 떡을 물어 시험하였다.[11] 이들은 왕위를 차지하기 위하여 다
툰 것이 아니라 서로 양보하려고 애를 썼다. 서열을 짓는 데도 용력보
다 덕과 지혜를 중시하였음을 보여 주는 예로, 덕과 지혜는 당시인이
추구하던 덕목의 하나일 것이다. 물론 백성을 덕으로 다스려야 한다
는 것은 훨씬 뒤인 중세에 와서야 나타나는 가치관이라 할 것이므로

---

11 「遺事」, 卷 第一, 紀異 第一, 第二 南解王, 第三 弩禮王.

사관의 윤색을 감안해야 한다. 진한 땅에 있는 육부의 조상들이 임금이 없어 放逸해진 백성을 다스릴 군주를 모시고자 할 때 덕이 있는 사람을 찾은 것12도 같은 맥락이다. 그리고 이는 무속신화에서 외래신을 수용하는 것과도 연관이 된다고 본다.

고구려 琉璃王의 태자 解明은 힘이 세고 武勇을 좋아했는데, 黃龍國王이 보낸 强弓을 꺾으며 "내 힘이 센 것이 아니라 활이 굳세지 못할 뿐이다."고 하여 황룡국왕을 부끄럽게 하였다. 이는 외족이 고구려를 가벼이 여길까 염려하여 행한 일이다. 그런데도 유리왕은, 隣國과 怨을 맺었으니 자식된 도리가 아니라고 하여 칼을 주어 자결하게 하였다. 이에 해명은 礪津東原에서 창을 땅에 꽂고 말을 달려 죽으니, 이 곧 槍原의 유래다. 金富軾은 말미의 논평에서 "해명은 別都에 있어 好勇으로 알려졌으니 득죄함이 당연하다."고 하며 해명의 긍정적인 의도에도 용력을 폄하하고 있다.13 호용을 높이 평가하지 않은 것은 유교적인 후세의 윤색이기도 하겠으나, 이 사실을 간과할 수는 없다.

부여왕 帶素가 一頭二身인 赤烏를 고구려 大武神王에게 보내며 고구려를 합병할 징조라 하였다. 이에 대무신왕은, 검은 것은 북방의 색인데 이제 변해 남방의 색이 되고 상서로운 물건인 적오를 보내니 兩國의 존망을 모르겠다고 풀이하여 대소를 놀라고 후회하게 만들었다.14 지략으로 기선을 제압한 예다.

전쟁에서 계략을 쓰는 일은 흔한 일이긴 하지만, 계략은 늘 싸움의 중심을 이루었다. 유리왕 대에 鮮卑族이 고구려에 침입했을 때 이들을 물리친 것은, 間者를 시켜 유언을 퍼뜨림으로써 적의 경계심을 풀게 한 扶芬奴의 계책이었다.15 대무신왕 때 한의 요동태수가 침입하자 高

---

12 「遺事」, 卷 第一, 紀異 第一, 新羅始祖 赫居世王.
13 「史記」, 卷 第十三, 高句麗本紀 第一, 琉璃明王.
14 「史記」, 卷 第十四, 高句麗本紀 第二, 大武神王.
15 Op.cit.

句麗軍은 성에서 수십 일을 고수하였는데, 漢軍은 성에 水泉이 없음을 눈치 채고 성을 에워싸고 풀지 않았다. 이에 왕은 左輔 乙豆智의 건의를 받아들여 못의 잉어를 수초로 싸서 보내니, 漢軍은 성에 물이 있는 줄 알고 물러갔다.16

犬城에 모인 산적들이 고려 太祖에게 항복하지 않자 태조는 이들을 제압할 방법을 휘하 장수가 아닌 寶壤法師에게 물었다. 법사는 개의 속성으로 대책을 제시하여 산적을 물리쳤다. 즉 개는 밤만을 맡고 앞 만을 지키니 대낮에 뒤쪽(북쪽)으로 공격하라는 것이다. 이에 태조는 법사의 신통한 지모를 가상히 여겨 벼 오십 석을 주어 香火를 받들게 했다.17 이러한 사실들을 명기하고 있는 것은 지략이나 계교를 자랑스 럽게 여긴 한 증좌일 것이다.

金庾信은 동생 文姬와 金春秋를 맺어주려고 蹴鞠 중 일부러 김춘추 의 옷고름을 밟아 계기를 만들고, 임신한 동생을 꾸짖으며 불태워 죽 일 듯하여 그 연기를 본 善德王의 명으로 둘이 혼인하게 한다. 또 문 희는 언니 寶姬의 旋流夢을 듣고 비단치마를 주고 이 꿈을 산다.18 꿈 을 무턱대고 사지는 않았을 터이고, 西岳에 올라 소변을 보니 온 서울 에 가득 찼다는 내용에 짚이는 바가 있어서일 것이니 문희의 지혜도 짐작할 만하다. 김유신은 이로써 신분상의 차이를 넘을 수 있는 발판 을 마련할 수 있었다.

비상한 노인 難勝을 만난 김유신은, 나라의 원수를 갚기 위함이니 방술을 가르쳐 달라고 애원하여 비법을 전수 받는다.

> 공이 듣고 그가 비상한 사람인 줄 알고 재배하며 나아가 "… 바라옵건 대 어른께서는 저의 정성을 애달프게 여기시어 방술을 가르쳐 주시옵소

---

16 Op. cit.
17 「遺事」, 卷 第四, 義解 第五, 寶襄梨木
18 「遺事」, 卷 第一, 紀異 第一, 金庾信. 「史記」, 卷 第六, 新羅本紀 第六, 文武王 上.

서." 하였다. 노인은 잠잠하여 말이 없었다. 공이 눈물을 흘리며 간청하기를 六·七次에 이르니, 노인은 "그대는 어린데도 삼국을 병합할 마음을 먹었으니 또한 장하지 아니한가?" 하고 이에 비법을 전하면서 말하였다. "조심해서 망녕되이 전하지 말라. 만약 불의한 일에 쓴다면 도리어 재앙을 받을 것이다." 말을 마치고 작별을 하여 二里쯤 갔는데, 쫓아가 바라보니 보이지 않고 오직 산 위에 五色 같은 빛이 찬란할 뿐이었다.

　(公聞之 知非常人 再拜進曰… 伏乞長者憫我精誠 授之方術 老人默然無言 公涕淚懇請不倦 至于六七 老人乃言曰 子幼而有幷三國之心 不亦壯乎 乃授以秘法曰 愼勿妄傳 若用之不義 反受其殃 言訖而辭行二里許 追而望之 不見 唯山上有光 爛然若五色焉)[19]

　三韓一統을 꿈꾸는 김유신이 난승에게 눈물로 간청한 것은 검법이나 무력이 아닌 방술인 바, 여기서의 방술은 지략 곧 一統을 위한 구도에 관한 것으로 해석된다.

　신라는 당의 도움을 받아 고구려, 백제 두 나라를 토벌하였다. 그런데 蘇定方이 신라마저 토벌하려고 계속 머무르자 이 꾀를 눈치챈 김유신은 당군을 鴆殺하여 땅에 묻었다. 선덕왕 말년에는 毗曇과 廉宗이 군사를 일으켜 왕을 폐하려 하였다. 이때 큰 별이 월성에 떨어지자 비담 들은 이를 두고 女主가 패전할 조짐이라고 선전하였다. 이에 김유신이 불붙인 허수아비를 연에 실어 날려보내고, 떨어진 별이 도로 올라갔다고 말을 퍼뜨려 賊軍들이 의심하게 한 후 이들을 멸하였다.

　眞德王 2년 남편 品釋을 따라 죽은 딸 古陀炤娘의 원한을 갚으려고 고구려에 청병하러 간 김춘추는, 麻木峴과 竹嶺을 돌려달라는 무리한 요구를 받자 은밀히 청포 삼백 보를 先道解에게 주고 龜兎之說을 들어 위기를 면하였다.[20]

　知幾三事한 선덕왕의 靈聖,[21] 왜와 고구려에 각각 볼모로 가 있는 美

19 「史記」, 卷 第四十一, 列傳 第一, 金庾信 上.
20 Ibid.

海(未斯欣), 寶海(卜好)를 빼낸 金(朴)堤上,[22] 木偶獅子를 싣고 가 맹수를 풀어놓는다고 위협하여 울릉도 백성의 항복을 받은 朴伊宗(異斯夫),[23] 唱歌作舞로 아내와 동침하는 疫神을 물리친 處容,[24] 노래를 지어 아이들에게 부르게 함으로써 美艷無雙한 善花公主를 취한 薯童(武王)[25] 등도 궤를 같이 한다.

신라 47대 憲安王이 국선 膺廉을 불러 얘기를 듣고는 그의 어짊에 감복하여 자기도 모르게 눈물을 흘리며 사위 삼기를 원하였다. 왕에게는 두 딸이 있는데 맏공주는 용모가 심히 초라하고 둘째는 매우 아름다웠다. 낭의 부모는 둘째를 며느리로 원했으나, 낭은 맏공주에게 장가들면 세 가지 좋은 일이 있으라는 낭도의 上首 範敎師(「史記」에는 흥륜사의 중임.)의 말을 좇았다. 삼 개월 뒤 왕이 崩하자, 낭은 유언에 따라 왕위에 오르니 곧 景文王이다. 범교사가 예언한 세 가지 좋은 일은, 맏공주에게 장가든 덕분에 왕위에 올랐고 전에 흠모했던 둘째 공주를 취하기 쉬워졌을 뿐 아니라 맏공주에게 장가들었으므로 헌안왕이 매우 기뻐했던 일이다.[26] 국선을 평가하는 데 용력보다 덕을 중시했으며, 서열을 정하고 신분상승(등극)을 이루는 요소로 지모가 방향타로 작용했다. 이 점은 백제 무왕에서 이미 본 바, 무왕은 지략으로 선화공주를 취한 후 그로부터 인심을 얻어 드디어 왕위까지 올랐다. 혼인이 嫡統의 신분을 확고히 하는 제도[27]임이 여기서도 증명된 셈이다.

---

21 「遺事」, 卷 第一, 紀異 第一, 善德王 知幾三事, 「史記」, 卷 第五, 新羅本紀 第五, 善德王.
22 「遺事」, 卷 第一, 紀異 第一, 奈勿王 金堤上, 「史記」, 卷 第三, 新羅本紀 第三, 實聖尼師今, 卷 第四十五, 列傳 第五 朴堤上.
23 「遺事」, 卷 第一, 紀異 第一, 智哲老王., 「史記」, 卷 第四, 新羅本紀 卷四, 智證麻立干, 卷 第四十四, 列傳 第四, 異斯夫.
24 「遺事」, 卷 第二, 紀異 第二, 處容郎 望海寺.
25 「遺事」, ibid., 武王.
26 「遺事」, 卷 第二, 紀異 第二, 四十八 景文王.
27 E. Leach, *Social Anthropology*, Oxford University Press, 1982. p. 178.

貪鄙한 대신 仇都 등을 감화시킨 鄒敎素에게 대무신왕은, 위엄을 부리지 않고 능히 지혜로 악인을 징계하였으니 능란하다며 大室이란 성을 내리고 있다.28 弓裔는, 부인 강씨가 자신의 非法에 대해 간하자 누명을 씌워 잔인한 방법으로 죽이고 또 자신의 두 아들까지 죽였다.29 일찍이 고려 태조 王建이 궁예에 來投하여 철원군 태수를 지냈었기 때문에 이 기록을 그대로 믿을 수는 없다 할지라도, 특히 지도자에게는 덕이 필수적임을 보여 준다. 이는 진한 땅의 六村의 촌장들이 군주로 모시고자 한, 天降한 이가 덕 있는 자였다는 사실과도 상통하는 것이다. 구태여 구분한다면 덕은 용력보다 지모에 가깝다.

이들 기록을 검토해 보면 대체로 용력보다 지략을 중시했고, 이러한 경향이 신화에서는 더욱 두드러짐을 알 수 있다.

그러면서도 용력을 아울러 중시하였으니, 역대 왕들이 대개 지혜와 무력을 겸비하였다는 것을 보아도 양자의 조화를 이상적으로 생각하였음을 알 수 있다. 위계로 호공의 집을 차지하고 智人임을 인정받아 남해왕의 사위가 되어 노례왕의 뒤를 이은 탈해왕은, 머리 둘레가 三尺 二寸이고 身骨 길이가 九尺 七寸인 무적 力士의 골격이었다.30 탈해의 공격에서 駕洛國을 지켜 낸 首露王은 연로하고 지식이 많아 신라의 의뢰를 받고 쟁송(晉汁伐國과 悉直谷國의 지경 다툼)을 판결할 정도로 그 현명함이 널리 알려져 있었으며,31 신라 南海次次雄은 몸이 장대하고 성품이 沈厚하며 지략이 많았다.32 한편 절의 돌다리를 밟으니 石梯 두 개가 한꺼번에 부러질 정도로 힘이 세고 신장이 무려 十一尺이었던 眞平王33이나 하루에 쌀과 술 각각 여섯 말, 꿩 열 마리를 먹은

28 註 14)
29 「史記」, 卷 第午十, 列傳 第十, 弓裔.
30 「遺事」, 卷 第一, 紀異 第一, 第四 脫解王.
31 「史記」, 卷 第一, 新羅本紀 第一, 婆娑尼師今.
32 「史記」, 卷 第一, 新羅本紀 第一, 南海次次雄.

太宗[34]은 상무적인 당시 신라인의 기상과 아울러 용력을 나타내는 것이다. 고구려 대무신왕은 웅걸하고 큰 지략이 있었으며, 故國川王은 姿表가 웅위하며 힘은 큰 솥을 들어올리고 聽斷하는 것은 寬猛이 알맞았다.[35] 백제 辰斯王은 사람됨이 强勇하고 聰惠하며 지략이 많았고,[36] 후백제의 甄萱은 지략이 많았는데 장성하매 體貌가 雄奇하고 뜻이 커 남에게 얽매이지 않고 비범하였다.[37]

신라 逸聖尼師今은 장수가 될 만한 인물로 지용이 있는 자를 천거하라고 하며,[38] 백제 阿莘王은 沈毅하고 큰 지략이 있는 眞武로 병마사를 삼았다.[39] 난승에게 방술을 구했던 김유신도, 진평왕 46년 가을에 벌어진 고구려와의 전투에서 中幢 幢主로 있으면서 자신이 벼리[綱]와 옷깃[領]이 되겠다며 말에 올라 칼을 빼들고 적진에 뛰어들어 적장의 머리를 베어 오는 용맹을 발휘한다.[40]

이로 보면 상황에 응변하는 지략과 이를 포용하는 덕, 그러면서도 신념을 굽히지 않는 용기와 이를 뒷받침하는 용맹을 이상으로 여겼다.

동명왕신화에서는 용력이 문제를 해결해 가는 한쪽 바퀴다. 하백의 딸 유화를 취한 해모수는 失禮했다고 대로한 하백과의 주술 경쟁에서 이긴 후에야 사위로 인정을 받는다. 주몽은 비류왕 송양과의 활쏘기 경합에서 이김으로써 자신이 천손임을 증명해 보인다. 술법 경쟁은 몸을 서로 부딪히는 것이 아닌, 재주를 겨루는 것이지만 바둑과 달리 지략을 잰다기보다 용맹을 겨루는 것이라고 본다. 여기서는 일종의

33 「遺事」, 卷 第一, 紀異 第一, 天賜玉帶.
34 「遺事」, 卷 第一, 紀異 第一, 太宗 春秋公.
35 註 14), 「史記」, 卷 第十六, 高句麗本紀 第四, 故國川王.
36 「史記」, 卷 第二十五, 百濟本紀 第三, 辰斯王.
37 「遺事」, 卷 第二, 紀異 第二, 後百濟 甄萱.
38 「史記」, 卷 第一, 新羅本紀 第一, 逸聖尼師今.
39 「史記」, 卷 第二十五, 百濟本紀 第三, 阿莘王.
40 註 19), 「史記」, 卷 第四, 新羅本紀 第四, 眞平王.

天子 확인 과정인데, 이를 통과함으로써 비로소 성인으로서 구실을
하게 된다.

龜旨로 하강한 수로왕이 大駕洛(伽倻國)을 세웠을 때, 알로 태어난
탈해가 바다를 좇아 가락국에 와서 왕의 자리를 뺏으려 했다. 탈해의
제안에 따라 서로 변신하며 경쟁하여 여기에서 진 탈해는 엎드려 항
복하고 계림 땅으로 달아났다.[41] 변신 경쟁으로 왕위가 결정되고 있으
며 이 결과 수로왕은 阿踰陁國의 공주인 許黃玉과의 혼인도 성취하게
된다.

삼성신화의 세 神人은 나이 차례에 따라 나누어 장가들고 활쏘기로
거처할 땅을 점쳤다.[42] 여기서의 활쏘기 경합은 동명왕신화와는 그 성
격이 다르지만 용력으로 결정한 점은 같다. 이들이 돌을 쏘아 용력을
시험한 일도 같은 맥락인데,[43] 제주의 上貪 하르방당 본풀이에서 남판
돌판고나무상태자하로산과 황서국서도 활쏘기로 힘을 다투어 서열을
짓는다.

居陁知는 또한 활을 잘 쏘아 용왕의 딸을 아내로 맞고 唐 황제가
내리는 많은 金帛을 받아 올 수 있었다.[44]

Ⅲ. 受容과 開拓

주몽의 어머니 유화가 해모수와 연을 맺고 아버지 하백에게서 내쳐
지는 과정을 보면, 유화는 자신의 의지보다 상황에 이끌려 가는, 순응

---

41 「遺事」, 卷 第二, 紀異 第二, 駕洛國記.
42 「高麗史」, 卷五十七 志, 卷第十一 地理 二.
43 盖九百年之後 三人各自射石以試勇力 高爲上 良爲中 夫爲下(三姓神話, 「瀛洲誌」(國立圖書館
　　所藏本; ── 編纂委員會 編, 「耽羅遺事」, 1987. p. 163. 再引)
44 「遺事」, 卷 第二, 紀異 第二, 眞聖女大王 居陁知.

적이고 소극적인 여성이다. 그러나 주몽을 양육할 때는 모성과 지혜
로 아들에게 큰 힘이 되어 준다. 그런데 유리의 어머니 禮氏는 비중이
극히 미미하여 주몽과의 만남 같은 과정이 없다. 예 씨는 아버지가 누
구냐고 묻는 아들 유리에게 남편이 남기고 간 단서를 전해주는 전령
구실에 그치고 있어 유화와 대조적이다.[45] 하백은 해모수가 딸을 데려
가지 않을까 두려워 둘을 함께 가죽 가마에 넣어 龍車에 실었으나, 술
이 깬 해모수는 가죽 가마를 뚫고 혼자 하늘로 올라가 버린다. 이에
하백은 유화의 입술을 석 자나 뽑아 優渤水에 내치니, 이를 금와가 구
하여 데리고 온다. 이처럼 유화는 부친이나 낭군에게서 버림받은 여
성이다. 이러한 시련은 유화가 후에 穀母神으로 등장하는 것과 연결
되고 있다.

하백의 사자를 통해, 유화를 붙잡아둔 일이 예에 어긋난다는 힐책
을 듣고 이를 부끄럽게 생각한 해모수가 하백을 만나려 했으나 궁실
에 들어갈 수 없자 유화를 놓아 보내려 하였다. 그러나 이미 정이 든
유화는 떠나려 하지 않고 龍車가 있으면 하백의 나라에 이를 수 있다
고 알려 주어 같이 하백궁에 도착한다. 이처럼 유화가 늘 피동적이지
는 않지만, 대체로 유화는 주어진 운명에 몸을 내맡기고 이를 수동적
으로 받아들이고 있다. 해모수와 만날 때도 일방적인 선택을 당했고
헤어질 때도 해모수는 가죽 가마를 찢고 홀로 가 버렸다. 부부 관계
또한 원만하거나 지속적이지 않다. 게다가 자기가 낳은 알(주몽)을 금
와가 버리는데도 이를 막지 못한다.

아내로서는 능동적이지 못한 유화가 어머니로서는 매우 적극적이
다. 먼 길을 떠나는 아들 주몽에게 꼭 필요한 준마를 골라 주고 帶素
가 아들을 죽이려는 기미를 알고 도망가도록 하는 등 금와의 아들들

---

45 이 점에 대해서는 許椿, "說話의 女性 研究(I)", 一刊行委員會 編, 「常山韓榮煥博士華甲紀念
論文集」, 開文社, 1993.에서 한차례 검토한 바 있다.

과 주몽 사이를 중재한다. 전체적으로 볼 때 유화는 주어진 상황에 순
응하지만, 맹종하는 것이 아니고 간간이 자신의 의지를 반영하고 있
다. 즉 운명을 개척하려는 실마리를 보이고 있다.

단군신화와 동명왕신화는 완전히 대립적이며 의식의 차이는 정반
대의 상태라 하겠는데,[46] 금기를 지켜야 하는 단군신화와 달리 힘으로
문제를 해결해야 하는 동명왕신화는 활동적이다. 전자는 靜的이고 후
자는 動的이다. 이렇게 두 신화의 의식의 차이가 상반되긴 하지만, 이
는 상황의 수동적 순응이라는 큰 테두리 속에서의 차이임이 전제되어
야 한다.[47] 그러면서도 상황을 이끌어 가는 주체가 되려는 싹을 여기
에서 엿볼 수 있다. 후술하겠지만, 이 싹은 더 발전되어 나타나고 있
는 바, 한국 신화가 소극적이고 피동적 자세만을 보이고 있지는 않다.

선화공주는 귀양길에 만난 서동을 믿고 따를 뿐 아니라 潛通까지
하며, 결과적으로 천한 신분의 남편을 왕으로 만들었다. 그러나 여기
에 공주의 의지가 크게 작용하지는 않는다.

> (부왕에게서 내쫓긴 선화공주는 모왕이 주는 순금 한 말을 노자로 귀양
> 살이를 갔다.) 공주가 귀양지에 이르려는데 서동이 나와 절하며 모시고 가
> 겠다고 했다. 공주는 비록 그가 어디서 왔는지 알지 못했지만 우연히 믿
> 고 좋아하매 따라가며 潛通했다. 그런 후 서동의 이름을 알았고, 童謠가 맞
> 은 것도 알았다. 백제로 같이 가 모후가 준 금을 내놓고 살아갈 일을 꾀하
> 려 하니, 서동이 크게 웃고 말했다. "이것이 무엇이오?" 공주가 말하되,
> "이는 황금이니 백년의 부를 누릴 것입니다." 이에 서동이 "내가 어릴 때
> 부터 마를 캐던 곳에 흙덩이처럼 쌓아두었소." 공주가 이 말을 듣고 크게
> 놀라 "이는 천하의 지극한 보물이니 지금 그 금이 있는 곳을 아시면 제
> 부모님이 계신 궁전에 보내는 것이 어떻겠습니까?" 하니, 서동이 좋다고
> 하였다. 이에 금을 모아 산더미처럼 쌓아 놓고 용화산 사자사의 지명법사

---

46 Cf. 金鉉龍, 「韓國古說話論」, 새문社, 1984. pp. 19~20.
47 Op.cit., p. 434.

에게 이것을 실어 보낼 방법을 물었다. 법사는 "내가 神力으로 보낼 테니 금을 이리 가져오시오." 하였다. 공주가 편지를 써서 함께 금을 사자사 앞에 갖다 놓으니, 법사는 신력으로 하룻밤 사이에 신라 궁중으로 보냈다. 진평왕은 이 신비로운 변이를 이상히 여겨 더욱 서동을 존경했으며, 항상 편지를 보내 안부를 물었다. 서동은 이로부터 인심을 얻어 왕위에 올랐다.

(公主將至竇所 薯童出拜途中 將欲侍衛而行 公主雖不識其從來 偶爾信悅 因此隨行 潛通焉 然後知薯童名 乃信童謠之驗 同至百濟 出母后所贈金 將謀計活 薯童大笑曰 此何物也 主曰 此是黃金 可致百年之富 薯童曰 吾自小掘薯之地 委積如泥土 主聞大驚曰 此是天下至寶 君今知金之所在 則此寶輸送父母宮殿何如 薯童曰可 於是聚金 積如丘陵 詣龍華山師子寺知命法師所 問輸金之計 師曰 吾以神力可輸 將金來矣 主作書 并金置於師子前 師以神力 一夜輸置新羅宮中 眞平王異其神變 尊敬尤甚 常馳書問安否 薯童由此得人心 卽王位)[48]

서동이 의도적으로 퍼뜨린 童謠 때문에 부왕에게서 축출당한 선화공주는 일방적으로 닥쳐온 상황을 받아들일 뿐이다. 공주의 적극성은 서동과의 잠통에서 여실히 나타나긴 하지만, 서동이 마 캐던 곳에서 황금이 나온 것은 우연에 지나지 않는다고 하겠다. 공주나 서동이 노력한 결과는 아니라는 뜻이다. 위의 예문에서도 알 수 있듯 장인인 진평왕이 서동을 존경하고 안부를 물은 것은, 많은 금보다 직접적으로는 龍華山 師子寺에 있는 知命法師의 神力 덕분이며(眞平王異其神變 尊敬尤甚) 인심을 얻은 것도 이 때문이다. 공주나 서동의 노력은 크게 작용하지 않았음을 알 수 있으니, 아내의 적극적인 내조로 남편의 한계를 극복할 수 있었다는 해석[49]은 다소 비약적이다.

薯童說話와 유사한 삼공본풀이는 孝行系의 제주도 무속신화다. 거지 부부가 세 딸(은장아기, 놋장아기, 가믄장아기)을 낳은 후 巨富가 되었는

---

48 註 25)
49 임재해, "무왕형설화의 유형적 성격과 여성의식", 「민족설화의 논리와 의식」, 지식산업사, 1992. p. 323.

데, 딸들을 불러 누구 덕으로 사느냐고 효심을 시험하였다. 큰딸, 둘째 딸은 하늘님, 지하님, 부모님 덕으로 대답했는데, 막내딸 가믄장아기는 선그믓(배꼽 밑에 그어진 금) 덕에 산다 하여 쫓겨났다. 쫓겨난 가믄장아기는 마퉁이(薯童)를 만나 같이 사는데 마 파던 구덩이에서 금은이 쏟아져 부자가 되고, 눈이 멀고 거지가 된 가믄장아기의 부모는 막내딸이 연 걸인 잔치에서 눈을 뜬다는 내용이다. 平岡公主처럼 기존 질서를 거부한 가믄장아기는, 축출의 실마리를 스스로 만들었지만 시련을 거쳐 부녀가 화합하는 장을 만든다. 그러나 가믄장아기가 마퉁이 삼형제 집에 머무르고 막내 마퉁이의 마 파던 구덩이에서 금은을 발견한 것은, 기존 질서와 부딪친 바의 시련을 이긴 대가나 과업을 수행한 결과라기보다는, 우연성이 짙다. 金銀이 막내에게서만 발견된 것 또한 그러하다.[50] 그러므로 가믄장아기는 시련을 적극적으로 극복했다기보다 닥친 상황을 수용하였다고 본다.

당금애기는, 그녀가 천하일색이라는 사실을 알고 찾아온 스님에 의해 잉태하게 된다. 스님은 당금애기에게 박씨를 주어 자신을 찾는 방법을 알려 주고 일방적으로 사라진다. 당금애기는 감금되지만 학의 도움으로 三胎兒를 출산한다. 그 후 자라난 아이들이 글공부를 하다가 서당의 친구들에게 조롱을 당하자 아버지의 근본을 묻는다. 당금애기는 소나무, 밤나무, 향나무, 대나무 등의 여러 핑계를 대며 아이들을 속이지만, 아이들의 성화에 못 이겨 결국은 바른대로 말해 준다. 마치 유리의 어머니 禮氏처럼 전달자 역을 하고 있으나, 당금애기는 여기서 그치지 않고 아이들과 함께 박 순이 벋어 나가는 대로 따라가서 스님을 만난다. 스님은 당금애기를 만나자 중노릇을 집어치우고

---

50 許椿(1993), op.cit., p. 440. 따라서 개성적 형상을 갖춘 무속신화의 행위자로 가믄장아기를 포함시키고 있는 견해(姜恩海, "韓國 神話와 女性主義 文學論", 「韓國學論集」第 17輯, 啓明大 韓國學研究院, 1990)는 재고해 보아야 할 것이다.

세속 살림을 한다.[51] 당금애기는 잉태부터 자신의 의지와는 무관하게 이루어진, 일방적으로 만들어진 상황에 놓이며 자신만 징계를 받는다. 당금애기는 개척적이기보다는 상황을 그대로 수용하는 전형적인 예라 하겠으니, 神職(삼신)도 스님에게 부여받는다.

외족이 업신여길까 봐 황룡국왕이 보낸 강궁을 꺾은 해명이, 자결하라는 부왕의 명을 따르니 나이 二十一歲였다. 왕의 使者가 한번 왔다고 자살하려 하니 거짓이 아님을 어찌 알겠느냐며 주위에서 말렸으나, 태자는 "이제 부왕께서 나를 불효자라 하여 칼을 내려 자진케 하시니 어찌 명을 피할 수 있겠느냐?" 하며 피하지 않았다. 김부식의 평대로, 아비는 아비 노릇을, 자식은 자식 노릇을 못한 것이다.[52] 주어진 상황에 현명하게 대처하지 못하고 이를 받아들이는 것만을 중요하게 알았다고 하겠다.

이와 유사한 예로 고구려 대무신왕의 왕자 好童의 경우를 들 수 있다. 일설에 의하면, 고구려왕이 樂浪을 멸하려고 낙랑왕의 딸로 며느리를 삼은 후 며느리를 본국에 보내어 兵器(鼓角)을 부수게 했다 한다 (或云 欲滅樂浪遂請婚 娶其女 爲子妻 後使歸本國 壞其兵物). 호동은 얼굴이 美麗하였으므로 부왕이 매우 사랑하여 이름을 호동이라 하였다. 그런데 元妃는 왕이 적통을 뺏고 호동을 태자로 삼을까 두려워서 호동이 자신에게 음란하게 하려 한다고 참소하였다. 이에 호동에게 죄를 주니, 호동은 "내가 發明하면 어머니의 악함을 드러내어 부왕에게 걱정을 끼침이니 어찌 효라 할 수 있느냐?" 하고 칼에 엎드려 죽었다. 부당한 명을, 주어진 상황을 극복하려고 하지 않고 그대로 수용하여 자신의 뜻을 펼치지 못했다.[53]

---

51 崔正如徐大錫, 「東海岸巫歌」, 螢雪出版社, 1974. pp. 72~110. 東萊本;세존굿, 당금아기 (1,2).
52 註 13)
53 註 14)

서사의 주인공은 닥친 고난을 탐색을 통해 타개해 나갈 수밖에 없다. 그렇다면 우연의 행운에 의하지 않고 운명을 넘어서고 헤쳐 나가 성공하려는 자세는 신화의 중요한 한 계열을 이룬다.

신화의 보편적 주제인 탐색에 나서는 것부터가 어느 면 이미 적극적 행동이지만, 그 동기와 대처 방식은 조금씩 다르다. 탐색담에서는 난관을 극복하기 위한 길고 긴 여행을 하게 된다. 그런데 탐색의 대상인 귀중한 사물은 아무나 찾아낼 수 있는 것이 아니고 바른 성품을 갖춘 사람만 찾아낼 수 있다.[54] 이는 설화의 윤리성을 지적하는 것이기도 한데, 그 사람은 곧 영웅을 가리키고 있다.

같은 굴에 살고 있던 범과 곰이 사람이 되길 원하니 桓雄이 쑥 한 줌과 마늘 이십 개를 주면서 이것을 먹고 백일 동안 일광을 보지 말라 한 바, 三七日 동안 忌한 곰은 사람(여자)이 되어 檀君 王儉을 낳았다.[55] 범과 곰은 인간이 되기 위해 인내 경쟁을 벌였는데, 곰은 자신의 원을 이루기 위해 인내를 통해 시련을 이기고 상황을 개척하였다. 곰(熊女)은 이러한 入社試鍊을 겪은 다음에야 조선을 세운 단군 왕검을 낳을 수 있었다. 웅녀는 환웅과의 부부 관계를 지속시키지 못하고 이 상태를 별 이의 없이 받아들인다. 기도를 통해 소원을 이루려 하고 있는 점에서는 비활동적이지만, 웅녀 스스로가 잉태하기를 원한 점에서 다른 신화와 구별된다. 웅녀는 자신이 주체가 되어 상황을 선택하고 있는 것이다.[56] 이 점에서 단군신화는 肇國神話로서 조금도 손색이 없으며 진취적 개척의 싹을 보여 준다. 다만 환웅과의 정상적인 부부 관계에 대해서는 해결을 시도하지 않고 일방적으로 주어진 그 상황을 수동적으로 받아들이고 있다. 곰의 인내와 투쟁이 내면적인 것이라고

---

54 W. H. Auden, "The Quest Hero", S. N. Grebstein, ed., *Perspectives in Contemporary Criticism*, N.Y., Harper & Row Publishers, 1968. p. 372.

55 「遺事」, 卷 第一, 紀異 第一, 古朝鮮.

56 許椿(1993), op.cit., pp. 431~432.

해서 곰의 상황 대응 방식이 수동적이라고 할 수는 없다. 시련의 성격과 이에 대처하는 방식은 나누어 생각해야 할 것이다.

해모수는 천제의 아들이라고 자칭했지만 북방에서 온 유목민으로, 이들이 토착 농경민인 解夫婁를 쫓아냈다고 본다. 해부루의 정승 阿蘭弗의 꿈을 통해 도읍을 迦葉原으로 옮기게 하고 있으나, 이는 윤색된 것일 게다. 위계로 유화를 붙든 해모수는, 혼인을 위해 바다 깊이 내려가 하백을 만나서는 중매를 통하지 않았다고 대로한 하백과의 변신 경쟁을 통해 사위로 인정받는다.

알로 태어나 불길하다고 내쳐진 주몽은, 암담한 자신의 장래를 개척하기 위해 금와의 밑을 떠나 고구려를 세웠다. 주몽의 두 아들 비류·온조는 후에 이복형인 유리에게 용납되지 않을 것을 걱정하여 신하들과 남쪽으로 떠나 백제를 세웠다.[57] 이들은 애초부터 자발적이지는 않았지만 부닥친 상황을 모면하고 도피하려는 수동적 자세를 넘어 적극적으로 자신의 뜻을 펴 보였다.

유리 또한 수수께끼를 풀고 신물(斷劍)을 얻어 아버지를 찾아 나서 친자 확인을 받는 적극적인 행동으로 앞길을 개척한다. 마치 作帝建이 신물을 들고 부친 탐색에 나선 것[58]과 같다.

역시 卵生이라고 버림받아 계림에 이른 탈해는, 토함산에 올라 돌집을 짓고 이레 동안 머무르는 시련을 겪은 후[59] 지략을 써서 호공의 집과 높은 신분을 차지한다. 외래인인 탈해는 고국에서 축출당한 고난을 자신의 노력으로 극복한다. 아마도 탈해가 이국인이기 때문에, 그가 과녁으로 한 사람도 역시 이국 출신인 호공이었으리라 추측이 된다. 기록들 사이의 차이와 그 의도는 차치하더라도, 탈해가 가락국

---

57 註 4), 「遺事」, 卷 第二, 紀異 第二, 南扶餘 前百濟 北扶餘.
58 「高麗史」, 高麗世系.
59 "登吐含山上作石塚 留七日"(註 30))의 목적은 단순히 可居之地 선정을 위해서라기보다 일종의 입사시련으로, 石塚은 檀君神話의 동굴과 같은 의미로 풀이된다.

에 먼저 닿았다가 신라에 도착했음은 외래인인 그를 경원하고 있음을 보여 준다.

남해왕 때에 가락국 바다에 배가 와서 닿았다. 그 나라 수로왕이 臣民들과 북 치고 떠들면서 맞아 머물게 하려 했으나, 배는 나는 듯이 雞林 동쪽 下西知村의 阿珍浦로 달아났다. … 탈해가 수로왕에게 "왕위를 뺏으러 왔소." 하니 왕이 말하였다. "하늘이 내게 명해 왕위에 오르게 한 것은 장차 나라 안을 안정시키고 백성들을 편안케 하려 함이니, 감히 하늘의 명을 어겨 감히 우리 백성을 그대에게 맡길 수 없다. … (둘이 변신 경쟁 후 탈해가 항복했다.) 탈해가 왕에게 하직하고 이웃 교외의 나루터에 이르러 중국에서 온 배가 대는 물길로 해서 갔다. 왕은 그가 머물러 있으면서 반란을 일으킬까 두려워 급히 수군 오백 척을 보내 쫓으니, 탈해가 계림 地界로 달아나므로 수군은 다 돌아왔다.

(南解王時 駕洛國海中有船來泊 其國首露王 與臣民壴皮譟而迎 將欲留之 而舡乃飛走 至於雞林東下西知村阿珍浦 … (脫解)語於王云 我欲奪王之位 故來耳 王答曰 天命我 俾卽于位 將令安中國 而綏下民 不敢違天之命 以與之位 … 便拜辭而出 到麟[sic]郊外渡頭 將中朝來泊之水道而行 王竊恐滯留謀亂 急發舟師五百艘而追之 解奔入雞林地界 舟師盡還)60

그럼에도 탈해가 상황에 굴하지 않고 자신의 길을 개척한 점은 기억될 만하다.

마를 캐 파는 것으로 생업을 삼던 서동은 동요를 퍼뜨려 미모가 뛰어난 선화공주를 취하고 왕위에 나아간다. 마 캐던 곳에서 황금이 나온 것은 우연이지만, 서동은 지략을 써서 자신의 처지를 넘어서는 운명 개척적인 면을 보인다.

여기에서 선화공주와 유사한 상황에 놓였던 평강공주를 보겠다. 평강공주는, 왕이 식언할 수는 없다고 고집하여 내쳐지는데 부왕의 회

---

60 Ibid., 註 41).

언을 진언으로 받아들여 축출을 자초한다.[61]

　　평강왕의 어린 딸이 잘 울므로 왕이 희롱하여 "네가 늘 울어서 내 귀를
시끄럽게 하니 커서 사대부의 아내가 될 수 없고 마땅히 바보 온달에게나
시집 보내야겠다."고 매양 말하였다. 딸의 나이 십육 세가 되어 上部 高氏
에게 시집 보내려 하자 공주가 대답하기를 "대왕께서 항상 너는 반드시
온달의 지어미가 되라고 하셔 놓고 지금 어찌 전의 말씀을 고치십니까?
匹夫도 食言을 하려 않거늘 황차 至尊이겠습니까? 그러므로 임금 된 자는
戲言이 없다고 하는 것입니다. 이제 대왕의 命은 잘못된 것이오니 감히 받
들지 못하겠습니다." 하였다. 왕이 怒해 "네가 내 가르침을 따르지 않으면
진실로 내 딸이 될 수 없다. 어찌 같이 있을 수 있겠느냐? 마땅히 네 갈
데로 가라." 하였다.

　　(平岡王少女兒好啼 王戲曰 汝常啼聒我耳 長必不得爲士大夫妻 當歸之愚溫達 王
每言之 及女年二八 欲下嫁於上部高氏 公主對曰 大王常語 汝必爲溫達之婦 今何故
改前言乎 匹夫猶不欲食言 況至尊乎 故曰王者無戲言 今大王之命謬矣 妾不敢祇承
王怒曰 汝不從我教 則固不得爲吾女也 安用同居 宜從汝所適矣)[62]

　　선화공주와 달리 평강공주는 가출의 동기를 스스로 만들었다. 그러
니 자연히 상황을 극복하려는 노력이 더욱 적극적일 수밖에 없겠다.
이때 공주는 보물 팔찌 수십 개를 팔꿈치에 매고 나와 후에 이를 팔
아 溫達과 사는 바탕을 만든다. 궁에서 내쫓긴 후 온달의 집에 찾아가
온달에게 소회를 말하니, 온달은 "이는 어린 여자가 행동할 바가 아니
니 반드시 사람이 아니라 귀신이나 여우일 것이다. 나를 핍박하지 말
라." 하며 돌아보지도 않고 가 버렸다. 그러나 공주는 물러서지 않고
혼자 온달의 집으로 가 사립문 아래서 자고는 이튿날 다시 들어가 온
달 모자에게 자세한 상황을 갖추어 말하였다. 결정을 못하고 망설이

61 Cf. 洪石影, "彌勒寺址의 緣起說話攷-薯童說話를 중심으로-", 국어국문학회 편, 「民俗文
　　學研究」, 정음사, 1981. p. 177.
62 「史記」, 卷 第四十五, 列傳 第五, 溫達.

는 온달에게 "一斗粟猶可舂 一尺布猶可縫"이라며 적극적으로 나서서 차고 왔던 팔찌를 팔아 전택, 노비, 우마, 기물 등을 갖춘다. 공주는 행동에 적극적일 뿐만 아니라 혜안을 지니고 있으니, 말을 살 때 온달에게 시장인의 말을 사지 말고 꼭 國馬를 택하되 병들어 여위어 내친 것을 사 오라고 하여 여윈 말을 부지런히 먹여 건장한 말로 만든다. 온달은 이 말을 타고 사냥에 나서서 두드러진 성과를 거두고, 後周가 침입했을 때 선봉장으로 나서서 큰 공을 세운다. 이에 왕이 嘉歎하여 "이 사람은 내 사위라"며 예를 갖추어 맞이하여 작위를 주고 大兄을 삼았다. 이후 嬰陽王이 즉위하자 조령·죽령 以西의 땅을 탈환코자 출전했다가 전사했다. 평강공주는 자신의 운명을 스스로 선택하였고 매사를 적극적으로 지혜롭게 타개했으며, 마침내 남편을 사위로 인정받게 하고 잃었던 영토 회복을 꾀한 훌륭한 장수로 만들었다. 가출 때 지니고 나온 금붙이에서도 그 차이는 드러나는 바, 선화공주는 순금한 말이고 평강공주는 팔꿈치에 꿰고 나온 팔찌 수십 개였다. 부닥친 상황에서 자신이 주체가 되어 운명을 헤쳐 나가는 예로, 무속신화에서 본다면 제주도 세경본풀이의 자청비와 대비된다.

딸만 여섯이 있던 오구대왕과 길대부인의 일곱 번째 딸인 바리공주는, 부모에게서 버려지지만 왕 부부가 병들어 죽자 많은 시련을 이겨 내고 약수와 환생꽃을 구해 와 부모를 살리고 죽은 이의 영혼을 저승 길로 인도하는 신이 된다.[63] 바리공주는 忍苦로 일관하였지만, 그 행동은 오히려 매우 적극적이다. 집에서 쫓겨나 구약 여행을 나서는 것은 七女 중 막내딸이기 때문에 받은 어쩔 수 없는 상황에서 이루어진 것이다. 그녀가 축출당한 것은 자신의 의지로는 변화시킬 수 없는 조건으로 자신의 의지와는 전혀 무관하다. 그럼에도 바리공주는 난관을 헤쳐 나가며 목적을 이루었다. 바리공주의 부모는 하늘이 아는 아기

---

63 金泰坤,「韓國巫歌集」I, 集文堂, 1971. pp. 77~80. 서울 地域, 진오귀 巫歌.

를 버린 죄로 죽을병이 들고, 問卜을 하니 버린 아기를 찾아서 무장수의 약려수를 길어다 먹어야 낫는다는 괘가 나온다. 그렇다면 바리공주는 구약 여행에 나설 운명으로 짐 지워져 있기도 하거니와, 또 여섯 언니들이 한결같이 핑계를 대며 빠진 결과이기도 하다.

이렇게 보면 바리공주는 사건을 이끌어 가는 주동적 인물이지 않고 조역이며 그녀의 행동은 운명을 받아들인 것일 뿐이다. 그러나 이러한 상황을 적극적으로 개척하고 맡겨진 임무를 수행하는 점에서 유화보다 훨씬 더 능동적인데, 여성이 적극적이고 마침내 신으로까지 좌정하는 것은 무속신화의 중요한 한 특성이다.64 이본에 따라서는 바리공주도 당금애기처럼 神職을 타인(부친)에게서 부여받는데, 이는 부모가 바리공주를 찾게 되는 동기나 부모를 위해 떠나는 구약 여행과 함께 바리공주를 주체적 영웅으로 볼 수 없는 원인이기도 하다.65 그러나 바리공주를 당금애기와 비교해 보면 상황에 대한 그녀의 적극적 대처 방식이 부각되는데, 이 점은 자청비에게서 더욱 두드러진다.

농경의 기원을 말하고 있는 제주의 무속신화 세경본풀이는 제주의 지역적 특성이 고려된 듯 목축신이 등장한다. 주인공 자청비는 문 도령에게 반해 男服을 하고 함께 글공부를 떠나는 적극성을 보이니, 상황을 스스로 선택하는 능동성으로 해서 주체적 영웅이 될 자격을 갖추고 있다.66 자신을 겁간하려는 정수남을 죽이고 일 잘하는 남종을 죽인 죄로 집에서 쫓겨나지만, 자청비는 남장을 하고 서천 꽃밭에 들어가 그 집의 사위가 되고 생명꽃을 얻어 와 정수남을 살린다. 부모가 정해 준 서수왕따님애기에게 장가들지 않겠다는 문 도령의 말에 대로한 시부모는 자청비에게 숯불 위의 칼날 위를 걷게 하는 과제를 주었

---

64 許椿(1993), op.cit., p. 437.
65 Cf. 徐大錫, 「韓國巫歌의 硏究」, 文學思想社, 1980. p. 244.
66 Op.cit., p. 438.

으나, 자청비는 이를 거뜬히 수행하고 며느리로 인정받는다. 그런데 외눈할망에게 속아 문 도령이 죽자 자청비는 서천 꽃밭에서 환생꽃을 가져다가 문 도령을 살린다. 그 후 변란이 일어나자 자원하여 수레멜 망악심꽃으로 난을 진압한 자청비는, 이 공으로 열두시만국과 오곡 씨를 얻고 문 도령과 지상으로 내려온다. 자청비는 많은 고비(문 도령 과의 이별, 정수남에 의한 수난, 집에서의 축출, 시부모에 의한 시련, 서수왕따님애 기와의 갈등, 남편의 죽음 등)를 이겨내고 남편을 살린 후 戰功으로 오곡 의 씨를 받아오고 세경의 神職을 받아 흉풍을 주관하게 된다. 자청비 의 운명 개척적인 적극적 자세는 당금애기, 바리데기, 가믄장아기 등 과 견주어 보면 더욱 뚜렷해진다.

대별왕·소별왕 형제, 선문이·후문이 형제,67 당금애기의 아들들의 시련과 부친 탐색 그리고 혈연 확인 과정을 보면, 이들은 많은 난관을 겪으면서도 뜻을 관철하여 목적을 이루고 있다.

백제인 都彌의 처는 자신의 정절을 시험하려고 蓋婁王이 近臣을 변 복시켜 보내자 婢子를 단장시켜 수청 들게 한다. 속은 것을 안 왕이 도미의 눈을 뺀 다음 물에 띄워 보내고 자신을 강제로 상관하려 하자 月經을 핑계 대고 도망하여 남편을 만나 일생을 마친다.68 도미 처는 왕의 핍박을 기지로 이겨내고 자신이 옳다고 믿는 행실을 지켰다. 그 녀는 상황에 이끌리지 않고 이에 능동적으로 대처하여 국면을 주도하 고 있다.

나라에 이롭지 않을 것이라 하여 버림받고 승려가 되었으나 무리를 모아 일으켜 왕이 된 궁예 또한 자신의 앞날을 개척한 한 예로 들 수 있겠다. 신라 47대 憲安王(혹은 48대 景文王)의 아들인 궁예는, 重五日에 태어나고 나면서부터 이가 나 있었으며 출생 시 흰 빛이 하늘까지 뻗

---

67 赤松智城秋葉隆, 「朝鮮巫俗の硏究」上, 大阪屋號書店, 1937. pp. 128~132. 시루말.
68 「史記」, 卷 第四十八, 列傳 第八, 都彌.

었다 하여 죽게 되었으나 婢子의 구출로 목숨을 건지게 되었다. 궁예
는 버림받은 것을 원망하여 나섰는데, 무엇보다 승려 생활 때 까마귀
들이 물어다 준 牙籤의 王字 표시가 촉진제가 되었다고 전한다. 궁예
의 興起는, 그 발단은 기록대로 순연한 자신의 의지가 아니었다 하더
라도, 膽氣와 아울러 甘苦를 士卒과 함께 하는 포용력과 야심을 이루
고자 한 적극적 행동 덕분이었다.[69]

모친에게 받은 신물인 弓矢를 들고 부친을 찾아 唐으로 향하던 작제
건이 老狐를 쏘아 달라는 서해 용왕의 청을 들어 주니, 용왕은 그 은혜
에 보답하고자 하여 당에 가서 천자인 아버지를 만나겠느냐 아니면 집
에 돌아가 모친을 봉양하겠느냐고 물었다. 이에 대한 작제건의 대답은
東土에서 왕이 되는 것이라는 큰 포부였다. 그러면 자손 三建을 기다
려야 한다는 말에 時命이 이르지 않았음을 짐작하고 용왕의 맏딸을 아
내로 삼고 보물도 얻어오지만, 작제건의 진취적이고 야심에 찬 자세를
알 수 있다.[70]

단군신화, 동명왕신화, 혁거세신화 등에서 잘 나타나듯이, 어떤 방식
으로 대처하든 한국 신화는 결국 조화와 화합을 목표로 전개되고 있다.
한 예로 혁거세신화를 보면 여섯 촌장이 하강하여 마을을 다스리는데,
이들은 서로 의논하여 자신들의 임금을 찾는다. 자신들이 천강하였지
만 맹주가 되려고 나서지 않고 덕 있는 사람을 초치하려 한다.

辰韓 땅에는 옛날에 여섯 촌이 있었다. … 위의 글을 살피건대 이 여섯
부의 조상들은 모두 하늘에서 내려온 것 같다. … 前漢 地節 元年 壬子 三月
초하루 여섯 부의 조상들이 각각 자제들을 데리고 閼川 언덕 위에 모여
의논했다. "우리들이 위로 임금이 없어 백성을 다스리지 못하니 백성들은
放逸하여 자기 하고 싶은 대로 하고 있다. 그러니 어찌 덕 있는 사람을 찾

---

69 註 29).
70 註 58).

아 임금을 삼아 나라를 세우고 도읍을 정하지 않는단 말인가?"

(辰韓之地 古有六村 … 按上文 此六部之祖 似皆從天而降 … 前漢地節元年壬子 三月朔 六部祖各率子弟 俱會於閼川岸上 議曰 我輩上無君主 臨理蒸民 民皆放逸 自從所欲 盍覓有 德人 爲之君主 立邦設都乎)[71]

천지, 남녀, 부자, 군신 등의 화합은 한국 신화의 중요한 특성이기 도 하다. 이 점은 아담의 두 아들인 카인과 아벨, 殺父로 이어지는 그 리스 신화, 오이디푸스 신화의 殺父, 이태리 네미 호숫가의 聖所 등과 비교해 보면 뚜렷해진다. 그 聖所는 후보자가 司祭를 죽여야만 직의 계승이 가능하도록 되어 있었다. 그리스 신화에서, 크로누스는 父神 우라누스를 죽이고 왕위에 오르며 제우스도 父神 크로누스를 죽이고 새 치자로 등장한다. 그런데 한국 신화에서는 경합을 하더라도 투쟁 이나 분열에 그치지 않고 이를 화합으로 끌어올리고 있음은 특기할 만하다.

Ⅲ. 結言

계열을 짓는 일은 신화의 특성을 좀더 깊이 파악하는 작업의 일단 이다. 이를 위해 이 글은 특징적 신화 몇 편을 대상으로 부닥친 상황 에 대처하는 행동 방식과 대응 자세를 기준으로 智謀와 勇力, 受容과 開拓으로 나누어 살펴보고, 이를 역사적 사실에서 보완하는 형식으로 서술하였다. 신화라고 볼 수 없는 史實이 거론된 것은 이 때문이다.

好勇을 높이 평가하지 않은 것은 유교적인 후세의 윤색이기도 하겠 으나, 우리 민족은 외향적인 용맹보다 내면적인 지혜에 비중을 두었다.

---

71 註 12).

이러한 경향이 신화에서는 더욱 두드러는 바, 동명왕신화, 탈해신화, 천지왕본풀이, 체수본풀이 등을 검토해 보면 대체로 용력보다 지모를 중시하고 있으니, 신화가 智謀者에 경도하고 있다는 사실을 재확인할 수 있었다.

그러면서도 勇力을 아울러 중시하였으니, 역대 왕들이 대개 지혜와 무력을 겸비하였다는 것을 보아도 양자의 조화를 이상적으로 생각하였음을 알 수 있다. 즉, 상황에 응변하는 지략과 이를 포용하는 덕, 그러면서도 신념을 굽히지 않는 용기와 이를 뒷받침하는 용맹을 이상으로 여겼다.

동명왕신화, 수로왕신화, 삼성신화에서 볼 수 있듯, 대부분의 신화는 두 성격이 섞여 있어서 명확히 구분하기는 어렵다. 이는 한국 신화가 양자의 조화·겸비를 나타내고 있기 때문일 것이다.

운명을 피동적으로 받아들이는 경우는 유화, 가믄장아기, 당금애기 등에서 볼 수 있다. 그러면서도 이들은 개척의 싹을 보이고 있으니, 자신이 상황을 선택하고 있는 웅녀에게서 이미 그 실마리가 나타난다. 이러한 개척의 의지는 면면히 이어져 해모수, 주몽, 유리, 탈해, 바리공주 등에 두드러지고 자청비에서는 뚜렷한 전형을 보인다. 수용과 개척, 양자의 차이는 선화공주와 평강공주의 차이로도 설명할 수 있겠다. 웅녀의 인내를 통한 고행을 상기해 보면, 한국 신화는 상황에의 일방적 종속이 주류일 것이라고 속단하기 쉽다. 그러나 자신이 주체가 되어 상황을 극복해 나가는 적극성 또한 뚜렷한 흐름이다.

한국 신화는 결국 조화, 화합을 목표로 전개되고 있다. 천지, 남녀, 부자, 군신 등의 화합은 우리 신화의 중요한 특성이기도 하다.

(「語文學論叢」, 學文社, 1993)

3. 說話의 女性 研究(I)

I. 序論

설화 연구는 기본적인 채록 단계를 넘어 이제 구조 분석, 전승 집단의 의식, 현장론적 문맥에서까지 다각도로 이루어져 많은 성과를 올리고 있다. 이 글은 통상적으로 논의된 측면보다 설화의 사건을 이끌어가는 인물 특히 여성에 관해 검토해 보고자 한다. 설화에 나타난 여성의 역할과 성격을 고찰하는 작업은 우리 설화의 특질 구명에 일조를 하리라 믿는다.

설화에 나타난 여성만을 대상으로 한 연구는 그리 많지 않으나, 熊女를 비롯한 여신과 슬기롭게 시련을 극복하는 여성상이 다양하게 검토되었다.[1] 그 중 여성주의 문학론에 의거하여, 여성이 이야기의 종국적인 가치가 될 수 없는 남성 중심의 문화가 빚어낸 북방 신화의 熊女, 柳花, 이를 이은 당금애기[제석본풀이]와 개성적 형상을 갖추고 있는 무속신화의 바리데기, 가믄장아기[삼공본풀이]로 나누어 본 연구[2]는 신화 읽기의 지평을 넓히고 있는 한 예로 보일 수 있겠다.

---

1 崔蓉善, "神話에서 본 女能考", 「學術誌」(人文·社會科學篇) 제22집, 建國大, 1978.
金咸得, "口碑說話文學의 考察-說話 속의 女性을 中心으로-", 「論文集」 제15집, 檀國大, 1981.
이경혜, "檀君神話와 朱蒙神話의 再照明-熊女와 柳花를 中心으로-", 「研究論文集」 제7집, 大韓神學校, 1987.
강은해, "韓國 神話와 女性主義 文學論", 「韓國學論集」 제17집, 啓明大 韓國學研究院, 1990. 등.

여성의 여러 가지 측면-어머니와 연인, 보호 본능과 피보호성, 생산·창조와 파괴 등-이 설화에 어떻게 나타나고 작용하는지를 살펴보기 위해, 먼저 여성의 역할과 성격을 전반적으로 검토하고 설화 각 편에 나타난 양상과 함께 그 의미를 구명하려 한다. 이를 위해 문헌신화 세 편, 무속신화 세 편, 전설 두 편을 주 대상으로 하여 서로 조금씩 다른 양상과 그 의미를 살펴보겠다. 논의의 초점을 좁히기 위해 자료가 방대한 민담은 별고에서 논하겠다.

II. 本論

1. 女性의 役割과 全般的 性格

꽤 많은 창조담에서, 때때로 남성과 여성이 동시에 만들어졌음에도, 여성은 때늦은 생각으로 창조되었으며, 많은 이야기에서 신은 남성을 창조한 다음 악마를 능가하는 여성을 창조했다. 샤코(Chaco) 인디언(Indian)의 이야기에서 사냥꾼들의 식량을 교묘히 훔쳐 가는 것은 밧줄을 타고 하늘에서 내려온 여성들이다. 카나리(Cañari), 지바로(Jivaro), 카라자(Carajá) 등에서는 최초의 여성은 인간 형상으로 홍수에서의 생존자들을 도운 새들이다. 남미 군도[Tierra del Fuego; Argentine, Chile], 샤코, 브라질(Brazil)의 몇 종족의 여성은 착한 마음과 악마적 속성으로 분장하고 남성을 즐겁게 해 주는 덕으로 남성을 통치하고 완벽한 공헌을 요구한다. 그런데 한 사내가 그녀들의 비밀을 발견하자 사내와 그의 동료들은 극히 소수의 여자들만 남기고 죽여버리는 것으로 복수

---

2 강은해, ibid.

한다. 그러고는 여자들을 계속 통제하기 위해서 자신들에게 入社儀式을 행하기로 한다.[3]

북미 인디언(원주민) 신화에서 무심코 운위되고 당연시되는, 창조자나 문화영웅의 할머니는 그녀의 손자[Habotchkilawetha]를 무색하게 하고 종교적 儀式 뿐 아니라 신화에서도 선도역을 맡고 있다. 창조자의 할머니는 글루스캡(Glooscap)이나 마나보조(Manabozho) 전설의 독특한 화소인데, 북동·중앙 삼림지대 신화의 일관된 특징이다.[4]

후술할 아기장수 전설에 나타나듯, 여성은 대체로 현실적이고 보수적인 성격을 띠는데 山 移動 傳說이나 우물 명당에서도 여자의 폭로로 인해 문제가 생긴다. 사회적인 남존여비와 여성 천대는 설화에서 여성이 파탄을 일으키는 장본인으로 표출된다.[5] 큐피드-사이케(Cupid and Psyche)형 설화에서도 여자가 먼저 당부를 어겨 남성을 잃고 고난을 겪는다. 제주의 애월면 곽지리 앞에 머무를 생각으로 떠내려오던 섬[飛揚島]을 보고 섬이 떠온다고 소리치며 손가락질하여 그 자리에서 멈추게 한 것도 여자이며,[6] 솟아오르는 전북 진안의 마이산을 보고 산이 솟아오른다고 외쳐서 두 산(암산, 숫산)을 멈추어 버리게 하고, 용담의 매봉산을 보고 산이 늘어난다고 외쳐 주저앉힌 것도 여자이다.[7] 행실이 난잡하여 남편을 배신하고 남편 있는 아내가 다른 남자를 좋아하여 개보다 못하다는 평을 듣기도 한다.[8]

3 M. Leach ed., *Standard Dictionary of Folklore*, Mythology and Legend, Vol.2, New York, Funk & Wagnalls Company, 1949~1950. pp. 1180~1181. passim.

4 Ibid., p. 260.
  S.Thompson, *The Folktale*, New York, The Dryden Press, 1946(AMS Press,1979). p. 310.

5 崔來沃, 「韓國口碑傳說의 研究」, 一潮閣, 1981. p. 160.

6 玄容駿·金榮敦·玄吉彦, 「濟州道傳說誌」, 濟州道, 1985. p. 26.

7 韓國文化人類學會, 「韓國民俗綜合調査報告書」(全北篇: 崔吉城 採錄), 文化公報部 文化財管理局, 1971. pp. 584~585.

8 語文研究室編, 「韓國口碑文學大系」(이하 「大系」), 韓國精神文化研究院, 1980~1989. 6-2

반면 벼 한 말을 찧어 쌀 한 말이 되거든 일을 도모하라 했음에도
아홉 되 아홉 홉으로 일을 도모하려고 나오는 동생을 말리다가 죽은
사람은 바로 누이(여성)다.9 남편도 차마 하지 못하고 망설이는 일(자식
의 간을 내어 시아버지의 약으로 드리는 일)을 과감히 행하고, 변복하고 적
극적으로 낭군을 찾아 나서기도 한다.10 또 巫祖神인 바리데기, 國母
神·護國神으로 짐작되는11 仙桃山 聖母12도 여성이다.

이처럼 여성은 상반된 측면을 지니고 있으니, 문화영웅 같은 풍요
롭고 창조적이며 앞일을 예지하는 긍정적인 면과 야만적이고 불길한
면이다. 마고할미(마고선녀), 노고할미, 안가닥할무이, 선문대할망 등
으로 대표되는 巨女說話13에서도 나타난 바, 특히 여성은 이런 점이
두드러진다.14 계모도 전실 자식을 죽이거나 不貞을 꾸밀 정도로 극악
한 반면 전실 자식을 잘 돌보기도 하는 양면성을 보인다.15 불에 말미
암은 인간의 발전을 시기한 제우스(Zeus)가 인간에게 불행을 주기 위
해 프로메테우스(Prometheus)에게 보낸 인류 최초의 여자 판도라
(Pandora)가 '아름다운 邪惡'과 '철저한 欺瞞'으로 이루어진 역설적 창

고분지통, 7-1 남편을 배신한 색시, 7-3 드문 총총, 7-3 여자가 개보다 못하다,
　　7-16 남편 죽자 사흘만에 개가한 여자. 등.
9 崔常壽, 「韓國民間傳說集」, 通文館, 1958. 古池.
10 「大系」 7-2 아들의 간을 내어 병 구완한 효부, 7-1 정에 정도령.
11 孫晉泰, 「民俗學論攷」, 民學社, 1975. p. 201.
　　金鉉龍, 「韓國古說話論」, 새문社, 1984. p. 154.
12 「三國史記」 卷 第十二, 新羅本紀 第十二
　　「三國遺事」 卷 第五, 感通 第七, 仙桃聖母隨喜佛事.
13 崔常壽, op.cit., 麻(瑪)姑仙女 바위, 「大系」 1-7 지석묘와 마귀할멈, 1-7 마귀할멈 손자
　　국 바위, 6-5 마고할미, 8-2 마고할매와 피왕성, 2-1 노고할미바우 이야기, 7-1 안가
　　닥할무이. 등.
14 許椿, "선문대할망 說話 論考-濟州島 巨女說話의 性格-", ──刊行委 編, 「月湖全圭泰博士華
　　甲紀念論叢」, 1993.
15 「大系」 1-4 접동새, 6-6 인간을 먹어야 낫는다는 의붓어미, 5-7 계모의 흉계, 8-6 계
　　모 은덕으로 정승이 된 이야기. 등.

조물임16은 이 점에서 시사하는 바 크다.

2. 說話 檢討

가. 檀君神話

數意天下 貪求人世했던 천상의 桓雄이나 願化爲人했던 지상의 짐 승이 모두 인간을 그리워하였다는 점에서 단군신화는 우리 선조들이 인간 중심이었음을 보여 준다. 사람이 되길 원하는 범과 곰 중 환웅이 주는 쑥 한 줌과 마늘 이십 개를 먹고 지시대로 三七日 동안 忌한 곰 은 사람(여자)으로 변했다. 웅녀는 혼인할 상대가 없어서 늘 壇樹 밑 에서 아이 갖기를 축원하자, 환웅이 거짓 변하여 웅녀와 혼인하여 아 들을 낳으니 곧 檀君 王儉이다.17

창조의 원형이 天父地母라는 신화 체계는 공통적인데, 인간의 대지 로부터의 출생18으로 연결된다. 어두운 동굴 속에 갇혀 금기의 시련을 겪는 성년식을 치른 웅녀는 혼인을 할 수 있는 신부 자격을 갖추게

---

16 G. S. Kirk, Myth-its *meaning and function in ancient and other cultures,* Cambridge University Press·University of California Press, 1970. p. 229.
    殺父를 통한 찬탈로 이어지는 그리스(Greece) 신화에서, 제우스의 찬탈에 대한 神託 을 알고 있는 프로메테우스가 신의 소유인 불을 인간에게 선사하고 제우스에게 굴종을 거부하며 그 예언 능력 때문에 오히려 모진 형벌을 받음은 그의 문화영웅 적 성격을 잘 보여 준다.

17 時有一熊一虎 同穴而居 常祈于神雄 願化爲人 時神遺靈艾一炷蒜二十枚曰 爾輩食之 不見日 光百日 便得人形 熊虎得而食之 忌三七日 熊得女身 虎不能忌 而不得人身 熊女者無與爲婚 故每於壇樹下 祝願有孕 熊乃假化而婚之 孕生子 號曰壇君王儉「三國遺史」卷 第一, 紀異 第一, 古朝鮮 王儉朝鮮)「帝王韻紀」에는 "孫女에게 약을 먹여 사람이 되게 하여 檀樹 神과 혼인시켜 아들을 낳게 했다.(令孫女飮藥 成人身 與檀樹神 婚而生男)"고 하였으 나, 孫女는 熊女의 誤記인 듯하다.(「帝王韻紀」卷下, 前朝鮮紀)

18 Cf. C. Lévi-Strauss, *The Structural Study of Myth, in : Myth, A Symposium, J.A.F.,* Vol.78., No.270., 1955. pp. 428~444.

된다. 여기에서는 모성에 역점이 주어져 있다. 즉 출산을 중시하여 어머니로서의 역할에 비중을 두고 있다.

나. 東明王神話

말[馬]이 朱蒙과 깊이 연관되어 있어 유목민적인 일면을 보이는 신화인데, 주몽의 어머니 柳花는 解慕漱와의 逢別 과정에서 보듯 매우 순응적이고 소극적인 여성으로 나타난다. 반면 주몽을 양육할 때는 동양적 모성으로 아들에게 큰 힘이 되어 준다.

하늘에서 내려와 북부여를 건국한 해모수는 물가에서 놀고 있던 河伯의 세 딸에 반해 궁전을 만들고 문을 닫아 가로막은 후 술을 권하여 취하게 하는 위계로 하백의 장녀인 유화와 혼인하려 한다. 이에 하백이 怒하자 해모수는 변신을 통한 주술 경쟁에서 이겨 사위로 인정을 받는다. 하백은 해모수가 딸을 데려가지 않을까 두려워 딸과 함께 가죽 가마에 넣어 龍車에 실었으나, 술이 깬 해모수는 가죽 가마를 뚫고 혼자 하늘로 올라가 버린다. 이에 하백은 유화의 입술이 석 자나 빠져나오게 하여 優渤水에 내치는데, 이를 金蛙가 구하여 데리고 온다.[19]

---

19 其女(글쓴이 註: 河伯의 三女-柳花, 萱花, 葦花)見王卽入水 左右曰 大王何不作宮殿 侯女入室 當戶遮之 王以爲然 以馬鞭畵地 銅室俄成壯麗 於室中 設三席置樽酒 其女各坐其席 相觀飮酒大醉云云 王侯三女大醉 急出遮 女等驚走 長女柳花 爲王所止 … 河伯以爲誠是天帝之子 以禮成婚 恐王(解慕漱, 글쓴이 註)無將女之心 張樂置酒 勸王大醉 與女入於小革輿中 載以龍車 欲令升天 其車未出水 王卽酒醒 取女黃金釵刺革輿 從孔獨出升天 … 河伯大怒其女曰 汝不從我訓 終欲[辱]我門 令左右絞挽女口 其脣吻長三尺 唯與奴婢二人 貶於優渤水中 … 王(글쓴이 註: 金蛙王)乃使漁師 以網引志 其網破裂 更造鐵網引之 始得一女 … (「東國李相國集」, 卷三 古律詩, 東明王篇)
朱蒙神話는 시비형, 표준형, 첨부형으로 그 유형이 나뉘는데, 첨부형은 舊三國史가 편찬될 당시에 여러 古記를 수합하여 새로운 형태로 改構된 것이라고 짐작되어 이를 朱蒙神話의 원형으로 보기에는 문제가 있다고 본다.(金鉉龍, op.cit., p. 24., p. 41) 그렇다 하더라도 첨부형(「東明王篇」, 「帝王韻紀」)이 신화적 요소가 가장 풍부하며

이처럼 유화는 부친이나 낭군에게서 버림받은 여성이다. 이러한 시련은 유화가 후에 穀母神으로 등장하는 것과 연결되는데,[20] 그 일단은 멀리 떠나야만 하는 영웅(아들)에게 꼭 필요한 준마를 골라 주고 帶素가 아들을 죽이려는 기미를 알고 도망가도록 하는 등 유화가 대소를 비롯한 금와의 아들들과 주몽 사이의 중재자인 데서 드러난다.[21]

그런데 類利의 어머니 禮氏는 비중이 극히 미미하여 주몽과 만나는 과정이 없고 남편이 남기고 간 단서를 아들에게 전해주는 전령 역할에 그치고 있어 유화와 대조적이다. 예 씨는 언행에 가벼운 면마저 보인다. 아비 없는 자식이란 욕을 먹은 후 아버지가 누구냐고 묻는 유리에게, 유리 나이가 어리긴 하였지만, 定한 아비가 없다고 대답하여 유리가 自刎하려 하니 그제서야 주몽이 남긴 수수께끼[七嶺七谷石上之松]를 전한다.[22]

유화는 주어진 운명에 몸을 내맡기고 이를 수동적으로 받아들이고

논지 전개에 별 영향이 없으므로 이를 대본으로 한다.

20 朱蒙臨別 不忍睽違 其母曰 汝勿以一母爲念 乃裹五穀種以送之 朱蒙自切生別之心 忘其麥子 朱蒙息大樹之下 有雙鳩來集 朱蒙曰 應是神母使送麥子 乃引弓射之 一矢俱擧 開喉得麥子 以水噴鳩 更蘇而飛去云云(ibid.)

21 其母(글쓴이 註: 柳花)曰 此吾之所以日夜腐心也 吾聞士之涉長途者 須憑駿足 吾能擇馬矣 遂往馬牧 卽以長鞭亂捶 羣馬皆驚走 一騂馬跳遇二丈之欄 朱蒙知馬駿逸 潛以針 舌根 其馬舌痛 不食水草 甚瘦悴 王(글쓴이 註: 金蛙王)巡行馬牧 見羣馬悉肥大喜 仍以瘦錫朱蒙 朱蒙得之 拔其針加餧云(ibid.)(「三國遺史」(卷 第一, 紀異 第一, 高句麗)에는 어머니의 도움 없이 朱蒙 스스로 말을 고른 것으로 되어 있다.)

王之諸子與諸臣將謀害之 蒙母知之 告曰 國人將害汝 以汝才略 何往不可 宜速圖之(「三國遺事」, ibid)

仲裁者의 유형과 기능에 관해서는 許椿, "古小說의 人物 硏究–仲裁者를 中心으로–", 延世大 大學院 博士學位論文, 1986.을 참고 바람.

22 類利少有奇節云云 … 歸家問每日 我父是誰 母以類利年少 戲之曰 汝無定父 類利泣曰 人無定父 將何面目見人乎 遂欲自刎 母大驚止之曰 前言戲耳 汝父是天帝孫河伯甥 … 汝去時 有遺言 吾有臟物 七嶺七谷石上之松 能得此者 乃我之子也(「東國李相國集」, op.cit.) (類利 모친의 이름은 전하지 않고 姓은 「三國史記」(卷 第十三, 高句麗本紀 第一, 卷 第二十三, 百濟本紀 第一)에 전한다. … 及朱蒙在扶餘所生禮氏子孺留來 立之爲太子 以至嗣位焉)

있다. 만날 때도 유화는 해모수에 의해 일방적인 선택을 당했고 헤어질 때도 가죽 가마 안에서 자기 비녀를 뽑아 수레를 찢고 홀로 가 버리는 해모수를 막지 못하고 속수무책이었으며, 그 분풀이로 아버지에게 입술을 뽑힌다. 부부관계 또한 원만하거나 지속적이지 않다. 유화는 水神인 하백의 딸답지 않게 뽑힌 입술도 금와의 도움을 받아서야 자르고, 자기가 낳은 알을 금와가 버리는데도 이를 막지 못한다. 그런데 아내로서는 능동적이지 못한 유화가 어머니로서는 매우 적극적이어서 주몽을 도피시키는 데에 앞장서고 주몽을 견제하는 대소와의 사이를 중재하고 있으며, 비둘기를 시켜 보리 종자를 전하는 곡모신으로 등장한다.

이러한 유화도 남성의 조역을 하고 있는 데서 신화에서의 여성 역할을 알 수 있다. 이는 주몽을 보낸 후의 유화의 행적이 기록되지 않은 사실로도 짐작할 수 있으니, 문헌기록자들이 남성이며 이때는 이미 모계중심사회에서 벗어난 시기이고 건국신화이므로 그럴 수 있다 하겠지만 단순한 문제는 아니다. 연인으로서의 여성보다 출산 능력을 중시하고 있는 바 이는 일면 기록자의 근엄성과 유교적 관념이 작용한 까닭이다. 아리따운 柳花, 萱花, 葦花가 熊心淵에서 노는 모양은 매우 아름다웠는데 이를 본 해모수가 자못 마음에 둔 것은 미색을 좋아함이 아니고 뒤를 이을 아들 낳기가 급한 까닭이었다고 하면서, 妃를 삼으면 아들을 둘 수 있겠다고 한 해모수의 말을 소개하고 있는 데서도 그 단서를 엿볼 수 있다.[23]

주몽은 일광의 정기를 받고 태어났으며 주몽신화가 북방 기마민족의 활달한 성품을 표현한 것이라고 할 때, 단군신화와 주몽신화는 완전히 대립적이며 의식의 차이는 정반대의 상태라고 보겠다.[24] 금기를

---

23 神姿艶麗 雜佩鏘洋 與漢皐無異 初疑漢皐濱 復想洛水沚 王因出獵見 目送頗留意 玆非悅紛華 誠急生繼嗣 王謂左右曰 得而爲妃 可有後胤(「東國李相國集」, op.cit.)

지켜야 하는 단군신화와 달리 힘으로 문제를 해결해야 하는 동명왕신화는 활동적인데, 여기에서 힘은 무력과 지략을 총칭하고 있다.

유화는 여기에서 적어도 아들에 대해서는 중요한 역할을 담당하고 있다. 두 신화의 의식의 차이가 상반되긴 하지만, 이는 상황의 수동적 순응이라는 큰 테두리 속에서의 차이임이 전제되어야 한다.

다. 赫居世神話

각각 天降한 六部의 촌장들이 임금을 정하려는데, 우물(蘿井) 가에 백마가 전한 紫卵(혹은 靑大卵)에서 태어난 혁거세를 왕으로 모셨다. 이는 농경사회의 반영일 터인데, 주목할 것은 閼英이다. 알영은, 촌장들이 덕 있는 왕후를 찾으려 할 때 閼英井(혹은 娥利英井) 가에 鷄龍이 나타나서 왼쪽 갈비에서 낳은 아이다. 입술이 닭 부리와 같아 月城 북쪽의 냇물에 목욕시키니 부리가 떨어졌는 바 撥川이라 한다.[25] 알영은 출생부터 左脇을 통함으로써 신성성을 띠게 된다. 남녀 모두에게 신성성을 부여하고 있음은 단군·주몽 신화와 다른 점인데, 이는 首露王神話에서도 같다. 신라에 도래한 허황후는 그 부왕과 모후의 꿈에 나타난 상제의 지시를 받고 찾아온 것이며 수로왕 또한 이 사실을 미리 알고 있었다.[26] 두 신화 모두 정착 사회의 반영이라 볼 때 북방신화와의 차이를 드러내고 있다고 본다.

---

24 金鉉龍, op. cit., pp. 19~20. passim.
25 是日 沙梁里閼英井(一作娥利英井)邊 有鷄龍現而左脇誕生童女(一云龍現死而剖其腹得之) 姿容殊麗 然而脣似鷄 將浴於月城北川 其觜撥落 因名其川曰撥川 … 二聖年至十三歲 以五鳳元年甲子 男立爲王 仍以女爲后(「三國遺事」 卷 第一, 紀異 第一, 新羅始祖 赫居世王)
26 「三國遺事」 卷 第二, 紀異 第二, 駕洛國記.

라. 천지왕본풀이

초감제는 모든 巫儀의 첫머리에 하는 祭次로 신을 청해 들이는 儀式 때 부르는 것으로, 천지개벽 당시 지상으로 하강한 하늘의 천지왕이 지상의 총맹부인과 배필을 맺고 대별왕·소별왕 형제를 낳았는데, 이 형제가 각각 저승과 이승을 차지하게 되었다는 내용의 무속신화다.[27]

천지개벽 후 둘씩 있는 해와 달 때문에 더위와 추위가 극심하고 초목과 조수가 말을 하고 귀신과 인간의 구별이 없는 등 천지의 혼돈이 가시지 않아 걱정하던 중, 천지왕은 길몽을 꾸고 이러한 혼돈을 바로잡을 귀동자를 얻고자 지상에 내려와 총맹부인과 연을 맺는다.

대별왕·소별왕, 선문이·후문이[28] 형제의 시련과 부친 탐색의 측면에서 보면 천지왕본풀이는 주몽계열체에 속한다 하겠는데,[29] 배필을 택하는 데서도 여성의 의사가 무시되고 전적으로 하늘에서 하강한 남성의 일방적 선택이라는 점에서 여성이 원한 단군신화계와는 큰 차이를 보인다. 그러면서도 여성의 출산을 가장 큰 기능으로 하고 있는 점에서는 두 계열이 공통된다고 하겠다. 총맹부인 역시 이에 순응하니, 하강한 천지왕을 맞이한 가난한 총맹부인은 수명장자에게 쌀을 꾸어 저녁을 대접하며 천지왕을 당연한 듯 맞아들인다. 合宮日을 받아 총맹부인과 연을 맺은 천지왕은, 아들 형제를 둘 것이니 위는 대별왕, 밑은 소별왕으로 이름 지으라 한다. 가려면 증표를 남기고 가라는 아

---

27 玄容駿, 「濟州島巫俗資料事典」, 新丘文化社, 1980.을 대본으로 함. 세경본풀이, 삼공본풀이, 마누라본풀이도 이에 의함.

28 赤松智城秋葉隆, 「朝鮮巫俗の硏究」 上, 大阪屋號書店, 1937. 시루말.

29 姜恩海, "韓國神話의 方位와 創業主 形成의 分節論", 金烈圭 編, 「韓國文學의 두 問題-怨恨과 家系」, 學硏社, 1985. pp. 181~199. 당위적 성취의 행위자와 시련과 성취의 행위자를 검토하여 한국 서사체를 당위론적인 단군신화계와 주인공의 고난과 탐색으로 극복하는 주몽신화계로 대별하고, 이러한 맥락에서 시루말, 천지왕본풀이를 주몽계열체로 보고 있다.

내의 말에 아들이 찾거든 심으라고 박씨 두 개를 주면서도 아내에 대한 배려를 하지 않는 것은 여성을 출산하는 터로만 보았음을 나타낸다. 동명왕신화에 비유하자면 類利의 어머니 禮氏처럼, 비중 있는 역을 맡지 못하고 있으며 보조도 하지 않고 있는데, 이 신화가 형제의 부친 탐색과 이승저승 차지의 인세 주도권 경쟁에 초점이 있기 때문이기도 하다.

마. 바리데기

바리데기는 딸만 여섯이 있던 오구대왕과 길대부인의 일곱 번째 딸이다. 딸만 일곱을 낳자 父王은 홧김에 막내딸을 버렸는데 왕 부부가 병들어 죽자 막내딸이 부모를 살리고 죽은 이의 영혼을 저승길로 인도하는 신이 된다는 巫祖神話다. 부모를 위해 求藥旅行을 떠나 독서지옥, 한빙지옥, 구렁지옥, 배암지옥, 물지옥, 혼암지옥, 무간 팔만사천지옥을 넘어 무장승을 만난 바리데기는, 물 삼 년 길어 주고 불 삼 년 때 주고 나무 삼 년 해 주고 또 무장승과의 사이에서 일곱 아들을 낳아 준 후에야 藥水와 還生꽃을 얻게 된다.[30]

바리데기의 시련을 그녀와 동수자 사이에서 벌어지는 삽화를 통해 살펴보겠다. 구약여행을 나선 바리데기는 남복을 지어 입고 출발하여 동두산 동두천에서 동수자를 만난다. 동수자는 바리데기가 소변보러 다니는 것과 옷 입고 자는 것을 이상하게 생각하고, 여자가 아니냐고 추궁한 끝에 오줌 줄기가 얼마나 센지 내기하고 목욕을 하면서 옷을 감춤으로써 그녀와 가약을 맺게 된다. 동수자에게 여자임이 탄로된 바리데기는 아들 삼형제를 낳아 주고서야 약물과 약꽃을 얻는다.[31] 이같은 바리데기의 시련은 探索을 하는 과정에서 수반되는 것으로, 探索

---

30 金泰坤, 「韓國巫歌集」 I, 集文堂, 1971. pp. 77~80. 서울 地域, 진오귀 巫歌.
31 崔正如·徐大錫, 「東海岸巫歌」, 螢雪出版社, 1974. 바리데기.

對象 또는 派送者[32]와의 경합담이라 하겠다.[33]

이처럼 바리데기는 매우 적극적인 행동을 하지만 집에서 내쳐지고 구약여행을 나서는 행동은 막내딸이기 때문에 받은 어쩔 수 없는 상황에서 이루어진 것이다. 한 가지 주목할 점은 바리데기와 그 언니 여섯 명의 상반된 행동이다. 부모가 딸을 보내 약을 구하려 하자 위의 딸 여섯은 "삼천 궁녀 못 가는 것을 소녀 어찌 가오리까", "형님이 못 가는 것을 소녀 어찌 가오리까"[34] 등으로 한결같이 핑계를 대며 빠지니, 막내인 바리데기가 나서게 된다. 이런 면에서 보면 바리데기 역시 사건을 이끌어 가는 주동적 인물이지 않고 조역이며 운명을 받아들인 것일 뿐이다. 그러나 이러한 상황을 적극적으로 개척하고 맡겨진 임무를 수행하는 점에서 유화보다 훨씬 더 능동적인데, 여성이 적극적이고 마침내 신으로까지 좌정하는 것은 무속신화의 중요한 한 특성이다. 이 점은 자청비[세경본풀이]에서 더욱 두드러지게 나타난다. 바리데기의 시련은 문화영웅의 자격을 갖추기 위한 과정으로 이해되는데,[35] 유리의 어머니 예 씨처럼 전달자에 그치고 있는 당금애기와 비교해 보면 상황에 대한 바리데기의 적극적 대처 방식이 부각된다.

바리데기가 단순히 모성을 실현하려는 단계를 넘어 자아실현을 위해 노력하기는 하지만, 구약여행이 입사시련인 점에서 다른 신화의 여성과 근본적으로 같다. 또 自意에 의하지 않은 상황 수용이란 점에서 수동적이며 종속적이다.[36] 다만 상황을 어떻게 헤쳐 나가는가 하는

---

32 派送者는 行爲項(actant) 범주의 하나다.

　　A. J. Greimas, *Sémantique structurale*, Paris, Larousse, 1966. pp. 172~191.

33 許椿, "韓國 神話의 系列論-競合과 互讓", 「白鹿語文」 第9輯, 濟州大 國語敎育科, 1992-a. p. 114.

34 赤松智城·秋葉隆, op.cit., 바리공주. p. 41.

35 許椿, "濟州島 巫俗神話의 文化英雄 考", ── 刊行委 編, 「玄容駿博士華甲紀念 濟州島言語民俗論叢」, 圖書出版 濟州文化, 1992-b. p. 299.

36 부모가 바리공주를 찾는 동기가 자신들이 살기 위해서이고 따라서 바리공주의 구

점이 다르므로 이에 유의할 필요가 있겠다.

바. 세경본풀이

농경의 기원을 말한 제주의 무속신화인데, 제주의 지역성이 고려된 듯 목축신이 등장한다. 비교적 내용이 길고 복잡하므로 논의의 편의상 줄거리를 요약·제시하겠다.

문 도령에게 반한 자청비가 스스로 男服을 하고 함께 글공부를 했는데, 얼마 후 문 도령은 본메를 나누어 갖고 하늘로 되돌아간다. 겁간하려는 정수남을 죽이고 일 잘하는 남종을 죽인 죄로 집에서 쫓겨난 자청비는, 남장을 하고 서천 꽃밭에 들어가 그 집의 사위가 되고 생명꽃을 얻어 와 정수남을 살리나 여자가 사람을 죽였다 살렸다 한다고 부모에게서 또 내쫓긴다. 시부모가 부여한 시험을 통과한 자청비는 문 도령과 혼인하는데 문 도령과 정혼했던 서수왕따님애기는 자살하고 온갖 邪氣를 불러일으킨다. 하늘 나라의 선비들이 자청비를 푸대쌈하기로 하여 문 도령을 초청한후 술을 먹여 죽이려 하는데, 자청비의 기지로 잔치에서는 죽지 않게 되나, 외눈할망에게 속아 결국 문 도령은 죽는다. 이에 자청비는 서천 꽃밭에서 환생꽃을 가져다가 문 도령을 살린다. 그 후 변란이 일어나자 자원하여 수레멜망악심꽃으로 난을 진압한 자청비는, 이 공으로 열두시만국과 오곡 씨를 얻고 문 도령과 지상으로 내려온다.

남장과 여장의 兩性具有와 數次의 兩性結合은 농경의 풍요와 연관되어 있으며, 자청비는 곡모신의 역을 맡고 있다. 하늘에서 가져온 오곡 종자가 戰功의 대가임도 특기할 만하며, 자청비의 문화영웅적 성격을 알 수 있다. 하늘에 오른 자청비가 문 도령의 부모 앞에서 며느

약 투쟁도 부모를 위해서이며 그 결과로 얻어지는 지위도 부친에게서 부여받은 것이라는 점에서도 바리공주를 주체적 영웅이라고 할 수는 없겠다.(徐大錫, "바리공주 硏究", 「韓國巫歌의 硏究」, 文學思想社, 1980. p. 244)

리가 될 수 있는지의 시험을 받는 것은, 단군신화의 곰과 호랑이가 그랬던 것처럼, 문화영웅이 될 수 있는지를 심판받는 일종의 자격시험이고 통과의례다.[37]

자청비는 문 도령에게 반해 남복을 하고 함께 글공부를 떠나는 적극성을 보이니, 상황을 스스로 선택하는 능동성으로 해서 주체적 영웅이 될 자격을 갖추고 있다. 남장을 하고 문 도령과 같이 한솥밥을 먹고 한 이불 속에서 잠을 자며 공부하던 자청비는, 자기를 의심하는 문 도령을 낮에 졸음이 오게 함으로써 삼천 선비 가운데 장원을 하고 문 도령의 의심을 막는다. 오줌 갈기기 내기(오줌 골길낙)를 하면서는 대막대기를 잘라다 바짓가랑이에 넣어두어 문 도령의 의심을 말끔히 씻는다. 서수왕따님애기에게 장가들지 않겠다는 문 도령의 말에 대로 한 문 도령의 부모는 자청비에게 숯불 위의 칼날 위(칼쏜ᄃ리)를 걷게 하는 과제를 주었으나, 자청비는 이를 거뜬히 수행하고 며느리로 인정받는다.

영웅신화의 틀을 계승하고 있는 이 신화 역시 주된 삽화는 여성 수난인데, 유화-당금애기-바리공주로 이어져 온 여성 수난의 원인은 이들이 천신과 지신의 결합에 의한 地神系였기 때문이며 여주인공의 수동적 자세도 여기에서 연유함이 검토된 바 있다.[38] 자청비 역시 문 도령과의 이별, 정수남에 의한 수난, 집에서의 축출, 시부모에 의한 시련, 서수왕따님애기와의 갈등, 남편의 죽음 들을 맞는다. 그러나 이들을 이겨내고 남편을 살린 후 戰功으로 오곡의 씨를 받아오고 세경의 神職을 받아 흉풍을 주관하게 된다. 연속되는 수난에 적극적으로 대처하는 자청비의 행동이 어디에서 연유한 것인지 또 지역성과 어느 정도 관련이 있는지는 좀 더 깊은 비교·검토가 있어야겠지만, 위기 대

---

37 許椿(1992-b), op.cit., p. 295.
38 徐大錫, op. cit., p. 96., pp. 241~244.

처 방식의 차이점은 당금애기·바리데기·가믄장아기 등과 견주어 볼
때 확연해진다. 이러한 차이는 일면 지역적 특성에서도 연유하겠지
만,[39] 자청비의 조부모는 天皇帝釋·地皇帝釋인데도 부모는 지상에 살
아 天父地母의 성격이 약화된 것도 한 원인이겠다.

이 기회에 가믄장아기[삼공본풀이]에 관해 잠시 살펴볼 필요가 있겠
다. 武王說話와 유사한 삼공본풀이는 심청전 같은 효행계의 무속신화
로, 富와 開眼을 가져다 준 가믄장아기 역시 문화영웅이다. 쫓겨나는
동생에게 식은 밥이라도 먹이라는 어머니의 명을 어기고 모녀 사이를
이간시키려 하는, 비뚤어진 마음을 가진 두 언니와 남을 도우려는 가
믄장아기가 대조되어 있다.

거지 부부가 세 딸(은장아기, 놋장아기, 가믄장아기)을 낳은 후 거부가
되었는데, 딸들을 불러 누구 덕으로 사느냐고 효심을 시험하였다. 큰
딸, 둘째 딸은 하늘님, 지하님, 부모님 덕으로 대답했는데, 막내딸은
선그믓(배꼽 밑에 그어진 금) 덕에 산다 하여 쫓겨났다. 쫓겨난 가믄장아
기는 마퉁이[薯童]를 만나 같이 사는데 마 파던 구덩이에서 金銀이 쏟
아져 부자가 되고, 눈이 멀고 거지가 된 가믄장아기의 부모는 막내딸
이 연 걸인 잔치에서 눈을 뜬다는 내용이다.

이야기의 발단은 기존 질서의 일탈이지만 쫓겨난 가믄장아기가 마
퉁이 삼형제 집에 머무르고 막내 마퉁이의 마 파던 구덩이에서 금은
을 발견한 것은, 기존 질서와 부닥친 시련을 이긴 대가나 과업을 수행
한 결과라기보다는 우연성이 짙다. 금은이 막내에게서만 발견된 것
또한 그러하다. 가믄장아기의 노력은 마퉁이 삼 형제 중 막내가 쓸 만
한 사람임을 알아본 것(그러나 둘이 가약을 맺는 것과는 연관이 없다.), 자갈

---

39 제주 여인들의 강한 생활력과 독립심과도 연관이 있을 것이다.(朴敬伸, "제주도 巫
俗神話의 몇 가지 특징-〈세경본풀이〉를 중심으로-", 「국어국문학」 제96호, 국어국
문학회, 1986. pp. 299~300)

이라고 버린 것을 닦아 보아 금은임을 발견해낸 것 정도를 들 수 있 겠다. 그러므로 자청비와 가믄장아기는 시련 극복 과정이 적극적 노력에 의한, 자력에 의한 것인지 구별된다.

사. 아기장수

후술할 오누이(오뉘) 힘내기와 함께 전국적인 분포를 보이고 있는 廣布傳說로 부모가 자식을 죽인(또는 죽인 것이나 다름없는), 인륜에 어긋 난 내용의 전설이다.

> 겨드랑이에 날개(비늘)가 돋힌 아들을 낳았는데 태어나자 곧 날아다닌다. 부모는 이 아이가 장차 역적이 되어 집안(세상)을 망칠 것이라 하여 돌로 눌러(비늘을 떼어) 죽였다. 아기장수가 죽을 때 부탁한 유언을 어머니가 어기거나 폭로하는 바람에 재기에 실패하였다. 그 후 용마가 나와 울다가 죽었는데 그 흔적(龍沼, 용마바위, 용마봉 등)이 남아 있다.[40]

아기장수는 기존 질서에 따를 수밖에 없는 외부의 압력으로 일차적 죽음을 맞게 되는데, 어머니에 의해 재기 직전에 실패하고 완전한 죽음을 맞는다. 아기장수에게 가해자는 부모인데, 이때 부모는 세계의 횡포를 대변하고 있다. 가해 시 대체로 어머니가 적극적이나 부부의 의견 차이가 심하지는 않다.

이제 재기에 실패하는 과정을 보겠다. 이때도 어머니의 폭로 내지 실수가 주된 원인이고 부모가 함께 개입된 경우는 드물다. 둥구리는 어머니가 준 곡식을 지니고 바위 속에서 수련을 하고 있었는데 이성계의 협박을 못 이긴 어머니가 이를 폭로하는 바람에 용마를 타고 일

---

40 대본은 崔來沃, op.cit. (pp. 290~310)에 의함. 각 편(둥구리·우투리 전설 등)과 오뉘 힘내기 전설(pp. 310~322)도 같음.

어나기 직전에 죽음을 당했다. 우투리도 정략적으로 혼인한 남편 이
성계에게 어머니가 비밀을 폭로하는 바람에 재기 성공 직전에 죽었
다. 아기장수가 재기하기 위해 한 부탁은 믿었던 어머니에 의해 어겨
지고 아기장수는 철저한 죽음을 맞는다. 어머니는 곡식을 함께 묻은
장소를 알려 준다든지, 곡식을 볶을 때 어머니가 콩 한 알을 먹는 바
람에 아기장수가 관군의 화살을 막지 못한다든지, 아기장수가 숨은
장소와 태어날 때의 비밀을 폭로한다든지, 명당에 묻어달라는 것을
딴 곳에 묻는다든지 등으로 아들의 유언을 어긴다. 이처럼 아기장수
는 어머니(여성)의 폭로가 결정적 원인이 되어 뜻을 이루지 못하고 말
았다.

좁쌀과 메밀로 군대를 양성하며 커다란 바위 속에 숨어 왕이 되려
고 시도했으나 어머니의 폭로로 실패한 우투리는 '에미가 원수'라 하
며 죽고, 어머니 자신도 이성계에게 죽음을 당한다. 우투리를 찾아 없
애려고 별별 수단을 다 쓴 이성계가, '좋은 자식을 네가 말을 해서 죽
였다'며 우투리의 어머니를 죽인 것은 억지 명분이지만, 어머니가 죽
는 것은 이 같은 비윤리적 상황을 도출한 당연한 결과다. 그러므로 어
머니의 죽음은 이 이야기를 신화와 구분짓게 하는 중요한 한 결말이
라 하겠다. 인간의 원초적 욕망과 근친상간이라는 윤리성 사이에서
오빠가 자살하거나[달래고개 전설] 아들을 살리기 위해 딸을 방해한 어
머니가 아들의 자살로 자식을 모두 잃어버리는 결말[오뉘 힘내기 전설]
도 같은 맥락에서 이해된다. 사건의 흔적이 남게 되는 전설은 고난에
서 온 좌절로 끝맺는 경우가 많기 마련이지만, 이 경우 윤리성이 크게
작용하여 가져온 결과로 이해된다.

이처럼 모성에 반하는 여성의 철저한 파괴력은 전술한 여러 설화에
나타난 창조력과 상반되면서도 묘한 조화를 이룬다. 아기장수가 다른
사람이 아닌 어머니에 의해 죽는 것도 이에 연유한 것이다.

그런데 제주의 경우 부모가 날개만을 자르는 변이를 보인다. 이를 들어, 차마 죽일 수 없는 부모의 마음은 인간의 본성과 통하는 순수한 것이며 곧 제주 사람들의 의식과 통하는 것이라고도 본다.[41] 전설의 비극성이라는 본래의 면모를 감안할 때 이 점이 꼭 긍정적 방향으로의 변화인가 하는 점은 재고해 보아야 할 것이다. 아버지에 의해 날개가 잘린 洪業善, 부대각, 朴氏의 아들, 한연 한배임재[42] 등의 평범한 삶은 이 전설의 의도가 아닐 것이기 때문이다.

아. 오뉘 힘내기

홀어머니가 장사 남매를 데리고 살았다. 남매가 힘내기(서울에 갔다 오기, 성 쌓기 등)를 하였는데 승자가 패자를 죽이기로 했다. 딸이 거의 이기게 되자 아들을 살리기 위해 어머니는 딸을 방해했다. 아들이 이겨 누이는 죽음을 당했는데, 후에 이 사실을 안 아들은 자살하고 남매를 잃은 어머니 또한 자진했다. 힘내기한 흔적(딸이 쌓다 만 성)이 남아 있다.

각 편에는 시합 내용이 말달리기와 활쏘기, 밥 짓기, 물 나르기, 굴 뚫기 등으로 변해 나타난다. 성 쌓는 딸을 방해하는 어머니의 수단은 조반상, 돌·뉘가 든 밥, 더운 점심, 찰밥, 뜨거운 국, 볶은 콩 등의 음식이나 쌓은 성의 한쪽 또는 쌓은 탑을 민다든지 팥을 세라 하거나 꾀병을 부리는 등의 행동을 통해서다.[43]

어머니가 딸 편을 들지 않고 아들 편을 든 것과 어머니가 자신을 방

---

41 현길언, 「제주도의 장수 설화」, 弘盛社, 1981. p. 136.
42 玄容駿, 「濟州島傳說」, 瑞文堂, 1976. 洪業善, 坪垈 부대각, 날개 돋친 密陽朴氏, 한연 한배임재. 제주의 아기장수 전설에서는 어머니가 알리고 아버지가 날개를 자르거나 지지는 경우가 대부분이다. 이러한 변화와 상이점은 좀 더 검토가 필요한 문제다.
43 崔常壽, op.cit., 峨帽山의 움평다리.
　崔來沃, op.cit., pp. 166~171, pp. 290~322.
　「大系」 3-2 九女城 전설, 3-4 천마산의 할미성. 등.

해함을 알면서도 이에 따르는 딸의 행동을 어떻게 해석해야 하는가? 이에 대해 아들이 더욱 권력적이라는 현실 그리고 어머니의 安身과 이익이 딸을 죽도록 만들었다는 견해는 시사적이다. 딸이 어머니를 거역하지 않고 죽음을 자초하는 것은, 부모의 사랑을 받지 못한 자식은 비록 영웅과 권력자라 하여도 종내는 죽음밖에 없다는 切切한 한국인의 가족의식이 드러난 것이며 여자로서의 운명을 감수한 것으로 해석하고 있다.[44] 代를 잇고자 하는 유교적이고 남성 우위의 관념은, 병든 어머니에게 드릴 秘藥을 캐려다가 절벽에서 떨어져 죽은 남매 중 별다른 이유 없이 아들만을 소생시키는 한 전설[45]에서도 극명하게 볼 수 있다. 그런데 딸의 죽음은 가족의식의 발로나 모녀 관계보다 모성애적 기질에 바탕을 둔, 자기희생을 통한 창조라는 면이 더 짙다.

어머니는 기존 질서, 낡은 세계, 권력에 편승하려는 인심 등을 표상하는 부정적 이미지로 나타나고 있다. 이 전설의 현세 부정적 성격에 유의해 본다면, 누이로 대표되는 민중의 삶은 현실 상황에 대한 울분이기도 하다. 이런 점들을 감안할 때 어머니의 개입이 없는 전설[46]은 전형이 아닌 변형이라 본다.

오뉘 힘내기 전설에 결부되는 누이와의 씨름 겨루기를 보면 누이가 남동생에 적대적이거나 경쟁자인 것은 아니다. 동생의 자만심을 수그러지게 하기 위해 슬쩍 나서기도 하고 적으로부터 동생을 구해 주기도 한다.[47] 이는 누이(여성)의 포용력을 나타내는 것이기도 하다. 누이

---

44 崔來沃, ibid., pp. 189~191.
45 崔常壽, op.cit., 仙女바위.
46 崔常壽, ibid, 掛弓亭과 十層塔.
47 柳增善, 「嶺南의 傳說」, 螢雪出版社, 1971. 張氏使傳說.
　　玄容駿(1976), op.cit., 吳察訪, 始興里 玄氏男妹.
　　「大系」4-1 당진 장수 이야기, 4-5 동생과의 내기에서 져준 이몽학의 누이, 8-14 최장수와 누나의 힘. 등.

는 외부의 횡포에서 동생을 보호하기 위해 자신을 희생한다. 누이의 상징적 의미를 지모신에서 찾음[48]도 남동생이 영웅으로서 제대로 설 수 있게 도와 주는 구실에 의미를 부여하고 있는 것이다.

죽을 줄 알면서도 어머니의 말을 따르는 누이와 편향적으로 개입할 수밖에 없는 어머니는 모두 기존 질서의 희생물이다. 이들은 사건의 조역인데 특히 누이의 수동적 삶은 이를 잘 보여 준다. 두 영웅의 경쟁에 끼어들어 사건의 향방을 돌린 어머니도 새로운 영웅을 희구하는 이 전설의 주역일 수 없다. 어머니와 누이는 여성의 희생적 모성을 나타내는 점에서는 같으나, 파괴적인 면과 자기 희생을 통한 창조라는 점에서 둘은 구분된다.

3. 變異樣相과 그 意味

단군신화의 웅녀는 入社 試鍊을 겪고 나서 사람이 되고 환웅의 假婚으로 단군을 낳는다. 시련의 내용을 문제삼아 인내를 여성만의 특성으로 치부하는 것은 비약적이지만, 곰이 왜 하필 여자로 변했는가 하는 점을 생각해 볼 때 출산 기능을 하는 여자의 모성을 중시했음을 알 수 있다. 이는 환웅과 웅녀 사이의 결연 과정이나 웅녀가 지어미로서 생활한 이야기가 없음을 보아서도 짐작할 수 있다.

모든 소망을 기도로 해결하는 단군신화지만 願化爲人하고 祝願有孕한 주체는 어디까지나 웅녀로, 그녀의 자발적 의지에 의해 사건은 진행되고 있다. 타의에 의해 몸을 앗기고 결연 과정에서 전혀 자신의 뜻을 나타내지 못하는 유화에 견주어 보면 이 차이가 뚜렷해진다. 창조신화의 일반적 유형인 天父地母 가운데에도 어머니(여성)가 자신의

---

48 千惠淑, "傳說의 神話的 性格에 관한 研究", 啓明大 大學院 博士學位論文, 1987. p. 84.

의도로 사건을 전개해 가는 점에서도, 단군신화는 肇國神話로서 특성
과 자격을 갖추고 있다.

유화는, 해모수의 아내나 하백의 딸로서는 상황에 순응하는 피동적
자세를 벗어나지 못하지만 주몽의 어머니로서는 적극적 양육자로 나서
서 보호자 역할을 한다. 유화는 자기가 낳은 알을 버리는 금와를 막을
수는 없었지만 주몽과 대소의 사이를 중재하고, 아들이 피신할 때 나서
서, 직접 흉풍을 주관하지는 못하지만 곡모신으로 등장한다. 이에 비해
姓만 전하는, 유리의 어머니 禮氏는 단순한 전령 역할에 그쳐 미미한
역을 한다. 전체적으로 볼 때 여성은 조역인데, 아내로서보다 어머니로
서의 여성이 중시된다. 이 시기는 이미 모계사회를 벗어난 때이며 문헌
기록자가 남성인 점이 중요한 원인이겠지만, 우리 신화를 관통하는 큰
흐름이다.

부부가 함께 신성성을 띠는 혁거세신화의 閼英은 정착민의 농경사회
를 반영하는 남방신화의 예라 하겠는데, 이는 수로왕신화에서도 같다.

무속신화는 신으로의 좌정담이라는 특성으로 해서 주인공은 상황
에 적극적으로 대처하기 마련이다. 무속신화에서는, 부닥친 상황은 자
의가 아니었지만 이를 헤쳐가는 행동은 적극적이고 진취적이다. 무속
신화의 여성은 신으로 좌정하기 때문일 것인 바, 천부지모형인 시루
말, 천지왕본풀이 같은 창세신화를 제외하고는 주역으로 나선다. 천지
왕본풀이의 총멩부인과 당금애기(제석본풀이)는 출산과 전령 역할밖에
하지 않지만, 바리데기, 자청비, 가믄장아기는 한걸음 나아가서 능동
적으로 대처하고 있다. 그러면서도 이들은 차이를 보이니 바리데기는
시련을 통해 얻은 神職이 주어진 것일 뿐 아니라 자신의 뜻과는 무관
하게 어쩔 수 없이 수용한 상황이라는 점에서, 가믄장아기는 스스로
의 노력보다 우연성이 많이 작용하였다는 점에서 주체적이라고 할 수
없다.

그런데 자청비는 운명을 스스로 선택했고 이를 이겨냈으므로 농경을 주관하는 신이 될 수 있었다. 영웅은 남성이고 으레 이들의 시련담이 주가 되는 문헌신화와 달리 주체적인 여성의 신적 능력을 보이는 뚜렷한 경우다. 바리데기, 당금애기, 가믄장아기 등이 불가피하게 상황을 수용한 것인데 비해 자청비는 스스로 상황을 선택한 점에서 구분된다.

아기장수는 어머니의 폭로로 재기에 실패한다. 아들을 잃은 어머니가 죽음을 당하는 것은 비윤리적 행위의 결과인데 이 점은 오뉘 힘내기 전설에서도 같다. 누이의 포용력은 모성과 통하는 것으로, 부당한 죽음을 받아들이는 누이와 어머니의 편향적 개입은 남성 우위의 관념을 확인해 준다. 어머니와 누이는 파괴와 창조라는 면에서 그 성격을 달리 한다.

자신의 어머니 가이아(Gaea)의 도움으로 아버지 우라누스(Uranus)를 죽이고 왕위에 오른 크로누스(Cronus)가 자신도 자식에게 죽을 것이라는 예언 때문에 자식을 낳는 대로 삼키자, 이를 애통하게 생각한 크로누스의 아내 레아(Rhea)는 제우스를 낳자 돌과 바꿔 살린다. 그 후 제우스는 다른 신들과 어머니와 합세하여 아버지를 죽이고 새 治者로 등장한다. 殺父로 이어지는 그리스 신화에서도 남편보다 자식을 훨씬 중시하는 모성이 상황을 좌우하고 있어서, 어디서나 모성은 다른 것에 우선해서 발휘됨을 보여 준다.

창의적인 여성의 면모가 남성 중심의 기록인 문헌신화에서는 거의 나타나지 않고 구전되는 무속신화에서는 비교적 두드러지게 표출되고 있음은, 기록자의 유교적 관념과 모계사회를 벗어난 시대 배경 때문일 것이다. 남성인 대별상(마마신)과 여성인 삼승할망(産神)과의 다툼에서 삼승할망이 통쾌하게 이기는 것이나[49] 부부의 힘내기에서 승패

---

49 남자의 行次길에 邪物(여자)이 웬일이냐는 대별상의 호통을 들은 삼승할망은 그의

가 없는 공평한 결과를 가져온 것[50]도 구전설화이므로 가능한 일이다. 권세 있고 지체 높은 사람에게 패배하는 원님과 과부·과부와 홀아비의 힘내기[51]도 마찬가지 예로서, 실상을 반영한 것이다.

오뉘 힘내기 전설에서 어머니가 결국은 자식 둘을 다 죽게 하는 파멸을 가져오는데, 어머니는 어떤 일의 결과에 순리대로 따르지 않고 이를 거스르는 행동을 하지만 이를 운명 개척적이라 할 수는 없겠다. 어머니의 뜻을 알면서도 순응하는 딸은 어머니와 대비된다.

섣불리 추론해 본다면, 우리 신화에 나타나는 여성은 그 양면성을 보여 주며 특히 여성이 수동적이고 자기희생을 통해 창조를 꾀하려는 북방계 신화의 모습이 주류가 아닌가 한다. 흔적과 함께 비극성이 두드러지기 마련인 전설이나, 극히 비윤리적 내용만 아니라면 비교적 자유롭고 흥미 있게 구술되기 마련인 민담에서도 이 같은 상황은 같다.

III. 結論

이 글은 구애의 대상인 연인으로서의 여성과 출산을 하는 어머니로서의 여성, 창조와 파괴라는 여성의 두 측면과 역할을 설화에서 구체적으로 검토하여 보았다.

천부지모형인 개국신화에서 북방 신화가 어머니로서의 여성을 중시하는데, 여성의 역할은 미미하지만 모성적인 측면이 우리 신화의 주된 줄기라고 본다. 부부가 다 신성성을 띠는 혁거세신화나 수로왕

아내에게 有胎를 주어 대별상에게 받은 모욕을 갚고 그의 사죄를 받는다.(마누라 본풀이)

50 「大系」 5-1 할미성의 부부 힘내기, 5-1 부부 힘내기.

51 Ibid., 홀어미산성, 崔常壽, op.cit., 홀어미 城.

신화는 정착 농경민의 특성을 나타내고 있는 예다.

건국영웅 등 남성 위주의 문헌신화에서 여성은 조역을 맡고 수동적이며 출산 능력이 중시되지만, 같은 천부지모형이라도 창세신화가 아닌 무속신화에서는 주역으로 적극적인데 이는 신으로 좌정하기 위해 필요한 과정이기 때문이다.

무속신화의 여성은 수난의 주역인데 이러한 수난은 그 결실을 탄탄하게 하는 결과를 가져온다. 이들 중 당금애기는 유리의 어머니 예 씨처럼 남편의 명을 전달하는 데 그쳐 역할이 미미하다. 시련을 타개하는 데는 모두 적극적이지만, 바리데기, 가믄장아기가 어찌할 수 없이 상황을 수용하고 있는 데 비해 자청비는 상황도 스스로 선택한 점에서 구분된다. 바리데기, 당금애기는 시련을 통한 神職도 자의가 아니고 주어진 점에서, 가믄장아기는 스스로의 노력보다 우연성이 많이 작용하였다는 점에서 주체적이라고 할 수 없겠다. 그런데 자청비는 운명을 스스로 선택했고 이를 이겨냈으며 戰功의 결과로 神職을 받아 농경을 주관하는 신이 될 수 있었다.

기록자가 유교적 관념에 젖은 남성인 문헌신화와 달리 무속신화를 비롯한 구전설화에 나타나는 여성상은, 구전 과정에서의 변모를 감안하더라도, 향유층의 의식이 잘 드러나고 있다. 신화와 전설이 지닌 차이에서 온 것이라고 생각되지만 전설에서는 여성의 상반된 양면성이 극명히 드러나고 있다. 아기장수 설화의 어머니는 파괴를 하는 일의 방해자요, 장애를 가져다 주는 인물로, 그 결과를 예견할 수 있었음에도 비밀을 폭로하여 자식의 장래를 망친다. 이제 반해 오뉘 힘내기의 누이는 모성애를 발휘하여 동생이 다치지 않도록 보호해 주고 있는 바, 자기희생을 통한 창조를 꾀하고 있어 기존 질서를 표상하는 부정적 이미지의 어머니와 대조된다.

수많은 민담을 비롯한 많은 설화를 통해 좀 더 면밀하게 검증해야 하는 과제는 후고를 기약한다.

(「常山韓榮煥博士華甲紀念論文集」, 開文社, 1993)

4. 說話와 古小說의 虎

I. 머리말

　동물에 관한 이야기는 그 연원이 매우 오래되었으니 단군신화의 熊虎說話는 우리 동물담의 시원이라 할 만하다. 사람이 동물과 유대를 맺으면서부터 자연히 두려워하게 된 동물도 생겼으며, 나아가 사람과 동물을 동일선상에 놓거나, 용, 이무기, 불가사리 등 상상적 동물까지 등장하였다.

　그런데 서구의 동물담을 대표하는 것이 〈여우 이야기〉라면 우리나라 민담을 대표하는 것은 〈호랑이(범) 이야기〉[1]라 하겠으니 한국의 동물담에 등장하는 등장인물(동물)의 빈도수를 조사해 볼 때 ① 호랑이 30 ② 토끼 28 ③ 여우 17 ④ 두꺼비 10 ⑤ 쥐 10 ⑥ 게 9 ⑦ 개 8 ⑧ 소 6 ⑨ 곰, 개구리, 거북 각 5라는 통계[2]도 이를 방증하고 있다. 호랑이는 사람에게 피해를 주고 따라서 매우 두려운 존재였으나 그렇기 때문에 오히려 사람은 호랑이의 도움을 절실히 바랐고 호랑이를 신령한 동물(산신)로까지 간주했던 것이다.

　호랑이는 늘 龍과 함께 운위되는데, 용이 물을 지배한다면 호랑이는 뭍을 지배하는 자[3]로서의 성격을 지녔으니 줄다리기 경쟁에서도

1　張德順, 「韓國說話文學硏究」, 서울大學校 出版部, 1971. p. 104.

2　曺喜雄, "韓國의 動物譚", 「韓國古典文學硏究」(白影 鄭炳昱先生 還甲紀念論叢Ⅲ). 新丘文化社, 1983. p. 39. 한국의 동물담 113 유형(pp. 32~36)을 자료로 한 조사임.

3　오늘날 강원도의「산돌이」, 충청도의「산군이」, 경상도의「산찌검」이라는 산의 임

용·호의 싸움을 상징하여 용줄과 호줄로 만들어 대결하고 있음[4]도 용의 적수는 호랑이임을 보여 주는 예다.

虎譚은 특히 장덕순,[5] 성기열,[6] 최래옥,[7] 이수봉[8] 등에 의해 연구되었는데, 최래옥은 孝譚을 중심으로 사람과 호랑이가 서로 관계를 가질 때 힘의 차이가 경우에 따라 나타나며 또 그 힘이 호랑이의 속성을 결정하는 요인이 된다고 보아 사람이 더 강한 경우, 호랑이가 더 강한 경우, 서로 대등한 경우, 양자가 서로 밀착되어 넘나드는 경우[9]의 네 유형으로 나누었고, 이수봉은 호랑이를 ① 민속적인 존숭의 산신형 ② 동물은 우직하기 때문에 항상 사람에 당하는 우직형 ③ 은혜를 상호수수하는 영물형 ④ 사람을 가해하는 짐승형[10]으로 분류하고 있다.

글쓴이는 이에 기본적으로 동의하면서 설화에 나타난 호랑이를, 그 맡은 역할에 따라, 사람에게 피해를 주는 虎患의 주역인 惡虎, 은혜를 상호수수하기도 하고 일방적으로도 사람을 도와주기도 하는 善虎, 다른 동물 또는 사람에게 당하는 痴虎, 송사를 주재하고 악인을 정치하는 산신령으로서의 君虎로 나누어 살피고 이러한 호랑이의 면모가 고소설에서는 어떻게 나타나는가, 또 그렇게 나타나는 이유는 무엇인가

자, 산을 지키는 자라는 의미의 방언들은 그것이 다 그대로 곧 범을 가리키는 말임은 이를 잘 나타낸다. 張籌根, "韓國의 神堂形態考", 「韓國民俗學研究論文選」. 一潮閣, 1982. p. 367.

4 배도식, "武安 龍虎놀이 研究", 「~韓國民俗學」 16輯. 韓國民俗學, 1983. p. 157.

5 주 1).

6 成耆說, 「韓國口碑傳承의 研究」. 一潮閣, 1976.

7 崔來沃, "韓國孝行說話의 性格研究", 「韓國民俗學」 10輯, 韓國民俗學會, 1977.

───, 「韓國口碑 傳說의 研究」. 一潮閣, 1981.

8 李樹鳳, "忠北의 虎譚研究", 「새터姜漢永教授古稀紀念 韓國판소리·古典文學研究」. 亞細亞文化社, 1983.

9 崔來沃, 「韓國口碑傳說의 研究」. 주 7) p. 221.

10 주 8).

에 관해 검토하고자 하였다. 고소설에서는 호랑이가 일정한 역을 맡아 등장하는 경우가 드물어서—그 이유는 더 상고할 문제지만—금령전, 장화홍련전, 부용상사곡, 서동지전, 호질 이렇게 5편만을 대상으로 하였다.

II. 민담의 호랑이

1. 惡虎

우리의 호담 중 虎患譚과 호랑이의 포획담(특히 虎皮 얻기)이 가장 많은 분포를 보인다[11]는 데서도 알 수 있는 바와 같이 악호는 우리에게 가장 많이 유포되어 있는 호랑이 상인데 사람에게 가해하니 자연히 이를 포획하고자 했을 것이다. 사납고 모진 마음씨를 호랑이에게 비유하고 있는 것(虎狼之心)도 한 예가 된다.

호랑이에게 물려 죽은 머슴 총각이 대사의 기도로 상주목사로 다시 태어난다든지[12] 호랑이가 궁에 猪入한다든지[13] 하는 이야기는 다 호환이 그 발단이 된다. 실제로 호환이 매우 심했다는 것은 평산에서 송경에 이르기까지의 노변에 사나운 호랑이가 나타나 파발의 길까지도 끊어지게 되었다(時自平由抵松京 一路惡虎敢入 撥路將絶)[14]는 기록에서도 알 수 있다.

이러한 악호를 퇴치하는 이야기[15]도 많은데 이는 사람에게 우환을

---

11 주 1). p. 104.
12 韓國口碑文學會編, 「韓國口碑文學選集」, 一潮閣, 1980. p. 28.
13 「邑誌」, p. 521. 주 1) p. 103에서 再引用.
14 「大東野乘」, 卷五八. 延平日記
15 成耆說, 「韓日民譚의 比較硏究」. 一潮閣, 1979. pp. 113~115. 「破睡篇」卷上. 李武弁窮峽格

주는 호랑이는 물리쳐야 할 대상이라는 점에서 더욱이 영웅이나 장사가 그 힘을 과시하기 위한 알맞은 대상이라는 점에서일 것이다.

2. 善虎

이는 보은을 하거나 영웅, 善人을 도와 주는 animal aid(nurse)의 주역이다.

멀리 삼국유사에도 보이는 報恩의 호랑이16는 효자와 관련된 虎口拔釵譚(또는 가시)이 가장 많다. 〈남극년과 큰 범〉17은 남극년이 친상을 당해 시묘를 하던 중 하루는 묘막 앞에 큰 범이 나타나 입을 벌리니 남 공이 범과 싸우려고 주먹을 호랑이 입에 넣었다가 목에 걸려 있던 비녀를 빼내 주니 범은 매일 밤 나타나 남 공의 벗이 되어 주었다는 이야기로 이와 유사한 이야기가 널리 분포되어 있다. 충남 계룡산의 한 중이 불공을 드리는데 호랑이가 나타나 포효하니 호랑이의 목에 걸린 비녀를 빼내 주었더니 그 후 호랑이가 다시 나타나 중을 태우고 산을 달려 기절해 있는 여인이 있는 곳까지 데려다 주자 중은 기절한 여인을 소생시켜 의남매를 맺고 불도에 정진했다는 오뉘탑 이야기,18 호랑이의 입에 박혀 있는 비녀를 뽑아 주었더니 선친의 묏자리를 잡아 주더라는 이야기,19 같은 내용의 兪氏 묘지 이야기,20 虎子를 길러 놓아주었더니 사슴을 물어와서 보은했다는 이야기,21 목에 걸린 노루 뼈다귀를 빼내 준 촌 양반을 남대문까지 업어다 준 호랑이 이야기22

猛獸 등.
16 「三國遺事」. 卷五, 感通 第七. 金現感虎.
17 「내 고장 전통 가꾸기」. 음성군편. pp. 415~417. 주 8) pp. 405~408에서 再引用.
18 崔常壽, 「韓國民間傳說集」, 通文館, 1958. p. 97.
19 「於于野談」. 卷二 仙道條.
20 주 18). p. 464.
21 「松都紀異」.

등 헤아릴 수 없을 정도다.

호랑이가 충신, 효자, 열녀와 자기를 도와 준 사람에게 은혜를 갚는 것은 인간적, 윤리적 면모를 지니는 것이다. 즉 윤리 의식을 효과적으로 강화해 주는 기능이 있으니 이 점이 용과는 다른 면모라 하겠다.

이처럼 은혜를 수수하는 報恩, 知恩의 호담은 조선조 후기 文無子 李鈺의 峽孝婦傳[23]에 수용·정착되었다. 어떤 산골에 살고 있는 젊은 과부가 늙고 병들고 눈마저 먼 시어머니를 잘 봉양하여 개가하지 않았는데 친정에 갔다 오는 도중 호랑이를 만났다. 범은 그녀를 먹지 않았는데 그 뒤 과부의 꿈에 범이 함정에 빠지니 과부는 곧 가서 사냥꾼에게 애걸하여 호랑이를 구출하였다는 내용이다. 外史氏 평에도 "범은 그 사람마다 먹지 않는구려.(虎其人人而不食也哉)"하며 호랑이의 靈異함을 인정하고 있다.

호랑이가 원조자[24]로 등장하는 虎援說話도 많은데 여기에서도 우리는 호랑이의 윤리 의식과 인간적 면모를, 그리고 한편으로는 그 영이함과 위력을 볼 수 있다.

가장 대표적인 것은 견훤 탄생 설화라 하겠으니 "… 처음에 견훤이 나서 포대기에 싸였을 때 아버지는 들에서 밭을 갈고 어머니는 아버지에게 밥을 갖다 주려고 아이를 수풀 아래 놓아 두었더니 호랑이가 와서 젖을 먹이매 마을 사람들이 이 말을 듣고 이상하게 여겼다.(… 初

---

22 任東權, 「韓國의 民譚」. 瑞文堂, 1972. pp. 139~140.

23 金鑢. 「藫庭叢書」, 卷十二. 桃花流水館小藁.

24 원조자는 V. Propp의 민담의 7개 행동반경 중 증여자(donor), 원조자(helper)를 포함하는 개념으로 썼음. 즉 A. J. Greimas의 행위범주에 따른, 적대자(antagonist)에 대한 원조자(helper)임.

V. Propp, *Morphology of the Folktale*(trans. by Laurence Scott, Austin & London), Univ. of Texas Press, 1968. pp. 79~80.

E. Meletinsky, Structural-Typological Study of Folktales. in ed. by Pierre Maranda, *Soviet Structural Folkloristics*, The Hague; Mouton, 1974. pp. 32~33.

萱生孺襁時 父耕于野 母餉之 以兒置于林下 虎來乳之 鄕黨聞者異焉)"[25]고 한다. 또 金祚의 딸 萬宮은 7세 때 거란병의 난을 만나서 부모가 길가에 버리고 갔더니 호랑이가 나타나서 3일간이나 안아 재웠다고 한다.[26] 호랑이가 아이에게 젖을 먹이고 갔다는 것은 그 아이에 대한 神異로 받아들여져 장래 큰 사람이 될 것을 암시하는 요소이다.[27] 또 大虎가 바위 밑에 있는 穆祖를 바깥으로 나오게 해서 무너지는 벼랑에서 목조의 생명을 구한 이야기,[28] 곽재우를 임진왜란으로부터 피난시키고자 한 호랑이 이야기[29] 등 다양하다.

대체로 설화에 나타나는 동물 원조자[30]는 山神陰助의 역을 맡고 있는데 이는 토테미즘에 근거하고 있다고 생각한다. 그런데 웅녀에 의거해 볼 때 범은 본시는 여성토템으로 숭앙되었을 것[31]이다. 동물 원조자는 자기에게 은혜를 베푼 인물과 충신, 효자, 열녀를 돕고 이들이 위기에 빠졌을 때 구해 주거나 필요한 것을 구해 준다. 그러므로 동물 원조자는 충, 효, 열 등의 윤리 의식을 강화시켜 주고 있다.

3. 痴虎

어리석은 호랑이 이야기는 주로 민담에 보인다. 잠자는 호랑이의 살갗에 예리한 칼로 금을 그어 놓은 다음 꼬리를 잡고 호랑이를 갑자기 깨우면 호랑이는 껍질만 남겨 놓고 알몸뚱이만 빠져 도망간다는

---

25 「三國遺事」. 卷三, 紀異 第二. 後百濟 甄萱.

26 「高麗史」, 列傳 二十六 安祐, 卷百十三 金得培 列傳. 「新增東國輿地勝覽」 卷二十八 常州牧.

27 金鉉龍, 「韓國古說話論」. 새문社. 1984. p. 252.

28 「韓國民俗綜合調査報告書」(全北篇), 說話. p. 605.

29 孫道心, 「虎狼이」. 서울신문사, 1974. p. 82.

30 설화에 나타난 원조자는 朴恩實, "韓國說話에 나타난 援助者 硏究". 梨花女大 碩士學位論論, 1981.에서 연구됨.

31 朴湧植, 「韓國說話의 原始宗敎思想研究」. 一志社, 1984. p. 96.

유의 대체로 笑話에 속하는 내용이다.

여기에 나타나는 호랑이는 용맹스럽거나 신령한 것이 아니라 어리
석고 겁이 많다. 백두산 산신령이라 속인 한라산 수달에게 속아 도망
간 호랑이,[32] 함정에 빠진 호랑이를 구해 준 나그네를 도리어 잡아먹
으려다 심판을 맡은 여우(혹은 토끼, 원숭이, 두꺼비 등등)에 의해 다시 함
정에 빠진 은혜 모르는 호랑이,[33] 꼬리로 물고기 잡는 호랑이,[34] 거울
속에 비친 제 모습을 보고 달아 난 호랑이,[35] 달걀, 자라, 쇠똥, 쇠꽂덩
이 멍석, 지게 등에 눌려 죽음을 당하는 호랑이,[36] 곶감에 놀라 도망간
호랑이[37] 등의 예를 들 수 있다.

이처럼 어리석은 호랑이는 李鈺의 捕虎妻傳[38]에 수용되었으니 그
호랑이는 정읍산성의 여자가 달구어진 조약돌을 솜에 싸서 던져 주자
개새끼인 줄 알고 덥석 삼켰다가 죽는다.

그리고 삼국사기, 삼국유사, 세종실록 지리지, 동국여지승람 등에
용과 관련된 설화가 무려 816편[39]이나 되지만 용이 戲化된 일이 없다
는 점과 좋은 비교가 되는데 이는 호랑이가 사람들에게 좀 더 친밀한
느낌을 주었기 때문이며 한편 호랑이에 대한 불안과 공포를 해소하는
한 방편이기도 했을 것이다.

---

32 曺喜雄, "韓國動物譚 Index". 「文化人類學」 5輯, 1972. p. 128.

33 上소. p. 129.

34 上소. p. 130. 孫晋泰, 「韓國民族說話의 硏究」. 乙酉文化社, 1947. pp. 159~160.에는 "虎兎
   說話"로 소개됨.

35 上소 p. 132.

36 金光淳, 「慶北民譚」. 螢雪出版社, 1978. pp. 336~338. 孫晋泰. 주 34)에는 "쇠똥에 자빠
   진 범"으로 소개됨.

37 주 22). pp. 135-136.

38 주 23). 卷二十一. 梅花外史.

39 朴桂弘, 「韓國民俗硏究」. 螢雪出版社, 1973. p. 16.

4. 君虎

악을 징치하는 畏敬의 山君으로, 또는 산신의 使者로 등장하는 호
랑이다. 호랑이의 異名이 山神, 山君, 山君子, 山靈, 山中의 英雄인 점
에서도 그 성격을 알 수 있는데 이때의 호랑이는 '神聖顯示'가 된다.
그리고 이는 자연을 외경하고 그 靈物性을 믿어 자연과의 조화를 이
루었던 선인들의 의식을 보여 준다.

近藤時司는 다음의 예를 보이고 있다.

> 강원도 모 고을에서는 옛날부터 虎를 산신으로 제사 지내고 있다. 이
> 고을에 來住하는 원은 도임 초에 그 산에 올라 정성껏 빌면 고을이 잘 다
> 스려진다고 한다. 어느 해에 원이 정성을 덜 드렸기 때문에 그 이튿날부
> 터 호랑이가 고을 안을 횡행하며 해를 끼쳤다. 원은 이를 잡으려고 생각
> 하여 서기에게 명령했지만 서기는 산신의 崇畏를 열심히 충고했다. 그리
> 하여 원도 마음이 움직여 목욕재계하고 정성을 다하여 빌었더니 그날 밤
> 꿈에 맹호가 나타나 왼쪽 다리를 꽉 물었다. 그 후 1개월도 못되어 조정으
> 로부터 昇官의 칙지가 내리고 부인은 아들을 낳고 치정이 잘 되어 드디어
> 선정비가 세워지고 그는 일생을 잘 살았다 한다.[40]

위는 호랑이가 산신으로 숭앙을 받은 경우지만 산신이 호랑이를 데
리고 있기도 하였으니 이때의 호랑이는 산신의 사자로서 등장한다.

> 고려인 李靈幹이 어렸을 때 烟洞에 나아가 공부를 하는데 하루는 영간
> 이 혼자 西嶺에 올랐다가 龍子를 만나 암상에 앉아 바둑을 두니 큰 호랑이
> 한 마리가 바위 옆에 엎드려 있었다 영간이 조용히 바둑을 지고 물러나
> 그 사실을 전부 寺僧에게 고하니 사승이 이상히 여겨 함께 다시 가 보았

---

40 近藤時司, "朝鮮の民族說話に 現はれたる 虎に フムて". 「文敎の朝鮮」 65號. p. 35. 주 1).
　　 p. 100.에서 再引用.

다. 그러나 龍子와 호랑이는 간 곳을 모르겠고 오직 岩下에는 호랑이의 발자국이 남아 있었다.[41]

지금까지 살펴본 바와 같이 민담에서의 호랑이는, 다른 동물들이 대부분 그렇듯이[42] 양면성-善·惡, 賢·愚을 지니고 있다.[43] 그러나 용의 양면성과는 좀 다르다. 지방에 따라 '깡철', '이무기', '이심' 등으로 불리는 용에게는, 소를 잡아먹고 사람을 익사하게 하고 혹은 가뭄이 들게 하여 농사를 망쳐놓기 일쑤인 '지상의 악룡'[44]이니 '강철이 간 데는 가을도 봄'[45]이라는 속담도 있다. 반면 용은 비를 내리고 인간에게 유익한 일을 해 주기도 한다. 그런데 용이 이러한 양면성을 지니고 있음에도 사람들에게 외경의 존재로 받아들여진 데 비해, 호랑이는 선악의 면 외에도 어리석음과 현명함도 아울러 지니고 있어 희화되어 나타나고도 있다. 이는 용이 전설적, 상상적 동물이었고, 호랑이는 실재하였으므로 보다 인간적 면모로 파악되었다는 점을 나타낸다.

Ⅲ. 용과의 비교

앞서 소개한 龍에 대한 기사는 참으로 많은데, 장덕순[46]은 한국 설화 문학에 나타나는 용의 성격을 ① 至尊者로서의 성격 ② 물을 지배

---

41 「邑誌」, 「東國與地勝覽」. 「世宗實錄地理志」, 등. 주 1) pp. 99~100.에서 再引用.
42 예컨대 일반적으로 교활하다고생각되는 여우도 민담에서는 꾀보와 바보가 같은 비중을 두고 나타난다. Cf. 주 2). p. 39.
43 惡虎일 경우에 적대자, 善虎일 경우에는 원조자의 두 면모를 지니고 있다.
44 金烈圭, 「韓國의 神話」, 一潮閣, 1976. p. 32.
45 「芝峯類說」, 語言部. 俗語曰 强鐵去處雖秋如春 人莫知其所謂 聞諸人之老 則强鐵乃物名比物所在數里之內草木 禾嫁.
46 주 1) p. 111~113.

하는 자로서의 성격 ③ 豫示者로서의 성격 ④ 인간적인 성격으로 나
누었다.

농민들은 물을 지배하는 造化의 용을 祈雨의 대상으로 삼았으며 어
민들은 용을 풍어제의 대상신으로 모셨다. 사람들의 상상력 속에서
인간 역사와 더불어 있어 온 용은 무서운 파괴력을 지닌 것으로, 한편
으로는 생명력의 원천(물)으로 생각되었으니 용꿈은 祥夢으로 간주되
고 태몽인 경우에는 위인의 탄생을 의미하였다. 이처럼 용의 상징성
은 이중적인데, 이는 뱀이 신성성과 사악함이란 두 가지 성격을 지니
고 있는 것[47]과 상통한다.

우리 설화에 보이는 용의 이미지는 護國龍인데 신라에서는 호국 불
교 신앙과 결부되어 나타나고 있으며 특히 고승의 행적과 관련된 護
法龍이 많다. 삼국유사에서만 들어도 南越에서 대장경을 구해 오며
풍파가 심하자 주문을 외어 용과 함께 대장경을 받들고 돌아온 普耀
禪師[48]를 비롯하여 義湘,[49] 元曉,[50] 眞表,[51] 明朗[52] 등을 들 수 있다. 또
文武王은 知義法師에게 자신은 죽어서 호국룡이 되겠다고 말하고 있
다(朕身後願爲護國大龍 崇奉佛法 守護邦家).[53]

용, 용궁은 사람들에게 매우 신비스럽게 인식되었음[54]에도, 설화에
서는 용이 악룡을 퇴치하기 위해서는 인간의 능력을 빌리도록 짜여져
있다. 惡龍 退治는 세계적인 공통 유형인데,[55] 이는 악호 퇴치처럼 한

---

47 金美蘭, "古代小說에 나타난 變身모티브 硏究", 延世大 博士學位請求論文, 1983. p. 75.
48 「三國遺事」. 卷三, 塔像 第四. 前後所將 舍利.
49 上仝, 洛山二大聖 觀音 正趣 調信.
50 上仝, 卷四, 義解 第五. 元曉不羈.
51 上仝, 關東風岳鉢淵藪石記.
52 上仝, 卷五, 神呪 第六. 明朗神印.
53 上仝, 卷三, 紀異, 第二. 文虎王 法敏.
54 용에게 납치되었던 水路夫人은 구출된 후 용궁의 모습을 칠보궁전에 음식은 달고
   기름기가 있으며 향기 있고 정결하여 인간의 것과 다르더라고 말하고 있으며, 부
   인의 의복에서 나는 향내 역시 인간세계에서는 맡아 볼 수 없는 것이었다.

인물의 위대성을 보여 주기 위함이다. 삼국유사의 居陁知설화56는 전형적인 예이다. 용은 弓士를 알아보는 知人之監이 있으며 위에 언급한 것처럼 거타지라는 한 인물의 과인함을 나타내려는 것이다. 惠通이라는 고승이 용을 퇴치하는 것57도 혜통선사의 신통력을 강조하기 위함일 것이다. 악룡 퇴치 유화는 용비어천가에도 보이는데 악룡인 흑룡을 백룡의 청에 따라 쏘아 죽였더니 백룡이 꿈에 나타나 은혜를 갚겠다고 하더라는 度祖의 행적을 기록한 부분이다.58 龍도 得天을 위해서, 환생을 위해서(여우, 지렁이 등), 악룡을 퇴치하기 위해서 사람의 도움을 필요로 하는데 자기를 도와준 사람에게는 富를 제공하는 등 그 은혜를 꼭 갚는 상호 보은의 양상을 띤다.59

또 용은 용녀와 결혼한 남자,60 박진사의 彈琴에 반하는 용녀61 등 인간적인 모습을 보여 주나 충신, 효자, 열녀 등을 도와주는 용이 나타나지 않음은 특기할 만한데 윤리 인식의 고취에는 가까이서 볼 수 있었던 호랑이가 더 효과적이기 때문일 것이다. 용이 실재하지 않는 상상의 동물이란 사실은 매우 중요한 점인데, 용은 신화·전설에는 자

55 Antti Arne, Verzeichnis der Märchentypen(1910). *The Types of the Folktale*, Translated & Enlarged by Stith Thompson, Indiana Univ. (관련 유형 Type 301, 303, 305, 315, 466, 502, 530, 532, 553)
56 「三國遺事」. 卷二, 紀異 第二. 眞聖女王 居陁知. 같은 계열의 설화가 作帝建說話(「高麗史」)다.
57 上仝, 卷五, 神呪 第六, 惠通降龍
58 「韓國口碑文學大系」. 韓國精神文化研究院, 1980.
　전북 남원군, "여자에게 있는 여의주를 얻은 용이 은혜를 갚다"
　경북 성주군 "은혜 주고받는 임기와 사람"
　충남 당진군 "은혜 갚은 용", "여자가 된 지렁이" 등.
59 「韓國口碑文學大系」. 韓國精神文化研究院, 1980.
　전남 남원군, "여자에게 있는 여의주를 얻은 용이 은혜를 갚다"
　경북 성주군 "은혜 주고받는 이무기와 사람"
　충남 당진군 "은혜 갚은 용", "여자가 된 지렁이" 등.
60 「邑誌」, p. 515. 恭檢池, 주 1) p. 113에서 再引用.
61 「世宗實錄地理誌」. p. 450, 龍女殺其夫 주 1) p. 113.에서 再引用.

주 등장하지만 민담에는 거의 등장하지 않으며, 호랑이처럼 희화되는 일도 없다.

IV. 도깨비와의 비교

사람들이 공포를 느끼면서도 우둔하다고 생각하는 도깨비는 호랑이와 상통하는 바가 있다. 즉 도깨비는 심술궂고 짓궂어서 사람을 괴롭히며 귀찮게 하지만 때로는 도움을 주는 호의성을 보여 주며 사람이 도깨비의 단순하고 우직함을 이용하여 치부하기도 한다. 도깨비는 그 조화와 神怪力이 무궁무진하니 속담에도 '도깨비 대동강 건너듯,' '도깨비 땅 마련하듯',62 '도깨비 莎草'등 그 조화를 나타내는 말이 전해져 온다.

개암을 깨물어 도깨비 방망이를 얻음으로 해서 부자가 된 이야기63에서는 도깨비가 가지고 있는 방망이의 조화를 알 수 있고, 우연히 도깨비의 감투를 썼더니 말소리는 나는데 쓴 사람은 보이지 않게 되더라는 이야기64에서는 도깨비의 신괴력을 알 수 있다.

그러나 김 서방이 밭에서 돌멩이를 골라내는 것을 보고 김 서방을 골리려고 도깨비가 그 밭에다 돌멩이를 산더미같이 쌓아 놓았는데, 김 서방이 이를 알고 일부러 큰 소리로 "누가 고맙게도 돌멩이를 쌓아 놓았지? 날 골탕 먹이려면 닭똥이나 가득 쌓아 놓지."하자 도깨비가 그 날 밤으로 돌을 치우고 닭똥을 잔뜩 쌓아 놓는 바람에 김 서방네는 매년 푸짐한 수확을 거두게 되었다는 이야기,65 누가 들창 밖에

---

62 「旬五志」, 魍魎量稅 言 料量虛妄.
63 崔來沃,「全北民譚」, 螢雪出版社 1982. pp. 63~65.
64 주 36). pp. 114~115.

서 돈 닷 냥만 꾸어 달라기에 선뜻 꾸어 주니 그날 밤부터 떠꺼머리 총각이 돈을 갚고 가는데 웬일인지 밤마다 돈 닷 냥씩 주고 가서 돈을 꾸어 준 영감은 곧 부자가 되었다는 이야기,[66] 그리고 앞의 이야기 중 개암 깨무는 소리에 놀라 달아나는 도깨비[67]처럼 단순하며 겁 많고 건망증이 심하기도 하다.

위에 든 예에서처럼, 사람은 도깨비의 심술과 조화에 괴로움을 겪지만 오히려 이를 역이용하여 부를 얻었듯이, 호랑이도 사람에게 피해를 주지만 사람은 이를 역이용하여 치부하고 출세하였다. 또 도깨비가 개암 깨무는 소리 같은 사소한 일에도 놀라 겁먹고 도망가는 것처럼, 호랑이도 곶감 같은 것에 놀라고 여우 등에 속아서 꼬리를 강물에 담그고 물고기를 잡으려 한다든지 함정에 도로 빠진다든지 하는 것이다. 이러한 양면성은 특히 민담에서 도깨비와 호랑이가 같은 유형으로 나타나고 있으니 이는 양자의 상관성을 보여 주는 것이다.

V. 고소설의 호랑이

고소설에 등장하는 호랑이는 그 수도 적지만 맡은 역 또한 미미하다. 그런데도 이를 살펴보고자 하는 것은 민담에서의 호랑이와 고소설에서의 호랑이가 어떻게 달리 나타나고 있는가를 검토해 보는 일이 민담과 고소설의 관계를 구명하는 작업에 일조가 되리라 믿기 때문이다.

---

65 주 59). 서울 도봉구편, pp. 265~266.
66 任東權, 「韓國民俗學論攷」. 宣明文化社, 1971. pp. 120~121.
67 주 63).

1. 금령전

금령전(금방울전, 能見難思)은 민담 세계의 주인공이 가지는 몇 가지의 화소를 지니고 있어서 金圓傳과 함께 민담과 고소설의 구조 연구에 좋은 자료가 되는 작품이다.

전기적인 요소가 짙은 이 작품에서 호랑이는 아주 잠깐 등장하는데 인간을 해치는 악호로 나온다. 그런데 이는 금방울의 위력을 나타내기 위한 대상이 되고 있다.

해룡이 난중에 장삼에게 구원을 받았는데 장삼의 아내 변씨는 해룡의 총명함을 알고 해룡을 시기하고 학대하였다. 이때마다 방울이 이를 알고 해룡을 도와 줬는데 하루는 해룡을 해치려고 변씨가 "우리집 전장이 구호동의 잇더니 근뇌 호환이 주로 잇셔 스롬이 샹흐여 폐장이 되연지 하마 슈십년이라"[68]하며 그 땅을 다 이루어 너도 장가들고 우리도 좀 살자면서 구호동으로 해룡을 보내니 "희룡이 웃고 왈 인명이 지천흐니 즘성이 엇지 희흐리오"하며 구호동에 들어간 바 "홀연 디풍이 일며 이마흔 범이 쥬홍 갓튼 입을 버리고 다라들거놀…… 쏘 흔 디회 소리 지르고 다다르니" 해룡이 어찌할 바를 모르고 있을 때 등 뒤에서 방울이 나타나 이를 구해 준다.

虎患이 전장을 폐농하게 할 정도였음과 이 같은 호랑이의 猛爆性을 제압하는 방울의 위력을 보여 주고자 했음을 알 수 있다.

2. 장화홍련전

가정 문제를 도덕적 차원에서 다루었다 할 장화홍련전은 계모의 학

---

68 金東旭,「景印 古小說板刻本全集」. 第一冊. 延世大 人文科學硏究所. 1973. 京板 20張本 宋洞 新刊. 18장, 이하 인용은 같은 장임. 띄어쓰기 글쓴이. 이하 같음.

대에 의해 전처 딸이 억울하게 죽은 이야기, 前·後 府使의 사망으로
고을이 흉읍이 되었다는 이야기, 자매의 冤獄 事件을 밝힌 이야기 등
의 많은 설화가 결부된 작품이다.

성품이 闇弱한 배좌수의 후처 허씨와 그 소생 장쇠가 전실 딸 장화
와 홍련을 학대 모함하고 장쇠는 장화를 강박하여 물에 몸을 던져 죽
게 하니, 홍련은 이를 짐작하고 靑鳥의 안내로 장화가 빠져 죽은 못으
로 가서 형의 뒤를 따라 투신한다.

> 쟝화ㅣ 물에 빠지미 홀연 물결이 일어나 하날에 다으며 찬바람이 음음
> 흔디 난디업는 큰 범이 달녀들며 공즁에셔 위여 굴아디 네 어미 무도불측
> 호야 이미흔 자식을 모히호야 이럿케 참혹히 죽이니 엇지 하날이 무심이
> 두리오 너브터 죽여 업시흘 것이로되 아즉 죽여 몰으는 것보다 병신을 만
> 들어 평싱을 고통흐게 흐는 것이 나으니 너는 견디여 보라 흐더니 그 호
> 랑이 달녀들며 장쇠의 두 귀와 한편 팔과 한편 다리를 버여먹고 간 디 업
> 는지라[69]

이렇게 장쇠를 치죄하는 大虎는 일종의 심판자로서의 기능을 하고
있다. 이처럼 이 작품의 호랑이는 선의 편에 서서 악을 징치하는 인간
의 소박한 소망이 만든 호랑이, 즉 戒世懲人하는 畏敬의 호랑이다. 신
화·전설에서의 호랑이가 國祖나 偉人을 돕는다면 민담이나 소설의 호
랑이는 선인을 도와주고 악인을 징계하고 있으니 호랑이는 효자, 열
녀 같은 善人을 알아보는 눈을 가지고 있다.

---

69 「舊活字本 古小說全集」. 卷十三. 仁川大 民族文化資料叢書①, 1983. p. 120. (1915, 京城書籍
　組合 發行本)

3. 부용상사곡

평양 명기 부용과 김유성의 사랑을 그린 염정소설 부용상사곡은 가사와 소설과의 연관을 밝혀 주는 좋은 예가 되는 작품이다.

부용과 가약을 맺은 후 상경하던 유성은 평소 부용을 연모해 오던 평양 감영의 통인 최흥만의 자객들을 만나나 뜻하지 않은 白虎의 출현으로 위기를 모면하게 된다.

  각셜 김종지 용낭을 리별ᄒ고 경성으로 향ᄒ실… (동선령에 이르러 수십 명의 漢子가 풍우같이 좃차오니 유성이 어찌할 줄 모르고 창황하더니) … 홀연 반산중으로셔 벽력갓흔 소리 진동ᄒ며 풍시 디작ᄒ더니 일쳑 빅회 내다라 고함ᄒ니 좃차오던 한ᄌ들이 이 거동을 보고 모다 혼비빅산ᄒ야 쥐 숨듯 도망ᄒ더라. 이ᄯ 공지 ᄯ혼 정신이 비월ᄒ야 라귀 등에 업더엿다가 반향 후 심신을 진정ᄒ야 눈을 ᄯ 슯혀보니 좃차 오던 한ᄌ는 어디로 향ᄒ 지 아지 못ᄒ고 빅회 ᄯ혼 간 곳이 업ᄂ지라. 마옴에 신괴히 넉여 심ᄂ에 혜오디 이ᄂ 반다시 신명이 도으심이로다 ᄒ고 챵두로 더브러 힝ᄒ니라70

이 작품의 호랑이도 장화홍련전에서 보는 바와 같이 일종의 원조자요, 악을 징치하는 심판자로 나타나는데, 이 호랑이가 산신(산신의 사자)이었다는 것은 "빅회 ᄯ혼 간 곳이 업ᄂ지라"하는 데서 드러나는 바 작자는 "이ᄂ 반다시 신명이 도으심이로다"하는 설명적 언사로 이 점을 분명히 하고 있다. 이처럼 호랑이는 자신의 지혜로 주인공을 돕기보다 不意의 시기와 장소에서 즉 비현실적으로 출현하고 있는데 이는 사람들이 호랑이는 영험이 있다고 믿은 때문이라고 생각한다.

---

70 「活字本 古典小說全集」 卷二. 亞細亞文化社, 1976. pp. 65~66. (1913, 新舊書林版)

4. 서동지전

쥐를 의인화한 작품이다. 성품이 간악하고 가세가 빈한하나 게으른 다람쥐가 쥐에게 구걸해 온 양식으로 봄을 났는데, 양식을 해마다 요구하자 이를 거절한 쥐에게 含怨하고 白虎山君에게 所志를 올리니 山君은 이를 가려 허위로 고발한 쥐를 징계한다는 내용이다. 인간세계를 풍자했다고 생각되는 이 작품에서 호랑이가 산신 또는 제왕으로 등장하는데 송사를 공정히 처리하고 있다.

> … 만물이 닷토와 송사흠은 우헤셔 덕지유무(德之有無)에 있는지라 … 산군은 빅(百) 짐싱에 쟝슈되시고 천(千) 짐싱의 왕이 되사 인의을 짐싱에게 베푸시며 덕을 짐싱에게 끼치시며 틱산오악에 천만(千萬) 짐싱이 산군의 교화를 힘입어스면 엇지 도격과 징송이 잇슬리잇고마는 … 싱각건디 산군이 용밍은 천산만학을 슌힝ᄒᆞᆺ 빅짐싱에 웃씀이로되 위엄은 천리 밧게 나지 못하고 덕은 빅리 밧게 베푸지 못ᄒᆞᆺ 슈하의 격은 즘싱이 산군의 교화를 입지 못하고 힝열 스이에 셔로 징송을 이르케며 징송지경에 이르니 슬푸다 …[71]

쥐가 올린 소지에 인군의 덕의 유무에 따른 교화를 따지고 있는 것은 물론 인간세계를 비유한 것이지만 호랑이에게 이같이 호소하는 것은 바로 호랑이가 산신인 까닭이다.

5. 호질

연암의 열하일기 關內程史 所收인 호질은 호랑이의 입을 빌려 인간이 짐승만도 못한 경우를, 그리고 假儒의 독선적 인간관을 신랄히 꾸짖고 있는 작품이다.

---

[71] 주 70) pp. 481~482 (1918, 永昌書館版).

범은 초목을 먹지 않고 벌레나 물고기를 먹지 않고 술 같은 좋지 못한 음식을 좋아하지 않으며 순종 굴복하는 하찮은 것들을 차마 잡아먹지 않는다. 산에 들어가면 노루나 사슴 따위를 사냥하고 들로 나가면 말이나 소를 잡아먹되 먹기 위해 비굴해진다거나 음식 따위로 다투는 일이 없다. 범은 도리가 어찌 광명정대하지 않은가(虎不食草本 不食蟲魚 不嗜麴糱悖亂之 物 不忍字伏細瑣之物 入山獵麏鹿 在野畋馬牛 未嘗爲口腹之累飮食之訟 虎之道豈 不光明正大矣乎)[72]

曲學阿世하는 儒子들을 나무라는 山君을 설명하고 있는 구절이다. 우리가 생각해야 될 점은 왜 하필 호랑이가 이 같은 역을 맡고 있는 가 하는 것이다. 호랑이의 산군으로 차지하는 위치는 여기서 좀 더 확실해지는 것이다.

이상에서 살핀 바와 같이 고소설의 호랑이는 도사, 도승보다 좀 더 현실적인 希願의 대상으로 나타나며 선인을 도와주고 위기에서 구해주며 악인을 징계하고 심판하고 있다. 아마도 이는 호랑이의 猛爆性 과 寬大性을 반영한 것이라 생각한다.

여기서 한 가지 특기할 것은 고소설에서는 민담에 나타나는 어리석은 호랑이가 등장하지 않는다는 점이다. 이는 소설의 진지성, 진실성과 연관이 있다고 본다. 소설은 흥미 위주의 민담과는 달리 사물이나 현상을 대함에 있어 민담보다는 진지하기 때문이다.

VI. 맺음말

설화는 구전되고 문자로 정착되는 동안 첨가, 보완, 윤색되기 마련

---

72 「燕巖集」, 卷十二, 熱河日記. 關內程史. 虎叱.

이다. 진실성이 결여된 흥미 본위의 민담은 더욱 그러하다. 설화 속의 호랑이는 그 맡은 역에 따라 호환을 주는 惡虎, 보은을 하고 知人之鑑이 있어서 善人을 알아보고 그를 도와주는 善虎, 조롱의 대상이 되는 어리석은 호랑이 痴虎, 山神으로 숭배의 대상이 되는 君虎로 분류할 수 있다. 대체로 신화·전설의 호랑이가 신격화되고 숭배의 대상이 되고 있는 것과 달리 민담에 있어서는 의리 있고 은혜를 갚을 줄 아나 때로 어리석어서 조롱의 대상이 되기도 하는데 조선조 후기 李鈺의 傳에도 수용되었다.

善惡, 賢愚 등 호랑이가 지닌 양면성은, 신성함과 사악함, 파괴력과 생명력 등을 아울러 지니는 용의 이중적 상징성과 비교될 수 있다. 우리 설화에서의 용은 호국룡, 호법룡으로 나타나고 충신, 효자, 열녀를 도와주는 용이 등장하지 않는 일은, 용은 상상의 동물이고 호랑이는 실재하는 동물이란 점에서 윤리 의식의 고취에 호랑이가 더 효과적이었기 때문일 것이다. 그리고 용은 민담에 거의 등장하지 않으며 戲化되지도 않는다.

한편 호랑이의 양면성은 횡재와 우환을 주는, 두려우면서도 친근한 도깨비의 속성과도 상통하며 더욱이 어리석다는 면에서도 양자는 잘 대비된다.

고소설에서 호랑이가 등장하는 작품은 몇 편 되지 않고 단역을 맡고 있다. 금령전, 장화홍련전, 부용상사곡, 서동지전, 호질 5편을 살펴보았는데 인명을 해치는 호랑이(이를 물리쳐 주인공의 위력을 보여 주기 위한 것이지만), 원조자로서의 호랑이, 산신(혹은 산신의 使者)으로서의 호랑이 등이 나타나고 있다.

우리 생활에 밀접한 개, 쥐 등은 그 지혜와 충성으로 사람을 도와주나 호랑이는 이보다 비현실적인 방법으로 뜻하지 않은 상황에서 나타난다. 이는 토테미즘과 연관이 있으며 권선징악이나 인과응보 등의 구원의식의 표출이다. 즉 선인들이 믿었던 소박한 종교의식의 발로인 것이다.

개항기 소설인 안국선의 금수회의록에 오면 호랑이는 다른 동물과 대등한 위치에 서고 있는데, 이는 시대를 따라 내려오면서 호랑이를 외경의 존재에서 이제 좀 더 가볍게 인식하였음을 보여 준다. 그러나 고소설에 痴虎가 등장하지 않음은 민담과 소설의 속성, 흥미성과 진지성의 차이에서 온 것이라 생각한다. 그 기능, 고소설에 등장하는 동물의 유형과 그 기능, 각 동물 원조자가 지닌 의의, 동물담과의 비교 등은 더 깊이 검토해야 할 문제다.

(「연세어문학」 18輯, 1985)

5. 説話에 나타난 호랑이의 特性
-「한국 호랑이 이야기」검토를 겸하여-

I. 導言

사람이 동물과 유대를 맺으면서부터 자연히 두려워하거나 친숙하게 된 동물이 생기고 용이나 이무기 같은 상상 속의 동물까지 등장하였다. 이 중 설화나 고소설에 자주 등장하는 호랑이는 예전부터 우리 민족에게 산신으로 숭앙받아 왔다. 호랑이는 사람에게 피해를 주는 공포의 대상이었기 때문에 사람들은 오히려 호랑이의 도움을 절실하게 바랐고 호랑이를 신령한 존재로까지 간주했다. 따라서 우리의 호랑이는 경외의 대상이자 인간과 친밀한 동물이기도 하였다. "까마귀 짖어 범 죽으랴!" 하듯, 호랑이는 웬만한 일에는 끄떡없는 동물이다. 이러한 호랑이의 위력을 이용하여 사람들은 잡귀나 역병을 물리치고자 하였다. 한국의 동물담에 등장하는 동물의 빈도를 조사한 한 통계[1]에서도 알 수 있듯이, 우리의 동물담을 대표하는 것은 호랑이라고 하겠다. 그리고 호랑이는 흔히 용과 함께 운위되는데, 용이 물을 지배한다면 호랑이는 뭍을 관장하는 성격을 지녔기 때문이다.

중국의 경우도 陳繼儒의 「虎薈」가 전하지만, 우리는 그보다 훨씬 앞서 「補閑集」(虎語), 「三國遺事」(檀君神話, 金現感虎)를 위시하여 「於于集

---

1 曺喜雄, "韓國의 動物譚", 「韓國古典文學研究」(白影鄭炳昱先生還甲紀念論叢 III), 新丘文化社, 1983. p. 39. 한국의 동물담 113유형을 자료로 호랑이가 30, 토끼 28, 여우 17, 두꺼비,쥐 각 10, 게 9, 개 8, 소 6, 곰, 개구리, 거북 각 5의 빈도를 제시하고 있다.

」(虎窄文), 「訒隱集」(虎眠, 虎橄), 「燕巖集」(虎叱) 등 호랑이를 다채롭게 작
품화하였다. 「靑坡劇談」, 「松窩雜說」, 「旬五志」, 「詩話彙成」 등에도 기
록된 호랑이 이야기는, 설화에서는 더욱 다양하여 옛 문헌에 채록된
것만 해도 백여 편이 넘는다. 근래에 와서는 다양한 설화를 포함하여
호랑이의 생태부터 호랑이와 관련된 漢方藥, 迷信, 俗談, 觀相, 民俗
놀음, 隱語, 俗信, 解夢, 수수께끼 등을 모아 호랑이 백과라 할 만한
「호랑이」(孫道心, 서울신문사, 1974)와, 호랑이 설화만을 수집하여 분류를
시도한 「한국 호랑이 이야기」(李家源, 東西文化社, 1977)가 이 뒤를 잇고
있다.

　여기에서는 먼저 설화 속의 호랑이에 관한 기존 연구를 검토해 보
고, 「한국 호랑이 이야기」의 내용을 소개하고자 한다. 그리고 설화에
나타난 호랑이의 여러 성격을 유별해 보고, 호랑이의 특성을 드러내
기 위해 용이나 도깨비 설화와도 비교하여 보겠다.

II. 研究 成果 檢討

　용에 비해서는 빈약한 편이지만 호랑이 설화 연구도 꽤 이루어졌
다. 대표적인 예를 들어 그 성과를 간략히 점검해 보겠다.

　호랑이 전설을 孝烈, 報恩, 神異로 나누어 고찰한 張德順은, 신화·
전설에서 신격시하던 호랑이가 민담에서는 조롱의 대상이 되고 있음
을 지적하고 있다.[2] '聖性'의 개념을 虎 信仰에 도입한 黃浿江은, 민속
신앙이나 민담에서 호랑이에 대한 우리 민족의 태도를 畏敬으로 요약
한다. 그래서 '畏'에서 '恐'으로 나타나는 긍정적이며 악의적인 호랑이

---

2 張德順, "虎傳說", 「韓國說話文學研究」, 서울大學校 出版部, 1970.

를 통해 聖性과 不淨이라는 모순이 병존하는 도식을 추출하고 있다.[3]
"호랑이와 세 아이"를 통해 죽음과 구원의 상징을 정신분석학적 관점
에서 분석한 李符永은, 兩價感情, 原初的 兩價性의 대상이 된 동물이
호랑이임을 밝히고 있어 앞의 연구와 유사한 관점을 보인다.[4] 小論이
지만, 수호신으로 상징되는 호랑이와 호환의 예방으로 신앙되는 호랑
이로 나누어 신앙적 이중성을 살핀 것[5] 또한 동일한 맥락이다.

  사람과 호랑이의 관계에 따라 사람이 더 강한 경우, 호랑이가 더 강
한 경우, 서로 대등한 경우, 양자가 서로 밀착되어 넘나드는 경우 등
虎譚을 네 유형으로 나눈 崔來沃은, 사람과 호랑이가 서로 관계를 맺
을 때 나타나는 힘의 차이가 호랑이의 속성을 결정한다고 본다.[6] 李樹
鳳은, 호랑이를 민속적인 존숭의 산신형, 항상 사람에게 당하는 우직
형, 은혜를 상호수수하는 영물형, 사람을 가해하는 무서운 짐승형으로
그 유형을 정리하고 있다.[7] 설화와 소설에 나타난 호랑이를 그 구실에
따라 피해를 주는 惡虎, 사람에게 은혜를 갚거나 일방적으로 도와주
기도 하는 善虎, 다른 동물 또는 사람에게 당하는 痴虎, 송사를 주재
하고 악인을 징치하는 산신령으로서의 君虎 등으로 나누어 검토해 본
글쓴이의 작업[8]이나, 虎譚을 통해 報恩型, 虎食型, 愚鈍型, 變身型으로
호랑이의 유형을 나누고 호랑이의 양면성을 고찰한 것[9]도 같은 관점
이다.

───────────

 3 黃浿江, "韓國民族說話와 호랑이", 「國語國文學」 55~57號, 國語國文學會, 1972.
 4 李符永, "韓國說話文學의 深層分析(4~5)" 중 1~2., 「文學思想」 4~5號, 文學思想社,
   1973.
 5 金泰坤, "민간신앙 속의 호랑이", 「한국 민속문화의 탐구」, 국립민속박물관, 1996.
 6 崔來沃, "韓國孝行說話의 性格研究", 「韓國民俗學」 10輯, 韓國民俗學會, 1977.
 7 李樹鳳, "忠北의 虎譚研究", 「韓國판소리·古典文學研究」(새터姜漢永教授古稀紀念), 亞細
   亞文化社, 1983.
 8 許椿, "說話와 古小說의 虎", 「연세어문학」 18輯, 延世大 國文科, 1985.
 9 崔仁鶴, "민화에 보이는 호랑이", 「한국 민속문화의 탐구」, op.cit.

이처럼 호랑이 설화에 대한 연구는 호랑이의 다양한 성격 파악에 초점이 맞추어져 있는데, 다른 동물담과의 비교 연구를 통해 호랑이의 특성이 더 잘 드러날 수 있을 것이다.

III. 「한국 호랑이 이야기」의 內容

이 책은, 연암의 '虎叱' 역문을 앞에 두고 호랑이 설화 80편을 성격의 가지가지, 신령으로 모셔지는 경우, 효도와의 관련, 은혜 갚음, 혼인 중매, 명인과의 관계, 우화, 그 똥, 호난, 호랑이 잡이로 나누어 싣고 있다. 이 중 은혜 갚음과 호랑이 잡이가 각각 15, 12편으로 다른 것보다 많은 편이다.

먼저 장별로 수록된 내용을 간략히 훑어보겠다.

호랑이는 산중에서 길 잃은 사람을 해치기도 하지만 보호하기도 한다니, 호랑이의 양면성을 보여 준다. 주인을 호환에서 구해 주는 짐승으로는 소가 등장한다. 소와 호랑이가 싸울 때 주인이 자기 소를 응원하지 않고 무서워 떨고만 있으면, 소는 호랑이를 죽인 후에 주인도 죽인다고 한다(1화: 호랑이의 여러 가지 성격). 소는 농경사회인 우리나라에서 한 가족으로 간주되었으므로 주인과의 관계는 대단히 밀접할 수밖에 없겠다. 호랑이도 인간 못지 않게 정절을 지키며(3화: 虎婦의 貞節), 모성애 또한 여느 동물과 다르지 않다(5화: 호랑이의 모성애). 남편을 해친 호랑이를 찾아 원수를 갚은 여인이나 남편 호랑이의 원수를 갚고자 한 암호랑이나 부도에서는 같다(68화: 婦道).

호랑이가 靈物로 인식되었음은 주지의 사실이다. 산신령의 화신으로 절에 모셔지기도 하였으며(12화: 큰 손님), 산신령의 사자로 나서기도 한다(20화: 아기와 시아버지). 자신의 변신을 막은 나무꾼에게 "너는 비록

내 원수이나 드물게 보는 참인간인지라 내 비록 동물이나 일컬어 영물이라 하니 어찌 너를 해할 수 있겠느냐?" 하며 사라진 일도 이 점을 잘 보여 준다(8화: 의를 아는 호랑이). 그러나 효성을 위한 인간의 지성에는 이기지 못한다(13화: 백일 기도). 호랑이는 종종 중으로 변해 나타나는데 산중에 기거한다는 공통점에서 연유한 것이라고 본다. 인간답지 못한 여인을 훈계하며(9화: 게으른 여인), 도깨비처럼, 곤궁한 사람을 도와 부부의 연을 맺어주기도 한다(10화: 범의 눈썹). 젊은이의 총명을 아껴서 죽은 지 오래 된 사람도 살릴 수 있는 자[尺]를 주기도 한다(40화: 호랑이 뼈다귀). 범은 영물이므로 "아무리 배가 고파도 아무 것이나 잡아먹지 않고 개만을 먹는다."고 한다. 개만도 못한 인간만 골라 먹는다 함은 인간의 바람이기도 하다. 호랑이의 눈썹을 대고 보니 사람들은 거의가 돼지, 개, 여우 등이었다 하니, 세인에 대한 풍간이겠다.

뜨거운 돌을 먹이인 줄 알고 삼키다 죽은 어리석은 호랑이 이야기는, 호랑이의 우둔함과 함께 인간의 지혜를 돋보이게 하기 위함이다(14화: 호랑이 잡은 산색시). 호랑이는 효심에 감동하는 영물이라, 천 년 묵은 여우가 잡아 간 효녀를 백 년 묵은 호랑이가 구해서 보호하다가 집에 데려다 주기도 하며(15화: 호랑이와 여우), 여기에는 곤경에 빠진 호랑이를 구해주는 인간의 보답도 있다(16화: 며느리의 효심, 17화: 鄭 호랑이, 18화: 딸기, 19화: 孝馬, 21화: 박효자 등). 나아가 사람과 의형제를 맺기에 이르니 사람과 호랑이의 친밀감을 보여 준다. 호랑이 또한 효심이 지극하여 친어머니로 알고 있던 사람이 죽으니 호랑이는 백 일 동안 먹지 않고 애통해 하다가 죽었는데, 그 새끼들 다섯 마리가 할머니가 돌아가셨다고 꼬리에 흰 댕기를 매고 문상을 왔다(22화: 의형제). 우둔하지만 인간에 못지 않은 호랑이의 일면이다. 역으로 효도나 은혜를 아는 호랑이보다 못한 인간이 있다는 의미이기도 하다.

"은혜 갚음"이 15편이나 되는 점 또한 위와 상통하는 바, "호랑이는

자기를 해치지 않는 사람은 해치지 않으며 인간적인 면도 있다고 한
다.”고 사람들은 믿고자 했다. 호랑이는 명당을 잡아주거나 신붓감이
나 약초를 구해 주는 등 여러 가지 방법으로 은혜에 보답한다(25화: 금
비녀를 삼키는 호랑이, 26화: 오뉘탑, 29화: 虎溪里 전설, 31화: 洞仙嶺 고개, 33화:
범 터 등). 금비녀가 목에 걸린 호랑이를 구해 준 이야기가 많은 것은
호랑이가 사람에게 끼친 해가 매우 크고 빈번했음을 알게 해 준다.

　의도적이든 아니든, 호랑이로 말미암아 두 젊은이가 맺어지는 이야
기인 “혼인 중매”는 6편이 수록되어 있다. 사람들은 “이는 하늘이 맺
어준 인연이고 산신령이 중매하였으니 우리 사람들의 힘으로는 막을
수 없는 일”이라 생각했다(38화: 산신령의 중매, 39화: 日傘峯 전설 등). 중매
와는 깊은 관련이 없지만, 몇 백 마리의 호랑이가 한 소년에게 미련하
게 달려들다 나무 가지에 목이 끼어 항복한다는 43화(목이 낀 호랑이)는,
賢愚의 양면성을 보여 주는 예다.

　호랑이는 靈物이니 자연히 名人과 인연이 깊기 마련인데, 하나같이
명인을 돕고 이들에게 복종하고 있다. 이 이야기들에서는 명인의 뛰
어남을 보이기 위한 수단으로 호랑이가 등장하기 때문에 호랑이를 제
어하는 명인의 국량과 용력에 초점이 있다. 그 예로 李塓, 朴曄(溪西野
譚), 韓明澮(記聞叢話), 李澄玉(東稗洛誦) 등을 볼 수 있다. ‘강감찬과 호랑
이’는 아마 가장 널리 알려진 이야기일 것이다. 해주 부용당의 수만
마리 맹꽁이 떼를 모조리 벙어리로 만들어 울지 못하게 한 강감찬에
게 한양 백성들이 배오개의 호랑이를 쫓아달라고 等狀을 한다. 이에
강감찬이 인왕산의 호랑이를 불러 무리를 이끌고 백두산 뒤로 가라고
명한다. 그런데 임신 중인 호랑이 한 마리가 압록강을 건너지 못해 여
기 남게 해 주었더니 그 자손들이 퍼져 우리 땅에도 약간 전하게 되
었다고 한다(44화: 姜邯贊과 호랑이). 노승으로 둔갑한 호랑이를 알아본
서화담은, 혼가에서 새색시를 물어가려는 호랑이를 보고 제자를 보내

중용 서문을 외게 하여 그 색시를 구해 준다(46화: 徐花潭과 호랑이). 호랑이의 말대로 "어저께 그 시집가는 색시가 바로 어제 호랑이 산에 갈 팔자"였는데도, 색시를 구해주었다는 사실은 몇 가지를 시사해 준다. 당시에 호환이 매우 많았다는 것과 名人의 뛰어남 그리고 무엇보다도 이런 명인들이 虎患에서 우리를 구해 주었으면 하는 절실한 소망의 표현이다. 사람이 되고자 한 호랑이가 산신령이 말한 대로 용강의 여인을 잡아먹으려고 갔는데, 그 여인의 배 속에 있는 아이를 보호하고 있던 군대(실제 군대가 아님.) 때문에 불가능해지자 그만 자살했다는 이야기(47화: 金應瑞와 호랑이)는, 명인의 뛰어남을 보이기 위한 좋은 예다. 凡人은 기겁할 호랑이를 밤새 수백 리나 쫓아간 곽재우는, 호랑이에게 잡혀간 노부모의 원수를 갚기 위해 호랑이 굴을 지키고 있던 처녀를 만나고 그 굴에서 호랑이가 보호하고 있던 처녀의 노부모도 만난다. 임진왜란 때였으니 난리가 끝날 때까지 호랑이가 보살피려 했다 하니, 호랑이가 영물임을 잘 보여 준다. 곽재우는 처녀와 백년가약도 맺게 되니, 결국 호랑이가 중매를 선 셈이다(48화: 郭再祐와 호랑이). 15세에 호랑이에게 죽기로 되어 있었으나 백일기도를 드린 부모의 치성 덕으로 장원급제를 하고 虎難도 면한 것 또한 명인의 뛰어남을 나타내기 위함이다(49화: 虎難의 李源祚).

전술한 호랑이의 다양한 성격 때문에 호랑이에 얽힌 이야기가 많은데, 이런 것들을 모아 "우화"라 하였다. 용맹의 근원인 호랑이 수염을 여자들이 훔쳐 오고 이를 남자가 달게 되어 비로소 위엄과 권위를 갖추게 되었다(50화: 호랑이 수염). 남자들은 용감해지기 위해 수염이 필요했으므로 여자들을 살살 달랬는데, 그 버릇이 지금까지 남아 여자들은 교만하게 되었고 남자들은 여자의 비위를 맞추는 버릇이 생겼다고 한다. 여자들은 수염을 단 까칠한 턱으로 아기 얼굴을 비비니 인간의 본래 모양이 변하여 오늘날 곰보, 째보 등의 아름답지 못한 얼굴이 되었다. 따라서 여자의 수염은 그 필요성을 잃게 되었다는 유래담이다.
'51화: 곶감과 호랑이'는 여우의 지혜와 호랑이의 우둔함이 대비되는
이야기다. 호랑이가 온다는 말에도 울음을 그치지 않던 아이가 곶감
소리를 듣고는 그치는 것을 보고 겁이 나 도망치는 호랑이의 모습을
본 여우가 꾀를 내 호랑이를 잡아먹는다. 여우들은 가면을 만들어 쓰
고 자기들이 곶감인 양하고 하루에 한 마리씩 호랑이를 잡아먹는다.
견디다 못한 호랑이들이 일제히 습격하여 보니 그들은 여우였다. 그
이후 호랑이는 곶감을 조금도 무서워하지 않았다고 한다. 호랑이를
속이고 놀리는 동물은 대개 토끼와 여우인데, 여우가 僞計師[10] 역할을
한다. 이번에는 토끼가 위계사로 나선다. 호랑이와 부닥뜨린 교활한
토끼는 조약돌 11개를 구우면서 10개라 하여 호랑이가 빨갛게 구운
돌을 먹게 만든다. 호랑이는, "조약돌이 분명히 열한 개인데 열 개라
고 잘못 계산한 토끼의 실수를 행운으로 삼아 셈에서 빠진 떡 한 개
를 장 없이 먹다 들키는 창피도 당하지 않도록 얼른 집어삼키기로 결
심했다." 그런데 뒤에 그 호랑이를 만나자 이번에는 갈대숲에서 참새
를 먹게 해 준다고 하여 속인 후, 토끼는 갈대에 불을 질러 호랑이를
놀라게 한다. 세 번째 또 만났는데, 토끼는 물고기를 잡게 해 준다고
얼음장에 꼬리를 담그게 하는 바람에 기다리다 얼어붙은 호랑이를 마
침내 잡히게 만든다(52화: 호랑이와 토끼). 역시 호랑이는 멍청하고 토끼
는 잔꾀가 많은데 토끼가 승리하는 것으로 끝난다. 호랑이가 봉욕을
한 이 세 경우 모두 탐욕이 빚은 결과다. 이 이야기는 여러 가지 의미
를 내포하고 있다. 강자의 횡포에 대한 반감과 약자에 대한 동정이기
도 하고, 탐욕은 불행한 결말을 가져온다는 경계이다. 그리고 교활함
과 우둔함 중에서 전자가 승리하는 인간사를 그대로 반영한 것이기도

---

10 설화의 위계사에 대해서는 許椿, "古小說의 人物 研究—仲裁者를 中心으로—"(延世大 大
    學院 博士學位論文,1986) 참고 바람.

하다. 또 아무리 강자라도 자신의 주관으로 판단할 줄 모르면 항상 남에게 속는다는 의미이기도 한데, 그 강자의 대명사로 호랑이가 등장한 것이라고도 본다. 달걀, 송곳, 개똥, 자라, 맷돌, 멍석, 지게 등이 호랑이를 물리치고 할머니를 돕는 것은 호환에서 벗어나고자 하는 소망과 호랑이의 우둔함을 알려 준다(53화: 할머니의 虎難). 강물에 비친 자신의 그림자를 보고 노하여 달려들다 물에 빠져 죽는 식이다. '54화: 수수깡이 붉은 이유'는 해와 달이 된 오누이 설화인데, 여기에서도 호랑이는 잔꾀를 부리지만 어린애에게도 늘 들통이 난다.

'55화: 背恩忘德한 호랑이'도 주목할 만한 예다. 함정에 빠진 호랑이를 구해 준 사람을 오히려 잡아먹으려 하자 소나무와 까마귀에게 물었으나 호랑이 편을 든다. 여우에게 묻자 당시의 상황을 재연해 보라 하여 다시 구덩이에 빠진 호랑이를 두고 간다는 이야기다. 여우가 위계사로 등장하는데, 여우도 호랑이의 먹이가 되는 약자이기 때문에 이 경우도 여우의 지혜를 사는 것이지 여우가 공명하다는 의미는 아니다. 은혜를 모르면 그에 따른 응보가 있기 마련이라는 또는 응보가 있어야 한다는 뜻이라고 하겠다.

"그 똥"은 7화나 채록되어 있는데, 호랑이에게 잡혀 간 아이를 구하려고 호랑이 꼬리나 불을 잡고 꽁무니를 쑤시며 버티는 과정에서 놀란 호랑이가 내쏜은 산똥을 머리에 뒤집어 쓰는 바람에 화상을 입었다는 이야기다(57화: 아들과 바꾼 얼굴, 59화: 대머리 장사, 60화: 굿 구경, 61화: 대머리의 유래, 62화: 부끄러운 아버지 등). 이 이야기들은 부모 자식의 정은 아무리 영물이라지만 동물이 어찌할 수 없다는, 인간 우위의 사고가 표출된 것이라 본다.

호랑이 앞에서 흰옷을 뒤집어쓰고 등을 보이면서 기어올라간 여인의 샅을 보고 놀라 달아난 호랑이 이야기(64화: 동부인의 유래)나 호랑이 꽁무니에 나팔을 꽂아 호랑이를 쫓아버린 일(65화: 나팔수가 된 호랑이)은,

호랑이가 우둔하게 묘사되고 "虎難"에서 벗어난 예를 해학적으로 보이고 있다. 통째로 삼켜진 포수가 호랑이의 배를 칼로 긁고 나온 이야기(66화: 정직한 포수) 또한 마찬가지다.

"호랑이 잡이"는 의도했든 아니했든 호랑이를 잡은 여러 가지 일화 12화가 실려 있으니, 호랑이를 잡는 일이 대단히 중요한 과제였음을 보여 준다. 그러면서도 호랑이가 영물임을 확인하고 있으니, 관솔불로 호랑이 수염을 태워 죽인 세 살 된 계집애는 "자라 결혼해서 나이 쉰이 되도록 어릴 때 영물인 호랑이를 잡은 것이 죄가 되어 아직 슬하에 자식 하나 두지 못했다고 한다."(70화: 세 살짜리 사냥꾼)

호랑이를 만나면 나무 위에 올라가 피하는데, 대개 털을 태워 잡는다. 호랑이는 몸통이 곧은 동물이라 꼬리를 잡고 버티면 꼼짝하지 못하는데, "그 똥"에서 보인 여러 경우를 상기하면 된다. 그런데 호랑이 잡는 방법이 희화화하기도 한다. 기름에 전 강아지를 먹은 호랑이들은 그 강아지가 너무 미끄러워 항문으로 나오는 바람에 그 강아지를 묶었던 줄에 호랑이들이 줄줄이 꿰어졌다거나(79화: 기름 강아지), 제풀에 넘어져 천 길 낭떠러지에 거꾸로 박혀 천 년 묵은 칡덩굴에 항문이 꿰어져 죽기도 한다(80화: 바보 이야기).

이처럼 다양한 호랑이 설화를 모아 분류한 이 책은, 그 사실만으로도 충분히 의의를 지니지만 아쉬운 점 또한 적지 않다. 우선 제보자에 대한 설명이 거의 없다. 간략한 주소도 있기는 하지만 대부분 성명만 밝히고 있으며 나이, 성별, 경력 등 제보자에 대한 자세한 사항, 채록 일시, 구연 상황이 기록되지 않아 아쉽다. 또 채록자의 윤문 또는 윤색을 통한 기록이고 구연자의 어투대로도 아니라서 자료적 가치가 덜할 수밖에 없다. 어떤 분류나 이런 부담을 지니기 마련이고 연구자의 자의가 개입되기 마련이지만, 분류 기준이 동요하고 있는 점도 아쉽다. 몇 예를 보이면 '의를 아는 호랑이'는 "신령으로 모셔지는 경우"

에 들어 있으나 구태여 나눈다면 "성격의 가지가지"에 넣는 것이 더 효과적일 것이고, '호랑이 잡은 산색시'는 "효도와의 관련"이 별로 없다. '호랑이 뼈다귀'는 "혼인 중매"라기보다 "신령으로 모셔지는 경우"다. '힘 장사', '숯 굽는 노총각', '목이 낀 호랑이'(41~43화) 등도, 호랑이가 중매 의도가 있었거나 중매에 나선 것은 아니므로 "혼인 중매"에 넣기는 무리가 있다. 군수(趙槩)가 망아지에게 호랑이 가죽을 씌운 다음 호랑이로 속여 관찰사(朴桂陽)에게 중상을 입히고 특효약이라며 개똥까지 먹여 골탕을 먹였다는 이야기(45화: 郡守와 觀察使)는, "명인과의 관계"로 분류하는 것보다 차라리 "우화"에 넣는 것이 좋지 않을까 한다. 호랑이의 뱃속에 들어가 머리칼로 만든 끈으로 엉덩이뼈를 묶어 호랑이를 잡는다는 호랑이 사냥법 이야기(58화: 범첨지의 사냥)는, "그 뚱"보다 "호랑이 잡이"로 분류하는 것이 더 타당할 것이다. 호랑이 굴에 던져졌으나 그 새끼들을 죽이고 분을 못 이겨 죽은 어미 호랑이도 잡은 이야기(63화: 여자와 호랑이)는, 결국 호랑이 덕분에 이 진사의 딸에게 장가든 데 초점이 있으므로 "혼인 중매"에 넣는 것이 더 좋지 않을까 한다.

IV. 說話에 나타난 호랑이

가. 호랑이의 네 類型

정리하면, 호랑이를 크게 네 유형으로 나눌 수 있으니, 신격화한 경우, 원조자인 경우, 사람을 해치는 악한 호랑이 그리고 어리석은 호랑이가 그것이다.

호랑이가 산신령 또는 산신령의 사자로 등장하는 것은, 호랑이를

신성시한 결과로 百獸之王이라는 동양의 일반적 인식과 함께 특히 우
리 민족에게는 다분히 토템적 의미를 지닌다. 다음은 호랑이가 산신
으로 숭앙받은 한 예다.

　　강원도 모 고을에서는 옛날부터 虎를 산신으로 제사 지내고 있다. 이
　고을에 來往하는 원은 도임 초에 그 산에 올라 정성껏 빌면 고을이 잘 다
　스려진다고 한다. 어느 해에 원이 정성을 덜 드렸기 때문에 그 이튿날부
　터 호랑이가 고을 안을 횡행하며 해를 끼쳤다. 원은 이를 잡으려고 생각
　하여 서기에게 명령했지만 서기는 산신의 崇畏를 열심히 충고했다. 그리
　하여 원도 마음이 움직여 목욕재계하고 정성을 다하여 빌었더니 그날 밤
　꿈에 맹호가 나타나 왼쪽 다리를 꽉 물었다. 그 후 1개월도 못되어 조정으
　로부터 昇官의 칙지가 내리고 부인은 아들을 낳고 치정이 잘 되어 드디어
　선정비가 세워지고 그는 일생을 잘 살았다 한다.11

　또 호랑이 눈썹으로 보면 사람의 正體가 보이는 것도 같은 맥락이
다. 호랑이가 신령의 사자로 등장하기도 한다. 산지기 아들과 의형제
를 맺고 그를 도운 호랑이는, 왕이 그 가죽을 탐내 상금을 걸자 이처
럼 말한다.

　　형님, 나는 인자 하늘에 올라갈랍니다. 형님도 이만하몬 살게 됐고 이
　만하면 좋은 마누래에다가, 날로 뚜드리 잡아 가지고 껍데기를 팔고 이래
　갖고 참 자석을 공부 많이 시키서 벼슬을 해서 그래 형님 사이소.12

　설화에 나오는 동물 원조자는 대체로 山神陰助의 역을 맡고 있는
바, 이 역시 토테미즘에 근거하고 있다고 본다. 호환을 당하지 않으면

---

11 張德順, ibid., p. 100.(近藤時司의 調査) 再引
12「韓國口碑文學大系」(이하「大系」), 城南:韓國精神文化硏究院 語文學硏究室, 1980~1989.
　　8-10 호랑이 도움으로 출세한 산지기.

대과에 급제할 것이라는 점괘를 받은 선비에게 그 아내가 하는 말은 호랑이가 영물임을 잘 보여 준다.

> 조금이라도 마음에 꺼리는 게 있을 거 같으면은 그건 적각[적악]을 했으니깐 호랑이한테 물려가게 될 꺼구, 죄를 받을 것이요. 그렇잖으면, 그러니깐 적각[적악]한 게 있는가 없는가 한번 생각을 해보슈.(여러 번 생각해도 남한테 잘못한 일없다 하자) 잡아갈 게 없는데 그 왜, 호환이 왜 호환입니까? 아주 신념을 가지십시요.[13]

사람을 돕거나 은혜를 갚는 호랑이는 인간적·윤리적 면모를 보여주는 것이다. 호랑이가 중매를 하거나 婦道를 지키고 효심에 감읍하여 보답하는 일들은 다 이와 맥을 같이 한다. 보은의 호랑이는 영웅이나 善人을 도와주는데, 효자와 관련된 虎口拔釵譚이 가장 많다. 목에 걸린 것이 비녀가 아니고 가시나 뼈일 경우도 있다. 원조자인 호랑이는 자기를 구해 준 사람과 충신, 효자, 열녀 들을 돕고 이들을 위기에서 구하거나 이들에게 절실히 필요한 것을 가져다 준다. 아버지의 병에 특효인 생감을 구할 수 있을까 하고 동지섣달에 감나무 밭을 헤매는 효자를, 생감을 저장하고 있던 집으로 데려가거나, 한겨울에 특효약인 잉어를 잡을 수 있게 효자를 인도한 호랑이[14]는 대표적인 예다. 이로 보면 동물 원조자는 충, 효, 열 등의 윤리 의식을 효과적으로 강화시키는 기능이 있다. 윤리성을 저버렸을 때는 그에 대한 징벌이 나타나기 마련이니, 함정에 빠진 자신을 구해 준 사람을 잡아먹으려 한 호랑이는 토끼 혹은 여우에 의해 징벌을 받는다. 무엇보다 윤리성을 우선하는 사실은, 부모를 죽인 호랑이를 잡으러 가는 아들을 돕는 사

---

13 Ibid., 1-3 호환 이야기(전화위복).
14 Ibid., 1-3 효자가 겨울철에 호랑이 도움으로 생감을 얻다., 호랑이의 은혜를 갚음.

람이 있는 이야기가 흔한 데서도 찾을 수 있다. 이 경우에는 호랑이를
잡을 수 있게 도와주는 이가 신령의 화신으로 나타난다. 아버지의 원
수를 갚겠다고 호랑이를 잡으러 지리산에 들어간 아들에게 한 노파가
다가와 아무 조건 없이 계속 산삼을 먹이며 호랑이를 잡을 수 있을
만큼의 힘을 기르게 하는 예[15]를 볼 수 있다.

이처럼 은혜를 수수하는 報恩, 知恩의 호랑이 이야기는 조선 후기
의 傳에도 수용되었다. 산골에 살고 있던 젊은 과부가, 늙고 병든 데
다 눈마저 먼 시어머니를 봉양하며 개가하지 않았는데 친정에 갔다
오는 도중 호랑이를 만났다. 호랑이는 그녀를 해치지 않았는데, 그 뒤
과부의 꿈에 함정에 빠진 호랑이가 나타나니 과부는 곧 가서 사냥꾼
에게 애걸하여 호랑이를 구출하였다는 내용의 "峽孝婦傳"(李鈺)[16]을 들
수 있다. 평결에서도 "호랑이는 그 사람마다 먹지 않는구나(虎其人人而
不食也哉)" 하며 호랑이의 靈異함을 인정하고 있다.

호랑이는 사람을 많이 해쳤으므로 虎患에 우는 일이 많았다. 사납고
모진 마음씨를 호랑이에게 비유하고 있는 것(虎狼之心)도 이에 기인한
것이겠다. 태종 2년에는 경상도에서 전 해 동지부터 그 해 봄까지만 해
도 호랑이에게 죽은 사람이 幾百人이나 되는데, 沿海의 郡縣에서 특히
심했다 한다. 또 세조 때는 호랑이가 말을 자꾸 잡아먹는 바람에 綠楊
牧場을 없앴으며, 사람을 해치는 호랑이를 잡는데 왕이 친히 나서기도
하였다.[17] 各道의 호환이 심하여 生民의 피해가 심하니 西北의 병정들
에게 잡게 하면 砲射도 익히고 호환도 제거할 수 있다는 식의 장계도
보이며,[18] 심지어 各邑에 늘 쌀을 두고 호랑이를 잡은 자에게는 大虎에

15 Ibid., 6-5 지리산 호랑이.
16 金鑢,「藫庭叢書」卷十二. 桃花流水館小藁.
17「朝鮮王朝實錄」太宗 二年 五月條. 世祖 十年 十二月條, 仝 十年 十二月條., 仝 十
  一年 十二月條.
18 Ibid., 肅宗 二十八年 十二月條.

쌀 넉 섬, 甲虎에 석 섬, 小虎에 두 섬을 상 주도록 하기도 하였다.[19]
  그러므로 자연히 호랑이를 어떻게 잡을 수 있는가가 관심의 초점이
되었다. 이때의 호랑이는 대개 희화화하여 묘사되며 어리석음이 부각
되며, 인간이 호랑이를 전혀 무서워하지 않고 오히려 이용하기도 한
다. 잠자는 호랑이의 살갗에 예리한 칼로 금을 그어 놓은 다음 꼬리를
잡고 호랑이를 갑자기 깨우면 호랑이는 껍질만 남겨 놓고 알몸뚱이만
빠져 도망간다는 식이다. 동물이 인간의 지혜나 용기를 이길 수는 없
다는 뜻이겠다. 자기를 따돌리고 노름을 하는 외딴 집을 찾아간 사람
이 방문 앞에서 호랑이를 만나자 두려워하기는커녕 호랑이를 노름방
에 떠다미는 장면은 이를 잘 보여 준다.

> 큰 大虎가 앉아서 예기럴녀서거 그걸 들여다 보구 앉애단 말야. 노름헌
> 는 걸 … 그래 이놈이 뒤에서 가만가만 소리두 안내다가 깍지거리를 해서
> 궁댕이다 스르르 이렇게 띠미니깐두루 응댕이가 뜨듯허니깐 호랭이가 응
> 댕이를 들먹들먹허구 그러드래. 그래가주구 그냥 버쩍 들어서 그 속에다
> 이저 콱 디밀어버리니깐, 아이구 어떤 놈—그냥 홀랑 뒤집혀가주구, 호랭
> 이가 그냥 들어와서 판을 치니 말이지, 굉장한—이리 뛰구 저리 뛰구 막
> 내뛰구, 호랭인 더 놀래서 더 뛰구. 그럼, 놀래구말구.[20]

  호랑이를 잡는 방법 외에 호환을 미리 막기 위해 신앙 대상으로 삼
기도 하였다. 강원도와 경상남도의 동해안 지역 洞祭에서 보편적으로
행해진 범굿이나, 산맥을 타고 침입하는 호랑이를 막기 위해 박은 각
지의 쇠말은 그 대표적인 예다.[21] 또 狒胃, 竹牛, 駮, 五色獅子, 玆白, 鼠
勺犬, 黃要, 猾, 酋耳, 猛獚, 夔, 犕, 貙, 虎鷹, 獢, 狌, 담비, 거수 등 호랑

19 Ibid., 英祖 三十年 七月條.
20 「大系」 1-4 개평꾼과 호랑이.
21 Cf. 金泰坤, ibid., pp. 31~35.

이를 잡아먹는 짐승이 많은 것도 같은 맥락이라고 본다.

그러나 호랑이는 어디까지나 동물이므로 인간의 위에 설 수는 없다. 따라서 이들 호랑이는 名人에 의해 제어되는데 이는 명인의 뛰어남을 보이는 것이기도 하고 누군가 나서서 자신을 호환에서 구해 달라는 염원의 표출이기도 하다.

다른 한편으로는 영물인 호랑이가 보호했으므로 큰 인물이 되리라는 암시를 하고 있다. 甄萱에게 젖을 먹인 호랑이[22], 난중에 길가에 버려진 金祚의 7세 된 딸 萬宮을 사흘이나 안아 재운 호랑이, 虎景을 구한 호랑이,[23] 무너질 바위 밑에 있는 穆祖를 밖으로 나오게 해서 생명을 구해 준 호랑이,[24] 곽재우를 임진왜란으로부터 피난시키려 한 호랑이[25] 등 많은 이야기가 전한다.

어리석고 겁이 많은 호랑이 이야기도 의외로 많다. 자신이 백두산 신령이라고 속인 한라산 수달에게 속아 도망간 호랑이, 함정에 빠진 자신을 구해 준 나그네를 잡아먹으려다 심판을 맡은 토끼(여우, 원숭이, 두꺼비 등)에 의해 다시 함정에 빠지게 된 은혜 모르는 호랑이, 꼬리로 물고기 잡는 호랑이, 달걀, 자라, 쇠똥, 멍석, 지게 들에 눌려 죽음을 당하는 호랑이 등 호랑이는 동물들 사이에서도 토끼나 여우에게 희롱당하는 멍청한 존재로 나타나기도 한다.[26]

이처럼 어리석은 호랑이는 傳에도 수용되었으니, '捕虎妻傳'(李鈺)[27]

---

22 「三國遺事」 卷三, 紀異 第二, 後百濟 甄萱.

23 「高麗史」 列傳 二十六, 卷 百十三, 安祐(金得培 李芳實), 仝 「高麗史」 高麗世系.

24 「溪西野譚」, 我祖穆祖., 「記聞叢話」 我朝穆祖兒時., 文化財管理局 編, 「韓國民俗綜合調査報告書」(全北篇), 1977. "李太祖 祖父".

25 孫道心, ibid., p. 82.

26 曺喜雄, "韓國動物譚 Index", 「文化人類學」 5輯, 文化人類學會, 1972. pp. 128~129., 孫晉泰, 「韓國民族說話의 硏究」, 乙酉文化社, 1947. "虎兔說話", "쇠똥에 자빠진 범", 「大系」 8-10 호랑이 꼬리가 길고 토끼 꼬리가 짧은 연유, 호랑이와 여우의 금강산 주인 다툼. 등.

27 金鑢, op.cit., 卷二十一, 梅花外史.

의 호랑이는 정읍산성의 여자가 달구어진 조약돌을 솜에 싸서 던져
주자 개새끼인줄 알고 덥석 삼켰다가 죽는다.

虎譚의 모순성 병존을 인정하면서도 호랑이 신앙이 뿌리박고 있는
우리 토양에서 호랑이를 우둔한 동물로 보려는 화소가 담긴 설화의
생성이 가능했겠는가 하는 점에서, 이러한 유형의 설화들이 순수한
우리 것이 아니지 않겠느냐는 의문을 제기하기도 한다.[28] 전파론에 근
거하고 있는 것인 바, 하나의 설화가 전해질 때는 외부적인 요소가 섞
이기 마련이니 순수한 자국의 설화만을 찾기는 매우 어렵다. 그러나
지금까지 살펴본 호랑이의 다양한 측면을 감안할 때 섣불리 단정해서
는 안 되는 문제라고 생각한다.

나. 龍과의 비교

호랑이를 영물로 대하는 것은 호랑이에 대한 외포심 때문이겠다.
영물은 인간이 곤경에 처했을 때 도움을 주고 기대고 싶은 존재다. 단
순 비교할 수는 없지만 「大系」에 보면 용 설화는 50여 화, 호랑이 설
화는 500여 화나 되어 호랑이와 관련된 이야기가 압도적으로 많다. 용
도 다른 동물들처럼 善/惡, 賢/愚의 양면성을 지니지만, 상상 속의 동
물이므로 숭배의 대상에 가깝고, 주변에 있는 호랑이는 好惡의 양면
성을 띠는 친근한 동물이기 때문에 자연히 다양한 면을 보인다. 「三國
史記」, 「三國遺事」, 「世宗實錄」, 「東國輿地勝覽」 등에는 용과 관련된
설화가 816편[29]이나 되지만 용은 戲化하지 않는다. 용은 소를 잡아먹
고 사람을 물에 빠뜨려 죽이고 가뭄이 들게 하여 농사를 망쳐 놓는
반면, 비를 내려주고 인간에게 유익한 일도 한다.

---

28 崔仁鶴, ibid., p. 24.
29 朴桂弘, 「韓國民俗硏究」, 螢雪出版社, 1973. p. 16.

우리 설화에 보이는 용의 이미지는 護國龍으로 신라에서는 호국불교 신앙과 결부되어 있으니, 「三國遺事」만 보아도 普耀, 義湘, 元曉, 眞表, 明朗 등 고승의 행적과 관련된 護法龍이 많다. 또 文武王은 知義法師에게 자신은 죽어서 호국룡이 되어 불법을 받들고 나라를 守護하겠다고 한다.[30]

용이나 용궁은 사람들에게 신비스럽게 인식되었으나, 설화에서는 용이 용을 퇴치하기 위해서는 인간의 능력을 빌려야 한다. 악룡 퇴치는 세계적으로 광포되어 있는 유형인데, 악호퇴치처럼 대체로 어떤 인물의 위대함을 보여 주기 위함이다.[31] 居陁知, 惠通, 作帝建, 度祖 등의 악룡 퇴치는 이 점을 잘 보여 준다.[32] 뿐만 아니라 용은 得天이나 환생을 위해서도 인간의 도움을 필요로 하는데, 자기를 도와준 사람에게는 꼭 그 은혜를 갚는 상호 보은의 양상을 띤다.[33]

그러나 효자, 충신, 열녀 등을 도와주는 용이 나타나지 않음은 특기할 만한데, 윤리 의식을 높이는 데는 가까이 볼 수 있었던 호랑이가 더 효과적이기 때문일 것이다. 용이 실재하지 않는다는 사실은 퍽 중요한 점인데, 용이 민담에서는 거의 등장하지 않고 우둔하게 그려지지 않는 것은 이 까닭일 것이다.

다. 도깨비와의 비교

호랑이의 양면성과 친밀감은 도깨비와 대비된다. 우리 속담에도

---

30 「三國遺事」卷三, 紀異 第二, 文虎王 法敏.

31 Cf. 許椿(1985), pp. 236~237.

32 「三國遺事」卷二, 紀異 第二, 眞聖女大王 居陁知, 「三國遺事」卷五, 神呪 第六, 惠通降龍, 「高麗史」高麗世系, 「龍飛御天歌」二十二章.

33 「大系」4-1, 4-2 은혜 갚은 용, 4-1 여자가 된 지렁이, 5-1 여자에게 있는 여의주를 얻은 용이 은혜를 갚다, 6-6 용을 도와주고 명당자리 얻다. 등.

"도깨비 대동강 건너듯", "도깨비 땅 마련하듯", "도깨비 莎草" 등 그 조화를 나타내는 말이 많다. 개암을 깨물어 도깨비 방망이를 얻어 부자가 된 이야기나 우연히 도깨비감투를 썼더니 말소리는 나는데 쓴 사람은 보이지 않게 되더라는 이야기에서는 도깨비의 조화와 神怪力을 알 수 있다. 이처럼 도깨비는 조화가 무궁하고 심술궂지만 한편으로는 단순하며 겁이 많고 건망증도 심하다.[34]

사람은 도깨비의 심술과 조화에 괴로움을 겪지만 오히려 이를 역이용하여 부를 얻었듯이, 호랑이도 사람에게 피해를 주지만 사람은 이를 역이용하여 치부하고 출세하였다. 도깨비가 개암 깨무는 소리 같은 사소한 일에도 놀라 겁먹고 도망가는 것처럼, 호랑이도 곶감 같은 것에 놀라고 토끼에 속아서 꼬리를 강물에 담그고 물고기를 잡으려 한다든지 함정에 도로 빠진다. 이러한 양면성은 특히 민담에서 도깨비와 호랑이가 같은 유형으로 나타나고 있으니 이는 양자의 상관성을 보여 주는 것이다.[35]

V. 結言

이 글에서는 우리의 동물담을 대표하는 호랑이가 설화에 어떻게 나타났는가를 살펴보았다. 그러기 위해 먼저 기존 연구를 검토한 바, 대체로 호랑이의 양면성(神性과 愚性, 信仰性과 說話性)에 주목하여 모순성이

---

34 Ibid., 1-1 도깨비 감투, 1-2, 1-8, 2-2, 3-2, 4-1, 6-10, 8-5, 8-14 도깨비 이야기, 1-7 도깨비한테 돈 꾼 이야기, 1-7 도깨비 사귀어 부자 된 이야기, 2-6, 4-3 도깨비 장난, 2-9 멍텅구리 도깨비, 6-11 도깨비 방망이와 개암, 8-4 도깨비의 방천 쌓기 등. 그 예는 퍽 많다.

35 Cf. 許椿(1985), op.cit., pp. 239.

병존하는 그 다양한 측면에 주목하고 있었다.

이러한 호랑이 설화만을 모아 분류한 것으로 유일하다 할 「한국 호랑이 이야기」는 이 사실만으로도 의의가 있다. 그러나 출간 연도를 감안하더라도 제보자 인적 사항이나 구연 상황이 자세하지 못하여 자료적 가치를 덜하고 있고 분류 기준이 동요하고 있는 점 등 보완해야 할 일이 적지 않다.

설화 속의 호랑이는 네 유형으로 나눌 수 있겠다. 호랑이가 산신령 또는 산신령의 사자로 등장하는 것은, 호랑이를 신성시한 결과로 동양의 일반적 인식과 함께 특히 우리 민족에게는 다분히 토템적 의미를 지닌다. 원조자인 호랑이는 자기에게 은혜를 베푼 사람과 충신, 효자, 열녀 들을 돕고 이들이 위기에 빠졌을 때 구해 주거나 절실히 필요한 것을 가져다 준다. 이처럼 사람을 돕거나 은혜를 갚는 호랑이는 인간적·윤리적 면모를 보여 주니, 윤리 의식을 효과적으로 강화시키는 기능이 있다. 호랑이는 사람을 많이 해쳤으므로 자연히 호랑이 잡는 방법이 많이 고안되었다. 그런데 호랑이를 잡는 방법은 대개 희화하여 묘사되며 호랑이의 어리석음을 부각시키고 있다. 다른 한편 호환을 미리 막기 위해 호랑이를 신앙 대상으로 삼기도 했다. 호랑이는 名人에 의해 제어되는데 이는 명인의 뛰어남을 보이는 것이기도 하고 누군가는 자신을 호환에서 구해 달라는 염원의 표출이기도 하다. 호랑이는 자기보다 약한 토끼(여우)에게 희롱당하는, 겁이 많고 멍청한 동물이기도 하다.

용이 민담에서는 거의 등장하지 않고 또 우둔하게 그려지지 않는 것은, 용은 상상 속의 동물이므로 경외의 대상인 까닭일 것이다. 惡龍 퇴치는 세계적으로 광포되어 있는 유형인데, 악호 퇴치처럼 대체로 어떤 인물의 위대함을 보여 주기 위함이다. 그런데 효자, 충신, 열녀 등을 도와주는 용이 잘 나타나지 않음은 특기할 만한데, 윤리 의식을 높이는 데는 가까이에서 볼 수 있었던 호랑이가 더 효과적이기 때문일 것이다.

도깨비는 조화가 무궁하고 심술궂지만 한편으로는 단순하며 겁도 많고 건망증이 심하다. 호랑이가 우둔하기도 하지만 심판자로도 나타나는 양면성은, 인간의 호랑이와의 친근감을 나타낸다. 이 점은 도깨비와도 대비되는, 흥미 있는 점이다.

토템적 성격을 띠는 호랑이에 관한 연구는 용, 도깨비와의 대비 연구를 통해 그 성격이 더욱 뚜렷해질 것이며, 설화의 호랑이가 소설 등 다른 문학작품에 어떻게 수용되었는가도 좀 더 면밀히 검토해야 할 것이다. 나아가 외국의 호랑이 설화에 관한 연구도 필요하다. 이러한 과제는 후고를 기약한다.

(「洌上古典硏究」 10輯, 太學社, 1997)

6. 民譚과 古小説의 敍述者

Ⅰ. 머리말

민담의 여러 측면과 민담집에 관해서 최근 집중적이고 다각적인 연구[1]가 있어 왔다. 민담 연구는 유형이나 話素 분석을 통한 미시적인 면에서 구조의 분석을 통한 좀 더 심화된 면까지 진척되고 있다.

그런데 고소설은 설화-민담이 윤색되어 긴밀한 구성과 자세한 서술이 가해지고 사회 의식이 한층 더 설득력 있게 표현된 것이 많다는 점에서 민담과 소설의 비교는 의의가 있는 일이라고 생각된다.

이 글은 민담과 소설의 차이와 相似點 그리고 그 이행 과정을 살피는 작업의 일환으로 특히 서술자에 초점을 맞추어 논술하고자 한다.

---

1 趙東一, "民譚構造의 美學的·社會的 意味에 關한 一考察", 「韓國民俗學」 3집, 1970.

張德順, 「韓國說話文學研究」, 서울大學校 出版部, 1971.

金鉉龍, 「韓中小説説話比較研究」, 一志社, 1976.

李京雨, "於于野談研究", 「國文學研究」 33집(서울대), 1976.

成耆說, 「韓日民譚의 比較研究」, 一潮閣, 1979.

金烈圭 外, 「民談學槪論」, 一潮閣, 1982.

李康沃, "조선 후기 야담집 所載 敍事體의 장르 規定과 敍述視覺類型設定 試考", 「韓國學報」 29집, 1982. 등.

II. 민담의 개념

설화를 신화, 전설, 민담으로 나누는 삼분법이 통설[2]이기는 하지만, 넓은 뜻의 민담이 설화와 같은 개념으로 쓰이기도 해서 그 개념이 엄격히 규정되어 있지는 않다. 최근에는 구비전승의 고전적 구분법 자체에 회의가 제기되어 고전적 장르론의 해체 주장이 대두되고 있다.[3]

이 글에서는, 설화를 꼭 메르헨(Märchen)[4]의 개념으로 한정하지 않고 '전통적인 구비 서사'[5]를 모두 포함하는 뜻으로 썼다.

올릭(Axel Orlik)은 서사문학의 여러 특성을 종합하여 開閉의 법칙, 반복의 법칙, 三倍數의 법칙, 한 장면에 등장하는 인물이 양편으로 나뉘는 법칙, 대립의 법칙, 쌍의 법칙, 종반에 중점을 두는 법칙, 서사 진행의 單線性, 도식화의 법칙, 주동 인물에의 집약 등을 제시하였다.[6] 이 중 반복의 법칙을 보면, 기록문학이 어떤 사물을 강조하려면 세밀한 면을 강조한다거나 반복보다 다른 수단을 사용하지만 전통적인 구전설화는 오직 어떤 행위를 반복하게 할 뿐이라고 설명한다. 이는 민담의 구전성, 구술성과 깊은 연관이 있다.

---

2 張德順, 앞 책, p. 4.
  張籌根, 「韓國口碑文學史」. 上. 高麗大 民族文化研究所 編, 제10권, 1976. pp. 666~677.
  張德順 外, 「口碑文學槪說」. 一潮閣, 1979. pp. 17~20 등.
3 Cf. 李相日, "說話文學장르 試論". 「成大論文集(人文社會系)」 29집, 1981.
4 Märchen은, 話者에 의해 실제로 믿어지거나 적어도 聽者가 믿도록 이야기되어 지는 Sage와 구별된다. Märchen은 명확히 허구이나 Sage는 역사이거나 과학적 사실의 기록이고자 한다.
  M. Leach, ed., *Standard Dictionary of Folklore, Mythology and Legend,* Funk & Wagnalls Co., 1949~1950. Vol.2. p. 676.
5 J. L. fischer, *The Sociopsychological Analysis of Folktales. Current Anthropology,* Vol.4, June, 1963. p. 236.
6 Axel Orlik, Epic Laws of Folk Narrative, Alan Dundes ed., *The Study of Folklore,* Prince-Hall, Inc., 1965. pp. 140~141.

이러한 구술성 때문에 민담은 자연히 기억하기 쉽고 전승에 편한 방식을 취하게 되므로 민담의 구술자는 청자에게 흥미를 주기 위해 이야기를 부연하기도 하고 일부를 삭제하기도 한다.

따라서 기록문학이 다분히 인위적이라면 민담의 세계는 자유로운 상상적 유희정신이 그 중심을 이룬다. 해서 민담에는 감정의 미묘한 대립도 없고, 초월적인 것에 대한 불안이나 공포도 없다 이러한 초월적인 것과의 교류는 "민담의 一次元性"7이라고 설명된다.

민담의 서술자는 등장인물에 대해 냉정한 시선으로 보고 들은 바를 전한다. 그 시선이 멀고 중립적이기 때문에 민담의 등장인물들을 조종할 줄 모르고 선과 악의 대립에 초연하며 방관자적이고 관찰자적인 위치에 서는 것이다.

III. 서술자, 시점, 거리

서술자(narrator)는 서사문학의 이야기를 중개하여 인물의 행동을 대신 말해 주는 사람이다. 서술자는 보통 작자, 화자와 같은 뜻으로 쓰이나 반드시 일치하지는 않는다. 민담에서는 서술자가 곧 작자이며 화자라 하겠으나 소설에서는 담화 양식에 따라 구분된다.

서사문학에서 함축적 작자(implied author)와 함축적 독자(implied reader)8와의 관계를 상정해 볼 때 서술자는 텍스트 안에서 그 사건을

---

7 Max Lüthi, *Das europäische Volksmärchen,* Bern, 1968. 李相日 譯,「유럽의 民話」, 中央新書 23, 中央日報社, 1978. p. 30.

8 실재적 작자, 실재적 독자와 대응되는 개념으로, 이야기 속에 내재하는 작자와 독자를 말한다.
Cf. S. Chatman, *Story and Discourse : Narrative Structures in Fiction and Film,* Itahka, Cornell Univ. Press. 1978, pp. 147~151.

보는 특정한 위치에 처해 있다. 작자는 직접 나서서 자신의 육성으로 말할 수도 있고 인물 중의 한 사람으로서, 또는 자신을 감추고 말할 수도 있다.

따라서 작자가 독자에게 전달하는 상황에 개입하는 서술자의 내재적 관계를 생각하게 된다. 말하자면, 서술자는 작품의 내재적 관계에서 말하고 있는 목소리다.

서술자는 곧 시점의 문제와 관련된다. 시점은 누가 이야기를 하느냐하는 서술의 초점인데 다각적으로 논의되어 왔다.

라보크(P. Lubbock)[9]는 장면 제시적 서술 개념과 파노라마적 서술 개념(panoramic vision)을 구분하여 작자가 작중인물의 대화나 행동을 통하여 사건들이 일어나는 그대로 객관적으로 보여 주는 것을 장면 제시적이라 하고, 작자가 스토리를 요약하고 작중인물의 사고를 분석하고 증언하는 것을 파노라마적이라 하였다.

브룩스(C. Brooks)와 워렌(P. Warren)은 시점을 다음과 같이 四分하였는데,[10] 일반적으로 통용되는 분류다. 이들은 우선 소설 속의 등장인물로서의 화자와 소설 속의 등장인물이 아닌 화자로 나누고 이를 작품의 주인공이 자신의 이야기를 하는 경우, 방계적 인물이 주인공의 이야기를 하는 경우, 작자가 관찰자로서 이야기를 하는 경우, 분석적 혹은 전지적 작자가 말하는 경우로 나누었다. 즉 첫째는 1인칭 서술이고, 둘째는 1인칭 관찰자 서술이니 제한적 全知요, 셋째는 작자 관찰자 서술이니 주로 외부적 관찰에 의거하기 때문에 작중인물의 심리에 대한 직접적 언급이 불가능하며, 넷째는 전지적 작자 서술이니 작중인물의 심리, 행동 등을 논평하고, 해석, 분석도 한다, 첫째와 넷째는

---

9 P. Lubbock, *The Craft of Fiction*, New York, 1921.
10 C. Brooks & Robert P. Warren, *Understanding Fiction, Second edition*, New York, 1959. pp. 659~664.

사건에 대한 내적 분석이고, 둘째와 셋째는 사건에 대한 외적 관찰로 분류된다. 위의 분류는 작자와 독자와의 내재적 관계를 고려한 것은 아니다.

부스(Wayne C. Booth)[11]는 함축적 작자와 서술자를 논하면서 서술자를 戱化된 서술자와 극화되지 않은 서술자로 나누고 전자는 언제나, 후자는 대개, 작품에 책임을 지고 있는 함축적 작자와 구별된다고 하며 모든 문학작품에 어느 정도 뚜렷이 함축되어 있는 작자의 이미지와 작자의 개성을 동일시하지 않고 있다.

프리드만(N. Friedman)[12]은 편집자적 全知, 중립적 전지, 목격자로서의 "나", 주인공으로서의 "나", 복수 선택적 전지, 선택적 전지, 극적 양식, 카메라(camera) 양식 등의 서술 시점을 말하고 있다. 여기서 그는 한 극단에서 다른 극단으로 진행하는 계열 속의 여러 시점들을 잘 설명해 주고 있다.

서사 방법의 중심 문제는 작자가 자기 작품에 대해서 가지고 있는 관계와 관련된다. 이는 A에 대해서 B로 해서 서술된다는 형식으로, 혹은 C의 인생의 비극을 기록한 B로 해서 A의 위임된 순서의 형식으로 표현되기 때문에 본래의 이야기는 그 작자 혹은 독자로부터 어느 정도 거리를 두고 나타나게 된다.[13] 작중인물에 대해 작자는 어느 정도 논평적이고 비판적인 거리를 두게 된다는 것이다.

엄밀히 말해서 문학작품에서 서술자와 시점은 별개의 것이다. 왜냐하면 함축적 작자와 함축적 독자는 언제나 이야기 속에 존재하기 때문이다. 헤르나디(P. Hernadi)는 이를 좀 더 구체화하여 담화의 양식을 작자

---

11 Wayne C. Booth, Distance and Point of View. P. Stevick ed., *The Theory of the Novel*, Macmillan Co., New York, 1967. pp. 92~93.

12 N. Friedman, Point of View in Fiction, P. Stevick, ed., 앞 책, pp. 118~131.

13 R. Warren & A. Warren, *Theory of Literature*. New York, Harcourt, Brace & World, Inc. 1956. p. 222. 白鐵·金秉喆 共譯, 「文學의 理論」. 新丘文化社, 1980. p. 305.

의 주제적 呈示가 우세한 주제적 담화 양식, 작중인물의 극적 재현을
연행하는 희곡적 양식, 작자 및 작중인물의 이중적 시점을 교체해 가
는 서사적 양식, 작자의 비공개된 私的 시점을 견지하는 서정적 양식
의 넷으로 상정하고14 이러한 양식 중 서사적 진술의 본질에 속하는
담화 양식을 헤르나디는 "代用敍述"15이라 하고 있다. 대용서술이란
"인물들 중의 한 사람이 의미하는 것을 서술자가 자기 '스스로' 말하는
담화"16이니 작자와 작중인물의 동시적이고 이중적인 시점을 이룬다.

　우리 고전 문학의 대표적인 서사 양식인 일반 고대 소설은 작자의
서술과 인물의 대화를 단순히 교체해 나가는데 반하여 판소리 또는
판소리계 소설은 개관적 진술과 대화의 직접 인용, 대리적 서술(=대용
서술), 내적 독백을 동시에 교체해 감으로써 가히 多聲曲的 목소리의
앙상블을 이루고 있음이 논증된 바 있다.17

　서술자와 시점에 대한 위의 여러 견해를 바탕으로 우리 민담과 고
소설의 서술자를 비교해 보겠다.

IV. 민담과 고소설의 서술자

　민담은 냉정하고 비정한 시선으로 이야기되어 진다. 그러므로 민담
의 서술자는 자연히 방관자, 관찰자의 위치에 서기 때문에 등장인물
의 심리를 직접 그리지 않고 그들에게 성격을 부여하지 않는다. 등장

14　P. Hernadi, *Beyond Genre* : New Direction in Classification, 1972. 金埈五 譯, 「장르論」. 文
　　章社, 1983. pp. 186~203.
　　金炳國, "판소리의 文學的 陳述方式", 「國語敎育」 34, 1979. pp. 116.
15　金埈五, 앞 책, p. 226.
16　위와 같음.
17　金炳國, 앞의 논문, p. 117.

인물들은 인형처럼 움직이고 있을 뿐이다.

그 이야기에 편집자적 논평을 가하는 것은 이야기 끝에 첨가되기도 하는 評語인데 이야기 자체와는 확연히 구별되어 구술자의 소감, 견해를 나타내고 있다. 민담의 구술자도 등장인물들과 일정한 거리를 유지하고 있기 때문에 이야기가 구술자의 생각을 거쳐 여과되지 않고 목격자의 눈에 비친 대로 진술되는 것이다.

옛날 어느 시골에 장난꾸러기 소년이 있었다. 하루는 산으로 나무를 하러 갔는데 친구들과 어른들을 놀라게 해 보고 싶어 「범이요!」하고 소리 질렀다. 산에서 함께 나무하던 아이들은 나 살려라 하고 뛰어 도망했고 어른들도 지게를 버리고 달아났으며 밭에서 일하던 사람들과 마을 사람들은 범이 나왔다는 바람에 산에 나무하러 간 사람을 살리기 위해서 모두 몽둥이들을 들고 쫓아왔다. 범은 없고 소년은 멀쩡했다. 마을 사람들은 심술장이에다 장난꾸러기인 그 소년이 거짓말한 것으로 알고 심하게 나무라고 돌아갔다. 다음날 소년은 같은 산으로 나무하러 갔다. 친구도 없이 혼자 나무를 했다. 한참 하는데 큰 바위 뒤에서 호랑이가 쑥 나타났다. 소년은 「범이요!」하고 외쳤으나 어제 한 번 속았으므로 아무도 쫓아오는 사람이 없어 호랑이에게 물려갔다. <u>거짓말도 한 번이지 두 번 하면 속지 않는 것이래.</u>18

대구 山 밑에 감주라는 동네에 居昌 사람이 와서 집을 사는데(즉 머슴살이를 하는데) 이 사람이 좀 모자라요. 이 사람이 설 쇠러 자기 집에 갔다가 돌아오는데 눈이 수북이 와서 길이 막히자 눈을 헤치기 위해 커다란 작대기를 하나 짚게 되었다. 어떤 양지짝에 삵괭이 같은 것이 앉아 있는데 이것이 사람 보고 아가리를 딱 벌리고 있지. 「이거 뭐가 이래」 하면서 작대기로 그 삵괭이 같은 것의 어가리를 쿡 찍어 박고 또 대고 밀어 부치니까, 이것이 죽어 뻗었지. 이 놈을 주인 집에까지 둘러메고 와서 「오다가 삵괭이가 있기에 잡아 가지고 온다」고 했다. 주인이 보고 「이 사람아 그

건 삵괭이가 아니고 호랑이네」라고 하자 이 말을 들은 머슴은 그만 훌떡
나자빠져 버렸다. 주인네 집 사람들이 모두 와서 주무른다, 미음을 쑤어
먹인다 해서 겨우 깨워났다. <u>미련한 놈이 호랑이를 잡는다더니 과연 그
말이 옳아.</u>[19](이상 밑줄 글쓴이 · 이하 같음.)

위의 예에서도 보듯 서술자(=구술자)는 관찰자가 되어 인물들의 심
리는 직접적으로 언급하지 않고 있다.

이야기 끝에는 "거짓말도 한 번이지 두 번 하면 속지 않는 것이래."
라든지, "미련한 놈이 호랑이를 잡는다더니 과연 그 말이 옳아."와 같
이 구술자의 평어가 붙어 있다. 이는 구술 소감, 의도를 나타내는데
이야기 자체와는 구별된다.

그런데 둘째 예에서 "그 사람", "그것", "그놈" 하지 않고 "이 사람",
"이것", "이놈"이라 지칭하고 있는 것은 앞에서 언급한 대용서술이니,
시점의 전이가 나타나고 있다. 이는 민담의 구술성에서 연유된 것이
라고 생각된다.

옛날에 바보같은 며느리가 있어 하루는 시어머니에게 아이를 어디루
낳냐고 물으니께 배꼽으로 낳는다고 했지. 밭에 갔다 오는 길에 오줌이
마려워 풀밭에서 소변을 보니께 풀밭에 있던 메뚜기가 놀래어 날아가 며
느리는 자기 아들인 줄 알고 아가 아가 너거 부친 상멘하고 가거라 하고
쫓아가 잡아보니 그 메뚜기 아들은 머리는 증조부 대머리 닮고 입은 쭉
째진 장터거리 고모 닮고 앞정갱이는 종조부처럼 길더래.[20]

민담의 구술자와 등장인물과의 거리는 "옛날에……", "……하더란다"
의 형식적 정형으로 해서 자연히 멀어지게 되어 일정한 거리를 유지하
게 된다. 이는 그 이야기가 허구임을 나타내고, 과거임을 알려 준다.

---

19 金烈圭, 「韓國人의 유머」, 中央新書 26, 1978. pp. 171~172.
20 張德順 外, 앞의 책, p. 255. 바보 며느리와 메뚜기.

그런데 문헌에 정착된 민담도 단순히 見聞記처럼 기록된 것은 기록자의 述而不作하는 태도에서도 기인하지만 전술한 민담의 속성에 더 큰 원인이 있다.

成大中의 靑城雜記에 실려 있는 '代杖'[21]은 안주와 서울의 매품팔이 이야기를 그린 것인데 냉정한 시선으로, 즉 관찰자가 되어 옮기고 있다. 볼기로 매품을 팔아 살아가는 안주의 한 백성이 곤장 7대를 대신 맞아주고 돈 5꿰미를 받기로 하였는데 집장사령이 혹독한 매를 때리자 10꿰미를 뒤로 바치고서야 가볍게 맞고 나온 다음 "내가 오늘에야 돈이 좋은 줄 알았어. 돈이 없었으면 오늘 나는 죽을 사람이었지."하고 사람들에게 뽐냈다는 것이다. 기록자는 이를 적고 "매품팔이는 10꿰미로 죽음에서 면한 줄은 알고 5꿰미가 화를 불러 온 것은 모르는구나. 어리석은 촌사람이다(氓徒知十緡之免其死 而不知五緡之招其禍 甚矣 氓之愚也)." 하고 말미에만 평을 달았을 뿐이며, 아내의 강권으로 무더운 여름날 하루 세 차례나 매품을 팔다가 즉사한 사람의 일을 적고는 "슬프다. 위의 두 이야기는 족히 세상에 경계가 될 것이다(嗟哉 二者並 足爲世誡)." 하고 자평하고 있다. 이는 한문 문집의 傳에 많이 보이는 "太史公曰", "外史氏曰" 등의 형식을 그대로 취한 것이다.

물론 이야기를 선택하여 기록했을 때는 기록자 나름의 의도가 있었겠지만 이야기 자체에는 전혀 개입하지 않고 있으니, 述而不作하는 사대부의 태도와 사실에 대한 신빙성이 별로 문제되지 않은 일화의 속성 때문이다. 그래서 야담집에 보이는 여러 逸話·笑話는 등장인물을 성격화(characterization)하지 않고 있다.

다음은 어우야담에서 뽑은 것이다.

샹국 한응신[22]이 신천 짜히셔 거상ᄒᆞ더니 째예 왜귀 만국ᄒᆞ여 셰가들

---

21 李佑成 外, 「李朝漢文短篇集(下)」. 一潮閣, 1978. pp. 220~221. 인용은 이에 의함.

이 다 스스로 뇨성티 못하니 샹국이 형가ᄒ고[23] ᄂ려가 시비로 하여곰 농
ᄉ홀시 오뉴월 즈음의 오려롤 임의 두 번 믹여 이렁의 ᄀ독히 챵운(벼가
묘화 프른 구롬 ᄀ다 말이다)이 일워 심히 가히 즐거온 디라 샹국이 막대
롤 딥고 쳔빅을 보고 깃거 도라와 모든 노롱ᄃ려 쟈랑ᄒ여 ᄀ로디 우리
녀롬지 두 벌 믹여 챵운 ᄀ트니 엇디 즐겁디 아니리오 노롱이 가 술피니
오례 아니라 다 낭유(피ᄀ톤 거)라 대개 시비 경셩의 싱댱ᄒ여 일즉 뎐원
을 보디 못ᄒ고 ᄒᄂ 일이 나환과 금슬과 가뮈라 일됴의 모라 남의 너흐
니 믹여 ᄇ리ᄂ 바ᄂ 다 아롭다온 벼오 붓도ᄉ아 심으ᄂ 바ᄂ 다 낭유라
왼 집안이 매ᄉ히 아디 못ᄒ더라 신쳔 사롬이 우서 믹양 요사 그룻ᄒ니롤
보면 반ᄃ시 ᄀ로디 샹국의 농ᄉ라 ᄒ니 말셰 용인ᄒ미 다 니 뉴니라.[24]

말미에 末世用人함이 다 이러한 類라고 개탄하는 말을 하고 있는데
이와 같은 평어는 소설에서도 보인다.
예컨대 史大將傳을 보면

그후 ᄌ손이 왕록을 누리니 ᄉ적이 하 긔이ᄒ기로 디강 긔록ᄒ야 후셰
에 젼ᄒ노라.[25]

하여 관찰자적인 태도를 취하고 있으나 소설은 구성의 긴밀성, 묘
사의 풍부함, 등장인물의 성격화 등으로 체재를 갖추고 있다.
그런데 소설은 서술자의 목소리가 작품에 직접 개입하여 독자(청자)
의 共鳴을 촉구하는 수가 많다.
玉丹春傳을 보자.

옥돈츈으로 정뎍부인 봉ᄒ시니 미진라 혈룡이여 일일지니에 부귀공명

---

22 한응인(韓應寅)의 誤記
23 셜가(挈家)의 오기.
24 「於于野談」. 上卷, 「國文學資料」 第四輯, 通文館(프린트본), 1960. pp. 42~43. 이하 인용
   문의 띄어쓰기 및 밑줄은 글쓴이.
25 史大將傳, 仁川大 民族文化研究所編, 「古小說全集」. 1983. 卷 4, p. 457.

호고 국태민안호니 위엄세도가 일국에 데일이라 뉘 아니 칭찬호며 뉘 아
니 부러호리오 위의존명이 텬호에 빗나더라.[26]

서술자가 직접 개입하여 어떤 상황을 요약해 제시하고 작중인물의
심정을 대신 말해 주는 전지적 해설자로서의 서술자를 볼 수 있다.

 쩌난 지 여러 날 만에 제주 한라산을 당도호야 수십 명 녁정을 사용호
야 불일성지로 제단을 건축호고 진스 부체 목욕지게호야 일심성녁으로
빅일긔도를 맛치고 븐졔(本第)로 도라오니라 <u>그 부인의 정성이 이갓튼니
텬도 엇지 무심호시리요</u> 그날 밤에 부인이 자연 곤뇌호야 안식에 의지호
야 잠간 조호더니 비몽사몽간에 한라산 션관이 일긔 션동을 다리고……[27]

신영이라는 진사의 부인 최씨가 遺腹을 잉태하기 전 축원을 드리고
몽조를 얻는 장면인데 "그 부인의 정성이 이갓튼니 텬도 엇지 무심호
시리요"하는 서술자의 개입으로 독자에게 이 소설의 전개 과정을 예
상할 수 있게 해 주고 숨어 있던 작자가 표면에 나타나 육성을 들려
주고 있다.

 과연 그 달부터 티긔 잇슴미 진스 싱각호되 싱남홈을 바라고 바라더니
<u>슬푸고 슬푸도다</u> ……
 <u>슬푸고 가련호도다</u> 고진감니오 흥진비리는 텬연공리라 쏘혼 부인이 우
연 득병호야 ……
 부인의 삼년초토를 다 밧드도록 츈믹 정성으로 류복을 공경 보호호며
글를 힘써 가르치더니 <u>인지라 통지로다</u> 츈믹 쏘한 병을 어더 ……
 …… 모친 묘소에 나아가 방셩대곡호니 <u>청텬빅일이 무광호고 가는 구
름이 위로호야 머므는 듯호고 산중 두견시는 슬피 우러 사람의 수슴(愁心)
을 돕는 듯호더라.</u>[28]

26 玉丹春傳, 東國大 韓國學硏究所編, 「活字本 古典小說全集」. 1976. 卷4, p. 508.
27 申遺腹傳, 東國大 韓國學硏究所編, 앞 책, p. 165.

위의 예는 서술자가 직접·간접적으로 개입하여 편집자적 논평과 대용서술을 하고 있는 것으로 서술자의 노출된 동정심(또는 적의)을 엿볼 수 있다.

그런데 작중인물에 대해 서술자가 냉정하게 거리를 유지할 때 서술자는 비판적인 태도를 취하게 되는데, 위의 예처럼 서술자가 구상적으로 개입하여 노출되면 작중인물과의 일정 거리를 유지하기가 어렵게 된다. 따라서 고소설에서 인물의 심리를 묘사하기 위해서는 시점이 작중인물로 옮겨진다. "(모친 묘소에 나아가 방성대곡ᄒᆞ니) 쳥텬빅일이 무광ᄒᆞ고 가는 구름이 위로ᄒᆞ야 머므는 듯ᄒᆞ고 산중 두견서는 슬피 우러 사람의 수슴을 돕는 듯ᄒᆞ더라"하는 것은 서술자의 감정이입(Einfühlung)으로서 "그의 수슴"이 아니고 "사람의 수슴"이라 한 것은 시점이 전이된 대용서술의 예다. 즉 서술자가 작중인물의 발언이나 생각, 감정 등을 자신의 언어로 표출하는 이중적 시점을 취하고 있는 것이다.

> 공이 그 말을 짐작ᄒᆞ나 짐즛 칙왈 네 무슴 말인고 길동이 지비 고왈 쇼인이 평싱 셜운 바는 대감 졍긔로 당ᄉᆞ호온 남지 되어스오미 부싱모휵지은이 깁습거늘 그 부친을 부친이라 못ᄒᆞ옵고 그 형을 형이라 못ᄒᆞ오니 엇지 사롬이라 ᄒᆞ오릿가 ᄒᆞ고 눈물을 흘여 단삼을 젹시거늘 공이 쳥파의 ……길동이 지비 하직ᄒᆞ고 문을 나미 <u>운산이 쳡ᄉᆞᄒᆞ여 지향업시 힝ᄒᆞ니 엇지 가련치 아니리오</u>.[29]

위와 같은 경우는 판소리(계 소설)에서는 더욱 두드러지니,[30]

---

28 申遺腹傳, 앞 책, passim.

29 金東旭 編, 「古小說板刻本全集」, 延世大 人文科學硏究所·羅孫書屋, 1973~1975. 第三冊, 洪吉童傳(京板 24張本), p. 412, p. 414.

30 이하 金炳國, "고대 소설 敍事體와 敍述視點", 李相澤·成賢慶 編, 「韓國古典小說硏究」, 새문社, 1983. p. 107.

어사또 누에 올라 자상히 살펴보니 석양은 재산하고 숙조는 투림할 제 <u>저 건너 양류목은 우리 춘향 군듸 매고 오락가락 놀던 양을 어제 본 듯 반갑도다</u> … (중략) … 중문을 바라보니 내 손으로 쓴 글자가 충성 충 자 완연터니 가운데 중자는 어디 가고 마음 심자만 남아 있고 와룡장 자 입춘서는 동남풍에 펄렁펄렁 이 내 수심 도와 낸다 (완판 「춘향전」)

"어사또 누에 올라 자상히 살펴보니" 했으니 분명히 3인칭적 서술이며, "……투림할 제"까지는 분명히 서술자의 목소리다. 그런데 "저 건너 양류목은 우리 춘향……반갑도다"에 이르면 1인칭 복수 대명사 "우리"의 사용과 함께, 인물인 어사또의 시점과 목소리가 된다. 위 대문은 전체로 보아서는 분명히 3인칭적 서술인데, 무의식중에, 그 서술자가 오히려 자기의 서술의 대상이 되고 있는 인물이 되어 그의 말을 흉내내고 있는 것이다.

V. 맺음말

등장인물의 심정을 묘사하는 것은 일종의 창작 행위라 하겠으니 구술되는 민담에는 이러한 묘사가 없다. 즉 민담은 구술되기 쉽도록 서술자가 방관자, 관찰자적이 되어 시점이 일정하고 등장인물과 일정 거리를 유지하며, 전지적 시점이 없다.

민담의 구술자(작자)는 곧 서술자이지만 소설의 작자와 서술자는 별개의 것이다.

고소설에서 서술 시점이 交互하는 것은 서술자가 작중인물에 깊이 개입하고 있기 때문이다. 민담의 서술자가 이야기 자체에 개입하는 예는, 드물긴 하지만, 구술되는 상황에 따라 나타나기도 한다. 구술 과

정에 대용서술이 나타나는 것은 민담과 소설의 近似함이기도 한데 이
는 시점의 상이함과 함께 민담의 소설화 과정을 보여 주는 일단이다.

구전되거나 문헌으로 정착되거나 간에 민담은 이야기와 거리를 두
고 중립적 시점으로 전해지고 기록되는데, 문헌 정착 민담 중 특정 인
물을 대상으로 하고 있는 逸話는 특히 말미에 평어가 붙는 일이 많고
이는 기록자의 기록 의도를 나타낸다.

다시 정리하면 민담의 서술 시점은 장면 제시적, 중립적, 제한적,
외부적이며 전지적 시점이 없고, 서술자는 관찰자적인 태도를 견지하
며 이야기 자체와 늘 일정 거리를 유지하여 등장인물의 행동에 개입
하지 않으므로 민담의 서술자는 곧 작자(구술자)인데 비하여, 소설은
파노라마적 전지적, 내부적 시점으로 대용서술이 자주 나타난다. 대용
서술은 구연성이 강한 판소리(계 소설)에서는 더욱 빈번히 나타나기
는 하지만 "일반 고대 소설은 작자의 서술과 인물의 대화를 단순히
교체"[31]해 나간다는 단정적 결론은 앞의 몇 예에서 본 바와 같이 대용
서술의 빈도 차이를 나타내는 말로 이해해야 할 것이다. 이는 우리 고
소설이 문어체 소설이라 하더라도 구술되어, 읽는 소설이라기보다 듣
는 소설이기 때문이기도 하다.

구전되는 민담은 문헌으로 정착되는 과정에서 좀 더 구성이 긴밀해
지고 윤색이 가해지며 등장인물이 성격화되면 소설의 범주로 간주된다.

소설의 모태가 반드시 민담은 아니지만 (그 역의 경우, 또는 전혀 무관한
경우도 있으므로), 서술자를 분석함으로써 민담이 소설로 이행·발전하는
과정과 민담과 소설의 차이를 뚜렷이 할 수 있다고 생각한다.

좀 더 구체적인 논증을 하지 못하고 논증 과정이 疎漏한 점은 후고
를 기약한다.

(「연세어문학」 16輯, 1983)

---

31 註 17).

7. 僞計譚 研究

I. 序論

설화에서 유래된 인물인 僞計師(trickster)[1]는 文化英雄 역할을 하기도 하는 二重的 性格의 境界人(marginal man)으로, 어떤 식으로든 상황을 마무리짓는 仲裁者(mediator)이기도 하다. 지역에 따라 조금씩의 차이는 있지만, 위계사는 아시아(スサノオ, Vishnu, Maui), 인도(Krishna), 유럽 (건달(picaro), 여우, Loki), 아프리카(Eshu, 토끼(Chibuga), 거미(Ananse)), 북미(토끼, 까마귀, 거미, coyote, Iktomi(거미 인간(Spiderman, Spider imp)), Glooskap, Wakdjunkaga) 나아가 그리스 로마 신화(Hermes, Prometheus, Mercury) 등 전 세계 설화에 존재한다. 이 글에서는 본격적인 위계사 논의의 출발점이 된 북미 원주민 설화의 코요테 이야기를 우리나라의 동물담과 대비하고, 이를 인간으로 확대해 보겠다. 위계담의 핵심인 위계사를 조명해 보면 그 이야기의 성격을 잘 드러낼 수 있다. 우리나라의 문학-설화 속의 위계사를 통해 그 특성의 일단을 확인해 보려는 것이 이 작업의 목적이다.

신화를 포함한 설화는 고정적인 것이라기보다 사회적 변화와 더불어 새로운 해석이 필요한 이야기다. 설화 특히 신화를 인간 무의식의 산물로 보든 그렇지 않든, 신화적으로 또는 심리학적으로 접근하든 간에, 그 상징 체계와 역사적 맥락을 고려해야 하는 점에 유의해서 전

---

1 Cf. 許椿, "古小說의 人物 研究-仲裁者를 中心으로-", 연세대 박론, 1986. p. 5.

체적인 맥락을 살펴보았다.

북미 원주민의 위계사 설화는 주로 에르도스(R. Erdoes)와 오르티즈(A. Ortiz)가 발췌·정리한 자료[2]를, 우리나라 설화는「韓國口碑文學大系」[3]를 비롯한 채록집과 문헌설화를 선별한「李朝漢文短篇集」[4]을 대상으로 했다. 북미의 코요테 설화와 동물이 주역이 아닌, 조선조의 민담을 직접적으로 같은 위상에서 거론하기는 조심스럽다. 그래서 먼저 북미와 우리나라의 동물담을 검토하고, 이를 바탕으로 논의를 전개하겠다.

II. 本論

1. 위계사의 개념

19C 후반부터 쓰인 인류학 용어인 위계사는, 동물인간(animal-beings)이거나 동물의 이름인 경우가 대부분이고 종종 인간의 형태를 띠기도 한다. 위계사는 도덕적 규제에 얽매이지 않고 탐욕과 호색을 그대로 표출하며, 僞計(trick)로 상대를 욕보이지만, 퍽 어리석어서 종종 스스로의 꾀에 빠지기도 한다. 신화에서는 인류에게 유익한 것을 전하는 문화영웅(culture hero)인 경우도 많은데, 자연히 신의 對抗者로 신의 계획을 방해하기도 한다. 그 민족에게 문화의 贈與者로 간주되는 문화영웅은, 그의 민족을 위하여 해, 불, 여름을 훔치거나 바람을 조정하고, 사냥한 고기를 방출하고, 인간에게 곡물을 비롯하게 하고, 儀式을

---

2 R. Erdoes and A. Ortiz (Selected and Edited), *American Indian Myths and Legends*, Pantheon Books, New York, 1984.

3 —— 語文硏究室 編,「韓國口碑文學大系」(이하「大系」), 韓國精神文化硏究院, 1980~1989.

4 李佑成·林熒澤 編譯,「李朝漢文短篇集(上, 中, 下)」, 一潮閣, 1973~1978.

제정하고, 위험한 괴물에게서 세상을 구하기도 한다. 이런 행동은 대부분 인간을 위한 의도적인 것이라기보다 자신의 성격에서 비롯한 것이다.5 어느 의미에서는 위계사는 거의 늘 惡의 편에 선다. 그러면서도 아메리카 원주민과 아프리카의 이야기에서 보듯이 대개 동물로 등장하는 위계사는 일반적으로 인간 혹은 특정한 개인에게 도움을 주는 후원자인 호의적 위계사가 대부분이다.6

위계사는 메소포타미아(Mesopotamia) 시대 진흙에 새겨진 길가메시(Gilgamansh) 서사시까지 거슬러 올라간다. 길가메시는 아마도 헤라클레스와 머큐리 신, 다른 그리스 신들의 직접적인 조상이며, 중세 시대에는 어릿광대(court jester)가 되었다. 북미 원주민에게는 어릿광대가 Coyote, Raven, Mink, Old man 등의 형태로 나타났다. 위계사는 교활하기는 하지만, 영리한 것과는 다르다. 위계사의 특징은 어느 원시시대나 거의 똑같아서 마치 같은 이야기의 변이형 같지만, 이야기가 서로 너무 멀리 떨어진 장소에서 나타나므로 전파나 이동은 불가능한 듯 보인다. 한 예로 'Buttocks Watcher' 같은 이야기를 보일 수 있겠다.7 위에 든 것처럼, 위계사는, Coyote, Raven, Mink, Blue Jay 같은 동물(특히 鳥類) 외에도 두목, 보스(Boss), Old Man, Veeho(Vihio), Whisky Jack 등의 半人間도 있다.

위계사는 兩義的 존재이며, 두 對立項의 중간에 위치하는 중재자다. 그는 신성하기도 하고 어릿광대 같은 존재이기도 한 복합성이 있으

---

5 위계사와 문화영웅의 제 측면은, 許椿, "濟州島 巫俗神話의 文化英雄 考"(「濟州島言語民俗論叢」, 濟州文化, 1992)에서 검토한 바 있다.

6 G. Jobes, *Dictionary of Mythology, Folklore and Symbols*, The Scarecrow Press, Inc. 1961. p. 202, p. 524.

7 J. Greenway, *Literature among the Primitives,* Folklore Associated, Hatboro, Pennsylvania, 1964. pp. 71~73. passim. ('Buttocks Watcher'는 P. Radin, The Trickster: A Study in American Indian Mythology, Greenwood Press, 1956. pp. 16~17. Wakjunkaga cycle에서.)

며, 俗과 聖의 양분법을 강조하지 않는다. 위계사는, 거대한 상대를 이기며 인간에게 명백한 동일시의 만족감을 허용하는 작은 창조자로서 청자(인간)의 불충분함이 투영된 것이다. 북미 신화의 위계사는 대부분 半人半獸的 존재다. 위계사는 탐욕스럽고 색정적이고 모방적이며, 어리석고 허식적이고 기만적이다.8 그렇기 때문에 위계사는 권위에 대한 반란자고 모든 금기를 깨는 자다.

밥콕 에이브럼스(Barbara Babcock-Abrahms)의 견해를 빌리면, 우리는 위계사의 세 범주(英雄的, 惡漢的, 痴愚的)의 사회적 위상에 혼동을 일으키고 있는데,9 후대에 오면 세 성격이 섞이지만, 신화에서의 위계사는 어디까지나 신성성에 비중이 두어진다. 위계사는 疎外者(outsider) 역을 하는 경계인(marginal man)이다. 따라서 그는 새로운 사회에서, 새로운 사람들과 문화의 갈등이 존재하는 장소과 시간에 나타나는 개성적 유형이다.10 그러므로 위계사는 이중적 성격과 兩價値性(ambivalence) 때문에 生/死, 正/邪, 優/劣, 鬪爭/勝利 등의 모든 대립에 조정자·화해자가 된다. 대립된 상황을 극복하기 위해, 자연히 二元性을 띠게 된다. 이러한 양면성은 위계사의 기본적인 성향에서 기인한 것으로, 라딘(P. Radin)의 견해가 참고된다.

라딘은 위네바고(Winnebago) 족 설화의 네 英雄群을 제시하며, 그 중 하나인 위계사를 未分化된 리비도(libido)라고 정의하고 있다. 그리고 이를 좀 더 구체적으로 풀이하여 幼兒的 心性, 유아와 성인이 기묘하게 혼합된 행동, 飢餓와 性같은 원초적 욕구를 만족시키려는 목적,

---

8 M. Leach ed., *Standard Dictionary of Folklore, Mythology and Legend* (Volume 2), New York, Funk&Wagnalls Company, 1950. pp. 1123~1125. ff.

9 B. Babcock-Abrahms, A Tolerated Margin of Mess: The Trickster and His Tales Reconsidered, J.F.I. Vol. XI, 1974. p. 149.

10 E. V. Stonequist, *The Marginal Man: A Study in the Subjective Aspects of Culture Conflict*, Univ. of Chicago, 1930. p. 74.

잔인하고 냉소적이며 비정한 성향으로 풀이하고 있다.[11] 근본적으로 파괴적 속성을 지닌 위계사에게는 가치, 도덕, 사회라는 개념이 존재하지 않는다. 자신의 욕망에 오히려 희생당하지만 동시에 창조적이다. 헤더웨이(Hathaway)[12]가 '잉크토미(Inktomi=익토미(Iktomi): Lakota 족의 위계사), 코요테, 마우니, 에슈, 로키'를 '세상의 모든 창조 신화'에서 소개하고 있는 것도 같은 맥락일 것이니, 위계사의 기본적 성격이 창조에 있다는 점을 보여 주고 있다.

위네바고 족 설화에서는, 태초에 대지의 창조주가 각각의 종에게 고유한 주거지를 할당했는데 엄청난 방귀로 주거지들을 날려 창조주의 계획을 흐트러뜨린 건 바로 위계사인 와크준카가(Wakdjunkaga)다. 와크준카가는 자신을 태워 준 콘도르(condor)를 오히려 속이 빈 나무 속에 빠뜨리고, 자신을 살찐 너구리라고 속여 마을 여자들이 알몸으로 마을에 가게 만든다. 또 여장으로 세 친구와 잠자리를 같이 해서 임신한 후, 마을로 가서 추장의 아들과 결혼하고 아들도 낳는다. 속임수로 코요테에게 창피를 줘 마을을 떠나게 하는 것도 와크준카가다.

그러나 비정상에 대한 태도는 언제나 兩價値的이다. 정상적인 것은 중립적인 것이고 비정상적인 것은 도덕적으로 선악이라는 양극단을 포함한다. 이 사상은 쉽게 말하면 더러움/깨끗함, 불건강/신성함, 힘/무기력 등의 짝진 대립에 의해 표현되는데, 이들은 개략적 等價物이다.[13] 그렇기 때문인지 위계사를 대하는 대한 관점은 긍정과 부정이 엇갈린다. 즉 열등한 성격들의 축소판으로 보거나 영웅의 전형으로 간주한다. 위계사가 근본적으로 神性인지, 영웅이 신의 수준으로 격상

---

11 P. Radin, *The World of Primitive Man,* New York, 1957. pp. 310~313. 네 群은 위계사, 산토끼, 레드 혼(Red Horn), 쌍둥이다.

12 N. Hathaway, *The Friendly Guide to Mythology,* 2002. (신현승 옮김, 「세계 신화 사전」, 세종서적, 2004)

13 E. Leach, *Social Anthropology,* Oxford University Press, 1982. p. 219.

된 것인지 아니면 위계사가 원래 양면의 속성을 지닌 신성이었던 것
인지도 의문이다.[14] 인간의 잠재의식은 의식보다 더 통찰력 있는지와
우리의 이해를 넘어서는 생각을 전달할 수단으로 위계사 이야기를 만
든 고등 종족이 존재했는지 하는 문제의 논의도 있다. 어찌 보든, 불
예측성과 유동성을 보여 주는 위계사가 인간에게 내재한 보편적 원형
임에는 이견이 없을 듯싶다. 물론 서구의 기본 사상체계인 이분법에
대한 거부감이나 문화적 진화론 논란과는 별개로 하는 말이다.

그리스 신화를 생각해 보면, 굳이 제우스가 만들었다는 판도라(여
자), 파괴적인 탐욕과 생산적인 잉태를 동시에 구현하는 여자를 거론
하지 않더라도, 제우스의 대를 이을 어린 아들을 죽인 죄로 벌을 받은
티탄의 재에서 태어난 게 인간이니, 인간에게는 원초적으로 상반된
이중성인 동물성과 신성, 신성함과 악함이 내재되어 있다.[15] 이들은
감정을 제어하지 못하고 드러내기 때문에 오히려 친근하게 느껴진다.

신화적 영웅은 신으로부터 인간에게 문화를 가져다 주는 문화의 전
달자인 문화영웅이고 창조자나 변형자(transformer, shapeshifter)인데 이
들은 대체로 위계사의 성격을 띠고 있다. 그런데 차차 위계사의 문화
영웅적인 성격이 퇴색되어 가면서 단순히 상대방을 속이는 데 초점이
맞춰져서 민담화한다. 이들은 多義性(ambiguity), 역설(paradox), 모순어
법(oxymoron)을 통해 그 존재를 확인해 준다. 근대의 바보 예찬, 바보
문학 등도 이와 맥을 같이한다. 바보 이반(Ivan), 한스(Hans) 등은 신화
성이 제거된 위계사의 殘影으로 볼 수 있겠다.

神性顯示(hierophancy)와 僞計는 공통의 기반 위에 있고, 위계사는 삶
과 죽음의 전형적인 조정자임을 알 수 있다. 이는 아메리카 인디언
(American Indian: Native American)에게 특히 두드러진다고 조사되었지

---

14 P. Radin, 주 7). p. 125.
15 이진성, 「그리스 신화의 이해」, 아카넷, 2004. pp. 135~146. passim.

만, 우리의 사정도 크게 다르지 않다. 이를테면 배뱅이굿[16]에서 死靈과 生者의 만남과 확인은 위계에 의해 이루어지고 있다. 건달 청년은 위계를 통해 신성현시를 보여 주니, 위계사의 전형적인 예라 하겠다.[17]

지나친 일반론에 치우친 결점이 있고 서구의 이분법적 사고와 구조주의의 연관성을 생각해 보면 여러 가지 문제가 있지만, 신화를 남성 대 여성, 삶 대 죽음 같은 상반 관계를 알고자 하는 시도로 보고, 북미 원주민 설화의 위계사인 까마귀와 코요테(coyote)의 행동을 해석한 레비-스트로스(C. Lévi-Strauss)의 관점[18]이 이 글의 논지에 비교적 유용하겠다. 물론, 실제적으로 어디에나 존재하는 위계사는 썩은 고기를 먹는 자라는 레비-스트로스의 기본적인 가정은 코요테나 까마귀 이야기에는 잘 맞지만 계속 당근을 먹는 토끼 이야기에는 맞지 않으니, 위계사를 심리학적으로 해석하려는 노력에도 얻은 결과는 별로 없다는 지적[19]을 염두에 두어야 한다.

코요테(이 짐승은 죽은 고기를 즐겨 먹는다.)가 초식 동물과 포식 동물의 중간이라고 하는 것은 하늘과 땅 사이의 안개와 같은 것이며, 전쟁과 농경 사이의 머리 가죽 같은 것이고(머리 가죽은 전쟁의 수확물이다.), 야생 식물과 재배 식물 사이의 깜부기와 같으며(깜부기는 재배 식물 위에서 생육하나 야생 식물에 가깝다.), '자연'과 '문화' 사이의 의복과 같고, 사람이 사는 동네와 황무지와의 사이의 쓰레기와 같으며, 부뚜막(땅바닥에 있다)과 지붕(하늘을 상징한다) 사이의 재와 같은 複義的 성격의 존재다.[20] 그래서 코요테는 진지한 문화영웅의 이야

16 李殷官 唱本 (金東旭,「韓國歌謠의 硏究」, 乙酉文化社, 1961. 所收)
17 주 5) pp. 288~289.
18 C. Lévi-Strauss, "The Structual Study of Myth", Journal of American Folklore, 1955. 김진욱 譯,「構造人類學」, 종로서적, 1983. 등.
19 주 7) p. 86.
20 C. Lévi-Strauss·김진욱 譯, op. cit., pp. 213~215. passim.

기에서 등장하기도 하고 그 자신이 창조자이기도 한데, 위계사의 모험은 그 우둔함과 재기로 해서 일치하지 않는다. 그러므로 코요테 같은 위계사는 유익한 문화영웅, 영리한 사기꾼, 바보의 세 役으로 나타난다.[21] 거대한 남근을 소유한 코요테는 괴물 위슈프시를 죽이고 그 시체로 태평양 부족들을 만듦으로써 인간의 창조주가 되었다. 또 노동, 질병, 죽음, 陰毛, 유럽 사람 같은 부정적인 것뿐 아니라 성교의 쾌락도 주었으니,[22] 이를 惡意로만 풀이할 수는 없다. 힌두(Hindu) 신화의 僞計神인 로키(Loki)도 그의 자선과 박애의 이상한 결합에서, 또 악의 없는 재앙과 파괴적인 적의에서 코요테와 궤를 같이한다.[23]

코요테는 가끔 여자로 가장하여 남자와 결혼하기도 하니 兩性的이며, 값비싼 작살이나 낚시를 훔치기 위해 자신을 물고기로 바꾸어 변신하기도 한다. 코요테는 고정된 역할이나 성격을 부정한다. 코요테는 먼 옛날의 원초적 창조성을 대변할 뿐 아니라 현재도 진행되고 있는 儀式을 상기시켜 주고, 그를 격앙 속에서 만나도록 환기시킨다.[24] 세상을 창조한 신이 처음에는 모든 동물들에게 똑같은 지위와 힘을 부여했다. 맨 마지막에 인간을 만든 후, 인간에게 동물들의 우열을 가르라고 했다. 이때 코요테는 제 꾀에 넘어가서 코앞만 볼 수 있도록 되니 오히려 모든 동물 중 가장 약한 동물이 되었다. 이에 코요테는 신[Kareya]에게 빌어 다른 동물보다 더 교활하고 잔꾀에 능하게 되었다고 한다.[25] 코요테가 인간을 속이고 괴롭히기도 하는데, 코요테가 2번이나 속이는 인간은 白人이다.[26] 독립적으로 살아오던 북미 원주민 부

21 S. Thompson, *The Folktale*, The Dryden Press, New York, 1946(AMS Press, 1979). p. 319.
22 주 12) p. 78. f.
23 G. S. Kirk, *Myth-its meaning and functions in ancient and other cultures,* Cambridge University Press·University of California Press, 1970. p. 207.
24 주 2) pp. 335~336.
25 Ibid., pp. 382~383. How coyote got his cunning.
26 Ibid., pp. 369~371. Coyote gets rich off the whitemen.

족들에게 이주민인 백인은 그들의 안식처를 힘으로 뺏은 침략자다.
이 설화는 코요테의 성격과 위상을 시사해 준다.

이러한 상황을 한마디로 설명하기는 어렵다. 예컨대 페르세우스
(Perseus) 이야기는 강한 민담 성분이 있는 반면 아메리카(America)의 많
은 위계사 이야기는 때때로 신화적 목록과 함축을 한다.[27] 그러므로
북미와 우리나라의 위계담을 대비할 때는 이 점을 감안해야 하고, 위
계사의 공통성(commonness)과 지역(민족)에 따른 독특성(uniqueness) 사
이에서 균형 감각을 잃지 않아야 한다.

2. 위계담의 내용 검토

가. 북미 원주민의 위계담

비를 맞아 몸이 언 코요테는 친구 익토미를 시켜 바위를 덮어줬던
자신의 담요를 도로 가져가려 하니 바위가 거절했다. 그래도 담요를
가져가니 바위가 코요테를 죽이려고 굴렀다. 거미 인간 익토미는 바쁘
다고 도망가 버리고, 코요테가 물로 피하니 바위도 헤엄쳐 따라가 코
요테를 깔아 납작하게 만든 후, 담요는 결국 바위가 도로 가져갔다. 농
장주가 지나가다가 납작해진 코요테를 보고 좋은 양탄자라면서 가지
고 갔는데, 코요테는 겨우 도망쳐 나왔다.[28] 코요테는 바위에게 호의로
담요를 주었다가, 자신이 필요하다고 도로 가져가려다가 죽을 고비를
넘긴다. 코요테의 즉흥성과 우쭐대는 행동을 보여 준다. 말미의 언급대
로, 항상 마음으로 寬大히 하고 혹시 준 게 있다면 영원히 주라는 교훈
을 이야기하는 데는 이런 성격의 코요테가 적합했을 것이다. 서아프리

---

27 Cf. 주 23) pp. 32~207.
28 Op.cit., pp. 337~339, Coyote, Iktome, and the Rock.

카 Yoruba 족의 위계사 Eshu가 각 면이 빨강, 하양, 초록, 검정인 모자를 쓰고 있었다. 한 농부가 다른 농부에게 흰 모자를 쓴 늙은 노인을 봤냐고 묻자, 농부가 하얀색이 아니고 빨간색이었다고 주장했다. 이에 Eshu가 모자를 보여 주며, 그들은 싸울 수밖에 없지만, 나는 골칫거리를 만드는 걸 좋아한다고 했다. 농부들은 전체를 보지 못하고 부분만 보았기 때문에 사이가 틀어졌다. Eshu의 모자 색은 세계의 네 방향이다. 네 감각의 증거들을 믿지 말라는 것이 이 설화의 교훈이다.[29] 이처럼 위계담은 청자를 즐겁게 할 뿐 아니라 교훈도 준다.

익토미와 코요테는 별 쓸모없는 게으름뱅이다. 코요테가 익토미의 아내를 희롱하다가 肝을 먼저 먹은 익토미의 아내에게 속았다.[30] 넘치는 성욕을 주체하지 못하고 오히려 속아 넘어가는 듀프(dupe)[31]로서의 코요테의 속성을 나타내고 있다. 당연히 자신이 이길 줄 알고, 내기에서 이긴 자가 상대의 아내를 취하기로 하고 오소리와 내기를 한 코요테는 나중에야 자신의 꾀가 실패했음을 알았다. 그는 오소리와 자며 밤새 아내가 내지르는 고통의 비명을 들어야 했고, 다음날 아내가 '네 경쟁 실패 때문에 난 네 어리석음을 보상해야 했다!'고 외치는 소리를 들어야 했다.[32] 늙은 아내의 성적 매력이 다하자 젊은 여자를 찾아 나섰다가 오히려 속아서 아내와 자게 된 익토미 역시, 욕정에 탐닉해서 제 꾀에 넘어가 대가를 치른다.[33] 이런 이야기들은 위계사의 속성을 잘 보여 준다. 치누크(Chinook) 족 설화에서, 코요테는 손자에게 오이

---

29 S. Gordon, *The Encylopedia of Myths and Legends,* Headline Book Publisning, London, 1994. p. 692.

30 Op.cit., pp. 339~341. What's This? My Balls for your dinner?

31 듀프(dupe)는 '속이는 자'와 반대로 '속임을 당하는 자, 잘 속는 자, 봉, 밥, 얼뜨기, 얼간이'를 말하는데, 뜻을 온전히 전달할 역어가 적당하지 않아서 부득이 원어 그대로 쓴다.

32 Op.cit., pp. 368~369. Coyote's Rabbit Chase.

33 Ibid., pp. 372~374. Iktome sleeps with his wife by mistake.

디푸스(Oedipus)적인 질투와 적대감을 가지고 있는 노인으로, 늑대를 시켜 손자를 죽이고 손자며느리를 빼앗는다. 코요테는 공포와 죄책감이 너무 커서 몇 년 동안 정교하게 거짓으로 비통한 척 했다. 나이를 많이 먹었다는 사실에도 아랑곳하지 않고 코요테는 손자와 자신을 동일시하려고 거의 미쳐간다. 계속된 실패에도 그의 젊은 여성에 대한 열정은 우스운 상황까지 이르게 된다. 농부 여인을 속여 아이들을 죽여서 먹고, 그녀의 어린 딸을 강간하고, 긴 성기로 강을 넘어 교접하는 등 그는 성욕 과잉이다.34 죽은 체하여 묻혔다가 자신의 딸과 결혼하기 위해 위장해서 다시 나타날 정도로 넘치는 성욕의 소유자가 위계사다.35 코요테는 그들의 약해지는 영적인 힘의 근원에 대한 문화적인 고찰뿐만 아니라 노인들의 욕구에 대한 문화적인 통찰력을 나타낸다. 위계담은 근친상간 같은 性的 제한과 사회의 규범적인 규제 등으로 쌓인 청중의 긴장을 정화해 주는 작용도 한다.

보기 흉한 색이었던 코요테가 블루버드(Bluebird: 지빠귓과의 일종)의 처방에 따라 예쁜 색으로 변했는데, 변한 제 색깔을 보느라고 넘어지는 바람에 다시 얼룩이 묻어 흉하게 되었다.36 코요테의 부주의와 愚鈍함을 보여 준다.

코요테는 무엇이든 빌리고 훔치기만 하다가 결국 더 이상 인간을 괴롭히지 못한다.37 이 이야기에서는, 칠면조가 문화영웅이고 코요테는 인간을 괴롭히는 바보, 멍청이다. 코요테는 사람이나 여우에게 여러 번 속는다.38

---

34 M. Jacobs, *The Content and Style of an Oral Literature-Clackamas Chinook Myths and Tales*, Univ. of Chicago Press, Chicago, Illinois, 1959. pp. 138~139.
35 주 8) p. 1124.
36 주 2) pp. 346~347. The Bluebird and Coyote.
37 Ibid., pp. 352~354. Turkey makes the Corn and coyote Plants it..
38 Ibid., pp. 359~361. Coyote fights a lump of pitch.

개구리만 댐의 물을 먹을 수 있었는데, 조개를 받은 개구리는 코요테에게 물을 마실 수 있게 한다. 코요테가 댐 밑에 머리를 박고 물을 오래 마셨지만, 개구리 떼는 댐에 뭔가 하고 있구나 생각했지만 크게 신경 쓰지 않았다. 실제로는 코요테가 댐 밑의 땅을 파고 있었다. 그 바람에 댐이 무너져 개울, 폭포 등을 만들어져서, 지금 우리는 마실 물, 수영하는 물 등을 코요테 덕분에 누린다.[39] 여기에서 코요테는 문화영웅이다. 코요테가 개구리족에게 한 종족이 물을 소유하고 있는 것은 옳지 않다고 말했지만, 코요테의 행위에 처음부터 인간을 위하겠다는 의도는 없었다. 아마도 물을 독점한 개구리족이 미워서 그랬을 것이다. 북미 원주민의 설화에서는 코요테 뿐 아니라 비버(Beaver), 여우, 갈가마귀, 다람쥐, 칠면조 등 다양한 동물이 문화영웅 역을 한다.[40]

여행하던 코요테가 괴물인 말[馬]에게 쫓기자 신에게 나무를 만들어 달라고 해서 나무 위로 숨었으나 잡히게 되었다. 코요테가 신에게서 마법 채찍을 얻어 말을 제압하고는, 이제 사람을 태우고 짐을 실어 나르라고 한다. 다시 사나운 개에게 쫓긴 코요테는 또 신에게서 돌멩이를 얻어 개를 제압하고는, 이제 인간의 가장 충성스러운 동물이 되라고 한다. 그를 잡아 얽맨 나무도 신에게서 센 힘을 얻어 나무를 찢고, 이후부터 나무는 인간의 땔감이 되도록 한다. 협곡 괴물도 신의 힘을 빌려 물리치고, 거대한 협곡도 나무를 가로지르고 건너갈 수 있도록 한다. 코요테가 거대한 엘크(elk)마저 신이 준 돌칼로 제압하고, 엘크는 자신의 살을 음식으로, 가죽을 옷으로 인간에게 제공하게 한다. 아기 모습을 한 食人 괴물 또한 신이 준 칼로 물리치니, 이후 아기는 생명체에서 가장 무력한 존재가 되었다.[41] 별 능력이 없는 약자로 등장

---

39 Ibid., pp. 355~356. Coyote takes water from the Frog People.

40 Ibid., pp. 343~357. How Beaver Stole Fire from the Pines, The Raven, How the People got Arrowheads.

41 M. Dove (Humishuma), *Coyote Stories,* Univ. of Nebraska Press, Lincoln and London,

하는 코요테는 오직 신의 도움으로 곤경을 헤쳐나간다. 코요테가 문화영웅으로 선택되었다는 점에 유의할 필요가 있겠다. 코요테는 북미 원주민에게 대표적이고 친근한, 자신들의 대리인이다.

위계로 개구리의 생식기가 없도록 만든 심술꾸러기 코요테지만,[42] 코요테는 醫術 능력도 있고, 지혜로우면서도 멍청하기도 한 양면성이 있다. 코요테가 善한 편에서 변형된 모습으로 나타나기도 한다. 굴 껍질에 숨은 다람쥐 소녀가 아이들을 훔쳐 잡아먹는 올빼미 여인에게 심장을 먹혔지만 노랑발도요새가 시키는 대로 해서 다시 살아났다. 올빼미의 사악한 짓을 알고 있는 코요테가 잡힌 아이들에게 송진을 모아 오게 한 후 위계로 올빼미를 태워 죽였다. 惡行은 항상 대가를 치르게 된다.[43]

코요테는 그의 오른팔이 왼팔과 싸우게 하기도 하고, 자신의 항문에게 오리가 잘 구워지는지 보고 누가 오면 쫓아 버리고 했다가, 여우들이 고기를 다 먹어 버리자 코요테는 항문을 태우고 자신의 창자를 먹는다.[44] 위계사-코요테는 여전히 정신적으로 아이인 상태로 살아가는데 이 점은 오른손과 왼손의 싸움으로 상징화된다. 위계사와 신체의 관계는 매우 특이한데, 아마도 입사의식과 재생이라는 제의성과 연관이 있을 듯싶다. 강 건너에 성기 묶기, 항문 태우기, 창자 먹기, 성 바꾸기 등은 위계사를 불안하게 해서 결국 세련된, 선한 개인으로 행동하게 할 정도로 위계사에게 충격을 준다.[45]

1990. pp. 41~48. Coyote Fights some Monsters.

42 Op.cit., pp. 384~385. Coyote and the two frog women.

43 Op.cit., pp. 51~59. Chipmunk and Owl-Women

44 P. Radin, 주 14) pp. 16~18. (라딘(P. Radin)이 채록한 위네바고(Winnebago) 族의 위계담은 나수호, 〈토끼전〉과 북미원주민 설화에 나타난 트릭스터 비교 연구"(서울대 석론, 2002)에 자세히 소개되어 있다.)

45 Cf. 주 7) pp. 74~85. 陰核(ciitoris)에게 음식을 조리하는 화덕을 잘 지키고 있으라고 하는 식(위네바고 반대편의 Trobriand 설화, The White Cockatoo and the

나. 한국의 위계담

위계사는 주로 상대를 속이지만 그 자신도 걸핏하면 속는다. 畏敬
的 존재로 우리 민족에게는 신앙의 대상까지 되는 호랑이지만 어리석
음이 희화되기도 한다. 두려움과 친숙함은 공존하는 것인지도 모른다.

이를 잘 보여 주는 설화 가운데 '호랑이와 토끼'를 보면, 호랑이의
貪食을 이용한 토끼가 빨갛게 달군 돌을 떡이라고 속여서 호랑이에게
먹인다든지, 물고기를 많이 잡을 수 있다고 속여 물 속에 넣은 꼬리를
넣어 얼어붙게 한다. 호랑이는 밭을 가는 여자를 잡아먹으려다가 월경
중인 여자의 벗은 몸을 보고 놀라 도망갈 정도로 우둔하고 겁이 많으
며, 자기 허리에 매어 있는 방울 소리를 창자를 뜯어먹는 새로 알고 놀
라 달아난다.[46] 여기에 보이는 호랑이는 용맹스럽거나 신령한 것이 아
니라 어리석고 겁이 많다. 백두산 산신령이라 속인 한라산 수달에게
속아 도망간 호랑이, 함정에 빠진 호랑이를 구해 준 나그네를 도리어
잡아먹으려다 심판을 맡은 여우(혹은 토끼, 원숭이, 두꺼비 등등)에 의해 다
시 함정에 빠진 은혜 모르는 호랑이, 꼬리로 물고기 잡는 호랑이, 거울
속에 비친 제 모습을 보고 달아 난 호랑이,[47] 달걀, 자라, 쇠똥, 쇠꽂덩
이 멍석, 지게 등에 눌려 죽음을 당하는 호랑이[48] 등 상당히 많다.

호랑이와 맞닥뜨린 교활한 토끼는 조약돌 11개를 구우면서 10개라
하여 호랑이가 빨갛게 구운 돌을 먹게 만든다. 호랑이는, 조약돌이 분
명히 열한 개인데 열 개라고 잘못 계산한 토끼의 실수를 행운 삼아
셈에서 빠진 떡 한 개를 장 없이 먹다 들키는 창피도 당하지 않도록

Clitoris)으로, 이런 특성은 어디에서나 마찬가지다.
46 「大系」 2-9 pp. 29~30, 4-4 p. 942, 8-2 pp. 159~161.
　　孫晋泰, 「韓國民族說話의 研究」, 乙酉文化社, 1947. pp. 159~160. 虎兎說話
　　李家源, 「한국호랑이 이야기」, 東西文化社, 1977. 호랑이와 토끼. 등.
47 曺喜雄, "韓國動物譚 Index", 文化人類學會, 文化人類學 5輯, 1972. pp. 128~132.
48 金光淳, 「慶北民譚」, 螢雪出版社, 1978. pp. 336~338. 孫晋泰, op. cit. 쇠똥에 자빠진 범.

얼른 집어삼키기로 결심한 것이다. 그 호랑이를 다시 만나자 이번에는 갈대숲에서 참새를 먹게 해 준다고 하여 속인 후, 토끼는 갈대에 불을 질러 호랑이를 놀라게 한다. 또 만났는데, 토끼는 물고기를 잡게 해 준다고 얼음장에 꼬리를 담그게 하는 바람에 기다리다 얼어붙은 호랑이를 마침내 잡히게 만든다.[49] 토끼가 위계사로 나선 경우인데, 호랑이의 봉욕은 모두 탐욕이 빚은 결과다. 이 이야기는 여러 가지 의미를 내포하고 있다. 강자의 횡포에 대한 반감과 약자에 대한 동정이기도 하고, 탐욕은 불행한 결말을 가져온다는 경계이다. 그리고 교활함과 우둔함 중에서 전자가 승리하는 인간사를 그대로 반영한 것이기도 하다.[50]

우둔, 탐식, 술수, 주술력 등을 다 가지고 금기를 자주 어기는 코요테와 호랑이는 상통하는 점이 많다. 특히 제 꾀에 잘 넘어가고, 위계를 쓰지만 번번이 실패하는 호랑이가 널리 친근감을 주었기 때문에 해학과 풍자의 대상이 되었을 것인데, 코요테 역시 마찬가지일 것이다. 다만 문화영웅적인 면모는 코요테가 두드러진다. 이때 실패 여부와 무관하게, 어떤 상태를 중재하는 데는 속임수가 대단히 중요한 작용을 하게 되니 자연히 위계가 중요한 수단이 된다.

토끼는 위계로 호랑이를 숲 속으로 유인해 불을 질러 태워 죽이고, 할머니를 놀리다가 잡혀서 솥에 넣어 삶길 상황에서 할머니가 방에 재워 둔 아기를 대신 솥에 집어넣고, 집까지 태워 먹게 만들었다.[51] 이때 토끼가 보여 주는 인식 단계란 대단히 높은 것이기 때문에, 이 경우의 웃음은 적절하게 억제된 유쾌한 웃음이라는 지적[52]은 타당하지

49 李家源, 주 46) 호랑이와 토끼
50 許椿, "說話에 나타난 호랑이의 特性—「한국 호랑이 이야기」 검토를 겸하여", 冽上古典研究會, 「冽上古典研究」 10輯, 1997. p. 84.
51 任晳宰, 「韓國口傳說話1」, 平民社, 1990. pp. 97~99.
52 金基鎬, "한국 트릭스터담 연구-호랑이 이야기를 중심으로-", 영남대 박론, 2001. p. 184.

만, 할머니와의 관계에서 생각해 볼 때는 설득력이 덜하다고 생각한
다. 호랑이는 용맹의 근원이니, 호랑이 수염을 달게 된 뒤부터 남자는
비로소 위엄과 권위를 갖추게 되었다고 한다.[53] 권력자로 대변될 수
있는 호랑이를 골려주는 약자는 자연스럽게 강력한 정화 작용을 한
다. 다만, 강자의 표상이라 할 호랑이에 대한 위계가 아니고 노약자인
할머니를 골탕 먹이고, 어린애를 자기 대신 솥에 삶게 하는 이야기를
듣고 '적절하게 억제된 유쾌한 웃음'이 나오기는 어렵겠다.

함정에 빠진 호랑이를 구해 준 사람을 오히려 잡아먹으려 하자 소나
무와 까마귀에게 물었으나 호랑이 편을 든다. 여우에게 묻자 당시의 상
황을 재연해 보라 하여 다시 구덩이에 빠진 호랑이를 두고 간다.[54] 여
우가 위계사로 등장하는데, 여우도 호랑이의 먹이가 되는 약자이기 때
문에, 이 경우도 여우의 지혜를 사는 것이지 여우가 공명하다는 의미는
아니다.[55]

'狐假虎威'(「戰國策」)처럼, 여우가 호랑이를 속여 이용하는 이야기에
서는, 善이나 惡이 어느 쪽이냐는 판단은 별개 문제다. 대체로 약자가
궁지에 몰렸을 때 위기를 벗어나는 방법이 위계다. 단순한 비유에 지
나지 않기는 하지만, 한 예로 「莊子」[56]에서 까마귀를 속이는 동물도
여우다. 동양에서는 여우가 듀프인 경우는 그리 많지 않다.

도깨비도 호랑이와 상통하는 점이 있다. 도깨비는 심술궂고 짓궂어
서 사람을 괴롭히며 귀찮게 하지만 때로는 도움을 주기도 하며, 사람
이 도깨비의 단순하고 우직함을 이용하여 치부하기도 한다.

김 서방이 밭에서 돌멩이를 골라내는 것을 보고 김 서방을 골리려

---

53 李家源, 주 46) 호랑이 수염.

54 Ibid., 背恩忘德한 호랑이.

55 주 50) p. 85.

56 「莊子」(〈鴉好諛〉): 鴉銜肉止樹上 狐過而欲得之 仰謂曰 君軀旣壯 而羽亦澤 吾素聞君善歌 請奏
   一曲 鴉悅 張口欲鳴 未發聲而肉已落 狐疾取之 復語鴉曰 他日 有無故諛君者 君其愼之

고 도깨비가 그 밭에다 돌멩이를 산더미같이 쌓아 놓았는데 김 서방이 이를 알고 일부러 큰 소리로 "누가 고맙게도 돌멩이를 쌓아 놓았지? 날 골탕 먹이려면 닭똥이나 가득 쌓아 놓지." 하자 도깨비가 그날 밤으로 돌을 치우고 닭똥을 잔뜩 쌓아 놓는 바람에 김 서방네는 매년 푸짐한 수확을 거두게 되고,[57] 개암 깨무는 소리에 놀라 달아나는 게 도깨비다.[58] 도깨비는 이처럼 단순하며 겁 많고 건망증이 심하기도 하다. 그런데 우리나라 설화의 도깨비는, 의도하지 않았지만, 대체로 악을 징치할 때 나타나기 때문에 위계사의 대표적인 예인 코요테와는 좀 다르다.

사람은 도깨비의 심술과 조화에 괴로움을 겪지만 오히려 이를 역이용하여 부를 얻었듯이, 호랑이도 사람에게 피해를 주지만 사람은 이를 역이용하여 치부하고 출세하였다. 도깨비가 개암 깨무는 소리 같은 사소한 일에도 놀라 겁먹고 도망가는 것처럼, 호랑이도 곶감 같은 것에 놀라고 토끼에 속아서 꼬리를 강물에 담그고 물고기를 잡으려 한다든지 함정에 도로 빠진다. 이러한 양면성은 특히 민담에서 도깨비와 호랑이가 같은 유형으로 나타나고 있으니 이는 양자의 상관성을 보여 주는 것이다.[59]

동명왕, 탈해, 鄭萬瑞, 鄭壽銅, 金 先達, 토끼, 메추리 등을 트릭스터로, 호랑이와 양반을 듀프로 본 견해[60]에 대해, 신화의 주몽, 탈해, (창세신화에서 미륵과 꽃 피우기 내기를 한) 석가는 다 트릭스터(trickster)(트릭스터 이야기 혹은 트릭스터 이야기의 변이 형태)가 아니고, 건국신화 자체의 필요성에 의해 트릭의 에피소드를 수용한 결과라고 하는 견해가 있다. 석가나 미륵은 처음부터 부정할 수 없는 엄연한 신격체이고, 트릭스터

57 「大系」 서울 도봉구 편, pp. 265~266.
58 崔來沃, 「全北民譚」, 螢雪出版社 1982. pp. 63~65.
59 Cf. 許椿, "說話와 古小說의 虎", 「연세어문학」 18輯, 1985. pp. 238~239.
60 金烈圭, 「韓國文學史」, 探求堂, 1983. pp. 385~416.

는 신격과 분명히 구별되는 존재이기 때문에 트릭스터 진화에 대한 어떤 흔적도 발견할 수 없다는 것이다. 즉 주몽·탈해·석가의 이야기는 트릭스터 이야기의 발달과 관련해서 상관성이 없다고 본다.[61] 위계사의 기능과 연관지어 볼 때 일리 있는 지적이지만, '위계담의 진화와 발달'에는 논의의 여지가 있겠다. 또 신적 위상에 자리한 위계사이기는 하지만, 다른 지역의 위계사도 우주 창조신은 아니고, 이는 주몽·탈해·석가도 마찬가지다. 민담과 신화는 현저히 다르고, 민담이 신화보다 후대 것이라면 민담에서 추출한 논리를 신화에 적용하기에는 무리일 것이다. 설화의 변이 과정으로 볼 때, 민담의 요소를 후세에 즉 신화에서 차용했다고 보기 어렵다고 본다.

  사회적으로 중간층이라 할 아전은 주로 자신보다 상류 계층인 양반층을 대상으로 위계사의 면모를 보이는데, 서민은, 고의든 아니든, 동류 계층도 공격 대상으로 삼는다. 누구를 중심으로 보느냐에 따라 달라지지만, '아전담은 〈속음의 축〉을, 서민담은 〈속임의 축〉을 초점화하는 것이고, 아전이 빚어내는 웃음이 쓴웃음이라면[62] 아마 서민담이 빚어내는 웃음은 진지한 웃음'이라는 지적[63]은 참고할 만하다. 그러나 서민담의 웃음을 진지한 웃음이라 한 것은 오해의 소지가 있다. 서민담은 김 선달, 정수동 등이 서민을 대상으로 하는 경우처럼 미소나 낄낄거리는 웃음을 포함하지만, 서민담의 상당 부분이 역시 통쾌한 풍자와 비판을 하고 있기 때문이다. 이 경우는, 서민담의 웃음이 아전담과 특별히 다르다고 하기 곤란하다고 본다. 그런데 전국에 광포되어 있는 '332-1 여자 난처하게 하는 내기(하문 보기, 입맞추기 등)', '332-4 초상났다고 부의금 거두기', '333 엉뚱한 짓으로 여자 속여 이용하기'

---

61 金基鎬, 주 52) pp. 157~166.
62 金烈圭, op. cit., p. 414.
63 李漢吉, "속임/속음의 서사구조-트릭스터(Trickster) 유형을 중심으로-", 서강대 석론, 1988. pp. 62~63.

(「大系」의 분류. 이하 같음.) 등은, 대부분 서민을 대상으로 엉뚱한 짓으로 상대를 곤경에 빠뜨리는 행위라는 점도 염두에 두어야 한다. 단순히 지적 우월감을 과시하거나 약간의 이득을 취하는, 이 경우의 웃음이 일반적인 웃음에 해당할 것이다. 冬至에 팔려고 쑤어 놓았다가 날이 풀려서 쉬어 버린 이웃집 할멈의 팥죽 네 동을 기지로 다 팔아 준 김 선달64처럼 이들의 행적은 매우 다양해서 한마디로 정의하기 어렵다. 그렇기 때문에 너무 사회적인 데 치중하여 자료를 해석하는 일도 유의해야 할 점이 많다는 뜻이다.

잡보 행실을 하는 건달형 인물은, 김 선달, 정만서, 정수동, 방학중, 태학중, 진평구 등으로 대표된다. 이들은 직설적인 지적보다 주로 語戲를 이용하여 윗사람을 비판하여 향유층의 代償 심리를 만족시켜주고 있다. '거짓말 해보라는 양반 속여서 골려주기', '윗사람 욕보인 아랫사람'의 대표적 인물이라 하겠다. '기생 꾀어 동침한 방학중'(「大系」 7-7), '여자의 밑을 구경시켜 준 방학중'(「大系」 7-10), '김선달과 하문이 둘인 여자'(「大系」 5-6) 등 같은 이야기는 장난이라 할 수도 있지만, '방학중이와 떡보리'(「大系」 7-6)의 경우는, 하인인 방학중이 주인을 희롱하고 나아가 장인, 장모, 처남 등을 속여서 죽인다. 이처럼 꽤 공격적이다.65 방학중은, 동네 사람들이 먹을 것이 없어서 찧고 있는 떡 보리를 빼앗고 남의 아이를 방아확에다 넣는 짓까지 하니,

---

64 팥죽 먹으러 온 손님 앞에서 김 선달이 할멈에게 조그만 소리로 물었다. "주인님, 초도 좀 칠까요?" 그러자 할멈이 "사람 봐 가며 쳐야지, 아무나 치나?" 하고 답했다. 손님이 이를 듣고 그 초 좀 많이 쳐 달라 한 후, 양반 행세 하느라 맛도 안 보고 초를 더 쳐서 먹은 후 오랜만에 팥죽다운 팥죽 먹어 본다고 했다. 이렇게 해서 쉬어 버린 팥죽을 다 팔았다.

65 제주의 변인태, 양 장의 같은 인물은, 본토의 김 선달, 정수동, 방학중 등과 비교해 볼 때, 냉소라기보다 밝은 웃음을 풍긴다. 상전을 욕보여도 궁지로 몰지 않고 여유 있는 상황을 만드는데, 붙박이라는 점이 중요하게 작용했다고 본다.(Cf. 許椿, "濟州 說話 一 考察", 濟州大 國文科, 「國文學報」 13輯, 1995. pp. 173~179)

이 경우의 파괴는 화적 같은 짓이다. 파괴 자체를 목적으로 하고 대안을 제시하는 데는 관심이 없고 그럴 재간도 없다.[66] 양반에 대한 공격도 뾰족한 敵意를 보인다. 그래서 그런지 김 선달, 정만서, 방학중 등이 다 자기보다 뛰어난 상대를 만나 낭패를 보는 경우도 있다.

이제 '狂人(「靑邱野談」卷二 逐官長知印打頰)', '地獄巡禮(「攪睡襍史」, 督債見辱)', '鳳(「攪睡襍史」, 知奸飾愚)'을 전체적인 맥락에서 살펴보겠다.[67]

호남의 한 원이 성미가 조급하고 형벌이 가혹하자, 하루는 나이 어린 통인이 원의 뺨을 냅다 갈겼다. 노발한 원이 다른 통인에게 저놈 잡으라고 명했으나 아무도 거행하지 않자, 분을 못 참은 원이 고함을 지르며 거동이 해괴하고 언어가 대중이 없었다. 원의 자제가 나와 황급히 나와 병환이 나신 듯하다고 하자 더욱 화를 못 이겼다. 아무도 자기 말을 아무도 안 믿으니 이후 잠도 안 자고 밥도 안 먹다가 미친 병이 되었다. 소문을 들은 감사가 원을 파직하였다(狂人). 자신들에게 혹독한 상전을 제거하는 영악한 아전들의 위계에 속절없이 당하는 양반을 그렸다. 아전의 행동은 권세(강자)에 대한 반항이지만, 명분 없는, 이익을 앞세운 일이다. 위계사의 일반적인 행위처럼, 가혹한 원에게 시달리는 백성을 돕겠다는 것을 의도하지는 않았다는 점에서다. 그러나 권력이나 특권을 너무 많이 가진 자를 낮춤으로써 평등하게 한다[68]는 목적을 온전히 이룬 셈이다.

한 상놈이 어리석고 인색한 생원에게 돈을 빌렸는데 빚 독촉이 매우

---

66 趙東一, 「人物傳說의 意味와 機能」, 嶺南大學校 出版部, 1979. pp. 279~294. passim.
67 각 편 제목은 주 4)에 따랐다. 주 53)에서 각각 아전담, 서민담, 양반담(동일 신분-양반 대 양반, 서민 대 서민-일 경우를 양반담으로 분류한 것(cf. p. 65)은 재론의 여지가 있지만)으로 나누어 검토한 바 있다.
68 Orrine E. Klapp, "The Clever Hero", Journal of American Folklore 67:263, 1954. p. 30. (나수호, 주 34) p. 14. 再引)

심했다. 이에 상놈이 홑이불을 뒤집어쓰고 눕고 아내는 곡을 하였다. 생원 댁 하인이 살펴보고 고하니 생원은 혀만 차고 말았다. 어느 날 상놈이 홀연히 찾아와 재생했다고 생원에게 문안을 드리니, 생원이 상놈에게 酆都를 구경했냐고 물었다. 지옥에서 보니 대부인 마님이 자기 아버지와 함께 살더라고 꾸며서 이야기하여 빚을 탕감 받았다(地獄巡禮). 여기에서는 경제적인 이득을 얻는 데 더 중점을 두고 있다.

　上番한 시골의 한 군사가 평소 남을 잘 속였다. 하루는 닭전으로 가서 수탉을 어루만지며, 닭전 주인에게 이 봉을 팔지 않으려냐고 물었다. 주인이 20냥을 부르자 군사는 곧 그 닭을 사서 형조에 가서 진상했다. 형조에서 엄문하니 군사는 울면서 애원했다. 이에 형조에서 닭전 주인을 잡아 와서 닭전 주인을 책망했다. 형조에서 닭전 주인에게 50냥을 받아 군사에게 주었다(鳳). 여기에서 속은 것은 닭전 주인이 아니라 형조다. 이면적 즉 주제적인 측면에서는 서민 대 양반의 갈등을 그린 이야기[69]라고 풀이할 수 있다. 그러나 닭전 주인에게 손해를 입힌 군사의 행동이 전적으로 환영받기는 어렵겠다. 두려움의 대상인 官-형조를 속여서 청자에게 일종의 정화작용을 하지만, 실질적인 손해는 닭전 주인이 보았기 때문이다. 물론, 처음부터 어수룩하게 보인다고 행동한 군사를 속인 것에 대한 응보일 수도 있다.

3. 한국 위계담의 특성

　위계사는 우둔하고 무모해서, 자신도 듀프가 되어 상처를 받으니 자연히 친근감을 주게 된다. 자신이 善/惡, 美/醜 등의 상반된 속성을 지니고 성공 여부를 떠나 중재역을 하기 때문에, 청중의 긴장을 정화해 주는 작용을 한다.

---

69 주 63) pp. 77~78.

이중성 즉 모호성, 역설, 모순어법은 위계사의 중요한 특징이다. 이를 語戱를 이용해 잘 보여 주는 것이 우리나라의 경우다. 어희는 무력이 아닌 지략이기 때문에 청중도 쉽게 받아들인다. 지략으로 힘센 상대를 속이거나 자신의 이익을 취하는 일은 덜 파괴적이면서도 효과는 더 뛰어나기 때문이겠다.

위계사의 문화영웅적인 측면은 같겠지만, 우리나라는 이런 면모가 자주 나타나지 않는다. 아마도 전해지는 신화가 많지 않은 탓일 게다. 또 성에 개방적이지 않은 사회라 그런지 성적인 금기를 위반하는 일은 찾기 어렵다.

북미 원주민에게 친밀감을 주는 코요테와 달리, 호랑이는 우리에게 경외감이나 공포감을 준다. 그런데 특이하게도 강자와 권위의 표상인 호랑이가 가해자보다는 주로 듀프로 등장한다.

우리나라의 위계사라 할 사람들은, 서민층을 상대로 이익을 꾀하기도 하지만, 대체로 상전이나 양반에 대한 풍자와 비판을 두드러지게 한다. 이는 계층이 뚜렷한 당시의 사정과 깊은 연관이 있을 것이다. 특히 조선조는 士民의 사회적 차이가 커서 자연히 이런 방법을 취했다고 본다. 중간층이라 할 방자, 아전, 기생, 식객, 광대 등을 대표적인 예로 보일 수 있다. 이는 후기 사회의 면모니 북미 원주민 설화와의 직접적인 대비에는 문제가 있음을 감안하더라도, 위네바고 족을 비롯한 북미 원주민의 경우는 조선조 같은 신분 계층 차이가 거의 없어서인지, 각 부족 내에서의 계층적 갈등은 보이지 않는다.

III. 結論

위계사는 문화영웅 역할을 하기도 하는 이중적 성격의 경계인이다.

위계사는 남을 속여 이득을 얻지만, 탐식과 넘치는 성욕을 주체하지 못해 자신이 쳐 놓은 덫에 자신이 걸리는 일이 많아 듀프 역을 하기도 한다. 자신의 욕심을 못 이기고, 기본적으로 탐식과 넘치는 성욕을 주체하지 못해 자신의 꾀에 오히려 속는 점은 듀프와 같다.

설화의 내용은 인류 공통적인 것이지만, 민족(부족)이나 지역 상황에 맞게 변용되어 나타난다. 어떤 동물이나 인간상에 대한 好否에 차이가 나는 일도 수용 정서와 사회 상황의 차이에 기인한 것이다. 설화에 나타난 위계사를 통해 이 차이점을 효과적으로 파악할 수 있고, 따라서 우리나라에서 위계사가 차지하는 특수성도 알 수 있다.

우리나라 설화와 설화의 영향을 받은 고소설에서 중재자 역을 하는 위계사는 서사문학에서 퍽 중요한 역할을 한다. 신화의 위계사가 중세에 와서 어떤 형상으로 남았고 작품에서 어떻게 작용하는지 살펴보는 일은, 작중인물에 주제가 모이는 중세의 서사에서 대단히 중요하다.

먼저 본격적으로 위계사 연구가 시작된 북미 원주민 설화를 바탕으로 대표적인 위계사인 코요테의 여러 행적을 검토하고, 다음에 우리나라 설화의 호랑이와 문헌설화 몇 편을 두고 그 성격을 대비해 보았는데, 세부적인 분석보다 전체적인 맥락을 살폈다. 코요테는 그들에게 친근감을 주지만, 호랑이는 우리에게 친밀감을 넘어 경외감이나 공포감을 준다. 그러면서도 호랑이가 위계사로, 가해자보다는 주로 듀프로 등장하는 점은 특기할 만하다. 호랑이는 권위 있는 강자를 상징하지만 탐욕을 주체하지 못해 제 꾀에 속기도 잘 해서, 위계사의 속성을 여실히 보여 준다. 흔히 전형적인 위계사로 보는 코요테 또한 자주 속는다. 코요테의 문화영웅적 측면이 우리나라의 호랑이나 토끼에게서는 잘 나타나지 않는 것은, 전해지는 신화가 풍부하지 못한 상황과 연관이 있을 것이다. 신화에서는, 의도하지 않았지만 인간에게 문화적 혜택을 주지만, 민담에서는 희화화하여 단순한 장난꾸러기로 나타나기도 한다. 그런데 근친상간 같은 性的인 금기 위반을 통해 정화작용을 일으키는 일은 보기 어렵다. 우리의 고려조는 불교 사회, 조선조는 유교 사회라 그런지 성적인 면에서 크게 放逸하지는 않다.

문헌설화에서도 아전이나 서민은 지략으로 상대를 공격하고 목적을 이룬다. 이들은 단순한 웃음보다 풍자를 통해 권세 있는 상류층을 비판한다. 이는 아마도 북미나 유럽보다 신분의 차이, 士民 즉 班常의 계층이 더 뚜렷했기 때문일 것이다. 특히 중간층의 신분이라 할 방자, 아전, 기생, 식객, 광대 등은, 이중성이라는 위계사의 특성과 맞물려서 그 특성을 잘 보여 준다. 위네바고 족을 비롯한 북미 원주민의 경우는 조선조 같은 계층 차이가 크지 않아서인지, 각 부족 내에서의 계층적 갈등은 보이지 않는다. 김선달, 방학중 등에서 보듯이, 서민층을 상대로 잔인할 정도의 위계를 써서 이익을 취하기도 하는데, 語戱를 이용하는 일이 잦다.

오래전부터 글쓴이는 우리나라 설화와 고소설에서 차지하는 위계사의 역할과 위상 문제를 과제로 삼아 몇 편의 글을 썼으나, 여러 사정으로 이를 더 깊이 천착하지 못했다. 근래 와서 위계사-위계담을 대상으로 세부적인 정리와 분석이 속속 이루어지는 일은 퍽 고무적이다. 북미의 다른 설화 자료를 추가하여, 이 글에서는 우선 우리 설화에 나타난 위계사의 특성을 전반적으로 파악해 보고자 했는데, 제약된 지면 관계로 상당 부분 생략할 수밖에 없었다. 유럽, 남미, 중국, 일본 등과의 대비, 세밀한 분석, 신화와 민담 자료의 혼효 문제 정리 등 미진한 부분은 후속 정리를 기약한다.

(「瀛洲語文」 13집, 2007)

II. 제주 설화 조명

1. 濟州 說話 研究의 몇 問題

I. 緒言

제주는 일제에 의해 본격적으로 조사되기 시작하였지만, 제주에 관한 연구는 꾸준히 진행되어 이제 '제주학'의 정립이라는 데까지 나아가고 있다. 인문학 분야에 한정해 보더라도, 역사를 비롯하여 제주의 독특한 민속과 무속 그리고 구비문학이 넓고 깊게 조사·연구되고, 최근에는 사회학·인류학·고고학 등의 이론을 바탕으로 더욱 체계적인 현지 조사와 해석이 행해지고 있다.

제주 설화[1]의 경우도 마찬가지다. 赤松智松, 秋葉隆 등에 의해 채록된 무속 자료[2]는, 그 조사 의도나 자료의 신뢰성에는 문제가 있지만, 제주의 무속신화를 본격적으로 조사한 결과물이다. 이후 좀 더 정밀한 작업이 주석과 함께 진행되었고, 전설, 민담 등도 두루 정리되었다.[3] 아울러 이에 따른 폭넓은 해석과 설화를 통한 의식 추출 작업도

---

1 설화의 분류는 여러 가지로 할 수 있으나 이 글에서는 삼분법에 따라 신화, 전설, 민담을 포괄하는 개념으로 '설화'라는 용어를 쓴다. 우리나라에는 세 성격이 혼효된 이야기가 많고 특히 전설과 민담은 묶어서 논하는 경향이 짙으므로, 특별히 구분할 필요가 없을 때는 설화로 통칭하겠다.

2 赤松智城·秋葉隆, 「朝鮮巫俗의 研究」 上, 大阪屋號書店, 1937.

3 文化公報部 文化財管理局, 「韓國民俗綜合調査報告書」(濟州道篇), 1974.
  玄容駿, 「제주도 傳說」, 瑞文堂, 1976.
  ───, 「濟州島巫俗資料事典」, 新丘文化社, 1980.
  秦聖麒, 「南國의 傳說」(增補版), 學文社, 1978.
  ───, 「南國의 民譚」, 螢雪出版社, 1979.

깊이 있게 진행되었다.[4]

많은 연구를 일일이 예거할 겨를은 없으나 지금까지 상당한 성과가 축적되었다. 그럼에도 지금까지의 제주 설화 연구를 반성하는 의미에서 연구의 몇 가지 문제점을 지적하고 검토해 보려는 것은, 좀 더 객관적이고 진전된 연구를 위해서는 이런 작업이 선행되어야 한다고 믿기 때문이다. 또한 다른 분야의 연구 업적을 통해 제주 설화 해석의 폭을 넓혀보자는 의도도 있다. 따라서 이 글은 설화 연구의 일반론이 아니고 제주 지역의 설화 연구에 초점을 맞추었으나, 여기에서 논의된 사항은 특정 지역의 설화 연구에 그대로 적용되는 말이다.

먼저 지역학의 개념 검토를 통해 지역 문화를 대하는 관점의 차이를 살펴보고, 연구 방법, 자료 선별과 해석 그리고 특성 추출을 위한 비교 연구 등을 반성하고 더 나은 방향을 모색해 보겠다. 글쓴이는 따라서 가능한 한 비판적 자세를 견지하도록 할 것이며, 기존의 연구를 단순히 부정하는 것이 아니고 뛰어넘으려는 데 의미를 두고자 한다. 그리고 논의된 내용이 추상적 선언에 그치지 않도록, 구체적인 후속 작업을 준비하고 있음을 밝혀 둔다.

語文研究室編, 「韓國口碑文學大系」(9-1, 9-2, 9-3), 韓國精神文化研院, 1980~1983.

玄容駿·金榮敦·玄吉彦, 「濟州道傳說誌」, 濟州道, 1985.

濟州大學校 耽羅文化研究所 編, 「濟州 說話集成(1)」, 濟州大 耽羅文化研究所, 1985.

濟州道, 「濟州의 民俗 Ⅲ(說話·民謠·俗談)」, 1995. 등.

4 현길언, 「제주도의 장수설화」, 弘盛社, 1981.

양영수, "한국 신화와 그리스 신화의 비교연구-제주도 신화를 중심으로-", 「濟州島研究」 8輯, 濟州島研究會, 1991.

許椿, "濟州 說話 一 考察", 「國文學報」 第13輯, 濟州大學校 國文科, 1995.

──, "說話에 나타난 濟州 女性考", 「耽羅文化」 第16號, 濟州大學校 耽羅文化研究所, 1996. 등.

II. 本論

1. 觀點의 問題

일정 지역의 문화를 종합적으로 연구하는 학문을 지역학이라고 보면, 설화 연구 또한 지역학의 하위 개념으로 이루어지는 것이라고 하겠다. 이렇게 전제를 하는 이유는, 각 지역⁵은 그 나름대로의 존재 의의가 있으며 따라서 특정 지역의 연구가 더 중요하거나 특별한 의미를 지니는 것이 아니라는 점을 강조하기 위해서다. 기본적으로 지역에 대한 애정을 바탕으로 연구가 이루어지는 것이기는 하지만, 지역학이 '우리 지역'만 성립할 수 있다거나 '우리 지역'은 특히 중요하다는 의식을 버려야 한다는 말이다. 기존 연구가 다 그렇지는 않지만, 의식을 하든 안 하든, 대체로 연구자가 속한 지역을 우위에 두려는 생각이 바탕에 깔려 있음을 부인할 수 없을 것이다. 이 점은 島嶼文化뿐 아니라 서울학, 湖南學, 嶺南學, 釜山學 등의 여러 연구에도 공통된다.

제주 문화를 대하는 관점은 독자적인 문화로(환경결정론과 자문화 중심주의), 한국문화의 하위문화로(비교문화적 접근), 주변사회로(공시적·통시적 관점) 보는 세 가지로 크게 나누어 볼 수 있는데,⁶ 다양한 각도에서 접근하여 많은 성과를 거두었다. 그러나 어떤 시각에서 접근하든, 차별성과 우위성의 경계가 모호한 점은 풀어야 할 과제의 하나다.

문학작품이 다 그렇듯이, 설화의 경우도 '지역'은 이야기의 소재가

---

5 지역의 범위는 마을, 국가, 해외 등 다양하고, 지역공동체와 사회공동체의 내포 의미가 다르지만(Cf. 유철인, "지역연구와 제주학", 신행철 외, 「제주사회론2」, 한울아카데미, 1998. p. 14), 이 글에서는 지역공동체로서의 마을을 뜻하는 말로 쓴다.
6 Ibid., pp. 16~23.

되고 따라서 지역적 정서가 반영되어 나타나기 마련이다. 문학에서의 지역적 특성은 '정서의 지역적인 변별성'[7]을 말한다고 하겠다. 더욱이 특정 작가의 작품이 아니고 공동의 정서가 오랫동안 적층된 구비문학에서는 이 점이 더욱 뚜렷하다고 하겠다. 그러나 그리 크지 않은 나라에서 다시 각 지방의 미세한 차이를 추출하여 그 특성을 밝히는 것은 쉬운 일이 아니다. 또한 그 작업이 얼마나 가능성 있고 의미 있는 일인지는 차치하더라도, 어떤 관점에서 자료를 대하느냐에 따라 결론은 확연히 달라지게 된다.

한 예로, 18세기 李重煥이 저술한 「擇里志」의 논평을 살펴보겠다. 30여 년간 전라·평안도를 제외한 전국을 몸소 다닌 후 저술한 이 책은, 우리나라 '最初의 科學的 地理書'[8]라는 평을 듣는다.

(경상도의) 옛날 선배들이 남긴 풍습과 혜택이 지금도 없어지지 않았다. 풍속은 항상 예의와 문물을 숭상하였고, 지금까지도 과거에 급제하는 사람이 많은 것은 다른 여러 도 가운데서도 으뜸이다. (전라도의) 풍속은 노래와 여색 그리고 부자와 사치함을 즐겨하고, 사람들이 영리하나 경박하고 기교가 많아 문학을 중히 여기지 않으며, 그런 까닭으로 과거에 급제하여 벼슬한 자가 경상도에 미치지 못한다. 평안도는 인심이 순박하고 厚하여 첫째이고, 경상도는 풍속이 質實하고 …… 전라도는 狡險함을 숭상하여 그른 일에 쉽게 움직인다.[9]

들어맞는 점도 없지 않겠지만, 개인 체험을 바탕으로 한 위의 평을 얼마나 객관적이고 적확하다고 볼 수 있을지 의문이다. 더구나 개인

7 이향아, "한국문학에 있어서 지역적 특질", 「호남문학 연구 어디까지 왔나」, 호남대 인문사회과학연구소(제1회 학술발표회), 1994. p. 21.
8 「擇里志」(李重煥 著, 李泳澤 譯註), 三中堂, 1975. p. 326(解說).(인용은 이에 의함.)
9 然古先輩流風餘澤 至今未泯 俗尙禮讓交物 至今科第之多 甲於諸路(慶尙道), 俗尙聲色富侈 人多儇薄傾巧 而不重文學 以故科第顯達 遜於慶尙(全羅道), 平安道 人心醇厚爲上 次則慶尙 風俗質實 … 全羅道則專尙狡險 易動以非(卜居總論, 人心).

적 경험이나 인상을 말하는 것이 아닌 '연구'에서야 객관성의 중요성
온 더 말할 나위가 없겠다.

　호남 문학을 논의한 글 중 하나를 들어보겠다.

　　호남 지역은 온난한 기후와 하천을 낀 비옥한 농토로 된 풍요한 지역
　이면서, 國都에서 멀리 떨어져 있음으로써 문명에서 소외된 수많은 도서
　지방을 끼고 있는 지역이기도 하다. …… 한편 도서 지방이 많음으로 해
　서 의식이 낙후된 지역민도 적지 않았을 것이며, 그들의 정서는 직적적이
　고 소박한 표현으로 나타났을 가능성이 크다. 인위를 배제한 직정의 발산,
　탁월한 유모어와 기지는 호남 문학에 나타난 특징이 아닌가 한다.10

　타당하고 일리 있는 지적이다. 그러나 '인위를 배제한 직정의 발산,
탁월한 유모어와 기지'가 호남 문학에만 유독 두드러진다고 단정할
수는 없으며, 관점에 따라서는 세련되지 못한 투박함 나아가 공격적
인 격렬함, 진지함이 결여된 경박함 등을 특징으로 볼 수도 있다.

　그러면 제주의 경우는 어떤지 살펴보겠다.

　제주를 보는 눈은 과거에는 대체로 부정적이었다. 조선조에 마지못
해 부임했거나 유배 왔던 사람들의 눈에 제주가 호의적으로 보였을
리 없었을 것이다.

　　토속은 순박하고 風氣는 예스럽고 백성은 소박하여 耕田 鑿井의 생활이
　특별한 고장이나 寇賊의 출몰이 無常하고 형세가 외롭다. 충암록에 의하면
　인심이 어리석어 私利 취하기를 일삼고 廉恥가 무엇인가를 모른다고 한다.
　그러나 그들을 보니 밖으로는 어리석은 듯하나 안으로는 공교로운 지혜
　가 많아서, 단연히 전혀 어리석은 무리가 아니었다. 풍속이 검소하고 예양
　이 있다. 풍속이 다르고 병정은 사나우며 주민은 순진하다. 민도가 낮고
　거리가 멀다.11

10 이향아, op.cit., p. 27.

그러면서도 이처럼 실제의 기록을 보면 기록자 나름의 객관적 시선을 가지려고 애썼음을 알 수 있다.

제주에는 지금도 일부 남아 있는 蛇神崇拜라는 특유의 민속 신앙이 있다. '칠성본풀이'에서 유래하여 숭앙되는 全島的인 일반신으로서의 蛇神과 마을의 聖所에 모셔지는 堂(여드렛堂)神으로서의 蛇神은 그 출발이 다르다.12 그러나 후자의 경우도 母系 형식으로 모셔져 가므로, 다른 마을로 전파되어 차차 全島的이 되었다. 사신은 穀物神으로 富神的 성격을 지니며, 집안 수호신에서 마을 수호신을 거쳐서 一般神으로까지 확대되었다. 이러한 蛇神崇拜 신앙을 두고, 농작물을 쥐의 피해로부터 보호하기 위한 지혜의 발로로 보아 환경에 대한 적응 양식으로 풀이하는가 하면,13 비윤리성과 이기주의를 심화시킨 주된 원인으로 보기도 한다.14

번거롭지만 관점의 차이를 확연히 보이기 위해 구체적으로 인용해 보겠다.

제주 선주민인 농경민의 지혜는 생활 경험을 통해 외견상 흉물로 보이는 뱀이 영물의 동물임을, 그리고 인간에게 무한히 이로움을 주는 동물임을 이해하였다. 그래서 자애로운 칠성할망이 주변에 있는 한 안심하고 재물을 보존하여 부유해질 것으로 믿을 수 있었을 것이다. …… 서해상의 도서민들처럼 자애로운 할망신을 물리침으로써 해로움 그 자체라 할 수 있는 들쥐에 기원하는 우를 제주 선주민들은 범하지 않았다. …… 그들은

---

11 土俗淳厖 風氣太古 人民朴野 耕鑿別區 寇賊出沒之靡常 形勢孤懸而難守, 沖庵錄 人心鹵莽 漁利爲事 不知廉恥爲何事, 餘見土人 外似愚蠢 而內多巧慧, 斷非全然鹵莽之類「南槎錄」(金尙憲 朴用厚 譯, p. 44, p. 52. passim) 風殊俗別辛恨民罵, 俗癡傖 有禮讓, 俗療地遠「耽羅志」(李元鎭 金行玉 譯, p. 212, p. 214. passim)(「耽羅文獻集」(제주도 교육위원회, 1975. 所收)
12 玄容駿, 「濟州島 巫俗 硏究」, 集文堂, 1986. pp. 151~187.
13 李起旭, "濟州島 蛇神崇拜의 生態學", 「濟州島硏究」 제6집, 1989.
14 金永德, "濟州道의 蛇神信仰에 關한 硏究", 延世大 敎育大學院 碩士學位論文, 1982. pp. 51~62.

오랜 경험을 통해 자신의 환경에 순응하는 지혜를 얻었고, 이러한 지혜가 이로움을 주는 동물을 영구적으로 보호하는 사회적 장치인 蛇神崇拜의 관행을 만들어낼 수 있었다.[15]

> 濟州道의 市場 바닥을 한 바퀴 돌아보면 來日이라도 숨이 끊어질 듯한 老人들의 路商들을 많이 만나게 된다. 채소 몇 잎을 벌여 놓고 비바람을 맞으며, 하루 종일 앉아 있는 모습은 불쌍하다 못해 처량하다. 가진 것 다 팔아야 몇 백원이다. 그러나 이 老人들은 生活이 궁핍하거나 子女가 없는 것은 아니다. …… 그러면서도 이러한 生活을 해야만 하고, 하고 있는 것은 前述한 바 있듯이 濟州道의 特異한 家族制度 때문이다. 이 곳 住民들은 오직 物質 모으기에 死力을 기울인다. 그래서 蛇神을 잘 섬겨 福을 받기 爲해서는 父母도 妻子息도 쉽게 잊어버릴 수 있다. 여기에서 싹트는 것은 利己主義다. 여기에는 眞正한 이웃의 關係가 맺어질 수 없다.[16]

전자에서는 뱀을 마구 잡는 바람에 생긴 강원도 지역과 서남해상 도서인 우이도의 들쥐 피해와 대비하여 제주도민의 지혜를 부각시켰고, 후자는 생업수호신인 사신을 섬김으로써 오는 부작용에 초점을 맞추고 있다. 그러나 양자의 서술 모두에 다분히 감정이 개입되어 있음을 부인할 수 없겠다. 해를 주는 동물에 빌고 달래어 피해를 줄이려 한 행위를 어찌 어리석다 할 수 있으며, 노인들이 벌이는 거리의 작은 坐板을 어찌 제주에서만 볼 수 있는가? 사신을 섬기는 데서 온 폐해가 적지 않기는 하지만, 비윤리성과 이기주의의 원인을 전적으로 蛇神崇拜에 돌린 해석은 대단히 비약적이다.

제주 민요는 대체로 勤勉·自彊不息의 의식을 나타낸다고 본다. 특히 노동요를 두고는, 갖은 艱難에 대처하면서 實情은 實情대로 받아들여 말없이 安分知足하며 不屈하는 돌의 哲理에 비유하기도 한다.

---

15 Op.cit., pp. 208~209.

16 Op.cit., pp. 58~59.

민요에 나타난 제주민의 옹골찬 삶의 태도는 이 겨레를 한민족답게 지탱해 온 불가사의한 저력의 한갓(?) 바탕을 이루는데, 이 불가사의한 지혜와 저력이 제주 민요 사설에는 짙게 깔렸다는 것이다.[17] 이 점은 한두 예만 보아도 쉽게 수긍이 간다.

　죽엉 가민/썩어질 궤기//산 때 미영/놈이나 궤라//미정 궤정/밥 줄인 셔도//미정 궤정/옷 줄 인 웃다(죽어 가면/썩어질 고기//산 때 움직여/남이나 괴어라//밉든 귀엽든/밥 줄 인 있어도//밉든 귀엽든/옷 줄 인 없다)
　큰 부젠/하늘엣 부제//족은 부젠/오곰엣 부제//오곰엣 툭/오곰엣 툭(큰 부자는/하늘엣 부자//작은 부자는/오금엣 부자//오금엣 턱/오금엣 턱)[18]

그런데 다음 작품들은 그리 긍정적인 해석을 하기 어렵다고 할 만한 예다.

　나 어멍도/날 아니 낳곡//나 아방도/날 아니 낳곡//짐 진 산이/베 빌언 낫저(내 어머니도 날 아니 낳고//내 아버지도 날 아니 낳고//짐 진 산이/배 빌어 낳았네)
　씨아방은/개놈의 즈식//씨어멍은/잡년의 뚤년//울안에 든/내 낭군은//촌 이실만/맞암구나(시아버지는/개놈의 자식//시어머니는/잡년의 딸년//울안에 든/내 낭군은//찬 이슬만/맞는구나)
　씨아방아/거꾸러지라//진 진 담뱃대/내 츠지여//씨어멍아/거꾸러지라//궤팡 구석도/내 츠지여//씨누이년아/거꾸러지라//살레 구석도/내 츠지여//서방님아/거꾸러지라//동네 부랑제/내 츠지여(시아버지야/거꾸러져라//긴 긴 담

───

17 金榮敦, 「濟州島民謠硏究」, 도서출판 조약돌, 1983. pp. 126~137.
　───, "민요 사설에 드러난 제주민의 삶", 「오늘의 민요와 민중의 삶」, 한국역사민속학회 심포지움(1992.12.5), p. 25. (그러면서도 "세계 도처의 민요 사설에는 이 불가사의한 지혜와 저력이 어떤 모습으로든 담겨졌음을 우리는 주목해야 한다."고 결론짓고 있어 논의의 초점이 흐려져 있다.) (Cf. '한갓(?)'의 '(?)'는 글쓴이의 첨가)
18 金榮敦, 「濟州島民謠硏究 上」, 一潮閣, 1965. p. 15, p. 23.

뱃대/내 차지네//시어머니야/거꾸러져라//고방 구석도/내 차지네//시누이년
아/거꾸러져라//살레 구석도/내 차지네//서방님아/거꾸러져라//동네 부랑자/
내 차지네)19

　　자신이 부모의 정기를 받아 태어난 것이 아니라는 의식과 보기 드
물게 격한 표현으로 시부모를 적대시하는 자세는, 가족의 유대라는
기본 윤리를 파괴한다고 볼 수도 있다.
　　속담을 보아도 같은 상황임을 알 수 있다.
　　"바릇궤긴 밥 도둑놈(바닷고기는 밥도둑놈)", "생이 혼 무리로 일뤠 잔
치혼다.(새 한 마리로 이레 잔치한다.)"에서 보듯 제주인은 儉約한 생활을
영위했다. 이러한 제주인의 속담에 나타난 의식으로 자립심과 극기심
을 추출하고, 이를 二大耽羅精神의 표상이라 보기도 한다.20 그러나
"애비아덜이 몰 탕 가민 이녁 몰 메어뒹 아방 몰 멘다.(부자지간이 말을
타고 가면 자기 말을 매어 두고서 아버지의 말을 맨다.)"처럼 부자지간에도 자
기 것을 먼저 챙기는 행동은, 단순히 실리 추구의 반영으로만 해석할
수 없는 여지를 남기고 있다.
　　제주의 신화는, 신화적 잔영이 있는 '선문대할망 설화'도 있기는 하
지만, '三姓神話'를 제외하고는 巫俗神話가 주류를 이룬다. 그런데 제
주 신화와 그리스 신화를 비교한 한 연구21에 의하면, 그리스 신화에
서 대립적인 신화 주인공들의 관계를 투쟁 모티프로, 제주 신화에서
이들의 관계를 평화 모티프로 설명하고 있다. 제주 신화에 나타난 사
랑의 원리는 평화적 공존의 원리를 구현시키는 한 방법이라는 것이
다. 또한 자청비가 지니는 성적인 사랑의 여신으로서의 성격은, 문선

19 Ibid., p. 38, p. 114, p. 116.
20 高在奐, 「濟州島俗談硏究」, 集文堂, 1993. pp. 151~155.(제주 속담 인용은 이에 의함.)
21 양영수, "제주 신화에 나타난 공존과 사랑의 원리:그리스 신화와의 비교를 중심으
　　로", 「濟州島硏究」 제14집, 濟州學會, 1997.

왕이 내려 주는 하늘 나라 벼슬을 마다하고 제주 땅으로 내려와 사람들에게 오곡 씨를 나누어 주는 세경신(농경신)으로서의 성격과 함께 아무런 갈등을 일으킴이 없이 자연스럽게 공존하고 있는 것으로 풀이한다. 설득력 있는 설명이나, 제주 신화의 경우 평화적 해결인 양보에만 초점을 맞추어 해석하고 있다. 제주의 신화에도 경쟁을 통하여 순위와 좌정할 장소를 정하는 일이 많다. 한 예로 '甫木 本鄕堂 본풀이'를 보면, 하로영산 백관또, 강남천ㅈ국 도원님, 칠오름 도병서 세 신이 바둑을 두어 형제를 가른다.

'단군신화', '동명왕신화', '혁거세신화' 등에서 잘 나타나듯이, 어떤 방식으로 대처하든 한국 신화는 결국 조화와 화합을 목표로 전개되고 있다. 예컨대 '혁거세신화'를 보면 여섯 촌장이 하강하여 마을을 다스리는데, 이들은 서로 의논하여 자신들의 임금을 찾는다. 자신들이 天降하였지만 盟主가 되려고 나서지 않고 덕 있는 사람을 초치하려 한다. 天地, 男女, 父子, 君臣 등의 화합은 제주 신화만이 아닌 한국 신화의 중요한 특성이기도 하다. 이 점은 아담의 두 아들인 카인과 아벨, 殺父로 이어지는 그리스 신화, 오이디푸스 신화의 殺父, 이태리 네미 호숫가의 聖所 등과 비교해 보면 뚜렷해진다.[22] 신화가 原一性을 회복하는 중간 지점이고 對極的인 대립과 분열을 지양하는 통일의 장이라 보면[23] 신화에는 원일성 회복을 위한 인간의 노력이 나타나기

---

22 제주의 '문전본풀이'는 繼母譚으로 남편인 門神과 그의 처 竈王, 아들 七兄弟, 첩인 厠道婦人 간의 이야기다. 일곱 아들들이 쫓아 오자 아비인 남선비는 겁결에 달아나다 정낭에 목이 걸리는 바람에 죽어 柱木之臣·정살지신이 되고, 계모인 노일제대귀일의 딸은 벽을 뚫고 변소로 도망쳐 목을 매 죽었다. 아들들은 다시 죽은 계모의 다리, 머리, 머리털, 입·손·발톱, 배꼽, 항문까지 다 끊어 던져버리는 복수를 한다. 그러나 이 경우는 아버지를 직접 죽인 것이 아니거니와 계모에 대한 복수에 초점이 맞추어져 있다. '松堂궤네깃堂神話'에서도 무쇠 석갑에 넣어져 버려진 여섯째 아들이 아버지를 치러 오자 부모가 다 겁이 나서 도망가다가 죽어 각각 堂神이 되는데, 직접적인 殺父는 아니다.

마련이지만, 한국 신화에는 이 점이 더욱 두드러진다고 하겠다. 한국 신화에서는 대립으로 경합을 하더라도 그대로 투쟁이나 분열에 그치지 않고 이를 화합으로 끌어올리고 있음은 특기할 만하다. 이로 보면 화합이 제주 신화의 특징이라 하기 어렵다.

'단군신화', '탈해신화', '동명왕신화', '바리데기', '당금애기' 등에 보이는 바와 같이, 제주의 '천지왕본풀이', '세경본풀이', '할망본풀이', '마누라본풀이', '上倉 하르방당 본풀이', '松堂·궤네깃당 본풀이', '西歸東烘 本鄕堂 본풀이' 역시 競合이 주를 이루고 있어서 이를 평화적 공존으로 해석하는 데는 무리가 있다고 본다. 그리고 '三姓神話'에는 競合과 互讓이 혼효되어 있다. '三姓神話'의 세 神人은 나이 차례로 혼인하고 살면서 활을 쏘아 所居地를 정한다. 이들은 文化英雄이라기보다 단순한 시조에 불과하므로 큰 시련 과정은 없는데,24 이들의 경합은 주거지를 정하는 데 더 역점이 있기 때문이다. 'ᄃ리(朝天面 橋來里) 本鄕堂 본풀이'에서도 아홉 명의 아들은 射矢卜地하여 坐定하고 있다. 일종의 경합을 하되 시련이나 위계가 없는 점에서는 호양에 가깝다. 이렇게 보면 '三姓神話', 'ᄃ리 本鄕堂 본풀이'의 활쏘기와 '西歸 本鄕堂 본풀이'의 뽕개질25은 그 성격을 달리함을 알 수 있다. 전자는 호양에, 후자는 경합에 가깝다. 그런데 경합과 호양이 섞여 있는 '三姓神話'에서는, 그 序列을 정할 때 돌을 쏘거나 나무에 오르기를 하여 경합을 하고 있다.26 '三姓神話'에서 평화적 원리만을 보는 것은 일면

---

23 黃浿江, "民俗과 神話文化의 神話的 原理-",「韓國民俗學」8, 韓國民俗學會, 1975. p. 107.
24 仲裁者 자격을 갖추기 위한 시련(경합, 탐색 등) 과정이 없기 때문에 단순히 활쏘기 主旨만으로 '三姓神話'의 주인공들을 文化英雄으로 볼 수는 없다.(許椿, "濟州島 巫俗神話의 文化英雄 考",「濟州島言語民俗論叢」, 圖書出版 濟州文化, 1992. pp. 281~309. 仲裁者와 文化英雄의 개념에 관해서는, ──, "古小說의 人物 硏究-仲裁者를 中心으로-", 延世大 大學院 博士學位論文, 1986.을 참고 바람.)
25 한 발쯤 되는 노끈을 접어 겹친 새에 돌을 끼우고 노끈 끝을 쥐어 돌리다 돌을 날려 보내는 일.

만을 강조한 것이다. 대체로 堂神은 設村과 함께 나타나는데, 마을을
이루어 정착할 때는 빈 땅을 찾을 것이고 따라서 주민들과 함께 坐定
한 堂神 역시 다른 신과 다툴 이유가 없게 된다. 그리고 동일한 신화
주인공이 두 가지 역할을 수행하는 일을 평화적 공존의 원리로 해석
할 수 있을지도 의문이다.

'三姓神話'의 호양은 '오누이장사 전설'을 통해서도 나타난다. 육지
가 대립·갈등의 분열상을 나타내는 데 반해 제주의 그것은 화해를 나
타내고 있다는 연구[27]는, 호양의 맥을 강조한 것으로 볼 수 있으나 전
설의 비극성이라는 면에서는 재론할 여지가 많다. 또 이러한 관점이
전설 자체에 대한 우월성 논의와 연관되어서는 안 되겠다. 설화의 우
열을 가르는 일은 객관성을 결한 것일 뿐 아니라, 차이점과 완성도는
별개의 문제이기 때문이다. 다른 지역보다 자연과 인간의 변화 과정
을 잘 알 수 있는 제주는 "모든 學問分野에서 標本室 같은 社會"[28]이
지만, 학술적 가치와 현상의 우열은 다른 것임이 전제되어야 제주 연
구는 더욱 가치를 띨 수 있을 것이다.

거칠게나마 瞥見한 대로, 관점에 따라 양극적 해석을 하고 있는 상
황을 검토하여 보았다. 위에 든 예는 각각의 연구 결론에 문제가 있다
는 의미에서라기보다 극단적으로 대비될 수 있는 경우로 들어 보인
것이다. 여기에서 글쓴이가 강조하고자 하는 바는, 선언에 그치지 않
는, 좀 더 객관적이고 가치중립적인 연구 자세와 관점이 절실히 요구
된다는 점이다.

---

26 Cf. 許椿, "韓國 神話의 系列論-競合과 互讓-", 「白鹿語文」 第9輯, 濟州大 國敎科, 1992.
pp. 308~309.
——, "韓國 神話의 系列論(續)", 「語文學論叢」, 學文社, 1993. pp. 128~129.
27 玄吉彦, "제주도의 오누이 장사 전설", 「耽羅文化」 創刊號, 濟州大 耽羅文化硏究所, 1982.
pp. 13~16.
28 張籌根, "濟州島의 學術資料의 價値", 「濟州島研究」 제1집, 濟州島研究會, 1984. p. 440.

　학문이 특히 인문학이 몰가치적이고 가치중립적이어야 하는가 하
는 문제는 재고의 여지가 있고 또 그렇게 되어서는 바람직하지도 않
다고 생각한다. 그러나 어떤 현상에 대한 우위의 가치를 먼저 상정하
고 분석에 임하는 것은, 결론을 임의의 방향으로 유도하고 나아가 誤
導하는 위험성을 내포하게 된다.

　무엇보다 제주 문화의 특수성이 본토 문화의 연속성 위에 있는지,
자생적이고 독자성을 지닌 독특한 문화인지에 대한 검토도 선행되어
야 할 것이다. 두 관점이 모두 일면의 타당성이 있으나, 제주의 문화
적 기반은 우리 라의 다른 도서들과 마찬가지로 역시 본토에 두고 있
다고 보아야 하지 않을까 한다. 역사와 환경의 영향으로 다양하게 변
이되어 나타나지만, 큰 흐름은 한국 문화의 틀 안에 있다고 본다. 독
자성 역시 이 틀 안에서 일어난 변환 정도 차이의 정도라고 하겠다.

2. 硏究 方法

　제주학은 제주에 대한 새로운 인식의 요구에서 발흥한 것인 바, 제
주를 보고 이해할 수 있는 준거 틀로서, 제주라는 지역의 특수성이 여
타 지역의 특수성과 조우할 수 있도록 기틀을 준비하는 것이 제주학
존재의 시대적 요청이라 하겠다.[29] 제주에 대한 연구 결과가 독자적인
의미성을 갖고 세계 현상과 인간의 진실을 해명하는 단서가 될 수 있
도록,[30] 제주학은 단순한 변별성 확인 단계에서 더 나아가야 할 것이
다. 이 같은 주장이 선언적인 데에 그치지 않게 하기 위해서는 연구

29　전경수, "제주학:왜 어떻게 할 것인가", 「濟州島硏究」 제14집, 濟州學會, 1997. p. 23.
　　passim.
30　현길언, "제주학 연구 방법론:문학을 중심으로", 「濟州島硏究」 제14집, 濟州學會,
　　1997. p. 36.

방법에 대한 검토가 먼저 이루어져야 한다. 어떤 방법으로 제주를 연구할 것인가 하는 문제는 일반론과 연관되어 있으나, 여기에서는 실제적인 문제로 좁혀서 생각해 보려 한다.

제주의 사신 숭배 신앙을 두고도, 농사에 결손을 가져오는 쥐를 퇴치하기 위한 적응 양식으로 풀이하는 것31은 생태학적 관점이요, 사신의 유입을 남방 계열 문화의 유입으로 보는 것32은, 구태여 명명한다면, 비교적 관점에 의한 견해다. 섹스의 상징인 뱀을 보고 놀라 병이 났다는 사실은 성적 욕구가 표현된 것이고, 심방을 불러 굿을 하고 치유된 것은 그 욕구가 해결되었음을 뜻한다고 풀이하는 것33은, 상징적 해석의 결과다.

근래 들어 제주 문화의 正體性을 구명하기 위한 연구가 여러 각도에서 활발히 이루어지고 있다. 민속학, 비교문화, 생태학, 심리학, 구조주의 등 많은 연구 방법들을 들 수 있는데, 이미 적절히 지적된 대로,34 '환경결정론'이나 '자민족 중심주의'의 함정에서 헤어나지 못하는 것처럼 보인다.

우리의 도서 문화를 적응 양식으로 설명한 한 연구35는 이 점에서 시사를 해 준다. '조상의 역할', '고립의 역할', '한정된 영토'의 세 요인으로 島嶼性을 설명하는 이론을 소개한 후, 이를 우리에게 적용하고 있다.

---

31 李起旭, op.cit.

32 秦聖麒, "濟州島의 뱀信仰", 「韓國文化人類學」 第10輯, 韓國文化人類學會, 1978.

33 卓明煥, "濟州 蛇神信仰에 對한 小考-兎山堂 뱀信仰을 中心으로-", 「韓國文化人類學」 第10輯, 韓國文化人類學會, 1978.

34 李起旭, "제주도 문화의 정체성에 관한 연구", 「한국문화인류학」 21집, 한국문화인류학회, 1989. p. 301.

35 ──, "韓國의 島嶼文化:西南海 島嶼를 中心으로", 「島嶼文化」 제11집, 木浦大 島嶼文化研究所, 1993.

한반도의 문화가 주변 도서 지역으로 이전될 때 도서 환경에 적합한 형태로 변모되는데, 이와 같이 도서 환경에서 적합하게 변모된 채로 오랫동안 유지되어온 문화 특질을 우리는 한국의 도서 문화라 부를 수 있다. 그런데 여기에서 주목할 점은 한반도 도서의 경우 태평양의 도서들과는 달리 도서 문화의 조상이나 혹은 발원지라고 할 수 있는 한반도와는 보다 긴밀한 관계 속에 있었다는 점이다.36

우리의 도서 문화가 본토와 밀접한 관계를 맺고 있다는 점은, 자칫 독자성만을 강조하기 쉬운 제주 문화 연구에 참고할 만한 일이다.

설화의 발생론, 전파론, 전승론 등 어떤 분야에서든 연구 방법에 대한 확실한 정립 없이 수행되는 조사나 연구는, 피상적이고 백과사전식인 나열에 그칠 위험이 내재하기 마련이다. 일일이 예거하지는 않겠지만, 일정 지역 설화를 수집하여 유형을 분류한 후 이러이러한 내용이더라고 양상을 설명하는 식의 연구가 적지 않은데, 이는 보고 이상의 의미를 지니기 어렵다. 이러한 조사는 반드시 필요하지만 일차적 연구이므로, 이를 바탕으로 좀 더 심층적인 검토가 따라야 한다. 그러기 위해서는 방법론에 대한 확고한 인식과 적절한 활용이 요구된다. 그런데 제주의 경우 그 동안 수차에 걸친 조사와 연구가 있었지만 수집된 설화에 대한 총체적이고 전반적인 분류·정리 작업은 단편적이고 미진한 상황이라, 이 작업이 우선적으로 이루어져야 할 것이다.

구조주의적 연구 방법은 특히 작품의 심층적 분석에 많은 도움을 주었다. 이원적·양면적 구분이든, 순차적 또는 병립적 분석이든, 그 구조 파악과 기능 체계 분석 방법은 설화 부분들의 이면에 내재된 근본적 의미와 작품의 총체적 의미 파악에 지름길이라 할 수 있다.

그런데 흔히 볼 수 있는 '구조 연구'는 일정 지역의 특정 설화에만 초점을 맞추고 있기 때문에, 분석 결과가 얼마나 그 지역 설화의 전체

---

36 Ibid., p. 386.

적인 특성을 잘 나타내고 있는지 의문이다. 외국 또는 국내의 다른 지역을 정밀하게 비교해 얻어진 결론이라고 할 수 없으므로, 여기에 따른 의미 파악 또한 크게 의의를 가진다고 하기 어렵다. 체계적이고 치밀한 계획하에 수행된, 일정 지역 설화에 대한 정치한 분석들을 모아서 귀납적으로 결론을 얻을 수 있겠으나, 우리나라에서는 어느 지역 설화나 대립과 중재의 양상이 변별성을 논할 정도로 뚜렷이 다른 경우가 그리 많지 않다고 본다. 국내 일정 지역 민담을 대상으로 외국 민담을 구조화한 공식에 맞추어 사건 전개를 검토한 후 그 의미와 특징을 추출하는 작업[37]은, 민담 연구를 한 차원 높이기 위해 필요하고 당연히 거쳐야 할 의의 깊은 과정이지만, 여기에서 그치지 않고 국내 여타 지역과의 정밀한 비교를 거칠 때라야 의의를 가지리라 본다.

　이같이 볼 때 광양 민담 26편은 우아미를 구현하는 일반적 의미의 민담만 있는 것은 아니다. 숭고미를 구현하는 교훈적이거나 종교적인 이야기가 있는가 하면 비장미를 구현하는 전설적인 이야기도 있다. 특히 좌절한 주인공이 등장한 이야기에서 우리는 세계의 횡포한 힘에 눌린 자아의 모습과 함께 강한 운명론의 그림자를 볼 수 있었다. 그런가 하면 대립 자체가 현실의 기준에 못미치는 골계적인 이야기도 있다. 광양 민담 26편은 이와 같이 다양한 양상을 보이지만 근대에 이르르면서 낙관론적이고 운명론적인 이야기보다는 민담 본래의 성격이 퇴색된 합리적이고 현실적인 논리를 지닌 이야기가 생겨남을 알 수 있다. 이러한 양상은 앞으로 새롭게 생겨날 민담들의 성격을 암시하는 것이다.[38]

---

37 朴德垠, '珍島 民譚의 構造 硏究', 「語文論叢」 제6호, 전남대 어문학연구회, 1982.
　柳玗善·朴德垠, "康津 民譚의 構造 硏究", 「湖南文化硏究」 제12집, 전남대 호남문화연구소, 1982.
　─────·宋孝燮, "광양 민담의 구조와 의미", 「湖南文化硏究」 제13집, 전남대 호남문화연구소, 1983. 등.
38 柳玗善·朴德垠·宋孝燮, ibid., p. 50.

　민담에 나타난 대립과 중재의 양상과 의미를 정밀하게 분석하여 미적 특성과 장르적 성격을 검토한 勞作의 위와 같은 결론은, 광양 민담에만 적용되는 것은 아니고 전국 각지에 공통되는 일반적인 현상이라 하겠다. 이처럼 특정 지역 설화의 미묘한 차이와 세부적인 특징을 추출하는 일은 대단히 어렵다.

　그 동안 설화 각 편마다 가지고 있는 생성 발전의 역사를 규명하고자 하는 역사·지리학적 방법, 설화의 발생 동기와 기능을 민간신앙 같은 것과 연관지어 규명하려는 민속학적 방법, 설화에 내포된 原型像에 주목하여 무의식의 보편적이고 원초적인 인간 심성을 추출하려는 분석심리학적 방법 등의 여러 연구 방법이 계발·응용되어 자료 해석에 많은 도움을 주고 있다. 그 지역사회나 주민들의 심리와 설화와의 상관 관계 규명이 바로 설화의 본질을 파악하는 지름길이라 보는 사회심리학적 방법도 꼭 검토해야 할 것이라 본다. 설화와 관련된 그 지역의 특수한 사회적·역사적 맥락은 반드시 고려해야 할 사항이다.

　한 작품을 온전하게 해석하려면 연구 방법에 대한 인식이 바탕이 되어야 한다. 더 중요한 것은 여러 가지 방법으로 다각적인 규명을 시도해야 하고, 산만한 자료 나열과 피상적인 해석을 경계해야 한다는 점이다. 지역 설화 연구 방법이 따로 있는 것은 아니겠으나, 설화 연구의 일반적인 방법 위에 그 지역 특성에 맞게 조정해야 한다.

　그리고 설화와 祭儀의 관계, 구전설화와 문헌설화의 관계, 전승 집단의 의식, 비교, 상징, 분포도 등에도 연구가 진척되어야 할 것이다.

3. 資料 選別과 解釋

　우선 제주 설화를 총체적이고 체계적으로 정리·분류하는 작업이 선행되어야 함을 전술한 바 있다. 이 작업은 그 자료가 과연 제주의 특성을 나타냈다고 할 수 있는가 하는 '자료의 신뢰성'과 직결되는 문제이기 때문이다. 그러기 위해서는 설화 話者(提報者, 口演者)에 대한 연구 또한 아울러 진행되어야 한다. 같은 주제라도 어떤 자료를 대상으로 하느냐에 따라 결론이 달라지게 되므로, 자료 선별은 설화 연구의 일차적 작업이라 하겠다.

구비문학은 민중의 의식을 볼 수 있는 좋은 분야다. 설화는 그 향유층이 민중이기 때문에 그들의 세계관을 알 수 있는 좋은 자료다. 그러나 어느 자료나 화자의 의식 속에서 한 차례 여과된 것이기 때문에 화자 연구의 필요성은 더욱 절실해진다. 설화는 살아 있는 유기체이기 때문에 더욱 그러하다.

한 남성 화자를 집중 연구하고 그의 구연 자료를 채록한 보고에 의하면, 그의 설화는 어린 시절 사랑방에서 사람들과 함께 읽었거나 혹은 들었던 소설 내용을 기억하여 한 것도 많다고 한다.39 정도의 차는 있겠지만, 이러한 상황은 전국적으로 동일하다고 생각한다. 그렇다면 설화를 해석할 때 그 자료가 그 지역 주민의 의식을 표출한다는 믿음은 신중히 재고되어야 한다. 그리고 화자의 성별, 학력, 경력, 가치관 등에 따라 이야기는 변이되기 마련인 바, 위의 여러 변이 요소도 아울러 감안해야 할 것이다.

단일 자료('샛서방 이야기')를 대상으로 인접한 두 지역(康津, 光陽) 민담의 변이를 비교한 연구40는, 심층적이고 효과적인 비교 연구의 모형을 보여 주었다. 그런데 우선 민담 한 편이 그 지역을 대표한다고 할 수 있는가 하는 '자료의 신뢰성'을 검증할 필요가 있겠다. 또한 두 지역의 차이를 화자의 의식에서 찾고 있는데, 민담의 현장 조사에서 화자

---

39 李秀子, 「說話 話者 研究」, 박이정, 1998. p. 37.
40 柳珌善, "全南의 康津·光陽 民譚比較-"샛서방 이야기"를 중심으로-", 「湖南文化研究」 第17輯, 全南大 湖南文化研究所, 1987.

의 개인 사항을 철저히 기술하는 현장론적 태도의 중요성을 강조하면
서도 정작 중요한 화자 연구가 선행되지 않은 점은 아쉽다.

　제주의 風水(斷穴)說話 중 대표적인 것이 '고종달[胡宗旦] 설화'이다.
제주가 王侯之地(또는 將軍穴의 정기가 어린 땅)임을 안 秦始皇이 고종달
을 보내 斷脈하게 했고, 그 결과 왕(또는 장군)이 나지 않게 되었다는
내용이다. 胡宗旦은 宋나라 福州人으로 商船을 타고 고려에 들어와 睿
宗의 총애를 받고 벼슬을 지냈다고 전한다. 성품이 총민하여 글도 잘
하고 여러 技藝에도 통하여 壓勝術로 進言하니 왕이 의혹함이 없지
않았으며 뒤에 仁宗을 섬겨 起居舍人이 되었다.[41] 그런데 이 설화 각
편 중 어느 것을 대상을 하느냐에 따라 해석이 조금씩 달라지게 된다.
수집된 '고종달 설화' 15편[42] 중, 제주가 王侯之地라고 명시한 것은 한
편뿐이고, 나머지는 장군, 인걸, 명인, 큰 인물이 날 땅이라거나 그냥
穴을 뜬다고 이야기하고 있다. 장군, 인걸, 명인, 큰 인물 등은 王侯의
변형이라고 생각하지만, 양자의 의미 차이는 매우 크기 때문에 묶어
서 생각할 수 없다고 생각한다. 그렇다면 중국 왕이 보낸 風水師에 의
한 斷脈 討穴을 두고, "(제주인이 이러한) 상황 속에 살면서 역사를 숙
명적으로 받아들일 수 있었던 것은 제주가 王侯之地였다는 自尊意
識"[43]이라고 풀이하는 것은 조금 무리가 있다. 전체적으로는 정밀한
논증으로 알찬 성과를 얻은 연구지만, 자료 선별의 중요성을 다시 생
각하게 한다.

　엄정한 자료 선별을 거친 뒤에는 이를 바탕으로 한 해석이 뒤따라
야 한다. 구체적으로, 한 지역 설화 연구의 결론을 들어보겠다.

---

41 「高麗史」, 列傳 卷第十.(東亞大學校 古典研究室 譯編, 1987)

42 주 3)의 「제주도 傳說」, 「南國의 傳說」, 「韓國口碑文學大系」(9-1, 9-2, 9-3), 「濟州 說話集
　　成(1)」收錄分.

43 玄吉彦, "風水(斷脈) 說話에 대한 一考察-濟州文化의 說話的 基層 接近을 위한 試圖-", 「韓
　　國文化人類學」 제10집, 韓國文化人類學會, 1978. p. 51.

　　암석설화는 西海나 東海岸이 南海보다 섬이 적음에도 불구하고 설화가
많은 바 그 형태와 명칭, 그리고 일화와 연관되어 있는데 거북설화가 많
고 비극적 일화가 다양하다. 우화설화는 호랑이가 자주 나오는데 대부분
虎患을 일으키는 부정적 측면이 강하며 어촌에는 거북이 등장하나 어업
보다는 어촌마을의 풍수적 吉凶이 위주이다. 다른 동물로는 뱀, 여우, 늑
대 등이 나오며 식물의 경우는 거의 보이지 않는다. 인류설화는 孝道가
위주인데 水葬설화가 나타나 있고 시어머니를 괴롭히는 며느리는 재앙을
받으나 자식한테 배반당한 어머니는 恨을 품고 죽는 다양한 양상이 드러
나 있다.[44]

　　자료에 대한 위와 같은 현상 검토 작업은 필요하고도 반드시 거쳐
야 할 과정이지만, 단순히 자료를 분류하여 양상을 記述하는 데서 나
아가 의미 해석을 거칠 때라야 비로소 의의를 지닐 수 있다.
　　신화에서는 "오로지 초월적 관념(tenor)을 받아들이는 것은 알레고
리의 방법"[45]이라 하겠다. 그러므로 신화를 해석할 때는 그 '은유적
모호성'에 유의해야 할 것이다. 제주 당신화를 통해 볼 때, 식성의 갈
등과 별거는 1차적으로는 수렵 육식의 남신과, 남편에게 권농하는 여
신들 사이에서 일어난다. 米食은 신성한 것, 肉食은 부정한 것으로 생
각하는 대립적 관념이 보이고 있다. 심지어 돼지 발자국에 고인 물을
마셨는데 그만 털 하나가 코에 들어가 콧구멍을 찌른 정도로도 아내
를 귀양 보내고 자신은 첩을 얻는다('城山面 水山 本鄕堂 본풀이'). 육식을
여신이 하는 반대 경우의 대립 관념도 보이고 있다. 이를 두고 "육식
의 신은 고기를 고급식품시하는 생활 문화를, 米食의 신은 쌀을 고급
식품시하는 생활 문화를 반영하는 것일 수 있다. 이 두 가지 제물과

---

44 杜銀球, "江原道 東海岸 地域 說話考", 「關東民俗學」 第10·11合輯, 關東大學校 江陵無形文化
　　研究所, 1995. pp. 94~95. passim.
45 P. Wheelwright, "神話에 대한 意味論的 接近", 김병국·김영일·김진국·최정무 編譯,
　　「文學과 神話」, 大邦出版社, 1983. p. 242.

신은 각각 수렵 내지 牧畜文化와 農耕文化의 소산인지도 모른다. 米食
神과 肉食神의 병존은 다른 두 개 문화의 습합을 의미하는 것이 될 것
이다. 또 米食의 신을 청결·상위의 신으로 치는 것은 그 배경 문화의
우월성을 말해 주는 것이 될 것이다."46고 한 해석은 시사하는 바 있
다. 신화는 문화 의식과 종교 관념을 투영하고 있음을 보여 준다.

설화는 보편성 속에서도 특수한 변형을 볼 수 있으며, 인류 문화의
다른 원리처럼 설화는 단순히 우연의 산물이 아니다. 설화는 시간과
공간 속에 존재하는 것이며, 유통되는 곳의 지역성, 언어적·사회적 관
련성, 시대의 경과와 역사적 변화의 영향을 받게 된다.47 그렇다면 설
화가 향유층의 의식 형성에 끼친 영향에도 주목할 필요가 있겠다. 그
역의 경우 또한 마찬가지이다.

어느 지역 설화나 같은 상황이겠지만, 제주 설화에는 제주인의 생
활상과 세계관이 반영되어 있으므로 제주인의 독특한 삶의 지혜가 표
출되어 있다. 그러나 대체로 설화에 나타난 소극적이거나 부정적인
면은 도외시하고 긍정적인 면만을 보려고 하는 경향이 두드러진다.
제주 설화에서 특히 끈질긴 저항성이나 삶의 진지성을 찾고자 하는
노력도 이 범주에 넣을 수 있지 않을까 한다. 이러한 관점이 그르다는
것은 아니지만, 가능한 한 긍정적인 해석을 하려고 한 결과로 보인다.

아들에게서 날개를 발견한 그 부모들은 아기의 날개만을 제거하여
여전히 장사로 살다 죽었다는, 제주의 '아기장수 전설(설화)'에 대한
한 해석을 보겠다.

그런데 濟州島의 變型은 퍽 대조적이다. 아들에게서 날개를 발견한 그 부

---

46 玄容駿(1986), op.cit., p. 205.
47 S. Thompson, The Folktale, The Dryden Press, New York, 1946(AMS Press, 1979). p. 13.
passim.

모들은 아기의 날개만을 제거해 버리자, 아들의 힘은 좀 약해졌지만 여전
히 장사로서 살다 죽었다는, 실제 장사의 一生譚이면서 비극성이 많이 극복
된 점이 특이하다. 즉 제주의 아기장수 전설은 날개 달린 아기를 전적으로
거부하는 게 아니라, 天上으로 飛翔하려는 욕망의 상징인 날개만을 제거하
고 地上의 人間으로 回歸시키면서, 사회가 거부하는 人物을 受容하는 인물로
만든다는 의미에서 현실적인 삶의 진지성을 보여준다. 옳은 뜻과 뛰어난
능력을 갖고 있으면서 펼 수 없는 사회 상황에서 태어난 영웅이나 장사가
어떻게 현실을 극복하여 살아가는가 하는 삶의 한 방법을 보여 준다.[48]

매우 설득력 있고 타당한 해석이다. 비극성이 거의 소멸된 이 전설
은, 큰 인물이 날 수 없었던 상황을 나타내고 있다. 좌절의 극대감이
줄어든 이 전설의 전개 과정은 운명론적 체념이 낳은 결과라고 생각
한다. 그러므로 뛰어난 힘을 가진 종이었으나 大食家라는 이유로 받
아들여지지 않아 결국은 굶어 죽은 '막산이 전설'과 같은 맥락이라 하
겠다. 살 수 있었으나 그냥 물 속에 잠겨 죽음을 택한 다끄내(修根洞) 정
서방('말머리'), 초인적인 힘을 가졌으나 순순히 붙잡힌 새샘이('새샘이와
정운다'[49]) 등을 볼 때도, '현실적인 삶의 진지성'을 보인다거나, '현실을
극복'했다고 하는 것은 비약적이지 않나 싶다.

이러한 인물전설에서 현실의 비리와 운명에 대한 저항을 찾고도 있
으나,[50] 일반적 의미의 '저항'과도 역시 조금 다르다고 본다. 나아가
제주도 전설에 드러나는 이와 같은 지리적·역사적으로 平衡을 잃은
질서의 正常狀態에로의 복귀와 사회적 人間回復을 열망하는 濟州島民
의 의식의 소산으로 풀이하기도 한다.[51] 제주의 '아기장수 전설'은 본

---

48 玄吉彦·金永和, "濟州 說話를 통한 濟州島精神 考究-堂神 본풀이와 人物(壯士) 傳說을 中
    心으로-", 「논문집」 제12집(인문학편), 제주대학교, 1980. p. 174.
49 「제주도 傳說」의 命名에 따름.
50 Cf. 현길언(1981), op.cit.
51 任弘宣, "濟州島 傳說에 드러난 濟州島民의 意識 研究", 崇田大 大學院 碩士學位論文,
    1983. p. 45.

토의 같은 전설에서 보이는 일반적 구조와 다른 변이를 보이고 있다. 그런데 이러한 변이가 현실과의 치열한 對峙 때문에 온 결과인지, 현실과의 화해인지 또는 극복인지, 굴종인지는 관점의 차이에 따라 다른 결론이 나오겠지만, 자료 해석의 엄밀성과 중립성이 요구되는 부분이다.

제주의 '아기장수 전설'에서는, 아기를 죽이지 않고 날개만 제거하고 凡人의 삶을 영위하게 한 일이 색다르다고 할 수 있다. 따라서 이를 중요한 특징으로 보아 본토와의 변별성을 여기서 찾기도 한다. 아기를 죽이고 재생에도 실패하게 함으로써 가슴속에 깊이 묻어 놓는 것과 우열을 가릴 수는 없겠으나, 죽은 아기가 각자의 가슴속에 영원히 살아 있음은 분명하다. 좌절한 꿈을 채워 줄, 가슴 깊은 곳의 한을 풀어 줄 인물에 대한 갈망이 크고 급하다는 것이기도 하다. 그런데 차마 아기를 죽일 수 없는 부모의 마음을 인간의 본성이자 제주인의 의식으로 보는 것은, 이 전설의 본래 의미를 생각해 볼 때 얼마간 확대된 관점이 아닐까 한다. 좁은 땅에 비해 풍수설화가 대단히 많고 비중도 큰 것은, 역으로 지기에 의해서 인물이 나기를 바라는 염원이 반영된 것이라 본다.[52]

우리나라같이 風水思想이 의식에 중요하게 작용하고 있는 곳에서는 어느 지역이나 斷穴傳說도 흔하다. 누구나 자기 고장에 대한 애착이 있기 때문에 큰 인물이 날 것이라는 의식이 강하다. 인물 탄생에 대한 갈망은 어느 지역이나 공통적이다. 그런데 이 소망이 실현되지 않았을 경우, 그럴 수밖에 없는 사유가 있어야 하기 때문에 자연히 그 이유를 단혈에 돌리는 것이라고 본다. 제주에는 풍수지리(명당)에 설화가 다른 설화보다 많으나,[53] 그 중에서도 특히 단혈전설이 차지하는

---

52 許椿(1995), op.cit., p. 185.
53 제주 설화 262편을 대상으로 낸 통계에 의하면, 지연과 관련된 것이 33편, 힘센 장

비중과 다른 지역과의 정밀한 비교가 이루어진 다음에야 설득력을 얻
을 수 있을 것이다.

설화의 근원적 해석을 위해서는 흔히 제의적인 관점과 상징에 주력
하게 된다. 자연히 입사의식과 연관짓거나 상징의 의미 파악을 위해
노력한다. 그러나 입사의식은 모든 설화의 바탕에 공통적으로 깔려
있다 할 것이므로, 여기에 집착하면 설화 각 편의 개별성을 무시할 위
험이 있다. 개별적 상징의 의미에 집착하면 전체적 의미를 오도할 가
능성이 있으니, "民譚 속의 심리학적 의미를 단순한 記號로서 해석"[54]
하지 않도록 주의해야 할 것이다.

토산당 뱀 신앙에 관련된 설화를 두고 뱀이 섹스의 상징이라는 점
에 주목하여 병과 성적 욕구를 연관지은 해석을 보면, 그녀(환자)의 무
의식 속에 숨겨진 성적 욕구가 뱀이란 신앙 대상을 통해서 승화되었
다고 풀이한다.[55] 상징적 해석의 좋은 예이지만, 그러나 어떤 상징에
만 집착하게 되면 온전한 해석에 지장을 준다. 토산당 뱀만이 성적인
것과 연결되지는 않거니와 많은 당 중에서 왜 하필 토산당이 두드러
지는가에 대한 설명도 할 수 없다.

4. 比較 研究

지역 문화 연구에는 어느 지역에도 통용되는 일반 법칙 및 공통성
의 발견을 위해 지역 간 비교를 통한 법칙 정립적인 지역 연구도 있
으며, 지역 특유의 문화와 세계관의 이해를 목적으로 하거나 지역 간

사(할머니)에 관한 것이 29편인 데 비해, 풍수지리(명당)에 관한 것은 51편으로 가
장 많다(金恒元, "濟州島 住民의 正體性에 관한 研究", 서울大 大學院 博士學位論文,
1990. p. 107).

54 李符永, 「韓國民譚의 深層分析」, 集文堂, 1995. p. 32.

55 卓明煥, op.cit., pp. 75~77.

차이나 지역의 특징을 찾기 위해 특정 지역 자체가 연구 대상이 되는 개별 기술적인 지역 연구도 있다.56 제주 지역의 연구는 후자인 특정 지역의 특징을 찾아내는 학문이 되어야 할 것이다.57 그런데 제주는 왕조 이데올로기에 의해 지탱되어 온 본토와는 달리 이질적인 문화를 이루었다는 점에서 독자적인 제주 문학의 개념 설정이 가능하고, 제주 사람들의 의식도 유교 중심적이 아니다. 따라서 제주 설화는 본토와는 다른 양식적 특질과 독자성을 보유하게 되었다고 보고 있다.58

차이점은 공통점 위에 성립하는 것이므로 공통점에 관해 충분한 검토가 있은 다음에야 변별성을 논의할 수 있다. 차이점이나 특수성은 공통점과 보편성을 전제로 성립한다는 점에 유의해야 할 것이다. 그러므로 전자를 위해서는 항상 후자가 바탕이 되어야 정확한 규명이 되리라 생각한다. 그런데 대체로 차이점과 특수성에만 초점을 맞추고 있어서 전체적인 안목에 큰 장애가 되고 있다고 본다. 그리고 변별성을 논할 때 염두에 두어야 할 일은 미세한 차이에 집착해서는 안 된다는 점이겠다. 그 세부적인 차이가 얼마나 의의를 지닐지를 먼저 생각해야 할 것이다.

康津 民譚 24편을 대상으로 그레마스(A. J. Greimas)의 분석 방법을 원용하여 그 구조를 분석하고, '샛서방 이야기'를 중심으로 康津과 光陽의 민담을 비교한 연구59는 인접 지역 내에서도 얼마나 차이를 보이는가를 잘 보여 준다. 민담의 登場物을 분석하여 얻은 결과 중 일부를 보겠다.

---

56 김성국, "지역학으로서의 부산학 연구:사회문화적 측면을 중심으로", 「지방화와 지역사회연구방법론의 제문제」, 1995.(유철인, op.cit., p. 14.에서 再引)

57 유철인, ibid.

58 현길언(1997), pp. 37~38.

59 柳珥善·朴德垠, op.cit.
   柳珥善, op.cit.

여기(康津 民譚)서는 補助者나 主體가 사건을 진행시켜 나갈 때, 대부분의 對立者들이 우직함과 우둔함으로 사건의 배후에서 끌려 다니는 입장에 처해 있는 珍島 民譚의 경우와는 달리, 康津 民譚에 등장하는 대립자는 전혀 우직하거나 우둔한 성격의 면이 보이지 않으며, 주체는 주체와 대등의 자격을 갖추고 있는 대립자를 만나 정면에서 번뜩이는 기지로 사건 해결의 실마리를 풀어내고 있는 점이 두드러진 특징 중의 하나라 하겠다.[60]

먼저 과연 좁은 인접 지역에서 이렇게 확실한 차이가 날 수 있을지 즉 화자와 자료 선별의 문제와 연관된 의문이 생긴다. 그리고 이러한 차이가 옳다면 이 차이가 가지는 의미는 무엇이고 왜 그렇게 되었는가 하는 데까지 나아가야 의의를 가질 것이다.

제주 문화는 한국 문화의 하위 개념이고, 본토에서 이주된 문화라는 점이 전제되어야 한다. 따라서 제주 문화의 특성은 비교 가능한 대상과의 대비적 관계 속에서 설명되어야지 그 자체만으로 특성이 지적될 수는 없는 것이다.[61] 이주된 문화는, 고립되고 협소한 島嶼의 특성 때문에 변형되기 마련이다. 따라서 본토의 같은 성격을 지닌 설화와 정밀한 비교를 통해서야 제주 설화의 특성이 밝혀질 것이다. 막연한 추론을 넘어 전국 나아가 외국 설화까지 비교하는 폭넓고 치밀한 연구가 필요하다. 비교 연구가 가능한 대상을 놓고 작업하고 있는가 하는 점과, 자민족 중심주의적 경향에 치우치지 않았나 하는 점도 검토해야 한다.

친정의 명당을 차지한 딸 이야기나 적극적으로 나서서 명당을 찾는 며느리 이야기는 본토에도 전하는 설화 유형이다. 그런데 여기에서 '적극적으로 대처하는 (제주) 여성의 활동상, 제주의 특성인 강한 여인상의 부각'[62] 등으로 제주도적 특색을 찾는 일은 비교를 간과한 결과

---

60 柳珥善·朴德垠, ibid., p. 76.
61 Cf. 이기욱(1989), pp. 309~327.

라고 생각한다. 지혜롭고 근면한 여성상은 남녀 모두에게 긍정적으로 수용되었는데, 무속신화인 '바리데기'에서도 이미 효심과 아울러 영웅상이 표출되어 있다.

심청전, 춘향전 그 외 궁상굿, 도량선비 이야기 등 모두에서 공통적으로 나타나는 것은 끝없는 고행을 견디어 영광을 차지하게 되는 포용력 있는 인간의 모습이다. 이 모습은 '잠자는 공주'의 수동성이나 '베아트리체'의 순수함 등과는 거리가 멀다. 여성은 강하며 끝내 승리한다는 주제가 일관되게 나타날 뿐이다.[63] 다만 그 정도의 차이가 어느 정도냐에 문제 제기의 실마리가 있는 것이기 때문에, 면밀한 비교분석 없이 내린 단정은 재고해야 할 것이다. 글쓴이도 신화의 여성상을 비교하여 ᄌᆞ청비('세경본풀이')의 적극성을 논한 바 있으나,[64] 무속신화와 신화적 요소가 잔존한 설화를 같이 비교할 수 있을지도 한번 검토해 보아야 할 것이다.

제주 신화와 의례 형식을 통해 문화의 계통을 검토한 후, 天降神話와 그 의례 방식은 북방아시아로부터, 大地湧出神話·바다로부터의 來訪神話와 그 의례 방식은 동남아시아로부터 오끼나와를 거쳐 유입했다고 본 연구[65]는 신화 비교 연구의 좋은 예다. 제주는 南·北方文化의 교차 지점이라는 결론이다. 그런데 巫祖 중심으로만 나누면 포괄성이 덜할 듯하고, 오끼나와에서 제주로 내방할 가능성 또한 배제할 수 없다. 나아가 문화가 전파되었다면 어떤 것은 수용되고 어떤 것은 수용되지 않았는가 또 그 이유는 무엇인가에 대한 규명도 필요할 것이다.

---

62 김영석, "제주도 풍수설화 연구", 동아대 교육대학원 석사학위논문, 1993. p. 47, p. 58.

63 조혜정, "한국의 가부장제에 관한 해석적 분석", 임돈희 외, 「성, 가족, 그리고 문화」, 집문당, 1997. p. 37.

64 許椿, "說話의 女性 硏究(I)", 「常山韓榮煥博士華甲紀念論文集」, 開文社, 1993.

65 玄容駿, "濟州島 神話와 儀禮形式에서 본 문화의 系統", 「耽羅文化」 第13號, 濟州大學校 耽羅文化硏究所, 1993.

제주는 한마을에서도 이질적인 집단들이 각각 다른 당을 세우고 받들기 때문에 여러 개의 당이 있는 경우가 흔하다. 그 방법이 경합이든 호양이든 간에, 신들이 같은 마을을 구획하여 좌정하고 있다. 그런데 이와 유사한 경우가 서남해 도서 지역에도 보인다. 한마을에서도 단골 집단을 가리지 않고 상당, (중당), 하당을 구분하고 있다. 따라서 이를 두고 제주만의 특색이라든가 제주가 특히 평화적이라든가 하는 등의 결론을 내리는 것은, 좀 더 철저하고 광범위한 비교 연구가 이루어진 다음이라야 설득력을 얻을 수 있으리라 생각한다.

신화적 요소가 남아 있다거나 전설과 민담적 성격이 섞여 있는 것을 제주 설화의 특징으로 볼 수도 있겠다. 제주도 전설을 자연전설, 역사전설, 신앙전설로 나누어 수집한 것[66]을 보아도, 신화나 민담적 요소가 짙은 이야기가 많다. 그러나 신화에 가깝거나 전설적인 성격을 띤 민담이 많은 것은 우리나라 설화의 한 특징이라 할 것이다. 그런데 오끼나와 설화를 채록하고 분류를 시도한 연구에 따르면, 이들이 구술하는 것들은 한결같이 자연물, 자연 현상의 설명이며 신이적인 체험의 보고로서 citeebanasi(傳說)의 성격이 강하다고 한다.[67] 우리나라와 문화 수수 관계가 있었으리라 추정할 수 있지만, 그렇다면 전설과 민담의 혼효를 우리나라만의 특징이라 하기에도 무리가 있지 않을까 한다.

자료 선별과 표본 수 같은 문제가 있기는 하지만, 제주 설화의 비교 연구가 이루어진 예로 '고종달 설화'를 통해 제주 문화의 의미 파악을 시도한 연구[68]는 의미가 있다. 전국의 斷脈(討穴)說話를 세 유형으로 나눈 후, 제주에는 특히 '고종달 설화'가 주류를 이루고 있음을 밝히고 그 해석을 시도하였다. 동일 유형의 본토와 제주 설화를 대비한

66 현용준(1976), op.cit.
67 최인학, 「구전설화연구」, 새문社, 1994. p. 208.
68 玄吉彦(1978), op.cit.

후, 기본형을 검토하고 그 구조와 변형을 통해 설화의 해명을 통한 문
화 기층에 대한 접근을 꾀하였다. 그 결과 "閉鎖的이면서 (王侯之地에
살고 있으므로) 外來의 文化 流入에 소극적인 태도로 (고종달에 대한
자세) 대처하면서 融合되어 왔으며, 이러한 삶의 方法에는 〈運命論的
自己愛〉가 짙게 깔려 있다."[69]고 결론짓고 있다. 전술한 대로, 좀 더
많은 자료를 통해 접근했어야 한다는 아쉬움이 남지만, 검증 방법은
비교 연구의 한 예라 할 것으로 많은 시사를 해 준다. 이처럼 제주 지
역을 대상으로 한 비교 연구는, 본토나 우리의 다른 도서 지역 또는
외국의 도서처럼 유사한 환경에 있는 곳을 대상으로 해야 할 것이다.
동일한 조건에서 비교 대상이 될 수 있는지를 먼저 생각해야 한다는
말이다.

한국 본토, 제주도, 중국, 일본의 동일 유형 설화를 대상으로 화소
분포를 분석하여 친연성과 전파성을 검토한 연구[70]도 이 예로 보일
수 있겠다. 제주의 삼공본풀이는 일본의 영향이 아니라 중국에서 한
국 본토를 통해 전파된 설화임을 밝혔다. 전파성을 검토하기 위해서
는 중국, 일본 등을 언급해야 하겠으나, 본격적인 비교 연구에서는 서
로 비교 단위가 다르다고 생각한다.

비교 연구에서 또 하나 고려해야 할 사항은 현장성이다. 현장성 또
는 역사성이 배제된 단순 비교를 통한 유형화 작업은, 박제화한 현상
을 단순 대비하는 것이므로 큰 의의를 지니지 못하기 때문이다.

69 Ibid., p. 55.
70 玄丞桓, "「내 복에 산다」系 說話 研究", 濟州大學校 大學院 博士學位論文, 1992.

Ⅲ. 結論

이 글은 제주 설화 연구의 문제점 몇 가지를 들어, 극단적인 대비를 통해, 좀 더 발전적인 방향을 모색해 보려고 시도되었다. 먼저 지역학의 개념과 함께 똑같은 현상이 관점·시각의 차이에 따라 얼마나 달라지는가를 살펴보고, 연구 방법, 자료 선별과 해석, 비교 연구 등에서 올 수 있는 차이점을 검토하여 보았다. 연구사 검토를 통해 쟁점을 중심으로 전개해 나가는 것이 좋은 방법이겠으나, 제주 설화 연구사를 기술하기에는 미흡하다고 생각되어 '연구의 기본 시각'이라는 점에 초점을 맞추었다. 따라서 관점 정립에 많은 지면을 할애하고, 세세한 부분을 일일이 거론하지 않고 거칠게 다루게 되었다.

특정 지역만 지역학이 성립한다고 볼 수는 없으며, 폭넓고 균형잡힌, 선입견을 배제한 객관적 시각이 필요하다. 연구 방법에 대한 확고한 의식이 있어야 할 뿐 아니라 특정한 방법론에 얽매이는 경향을 탈피해야 할 것이다. 연구자의 가설에 알맞은 자료만을 자의적으로 선별하거나 결론에 맞추는 자료 해석과 개개의 상징에 집착하는 일 또한 바른 해석을 해치게 된다.

차이점은 공통점 위에 성립하는 것이다. 따라서 공통점에 관해 충분한 검토가 있은 다음에야 변별성을 논의할 수 있다. 그 변별성을 논할 때 염두에 둘 일은 미세한 차이에 집착해서는 안 된다는 점이다. 그 세부적인 차이가 얼마나 의의를 지니는지를 먼저 생각해야 할 것이다.

먼저 비교 연구가 가능한 대상을 놓고 작업하고 있는가 하는 점을 검토해야 한다. 그리고 차이점이나 특수성은 공통점과 보편성을 전제로 성립한다는 점이 전제되어야 한다. 그러므로 전자를 위해서는 항상 후자가 바탕이 되어야 정확한 규명이 되리라 생각한다. 대체로 차이점과 특수성에만 초점을 맞추고 있어서 전체적인 안목에 큰 장애가 되고 있다고 본다.

무엇보다도 제주 설화를 총체적이고 체계적으로 정리·분류하는 작업이 선행되어야 할 것이다. 이 작업은 그 자료가 과연 제주의 특성을 나타냈다고 할 수 있는가 하는 '자료의 신뢰성'과 직결되는 문제이기 때문이다. 또한 설화 화자(제보자)에 대한 연구가 필요함도 아울러 지적하였다.

가능한 한 양극적인 예를 보이려다 보니 훌륭한 연구 성과의 결점만을 지적한 것처럼 된 것 같아 퍽 조심스럽다. 이 글이 연구사 기술은 아니지만, 혹 대표적인 연구가 누락되었거나 연구의 의도를 자의적으로 해석한 부분이 있다면 넓게 양해 바란다. 비판과 비난은 구별되어야 하고, 비판은 왜곡됨이 없이 수용되어 발전적으로 승화되어야 의의를 가지게 되리라고 믿는다.

이 글의 성격상, 중요한 문제를 지적하면서도 개괄적인 문제 확인에 그치게 되었다. 지금 소략하게나마 제기한 문제를 앞으로 좀 더 구체적으로 정밀히 검토해 보려 한다. 그리고 이를 출발점으로 하여 지금까지 논술한 사항이 단순히 선언에 그치지 않도록, 제주 설화의 특성을 구명하는 후고를 기약한다.

*附記 : 탈고 후, 제주학회가 주최한 제14차 전국 학술 대회(1998.11.13.~14: "제주학회 20년의 회고와 전망")에서 제주학의 방법, 성과, 과제 등이 지역학, 사회과학, 인문학 등 여러 측면에서 논의되고 정리되었다. 여기에서도 제주에 관한 자료를 데이터베이스(database)화하는 작업의 중요성과 시급성이 강조되었다.(전경수, "地域研究로서 濟州學의 방법과 전망", 이상철, "제주학 연구의 성과와 과제:사회과학적 측면에서" 등) 그러나 이 자리에서 검토된 내용 또한 다분히 원론적이고 기존의 논의 수준을 크게 벗어나지 못해서, 결국 이 글에서 지적한 사항은 여전히 중요한 과제로 남는다.

(「洌上古典硏究」 11輯, 太學社, 1998)

2. 濟州 說話의 特性 研究

I. 序言

　이 글은, 제주 설화[1]에 대한 일련의 글쓴이 작업[2]을 바탕으로, 지역 설화 연구에서 야기되는 몇 가지 문제를 설화 전편을 통해 좀 더 구체적으로 검토해보려는 의도로 작성되었다. 제주 설화를 전반적으로 비교·검토하여 그 특성을 밝히려는 후속 작업이다.

　지역 설화 연구의 문제로 여러 가지를 들 수 있다. 객관적 관점을 유지하려는 자세, 연구 방법에 대한 확실한 인식과 적용, 체계적이고 종합적인 자료 정리, 자료의 선별과 치밀한 해석, 심층적이고 균형 잡힌 비교 연구, 선행되어야 할 화자[3] 연구 등 많은 과제가 있다. 그간 일일

---

1 앞으로 특별히 구분할 필요가 없을 때는, 신화, 전설, 민담을 포괄하여 '설화'라 통칭한다.
2 허춘, "韓國 神話의 系列論-競合과 互讓-", 「백록어문」 제9집, 제주대 국교과, 1992a.
　──, "濟州島 巫俗神話의 文化英雄 考", 「제주도언어민속론총」, 도서출판 제주문화, 1992b.
　──, "선문대할망 說話 論考"「한국문학의 통시적 성찰」, 백문사, 1993a.
　──, "說話의 女性 研究(I)", 「상산한영환박사화갑기념론문집」, 개문사, 1993b.
　──, "韓國 神話의 系列論(續)", 「어문학논총」, 학문사, 1993c.
　──, "濟州 說話 一 考察", 「國文學報」 제13집, 제주대 국문과, 1995.
　──, "說話에 나타난 濟州 女性 考", 「탐라문화」 제16, 제주대학교 탐라문화연구소, 1996.
　──, "濟州 說話 研究의 몇 問題", 열상고전연구회 편, 「열상고전연구」 제11집, 태학사, 1998.
3 설화 제보자를 '청자'에 상응하는 뜻으로 '화자'라 한다.

이 예거할 수 없을 정도로 많은, 훌륭한 연구들에 힘입어 제주 설화의 의미 구명에 커다란 진전이 있었지만, 이 글에서 재론하고자 하는 이유는 앞에 든 문제점들이 간과된 경우가 있었다고 보기 때문이다.

이런 점들을 전제로 하고, 우리나라 설화 중 큰 비중을 차지한다고 생각되는 풍수설화, 인물설화를 위주로 제주 지역의 양상과 그 의미를 살펴보겠다. 풍수설화는 斷血과 명당 이야기가, 인물설화는 異人, 장수(장사), 건달, 계모, 처첩, 열녀, 효자 등의 이야기가 중심을 이룬다. 일반적으로 전국에 걸쳐 사설이 유사하고 거의 변개되지 않는 무속신화보다 민담이 그 지역의 특징을 더 잘 보여 주기 때문에, 무속신화보다는 민담에 중점을 두겠다. 그런데 제주에서는 다른 지역보다 무속신화가 차지하는 비중이 매우 크고 오랜 세월에 걸쳐 전승되면서 간과할 수 없는 지역적 특성을 반영하게 되었다고 보아 그 대체적 특징도 따로 살피겠다.

인간이 근원적으로 지닌 동질성은 유사한 설화를 서로 다른 지역에서 향유하게 한다. 또 설화는 그 지역 주민들의 심리와 그들이 처한 사회 상황에 따라 달라지므로, 유사 설화라 할지라도 지역에 따라 차이가 있기 마련이다. 설령 외지에서 유입된 설화라 할지라도 그 지역에 맞게 변용된다. 그러므로 여기에서 이른바 '傳播論'이나 '多起源說'의 타당성 여부를 가리는 것은 별 의의가 없다고 본다.

몇 예를 보이겠다. 친구인 자기 남편을 죽이고 자신과 살게 된 현 남편의 범행을 알고 원수를 갚은 이야기[4]는 세계적으로 廣布된 설화다. 젯메는 깨끗해야 하고 제사는 정성껏 지내야 한다는 의식도 전국 공통이다.[5] '문둘랭이'[6]는 가천 달래마을, 충주 달래강, 속내 달래마을

---

4 현용준 외, 「제주 설화집성(1)」(이하 「집성」), 제주대 탐라문화연구소, 1985. pp. 968~971. '매고할망'
　현용준, 「제주도 전설」(이하 「전설」), 서문당, 1976. pp. 225~229. '매고 무덤'

을 비롯한, 달래고개와 달래강에 얽힌 광포 설화를 수용했다 할 것이다. 울릉도도 '고려장', '금돼지 이야기' 등 외지에서 유입된 설화가 많고, '너도밤나무'도 울릉도식으로 변용된 것이다.7 힘센 장사가 밥을 너무 많이 먹는다고 쫓겨나는 제주 설화는 늘 양식이 부족하던 상황이 반영된 것이다.

제주는 본토와 비교적 멀리 떨어져 있어서 문화적 차이가 적지 않다는 전제 아래, 설화 비교를 통한 특성 추출이 얼마간 가능하고 타당성도 있다고 본다. 설화 특히 민담은 항상 주민의 사고 변화를 반영하며 변화한다. 따라서 본토와 설화의 경개가 같더라도 세부적인 차별성이 없을 수 없다. '아기장수 설화'가 좋은 예가 될 것이다.8 그러나 어느 지역에서 自生民譚이 과연 얼마나 되는지 또 그 사실을 밝힐 수 있을지는 의문이다. 따라서 어떤 설화가 자생적이냐 아니냐를 밝히려는 노력보다는, 그 설화가 왜 수용되었고 어떻게 변이되었으며 그 의미는 무엇인가를 천착하는 것이 바람직하다고 생각한다.

이 글에서는 우선 본토 특히 본토의 다른 도서 지방과의 비교를 통해 제주 설화의 전반적 성격을 구명해보고자 한다. 구태여 들자면 본토에서는 그나마 지정학적으로 유사한 울릉도와 비교하는 것이 더 近似하겠으나, 본격적 비교는 곤란하다. 于山國이라 불리던 울릉도는 사

---

5 한국구비문학회, 「한국구비문학선집」, 일조각, 1977. pp. 36~37. '깨끗지 못한 제
   삿밥'
   한국정신문화연구원, 「한국구비문학대계」(이하 「대계」) 9-2, 1983. pp. 257~260.
   '제사는 정성껏 해야', pp. 260~262. '메밥의 머리털은 뱀'
6 「대계」 9-3, p. 1019.
7 울릉도 설화는 「울릉도의 전설·민요」(이하 「울릉도」)(여영택, 1984)를 주 자료로
   하고 「울릉군지」(울릉군, 1989)를 참고한다. 「울릉도」에는 모두 114편이 채록되
   어 있으나 극히 단편적인 지명 유래 34편과 실화에 가까운 10편을 뺀 70편을 대
   상으로 한다.
8 제주의 장수설화가 지닌 차이와 그 의미에 대해서는 현길언, 「제주도의 장수설
   화」(홍성사, 1981)에 자세하다.

람이 살기 어려운 곳으로, 특히 조선조에 계속 黜民(空島)政策을 썼다. 게다가 울릉도를 개척한 것이 1883년이라 하니, 100년도 안된 유입민들에 의한 설화라 큰 의미는 없겠다. 그래서 본토와 가깝지만 진도, 거제도 같은 섬과 비교하는 것이 오히려 의의가 있다고 생각한다. 화자 몇 명에 의거한, 제한된 자료이고 화자의 성향에 따라 내용에 차이가 크며 입증하기 어려운 상황이 많아서 어려움이 따르지만, 그 편린은 엿볼 수 있겠다. 제주 설화를 중국, 일본 등 다른 나라의 설화와 비교해 볼 수도 있으나, 이 경우 서로 걸맞은 비교 대상인지를 면밀히 검토해야 한다.

별로 크지 않은 나라 안에서 특성—공통점보다는 상이점—을 찾는다는 것은 어쩌면 애초부터 무리인지도 모른다. 무속신화는 1930년대에 채록해 놓은 것이 있으나,[9] 다른 설화 자료는 대부분 최근(특히 1970년대 이후)에 본격적으로 수집된 자료를 대상으로 할 수밖에 없으니 더욱 그러하다. 게다가 교통이 놀랍게 발달한 현대에는 제보자가 붙박이로 고향에만 사는 것도 아니고, 매스컴, 학교 교육, 문학작품 등의 영향을 받아 그 지역의 고유한 설화 내용이 변형되고 있음을 충분히 짐작할 수 있다. 여기에 화자 연구의 중요성도 대두된다.

차이점은 공통점 위에 성립하는 것이므로 공통점에 대해 충분한 검토가 있은 다음에야 변별성을 논의할 수 있다. 차이점이나 특수성은 공통점과 보편성을 전제로 성립한다는 점에 유의해야 할 것이다. 그러므로 전자를 위해서는 항상 후자가 바탕이 되어야 정확한 규명이 되리라 생각한다.[10] 제주 문화는 기본적으로 한국 문화의 하위 개념이고, 많은 부분이 본토에서 이주된 문화라는 점 또한 전제되어야 한다.

---

9 손진태, 「朝鮮神歌遺篇」, 東京: 鄕土硏究社, 1930.

　赤松智城·秋葉隆, 「朝鮮巫俗の硏究」上, 大阪屋號書店, 1937.

10 허춘(1998), 주 2), p. 143.

따라서 제주 문화의 특성은 비교 가능한 대상과의 대비적 관계에서 설명되어야지 그 자체만으로 특성이 지적될 수는 없겠다.11 제주와 본토의 설화가 서로 다른 점은 '程度의 差異'지 '種別의 差異'는 아닌 바, 이 차이는 변별성의 문제이며 우열성과는 별개의 차원이다. 설령 그것이 고유성을 띤다 할지라도 그렇다고 해서 높이 평가될 이유는 없다. 이 점은 가치의 문제와는 별개이기 때문이다.

확실한 근거 없는 막연한 느낌을 입증된 사실인 것처럼 서술하는 일이나 자문화 중심주의는 늘 경계해야 한다. 환경결정론에 편중되는 것 또한 유의해야 하겠지만, 인간의 삶은 여러 환경에서 크게 벗어날 수 없다. 따라서 공통의 가치라 할지라도 그 해석은 지역마다 달라지게 되므로, 결국 그 차이가 얼마나 의미를 지니는 지가 풀어야 할 과제일 것이다.

II. 巫俗神話

신화와 역사를 등식으로 해석해서는 안되겠지만, 모든 신화는 일정 부분 그 지역의 여러 환경과 역사를 반영하기 마련이다. 제주의 신화 역시 이러한 바탕 위에 성립된 것이다. '초공본풀이', '삼공본풀이'와 '내 복에 산다'계 설화만 보아도 전국이 같은 것이지만, 그 변형은 지역에 따라 무시할 수 없을 정도의 차이를 보인다.

그렇다면 자연히 제주 문화의 원류 내지 위상이 전제되어야 할 것이다. 본토에는 창조신화가 없는데 반해 제주의 무속신화12에는 창조

---

11 Cf. 이기욱, "濟州島 蛇神崇拜의 生態學", 제주도연구회, 「濟州島硏究」 제6집, 1989. pp. 309~327.

12 서술의 편의상 '삼성신화'를 포함하여 논의한다.

신화가 있음을 들어, 그 문화의 원류가 본토와는 이질적이면서 고유한 체계를 지니고 있음을 시사하고 있다고 보기도 한다. 더구나 무속신의 조상은 버림받은 인간이라는 점에서 무속신은 반이데올로기적 성향을 지니고 있으니, 이는 본토와는 다른 삶의 질서를 제주사람들이 갖고 있음을 보여 준다는 것이다.[13] 그런데 무속신화의 주인공이 棄兒임은 전국이 공통이고, 제주의 '천지왕본풀이'보다 내용은 풍부하지 않지만, 창세신화의 주요 신화소를 갖추고 있는 '창세가'(함흥, 강계),[14] '시루말'(오산),[15] '셍굿'(함흥)[16] 등이 이미 채록되어 있다. 이를 통해 보아도 제주 문화 해석은 본토와 연결선상에서 그 하위 개념이라는 의식에서 출발해야 한다고 본다.

제주의 무속신화에서는 보통 활쏘기나 射石(뽕개질)을 통해 형제나 地境을 가른다. 바둑을 뒤거나 나무에 오르기도 하며, 음식을 통해 가르기도 한다. 돌을 쏘는 勇力 시험이나 나무 오르기 시합은 다 競合이요, '삼성신화', '상귀본향당본풀이', '광정당본풀이'의 활쏘기는 互讓이다.

옛날 하느님은 兄을 태양으로, 妹는 달이 되게 했다. 어느날 달은 사람들에게 쳐다보이는 게 부끄럽다면서 태양이 되고 싶다고 했다. 그러나 형이 양보하지 않자 둘이는 싸웠다. 형이 담뱃대로 妹의 눈을 찔렀기 때문에 불쌍해서 양보하여 결국 형은 달이 되었다.(혹은 이때 妹가 찔린 눈의 상처는 태양의 흑점이라고도 한다.)[17] 그런데 '천지왕본풀이'에

---

13 현길언 "제주문화의 기저와 성격", 「전환기 제주문화의 방향 모색」(제주국제협의회 제10회 학술회의 발표 요지), 1999. p. 27.

14 손진태, 주 9), pp. 1~13.

15 赤松智城·秋葉隆, 주 9), pp. 128~132.

16 임석재·장주근, 「關北地方巫歌(追加篇)」, 문교부, 1966. pp. 1~18.

17 손진태 「조선민담집」(1930) '日妹와 月兄'.(최인학, 「韓國民譚의 類型 硏究」, 인하대 출판부, 1994. p. 11. 재인용)

서는 형과 아우가 이승과 저승을 가를 때, 동생이 속임수를 써서 이승을 차지한다. 수수께끼 내기에서 형에게 진 동생은 꽃 피우기 내기를 제의하고 속임수로 이긴다. 그래 놓고 막상 이승의 질서가 엉망인 것을 보고는 형에게 이승의 질서를 바로잡아 두도록 부탁하고, 마음 착한 형은 동생의 부탁을 들어준다. 신화에서 트릭은 중요한 능력의 하나지만, 이는 화합이라 할 수 없는 일종의 경합이다. '삼승할망본풀이'에서도 명진국따님아기와 동해용왕따님아기는 서로 삼승할망이 되기 위해 꽃 피우기로 다툰다. 꽃이 이운 동해용왕따님아기가 저승할망(구삼싱할망)이 되는 것에 불복하자 옥황상제는 좋은 음식을 차려주기로 하고 달랜다.

　제주의 신화에는 경합('삼성신화', '천지왕본풀이', '세경본풀이', '할망본풀이', '마누라본풀이', '상창하르방당본풀이', '송당·궤네깃당본풀이', '서귀·동홍본향당본풀이' 등)과 호양('삼성신화', '칠성본풀이', '토산당본풀이', '서귀본향당본풀이', '송당·궤네깃당본풀이' 등)이 혼효되어 있지만,[18] 궁극적으로는 호양을 지향한다. '토산당 여드렛도본풀이' 또한 이 점을 잘 보여 준다. 나주 금성산의 한집님은 제주에 와서 맹호부인에게 갔으나 거절당하자 순순히 부인이 지정해준 데로 가서 좌정한다.

　　(한집님이 맹호부인에게 명함(名啣)을 드리니, 맹호부인이 한집님에게)
　　"땅도 내 땅이요, 물도 내 물이요, ᄌᆞ손도 내 ᄌᆞ손이요. 공(空)ᄒᆞᆫ 땅 공(空)ᄒᆞᆫ ᄌᆞ손이 엇어진다."
　　"어들로 가민 공ᄒᆞᆫ 땅이 잇어지고 공ᄒᆞᆫ ᄌᆞ손이 잇어집네까?"
　　"그리 말고 므른(嶺) 넘고 제(嶺) 넘어 저 토산(兎山) 메뗴기ᄆᆞ루 가고 보라. 앞원 방광터 좋아지고 뒤원 금세숫물(세숫물)이 좋아지고 옆의는(옆에는) 금베릿물(硯水)이 좋아진다. 어서 글로 강(가서) 좌정ᄒᆞ라."
　　"그걸랑 기영ᄒᆞᆸ서(그리 하십시오)."[19]

---

18 허춘(1992a), 주 2).

어찌하든 내기에 졌을 때는 대부분 순순히 약조에 따른다.

(남판돌판고나무상태자하로산(---上太子漢拏山)이 붉은 오름(안덕면 동광리의 岳名)에 이르러) 무둥이왓(동광리) 황서국서(안덕면 동광리의 堂神)가 억만군병 거느려 계변(미상:변을 일으킨다는 뜻인 듯)을 나사시니, 남판돌판상태즈가 말씀을 호뒈
"너가 백명군수를 혼쌀(一矢) 끄떼(끝에) 눅지고(눕히고) 또 혼쌀 끄떼 누운 군수를 일리겠느냐?"
말호니, 황서국서가
"백명군수를 눅지겠다."
쌀(矢) 혼 뒈를 노니 백명군수를 눅지고 또 혼 쌀을 노니(놓으니) 백명군수 일리지 못호여, 고남상태즈는 쌀 혼 뒈를 노니 백명군수를 눅지고 또 혼 뒈를 노니 백명군수를 눅지고 또 혼 뒈를 노니 백명군수를 일리고 눅졌다.
그러니 황서가 항서(降書)를 혼다.
"그레민 앞의 사는 제집서(諸執事)를 들라." (하여 당동산(안덕면 상창리 소재)을 느려 坐起한다.)[20]

벡관(百官)님이 말씀호뒈
"우리가 바둑을 뛰어 싱전(勝戰)에 떨어지건 아시(弟)국을 삼곡 싱전이 랑 우을 삼기로 호자."
… 조노기본향이 말씀호뒈
"내 바둑은 졌수다. 어디로 가쿠가(가겠습니까)?"
"나는 성(兄)의 국이니 우(上)을 추지호겠노라."[21]

중개남 중의선생은 한라산에 유람 와서 중문면 하원리에 좌정한

19 현용준, 「濟州島巫俗資料事典」(이하 「사전」), 신구문화사, 1980. p. 553. (Cf. pp. 714~715)
20 「사전」 p. 763. '상창하르방당본풀이'(안덕면 상창·창천·감산리)
21 「사전」 p. 737. '예촌 보목 효돈 토평 본향당본풀이'

후, 신전을 찾아 음식으로 형제를 가른다. 신전에게서 날핏내가 많이 나자 제의한 것이지만 퍽 특이하다.

> "신전님은 멋을 먹읍네까?"
> "나는 백(白)돌레 백(白)시리나 즈소지(-燒酒) 즈청주(-淸酒) 제육(猪肉) 안주 먹읍네다."
> 도순이(道順里) 한집이 말씀ᄒ뒈
> "그거 양방(兩班)의 음식 못 뒈쿠다. 신전님은 아시(弟) 뒈쿠다. 알로 느령 (아래로 내려서) 강정(江汀) 월평(月坪) 츠지허여 갑서. ……"22

좌정을 거절당하였을 경우에도 꼭 경쟁을 하여 그 곳을 차지하려 하지 않는다. 중의대ᄉ(僧大師)는 한라산에 구경 왔다가 조천리 당신 인 정중부인에게 좌정을 거절당하고 겨우 신영ᄆ루(행원리의 지명) 문씨 고냥할망에 부탁하여 의탁한다. 자신의 신세를 한탄하다가 곡식이 무 성한 것을 보고 그 마을에 흉년이 들게 하여 남당지관(地官) 한집을 뵙고 같이 좌정하게 된다.23 토착신 또한 선선히 양보만 하지는 않는 다. 칠성님은 제주에 도착한 후 여러 군데에 정착하려 하였으나 전부 토착신에게 거절당한다. 산짓개, 화북, 가물개, 설개, 신촌, 조천, 신흥, 함덕, 북촌, 동복, 김녕, 서화리, 함덕 등을 들렀으나, 다들 억세게 거 절한다.24 또 지경을 가른 다음의 앙금이 그대로 지속되기도 한다.

이미 지적한 대로,25 우리나라 신화는 경합과 호양의 두 계열로 나 뉠 수 있는 바, '삼성신화', '송당·궤네깃당본풀이', '서귀·동홍본향당 본풀이'를 통해서는 양자의 혼효 현상을, '시루말'에서는 경합이 약화

---

22 「사전」 p. 759. '억머루당(도순·하원리본향당)본풀이'
23 「사전」 pp. 656~659. '구좌면 행원리 남당본풀이'
24 「사전」 p. 423. '칠성본풀이'
25 허춘(1992a), 주 2) p. 131.

되어 가는 과정을 보여 준다. 이를 통해 신화가 경합에서 호양으로 변하고 혼효되어 가는 양상을 알 수 있다. 경합이 우리나라 신화의 주류를 이루고 있으나, 제주에서 외래신과 토착신의 갈등은 주로 호양으로 결말짓는다. 우리나라 신화에서는 대립해서 경합하더라도 투쟁이나 분열에 그치지 않고 이를 화합으로 끌어올리고 있음은 특기할 만하다. '단군신화', '동명왕신화', '혁거세신화' 등에서 잘 나타나듯이, 어떤 방식으로 대처하든, 우리 신화는 결국 조화와 화합을 목표로 전개되고 있다. 이로 보면 화합이 제주 신화만의 특징이라 하기 어렵다.26 형들을 제치고 영리한 막내 녹디성인을 家神 중 최고의 신인 문전신으로 받들고 있는 '문전본풀이'를 들어 갈등 없는 친화 속의 경쟁이라 보기도 하지만,27 주지하다시피 설화에서 막내가 최종적으로 어떤 일을 이루는 것은 세계적으로 공통된 현상이다.

서귀포 도순당의 중개남 중의선생('억마루당본풀이'), 성산 온평리의 멩호부인('온평 신산 본향당본풀이'), 구좌 행원리 남당의 중의대사(僧大師)('행원 남당본풀이') 등은 관광수호신이며, 이들이 본향당에서 받들어지는 것은 우연이 아니고 제주가 '동양의 아르카디아'이기 때문이라 하기도 한다.28 무속신화에서 명승을 두루 찾는 신은 매우 많다('성주굿'(평양), '제석굿'(목포), '손굿'(고흥), '성주보안경'(서산), '손님굿'(강릉) 등). 본토에서 제주에 구경 왔다가 마음에 들어 좌정한 신들을 관광 수호신이라 할 수 있을지는 논의의 여지가 있겠으나, 외지에서 온 신을 큰 갈등 없이 받드는 일은 제주 신화의 호양이 접목된 것이라고 볼 수 있다.

'서귀·동홍본향당본풀이'에서는 남편인 비씨영감 ᄇ롬웃도, 큰부인

26 허춘(1998), 주 2), pp. 128~129.
27 송성대, 「문화의 원류와 그 이해」, 파피루스, 1998. p. 318.
28 上同, p. 176. p. 597.

고산국, 작은 부인 지산국 三夫妻 사이에 화의가 안 되자 뽕개질을 하여 차지할 땅을 정한다. 이 경우 뽕개질은 힘으로 하는 경쟁이 아니고 지경을 나누는 단순한 방법에 지나지 않는다.

삼부체(三夫妻)가 화이(和議)ㅎ랴 화이홀 수 엇어지고 어서 땅과 국을 가르자. 큰부인이 성식(화)을 내며 뽕개질을 ᄒ니 홍리(烘里) 안까름(內洞) 혹담(흙담)에 지고 비씨영감(卑氏令監)은 뽕개질을 ᄒ니 민섬(蚊島) 한도에 가 집데다. 고산국이 말을 ᄒ뒈 이젠 어서 저 뽕개 지는 대로 난 서홍리(西烘里) 지경(地境)을 ᄎ지허여 갈 것이니, 너네랑 우알서귀(上下西歸)를 ᄎ지허영 들어가라.29

그러나 "느네(너희) 지경(地境) 몰ᄆ쉬(牛馬) 우리 지경 못 올 거. 느네 지경 사름(사람) 우리 지경 못 올 거. 느네 지경 사름 우리 지경 혼연(婚姻) 못혼다."(上同)는 고산국의 말을 보면 감정의 앙금이 그대로 남아 있음을 알 수 있다.

'서귀포본향당본풀이'30의 경우도 마찬가지이다. 고산국·지산국 자매의 경합에 이어 일문관 바람운님과 지산국이 호양을 통해 지경을 정한다.

고산국이 로색(怒色)을 풀지 안이하며/어찌하야 다시 맛나자고 나를 불넛소/언제든지 이 모양으로 하기보담은/우리가 원만이 상의하야, 지경(地境)을 갈으고/땅 차지 인물 차리[차지]로 들어스는 것이 부당할까/한번 연을 아주 끈어바렷는데/원만이 무엇이며, 상의가 무엇이랴/그러나 일문관 바람운(風神)이 강(強)히 사정을 하니/부득 무가내하라[란]듯이, 고산국이 성을 내며/뽕게를 날니니, 학탐[흙담]에 이르고/일문관 바람운이 활을 쏘니, 문섬(蚊島) 한 돌로 일으럿다/거게서 고산국 말이 무가내하요/나는 학

---

29 「사전」 p. 740.
30 赤松智城·秋葉隆, 주 9), pp. 341~369.

담을 경계하야/서홍골을 전양 차지할 터이니/당신내란 문섬 이북(以北) 우 알서 귀(上下西歸)를 차지로 들어가되 ······31

이때 고산국은 "서홍리 사람이 동홍리 혼인 못하고/동홍리 인간이 서홍리 혼인 못하고/동홍리 당한(壯漢)이 서홍리 못가고/서홍리 당한 이 동홍리 못갈 테이니/그리 알시오"32하고 단단히 못 박는다.

용왕국 막내딸은, 오백장군의 말잣뜰아기(막내 또는 셋째 딸)를 첩으로 들인 뒤 오지 않는 남편을 찾아 나서 돼지 발자국에 고인 물을 마시 다가 돼지털 하나가 입에 들어가자 不淨하다고 해서 마라도로 정배된 다('토산당일뤳도본풀이'). 조노기한집(甫木堂神)도 아내가 돼지고기를 먹 자 종경내가 난다면서 바로 헤어진 후 새금상따님애기를 첩으로 삼는 다('예촌 보목 효돈 토평본향당본풀이'). 이런 예는 '궁당(제주시 용담동), 월정 본향당본풀이'에도 보인다. 식물을 중요시하고 돼지고기 같은 것을 부정하다고 보는 이유는 무엇일까? '천지왕본풀이'의 꽃 피우기 경쟁 이나, 박을 심어 하늘로 가 부친을 만나는 여러 신화에서 볼 수 있듯 이, 이는 식물을 중시한 사고에서 나온 것이리라. 북미 인디언 신화에 서 보이는 地生觀的 인간기원론도 아마 생명의 기원을 식물의 생명 현상에서 유추한 데서 비롯되었을 것이니,33 이른바 '世界樹'에서도 드러나듯이, 식물을 중시하는 사고와 地母信仰은 범인류적이라 할 수 있다.

신화에 등장하는 여성 중, 바리데기('바리데기'), 가믄장아기('삼공본풀 이'), 자청비('세경본풀이') 등의 적극적이고 진취적인 행동은 이미 논의 한 바 있다.34 무속신화는 신으로의 좌정담이라는 특성이 있어서, 주

31 上同, p. 353.
32 上同, p. 354.
33 김열규, 「韓國의 傳說」, 中央日報社, 1980. pp. 31~32.
34 허춘(1993b), 주 9).

인공은 상황에 적극적으로 대처하기 마련이다. 무속신화에서는, 부닥친 상황은 자의가 아니었지만 이를 헤쳐 가는 행동은 적극적이고 진취적이다. 총맹부인('천지왕본풀이')과 즈지맹왕아기씨('초공본풀이'-본토에서는 당금애기('제석본풀이'))는 산모와 전령 역할밖에 하지 않지만, 바리데기, 자청비, 가믄장아기는 한 걸음 나아가서 능동적으로 대처하고 있다. 그러면서도 이들은 차이를 보인다. 바리데기는 시련을 통해 얻은 神職이 주어진 것일 뿐 아니라 자신의 뜻과는 무관하게 어쩔 수 없이 수용한 상황이라는 점에서, 가믄장아기는 스스로의 노력보다 우연성이 많이 작용하였다는 점에서 주체적이라고 할 수 없겠다. 자청비는 운명을 스스로 선택했고 이를 이겨냈으므로 농경을 주관하는 신이 될 수 있었다. 영웅은 남성이고 으레 이들의 시련담이 주가 되는 문헌신화와 달리, '세경본풀이'는 주체적인 여성의 신적 능력을 보여 준다. 바리데기, 당금애기, 가믄장아기 등이 불가피하게 상황을 수용한 것인데 비해 자청비는 스스로 상황을 선택한 점에서 구분된다.[35]

'신산본풀이'처럼 제주 신화에서는 많은 신이 땅 속에서 용출한다. 신 출현의 두 형태, 天降型과 湧出型 중 전자는 북방 신화에서, 후자는 남방 신화에서 주로 나타난다. 그런데 제주는 천강형('천지왕본풀이' 등)과 용출형('삼성신화', '서귀본향당', '세화본향당', '토산여드렛당본풀이' 등)이 섞여 나타나는 것을 볼 때, 북방 문화와 남방 문화의 교차점에 위치한다고 보는 것이 타당할 것이다.

---

35 Cf. 上同, p. 445.

III. 風水說話

풍수사상은 오래전부터 우리 민족의 의식을 지배해 온 중요한 관념이므로 풍수설화는 전국 어디나 풍성하게 전한다. 풍수설화는 크게 두 유형으로 나눌 수 있는 바, 큰 인물이 나올 수 있는 혈을 자르는 단혈(단맥)과 명당을 찾거나 차지하고자 하는 명당에 관련된 설화다. 어느 지역이나 명혈이 있듯이 제주에도 六大名穴이 있다.[36] 명당에 대한 집착과 자부를 알 수 있는 바, 이는 전국적으로 동일한 현상이다.

「대계」(제주편: 9-1~3)에는 총 254편의 설화가 채록되어 있는데, 채록 편수로만 평가할 수는 없으나, 풍수(명당, 단혈, 地官)에 관한 것이 25편, (아기)장수(장사)에 관한 것이 32편으로 篇數에서는 다른 곳과 큰 차이를 보이지 않는다. 그런데 단혈설화가 6편이나 되는 것은 제주는 큰 인물이 나올 땅이라는 염원의 반대적 표현이요, 특히 '아기장수 설화'가 10여 편[37]인 것 또한 장수를 바라는 간절한 소망의 반영이다. 제주 설화 262편을 대상으로 낸 통계[38]에 의하면, 지연과 관련된 것이 33편, 힘센 장사(할머니)에 관한 것이 29편인 데 비해, 풍수지리(명당)에 관한 것은 51편으로 가장 많다. 명당 획득은 곧 發福으로 이어진다. 제주의 풍수설화를 살펴보아야 할 필요성을 여기에서도 찾을 수 있다. 제주에 풍수설화가 많다는 것은, 어디까지나 상대적 비교지만, 명당을 바라는 마음이 매우 절실하다는 점을 보여 준다.

전국 137개 군 가운데 25개 군을 조사한 결과 단혈 단맥처가 129건이나 된다고 한다. 이는 전국 20% 지역을 상대로 한 조사 수치니, 전

---

36 「집성」 pp. 676~682. '제주 육대명혈과 주씨 무덤'
37 '아기장수 설화'는 그 범주 설정에 따라 篇數가 달라지므로 정확하게 헤아리기 어렵다.
38 김항원, "濟州島 住民의 正體性에 관한 硏究", 서울대 大學院 博士學位論文, 1990. p. 107.

국적으로 약 600여 곳이 된다는 가정이 가능하다.[39] 물론 전국적인 조사를 하면 차이가 있겠지만, 이를 통해 볼 때도 단혈이 제주만의 특징이 아니며, 자기 마을에 대한 믿음과 그 믿음을 합리화하려는 생각은 전국 어디나 동일함을 알 수 있다. 단혈의 주체가 외지인(며느리도 관점에 따라서는 외부인이라 할 수 있다.) 특히 외국인(중국인, 倭人)이라는 점에서도 동일하다.

제주에 광포된 '고종달[胡宗旦] 설화'에서는, 고종달이 제주에 와 단혈하는 과정에서 아무런 대립이 없다. 단혈에 실패한 경우에도, 밭 가는 노인들이 水神들을 구해 주겠다는 의도적인 생각에서가 아니라, 막연히 측은해서 구해 줬을 뿐이다. 단혈은 되었지만 왕이 날 수 있는 땅이었다는 사실은 왕과 같은 인물을 기다리는 마음을 나타낸 것이다.[40] 간혹 '제 할아버지 혈을 찌른 이여송'[41]처럼 단혈한 사람을 산신이 징치하거나 자멸하기도 하지만, 대체적인 상황은 본토와 크게 다르지 않다. 큰 인물이 날 땅이라는 의식은 척박한 환경 속에서도 제주가 강인하게 자립할 수 있었던 힘이었을 것이다. 절실함의 정도 차이는 있겠지만, 이러한 의식은 전국이 비슷하다. 단혈의 주체가 외부 세력인 것도 어디나 같다. 그 세력은 대부분 국가(중국, 일본, 본토)인 바, 제주에서는 중국 또는 우리 조정에서 보낸 사람이거나 현지 관리이다. 이때 단혈을 하는 사람은 이여송이 가장 대표적이고, 중국 사신, 청군 장수, 일본인도 있다. 고종달은 제주에만 등장한다.

울릉도는 성인봉의 혈이 끊긴 후 큰 장군이 나지 않게 되었다고 한다. 단혈자는 본토에서 온 사자인데 일본인들이었다고도 전한다.[42] 진

---

39 서길수 "풍수침략사 연구 시론"(1988)(張長植, 「韓國의 風水說話 硏究」, 民俗苑, 1995. p. 90. 재인용)
40 현길언(1981), 주 8), pp. 98~101. passim.
41 「대계」 3-2, pp. 493.
42 「울릉도」 pp. 108~109. '장군이 나올 터'

주에서 인물이 날 것을 우려한 나라에서 主山인 火鳳山을 飛鳳山이라고 고쳐 부르니 봉이 날아가 버려 인물이 나지 않았다. 그도 못 미더워 봉이 다시 오지 못하게 산 옆에 늘 따뜻한 물이 있는 못을 팠다 한다.[43]

인물이 날 땅을 외부 힘이 무력화했다는 단혈설화는 전국적 광포설화인데, 제주에는 자기 마을만을 중요하게 생각하는 설화가 많지 않다. 이 점은 같은 마을에서도 집단에 따라 각각 다른 당을 모시는 상황과 무관하지 않으리라 본다. 제주는 본시 선택받은 땅이었으나 외부의 부당한 침입으로 불모의 땅이 되었다는 의식은, 열악한 환경에 대한 반작용이자 원상 회복을 바라는 막연한 기대의 투영이다. 단혈설화는 제주의 불모성을 설명하는 대표적인 예라 할 만하다. 그러나 이를 통해 숙명을 극복하려는 제주인의 특성을 찾는 작업은, 좀 더 치밀하고 객관적인 비교 분석을 거쳐야 할 것이다.

명당을 잡기 위해서는 반드시 유능한 지관이 필요하다. 전국에 걸쳐 있는 '712-2 정성(수완)들여 명당 얻기'(분류 번호와 항목은 「대계」에 의함. 이하 같음.)는 좋은 지관을 얻기 위한 노력이라 해도 과언이 아니다. 제주에도 고 전적, 정 지관, 강 훈장 등 명당을 잡아준 명풍수들이 전한다. 묏자리를 잘 보아 주어 典籍 벼슬을 얻은 고 전적은 형에게 자신의 묏자리를 내주었지만, 형이 그 묏자리에 어울리는 사람이 아니었기 때문에 형의 후손들은 잘 되지 않았다 한다.[44] 묏자리가 아무리 좋아도 거기에 어울리는 사람이어야 한다는 것은, 생전에 그에 걸맞은 덕을 쌓으란 뜻이겠다.

---

43 임석재 「한국구전설화」(이하 「설화」)(경상남도편I) 1993. pp. 50~51. '晉州에 인물이 나오지 않는 理由', '가마못은 鳳의 알 자리'
44 「집성」 pp. 261~269. '고전적(II)'

Ⅳ. 人物說話

1. 異人: 거제의 鄭 君子, 울릉도의 호일 영감처럼 異人은 전국 어디나 있으나 제주에는 상대적으로 많다. 「대계」(제주편: 9-1~3) 소재 이인설화는 16편으로 풍수·장수설화 다음으로 많은데, 이인을 바라는 심정은 도선적 사고와 맞물려 있지만 섬이라는 입지와도 무관하지 않다. 슬기로운 사람이 많은 것도 같은 맥락에서 풀이되는 바, 열악한 생활 여건을 극복하기 위한 소망이 반영된 것이다.

키가 팔 척 장신에다가 눈이 雙瞳孔인 범 천총은 귀신과도 말을 하고, 이 좌수는 國馬를 먹인다고 곡식을 헐어 가지려 한 이방들의 부정을 막았을 뿐만 아니라 저승차사를 지체시키고, 부대각은 水賊을 물리친다. 이런 범 천총도 당을 불지르고는 堂神에게 사정사정하여 겨우 불타는 자기 집의 가구만 꺼낼 수 있었으니, '절 오백 당 오백'이었던 제주의 상황을 보여 준다.

거제의 秋 名醫(「대계」 8-2), 경상도의 유의태(「대계」 7-1·4, 8-5·6·10·11·14)처럼 교통이 불편한 산골이나 섬은 名醫가 절실히 필요한데, 이 점은 제주도 다르지 않다. 진 좌수는 여의주를 삼킨 후 세상일에 훤하게 되었는데, 바로 하늘과 땅을 보지 않고 사람만 보는 바람에 의술에만 능하게 되었다. 여기에서 두 가지 점에 주목할 필요가 있겠다. 천문 지리에 통달하지 못하고 의술만 정통하게 되었다는 것은 좀 더 현실성과 설득력이 있으며, 이를 확대하면 人本主義的인 사고의 소산으로 풀이된다. 둘째는, 자꾸 말라만 가는 진 좌수의 얘기를 듣고 그가 만나는 처녀가 여우임을 간파하여 처방을 자세히 지시한 후 달려드는 여우를 쫓아낸 서당 훈장의 존재다. 훈장은 숨어 있는 진정한 이인이라 할 것이나, 주민들에게 실제적 도움을 주지 못했기 때문에 이야기의 후면으로 숨을 수밖에 없었다고 본다. 설화의 본질과 전승 과정을 알 수 있는 한 실마리가 될 수 있지 않을까 한다.

2. 將帥(壯士): 부모가 차마 아기를 죽이지 못하고 그 날개만을 제거하여 천수를 누리도록 하는 점은 제주 '아기장수 설화'의 특징이라 할 만하나, 날개를 자를 때의 고민은 별로 보이지 않는다.[45] 아이가 역적으로 몰릴까 봐서 겨드랑이에 돋은 날개를 부모가 인두로 지졌는데, 그래도 힘이 남아 나무를 뿌리째 뽑고 소를 던져 주고받을 정도였다.[46] 화순에 구운문이란 장사가 있었는데 겨드랑이에 날개가 돋아나서 날아다니기도 했다.[47] 구운문이 힘이 셌다는 이야기는 많지만 그 뒤의 행적이나 결말이 없는 단편적 이야기다. 막산이처럼 힘센 사람들이 겨드랑이에 날개가 있었다(혹은 돋았다)는 이야기는 많이 전해져 온다. 제주에는 이런 유의 설화가 많이 전한다.

'백정시'[48]는 주목할 만하다. 백정시가 어떤 집안에 날개 달린 장수가 나올 묏자리를 봐 주었다. 후에 날개 달린 아이가 태어나는데, 나라에서 이 사실을 알면 살아날 길이 없을까 하여 아이 스스로 집을 나가 혼자 무술을 배운다. 이 사람이 이여도로 갔다는 설도 있으나 확실한 행방을 알 수 없게 된다.

'아, 이거 큰일 낫다. 국가의서 알민 이거 당장 심어다 죽인다.'고. 그래 걱정ᄒ는디 이놈이 다섯 술, 여섯 술 나가니 말을 알아먹게 댄말여. 요놈이 이젠 커서 ᄌ기가 죽어질까 해서 뛰어나간 것이 벨진밧듸 가서 진(陣)을 쳐서 ᄌ기 혼채 전술(戰術)을 배와. 무술을 배우는 거여, ᄌ기 혼채. …

---

45 구태여 찾자면, "아버지는 장도칼을 가져다가 눈물을 머금고 작은 아들의 날개를 딱 찍었다."(「전설」 p. 170. '坪待 부대각'), "만일의 경우 집안이 망할 것을 두려워하여 아까와하면서도 지져버린 것이었다."(上同, p. 187. '한연 한배임재') 하고 있으나, 「대계」나 「집성」에는 고민 과정이 보이지 않는다.

46 「집성」 pp. 983~984. '고씨댁 장사'

47 「집성」 pp. 892~894. '날개 돋은 장사 구운문'

48 「집성」 pp. 455~456.

그래서 그 사롬이 이어도를 갓다 이런 설도 잇습니다. 그 후에 그 사롬 행방이 읎으니까 알질 못ᄒᆞ여. 그 장수가 행방이 읎어요.[49]

이 설화에서는 부모가 어떤 조치를 취하기 전에 어린애가 스스로 나서서 혼자 무술을 익힌다. 죽는 이야기가 없기 때문에 자연히 재생 시도도 없고 어디론가 사라졌다는 식으로 결말을 맺는다. 날개만 지져서 살게 하는 것보다는 어떤 의미에서는 훨씬 저항적이고 이 설화의 본래적 의미에 가깝다고 본다. 왜냐하면 살아서 행방이 묘연해진 장수는 언젠가는 다시 나타날 가능성이 있어서 좀 더 확실하게 장수의 출현을 기대할 수 있을 것이기 때문이다.

제주의 장수설화가, 지명전설로 고착된 본토에 비해, 인물전설의 성격이 짙으며 비극적 결말이 많지 않음은 중요한 차이다. 이는 아마도 장수의 출현을 갈구하는 제주인의 염원을 반영하는 것이라고 본다.[50] 이러한 염원을 '백정시'에서 더 잘 알 수 있고, 제주 장수설화의 특징이 잘 드러나 있다고 하겠다.

'개미목 명당자리'[51]도 특이하다. 문씨 姓의 사령이 명당에 부친 묘를 쓰자마자 힘이 넘치고 겨드랑이에 날개까지 돋아났다. 조정에서 그를 결박한 후 개미목 무덤을 파헤치자 그 무덤의 땅기운이 소가 되어 일어서려 하고 있었다. 명당을 썼다고 成人의 몸에 날개가 돋는 일은 이례적이다. '묏자리 이야기'[52]에서도 성인에게 날개가 돋는다. 남편이 죽으면서 아들에게 알려 준 명당을 아내가 무심코 발설하는 바람에, 날개가 돋아 용이 되어 승천하려던 아버지는 실패하고 집안은

49 「집성」 p. 456.
50 허춘(1995), 주 2), p. 165.
51 「집성」 pp. 37~39.
52 현용준 「제주도민담」(이하 「민담」), 제주문화, 1996. pp. 149~150. (1959년 제주상고 학생들이 조사해 가져온 것을 중심으로 다시 엮은 것이라 자료로서의 가치는 덜하지만 비교적 이른 시기에 수집한 것이다.)

망했다. 여자의 발설로 일이 어그러지는 것은 본토와 같지만, 성인을 날개 달린 장수와 연결시켰음이 특이하다. 금기를 어긴 탓으로 장수가 나지 않았음을 안타깝게 여기는 심정은 구술 과정에서 여실히 알 수 있다.

> "그러민 거기 너네 아방을 산 써서 삼년을 フ만이 앚겟느냐? 움직이지 말라."
> "예. 알겟습니다."
> 딱게, 이따에 ᄌ기 아방을 묻엇어. 이늠의 새끼가 멍청훈 늠의 새끼라. 아방을 묻언 곧 나오난,
> 그자 내가 터져.[53]

'장사 나게 한 명당 자리 용진굴'[54] 역시 성인에게 날개가 돋고 그 부친이 용이 되려 했다는 설화다. 부씨 집안에서 부친의 묘를 명당에 쓰자 그 집안의 큰아들이 겨드랑이에 날개가 돋았는데, 그의 아내가 날개를 지져 버려서 힘이 없어졌으나 그의 동생들은 날개는 없어도 힘이 셌다. 관가에서 그 부친의 묘를 파자, 시체가 금방 용이 되어 날아가다가 용진굴까지 가서 떨어졌다. 자손들은 역적에 몰려 죽었으나, 막냇동생은 힘자랑으로 살았다.

타의에 의해 실패하는 이런 이야기는, 자기 겨드랑이를 찌르라고 일러 주는 극단적 형태로 나타나기도 한다. 비록 종의 몸이지만 인물이 잘나고 호랑이 꼬리를 빼 버릴 정도로 힘도 좋던 개조지는, 상전에게는 충성했지만 官長에게는 행패를 부린다. 이에 상전이 그를 죽이려 하자 상전에게 "저는 이렇게 묶고 때린다고 죽지는 않십니다. 제 저드랭이 밑이 나래가 있는디 그 나래 밑이를 꼬챙이로 찔러야 죽십니다." 하고 알려 주어 스스로 죽는다.[55]

---

53 「집성」 p. 38. '개미목 명당자리'
54 「집성」 pp. 975~978.

'장님 아기장사의 죽음'[56]에서는, 사냥꾼(관군의 표상이라고 본다.)이 장 님인 아기장수를 죽이는 이유가 뚜렷하게 드러나 있지는 않지만, 어 머니의 발설로 재기 직전의 아기장수는 죽었다. 여기에서는

> 그러자 그 여자 남편이 "너는 아무런 원한도 없이 아들을 죽였으니, 아 들 신세를 망쳤으니 괘씸하다." 하고 찢어 죽였대요.

하는데 주목할 필요가 있겠다. 영웅의 출현을 절실히 기대하는 심리 를 엿볼 수 있다.

위의 예에서 본 것처럼, 아들은 어머니나 아내의 발설로 죽는 일이 대부분이다. 아버지가 날개를 자르는 경우도 있기는 하다. '悲運의 장 수'[57]에서는, 머슴의 어린 아들이 훌훌 날자 아버지가 겁이 나서 아들 어깨 밑에 돋쳐 있는 것을 불로 지져 태워 죽였다. 그 후 아기 죽은 지 사흘 만에 용마가 나와 어디론가 사라져 버렸다고 한다.

「대계」(제주편: 9-1~3) 소재 제주의 '아기장수 설화' 10여 편 중 어머 니가 나서는 것은 '날개 돋힌 아이'[58] 1편뿐인데, 날개를 자르는 것이 아니고 날개 돋친 아이를 죽인다. 그 외에는 부모가 상의해서 또는 아 버지가 나서서 아들의 날개를 지지거나 자른다. 제주에서 여성의 위 치와 연관이 있다고 추정해 볼 수 있는데, 제주의 '아기장수 설화'가 지닌 변별성이라고 생각한다.

제주의 '아기장수 설화'는, 날개 달린 아기를 사회가 거부하는 인물 을 수용하는 인물로 만든다는 의미에서 현실적인 삶의 진지성을 보여 준다. 옳은 뜻과 뛰어난 능력을 갖고 있으면서 펼 수 없는 사회 상황

---

55 「설화」(전라북도편I) pp. 64~65. '개조지 묘'
56 최내옥, 「全北民譚」, 螢雪出版社, 1982. pp. 312~313. (예문은 p. 313)
57 「설화」(전라남도편) pp. 31~33.
58 「대계」 9-3, pp. 501~502.

에서 태어난 영웅이나 장사가 어떻게 현실을 극복하여 살아가는가 하
는 삶의 한 방법을 보여 준다.[59] 비극성이 거의 소멸된 이 설화는, 큰
인물이 날 수 없었던 상황을 나타내고 있다. 좌절의 극대감이 줄어든
이 설화의 전개 과정은 운명론적 체념이 낳은 결과라고 생각한다. 그
러므로, 뛰어난 힘을 가진 종이었으나 大食家라는 이유로 받아들여지
지 않아 결국은 굶어 죽은 막산이(「전설」‘막산이’)와 같은 맥락이라 하
겠다. 살 수 있었으나 그냥 물속에 잠겨 죽음을 택한 다끄내(修根洞) 정
서방(上同 ‘말머리’), 초인적인 힘을 가졌으나 순순히 붙잡힌 새샘이(上同
‘새샘이와 정운디’) 등을 볼 때도, ‘현실적인 삶의 진지성’을 보인다거나,
‘현실을 극복’했다고 하는 것은 다소 비약적이지 않을까 한다. 제주의
‘아기장수 전설’은 본토의 해 전설에서 보이는 일반적 구조와 다른 변
이를 보이고 있다. 그런데 이러한 변이가 현실과의 치열한 對峙 때문
에 온 결과인지, 현실과의 화해인지 또는 극복인지, 굴종인지는 관점
의 차이에 따라 다른 결론이 나온다.[60] 죽음은 일면 가장 극렬한 저항
방법이고, 비극적인 죽음은 오히려 재생에 대한 기대를 크게 한다. 이
들이 항거 없이 붙잡힌 것은 열심히 일을 해도 배고픔을 면할 수 없
었던 상황을 인식한 때문이다. 설화가 그 지역의 상황을 반영함을 잘
보여 주는 한 예다. 그러나 위의 개조지를 보더라도, 비장감의 정도
차이는 있지만, 사회에 수용되지 못하는 장사의 좌절과 비극은 제주
만의 것이라 할 수 없다.

　제주에는 유독 장사 이야기가 많다. 한연 한배임재, 오 찰방, 양태
수 들은 겨드랑이에 날개가 돋았고, 막산이, 김 당장, 송하천, 오찬이,
강 씨, 송마장, 부대각 형제, 한효종 등은 힘이 아주 뛰어났다. 이들 중

59 현길언·김영화 “濟州 說話를 통한 濟州島精神 考究-堂神 본풀이와 人物(壯士) 傳說을 中
　　心으로-”, 「논문집」(인문학편) 제12집, 제주대학교, 1980. p. 174.
60 허춘(1998), 주 2), pp. 140~141.

막산이, 정 서방, 새샘이를 제외하고는 비극적인 상황 없이 평범하게 사는데, 현실에서 가까이 접할 수 있는 이런 장사 이야기는 향유층에 게 동질감을 주어 한층 친밀감을 더해 준다.

3. 巨人: 거인설화는 세계적 분포를 보이고 있는 바, 우리나라에도 고르게 분포되어 「대계」에는 거인(남성, 여성)설화가 50여 편이 채록되어 있다. 주로 거인이 움직이는 바람에 바다, 육지, 산, 바위 등의 각 지형이 만들어지고 지진이 생겼다는 내용인데, 거인이 다리를 놓기도 한다. '523-2 거인(장수)이 만든 지형'으로 제주에는 '山房山'[61] 1편이 있으나, 이는 사냥꾼이 옥황상제의 엉덩이를 건드린 탓에 생긴 것으로, 일반적인 거인설화와 이야기의 성격이 다르다.

제주의 여성 거인은 선문대할망이다. 이미 검토한 바 있듯이,[62] 창조신의 성격도 보여 주는 '선문대할망 설화'는 제주 설화의 특징을 잘 나타낸다. 우리나라 설화의 특징 중 하나가 전설과 민담이 혼효되어 있는 것인데, 이 설화는 여기에 신화적 요소도 아울러 갖추고 있다. 그만큼 제주에서는 신이 사람들에게 친숙하고 사람과 가까이 있었음을 알 수 있다. 선문대할망의 남편도 거인이지만 지형 창조와는 별 관련이 없다. 본토에는 안가락, 마고할매(마고할미, 마고할멈, 마귀할멈), 노고할미, 안가닥할무이 같은 여성 거인설화가 전한다.[63] 여성 거인설화 또한 제주만의 특징은 아니고 전국적으로 광포되어 있다.

4. 乾達: 사람이 모여 살면 어디에나 엉뚱한 짓을 하는, 김 선달로 대표되는 인물이 있기 마련이다. 이들은 부자를 속여 재산을 뺏기도 하고 남의 약점을 잡아 이득을 꾀하기도 한다. 남을 골리는(또는 곯리는) 잡보 행실을 하는 건달형 인물은, 지역에 따라 김 선달, 정만서,

---

61 「대계」 9-3, p. 1006.
62 허춘(1993a), 주 2).
63 「대계」 1-7, 2-1, 2-5, 6-5, 6-6, 7-1, 7-17, 8-1, 8-2 등.

정수동, 방학중, 태학중, 홍종환, 진평구, 조판구 등을 들 수 있다. 제주는 변인태가 가장 대표적 인물이고, 강벌태, 남노선이, 전만능, 양장의, 얼쑤 등도 이에 포함된다. 면장인 강군택이 걷은 세금을 운반해 주겠다고 가로채 강 노인을 망하게 한 고평석[64] 또한 특별한 惡行이나 과실이 없는 면장을 속여 자신의 이익을 꾀했다는 점에서 여기에 해당한다.

이들은 상전을 곯려서(또는 골려서) 향유층의 代償 심리를 만족시켜 주기도 한다. 얼쑤는 정의현의 관노였다. 현감 방으로 들어가는 모든 기생들과 사전에 관계를 가졌으므로 자기는 현감의 동생이라고 떠벌리고 다녔는데, 현감은 그런 소문이 번질까 두려워 얼쑤에게 어떤 처벌도 내릴 수 없었다 한다. 서귀진의 관노인 변인태(邊仁泰)는 뛰어난 기지와 해학으로 못된 관리들을 기롱한다. 관기들을 대동하여 순력하는 음란한 원님을 力頭 형국의 산에 비유하여 조롱하는가 하면, 반찬 타령이 심한 조방장에게는 계속 교묘하게 음식을 준비하여 버릇을 고치고, 탐관오리들은 어떤 수를 써서라도 파직시켜 버린다. 이런 변인태의 거짓말은 냉소라기보다 밝은 웃음을 풍기고 있다. 또 상전을 욕보여도 막다른 궁지로 몰지 않고 여유 있는 상황을 만든다. 조방장의 아내와 동침해도, 조방장의 고기를 차지해도, 심지어는 조방장을 파직하게 하여도 그러하다. 목사의 방석을 덥게 하는 것도 직접적 공격보다 자신의 위기 모면에 초점을 두고 있으며, 조방장의 음식을 뺏어 먹어도 적의를 풍기기보다 웃음을 자아낸다.[65] 흔히 '벵인태', '베인태' 등으로 구전되는 변인태는, 거짓말을 해 보라는 양반을 속여서 골려주고 윗사람을 욕보인 아랫사람의 대표적 인물로 향유층의 큰 호응을 받고 있다.

---

64 「집성」 pp. 572~573. '강군택 하르방'
65 허춘(1995), 주 2), p. 175.

'애뜨기'유형66이라 할 수 있는 변인태 같은 인물은, 본토의 김 선달, 정수동, 방학중 등과 비교해 볼 때, 붙박이라는 점이 주요한 변별성이라고 생각한다. 자기 고장을 떠나지 않고 머물러 사느냐 아니면 떠나서 나다니거나 돌아오지 않는가 하는 것은 사회의 기존 질서를 긍정하느냐 아니면 부정하느냐를 뜻한다고 볼 때,67 이 점은 대단히 중요하다. 도서 지방의 특색이겠지만, 붙박이라는 점은 곧 행동의 제약을 불러온다. '기존 윤리 관념에 대한 도전'은 이들의 공통점이지만, 붙박이는 자연히 그 표출 방식이 과격하지 않고 공격 대상도 무차별적이진 않다. 이는 방학중과 구별되는 큰 특징이다. 그 방식이 語戲에 의하는 점은 어디나 공통적이지만, 동네 주민의 애를 방아확에 넣는 식의 끔찍한 일은 상상할 수도 없다. 양반에 대한 공격도 적의가 넘치지는 않는다. 동지에 팔려고 쑤어 놓았다가 날이 풀려서 쉬어 버린 이웃집 할멈의 팥죽 네 동을 팔아 준 김 선달의 일화처럼 훈훈한 인정이 풍긴다. 집성촌이라 할 정도로 얽혀 살던 제주의 상황과도 깊은 관련이 있을 것이다.

전반적으로 보아 제주에는 '3. 속이고 속기'가 본토보다 적고 짓궂은 정도가 위험 수위를 넘지 않는 것도 같은 이유일 것이다. 이를테면 전국에 광포되어 있는 '332-1 여자 난처하게 하는 내기(하문 보기, 입맞추기 등)', '332-4 초상났다고 부의금 거두기', '333 엉뚱한 짓으로 여자 속여 이용하기' 등은 채록되지 않았는데, 엉뚱한 짓으로 상대를 곤경에 빠뜨리는 것도 분별해 가면서 하고 있다. 김 선달, 정만서, 방학중 등이 다 자기보다 뛰어난 상대를 만나 낭패를 보는 경우가 있으나, 그래서 그런지 변인태 등의 경우는 그런 상대를 만난 일이 없다. 이게 붙박이와 떠돌이의 차이점이 아닌가 하는데, 물론 지리적 위치

---

66 김대숙, 「韓國說話文學硏究」, 집문당, 1994. p. 294.
67 조동일, 「인물전설의 의미와 기능」, 영남대학교 출판부, 1979. p. 416.

의 차이와 주민과의 관계에서 기인한 것이라고 생각한다.[68]

5. 女性: 제주 설화의 여성이 다른 지역에 비해 좀 더 진취적이며 근면하고 강인함은 이미 논의한 바 있다.[69]

제주는 여자가 억세다고 하지만, 부부관계에서도 '사나운 아내 길들이기'류나 '바보 신랑' 또는 '바보 사위' 같은 이야기가 전하지 않음은 특기할 만하다. 설화에서는 여자를 물건처럼 주고받고 당사자의 의사를 무시하는 일이 일반적이나,[70] 제주에서는 이런 일이 드물다. 아내가 남편을 버리기도 하지만('송당 본향당본풀이'), 이것이 제주 여성에 대한 인식을 나타낸다고 보기는 어렵다. 전국적 광포설화인 浮動 說話에서 보듯, 여자들은 경망하여 "산이 솟아오른다.", "섬이 떠온다." 하고 입을 놀려 산이나 섬까지 그 위치를 멈추게 한다. 이런 설화의 화자가 거의 남자이고 새벽 일찍 일을 나서는 사람이 여자이기 때문이겠지만, 여자에 대한 인식을 알 수 있다. 또 아들에게 알려 준 명당을 남에게 발설하는 바람에 승천하려던 남편을 죽게 한 사람은 바로 그의 아내다.[71]

친정의 명당을 차지한 딸 이야기나 적극적으로 나서서 명당을 찾는 며느리 이야기는 본토에도 널리 전하는 설화 유형이다. 자기 자식을 둘이나 죽이면서도 굴하지 않고 귀신을 물리친 孫 兵使 어머니[72] 유형 또한 전국 공통이다. 귀신을 이기는 인간(여자)의 의지를 나타내고 있는 이 설화에서 '강한 제주 여인상'을 찾는 일은 비교를 간과한 데

---

68 허춘(1995), 주 2), pp. 178~179.
69 허춘(1993b, 1995, 1996), 주 2).
70 「대계」 6-6, p. 120. '種者非也 切者非也', 「설화」(충청북도편) pp. 117~118. '膽이 큰 男子', (충청남도편) 474 '불이 나려는데' 등.
71 「민담」 pp. 149~150. '묏자리 이야기'
72 최내옥, 주 56), pp. 368~372. '귀신을 이긴 손병사 어머니', 「설화」(전라북도편II) pp. 28~38. '총각과 처녀와 도깨비', '귀신을 이긴 사람', '귀신을 이긴 女子', 「민담」 157~159. '팽나무 신을 이긴 여인' 등.

서 온 것이다.

힘센 여자가 많은 사실은, 밭일, 바다일, 집안일 등에서 여자들의 노동력이 절실히 필요하던 제주의 상황을 반영하는 것이다. 제주 여성의 노력은 「제주풍토록」(김정), 「속음청사」(김윤식) 등에도 잘 나타나 있는 바다. 그래서인지 어리석은 아내 이야기도 찾아볼 수 없다. 여성 力士로 자신을 때리는 남편을 지붕 위로 내던진 ᄌᆞ물케 할망(ᄌᆞ물케는 한림읍 미원리의 속칭으로 이곳에서 시집온 할머니라는 뜻),[73] 힘으로 물리쳐 묏자리를 차지한 신침[申宅] 며느리 홍 할망[74] 등을 들 수 있다.

제주 여인들의, 개가에 대한 개방적 의식은 다음 설화를 통해서도 알 수 있다.

> (남편이 재산을) 싹 씰어먹언 ᄒᆞ니 예청(부인)은 그만 나가 벗어(버렸어). 나가 부리니 동녕베끼 홀 것이 없다 말이여. … 예청(부인) 년은 어디 동면(東面)에 가 가지고란 아무 것도 어선 좃과 불만 들른 놈 만나도 ᄒᆞ루 백미 쑬 서 말짜리니까 부재로 못살 이유가 실게꽈?(있을 겝니까?) 그냥 아덜 두어 개 나 놓고 ᄄᆞᆯ 두어 개 나 놓고 부재 해설란 흔난 ᄆᆞ쉬(마소), 토지, 집 치레 해연 사는 판이란 말이여. … (거지가 된 본남편을 만난 후 살고 있는 남편에게 아내가) "당신이 나 가부려도 그만ᄒᆞ민 당신이 살 만침이 뒈고 아덜 성제, ᄄᆞᆯ 성제 오란 나시니까 그만ᄒᆞ민 씨 전종도 홀 것이고 내 의북이 콱 찾으니 저 의복이라고네 ᄄᆞᆯ덜 살아나그네 옥거들랑 다 ᄂᆞᆲ덜 갈라 줍서, 난 떠납니다, 홀 수 없는 일이우다."고, "이 본남편네 오랑 그치룸 ᄒᆞᆫ 디다 그 누게가 못가게 홀 사름도 엇일 것이고 나도 역사 가구 장혼(가고 싶은) ᄆᆞ음도 나고 당신신디 오란 살 만치(만큼) 맨들앗으니 난 떠나요."[75]

'매고할망'[76] 같은 '열불열설화'를 연상케 하는데, 남편의 원수를 갚

---

73 「집성」 pp. 83~84. '힘이 센 할머니'
74 「집성」 pp. 992~994. '신칩[申宅] 며느리 홍할망'
75 「집성」 pp. 817~820. '호랑이 김좌수'

기 위해 또는 새로 만나는 남자와 관계없이 죽은 전남편과의 의리 때문에 그렇게 한다.

그런데 이 '호랑이 김좌수'에서는 그와 상관없는 듯, 별 갈등 없이 아이까지 여럿 두고도 자리를 박차고 나와 거지가 된 전남편을 따른다. 이 설화는 제주 여성의 혼인관과 정조관을 엿볼 수 있는 좋은 단서의 하나다. 또 운명관도 아울러 나타난다. 복력이 적은 아들을 낳은 富者가, 복력이 좋은 여인을 며느리로 삼고 돈 항아리를 묻어 후일을 기약하게 하니, 정해진 운명을 극복하고자 하는 노력을 알 수 있다. 삼승할망이 가난하게 살 팔자를 타고난 애를 점지하였지만, 이를 이기고자 하는 노력이 눈물겨울 정도이다. 강 이방의 복력 좋은 딸이 타고난 운명이라고 생각할 수도 있겠으나, 그보다는 그를 며느리로 맞고 돈 항아리를 묻는 아버지의 노력 덕분이라고 보아야 할 것이다.

동생보다 힘이 센 누나가, 힘만 믿고 오만한 동생을 누르지만 결국 일부러 져 준다는 내용의 '오뉘 힘내기' 설화는 제주에도 널리 퍼져 있다. 누나는 모성애적인 행동을 하고 자신은 자결하고 마니, 남성 본위의 의식을 반영한 것이다.

사위가 자기 아내와 짠 후 처가 재산을 뺏기 위해 장인을 속이고,[77] 딸이 친정 재산을 노리는 이야기[78]는 제주에 없다. '딸년언 옛날부터 눈 뜬 도적년이라더니'[79] 하는 생각은 전국 공통이지만, 이 설화가 제주에 전하지 않는 것은 아마도 제주 특유의 가족 제도와 연관이 있을 것이다.

'432-6 아내 버리려는 남편 마음 돌리게 하기'는 제주에 한 편 있다.[80] 그러나 제목에서도 알 수 있듯이 외지에서 유입된 것이다. 물론

---

76 「집성」 pp. 968~971.
77 「설화」(전라남도편) pp. 90~101, (경상남도편I) pp. 314~315. '장인을 속이는 사위'
78 上同(경상남도편I) pp. 336~338. '시집간 딸이란 것은', '내 울음이 참 울음이요'
79 上同(전라남도편) p. 92.

이 이야기를 수용한 의식이 중요하지만 이 한 편만으로는 판단이 어렵다.

지금까지 여성의 일반적 면모를 살폈는데 이제 좀 더 세부적으로 검토하겠다.

6. 繼母: 계모가 전실 자식을 박대하는 일은 세계적으로 공통된 것이다. 설령 자기의 친자식과 이해관계가 없어도 전실 자식이 잘 되는 일은 그냥 두고 보지 못한다. 시집가는 전실 딸을 시기하여 행실이 단정하지 못한 것처럼 누명을 씌운다든지,[81] 동지섣달 한겨울에 상추를 뜯어 오라 하고,[82] 전실 자식을 죽이려고 잠자리를 바꾸게 한다.[83] 계모(다신어매)는 전실 자식을 죽이려는 악한 존재로 등장하는 것이 일반적이다.[84]

제주의 무속신화에서도 계모에게 대단한 반감을 보인다. '문전본풀이'는 계모담으로 남선비(門神)와 그의 아내인 여산부인(竈王), 그들의 아들 7형제 그리고 첩 노일제대귀일의 딸(厠神) 사이의 이야기이다. 꾀병을 앓는 계모는 전실 자식의 간이 특효약이라 하고, 그 말을 들은 아버지(남선비)는 자기 아들들을 죽이려 한다. 나중에 아들들이 살아 귀환하자 남선비는 달아날 길을 잃어 올레(집으로 드나드는 골목길)로 내닫다가 정낭(출입을 막기 위해 올레에 걸쳐 놓은 나무)에 목이 걸려 죽고, 계모는 변소로 도망쳐 목을 매 죽었다. 厠道婦人과 조왕은 처첩 관계였기 때문에, 지금도 부엌과 변소는 마주 서면 좋지 않고 서로 멀어야 한다고 믿는다.

이런 신화는 제주에만 있는 것이 아니다. 부여의 '칠성굿'[85]에서도

---

80 「대계」 9-3, p. 633 '진주 낭군 이야기'
81 「설화」(전라북도편II)) pp. 54~59. '계모와 전실 딸'
82 上同(전라북도편I), pp. 245~248. '반반버들잎 초공시와 엽엽이'
83 上同(전라남도편), pp. 83~84. '나쁜 繼母'
84 上同(경상남도편I), pp. 295~304 '나쁜 後妻', '계모와 전실 딸과 선비', '콩쥐 팥쥐' 등.

계모의 행위는 유사하다. 다만 하늘에서 계모(용예부인)에게 벼락을 쳐서 두더쥐가 되게 한다. 그리고 일곱 아들에게 죽은 생모가 나타나 금옥 같은 자기 자식을 '천하천지 몹쓸 년'이 죽이려는 것을 막기 위해 자신의 간을 대신 내 준다.

계모에 대한 반감은 제주 속담에서도("보리떡을 떡이엥 ᄒᆞᆼ멍, 다심어멍을 어멍엥 ᄒᆞ랴(보리떡을 떡이라 할 수 있으며, 계모를 어머니라 할 수 있느냐!)), 민요에서도 잘 드러난다.

> 원어멍은/죽언보난//당베치(당배추)만/어랑어랑(야들야들)//칼을 들언/케젠 ᄒᆞ난(캐려 하니)//눈물 제완(겨워)/못 케여라//다심어멍(의붓어머니)/죽언보난//갯ᄂᆞᆯ(개갓냉이)만/어랑어랑//칼을 들언/케젠 ᄒᆞ난/눈웃음 제완(겨워)/못 케여라[86]
> 다심아방(의붓아버지)을/아방이 ᄒᆞᆼ멍(아버지라 하며)//청곡장(청국장)을/장이 ᄒᆞᆼ멍(장이라 하며)//보리떡을/떡이 ᄒᆞ랴[87]

제주에도 계모설화가 수 편 전하는데 거의 전형적인 계모담으로, 무속신화를 그대로 구술한 것을 제외하면, '다슴애기'[88] 같은 것을 들 수 있다. 반면 '오훈장과 그의 계모'[89]는 어려서 생모를 잃은 전처 소생을 정성껏 공부시킨 계모 이야기다. 어느 지역이나 계모의 선악 양면이 동시에 전해 오고 이런 상황은 제주 또한 마찬가지지만, 무속신화인 '문전본풀이'를 제외하면, 제주에서는 전반적으로 계모의 악함이 두드러지지 않다.[90]

---

85 김태곤, 「韓國巫歌集1」, 集文堂, 1971. pp. 123~129.
86 김영돈, 「제주도민요연구 상」(이하 「민요」), 一潮閣, 1965. p. 142.
87 上同, p. 143.
88 「집성」 pp. 332~334.
89 上同, pp. 719~724.
90 Cf. 허춘(1995), 주 2), pp. 182~183.

7. 妻妾: 첩을 미워하는 것은 사람(특히 여성)의 상정이다. 심지어 벼에 껍질이 생긴 것도 첩 때문이라고 할 정도다. 옛날에는 나락이 껍데기 없이 쌀로 열려 그대로 밥을 지어먹을 수 있었는데, '헌디 어떤 첩년이 서방 눈에 들고 싶어서' 쌀을 찧고 또 찧고 하는 바람에 하느님이 내려다보고 찧을 일거리를 주려고 쌀에 껍데기를 붙였다[91]고 할 정도다.

제주에는 여자가 많고 남자가 적어서 중도 처자가 있었으며 걸인이라도 처첩을 거느렸다고 한다(「耽羅志」(李元鎭)). 그런데 무속신화와 민요에는 처첩간의 갈등이 보이지만, 처첩을 주제로 한 민담이 그리 많지 않고 갈등의 정도도 대단히 약하며 오히려 포용하기까지 한다. 또 본부인이 마라도로 귀양간 것을 안 첩은 그 귀양을 풀도록 한다('토산당 일뤳도본풀이', '신중도푸리'). 제주 역시 첩은 증오의 대상이었음을 생각하면 이례적이기까지 하다.

> "엇던 어룬이길내 이런 사람을 구하여 주잰 햄수가?"
> "저는 바라무니 낭군이(의) 후처이온대 사실을 드러보난 죄 업는 형님의 귀향을 사람잰해연, 갓치 살잰 청하래 왓심니다."
> "아이 고마운 나(내) 아시(姨)야, 잔샘도 좃타. 기영하면 갓치 글나(行)."
> 하연 토산으로 도라오란 남편을 만나 사는데 …[92]

제주의 무속신화에서 첩을 거느리고 있는 경우는 꽤 많다. '온평 신산본향당본풀이'의 난시본산국은 아내를 셋 거느리고 있다(큰부인은 조천관 정중밧디 정중부인, 둘째 부인은 김녕 관세전부인, 셋째 부인은 맹호부인). 남의 소까지 잡아먹었다고 백주님과 살림을 가르게 된 소천국은 정동 칼쳇 딸을 첩으로 삼고 지낸다('김녕리 궤눼깃당본풀이', '송당본향당본풀

---

91 「설화」(전라북도편 Ⅰ) p. 161. '벼에 껍질이 생긴 유래'.
92 赤松智城·秋葉隆, p. 506. '신중도푸리'.

이'). 한집님은 억세고 妬心이 센 새금상따님애기를 소첩으로 삼았다
('예촌 보목 효돈 토평본향당본풀이').

첩이 용인되어서인지 '642-2 버림받은 여자 원귀 되어 보복하기' 같
은 설화는 제주에 없는데, 무속이 성행했던 지역임을 감안하면 특기
할 만하다. '241-10 처첩 싸움에 대머리 되기' 같은 설화 또한 찾을 수
없다. 그런데 민요에는 남편과 시앗에 대한 증오심이 적나라하게 표
출되고 있다.

　　　전처 구박/박데혼 놈아//여꾀밥에/소곰장 먹언//쀄기 쀄기(조금조금) 한
쀄기 날에//대천바당/가운디 들엉//물을 그려/꺼꾸러지라93
　　　전처 두곡/ᄉ랑처 혼 놈//죽엉 가겅/지옥에 가라//지옥엔덜/혼 불이라냐
(한 가지더냐)//혼탈낭에/(산딸기나무에)/걸려경 가라94
　　　시앗 죽은/기별이 오난//고기에도/입맛이 읏단/소곰에도/입맛이 있네
　　　시앗도 심건/물길에 심엉//물팡 우에/내심어노앙/장피 가죽/부비듯ᄒ져95

우물에서 첩을 만나면 물팡 위에 올려놓고 가죽 벗기듯 뭉개고 싶
은 증오심이 드러나 있다. 이처럼 어디나 처첩 관계가 부드러울 수 없
고 또 첩을 구박하는 경우도 많았던 듯하다.

설화와 민요의 이런 차이는 어디에서 온 것일까? 근본적으로는 이
야기라서 어느 정도 감정을 절제할 수 있는 설화와 감정 표출이 직설
적일 수 있는 민요의 차이라고 본다. 또 채록 상황과도 관련이 있을
것이다. 민요는 한두 명이 부르는 경우가 많고 제창이나 윤창이라도
동질 집단이 모여서 부르게 되지만, 설화는 청자가 필요하기 때문에
여럿이 모이거나 화자의 집에 가서 채록하는 일이 많아 아무래도 여

---

93 「민요」 pp. 94~95.
94 上同, p. 95.
95 좌혜경 편, 「제주섬의 노래」, 국학자료원, 1995. p. 89.

러 가지 걸리는 게 많아 조심을 하기 때문이지 않을까 한다.

다음의 경우는 시앗에 대해 다른 생각을 보여 주는 일면이라 흥미롭다.

씨왓이옌(시앗이라고)/튼으렌 가난(싸우러 가니)//산을 넘언/튼으렌 가난//동산 밧듸/메마꼿ᄀ찌(메꽃같이)//휘번 듯이/나 아시난(내앉았으니)//나 눈에도/자만호 각시//임의 눈에사/아니들리야96

8. 寡婦: "(머슴 총각의 중매를 선 과부가) 정지서 듣고 있잉게 이 집 과부가 총각허고 흥흥거림서 좋와허넌 소리가 들려서 그만 가만히 있을 수가 없어서 방으로 뛰어들어가서 총각놈얼 끌어안았다. 이리서 총각놈언 하릿밤에 각시 둘얼 얻게 됐다."는 '과부 둘을 얻은 머슴'97 과 '새경 안 받는 머슴'98, '과부와 머슴'99처럼, 인간 본연의 성적 욕구를 표출하는 이야기가 제주에는 없고 노골적인 표현은 더욱이 찾을 수 없다. 이례적이기까지 하지만, 샛서방에 빠진 과부가 친아들 둘을 죽이려 하기도 한다.100 커서 성공한 두 아들은 고향에 가서 동네잔치를 하고 "어매와 어매의 못된 간부로 한테다 대태로 매서 나무톱으로 모가지로 써서 죽였다 칸다."

제주에서 과부의 불륜이 화제가 되지 않은 것은 아마도 성관계가 암묵적으로 인정되었기 때문일 것이다. 이런 사정은 민요를 통해서도 어느 정도 짐작할 수 있다.

정ᄌ낭(정자나무) 앞의/빙애기(병아리) 논다//암놈 주어도/아니 먹곡//숫놈 주어도/아니 먹곡//암놈 수놈/울리는 소리//청청과부는/속만 탄다//지둥

---

96 「민요」 p. 147.
97 「설화」(전라남도편) pp. 188~189.
98 上同, pp. 189~190.
99 上同(경상남도편I), pp. 348.
100 「上同」(경상남도편I), pp. 296~297. '나쁜 어미와 아들 兄弟'.

(기둥)만 안앙(안아)/감장돈다(맴을 돈다)[101]

　질ᄀᆞᆺ(길가) 집의/도실난(복숭아나무) 싱건(심어)//가는 오는/선비들이//씨냐 ᄃᆞ냐(쓰냐 다냐)/맛볼 사름은//하영이나(많이나)/잇어라마는//지녕(지녀) 갈 사름은/ᄒᆞ나(하나) 웃고나(없구나)[102]

　밤에 오고/밤에 간 손은//어느 고을/누권 줄 알리//읍내 앞헤/청버들 남에//일흠이나/씨여근 가라[103]

　성도 이름도 모르는 남자가 남편 없는 여인에게 왔다 갈 정도로 이들의 정조 관념은 매우 자유롭다. 확대해 보면, 제주에 '가난한 총각 장가드는 법', '거짓말로 장가들다', '거짓말하고 사위 되다'[104]와 같이 장가들고 싶어 애쓰는 이야기가 없는 것과도 연관지을 수 있겠다.

　9. 姑婦: 언제 어느 때나 고부 사이의 감정은 미묘하지만, 설화에서는 대체로 악한 며느리가 많고 그 때문에 벌을 받는 것으로 끝을 맺는다. 물레질을 하면서 지성으로 '나무아미타불'을 염송하는 시어머니에게 '뒷집 남 서방(뒷집의 짐 서방)'을 외우게 하다가 벼락 맞아 죽은 며느리[105]나, 아들은 효성이 지극한데 며느리는 고약해서 눈 먼 시어머니에게 지렁이를 잡아다 드리자 며느리에게 벼락이 내렸다는 이야기[106]를 예로 보일 수 있다. 이런 설화가 많은 것은 화자의 대부분이 나이가 들어 자신이 시부모 처지인 점과 깊은 관련이 있다고 본다.

　늙은 시어머니가 손자를 인삼(또는 닭)인 줄 알고 솥에 넣어 삶았으나 자식을 묻고 대신 인삼(또는 닭)을 끓여 드린 며느리 이야기[107]는 다

---

101 「민요」 p. 150.
102 上同.
103 좌혜경 편, 주 95), p. 108.
104 「설화」(전라남도편) pp. 183~186.
105 「설화」(전라북도편II) pp. 43~44. '벼락 맞은 며느리', 「대계」 9-3, pp. 667~670. '악한 며느리'.
106 임동권, 「韓國의 民譚」, 瑞文堂, 1972. pp. 278~279. '악한 며느리'.
107 「설화」(전라북도편I) pp. 340~344. '孝婦'.

분히 인위적이고 교훈적인 느낌이 있다. 효의 당위성을 강조하려다 보니 손자를 삶는 시어머니를 등장시켰다고 보는 것이 타당하겠다.

제주 고유의 설화는 아닌 듯싶지만, '메누리꽃의 유래'[108]에는 사나운 시어머니가 등장한다. 옛날 어느 시골에 시어머니와 며느리가 살고 있었는데 며느리가 쌀을 쥐어 먹다가 시어머니에게 들켰다. 시어머니가 절구로 사정없이 며느리 입을 박으니, 며느리는 쌀을 입에 문 채 피를 흘리며 그 자리에 쓰러져 죽었다. 그 후 며느리 무덤에 꽃잎 양쪽에 쌀과 같은 것이 달린 꽃이 피어났다. 이에 입에 쌀을 물고 죽은 며느리의 원통함을 세상에 알리기 위하여 핀 꽃이라 하여, 이 꽃을 메누리꽃(며느리꽃)이라 한다.

다음 설화에서는 당돌한 며느리를 볼 수 있다.

> "옛날 어떤 며느리가 늦잠을 자니 시어머니가 며느리한테 "애야, 사타구니에 해 박히고 있다." 그러니까, 며느리는 그 말을 들어 두었다가, 하루는 비가 오니, 시어머니에게 "마당을 어디로 말아 들입니까?" 하니, 시어머니가 "너희 집에서는 비가 오면 마당을 말아들이느냐?" 했다. 그러니까 며느리가 "어머니네 집에서는 늦잠 자면 사타구니에 해 박힙니까?" 하는거야. 시어머니가 "한 말이나 져라." 이러니까, "물보리 닷 말은 찧겠습니다." 그래서 시어머니가 졌다.[109]

같은 내용이 민요로도 전한다(메누리야/일어나 나라//늬 또꾸망에/해 비추 웜져 …[110]). 이처럼 억세고 당찬 며느리는 존재는 제주만의 특징이 아니다. "숭이 웃이민 메누리 다리가 허영.(흉이 없으면 며느리 다리가 희다.)" 하는 속담이 있듯이 고부 관계 본시 미묘할 수밖에 없지만, 제주는 다

---

108 「민담」 pp. 165~166.
109 「민담」 pp. 218~219. '며느리의 말대꾸'.
110 「민요」 pp. 124~125.

른 지역보다 적대적 감정이 엷다.

시어머니와 며느리의 갈등은 제주라고 해서 크게 다르진 않아서 '시집살이요'가 상당수 채록되어 있으나, 전국에 광포되어 있는, 고된 시집살이에 관한 설화가 거의 채록되지 않았다. 이는 구술 장소에 시누이, 동서 등이 섞여 앉은 채록 상황 탓도 있겠지만, 제주의 가족생활 권역이 각자 분리되어 있는 것이 더 큰 이유일 것이다. 또 설화보다 민요가 감정 표출이 훨씬 진솔할 수 있기 때문이기도 하다. '시집살이요' 도 본토처럼 구체적인 충돌을 나타내지 않고, 어느 면 골계적이라 할 수 있을 정도의 상황을 보인다. 시어머니와 며느리는 한 울타리 안에서 동거하지만 처음부터 취사나 노동이 개별적이므로 실제로는 시댁과 분가되어 있는 상황이다. 이는 대가족제인 본토와 크게 다른 점인데, 자연히 의식의 차이가 많이 생기게 된다. 혼인하면 '짓 가르고(職分) 솥 가르며(鼎分)' 상속도 자식들에게 균분하는 제주의 가족 제도에서는 고부간의 갈등이 크게 깊지 않았으리라는 것을 짐작할 수 있다. '시어머니 지극히 모셔 일어난 이적'이나 '며느리의 못된 행실 고치기' 등이 전하지 않는 것도 이에 연유한 자연스러운 현상이겠다.111 제주의 '시집살이요'에서 보았듯이, 제주의 며느리들이 특별히 선해서가 아니고 시부모를 모실 일이 없었기 때문이겠다. 따라서 전국에 고루 있는 '432-5 너무 심한 시집살이 고쳐놓기'도 없다. 그리고 보면 이런 유의 설화는 제주 여인의 심성과는 큰 연관이 없다고 하겠다.

10. 烈女: 열녀담의 제보자는 대체로 남자가 많다. 「대계」의 열녀담 185편 중 145편이 남성 제보자라는 사실은, 정절이라는 덕목을 남성 쪽에서 좀 더 중요시한 점을 시사하는 것으로 해석된다.112 남편을 잃

---

111 허춘(1995), 주 2), p. 183.
112 김대숙, "구비 열녀설화의 양상과 의미", 한국고전문학연구회, 「고전문학연구」 제9집, 1994. pp. 62~63. passim.

은 후 재혼하지 않고 홀로 살 정도면 열녀였으나,[113] 남편이 풍랑으로
죽자 목을 맨 신혼의 아내[114]처럼 남편을 따라 죽은 열녀담도 전한다.
남편의 시신과 함께 떠오른 열녀 이야기[115]도 있으나, 제주 설화가 아
니고 화자가 통영 살 때 들은 그 지역의 열녀 이야기다. 울릉도에도
열녀설화가 1편 전한다.[116]

　孝烈은 언제 어디에서나 공유되고 높이 평가되는 가치이다. 이 점
은 제주 또한 마찬가지이다. 그러나 「대계」(제주편)의 설화 254편 중 열
녀담은 5편으로, 이 중 '토영 열녀'를 빼면 4편뿐임은 시사하는 바 있
다. '413-10 자기 살(비상)로 남편 살린(병 고친) 열녀' 같은 설화는 전
하지 않고 겁탈이나 보쌈도 없다. 앞에서 본 바와 같이 이는 첩이 인
정되고 재혼에 관대하던 상황과 깊은 연관이 있을 것이다.

　11. 孝子: 효행설화는 전국적으로 고르게 분포되어 있고, 특히 자식
쪽보다는 부모 쪽의 입장에서 진술하는 화자가 압도적으로 많은 것은
제보자의 연령층이 40대 이상이고 특히 60-70대가 많은 까닭일 것이
다.[117] 이런 점은 제주도 다르지 않다.

　「대계」의 '645-4 아들 덕에 지옥에서 구출된 어머니(목련존자 이야
기)'는 총 3편 중 제주에 2편 있는데 강한 불교적 의식을 보여 준다.

　전국 어디나 효행담 못지않게 '432 그른 행실 바르게 고치기',
'432-2 불효를 효도라 칭찬하기', '432-3 불효자 효자 되게 하기' 같은
불효담도 많다. 불효자는 예외 없이 징벌(천벌)을 받게 되는데, 이 또한
孝는 忠과 함께 최고의 덕목임을 보여 주는 반증이다.

---

113 「대계」 9-3, pp. 489~491. '열녀 송천향'.
114 진성기, 「南國의 傳說(增補版)」, 학문사, 1978. pp. 250~251. '절부암'.
115 「대계」 9-1, pp. 27~30. '토영 열녀'.
116 「울릉도」 p. 7. '열녀비'.
117 김대숙, "구비 효행설화의 거시적 조망", 한국구비문학회, 「구비문학연구」 제3집,
　　1996. p. 198.

V. 其他 說話

한 편뿐이고 화자의 이력이 없어서 단정하기는 어렵지만, '동침한 사돈'[118] 이야기는 제주의 성 관념을 잘 보여 준다. 본토에도 이런 유화가 있는데('443-1 소를 바꾸어 탄 두 사돈'), 각기 상대방 안사돈과 동침하지만 술기운에 실수를 하는 경우다. 제주의 경우는 실수가 아니고 계획적인데 매우 개방적인 성 관념이 나타난다. 안사돈의 육체를 탐하는 친정아버지의 소원을 들은 딸이 여장을 하라는 계교를 내고 게다가 나중에 안사돈 자신이 좋아서 들뜨는 일은, 과장이 많이 섞였겠지만, 속마음을 반영한 것이겠다. 표현도 매우 노골적이다.

> (사돈과 동침한 시어머니는 다음 날 마루를 닦으면서도 좋아서 어쩔 줄을 모른다.) 기냥 씨어멍은 마리를 다끄는디, "하이고 지네 아버짓 춤좃보단 좋더라." … "기여 기여. 하이그, 지네 아바지 춤좃보단 좋더라." 시어멍도 지꺼지연 허난. 메누리가 막 지꺼지여서. 게난 벵도 좋구, 치맛벵도 좋곡.[119]

인척으로 서로 얽힌 제주에서 채록된 이런 설화는, 이 설화가 설사 자생적이 아닐지라도, 이를 수용한 의식을 짐작할 수 있는 중요한 예다. 그 의식은 아마도 '逸脫에 대한 본능적 욕구'일 것이다. 제주에 사기꾼이나 짓궂은 건달 이야기가 많이 전하는 것 또한 같은 맥락에서 풀이된다. 제보자는 1908년생의 여자요, 구술 장소는 송당리 노인회관이다. 구술 상황과 제보자의 이력이 상세하지 못한 점이 아쉽지만, 할머니들만 모였으리라고 추정된다. 특히 설화는 소규모 동질 집단 간의 구연 조건에서 행해지므로 스스럼없이 그런 문제에 대해 이야기할

---

118 "松堂里 學術調查報告"(제주대 국교과), 「백록어문」 13집, 1997. pp. 225~227.
119 上同, p. 227.

수 있었을 것이다. 제주에 육담이나 음담이 드문 것이 특징이긴 하지만, 그것은 좁은 지역에서 궨당으로 연결되어 있는 상황과 연관이 있다. 물론 제보자의 성향도 영향이 있지만 이들이 음담을 모르는 것은 아니기 때문이다.

'242-2 성행위 잘못해서 빚어진 소동', '333-4 남의 여자 차지하는 술책', '443 남녀 관계 잘못되기(웃음을 자아내는 음담패설)', '443-7 셋째 며느리의 괴이한 거동', '443-8 마루 구멍으로 성행위 하기', '443-15 여자 성기와 남자 얼굴이 맞붙은 소동', '443-16 자식들 때문에 부부 동침 어렵기', '443-20 여자 하문 보며 시 짓기' 등이 모두 제주에서는 채록되지 않는다. 그런데 전남의 여러 섬과 거제도에는 남녀 관계 이야기가 많다. 「대계」 6-6(전남 신안군)에 특히 음담이 많으나, 이는 화자의 개인적 성향에 기인한 것으로 신안 사람들이 유독 음담을 즐겼다고 할 수는 없을 것이다.

「대계」(제주편: 9-1~3)에는 제주의 大蛇退治說話가 9편, 蛇神崇拜說話가 3편 채록되어 있다. 널리 알려진, 제주의 사신 숭배는 다른 섬이나 본토에 없는 특이한 현상이다. 울릉도도 뱀에 대한 태도는 비교적 우호적이지만 숭배하지는 않는다.[120] 화신회토인 제주의 지질 영향이 크겠지만, 이를 어떻게 풀이하든(생태학적·비교적·상징적 해석 등)[121] 제주의 사신 숭배는 중요한 특징이다. '임경업 장군'[122]을 제외하고는 뱀이 복수를 하여 후환이 있는데, 뱀을 퇴치하는 일은 유학자와 관련이 있으므로 후대에 만들어진 이야기라는 추정이 가능하다. 칠성눌(뱀신령이라는 밧칠성을 모신 곳. 기왓장을 깔고 오곡의 씨를 놓아 그 위에 기왓장을 덮은 후, 빗물이 새어 들지 않도록 주젱이(난가리 위에 빗물이 새어들지 않도록 만든 것)를 덮어씌움.)의 깨진 기왓장을 잘 고쳐 모시자 비로소 백약이 무효이던

---

120 「울릉도」 '노총각과 물뱀'
121 Cf. 허춘(1998), 주 2) p. 132.
122 「대계」 9-2, pp. 225~235.

병이 나았다는 이야기인 '칠성'[123]은 말할 것도 없고, 지붕 위에 뱀이 나타난 집이 결국 망했다는 이야기인 '뱀이 나타나면 흉조'[124]는, 뱀은 흉조이니 오히려 뱀을 잘 받들어야 한다고 강조한다.

목포에서 양식을 싣고 제주로 오다가 관탈섬 부근에서 배가 침몰하려는데 큰 뱀이 물이 스며드는 구멍을 막아 주어 무사히 도착했다. 그래서 옹포의 장씨 집안에서는 뱀을 잘 모시게 되었다 한다.[125] 그런데 친구 사이의 의리를 중히 여긴 사람은 신선으로, 의리를 배신한 사람은 뱀으로 환생하고 말았다는 설화[126]에서 왜 하필 뱀으로 환생케 하였느냐 점은 생각해 볼 일이다. 뱀을 혐오하는 일반적인 감정이 남아 있는 설화라고 보는 것이 타당할 것이다.

민란 이야기는 방성칠(1편), 이재수(4편: 「대계」의 편 수)의 난을 서술한 것이라 큰 의의는 없으나, 삼별초에 못지않게 이재수의 난은 영향이 컸다. 울릉도에도 수백 년 전 서울에서 부임한 島司가 가렴주구와 폭정을 일삼다가 민란으로 쫓겨나 도망 끝에 곰 노릇을 하다가 겨우 여생을 보냈다는 설화[127]가 전하듯, 민란은 규모가 다를 뿐 전국적인 현상이었다. 당신화로 전승되고 전승 지역에 따라 好不好 차이가 있는 '김통정 설화'에서는, 관 쪽의 김방경보다 몽고군에게서 나라를 지키려 했던 김통정을 오히려 좋지 않게 보는 경우가 많다.[128] 이는 외국군이나 관에 대한 저항이라기보다 제주인이 아니면 전부 외세로 보는 배타성과 연관이 있다고 생각한다. 김통정은 그 나름의 질서 속에서

123 「민담」 pp. 258~259.
124 上同, pp. 259~260.
125 「집성」 pp. 423~424. '뱀 이야기'
126 上同, pp. 824~829. '뱀으로 환생한 박씨'
127 「울릉군지」 p. 394. '곰 노릇한 鬱陵島司'
128 김통정을 긍정적 존재로 인식한 설화와 그 성격에 대해서는 권태효, "제주도 김통정이야기의 당신화 및 전설로의 변용양상"(한국구비문학회, 「구비문학연구」 제8집, 1999)에 자세한데, 이 문제는 별고로 논의할 생각이다.

유지되고 있는 제주를 戰場으로 만든 장본인이기 때문일 것이다.

노동과 가정생활에 힘든 여성들이 미지의 이상향을 그린 심정은, 이여도를 설정하고 있다. 이런 점에서 '이여도 설화'가 여성들에게서 만 채록되는 것은 우연이 아닐 것이다. 이상향을 그리는 대개의 설화 는, 노인의 도움으로 다시 살아온 세 어부를 보고 수많은 사람들이 이 섬을 찾으려고 나섰지만 아무도 아직 이 섬을 찾지 못하였다[129]는 내 용이다. '이여도 이여도' 하는 노래로만 들었다는 이여도는 명당이나 무릉도원과는 그 성격이 다르다. 화자도 "그 이여도라는 섬이 어디 있 는 것을 알아지민(알게 되면) 거 (전설로) 합격인디, 섬이 있는지 없는 지 모르주. 이여도 말흐되 이여도가 아니고 무슨 어디 섬을 이여도라 도[고] (명명)했는지 모르쥬."[130] 하며 이여도의 존재를 반신반의하고 있다. 그런데 이여도를 발견할 만도 한 제주 潛嫂[131]의 활동이 민요와 달리 설화에는 잘 나타나지 않는 점은 특기할 만하다. 생명을 걸고 해 야 하는 고된 물질은 용궁의 화려함을 그리는 여유도 앗아간 듯하다.

'베질럭 벤당장'[132]은, 자신이 글을 몰라 무시당한 설움을 아들은 받지 않게 하기 위해 공부만 시키려고 했는데, 부인이 이를 어기자 부 인의 배를 갈랐다는 내용이다. 여기에서는 제주인의 급하고 격한 심 성을 짐작할 수 있다. 이처럼 설화는 그 지역민의 제반 상황과 의식을 잘 나타내고 있다.

'441 가족관계 그르치는 악행'은 전국에 광포되어 있는데, 제주에도 '정의고을 기생'[133]이 전한다. 시집가라는 부모 명을 거역하려면 官婢

---

129 「울릉도」 p. 32. '댓섬의 신비'

130 「대계」 9-3, p. 233. '이여도'

131 현재의 통칭은 '해녀'이나, 제주에서 전통적으로 많이 불리고 그 자신들이 썼던 '잠수'라 한다.

132 上同 9-3, pp. 54~70.

133 上同 9-3, pp. 485~486.

가 되었고 贖良하려면 돈을 바치거나 북을 치면서 '날 봐서 시집가라'
고 외치게 했다는 이야기다. 그러나 설화라 하기는 곤란하다. 이게 가
족 관계를 그르치는 것인지는 의문이나, 마음에 차지 않아도 시집가
야 하는 당시의 상황을 반영하는 것이며, 본토와 달리 혼인의 주도권
에 참여하는 제주 여성의 자세가 나타난 것이라고 하겠다.

　19세기 호적에 나타난 職役을 통해 신분 구조를 파악한 한 연구[134]
에 의하면, 신분제는 이미 이 시기에 오면 전국적으로도 많이 해체되
어 가고 있었음에도 제주 지방의 신분제는 여전히 통혼권 제한의 기
준으로 작용하고 있었다 한다. 양반이라는 신분을 갖고 있던 자들 가
운데 대부분이 일반 농민과 별로 차이가 없는 비슷한 사회경제적 수
준에 있었으며, 실제로 상당한 부를 축적하고 있던 자들은 양반 중에
서도 매우 적은 비율[135]이었던 탓인지, 제주에서 신분을 기준으로 한
통혼권에 대한 설화는 찾기 어렵다. 그리고 혼인 상대로 외지인을 꺼
리는 일은 설화에서도 나타난다("백수장이 그렇게 사룸이 훌륭ᄒ고 똑똑ᄒ고
해서 여기 와서 마누라 읎이 살앗거든요. 육지 사룸이라고 시집가질 아니ᄒ여노니
까."[136]).

　'442-3 행실 음란한 중놈'이 전하지 않는데 佛事 또한 성한 곳임에
도 중의 비행이나 음행을 소재로 한 설화가 없고, '645-4 아들 덕에 지
옥에서 구출된 어머니(목련존자 이야기)'가 총 3편 중 2편(「대계」의 편 수)
이 전하는 것도 특기할 만하다.

　죽을 때가 안 되었는데도 저승에 잡혀 온 김 정승의 외아들이 백강
아지의 뒤를 따라 이승으로 나오는데, 人情이 한 푼도 없어서 저승문
을 빠져나오기 어려웠다. 이때 마침 장님이면서도 술장사를 하여 모

134 조성윤, "조선 후기 제주도 지방의 신분 구조", 한국사회사연구회, 「한국의 전통
　　사회와 신분구조」, 문학과 지성사, 1991. pp. 204~205.
135 上同, p. 205.
136 「집성」 p. 455. '백정시'

은 돈을 여러 사람에게 뺏긴 함씨 할머니의 돈이 저승에 보관되어 있어 이 돈으로 저승문을 통과할 때마다 인정을 걸며 삼일 만에 나왔다. 이에 김 정승은 함씨 할머니에게 돈을 갚아 줬고, 이 말을 들은 할머니는 깜짝 놀라는 바람에 눈을 뜨고 잘 살았다 한다.[137] 인정(뇌물)의 질긴 역사성도 보여 주는데, 이승의 일이 저승에서 다 기록되고 바로잡아진다는 믿음도 충실한 삶을 영위하게 하는 한 바탕이 되었다.

孤島라 관의 횡포는 더 심했던 듯하다. 신임 목사의 한라산 구경으로 백성들에게 끼치는 폐가 자심하자, 강칩이 달려들어서 "이런 놈 놔두민 백성이 어떻게 살겠느냐?" 하며 사또가 받아 놓은 음식상을 발로 차 버렸다. 그래서 강칩은 말꼬리에 상투를 매는 형을 받고 죽었다. 화자는 "下原(서귀포시 중문동의 동네) 날래 강칩 선세가 아마 영웅으로 났던 모양이라." 하며 강칩을 영웅으로 인정하고 있다.[138] 이를 통해서도 관원의 폐해와 향유층의 의식을 짐작할 수 있다.

울릉도에도 '각설이 타령'이 전한다.[139] 고향을 떠나 외지에 그것도 척박한 섬에 정착하려는 것은 농경사회의 관념으로는 대단한 일이므로, 이주민들은 평민 이하 사람들일 것이다. '각설이 타령'은 걸인과 직접 관련이 있는 노래지만, 꼭 걸인이라야 부르는 것은 아니다. 제주는 걸인이 거의 없었기도 해서겠지만, 외지에서 제주에 온 사람은 타령을 전할 사람이 아닌, 대개 유배되는 선비였기 때문에도 제주에는 이 타령이 전하지 않는다.

'바보 사위'[140]나 도깨비 이야기는 전국에 공통적인 것이고, '고려장'[141]은 본토에서 전래한 것일 가능성이 많다. 친·인척에 얽힌 이야

---

137 「집성」 pp. 805~811. '죽었다 산 사람'
138 「대계」 9-3, pp. 385~386. '날래 강칩(姜宅) 선세(先生)'
139 「울릉군지」 pp. 340~343.
140 「민담」 pp. 212~218.
141 「대계」 pp. 194~196.

기가 많지 않은 것은 전국적인 현상이기는 하지만, 궨당을 소재로 한 제주 설화가 보이지 않는 일은 특기할 만하다.

IV. 結言

상이점은 공통점을 기반으로 존재한다. 제주 설화를 본토의 다른 지역 설화와 비교한 결과, 전체적으로 서로 다르지 않음을 알 수 있었다. 인간이 근원적으로 지닌 동질성은 여러 지역에서 유사한 설화를 발생하게 한다. 제주가 본토와 멀리 이격된 곳이지만 설화의 속성상 그 전파에 별 어려움이 없다. 그런데 설화는 생물체이기 때문에 일정 지역 설화는 그 지역의 특성에 맞게 변형되기 마련이다. 따라서 어느 정도 그 지역 설화의 특징을 검출할 수 있다. 좀 더 정밀한 비교를 거치지 못한 아쉬움이 있지만 지금까지의 검토를 통해 몇 가지 결론을 얻을 수 있었다.

첫째, 무속신화는 경합과 호양이 혼효되어 있으나 대체로 외지신을 수용하여 호양을 지향하고 있는데, 이 점은 본토와 크게 다르지 않다. 또 식물을 중시하는 사고는 범인류적인 지모신앙과 같은 맥락이다. 여성의 진취적이고 강인한 성격이 두드러지게 나타나는 것은 제주 무속신화의 특징이라 할 만하다. 신 출현의 두 형태(天降型과 湧出型)를 통해 본다면, 제주는 양자가 섞여 나타나므로 북방 문화와 남방 문화의 교차점에 위치한다고 하겠다.

둘째, 좁은 지역인 데 비해 풍수설화가 많다. 이는 큰 인물이 나기를 바라는 소망의 표현인 바, 그런 인물이 없었던 이유를 합리적으로 설명하기 위해 단혈(단맥)설화가 많이 나타난다. '이인·(아기)장수 설화'도 같은 맥락에서 풀이된다. 그런데 이런 유의 설화가 유독 제주에만

있는 것은 아니고 다른 섬을 포함한 전국에 고루 분포되어 있는 설화
다. 따라서 이 설화 자체가 제주의 특징이라 하기는 어렵고, 아기장수
의 날개를 제거한 후에 살려서 凡人보다 좀 힘이 센 사람으로 살게 한
이야기가 많은 점은 본토와 다른 점으로 들 수 있겠다. 이를 인간 본
성의 발현이라고 볼 수도 있으나, '전설의 비극성'과 '죽음을 통한 저
항'이라는 면에서는 재고해야 할 여지가 있다. 날개를 자르거나 재기
에 실패하게 하는 사람은 대부분 어머니나 아내인 데 비해 제주는 거
의 아버지거나 부모다. 비장감의 정도 차이는 있지만, 사회에 수용되
지 못하는 장사의 좌절과 비극은 제주만의 것이라 할 수 없다. 설화
각 편의 우열은 가릴 수도 없고 또 이런 시도 자체가 무의미한 일이
지만, 이 설화가 내포하고 있는 극단적인 저항 정신과 재기 일보 전에
성공하지 못한, 미완의 아쉬움 그리고 願望이 오히려 많이 엷어졌다
고 본다.

  셋째, 잡보 행실을 하는 건달형 인물이 많이 전하는데, 이들은 상전
을 곯려서(또는 골려서) 향유층의 代償 심리를 만족시켜주고 있다. 특히
변인태의 거짓말에는 냉소라기보다 밝은 웃음이 풍기고 있다. 도서
지방의 특색이겠지만, 붙박이라는 점은 곧 행동의 제약을 불러온다.
'기존 윤리 관념에 대한 도전'은 이들의 공통점이지만, 붙박이는 자연
히 그 표출 방식이 과격하지 않고 공격 대상도 무차별적이진 않다.

  넷째, 蛇神崇拜는 제주만의 독특한 현상으로 비교적 유교의 영향을
덜 받은 데다 섬이라는 입지가 어우러져 낳은 특이한 현상이다. 그런
데 사신을 모시기만 하는 것이 아니고 뱀을 혐오하는 일반적인 감정
이 교차되고 있다.

  다섯째, '선문대할망 설화'에서 보듯이 신화, 전설, 민담이 혼효되어
있고, 무속신화의 내용이 그대로 민담으로 채록된다. 두 가지 다 제주
만의 특징은 아니니, 다만 그 빈도가 훨씬 높다고 이해함이 온당하다.

이는 제주가, 무속이 성행한 지역임을 반증하는 것이요, 무속이 생활화하였음을 보여 주는 것이다.

여섯째, 본토에는 선문대할망 같은 거인 여성으로 안가락, 마고할매(마고할미, 마고할멈, 마귀할멈), 노고할미, 안가닥할무이 등이 있으니 巨女說話 또한 전국에 광포된 것이다. 그리고 여성의 역할이 컸던 제주에는 여성 力士 이야기가 많다. 여성의 힘은 제주가 지탱되는 원동력이었다.

일곱째, 밥을 많이 먹어서 쫓겨난 종 이야기는 제주의 가난을 반영한 것이다. 늘 굶주림에 허덕였던 상황에서 大食家는 일종의 죄인이었다. 이여도라는 이상향을 설정하고 그리워하게 된 상황과도 연관이 있다.

여덟째, 외설적인 내용이 담긴 음담이 거의 전하지 않는 것은, 궨당으로 얽혀 있는 제주의 주민 구성과 관련이 있다. '동침한 사돈'은, 설령 외지에서 유입되었다 하더라도, 이 설화를 수용한 향유층의 의식이 드러난다. 글쓴이는 이를 '逸脫에 대한 본능적 욕구' 때문이라고 본다. 제주에서 사기꾼이나 짓궂은 건달 이야기가 많이 전하는 것 또한 같은 맥락에서 풀이된다.

아홉째, 무속신화와 달리 妻妾을 주제로 한 민담이 전하지 않음은, 일면 첩을 용인할 수밖에 없었던 제주의 상황을 반영한다. 그러나 민요에서는 첩에 대한 증오가 대단하다. 이를 통해 본다면, 妻妾을 주제로 한 민담은 설화의 채록 상황과 깊은 관련이 있다고 생각한다.

열째, 姑婦關係에서는 특별히 고약하거나 불효한 며느리가 보이지 않는다. 악한 며느리 이야기가 한 편 있으나 악하다기보다 장난기가 보인다. 이는 상당 부분 제주 특유의 가족 제도에 기인한 것으로, 혼인하면 '짓 가르고(職分) 솥 가르는(鼎分)' 상황에서는 본토보다 고부간의 갈등이 깊지 않았을 것이다. 그렇다고 해서 어찌 고부간의 갈등이 없으랴? 그래서인지 민요에는 시집 식구에 대한 증오감이 직설적으로 표현되어 있다. 이는 채록 상황과도 관련이 있지만, 설화보다 민요가 감정 표출이 훨씬 진솔할 수 있기 때문일 것이다. 처첩·고부 관계는 본토와 기본적으로 같지만, 제주가 다른 지역보다 적대감이 엷다.

열한째, 처첩보다 계모담(다슴어멍 이야기)이 많은데, 무속신화는 물론 민담에서도 첩보다 계모를 악하게 묘사한 경우가 대부분인 것은 전국이 공통적이다.

열두째, '김통정 설화'에서 관 쪽의 김방경보다 몽고군에 대항하여 나라를 지키려 했던 김통정을 오히려 나쁘게 보는 이야기는, 당신화로도 전승되고 전승 지역에 따라 김통정에 대한 好不好에 차이가 있지만, 외적이나 관에 대한 저항이라기보다 제주인이 아니면 전부 외세로 보는 배타성과 연관이 있다고 해석된다. 김통정은 그 나름의 질서 속에서 유지되고 있는 제주를 戰場으로 만든 사람이기 때문일 것이다.

열셋째, 艱難 속의 삶에서 이상향을 그리는 마음이 표출되어 있는데, 그 이상향(이여도)이 실제로는 없는 곳이라는 데 이 설화의 묘미가 있다. 그런데 이여도를 발견할 만도 한 제주 潛嫂의 활동이 민요에는 나타나지만, 설화에서는 거의 이야기되지 않음은 특기할 만하다. 민요는 감정을 표출하는 데는 좋지만 서사적 결구를 하기에는 부적당했을 것이다.

전체적으로 보아 제주 설화 역시 자생적인 것보다 외지에서 전파된 것이 많고, 그렇지 않다 하더라도 본토의 어느 지역에서나 공통되는 의식 속에서 나온 것이다. 그러나 이들을 변형·수용한 향유층의 의식은 제주 설화를 특징짓는다. 그러므로 공통된 설화를 놓고 심층적 해석과 판단 없이 '제주인의 심성'을 논하는 것은 대단히 관념적이고 피상적인 관찰이 되기 쉽다.

덧붙여 고부간의 설화에서 언급한, 화자 연구의 중요성을 강조하고자 한다. 화자 연구는 그 설화의 성격을 파악하는 기본 전제이다. 울릉도에서 채록한 여러 설화나 민요가 울릉도 고유의 것이라고 하기 어려운 것은, 무엇보다 화자가 외지에서 유입된 사람들이라는 데 기인한다. 한 예로 부여 지역 여성 화자 이인순의 경우, 강진생인데 광주, 부여, 화천, 가평 등지에서 살았다. 그녀가 들은 이야기 지역을 보면, 강진 3편, 광주 8편, 부여 1편과 지금의 남편(출신지 미상)에게서 1편, 30대에 옆 마을에서 1편 등으로 분포되어 있다. 게다가 이중 '왕자님을 웃긴 바보'는 강진에서 서울로 이사한 주인집을 따라 식모살이 갔을 때 주인집 아들이 책으로 읽어 준 것이고, '원수 갚은 고양이'는 18·19세 무렵 광주 권번의 식모로 있을 때 영화로 본 것이라 한다.[142] 그렇다면 이를 대상으로 부여 지역 설화의 특성을 추출한다는 것은 출발부터 무리이고, 따라서 이를 통해 도출된 결론 또한 오도된 것일 수밖에 없다.

열녀설화를 중심으로 그 양상과 의미를 검토한 연구[143]에 의하면, 여성 화자는 남편과 더불어 사는 '행복한 결말'의 이야기 쪽에 몰려 있고, 반면에 여성이 순절하는 유형에는 남성 화자뿐이다. 제주의 경우도 「대계」에 채록된 열녀담 5편을 보면 아내가 순절(또는 수절)하는 경우(9-1 '토영 열녀', '열녀와 호랑이', '김녕 열녀', 9-3 '열녀 이씨', '열녀 송천향' 등)도 전부 남성이 제보자이다. 열녀담이라 제보자의 성별에 따라 이야기의 결말 구분이 더 뚜렷하지만, 이런 점은 모든 설화에 적용된다.

'어떻게'라는 현상 기술에 치중하다 보니 '왜'라는 원리 분석에 소홀하게 된 점은 다음 논고를 기약한다. 중요한 것은 현상에 대한 해석

---

142 제보자의 생애는 황인덕, "이야기꾼 유형 탐색과 사례 연구"(한국구비문학회, 「口碑文學硏究」 제7집, 1998. pp. 98~101)에 잘 정리되어 있다.

143 김대숙, 주 112), p. 63.

이므로, 우선 변별성과 그 이유를 구명할 필요가 있다. 이 글에서는 이러한 사항들을 전반적으로 검토하였는데, 이에 따른 설화 각 편의 정밀한 변이 양상 추적과 그에 따른 의미 해석이 부족하게 되었음이 아쉽다. 이 점은 좀 더 시간을 두고 검토해야 할 과제다. 유사한 환경의 외국 설화와 비교 분석을 통해 제주 설화의 특성을 밝히는 보완 작업도 과제로 남긴다.

3. '三姓神話' 研究
-成果와 課題-

I

어떤 과제를 연구할 때, 그간의 업적을 검토하는 일은 매우 필요하고도 뜻깊은 일이다. 지금까지의 논의를 정리해 봄으로써 문제점과 미진한 점을 파악할 수 있어서 연구의 진척을 볼 수 있기 때문이다. 三姓神話[1]에 관한 본격적 연구는 그리 많지 않으나 근래에 다시 논의가 활발해지고 있어서, 지금쯤 한번 연구사적인 검증이 요구된다고 본다.

연구사 검토는 최근 동향에 맞추어져야 의의가 깊어진다. 또 업적의 단순한 소개를 넘어 연구 결과를 면밀히 검토하여 동향을 파악한 후 이를 엄격히 평가하여 연구의 진전을 촉발하고 선도하는 것이 바람직하다. 이 점을 염두에 두고 먼저 연구의 흐름을 간단히 살펴본 다음, 삼성신화 연구의 논점별 정리를 통해 문제를 명료하게 하고자 하였다. 이 정리 작업이 좀 더 심화된 단계로 연구가 진전되는 디딤돌이 되었으면 한다.

---

1 이 신화의 命名에 여러 견해가 있는데, 완전한 합의에 이를 때까지 이 글에서는 '三姓神話'를 유보적으로 쓴다. 이는 신화를 해석하는 근본적인 관점과 연관이 깊으므로 차후 더 논의해야 할 문제이다.

II

三姓神話에 대한 전반적인 고찰은 "三姓神話 解釋의 한 試圖"[2]에 와서 이루어졌다. 여기에 동조하여 보완을 하든 반론을 제기하든 간에 뒤의 작업이 대체로 이를 바탕으로 하고 있다고 보아, 삼성신화를 무속신화적 관점에서 해석하여 얻은 이 글의 결론을 인용하겠다.

> 첫째, 濟州島의 三姓神話는 巫歌였다. 따라서 高良夫 三姓祖는 神話의 原型인 敍事巫歌 속의 神들로서 事實人物이 아니다.
> 둘째, 거기에 儒教的 潤色이 加해진 것으로 特히 紀年體式 系譜化가 이루어진 것이다.
> 셋째, 그 宗敎的 基盤은 뱀 Totemism 形態였다.
> 넷째, 社會的 基盤은 氏族聯合의 部族社會를 示唆한다.
> 다섯째, 그 時代는-巫歌의 初步的인 産出과 傳承의 時代는-20世紀 前頃에서부터 6·7世紀 前頃까지의 사이로 생각할 수 있다.[3]

三神人이 射矢卜地한 세 집단 거주 지역(一徒·二徒·三徒)과 그 집단은 그들의 巫俗 敍事巫歌에서 三神을 모시고 자기 집단들의 연유를 설명했다. 그런데 後來한 儒教文化는 三姓 稱號를 다시 이 신화로써 설명하고 족보를 만들고 그 祭儀도 유교식 제의로 계승하여 이에 이르고 있다는 것이다.[4] 삼성신화의 화소가 현재 전승되고 있는 당본풀이에서도 중요한 화소로 삽입되어 있음을 중시하고, 삼성신화는 무가였다고 단정하였다. 이 무가는 후에 유교의 영향과 족보화를 거치면서 합리화한 것으로 추정하였다.[5] 이러한 견해는 이후 계속 보완되

---

2 張籌根,「국어국문학」22, 國語國文學會, 1960.
3 위의 논문, 309.
4 위의 논문, 311.
5 張籌根,「韓國의 神話」, 成文閣, 1961. pp. 75~88.

고,[6] 玄容駿,[7] 文武秉[8] 등에 의해 재확인된다. 廣壤堂神과 三乙那神은 主從的 계보의 신이며 같은 堂神인 바 그 의례도 본래는 巫俗儀禮(굿)로 했을 것이라는 것이다.[9] 뱀 토템에 관해서는 이견이 제시된 바,[10] 뱀 토템과 삼성신화의 연관은 재고해 보아야 할 것이다.

玄容駿의 "三姓神話 研究"[11]는, 삼성신화가 기록된 이본을 면밀히 비교·검토하고 화소별로 성격, 형성과정과 문화계통을 고찰한 다음 신화의 구조와 사고체계를 구명한 전반적 작업이다. 본래 純巫式 당굿이 純儒式 酺祭로 바뀌는 과정에 주목하여, 다양한 신앙이 통합되어 가는 당신화인 삼성신화가 氏祖神 崇拜面에 편중되자 그 제의도 관의 보호와 함께 儒式化한 것이며 자연히 관의 보호를 받게 되고, 한편 그 신화는 高·良·夫 三氏族의 세력에 힘입어 開國神話·始祖神話로 변모해간 것이라고 추정하였다. 삼성신화는 남방계 신화요소가 흘러 들어와 제주도에서 결합 융해되고 새로운 제주적인 신화로 창출되었으니, 외래신화를 수용·복합하여 형성된 것이다. 이 문화에는 一夫一妻 外婚制, 夫方居住制의 혼인 형태가 시행되었고, 地母神信仰, 海洋他界信仰 등이 주 요소임을 밝혔다. 아울러 '崇高', '善良', '光明'의 가치 개념, 신화에 나타난 '西-地(山)-男-가난/東海-女-풍요'의 雙分的 象徵體系, 一·二·三都(徒), 長·次·三으로 서열화된 三部組織, 三分體系의 구조와 사고논리를 고찰하고 있다.

6 張籌根 "濟州島 堂神信仰의 構造와 意味", 「濟州島研究」 3輯, 濟州島研究會, 1986.
　──, "口傳神話의 文獻神話化 科程-濟州島 堂神本풀이의 三姓始祖神話化를 中心으로", ── 刊行委 編, 「宜民李杜鉉教授停年退任紀念論文集」, 1989.
7 玄容駿, "堂굿의 儒式化와 三姓神話", 「제주도」 14, 제주도, 1964.
　──, "三姓神話研究", 「耽羅文化」 2號, 濟州大學校 耽羅文化研究所, 1983.
　──, "濟州島 堂神話考", 「巫俗神話와 文獻神話」, 集文堂, 1992.
8 文武秉, "濟州島 堂信仰 研究", 濟州大 大學院 博士學位論文, 1993.
9 玄容駿(1964), 주 7), p. 130.
10 위의 논문, p. 132.
11 玄容駿(1983), 주 7).

傳本에 대한 비교·검토, 형성과정, 신화적 의미, 문화계통 탐색 등 다방면에 걸쳐 이루어진 삼성신화 연구는 全京秀에 의해 한 전기를 맞는다고 하겠다. 그는 三神人이 從地湧出한 穴인 '毛興'을 '모이다'라는 동작을 나타내는 동사의 어떤 형태가 한자로 착자된 것의 표기로 간주하고, 삼성신화에는 氏族社會에서 部族社會 또는 극소 형태의 酋長社會로의 진행이 반영되어 있다고 보았다. 삼성신화를 "濟州島의 三姓氏族의 始祖神話인 동시에 耽羅의 開國神話"[12]로 보는 일반적인 관념에 대해 의문을 제기하고, '三姓神話'라는 명명은 지역 단위의 문화사적인 의미를 지닌 신화를 한낱 성씨 중심의 집안일로 격하시키려는 일제의 文化帝國主義的 음모가 숨어있다고 간주한다. 따라서 삼성신화는 탐라부족신화이며 후대에 제주도에서 형성된 세 父系氏族의 시조신화를 내포하고 있는 것이라고 개념화하고 있다.[13] 또한 이어지는 일련의 글을 통해 용어의 탈식민화를 강조하며 '三姓神話' 대신 '乙那神話'로 명명하자고 주장한다.[14] 麗末鮮初까지 이 신화의 본질적인 의미는 탐라국의 국권 회복이라는 차원에서 거론되었을 것이기 때문에, 梁誠之가 「高麗史」를 집필할 당시 즉 을나신화를 기록에 남길 당시까지만 해도 성씨 즉 '삼성'이라는 개념이 등장하지 않았을 것으로 추정했다. 그리고 「瀛洲誌」가 「高麗史」보다 작성 연대가 오래되었다는 통설에 의의를 제기하고 있다.[15]

12 玄容駿, "三姓神話研究", 주 7), p. 45.
13 全京洙, "上古耽羅社會의 基本構造와 運動方向", 「濟州島研究」 4輯, 濟州島研究會, 1987. pp. 19~25.
14 全京秀, "濟州研究와 用語의 脫植民化", 一刊行委 編, 「濟州島言語民俗論叢」, 제주문화, 1992a.
   ──, "乙那神話와 耽羅國 散考", 「濟州島研究」 9輯, 濟州島研究會, 1992b.
   ──, "乙那神話의 文化傳統과 脫傳統", 「三姓神話의 綜合的 檢討」(發表要旨), 濟州大學校 耽羅文化研究所, 1993.
15 全京洙(1992b), 위의 논문, pp. 262~263.

이에 대해 張籌根[16]은 자신이 처음 사용한 용어인 三姓神話는 三姓始祖神話를 줄인 것으로 식민주의적 발상이 아니라고 반박한 다음, 삼성신화는 기본적으로 당신본풀이를 기반으로 이루어졌다는 종래의 주장을 재확인했다. 또 무속제의(동제의 한 갈래인 광양당굿)로 전승되고 麗末鮮初에 족보를 중심으로 기록되었다고 삼성신화의 정착과정을 살폈다.

濟州大學校 耽羅文化硏究所 주최의 심포지엄 '三姓神話의 綜合的 檢討'에서는 고고학적 접근도 시도되었는데,[17] 三神人의 수렵 시대는 북촌리 신석기 시대일 듯하고, 三處女 집단의 도래와 관련된 근거는 상모리 공렬토기 형식의 무문토기 유적에서 찾을 수 있을 것으로 보았다. 혼인으로 두 집단이 만났다는 흔적은 북촌리 유적에서 볼 수 있고, 각각 기원전 10세기경에서 기원전 5~2세기의 시간차가 있다고 추정하였다. 삼성신화의 내용은 수렵중심사회에서 점진적으로 농경중심사회로 이행하는 과정을 설명하는 것이며, 이는 기원전 1세기를 전후한 시기에 기존 공렬토기 집단에 점토띠토기 집단이 등장한 것과 맥을 같이 한다는 것이다.

삼성신화를 본토의 건국신화와 병렬로 놓고 보아야 한다는 許南春[18]은 뒤메질의 三機能體系를 원용하여 해석하고 있다. 三神人은 각기 主權神·戰神·豊饒神으로 숭앙되었을 것이며 三處女는 穀母神的 성격을 띤다는 것이다. 신화의 내용은 土着部族과 渡來部族의 결합으로 고급문화를 받아들인 것으로, 삼성신화를 삼국·가야 건국신화와 같은

16 張籌根, "三姓神話의 形成과 文獻定着過程", 「三姓神話의 綜合的 檢討」(發表要旨), 濟州大學校 耽羅文化硏究所, 1993.
17 李淸圭, "三姓神話에 대한 고고학적 접근", 「三姓神話의 綜合的 檢討」(發表要旨), 濟州大學校 耽羅文化硏究所, 1993.
18 許南春, "三姓神話 一考察", ──刊行委 編, 「濟州島言語民俗論叢」, 제주문화, 1992.
──, "三姓神話의 神話學的 考察", 「三姓神話의 綜合的 檢討」(發表要旨), 濟州大學校 耽羅文化硏究所, 1993.

차원이다. 그리고 부활제의의 의미인 구전 入窟 모티프를 보태어 삼성신화 본래의 신화적 문맥을 재구할 수 있다고 보았다.

전승 양상을 살핀 姜晶植[19]은 현전 삼성신화와 대립되는 문맥의 구전 자료를 거론하여, 민중은 시조신화 차원을 넘어 건국신화라는 양면적 인식을 내포하고 있음을 파악하고 있다. 삼성신화가 성씨중심으로 변질되었으나, 민중들은 이를 당연하게만 받아들이지는 않았음을 구전자료를 통해 살피고 있다.

비교신화학적 견지에서 삼성신화의 문화계통을 밝히려는 노력은 계속 행해져 왔다. 다른 지역과의 비교를 통해 삼성신화의 남방계 영향설이 거론되어 왔고,[20] 북방계 신화와도 연관이 있음이 논의된 바 있다.[21] 이는 문화전파론이라는 기본 전제에 대한 검토가 요구되는 문제이다.

위에서 소략하게나마 살핀 대로 삼성신화는 기원, 전본, 신화적 의미, 문화 계통 등 다각도로 연구되어 왔으나, 아직 미진한 점이 많다.

---

19 姜晶植, "三姓神話의 傳承樣相", ──刊行委 編, 「濟州文化研究」, 제주문화, 1993.
20 玄容駿(1964, 1983, 1992), 주 7).
　──, "韓日 神話의 比較", 「論文集」 8輯, 濟州大學, 1976.
　玄承桓, "제주도 설화에 나타난 문화계통", ──刊行委 編, 「濟州文化研究」, 제주문화, 1993.
21 李清圭, "제주도 지석묘 연구(1)", 「耽羅文化」 4호, 濟州大學校 耽羅文化研究所, 1985.
　──, "제주도 토기에 대한 일고찰", 「耽羅文化」 6호, 濟州大學校 耽羅文化研究所, 1987.
　許南春(1992), 주 18).

III

　논의의 핵심은, 삼성신화가 개벽신화인가 시조신화인가 건국신화인가 하는 인식과 先後의 문제다.

　다소의 차이는 있으나 삼성신화를 '시조신화이자 건국신화'[22]로 보는 견해가 일반적이라 할 수 있다. "한국의 신화는 주지하듯이 建國始祖神話와 氏族始祖神話가 그 주류를 이룬다. 그리고 朴赫居世나 金閼智, 金首露 등 건국과 씨족시조의 양자를 겸한 시조들도 많다. 제주도의 三姓神話도 그러한 신화로 우리들은 보아오고 있다."[23]는 서술은 이러한 통념을 보여 준다. 삼성신화는 건국신화로서의 자격을 상실하고 시조신화와 다름이 없[24]다면서도, 三姓始祖들은 爵位를 받은 옛 耽羅國의 宗主權者的인 存在였으니 그것은 準王權神話[25]라고 하고 있는 것은, 삼성신화의 다면성을 반증한다.

　이에 대해 全京秀는 삼성신화를 삼성씨족의 시조신화로 파악하는 데 반대하여 그 기본 성격을 탐라부족신화로 규정하고, 이 신화의 기본적인 주체가 혈연을 기초로 하는 一次集團의 범위를 넘어선 새로운 사회의 출현을 설명하는 것으로 해석하고 있다. 따라서 삼성신화는 탐라부족신화이며 후대에 제주도에서 형성된 세 부계씨족의 시조신화를 내포하고 있다고 개념화한다.[26] 그렇다 하더라도 '탐라부족신화'라는 용어에는 천지개벽신화나 日月星辰의 신화들도 포함될 수 있으므로 '탐라개국신화'라고 기본 성격을 분명하게 할 필요가 있겠다.[27]

22　玄容駿(1983), 주 7).

23　張籌根(1989), 주 6), p.79.

24　張籌根, 「韓國의 鄕土信仰」, 을유문화사, 1975. p. 82.

25　張籌根(1986), 주 6), p. 254.

26　全京秀, 주 13), pp. 24~25.

　　──(1992a), 주 14), p. 486.

삼성신화에 대해 비판적인 시각을 지닌 구전설화를 소개하고 이 설화들이 신성성의 정도에서 삼성신화에 비해 일정한 차등이 있음에 주목한 姜晶植은, 삼성신화의 전승 문맥을 정리하면서 구전설화 중 入窟 모티브와 같은 古態를 지니고 있는 전승에 주목하여 이를 문헌신화와는 다른 계통의 전승이라고 본다. 시조신화는 그 조상의 건국과 때를 같이하여 건국신화화하는 것인데, 건국신화로서의 삼성신화는 시조신화보다 후대에 이루어진 것이다. 즉 현재 문헌의 삼성신화는 건국신화이고, 그 이전에 먼저 시조신화화되었던 것이기 때문에 그 의미도 함께 지니고 있다는 것이다.[28] 앞으로 집중적인 구전설화 추적을 통한 자료의 보완이나, 삼성의 출현과정에 신성성이 현저히 약화된 자료는 전승 양상이나 설화 향유층의 의식을 밝힐 수 있는 단서로서 주목할 만하다. 신들의 창조적 활동을 이야기하고 그들 작업의 거룩함을 보여 주는 것이기 때문에 절대적인 신성성을 계시하는 것이 신화라면,[29] 선문대할망설화보다는 변형이 적지만, 내용이 서로 대립되고 변이된 구전설화가 전하고 있음은 앞으로 주목할 필요가 있을 것이다. 이를 삼성신화가 특정 성씨의 시조에 관한 신화가 아니었다는 방증으로 삼아도 되지 않을까 한다.

누차 검토된 대로 삼성신화의 연원이 당신화라면, 이는 곧 삼성신화가 씨족을 넘어선 마을의 신화요 부족의 신화임을 알려 준다고 본다. 부족이 믿는 신화는 바로 건국신화로 위상이 바뀌었을 것이다. 설령 문헌에 기록되는 과정에서 족보류에 기록되었다 할지라도, 이는 원래 있던 건국신화를 가문에 유리하게 원용할 것이라고 봄이 타당할 것이다. '古記'가 양씨 가문의 족보일지라도,[30] 후대에 이루어진 족보

27 張籌根, 주 16), p. 21.
28 姜晶植, 주 19), pp. 164~179.
29 Eliade M.·이동하 역, 「聖과 俗」, 학민사, 1988. p. 75.
30 張籌根(1989), 주 6), p. 79.

가, 삼성신화가 씨족신화라는 증거일 수는 없다고 생각한다. 이는 현전 문헌의 신화 기록이 건국신화냐 시조신화냐를 따지는 것이 아니고, 삼성신화의 연원이 당신화에 있음을 전제로 하고 문헌 정착 과정을 추정해 볼 때 그렇다는 것이다. 결국 구전되던 신화가 문자로 기록되던 신화가 문자로 기록되어 정착될 때의 상황에 따라 달라진다고 하겠다. 건국신화는 시조신화를 수반하기 마련이라 양자 사이의 선후관계를 따지는 일은 큰 의미가 없겠지만, 시조신화는 씨족의 확충이나 건국과 함께 건국신화화한다. 단군신화는 韓民族의 발전에 따라, 동명왕신화는 부여족의 번창에 따라 민족신화, 건국신화로 격상되었을 것이다. 건국신화의 주인공은 씨족시조신이기도 하기 때문에 양자는 기본적으로 성격이 같은 것이다. 三神人이 원래부터 서열화한 것이 아니라고 보면, 삼성신화는 시조신화이기도 하지만 그 기본 성격은 부족신화에서 발전한 건국신화라고 하겠다.

　건국신화, 시조신화, 부족신화는 무엇보다도 그 神聖性이 인정되는 범위가 다른데, 신성성 여부의 판단은 현재가 아닌, 기록과 전승 당시를 기준으로 해야 할 것이다. 삼성신화가 건국신화의 신성성이 약화되어 있는 현전 시조신화와도 크게 다르지 않으므로 성씨의 범위에서 신성성이 인정되었으라고 생각할 수도 있겠으나, 삼성신화가 당신화 즉 부족신화에서 나왔다면 자연부족의 범위에서 신성성이 인정되는 신화에 해당된다. 이후 여기에서 나아가 건국신화로 위상이 바뀌었을 것이다. 삼성신화가 高·梁·夫 삼성을 뭉뚱그려 언급하고 있으니 부족 같은 일정 단계의 상황에서 신화화한 것이요, 성씨의 순서를 따지며 기록된 것은 훨씬 후대의 일일 터이다. 기록에는 九百年 후에 고씨가 군주가 되어 국호를 乇羅, 乇牟라 했다 한다(厥後九百年之後 人心咸歸于高氏 以高爲君 國號乇羅(「瀛洲誌」-「耽羅文獻集」)). 여기에서 고씨가 군주가 된

　朴用厚, "瀛洲誌에 대한 考察", 「濟州島史硏究」 創刊號, 濟州島史硏究會, 1991. p. 22. 등.

사실은 기록자 임의로 변경이 가능한 유동적인 사실이지만 국호를 운위한 점은 고정적이라고 보아, 이 신화는 성씨시조보다 건국에 더 비중을 두어야 하리라 생각한다. 九百年의 간극이 이 신화를 건국신화로 인정하는 데 장애가 되지는 않는다고 본다. 삼성신화 기록에 사실성을 부여하려 했거나 신성성에 이견을 보이는 문헌(「瀛洲志」, 「耽羅紀年」 등)과 구전은, 부족(건국)신화가 씨족신화로 머무르는 것에 대한 반작용이요, 삼성신화가 시대 따라 씨족시조신화로 굳어졌음을 보이는 방증이라고 풀이할 수 있겠다.

삼성신화는 건국신화, 시조신화, 부족신화적 성격이 혼유된 점에서 매우 특이하다. 삼성신화는 삼국의 건국신화나 단군신화와 달리 '사람이 없었다.'는 상황 서술을 통해 개벽신화적 문맥을 보인다. 같은 성격의 천지왕본풀이, 선문대할망설화가 있기 때문에 제주도민 모두가 쉽게 수긍할 수 있었겠는가[31] 하는 의문은, 신성성을 인정하는 범위가 무속신화인 천지왕본풀이와 크게 다르다고 보면 해소된다고 생각한다. 그러면서도 삼성신화의 신성성이 약화된 구전자료가 전하는 것은 구술자가 三姓이 아니라는 점에서 이해될 성질이다. 삼성신화가 기록된 현전 문헌 중 가장 오래되었다고 보는 「瀛洲志」를 위시한 여러 문헌의 '太初無人物' 운운은 부족신화를 건국신화로 끌어올리려는 신화적 인식의 결과일 것이다. 高氏 族譜 序에서 한 鄭以吾의 언급(先儒言 天地之始 固未嘗先有人焉 則人固有化而生者矣 蓋天地之氣生之者也(「耽羅紀年」))도 같은 맥락이겠다. 그런데 '太初無人物 忽有三神人 從地中湧出'(「瀛洲志」「長興高氏家乘)이 단순히 인간의 시작을 뜻하는 것은 아닐 것이라고 조심스럽게 추정해 본다. '人物'은 단순히 인간이 아니라 사람들을 규합하고 세력을 형성할 중심 인물을 말한다고 본다. 三神人이 혼인한 후 날로 살림이 부유해져 遂成人境했다는 것은 사람들이 모여 사는 사회를 만들

---

31 姜晶植, 주 19), pp. 156~157.

어 놓았다고 해석함이 옳을 것이다.

여기에서 신화와 史實을 결부짓고자 하는 의도에 관해 살펴볼 필요가 있겠다. 삼신인 출현기를 동굴생활기로 설명하고 삼신인과 삼처녀 집단을 각각 수렵과 농경 즉 신석기시대인과 무문토기인으로 추정한다든지,[32] 湧出은 한라산의 화산 활동이 멈춘 후 화산 분출의 참변으로부터 생존한 州胡人의 일부가 동굴로부터 나왔다는 것을 신비스럽게 표현한 것으로 본다든지,[33] 五穀을 가야 세력의 일본 진출에 말미암은 상호적인 무역 관계로 보는 등의 예를 들 수 있다. 日本國이란 명칭부터 상당한 후대의 일이므로 기록과정에서의 변개·윤색이 있었음을 알 수 있다. 신화의 시대적 배경을 살피는 일은 신화 해석에 매우 중요한 일이고 결정적인 도움을 주기도 하지만, 신화가 문헌에 정착되는 과정에서 일어날 수 있는 변개를 감안한다면 시대를 따지는 일은 신중을 기해야 할 것이다. 구전되는 무속신화도 세부적인 부분에서는 시대적인 변화가 나타나고 있음을 감안해야 한다. 신화적 시간과 역사적 시간을 맞출 필요는 없으며, 그 내용이 일치되어야 할 필요도 없다. "신화의 내용이 史實과 혼동되어서는 안되며, 신화의 내용이 史實과 부합되기 힘들다는 이유로 어떤 신화를 배경으로 하는 사회의 상고사를 고려하는 데 전혀 가치가 없다는 속단은 철저히 배격되어야 한다."[34]는 서술은 이런 점에서 퍽 의의 있고 필요한 일이지만, 신화의 본질적 의미가 훼손되지 않도록 주의를 기울여야 할 것이다. 공렬토기, 점토띠토기를 각각 수렵토착집단, 농경외래집단에 대응시켜 삼성신화의 내용을 수렵중심사회에서 농경중심사회로 이행하는

32 李淸圭, 주 17), pp. 49~50.,
　　　──, "상고시대 제주도의 문화와 역사", ──刊行委 編, 「濟州文化硏究」, 제주문화, 1993. p. 391.
33 金宗業, 「耽羅文化史」, 조약돌, 1986. p. 34.
34 全京秀, 주 13), p. 17.

과정을 설명한 것으로 이해하는 것[35]은 이러한 작업에서 얻어진 수확
이다.

이는 바로 신화란 무엇이냐 하는 문제와 직결된다. 신화는 신들의
이야기라기보다 신들의 이야기라고 믿어지는 것이며, 한 집단의 사고
영역에 바탕을 둔 이야기다. 그러므로 신화는 신성한 역사요, 신앙이며
생활양식이자 사고체계이기도 하다. 신화의 신성성은 대체로 특이하거
나 위대한 행위로써 이루어진다. 난관과 시련을 극복하는 과정을 통해
보여 주는 투지를 통해 신성성이 획득되는 것이라면, 삼성신화는 이
같은 과정이 생략되어 변이형이 구전되는 것으로 추정된다. 이 신화는
시련을 겪는 성취담도 아니다. 즉 신화로서 완전한 형태를 취하지 못
하고 있어 三神人의 문화영웅적 성격은 현저히 약화되어 있다.[36]

삼신인과 삼처녀는 토착집단과 이주민-도래인 집단을 상징한다고
본다. 三人遊獵荒僻 皮衣肉食(「高麗史」), 皮衣肉食 常以遊獵爲事 不成家
業矣(「瀛洲誌」)의 기록에서 보듯 화산이 남긴 동굴에서 穴居를 했을 것
이고, 사냥을 통해 자연히 가죽옷을 입었을 것이다. 여기에 삼처녀가
가져온 五穀은 생활방식을 바꾼 중요한 계기가 되었을 것이다. 따라
서 토착집단과 도래집단의 결합으로 고급문화를 받아들인 것[37]으로
볼 수 있다. 신화의 도래인은 선진문화로 토착인과 결합하게 된다. 그
런데 도래인은 대체로 자기 집단에서는 상류집단이 아니기 마련이다.
소속 집단을 떠난다는 것은 타의에 의한 축출을 의미한다고 본다. 그
렇다면 이렇게 선지문화와 결합하는 것으로 나타나고 있음은 외래인
을 받아들여야 하는 당위성을 말한 것으로 볼 수 있겠다.

---

35 李淸圭, 주 17), pp. 51~52.
36 許椿, "濟州島 巫俗神話의 文化英雄 考", ——刊行委 編, 「濟州島言語民俗論叢」, 제주문화,
   1992. p. 302.
37 許南春(1993), 주 18), pp. 66~67.

IV

이제 세부적인 문제를 항목별로 검토해 보겠다.

※命名: 命名은 삼성신화 전체의 해석과 밀접하게 연관되어 있다. 기왕에 '三姓神人說話'[38]도 썼으나 확실한 기준은 없이 쓴 듯하고, 학술용어로 쓰인 '三姓神話'는 처음 張籌根(1960)에 의해서인 듯하다. 이후 굳어진 이 용어에 대해 全京秀는, 삼성신화는 「普通學教 國語讀本」 (1923년 조선총독부 刊)에 '三姓穴'로 소개되어 있는데, 조선시대로부터 儒式化되어 사용되던 삼성이란 용어에 신화라는 용어가 조합되는 기틀이 일제의 학자에 의해 마련되었다고 본다. 「濟州道勢要覽」(1937년 제주도청)에서 '三姓氏國'이란 용어를 사용하였음은, 植民化가 제주에서도 적용된 것임을 반증한다는 것이다. 李元鎭의 「耽羅志」와 李衡祥의 「瓶窩全書」가 각각 '三姓穴', '三姓廟'라는 용어를 창조하는 것이 혈연중심주의를 지향하고 고양하는 성리학을 배경으로 하고 있는 것처럼, 용어 '三姓神話'는 식민주의와 서구 학문이 조합적으로 창조한 배경과 무관하지 않다고 본다. 지역 단위의 문화사적인 의미를 지닌 신화를 한낱 姓氏 中心의 집안일로 격하함으로써 거시적인 문화사를 말살하려는 식민주의 사관이 이 신화를 '삼성신화'로 명명한 저의의 근원으로 보고 있다. 조선의 중앙정부가 제주도를 완벽하게 사상적으로 복속시키게 된 결과가 바로 보편적인 왕 또는 우두머리라는 개념으로서의 '을나'를 대체하여 구체적인 집안을 지칭하는 '삼성'을 제안한 것으로 저간의 경위를 풀이하고 있다. 따라서 '삼성신화'란 명칭이 건국신화를 성씨 중심의 이야기로 격하시키려는 고의적 의도에서 붙여진 것이라는 관점에서 '탐라부족신화'인 '삼성신화'를 '乙那神話'로

---

38 石宙明, 「濟州島隨筆」, 寶晉齋, 1968. p. 45. 집필은 1949년에 되었음.

명명하자고 제안한다.[39] 이에 대해 張籌根은, '三姓神話'는 '濟州島 建
國始祖神話'를 간결하게 한 것으로, 조선 시대부터도 '三姓祠', '三姓
廟' 등으로 사용되었던 삼성의 시조의 신화이니 삼성신화로밖에 줄일
수 없었다고 경위를 설명한다. 삼성신화를 탐라개국신화로 보고, 신화
를 흔히 그 시조명으로 학계에서 통칭하듯이 '을나신화'로 하자는 데
일단은 찬동하지만, 을나가 삼인이었으니 '삼을나신화'가 더 나을 것
이라고 한다. 다만 을나가 어린애를 뜻하고 있는 점과, 용어는 사회적
으로 굳어진 것임에 다소 유보적이다. 또 삼성신화의 기본성격이 개
국신화요, 시조신화이기 때문에 '삼성신화', '삼성시조신화'라도 무방
하다고 본다.[40] 삼성신화가 삼국·가야신화와 동일한 차원에서 논의되
어야 한다는 점에서 '탐라건국신화'로 명명되었으면 한다는 견해[41]는
바람직하지만, '고구려 건국신화'와 '동명왕신화'처럼, 그 신화의 내용
과 통칭은 구분할 필요가 있으리라 생각한다.

　'삼성(시조)신화'는 굳어진 용어지만 고의든 아니든 이를 시조신화
로 고착시키게 되는 점에서는 별로 바람직하지 못하고, '탐라건국신
화'는 신화의 내용적으로는 무난하지만 명칭으로는 부족하다고 본다.
이를테면 '高句麗 建國神話'와 흔히 불리는 명칭인 '朱蒙神話'는, 그
명명이 전자는 포괄적·인위적인 데 비해 후자는 주인공을 중심으로
한 것이기 때문이다. '乙那神話'는 건국신화를 성씨시조신화로 격하시
킨 것에 대해 바른 위상을 찾으려는 노력의 일환이다. 명명을 하려면
그 의미가 명확해서 자료의 핵심적 의미가 포함되어야 할 것이다. 그
런데 乙那의 의미가 합일되어 있지 않아 모호한 상황이며, 따라서 향

39　全京秀, 주 13), p. 24., 이하 주 14), 1992a: p. 486., 1992b: pp. 264~265., 1993: pp. 39~
　　40.
40　張籌根, 주 16), pp. 21~25.
41　許南春(1992), 주 18) p. 280.

유충이 큰 저항 없이 받아들이기 어려울 것이라는 데 문제가 있다.

※良·高·夫乙那의 의미: 「耽羅紀年」(1918년)에는 乙那에 대한 설명이 있다.

> 혹 이르기를 乙은 乙豆, 乙巴의 類요, 那는 居西那의 類로서 임금을 높여 부르는 것이다. 또 이르기를 乙那는 新羅 赫居世의 칭호와 같은 것이니 대개 鄕言으로 왕을 가리킨다.(或曰乙如乙豆乙巴之類 那如居西那之類 尊君之稱 又曰乙那如新羅赫居世之稱 盖鄕言王也)

乙那가 君長, 王으로 바뀌어졌다면, 이는 탐라가 세 집단의 연맹인 부족사회임을 말해 준다. 申采浩는, 고구려의 始初 五部族(消奴部, 順奴部, 絶奴部, 灌奴部, 桂奴部)의 명칭은 吏讀 표기이니 각각 Yolna, Sunna, Julna, Bulna, Kaura라 하고, 이 명칭에 준거하여 一徒는 Kaura, 二徒는 Yalna, 三徒는 Bulna에 해당하는 것으로, 이 삼자의 호칭간에는 고구려의 五部名과 관련성이 있다고 推考하고 있다.[42] 李殷相은, 양을나=올니, 고을나=굴니, 부을나=불니의 한자 표기로 보고, 니는 인격을 표시하는 네이고 올, 굴, 불은 神聖, 光明, 統禦의 뜻으로 보았다. 즉 올니는 第一徒, 굴니는 第二徒, 불니는 第三徒 각 구역의 통치자를 말한다는 것이다.[43] 그렇다면 신성을 뜻하는 양을나가 먼저일 듯하다. 高는 고구려의 '골' 곧 'ᄀ'계의 '불족', 良은 백제의 '들' 곧 'ᄃ'계의 '드르족'이라고 보아 州胡人을 韓族으로 간주하기도 하고,[44] 乙那는 얼라, 알라, 얼래 등 남부지방에 널리 분포하는 小兒를 뜻하는 말의 방언 내지 고어의 한자 표기로 보는 견해도 있다.[45] 후자의 경우 金閼智, 金首

---

42 金宗業, 주 33), pp. 36~37.
43 石宙明, 주 38), p. 45.
44 李東林, "濟州島 神話에 대한 管見", 「國語國文學報」 創刊號, 東國大 國語國文學科, 1958. p. 68.
45 張籌根, 주 5), p. 85.

露, 昔脫解 등에서 보는 바와 같이 이들이 童子神으로 출현한 점과(閼智卽鄕言 小兒之稱也(「三國遺事」)), 신라 시조들 때는 분명히 한자 성씨가 없었을 터인데 성씨를 적고 있음을 그 이유로 들고 있다. 乙那도 閼智와 같이 당시 小兒之稱의 표기 차이라는 것이다. 玄容駿은, 선사시대에 성씨가 있을 수 없으므로 高·良·夫가 본래 성일 수 없고 이것 자체도 이름의 한자 차자 표기라고 보아 高乙+那, 良乙+那, 夫乙+那의 합성어로 본다. 해서 각각 높을닉, 어질닉, 불닉 즉 높은 이, 어진 이, 밝은 이로 해석하여 높음(崇高), 어짊(善良), 밝음(光明)의 가치 개념을 인격화한 것으로 파악한다. 一都(徒)·二都(徒)·三都(徒)의 徒는 제주 방언의 '내'임을 기록(而方言稱徒曰乃(「南宦博物誌」))과 제주 무가 등의 예를 들어 所居地를 일컫는 말이라 주장하고, 三神人을 일컫는 '닉'(那)와 同似音임을 밝혀 神人名과 所居地名은 대응되는 것으로 같은 관념의 다른 표현임을 밝히고 있다. 高·良·夫 삼씨족은 그 신의 단골인 '상단골·중단골·하단골' 三氏族으로 추정하고 있다. 오늘날의 당신화들에서 보면 堂神을 奉祀하는 신앙민을 上中下 세 단골로 나누고 있고 그 각 단골이 다른 성씨로 되어 있기 때문이다.[46] 을나가 사람의 이름을 말하는 것인지 계급을 지칭하는 것인지에 대해서는 아직 이렇다 할 만한 논거를 찾지 못하고 있는 상태라면서도 삼신인이 개별 씨족을 기반으로 하는 탐라부족의 우두머리들일 것이므로 족장의 의미를 지니고 있다는 관점도 있다. 姓이 일반적으로 사용되기 전에도 지배세력에 대해서는 일찍부터 성이 적용되었음을 들어, 高·良·夫 삼성을 각 성씨 집단의 시조(宗族 차원의 실재했던 시조가 아니라 氏族 차원의 신화적 차원에서)로 받아들이고자 한다. 원래의 음을 알 수 없으나 이들 성이 문자로 정착될 때 한자로 가장 근사하게 음사한 것이라

---

46 玄容駿(1964), 주 7), p. 130.
　　──(1983), 주 7), pp. 87~89.

고 추정한다.47 「耽羅紀年」의 기록을 토대로 한 것인데, 이들이 대표로 된 세 집단의 연맹체인 추장사회 또는 부족사회의 형성으로 해석하고 있다.

이처럼 의견이 분분한 상황에서 신화에 대한 명명은 신중을 기해야할 것이다. '삼을나신화'가 좋을 듯하나, 高·良·夫가 성이 아니고 그 의미가 각기 다르다고 보면, 아직 미결인 상태에 있다.

※傳本: 삼성신화가 기록된 문헌 13종을 화소별 비교를 통해 서로 큰 이동이 없음을 보인 바 있는데,48 玄容駿49은 이를 좀 더 포괄적으로 검토하여 「高麗史」系와 「瀛洲誌」系 그리고 양자를 절충한 세 부류로 나누었다. 이들 문헌은 三姓의 序次, 三神女의 국적, 渡來 方法, 君臣 序列을 정하는 일 등 작은 몇 가지 점에서 다르지만, 어느 것을 택하든 신화 해석에 큰 영향은 없다.

"耽羅縣 在全羅道南海中 其古記云 太初無人物……"(「高麗史」)의 '古記'가 양씨 족보류라는 주장은 張籌根, 朴用厚가 제기하고 있다.50 朴用厚는, 「瀛洲誌」와 관계 있는 제 기록을 면밀히 검토한 후 제주도 출신에 의해 이루어진 기록으로는 高得宗의 「영주지」가 가장 오랜 것이고, '古記' 역시 제주 출신에 의해 제주에서 이루어진 것이라 추정하였다. 그런데 「고려사」가 「동문선」보다 35년 후에 간행되었으며 당시 양씨 족보도 나타났고 梁誠之가 修史官이었던 점을 들어, '古記'는 「영주지」 아니면 「동문선」일 것이라는 견해도 있다.51 규장각 소장이라 전해지던 「영주지」는 규장각에 없고 조선총독부가 만든 장서각에 필

---

47 全京秀(1993), 주 14), pp. 34~39.
48 양중해, "삼성신화와 혼인지", 「國文學報」 3, 濟州大學 國語國文學會, 1970. p. 61.
49 玄容駿(1983), 주 7), pp. 47~57.
50 張籌根, 주 24).
    朴用厚, 주 30).
51 金宗業, 주 33), p. 39.

사본이 보관되어 있을 뿐임을 확인한 全京秀는, 「영주지」가 「고려사」 보다 먼저 작성된 것이라는 증거가 없고 고씨 족보에 있는 내용의 신화는 고씨 집안의 부탁으로 영의정을 지낸 鄭以吾가 작성해 준 것으로, 을나신화는 조선 초기에 성씨의 개념이 들어가는 해석을 하고 싶은 사람들에 의해서 이용되었던 것임이 분명하다고 단정하고 있다.[52]

「瀛洲誌」, 「高麗史」, 「星主高氏家傳」 등은 간행 시기가 15세기 초·중반으로 비슷해서 선후 관계를 따져 善本을 확정하기 어렵다. 그런데 '古記'가 족보이며 앞의 세 기록이 족보와 연관이 있음을 볼 때, 문헌으로 정착되는 과정에서 가문의 성씨시조신화로 신화의 성격이 바뀐 것이라 생각한다. 「고려사」 지리지가 梁誠之의 기술인 데다가 당시에는 족보가 생겼을 것이므로 삼성신화는 더욱 성씨시조신화로 낙착되었을 것이다. 이들 세부적인 몇 가지를 제외하고 서로 큰 차이가 없어서 신화 해석에는 별 지장을 주지 않는다.

※形成過程: 상호간에 밀접한 연관이 있는 신화와 제의 중 어느 것이 先行했는지에 대해서는 서로 다른 견해가 있다. 신화가 선행하여 그 내용이 의례로 표출된다고 보거나 그 역의 관점도 있는데, 어느 경우든 모든 신화에 일률적으로 적용되지는 않는다고 생각한다. 東盟祭, 東明廟, 朱蒙祠 등은 신화 후대의 일일 터이므로 전자의 방증이 되겠으나, 삼성신화의 경우 당신화에 기원을 둔다고 보면 의례가 선행했을 가능성을 배제할 수 없다.

삼성신화는 무가에서 나온 것으로 보는 것이 일반적이다. 乙那神話도 廣壤堂神과 같은 堂神일 것이며 그 의례도 본래는 巫式儀禮(굿)로 하였을 것이요, 따라서 지금의 三姓祠는 본래 당이며 그 신화도 당신화였을 것이다. 삼성신화는 본래 堂神揷話와 같은 유형이요, 高·良·夫

52 全京秀, 주 14), 1992b: pp. 262~263., 1993: p. 41.

삼성씨족의 조상신본풀이인 동시에 이 조상신을 모셨던 당의 본풀이적 성격의 신화라 할 수 있다.[53] 삼성신화는 무속신화의 구조가 원형으로 왕권신화로 정착되었으며, 또 당신화에 연원을 두고 먼저 필사본 족보에 기록이 되고 다시 그것이 正史인 「고려사」에 인용된 것이다.[54] 그렇다면 당신본풀이가 문헌신화한 시기는 麗末鮮初로 짐작된다.

※三神人: 三神人이 세 지역에 分居하여 나라를 세웠다는 것은, 그 사회가 '三'이라는 조직 원리를 가지고 있었음을 말해 준다. 姓氏, 所居地, 君·臣·民의 종적 체계 등이 다 三分되어 있음에 주목하여 문화 배경을 설명하거나,[55] 뒤메질의 三機能體系를 원용하여 풀이하고자 한다.[56] 설화에서 3은 공통적인 것으로, 단군신화부터 天(桓因)·神(桓雄)·人(檀君)의 계층적 조화인 三神一體를 기본 구조로 하고 있다고 보면,[57] 이는 삼성신화만의 특징은 아니다.

활쏘기가 하늘의 뜻을 물은 것이라면, 삼신인은 신과 인간의 중간적 존재라고 본다.

全京秀[58]는 후반부의 '神子三人'과 전반부의 '三神人'을 동일 인물로 생각하는 데에 의의를 제기한다. 삼신인은 탐라부족의 정치적 배경을 보이는 주인공들이고, 신자삼인은 탐라국이라는 정치적 배경을 보이는 주인공들이라는 것이다. 「濟州風土記」(李建)에는 더 확연히 나타나는 바(耽羅初無人畜 有神人自地中湧出者三 曰高乙那良乙那夫乙那 此三人者 漁獵至海 忽有神女三人 自海浮來各娶其一女 仍産子傳於至今), 문면으로는 신자

53 玄容駿, 1964: p. 130., 1983: p. 70., 1992: p. 201.
54 張籌根, 1986: p. 254., 1989: p. 80.
55 玄容駿(1983), 주 7).
56 許南春(1992), 주 18).
57 金戊祚, "三神神話의 階層的 秩序", 「韓國傳統文化研究」 第3輯, 曉星女大 韓國傳統文化研究所, 1987. p. 8.
58 全京秀(1993), 주 14), p. 34.

삼인과 삼신인이 다르게 해석되지 않아 다소 비약적이지만, 이러한 견해는 탐라부족이 탐라국으로 발전해 나가는 상황을 설명할 수 있어서 시사하는 바 있다.

※從地湧出: 신이 땅에서 솟는 경우는 제주 무속신화에서 많이 나타나지만, 宋時烈은 삼신인이 하강한 것으로 기술하고 있어서 용출은 보편적으로 받아들여지지 않았음을 알 수 있다(宋尤菴時烈曰 三神人降于耽羅之漢拏山(「耽羅紀年」)). 金祖淳은 삼신인이 석굴에서 나왔다고 하고 있으며(金楓皐祖淳曰 良乙那生于漢拏山石窟中(「耽羅紀年」)), 석굴에서 생활한 것으로 채록된 구전설화도 있다.

여기에서 석굴에 주목할 필요가 있다. '從地'는 구체적으로 '석굴에서'라고 봄이 타당할 것이다. 단군신화에서도 同穴而居하던 熊虎가 不見日光하였다 하니 곧 석굴에서 생활했다는 것이며, 동명왕신화의 入窟從地中出과 같은 성격이겠다. 북방 민족의 東穴, 일본 天照大神의 入窟, 苗族의 설화에도 나오는 시조담(巴郡南郡蠻本有五性 巴氏樊氏瞫氏鄭氏 皆出於武落鍾離山 其山有赤黑二穴 巴氏之子生於赤穴 四姓之子皆生黑穴 ……(「後漢書」南蠻傳))[59] 등을 유사한 예로 보일 수 있다. 이는 隧穴과 같은 맥락이니, 龜旨歌에서 掘峰頂而撮土한 봉우리 정상은 정확히는 정상 주위의 穴을 가리키는 것이라 본다. "고구려는 늘 十月에 하늘에 제사에 왕이 스스로 제사를 드리는데 淫祠가 많다. 나라 왼편에 큰 구멍이 있는데 神隧라 하고 매년 十月에 왕이 스스로 제사를 드린다(唐書云 高句麗常以十月祭天 多淫祠 …… 國左有大穴曰神隧 每十月王皆自弟(「三國史記」))"는 隧穴에 관한 기록은 참고할 만하다. 首露와의 왕권 경쟁에서 패한 脫解는 신라에 이른 후 토함산에 올라 石塚 속에서 七日을 머문 후에야 비로소 瓠公의 집을 차지하고 마침내는 왕위에 오르게 된다. 석총은 재생을 상징하고 있다.

---

59 石宙明, 「濟州島資料集」, 寶晉齋, 1971. pp. 170~171. 再引.

하늘과 땅 사이에 산이 중간에 위치해 있으므로 하강이든 용출이든 神人은 봉우리를 통해 나타나기 마련이다. 삼신인이 용출한 곳이 한라산 기슭인 것을 보아도 알 수 있다(從地湧出鎭山北麓 有穴曰毛興(「瀛洲地」)). 毛興穴은 제주 남쪽 三里에 있다 하니(在州南三里(「耽羅紀年」)), "제주의 주봉이 탄생처로서의 위치이고 毛興穴은 降神의 의례를 거행하던 祭儀場所"[60]로도 이해된다.

※三神人 箱舟漂着: 駒犢과 五穀 種子를 들고 온 石函 속의 靑衣 처녀 삼인은, 日本國(「高麗史」)·碧浪國(「瀛洲誌」) 王女 중 누구이며, 이들의 渡來 의미는 무엇일까? 제주 방언의 어미 '마수'가 종결어미인 'マス'에서 나온 것으로 추정한 李能和[61]는 일본왕녀설이 칠팔분의 가능성이 있다고 보았다. 그런데 「漂海錄」의 기록(東海之壁浪國 在日本之東 巨人島在壹岐之東南人跡不通 政敎不及 自是隔世之別界也)과 波浪島라는 상상의 섬 그리고 흔히 'ㅇ'이 붙는 제주 방언의 특징을 들어 바다 나라(海國) 곧 동해상의 상상의 나라를 뜻하는 碧浪國이 옳으며, 또 이는 夫方居住制(夫居制)가 통용되었다는 것을 알려준다는 논의[62]는 시사하는 바 크다. 日本國이란 명칭은 7세기 이후의 일이므로, 이는 후대의 기록일 것이다.

耽羅部族이 碧浪部族(또는 그 이상의 정치 형태)과 혼인에 의한 결연 관계에 대해, 선진 기술을 습득한 移住民集團이 기술·경제적으로 후진적인 土着民集團을 갈등과 경쟁 관계라는 맥락에서 접하는 것이 아니라 화합과 반려 관계라는 상징적 맥락에서 조우함에 주목한다. 탐라의 토착세력인 삼신인 집단이 혈연을 뛰어넘는 지역 조직의 공동체 속에 정치적으로 귀속되어 하나의 부족사회 또는 추정사회를 이루는

---

60 許南春(1992), 주 18), p. 271.
61 李能和, 「朝鮮女俗考」, 學文閣, 1968. p. 8. (1927. 東洋書院 初刊)
62 玄容駿(1964), 주 7), p. 131., 1983: pp. 60~62.
   Cf. 全京洙, 주 13), p. 22.

과정의 표현으로서 從地湧出의 의미를 파악할 수 있다.[63] 외래인이 고급문화를 가져온 셈인데 문화의 단계를 거치기 위한 계기로서, 토착문화가 외래문화와 결합하는 것을 나타낸다. 그러나 외래인의 문화가 반드시 선진이라는 전제는 성립하기 어렵다.

木函 속에 石函과 使者가 있다는 기록(一日見紫泥封藏女三人及諸駒犢五穀種(「高麗史」))을 일본국 왕이 세 딸을 신자 삼인과 혼인시키기 위해서 상당한 양의 지참금이 아닌 新郎貸를 가져왔다는 것으로 해석하는 견해가 있다. 사자가 석함을 가지고 온 것이 아니라 사자가 석함에 따라 왔다는 것이다. 목함속에 처녀 삼인과 사자 그리고 석함이 들어있는 게 아니고, 석함 속에서 처녀 삼인과 우마, 오곡 종자가 나왔기 때문이다.[64] 오곡과 우마를 이용하여 탐라국의 개국 조건을 갖추고 지배자의 자질을 구비하게 되었으므로, 이를 개인적 차원(지참금)이 아니고 사회적인 차원(신랑대)에서 해석하는 것은 바람직하다고 본다. 그런데 양자를 엄격하게 구분하는 일이 얼마나 유용할지는 차치하고라도, '日本國'은 후대의 기록일 가능성이 많고, 이 부분의 초점은 '將欲開國而無配匹'했었는데 '宜作配 以成大業'했음에 있다. 신화에서 혼인으로 신분상승을 이루는 것은 일반적 현상이다.

※射矢卜地: 제주의 무속신화에 자주 등장하는 화소다. 長·次·三 세 계층을 사회 공간과 사회 질서의 인식 양상으로 파악하여, 이 서열화는 사회 질서 구조의 三分을 의미한다고 보는 것이 일반적인 견해다.[65]

그런데, 삼신인을 長·次·三으로 서열화시킨 것은 부족 형성 과정에서 나타난 각 부계혈통 집단의 세력을 상대적으로 비정해 볼 수 있는 표현으로, 이해하는 것이 옳을 듯하다. 또 활을 쏘아서 각자의 所居를

---

63 全京秀, 주 13), pp. 21~22., 주 14)(1992b), p. 267.
64 全京秀(1993), 주 14), pp. 35~37.
65 玄容駿(1983), 주 7), p. 86.

정한다는 화소의 내용은 평등사회의 경쟁 원칙을 발현한 것으로 해석하는 것이 타당하기 때문에 長·次·三의 서열화를 위계적인 서열 우위의 현상으로 파악하는 것은 선후 맥락을 상실하는 경우를 초래한다. 바로 이 부분이 후일 성씨 중심 사상에 의해서 확대 해석되는 경향을 낳은 것은 후일의 성리학적 사상의 영향으로 파악해야 한다는 견해도 있다.[66]

삼성신화의 활쏘기는 실패하면 파멸로 이어지는 것이 아니라는 점에서 경합이라기보다 호양에 가깝다고 하겠다.[67]

※文化系統: 제주는 지리적 특성 때문에 상당 정도 문화의 독자성을 유지하고 있으나 島嶼라는 점만으로는 다 설명이 되지 않는다. 외래문화와의 접촉을 통해 토착문화는 완성된다. 구체적으로 삼성신화를 통해 본 문화계통은 어떠한가?

石宙明은 高·良·夫 삼씨조가 海南島에서 온 사람이 아닐까 추정하고, 그 근거로 「後漢書」 南蠻傳의 기록과 함께 海南島 부근과 제주도 사이는 고래로 漂船이 교류된 사실을 들고 있다. 해류와 기류 관계로 문물이 자연히 교류되었을 것이다.[68] 玄容駿은, 地中湧出, 箱舟漂着, 分身序列 話素 등은 沖繩·臺灣·南中國·東南亞 등 남방계 신화 요소로 이들이 유입되어 새로운 제주도의 신화로 창출되었다고 각 지역의 신화를 예로 보이며 추정하고 있다. 제주 신들의 주류를 이루고 있는 大地湧出神들은 한국 본토나 그 이북 지역에서는 발견할 수가없다. 천강신화와 그 의례방식은 북방아시아로부터 한반도를 거쳐 유입한 것으로, 대지용출신화 그리고 바다로부터의 내방신화와 그에 대응하는

---

66 全京秀, 주 13), p. 20., 주 14)(1992b), p. 267.

67 許椿, 주 36), p. 124. (Cf. 射矢卜地 외 勇力 競爭도 하지만, 삼성신화의 중심 화소라고 하기에는 무리라고 생각해 여기서는 할애한다.)

68 石宙明, 주 59), pp. 170~171.

의례 방식은 동남아시아로부터 沖繩을 거쳐 유입된 것으로 본다. 즉 제주도는 남·북방문화의 교차점인데, 삼성신화는 이 중 남방문화의 반영이라는 것이다. 그리고 제주도 개벽신화는 南中國·東支邦海 일대의 文化圈域에서 유입되어 독자적인 개벽신화로 창출된 것임을 강조하였다.69 제주 언어가 몽고어와 남방계의 영향을 크게 받았고70 제주 토기가 지석묘가 남해 도서 지방과 밀접한 관련이 있음은,71 제주 문화에 북방의 영향이 큼을 보여 주는 예다. 삼성신화는 삼국·가야 건국신화 같은 북방계 신화의 영향도 받았는데, 地中湧出, 箱舟漂着, 所居地 選定 話素 등은 남방문화의 영향이고, 高·良·夫 삼성을 기능별로 고찰해 보면 고구려, 신라, 가야의 건국신화의 천연성이 있는 바 이는 북방문화의 영향이라고 볼 수 있다.72

이 같은 문화전파론은 자연히 어떤 사항의 유사성만을 추구하게 된다. 설화의 동시 발생설이 의미하듯이 문화 경로 전파는 단정하기 어려운 일이다. 그리고 문화 유입 경로도 제주→沖繩의 가능성을 전혀 배제할 수 없다고 본다.

射矢卜地의 弓矢에 관한 설화는 동명왕신화에도 등장하는데, 弓矢는 유목 수렵민 생활수단이라 대개 북방 대륙민들의 설화라 하겠다. 또 一·二·三徒와 고구려의 五部名이 관련이 있다면, 高·良·夫 삼성씨족은 고구려 계통 혹은 부여 계통인 東夷民族의 일파라 볼 수 있다.73

---

69 玄容駿, 주 20), 주 7)(1983), pp. 71~82., 주 7)(1992).
　　——, "濟州島 開闢神話의 系統", 「濟州島研究」 5輯, 濟州島研究會, 1988.
　　——, "濟州島 神話와 儀禮形式에서 본 文化의 系統", 「耽羅文化」 13號, 濟州大學校 耽羅文化研究所, 1993.
70 김공칠, 「방언학」, 신아사, 1977.
　　이기문, 「국어 어휘사 연구」, 동아출판사, 1991.
71 李淸圭(1985, 1987), 주 21).
72 許南春(1992), 주 18).
　　玄丞桓, 주 20).

三神人이 金蛙나 甄萱처럼 인간 생명의 근원을 땅으로 보는, 대지의 생산력에 바탕을 두고 있는 地生的 기원론에 바탕을 두고 있음도 문화계통에 대해 시사하는 바 크다.

정도의 차이는 있겠지만 삼성신화는 한국 본토를 비롯한 북방신화와 沖繩을 비롯한 남방신화의 영향을 받았고, 따라서 제주도 두 문화의 교차점에 있다고 하겠다.

※構造와 世界觀: 삼성신화의 구조와 의미에 대해서는 玄容駿, 張籌根74 등이 많은 성과를 이루었다.

우주론적 측면에서는 '西-地(山)-男-가난/東-海-女-풍요'의 雙分的 象徵體系로 이루어졌고, 이들의 결합을 맺어 주는 중매 역은 하늘로 올라간 使者가 맡고 있다. 서쪽 땅의 가난한 男神이 동해의 외래 女神을 맞아 풍요를 이루었다는 데서 외부 세계의 문화를 포용하고 승화시키는 제주인의 조화 의식을 읽을 수 있다. 사회학적 측면으로는 一·二·三(徒), 長·次·三으로 서열화된 三部組織, 三部體系의 구조로 볼 수 있으며, 高·良·夫乙那에서 각각 높음(崇高), 어짊(善良), 밝음(光明)의 가치 개념을 추출할 수 있다.75

제주도 당신신화의 공통 구조를 찾으려는 노력으로 A. Dundes의 설화형태론을 원용하여 당신본풀이의 연결구조형을 起源形, 基本形, 成長形, 完成形으로 설정한 張籌根76은, 무속신화의 구조가 원형인 삼성신화가 그 成長形을 分派形으로 王權神話로서 정착된 과정을 파악하고 있다. 성장형은 '男神의 聳出-女神의 入島座定經緯↔結婚'의 구조로 이루어진 것인데 삼성신화가 여기에 해당된다는 것이다.

삼성신화에 뒤메질의 이른바 삼기능체계가 그대로 적용될 수 있는

---

73 金宗業, 주 33), pp. 36~37.
74 玄容駿(1983), 주 7)., 張籌根(1986), 주 6).
75 玄容駿(1983), 주 7), pp. 85~89.
76 張籌根(1986), 주 6).

지는 앞으로 논의될 문제이나, 신들도 세 종류의 기능신으로 類別되
듯이, "삼신이 세 범주의 신분으로 나뉘어졌다고 해서 이것이 곧 존귀
와 비천의 상징인 것은 아니다.[77]" 射矢卜地가 '평등사회의 경쟁 원칙
이 발현된 것'[78]이라면, 당시인의 가치 관념을 밝히는 데 한 실마리가
될 수 있겠다. 외래문물을 수용하고 조화시켜 좀 더 나은 문화를 이루
는 상황 또는 신화에 나타난 세계관-평등, 조화 등-을 알 수 있는 실마
리가 된다고 생각한다.

　※三姓의 序次: 삼성의 서열에 관해서는 金宗業[79]이 정리한 바 있다.
40종 가까운 문헌의 서열 기록 빈도는 高·良·夫, 良·高·夫, 高·夫·良
順이다. 관계 자료로 「영주지」(高·良·夫順)를 最古 문헌으로 보고,「고
려사」(良·高·夫順)의 기록은 집필 당시 양쪽 족보도 나타난 것으로 보
아 梁誠之가 修史官으로 耽羅縣 조항을 담당하여 梁氏組를 먼저 기록
했기·때문이라고 추정하였다. 따라서 「高氏世譜」 序世文의 高·良·夫
를 바른 것으로 보고 있다.

　이러한 견해에 대해 金京秀는, 「영주지」가 「고려사」보다 앞선다는
증거가 없고 고씨 족보에 있는 고씨 집안의 부탁에 의해 쓰여진 사실을
들어 문제가 있다고 본다. 梁誠之가 성씨 순서를 고의적으로 바꾼 것인
지는 알 수 없으나, 고씨 집안 사람들의 어떤 의도에 의해서 성씨 서열
이 高·良·夫로 정착되어진 것이라고 추정하였다. 즉 조선 초기부터 성
숙하기 시작한 성리학의 영향으로 인하여 성씨와 가문을 중요하게 생
각하여 성씨의 서차에까지 신경을 쓰게 된 배경을 지적하고 있다.[80]

　高·良·夫의 차례는 지위의 고하를 나타내는 것이 아니라 가치 개념

---

77 許南春(1992), 주 18), p. 270.
78 全京秀(1992b), 주 14), p. 267.
79 金宗業, 주 33), pp. 37~41.
80 金京秀(1992b), 주 14), pp. 62~263.

이나 君·臣·民의 삼분체계를 나타내며,81 尊卑를 뜻하는 것이 아니고
단지 所任의 분담에 지나지 않는다. 무엇보다도 '姓'이 처음부터 있은
것은 아닌 후대의 일인 점과 '三者同時湧出'(「星主高氏家傳」)이라는 기록
을 볼 때 애초에 三姓의 차례가 있지 않았을 것이다. 단지 이 신화가
문헌으로 기록될 당시 삼성의 득세 상황이 반영된 것에 불과하다고 봄
이 타당할 것이다. 高·良·夫 삼인이 각 씨족의 대표 인물이라고 보면
더욱 그러하다. 射石으로 勇力을 시험하여 上·中·下, 君·臣·民의 서열
을 정했다는 기록(「瀛洲誌」)(長興高氏家傳)도 같은 맥락에서 이해된다.

V

지금까지 삼성신화 연구의 진전 상황을 대략 살펴보고, 제기되었고
해결해야 할 문제를 항목별로 검토해 보았다.

항유층의 의식과 문학성이 결합되어 신화에는 그들의 사고 구조와
가치 체계가 나타나 있으며, 특히 창업의 신화에는 미래지향성이 반
영되어 있기 마련이다. 삼성신화에 설령 후대의 조작이 있었다 할지
라도 이는 문헌 기록 과정상의 사소한 문제이고, 그들이 이 신화의 신
성함을 믿는 데는 영향이 별로 없었을 것이다. 앞으로 삼성신화에 대
한 구전자료를 많이 채록·보완하는 일은 신화 해석의 폭을 넓히기 위
해 바람직하고 필요한 일이다. 앞으로 구조 분석을 통한 사고 체계와
세계관 파악이 좀 더 심화되어야 하며, 인접 학문(인류학, 고고학, 역사학,
사회학 등)과의 연계로 다양한 시각에서 연구되어야 할 것이다. 삼성신
화 연구는 모름지기 쇄말적인 데서 벗어나 한국 신화, 세계 신화라는

---

81 玄容駿(1983), 주 7), p. 86.

큰 틀에서 이루어져야 한다.

비판적 검토를 통해 해결책을 제시하려 했던 이 글의 의도가 충분히 이루어지지 못한 아쉬움이 있으나, 앞으로 시간을 두고 충분히 논의되어야 할 사항이므로 문제 제기에 의의를 둔다. 항목을 나누어 검토하다 보니 부득이 중복 서술된 논의가 있게 되었다. 혹 거론되지 못한 업적이 있다면 해량 바란다.

(「耽羅文化」 14호, 1994)

4. 濟州島 巫俗神話의 文化英雄 考

I. 序論

　신화의 큰 두 줄기는 文獻神話와 口傳神話라 하겠는데, 문헌신화가 기록 당시의 여러 상황에 의해 변질되었을 것임을 생각하면 상대적으로 구전신화는 변개의 가능성이 덜하다고 생각한다. 그런데 구전신화는 거의 巫歌를 통해 이어지고 있다. 그 중에서도 제주도 무가는 일제 시대에 조선총독부의 지원하에 처음 채록된 이후[1] 비교적 원형을 보존하고 있다고 판단되어 계속 수집이 되고 다른 지역과의 비교나 무가의 세계관 등 여러 면에서 연구되어 오고 있으니,[2] 이는 제주도 무가의 중

　1　赤松智城·秋葉隆,「朝鮮巫俗の研究」上, 大阪屋號書店, 1937.
　2　秦聖麒,「南國의 巫歌」, 濟州民俗文化研究所, 1960.
　　　文化公報部 文化財管理局,「全國民俗綜合調查報告書」第五冊(濟州道篇), 1974.
　　　玄容駿,「濟州島神話」, 瑞文堂, 1976.
　　　――――,「濟州島巫俗資料事典」, 新丘文化社, 1980.
　　　韓國精神文化研究院 語文學研究室,「韓國口碑文學大系」9-1. 9-2. 9-3(濟州道篇), 1980~1983.
　　　濟州大學校 耽羅文化研究所 編,「濟州 說話集成(1)」, 1985.
　　　秋葉隆,「朝鮮民俗誌」, 日本, (株)名著出版, 1953(1980. 複刊).
　　　張籌根,「韓國の民間信仰」(資料篇. 論考篇), 日本, 金花舍, 1976.
　　　徐大錫,「韓國巫歌의 研究」, 文學思想社, 1980.
　　　玄容駿,「濟州島 巫俗 研究」, 集文堂, 1986.
　　　李秀子, "제주도 무속과 신화 연구", 梨花女大 大學院 博士學位論文, 1989.
　　　徐大錫, "韓國 神話와 民譚의 世界觀 研究-대칭적 세계관의 검토",「국어국문학」101, 국어국문학회, 1989. 등.

요성을 반영하는 것이다. 이 글은 제주도 巫俗神話³ 몇 편을 대상으로
文化英雄(cuiture her) 그리고 문화영웅과 불가분의 관련이 있는 僞計師
(trickster)⁴의 여러 측면을 살펴보고 이를 문헌신화나 본토의 무속신화
와 비교해 본 다음, 문화영웅의 여러 의미를 검토해 보고자 한다.

정신의 무의식적 활동이라는 것이 고대적·근대적 또는 미개·문명의
여하를 불문하고 모든 정신에게 있어 동일한 것이라 한다면, 우리는
하나하나의 제도나 관습의 밑바닥에 있는 무의식적 구조를 밝히지 않
으면 안 된다.⁵ 그런데 신화는 비록 事實性(객관적 현실)을 가지고 있지
않다 하더라도 자연과 우주, 인간과 만물에 관한 경험의 한 樣式이고
人間 表現의 하나이므로 現實性을 갖는다.⁶ 그러므로 이 같은 작업은
제주의 무속신화 나아가 한국 신화의 세계관과 전반적 특성 추출을 위
한 것이다. 그리고 문화영웅-특히 위계사의 국문학에서의 위상 설정과
성격 究明에 바탕이 된다는 점에서도 연구의 필요성이 요구된다.

---

3 대체로 敍事巫歌에서 口演되는, 神의 本源譚과 來歷譚을 제주에서는 '本(鄕)풀이'라고
한다. 여러 巫神들의 기원에 관한 이야기로 祭儀의 중심이라 볼 수 있는데 巫神의
全生涯를 나타내는 이러한 敍事巫歌를 포괄하는 학술적 용어로는 '巫俗神話'가 적
합하다고 본다. 그러나 제주의 무가 명칭을 이를 때는 현지의 명칭을 따른다.

4 '사기꾼'의 否定的인 의미를 고려하여 '트릭스터'를 그대로 쓰기도 하지만(曺喜雄,
"트릭스터(TRICKSTER)譚의 史的 小考", 成耆說·崔仁學 共編, 「韓國·日本의 說話 硏究」,
仁荷大學校 出版部, 1987) '僞計師'가 무난하다고 본다. '위계사'가 꼭 適譯語라고 할
수는 없다. 그러나 原義를 상하지 않는다면 아직 굳어지지 않은 학술 용어는 번
역하여 쓰는 것이 바람직함은 두말할 필요가 없다.

Cf. 許椿, "古小說의 人物 硏究-仲裁者를 中心으로-", 延世大 大學院 博士學位論文, 1986.

5 C. Lévi-Strauss·김진욱 譯, 「構造人類學」, 종로서적, 1983. p. 23. f.

6 金烈圭, 「韓國의 神話」, 一潮閣, 1976. p. 137. f.

II. 本論

1. 文化英雄과 僞計師

　인간이건 동물이건, 前史的이든 아니든 간에, 어느 민족에게나 문화영웅은 신화·민속·전설에서 그 민족에게 문화의 증여자로 간주되는 인물이다. 여러 가지 糧食, 技藝, 考案, 慣習 등의 모든 善하고 有用한 일들은 문화영웅에 의해 주어지거나 창안되고 기원되며 가르쳐진다. 전형적인 문화영웅은 그의 민족을 위하여 해, 불, 여름을 훔치거나 자유롭게 한다. 또 바람을 조정하고 옥수수, 도토리, 콩 그리고 다른 곡물을 기원케 한다. 동·식물의 특징을 이루게 하고 강물의 방향을 결정하고, 씨 뿌리며 쟁기질하고 사냥하는 것을 가르친다. 또 문자를 발명하고 인간에게 醫術과 魔力을 주며, 가끔은 現世 前에 이 세상이 지금처럼 되게 하고는, 그는 그의 귀환이 약속된 일정한 시간을 기다리기 위해 서쪽으로 사라져 버린다.

　문화영웅은 거의 모든 北美 인디언(Indian)(Native American)들에게는 친숙한 형상인데 종종 코요테(coyote: 북미 대초원에 사는 이리의 일종) 같은 위계사, 변형자, 창조자와　일치한다. 대개의 경우 이들은 동물 또는 새인데, 드문 경우 그는 인간의 형태를 띠기도 한다.

　문화영웅이 遂行한, 인간에게 유익한 행위 가운데는 햇볕을 확보하고, 고인 물과 사냥한 고기를 방출하고, 유용한 기예와 공예를 가르치고, 儀式을 제정하고, 위험한 괴물에게서 세상을 구한 일들이 있다. 동물이든 인간이든, 대체로 문화영웅은 위계사처럼 그의 익살스러운 행동과 여행 그리고 그의 유익한 행위에 공헌하는 동반자가 있기 마련이다.

문화영웅은 또한 쌍둥이의 아버지이기도 한데, 쌍둥이 또한 문화영웅처럼 위대한 변형자이며 시혜자이다. 그러므로 쌍둥이와 그의 아버지의 역할을 구분하는 일은 언제나 쉽지 않다.[7]

문화영웅은 위계사와 같은 맥락에 있으므로 이제 위계사에 대해 검토해 보겠다.

위계사는 전 세계적으로 구비문학에서 대개 그들의 업적에 헌신한 많은 민담과 史詩에서 찾아진다. 위계사는 그들이 발견되는 動物群에 의해 변한다. 예컨대 북미의 코요테, 황금해안과 서아프리카(Africa) 이웃의 거미 등이다. 심리학적으로 위계사의 역할은, 거대한 상대를 이기며 인간에게 명백한 同一視의 만족감을 허용하는 작은 창조자로서 聽者(인간)의 불충분함이 투영된 것이다. 위계사는 자주 신성한 신화의 인물이고 인류에게 삶의 기술을 전한 문화영웅으로 간주된다.

위계사는 특히 북미 인디언에게 중요시되는데 대개 創造者-文化英雄-變形者와 동일하게 얘기된다. 북미 신화의 위계사는 대부분 半人半獸的 존재다. 위계사는 貪慾스럽고 色情的이고 模倣的이며, 어리석고 虛飾的이고 欺瞞的이다. 그는 여러 형태로 僞計(trick)를 시도하지만 다른 상태로 더 자주 속임을 당한다. 어느 의미에서는 위계사는 거의 늘 惡의 편에 선다. 그러나 불이나 해를 훔치는 등의 몇 이야기에서는 사람들은 위계사가 훔친 물건과 위계에 혜택을 입는다. 북태평양 연안에서도 위계사는 또한 변형자이기도 한데, 이들은 대체로 문화영웅이며 위계사다.

利他的이고 창조적인 성격과 거칠고 탐욕스러운 성격 중 창조자와 위계사가 겸비한 役은 話者를 어리둥절하게 하고 자주 주석을 달게 한다. 나바호(Navaho)族 같은 몇 종족에서는 코요테가 신성하기도 하

---

7 Maria Leach ed., *Standard Dictionary of Folklore, Mythology and Legend* (Volume 1), New York, Funk & Wagnalls Company, 1949. p. 268. f.

고 어릿광대 같은 존재이기도 한 복합성이 있다. 후에 와서는 나바호족의 많은 禁忌를 깨뜨리기도 하여 벌을 받기도 하는, 風紀를 가리키기도 한다. 나바호족은 코요테의 역할에서 俗과 聖의 兩分法을 강조하지 않는다. 북미 인디언의 위계사 主旨(motif)는 가짜 신랑이다. 가짜 신랑인 위계사는 초자연적인 힘을 가진 체한다.

아마존(Amazon) 지역에서는, 위계사는 일반적으로 신화적 쌍둥이의 하나다. 그는, 그나 그의 형제에게 고통을 주거나 심지어는 그의 죽음을 가져오는 어리석은 행동을 하기도 한다. 야간(Yahgan)族 신화에서 위계사 역의 일부는 최초의 인간이 창조자와 그의 동생에 의해 그들에게 제공된 편의를 즐기는 것을 막는 문화영웅에 의해 행해진다.

북미 인디언 민담은 위계사에 의하거나 다양한 다른 동물, 초자연적 인물들에 의한 위계가 많은데, 예컨대 많은 영웅들의 화살이 공중에서 부러지거나 오리로 변하는 호박 등의 기적적인 현상이다. 위계는 두 가지로 나눌 수 있는데 '私利의 僞計'와 '害를 끼치는 僞計'다. 이야기의 일반적 규칙으로서, 속임을 당하는 인물에 대한 동정은 하지 않는다. 위계는 가끔은 성공적이고 가끔은 실패하는데, 만약 금기를 범한다면 그들은 늘 실패한다.[8]

코요테(이 짐승은 죽은 고기를 즐겨 먹는다.)가 草食 동물과 捕食 동물의 중간이라고 하는 것은 하늘과 땅 사이의 안개와 같은 것이며, 전쟁과 농경 사이의 머리 가죽 같은 것이고(머리 가죽은 전쟁의 수확물이다.), 야생 식물과 재배 식물 사이의 깜부기와 같으며(깜부기는 재배 식물 위에서 생육하나 야생 식물에 가깝다.), "자연"과 "문화" 사이의 의복과 같고, 사람이 사는 동네와 황무지와의 사이의 쓰레기와 같으며, 부뚜막(땅바닥에 있다.)과 지붕(하늘을 상징한다.) 사이의 재와 같다. "잿더미 어린이"나 신데렐라와 마찬가지로 트릭스터도 또한 매개자이고, 이 기능으로 하여

---

8 Ibid. (Volume 2), 1950. pp. 1123~1125. ff.

그가 그것을 극복하는 것을 직분으로 하고 있는 二元性을 무엇인가의
모양으로 보유한다는 것으로 설명된다. 트릭스터에서 볼 수 있는 애
매한 兩義的 성격은 거기에서 유래하는 것이다. 거의 북아메리카 전
역에서 이 역할이 코요테나 큰 까마귀에게 돌려지고 있음을 어떻게
설명할 것인가. 위계사가 複義的인 속성을 띠고 있음은 명확하다. 그
런데 만약 신화적 사고가 어떤 대립 의식에서 출발되어 그의 점차적
매개에로 진행됨을 인정한다면 이 선택의 이유는 분명해진다.9 위계
사는 대립된 상황을 극복하기 위해 二元性을 띠게 되는 것이다.

元來 트릭스터(trickster)란 지난 世紀 末부터 神話學에서 쓰여지기
시작한 용어로, 그 뜻은 '詐術을 使用하는 神話的 人物'을 가리킨다.
그 顯著한 特徵으로는 神과 人間, 自然과 文化, 創造와 破壞, 混沌과
秩序, 聰明과 愚鈍 따위의 兩義性을 띠게 되어 그는 자연 兩者의 中間
的 存在 즉 媒介者로서 活動하게 된다. 世界의 神話 속에서 이러한 몇
가지 例를 들어보면 아메리칸 인디언 說話 속에 登場하는 코요테나
까마귀, 밍크, 들토끼 혹은 아프리카의 說話 속에 登場하는 거미나 거
북 또는 들토끼 따위 더 나아가 그리이스 神話의 들이다. 헤르메스
(Hermes)나 프로메테우스(Prometheus), 로오마 神話의 머큐리(Mercury),
北歐神話의 로키(Loki), 印度 神話의 크리슈나(Krishna), 日本 神話의 수
사노오(スサノオ)까지도 트릭스터(trickster)로 論議되고 있다.10

코요테는 진지한 문화영웅의 이야기에서 등장하기도 하고 그 자신
이 창조자이기도 한데, 위계사의 모험은 그 우둔함과 재기로 해서 일
치하지 않는다. 그러므로 코요테 같은 위계사는 유익한 문화영웅, 영
리한 사기꾼, 바보의 세 役으로 나타난다.11

9 C. Lévi-Strauss, op.cit., pp. 213~215. passim.

10 『宗敎學辭典』, 日本:東京大 出版會, 1973, p. 589. 曺喜雄, op.cit., p. 138. 再引.

11 S. Thompson, *The Folktale*, The Dryden Press, New York, 1946(AMS Press, 1979). p. 319.

이는 한 용어로 설명하기 어렵고 달리는 배타적이다. 예컨대 페르세우스(Perseus) 이야기는 강한 민담 성분이 있는 반면 아메리카(America)의 많은 위계사 이야기는 때때로 신화적 목록과 함축을 한다.

오글라라 다코타(Oglala Dakota) 인디언들은 실제로 일어났다고 고수되는 '종족의 이야기'와 위계사 익토미(Iktomie)에 대한 오락적 이야기인 '진실'을 구분하고 있다. 말리노프스키(Malinowski)가 보고한 대로, 트로브리안더(Trobriander)族은 '古談'(libwogwo)을 명확하지 않은 창조 시의 과거와 여행, 난파, 특정한 추장의 공적 등등의 역사적 이야기로 나눈다.

太古의 自然神, 계승 主旨, 홍수, 그리스 신화의 황금시대의 일종은 近東(소아시아와 발칸)의 이야기를 함께 한다. 그리고 기본적으로 이들 주제에서 위계사로서의 프로메테우스와 인간의 보호자로, 더불어 신화는 개념화의 특별한 형식으로 쓰인 것처럼 보인다.

힌두(Hindu) 신화에서 僞計神인 로키에 프로메테우스보다 가까운 그리스(Greece)의 유사물은 없다. 로키는 독일 신화에서 매우 중요한 형상이고 다른 위계사를 닮았는데 현저히 북미 인디언의 그것을 닮았다. 그의 자선과 박애의 이상한 결합에서, 또 악의 없는 災殃과 파괴적인 敵意에서 그러하다.[12]

우리가 지금 살아 활동하는 '이승'과 死者의 세상인 '저승'과의 경계는 언제나 애매모호함으로 표시된다. 기독교 전설에서 성 베드로(Saint Peter)는 천국의 열쇠를 가지고 있으나, 그의 성서적 위상은 모호해서 두 가지 뜻으로 해석될 수 있다. 힌두교에서의 문지기는 매수되지 않는다. 그러나 그도 역시 매우 모호한 존재다. 형태적으로는 半人半象이며 기능적으로는 半yogi(요가 수도자)半demon(악마)이다. 이 유형은

---

12 G. S. Kirk, *Myth-its meaning and functions in ancient and other cultures*, Cambridge University Press·University of California Press, 1970. pp. 32~207. passim.

매우 일반적이고 이상향을 향하는 길을 가로막는 위계사의 형상에 관한 전체적 문학이다. 카친(Kachin) 전설에서는 카멜레온(chameleon)이 이 역할을 한다. 카멜레온은 작은 생물이지만 주변 사물에 따라 그 색깔을 매우 빠르게 조절할 능력이 있다. 동물은 지상의 수준이고, 人間과 神殿은 지상 위의 수준이다. 결국 두 쌍으로서 천상과 현실로 되돌아가는 것이다.

만약 정상/비정상과 단순/복잡, 논리적/비논리적, 지성적/비지성적인 것을 동등시하면, 여기에 자연적/초자연적인 것도 들어맞는가? 만약 과학 기술의 물질적 세계와 물리적 경험을 도덕적 관념과 상상의 형이상학적 세계로 움직일 수 있다면, 우리는 여기에는 여러 가지의 다른 상황에서는 비정상으로 간주될 커다란 불일치가 있음을 알게 된다. 그러나 비정상에 대한 태도는 언제나 兩價値的이다. 정상적인 것은 중립적인 것이고, 비정상적인 것은 도덕적으로 선악이라는 양극단을 포함한다. 이 사상은 쉽게 말하면 더러움/깨끗함, 불건강/신성함, 힘/무기력 등의 짝지은 대립에 의해 표현되는데, 이들은 개략적 等價物이다.13

밥콕 에이브럼스(Barbara Babcock-Abrahms)의 견해를 빌리면, 우리는 위계사의 세 범주(英雄的, 惡漢的, 痴愚的)의 사회적 위상에 혼동을 일으키고 있는데,14 후기에 오면 세 성격이 혼효되지만 신화에서의 위계사는 어디까지나 신성성에 비중이 두어진다.

위계사는 疎外者(outsider)로서의 役을 하고 있는 境界人(marginal man)이다. 따라서 그는 새로운 사회에서, 새로운 사람들과 문화의 갈등이 존재하는 장소과 시간에 나타나는 개성적 유형이다.15 그러므로

---

13 E. Leach, *Social Anthropology*, Oxford University Press, 1982. p. 114. p. 219.

14 Barbara Babcock-Abrahms, A Tolerated Margin of Mess;The Trickster and His Tales Reconsideed, *J.F.I.*, Vol. XI, 1974. p. 149.

위계사는 二重的 성격과 兩價值性(ambivalence) 때문에 生/死, 正/邪, 優/劣, 鬪爭/勝利 등의 모든 대립에 조정자·화해자가 된다.

라딘(P. Radin)은 위네바고(Winnebago)의 영웅에 대해 논술하면서, 네 가지 群을 제시하며 그 중 하나인 위계사를 未分化된 리비도(libido)라고 정의하고 있다. 그리고 이를 좀 더 구체적으로 풀이하여 幼兒的 心性, 유아와 성인이 기묘하게 혼합된 행동, 飢餓와 性 같은 원초적 욕구를 만족시키려는 목적, 잔인하고 냉소적이며 비정한 성향으로 풀이하고 있는데,16 이 말은 위계사의 양면성을 이해하는 데 도움을 준다.

정리해 보면, 신화적 영웅은 신으로부터 인간에게 문화를 가져다 주는 문화의 전달자인 문화영웅이고 창조자나 변형자인데 이들은 대체로 위계사의 성격을 띠고 있다. 그런데 차차 위계사의 문화영웅적인 성격이 퇴색되어 가면서 단순히 상대방을 속이는 데 초점이 맞춰져서 民譚化한다.

이로써 神性顯示(hierophancy)와 僞計는 공통의 기반 위에 있고, 위계사는 삶과 죽음의 전형적인 조정자임을 알 수 있다. 이는 아메리칸 인디언(American Indian)에게 특히 두드러진다고 조사되었지만, 우리에게도 사정은 크게 다르지 않다.

예컨대 〈배뱅이굿〉17에서 死靈과 生者의 만남과 확인은 위계에 의해 이루어지고 있다. 건달 청년은 위계를 통해 신성현시를 보여 주니, 위계사의 전형적인 예라 하겠다.

15 Everett V. Stonequist, *The Marginal Man:A Study in the Subjective Aspects of Culture Conflict*, Univ. of Chicago, 1930. p. 74.

16 P. Radin, *The World of Primitive Man*, New York, 1957. pp. 310~313. 네 가지 群은 '위계사, 산토끼, 레드 혼(Red Horn), 쌍둥이'다.

17 李殷官 唱本(金東旭, 「韓國歌謠의 硏究」, 乙酉文化社, 1961. 所收)

2. 濟州島 巫俗神話의 文化英雄

• 〈천지왕본풀이〉: 〈초감제〉(모든 巫儀의 첫머리에 하는 祭次로 신을 청해 들이는 儀式) 때 부르는 것으로, 천지개벽 당시 하늘의 천지왕이 지상의 총명부인과 배필을 맺고 대별왕, 소별왕 형제를 낳았는데, 이 형제가 각각 저승과 이승을 차지하게 되었다는 내용이다.

> 1) 지상으로 하강한 천지왕이 총명부인을 배필로 맞는다.
> 2) 천지왕이 인색한 수명장자와 그 가족을 징치한다.
> 3) 태어난 형제가 부친을 찾아 하늘로 오른다.
> 4) 형제가 활과 화살로 해와 달의 수를 조정한다.
> 5) 형제가 이승과 저승 차지를 위해 수수께끼 맞추기 내기와 꽃 피우기 시합을 벌여 동생이 속임수로 이긴다.
> 6) 악한 동생이 이 세상을 차지했기 때문에 세상이 어지러워진다.[18]

여기에서 주목할 곳은 단락 5)이다. 人世 차지를 위한 꽃 피우기 내기는 다른 지역(함흥, 영해, 울진 등)에서도 나타난다.

신화에 꽃 피우기 내기나 수수께끼 풀기류의 능력 다툼 같은 것이 흔히 등장함은 이미 지적된 바 있다. 수수께끼를 내는 근본 意識은 신화의 의식과 밀접한 관계가 있는데, 수수께끼는 신화적 지식을 가정하고 그 지식에 기반을 둔 시험이나 入社式으로써 제시되는 것이다.[19] 외디프스(글쓴이: 오이디푸스(Oedipus))가 왕위에 오르기 전에 '스핑크스'의 수수께끼를 풀었음에 유의하면, 수수께끼 풀이는 卽位의 전제였다는

---

18 제주도 무속신화는 여러 자료집에 채록되어 있으나 내용에 큰 차이는 없다. 따라서 「濟州島巫俗資料事典」(玄容駿)을 대본으로 하고 필요한 경우에만 다른 채록본을 든다. 각 채록본에 따른 내용상 차이에 관해서는 李秀子(1989), op.cit., pp. 7~60.을 참고 바람.

19 Robert Scholes·위미숙 譯, 「문학과 구조주의」, 새문社, 1987. p. 52.

점에서 그것이 지닌 통과제의적 意義는 크다고 할 것이다. 왕이 되거나 왕자의 자리에 오르거나 결혼을 함에 있어 수수께끼 풀이가 다한 구실을 생각하면 고대사회에서 수수께끼가 차지했던 요긴한 기능을 헤아릴 수 있을 것이다.[20] 〈천지왕본풀이〉의 수수께끼도 같은 맥락임은 재언할 필요가 없다.

위계는 같은 천지개벽계의 창세형[21] 신화에도 등장한다. 신(미륵)이 세상에 사람이 태어나게 하고 생활방편을 마련하는데, 세상의 지배권을 놓고 신들이 다투어 악한 신(석가)이 속여서 이겨 이 세상을 차지했기 때문에 세상이 어지러워졌다는 것이다. 여기에도 꽃 피우기 내기에서 속인다.[22]

천지왕은 두 아들 중 형에게는 이승을, 동생에게는 저승을 맡아 달라고 했는데, 소별왕은 이에 반대, 형에게 수수께끼 맞추기를 하여 이긴 자가 이승을 차지하자고 한다. 수수께끼에 진 동생은 꽃 피우기 내기를 하자 하고, 형의 꽃을 훔쳐 자기 것으로 만들어 이긴 것처럼 한다. 이리하여 동생은 이승을, 형은 저승을 각각 차지하게 되었다. 그래서 형의 말대로 저승법은 맑고 차며 이승은 혼란이 많게 되었다. 이는 신화의 속성상 이승에 사는 인간이 원초적으로 지니게 된 짐이며, 신을 숭앙해야 할 당위성이기도 하다. 바로 이 짐은 위계사인 소별왕이 형인 대별왕과의 내기에서 부정한 방법으로 이긴 결과이다. 인간에게 문화를 전달해 주는 사람을 문화영웅이라고 정의할 때, 소별왕의 문화영웅으로서의 행적이 프로메테우스처럼 뚜렷하지는 않다. 인간 세계는 이미 틀이 짜여서 존재하고 있었기 때문이다. 이 점은 이승과 저

---

20 金烈圭, "韓國의 神話", 「韓國民俗大觀」 6, 高麗大 民族文化研究所, 1982. pp. 60~61. passim.

21 金泰坤, "韓國 巫俗神話의 類型", 「古典文學研究」 第4輯, 韓國古典文學研究會, 1988.의 분류에 따름.

22 孫晉泰, "創世歌", 「朝鮮神歌遺篇」, 東京: 鄕土研究社, 1930. pp. 1~13.

승의 분할 통치라는 질서 마련에서 풀이된다. 이들은 生死를 넘나들며 질서를 마련한 것이다.

그런데 문제는 왜 이승 차지신이 사술을 쓰는 위계사이냐는 점에 있다. 전술한 대로 위계사는 삶과 죽음, 이승과 저승, 혼돈과 질서, 聖과 俗, 正과 邪를 매개하는 양면적 성격을 띠고 양자를 매개하는 역할을 할 수 있기 때문이다. 따라서 위계로 내기에 이긴 동생이 문화영웅-위계사로서 이승을 차지한 것은 당연한 귀결이다. 더욱이 〈초감제〉에서 행해지는 〈천지왕본풀이〉가 세상의 始源을 말하고 있음에랴. 그러므로 무속신화의 신들이 생업수호적 성격과 재앙신적 성격을 공유하고 있으며,23 이는 害惡과 治病을 아울러 관장하던 도깨비의 양면성과도 상통한다.

쌍둥이 형제가 벌이는 이승과 저승 차지 시합은 이제 인간 세상에 삶과 죽음의 세계가 마련되었다는 것으로, 따라서 이 세계는 원천적으로 부정한 곳이고 현실적 인간은 부정직·부도덕한 존재로 보는 사고의 표명으로 설명될 수 있는데,24 우리는 저승법이 일종의 통과의례로 간주됨을 생각해 볼 필요가 있다. 현세의 고통—고통을 주는 요인의 하나가 위계사인데 탈해 같은 경우와 다른 점으로, 문화영웅의 양면성을 잘 보여 준다.—을 설명하고 인간은 죽으면 누구나 평등하고 깨끗해진다는 관념 내지 바람[望]을 말한 것이 아닌가 한다. 저승법이 맑고 깨끗하다는 것은, 죽음은 누구에게나 공평하게 찾아오는 것이기에 이렇게 생각되었다. 만약 이를 〈힘내기형 전설〉과 동일한 맥락에서 논의한다면, 선과 악이 도치된 가치의 혼란을 상징한 것으로 볼 수 있다. 즉 동생의 행위에 대한 부정적인 보상이라는 것이다.25 그러나

---

23 玄容駿(1986), op.cit., pp. 167~182.
24 李秀子, op.cit., p. 102.
25 玄吉彦, "힘내기型 傳說의 構造와 그 意味-神話와 敍事巫歌의 構造對比를 통하여-", ──

꼭 현세의 인간을 부도덕한 존재라고 보았다고 단정할 수는 없고 두려우면서도 未知의 세계, 인간의 힘으로 불가항력인 세계인 저승을 敬遠한 것이라고 생각한다. 이는 치성을 드리며 기원을 하는 무속의 특징을 잘 보여 준다.

이 점은 죽은 조상의 영혼을 인도하여 저승의 좋은 곳으로 가게 해 달라는 〈체亽본풀이〉에서도 드러난다. 저승차사를 이승 인물로 설정한 것도 죽음에 대한 공포감을 덜하려는 의도일 것이다. 염라왕을 잡아오는 임무를 띠고 명계를 여행하는 강님은 바로 문화영웅이다.

신화는 인간의 모든 현실적 체험과 의식이 집약되어 있기 마련임을 상기해 볼 때, 현세 중시 사상과 智謀者에의 傾倒를 지적할 수 있는데, 현세 중시와 현세부정은 그 성격이 전혀 다르다.

인간에게 혜택을 주는 신인 문화영웅의 시련 과정으로도 해석되는데, 그러므로 모든 신화에서 중요한 점은 주인공의 죽음(비극적이든 아니든)에 있지 않고 재생에 있다.

• 〈초공본풀이〉: 巫祖神들의 본풀이라 할 수 있는데, 異常出生한 삼형제가 중의 자식이라는 이유로 양반들 때문에 과거에 낙방하게 되자 양반에게 복수하고 어머니를 살려내기 위하여 굿하는 법을 처음 시작하였다는 이야기다. 본토의 〈제석본풀이〉[26]가 바로 이 것인데, 巫儀의 본질이 그러하듯, 〈초공본풀이〉도 결국 인간의 삶에 초점이 있다.

1) 천하임정국대감과 지하김진국부인이 불당에 기원하고 딸(즈지멩아기씨)을 얻은 후, 부부는 벼슬을 살러 하늘로 떠난다.
2) 주자대선생이 즈지멩왕아기씨를 임신시킨다.
3) 집에서 내쫓긴 즈지멩왕아기씨는 주자대선생을 찾아 가고, 새들의 도

刊行委員會 編, 「延岩玄平孝博士回甲紀念論叢」, 螢雪出版社, 1980. p. 671.
26 〈帝釋本풀이〉의 신화적 맥락과 문학사적 의의에 관해서는 徐大錫(1980), op.cit.에서 논의된 바 있다.

움으로 시험(기름바른 지장쌀의 나락을 벗기는 일)을 무난히 이겨낸다.

4) 자지맹왕아기씨가 낳은 쌍둥이 세 아들은 삼천 선비에 의한 수난을 이 겨내고 과거에 응시했으나 중의 자식이라 낙방당하고 돌아와, 三千天帝 釋宮에 갇힌 어머니를 구하기 위해 부친을 만나 巫法 및 巫樂器 제조법을 배우고 심방이 되어 어머니를 구한다.

5) 아들들은 모친에게 巫具와 祭器를 지키게 하니, 당의 신이 된다.

6) 아랫녘 유정승의 딸이, 눈이 어두워지며 생사의 고통을 받다가 죽은 아 랫마을 장잣집 딸을 위해 ᄌᆞ지맹아기씨에게 무구를 빌려 전세남굿을 벌이는데, 이때 저승의 삼시왕으로 갔던 오빠들이 나와 북과 장고를 쳐 주어 장잣집 딸이 살아난다.

여기에서 중점은 죽음을 삶으로 전환시키는 단락 4), 6)에 있다. 천 지개벽이 된 다음에 인간에게 가장 절실한 문제는 生死이다. 인간이 죽음을 뛰어넘어 삶을 연장하고자 함은 가장 큰 소망이다. 죽은 사람 을 회생하게 하는 것, 生/死는 이런 의미에서 모든 신화의 첫째의 쌍 이 된다. 단순히 巫祖의 내력이라는 점을 넘어서 재생과 관련되어 있 어서 절실히 치성을 드리지 않을 수 없도록 만드는 것이니, 신의 의미 는 인간이 삶과 죽음 그리고 질병에 대해 깊이 생각하게 만든 데 있 다. 즉 인간이 단순한 식생활을 떠나 문화적이고 철학적인 삶을 누릴 수 있도록 한다.

ᄌᆞ지맹왕아기씨의 삼천천제석궁에 갇힘(죽음)과 시련(지장쌀의 나락 벗 기기) 그리고 원조자(새)의 출현, 세 아들의 시련과 부친 탐색은 이들의 문화영웅적 면모를 보여 준다.

• 〈이공본풀이〉: 인간 생명의 환생 또는 멸망을 주는 呪花를 가꾸는 서천 꽃밭의 呪花 管掌神인 이공의 신화로 〈불도맞이〉에서도 불린다.

1) 원강도령이 서천 꽃밭에 꽃 監官을 살러 가게 되자 부부가 함께 길을 떠나 잉태한 아내 원강아미는 도중에 장잣집 종으로 팔리게 되고 여기

에서 아들 신산만산할락궁이를 낳는다.

2) 원강아미를 탐하던 장자가 뜻을 이루지 못하자 그녀를 죽인다.
3) 부친을 찾아간 할락궁이는 부친에게서 여러 가지 꽃들(수레멜망악심꽃, 도환생꽃, 웃음웃을꽃, 싸움꽃 등)을 얻어 와 장잣집 식구를 죽이고 어머니를 살려낸 후, 부친의 뒤를 이어 꽃 감관이 된다.

단락 3)에서 보듯이 재생과 부친 탐색이 主旨인데, 이는 세계 문학에 공통되는 핵심적 사항이다. 영웅은 死者를 살리는 즉 재생을 통한 入社儀式을 관장하는, 인간에게 가장 중요한 역할을 수행함으로써 숭앙받게 되는 것이다.

〈바리공주〉[27]도 살살이꽃, 피살이꽃으로 병들어 죽은 父王 부부를 살려내고 있으며, 〈이공본풀이〉에서는 인간의 감정까지도 꽃으로 조절하고 있다. 이는 인간을 식물 체계에 비유한 것인데 모든 신화에 공통되는 현상 중의 하나다. 신화에서 초목이론(vegetation theory)의 중요성은 이미 지적된 바 있는데 神人同形同性說的으로 존재하는 식물의 재생 능력[28]이 類感된 것으로 해석된다.

장자의 죽음을 비롯하여 인간이 죽게 된 기원적인 사실을 설명하는 것에는 인간 역시 惡心을 가진 존재로 보았다는 논리가 개재해 있다고 볼 수 있다.[29] 그러나 〈천지왕본풀이〉에서 볼 수 있듯, 인간 세상에는 여러 죄악이 만연하지만, 인간 자체를 악하게 보았다는 결론은 성급하다고 본다. 그렇다면 〈초공본풀이〉의 장잣집 딸, 〈이공본풀이〉의 원강아미의 죽음과 환생은 어떻게 설명될 수 있는가? 신화에서의 죽음과 재생은, 전자보다 후자에 초점이 있기 때문이다.

---

27 金泰坤 編, 「韓國의 巫俗神話」, 集文堂, 1985. pp. 25~81.
28 Jessie L. Weston·정덕애 譯, 「제식으로부터 로망스로」, 文學과 知性社, 1988. p. 16., pp. 46~48. ff.
29 李秀子, op.cit., p. 125.

신화에서는 대체로 죽음은 자연적이고 돌이킬 수 없다는 죽음의 불가피성을 수용한다. 그러면서도 死者를 소생시키려는 노력을 하고 또 성공을 하기 마련이다. 재생이 신화의 본래적 속성임은 전술한 바 있는데, 윤리 의식의 침투도 이에 한몫 거든다. 다른 자료집[30]에 의하면, 할락궁이가 장잣집 식구를 죽일 때 어머니와 자기를 종으로 사도록 하고 어머니의 죽은 곳을 알려 준 장잣집 셋째 딸은 살려 준다. 이 같은 응보는 〈문전본풀이〉에서도 드러나고 있으며, 〈삼공본풀이〉는 특히 윤리 의식이 우월한 예이다.

〈삼공본풀이〉는 武王說話와 유사하며 〈沈淸傳〉 같은 孝行系의 신화이다. 貧-富, 眼盲-開眼과 같은 현세의 인간이 바라고 받들지 않을 수 없는 절실한 것을 말하고 있다. 인간의 이러한 願望을 들어주는 가믄장아기는 바로 문화영웅인 것이다.

• 〈세경본풀이〉: 인간의 여러 願望-延命, 發福, 豊農 중 농경의 기원을 말한 것인데, 목축신은 특이한 점으로 제주의 지역성이 고려된 것이라고 본다.

1) 자청비가 문 도령에게 반해 男服을 하고 함께 글공부를 하러 떠난다.
2) 문 도령은 본메를 나누어 갖고 하늘로 되돌아간다.
3) 자청비는 겁간하려는 정수남을 죽이게 되고 일 잘하는 남종을 죽인 죄로 집에서 쫓겨난다.
4) 남장을 한 자청비는 서천 꽃밭에 들어가 그 집의 사위가 되고 생명꽃을 얻어와 정수남을 살리나, 여자가 사람을 죽였다 살렸다 한다고 부모에게서 또 내쫓긴다.
5) 시험을 통과한 자청비는 문 도령과 혼인하는데 문 도령과 정혼했던 서수왕따님애기는 자살하고 온갖 邪氣를 불러일으킨다.
6) 하늘 나라의 선비들이 자청비를 푸대쌈하기로 하여 문 도령을 초청한

후 술을 먹여 죽게 하는데, 자청비의 기지로 잔치에서는 죽지 않게 되
나 외눈할망에게 속아 결국 문 도령은 죽는다.

7) 자청비는 서천 꽃밭에서 환생꽃을 가져다가 문 도령을 살린다.

8) 변란이 일어나자 자청비는 자원하여 수레멜망악심꽃으로 난을 진압한다.

9) 이 공으로 열두시만국과 오곡 씨를 얻고 문 도령과 지상으로 내려온다.

남장과 여장의 兩性具有와 수차의 兩性結合은 농경의 풍요와 연관
되어 있으며, 자청비는 穀母神의 역을 맡고 있다. 하늘에서 가져온 五
穀 種子가 戰功의 대가임도 특기할 만하다. 특히 단락 7), 9)에서 자청
비의 문화영웅적 성격을 알 수 있다.

하늘에 오른 자청비가 문 도령의 부모 앞에서 며느리가 될 수 있는
지의 시험을 받는 것은, 〈檀君神話〉의 곰과 호랑이가 그랬던 것처럼, 문
화영웅이 될 수 있는지를 심판받는 일종의 자격시험이고 通過儀禮다.

〈문전본풀이〉에서 도환생꽃으로 어머니를 재생시킨 막내 녹디셍인
을 비롯한 남선비의 일곱 아들도, 재생이라는 면에서, 자청비와 역할
을 같이 한다. 그리고 수문대장의 아들과 조정승따님애기가 살림을
금시상과 하늘옥황 사이에다, 즉 중간 세계에다 차렸다는 것은 시사
하는 바 크다. 문화영웅의 양면성과 맥락을 같이 하기 때문이다.

재생의 다른 측면은 죽음에 대한 공포감을 덜기 위함이기도 하다.
이승 인물인 강님이 저승을 갔다오고 다시 죽어서 저승차사가 되는
것(〈체스본풀이〉)도 이러한 까닭이다.

탐색의 대상은 대체로 부친이 주 대상이지만, 부친이 아니라 모친
이나 남편이 되기도 하고 藥水나 還生꽃 같은 물건이기도 하다. 서양
의 聖杯(grail)처럼 숨겨진 물건 찾기도 중요한 과제가 되는데, 후술하
겠지만, 예컨대 瓠公의 집을 차지한 脫海가 南海王의 사위가 되는데
있어 숨겨진(숨겨 놓은) 물건(礪炭)을 찾아 증표로 삼은 것이 결정적이
다. 또 琉璃는 七稜石上松下의 斷劍을 찾음으로써 부친의 認知를 받고

등극할 수 있었다.

시련 중 가장 중요한 競合은 대개 주술 경쟁인데 變身이 주된 방법이고,[31] 탐색은 필수적이다. 그런데 제주에서는 주술 경쟁보다 수수께끼 내기, 꽃 피우기 경쟁 등을 통해 경합하고 있다. 〈할망본풀이〉에서 멩진국따님애기와 동해용왕따님아기는 서로 생불왕(産神)이 되려고 옥황상제께 等狀을 하여 꽃 피우기 내기를 하게 된다. 그 결과 꽃이 번성한 멩진국따님애기가 삼승할망(무속신화에서는 멩진국할마님, 어승할마님, 불도할마님 등으로 불린다.)이 된다. 즉 이긴 쪽인 멩진국따님애기는 이승의 아기를 돌보는 이승할망(産神)으로, 진 쪽인 동해용왕따님아기는 저승할망으로 염라국의 죽은 아이들을 맡아보게 한다.

경합이 아닌 경우는 자격시험의 성격을 띠는데 通過儀禮의 일환이다. 〈세경본풀이〉에서 자청비는 비구니와의 문답에서 이겨 낭군을 차지하고, 며느리로 인정받기 위해 칼날이 위로 선 다리(칼쏜ᄃ리)를 밟는 과정을 거친다.

3. 他 神話의 文化英雄

문헌에 전하는 신화는 매우 많으나 이 글에서는 특징적인 몇 개만 들어서 검토해 보겠다.

---

31 변신은 동물로의 변신이 주류를 이룬다. 原初的 思惟에 의하면 동물은 사람보다 神靈的인 것에 가까우므로, 神의 示顯에는 동물이 靈獸로서의 기능을 지니기 때문일 것이다.(李相日, "變身說話의 理論과 展開-韓獨事例의 비교검토를 중심으로", 成均館大 博士學位論文, 1978. p. 80. f.) 대표적인 예로 河伯과 解慕漱의 天子 확인 과정을 보면, 그들은 잉어, 수달, 승냥이, 꿩, 매 차례로 변신하며 경쟁하고 있다.

河伯曰 王(글쓴이 註: 解慕漱)是天帝之子 有何神異 王曰 唯在所試 於是 河伯於庭前水化鯉 隨浪而游 王化爲獺而捕之 河伯又化爲鹿而走 王化爲豺逐之 河伯化爲雉 王化爲鷹擊之 河伯以 爲天帝之子 以禮成婚(「東國李相國集」, 卷三 古律詩, 〈東明王篇〉)

天降型이나 渡來型을 막론하고 문헌신화에 나타나는 문화영웅은 죽음의 문제나 死後의 세계보다는 현세의 삶에 더 역점을 두고 있다. 삶과 죽음은 불가분의 관계에 있는, 동전의 양면과 같은 것이지만 이 점이 무속신화와의 큰 차이일 것이다.

•〈단군신화〉: 熊女의 願해 의해 桓雄이 사람으로 변해 혼인하여 檀君王儉을 낳게 하였으니 이는 우리의 건국신화이며 우리 민족의 시원을 말해 주고 있는 것이지만, 인간의 기원을 나타내는 것은 아니다. 명시되어 있지는 않지만, 농경의 기원을 말해 주고 있지도 않다. 天符印 세 개를 들고 무리 삼천 명을 거느리고 太伯山 마루의 神壇樹 밑 神市에 내려 온 桓雄은, 風伯·雲師·雨師를 거느리고 곡식·수명·질병·형벌·선악 등과 모든 인간의 360여 가지 일을 주관하고 세상을 다스리고 교화하였다.[32] '昔有桓因庶子桓雄 數意天下 貪求人世'하였다니, 人世가 이미 있었고 농사를 짓거나 수렵을 해서 생활을 영위했으리라는 추론이 가능하다. 桓雄은 곰과 호랑이 사이에서 조정·선택하여 우리 민족을 시발케 함으로써 한 민족과 한 나라를 이루게 한 仲裁者[33]요, 문화영웅이다. 桓雄이 지닌 天符印은 무속에서 신내림이 준비되는 본메와 통하는 것이 아닌가 한다. 또 무당이 인간의 모든 일-농사, 수명, 질병 등을 주관하는 점에서도 그 관련성을 짐작할 수 있다. 이는 尼師今, 麻立干, 次次雄 등의 호칭과도 통하는 것이다.

•〈脫解王〉: 위계사가 문화영웅의 배역을 맡기도 한다는 점은 전술한 바 있는데, 이를 극명하게 보여 주는 것이 脫解王이다. 알에서 부화하고 궤 속에 넣어져 雞林 동쪽의 下西知村의 阿珍浦에 도착한 탈

---

32 … 乃授天符印三箇 遣往理之 雄率徒三千 降於太伯山頂神壇樹下 謂之神市 是謂桓雄天王也 將風伯雨師雲師 而主穀主命主病主善惡 凡主人間三百六十餘事 在世理化…(「三國遺史」, 卷 第一, 紀異 第一, 古朝鮮 王儉朝鮮)
33 仲裁者의 개념과 기능에 관해서는, 許椿, op.cit.를 참고할 것.

해는, 토함산 위에 올라가 살 만한 곳이 있는가 살펴본 바 瓠公의 집
이었다. 이에 속임수를 써서 숫돌과 숯을 그 집 곁에 묻고 자기 조상
들이 살던 집이라고 우겨 관청에 고발하였다. 탈해는 "우리 조상은 본
래 대장장이였는데 잠시 이웃 고을에 간 사이에 다른 사람이 빼앗아
살고 있습니다. 그 집 땅을 파서 조사해 보면 알 수 있을 것입니다"
하여 땅을 파게 한 후 그 집을 빼앗았다. 南解王은 탈해가 智人임을
알고 맏공주를 아내로 삼게 하니 곧 阿尼夫人이다.[34] 여기에서 위계사
의 문화영웅으로서의 속성을 파악할 수 있으며, 탈해는 바로 冶匠巫
일 가능성을 보인다. 탈해의 婚姻은 登極으로 이어진다. 탈해가 위계
로 자신의 지혜를 입증하여 혼인과 신분 상승을 이룬 것은 마치 무속
신화에서 공적의 대가로 오곡의 종자나 꽃을 얻어오는 것과 같다.

근면은 게으름을, 정직은 거짓말을, 愚直은 奸計를 물리치는 설화의
논리[35]가 민담에나 통용되는 것은 신화의 특성 때문이다. 위계사의 성
격을 띠게 되는, 신화의 문화영웅은 중재를 위해 양면성을 띠어야 하
기 때문이다.

• 〈東明王神話〉: 〈東明王篇〉의 수수께끼 풀기, 잃어진 물건 찾기,
斷劍符合 등의 모티브는 入社式 節次의 口述相關임을 고려하여야 하
며 이는 곧 입사식 시련이다. 瑠璃의 高空跳躍 내지 呪術的 飛翔은 그
神聖模型을 지니고 있다. 解慕漱·東明·瑠璃를 일관하여 꿰뚫고 있는 脈
絡이 呪術的 飛翔이다.[36]

---

34 … 其童子(글쓴이 註: 脫解)曳杖率二奴 登吐含山上作石塚 留七日 望城中可居之地 見一峯如
　　三日月 勢可久之地 乃下尋之 卽瓠公宅也 乃設詭計 潛埋礪炭於其側 詰朝至門云 此是吾祖代家
　　屋 瓠公云否 爭訟不決 乃告于官 官曰 以何驗是汝家 童曰 我本冶匠 乍出隣鄕 而人取居之 請
　　掘地檢看 從之 果得礪炭 乃取而居焉 時南解王知脫解是智人 以長公主妻之 是爲阿尼夫人…
　　(「三國遺事」, 卷 第一, 紀異 第一, 第四 脫解王)

35 張德順, "民譚", 「韓國民俗大觀」 6, op.cit., p. 177.

36 金烈圭, "韓國 神話의 몇 가지 局面", 國際文化財團 編, 「韓國의 民俗文化」, 1982. pp. 19~
　　20. passim.

수수께끼는 신들이 능력을 겨루는 주된 방법으로, 신화의 중요한
신화소이다. 수수께끼에 관한 이야기에서, 해독의 실패가 죽음이 되고
성공은 삶이 된다. 그리고 의미의 이중성에 주목할 필요가 있다.[37]

하늘에서 내려와 지상을 다스리며 北扶餘를 건국한 解慕漱는 물가
에서 놀고 있던 세 처녀(河伯의 딸들)에 반해 궁전을 만들고 문을 닫아
가로막는 詭術을 써서 河伯의 장녀인 柳花와 혼인하는데 성공한다.[38]

朱蒙이 東扶餘에서 金蛙의 핍박을 피해 卒本扶餘로 가자, 그 곳 왕
인 松讓이 朱蒙의 범상치 않은 인물됨을 보고 둘째 딸을 아내로 주었
는데 扶餘州의 왕이 薨하자 왕위를 이어받으니 곧 東明王이다. 그 역
시 궁전에 검게 색칠한 기둥과 썩은 나무로 된 낡은 기둥을 세우므로
써 그의 왕국이 오래된 것인 양 꾸며서 沸流王 松讓을 속임으로써 沸
流王을 왕위와 아내를 얻게 된다.[39]

이처럼 문화영웅은 위계사의 면모를 보이는데, 이를 극명하게 보여
주는 것이 〈천지왕본풀이〉의 소별왕이다.

朱蒙의 아들인 瑠璃의 父親 探索談─본메(여기에서는 斷劍를 찾기 위한
수수께끼 풀기와 斷劍符合 그리고 認知를 받기 위한 飛翔 등[40]─은 우

---

37 Robert Scholes, ibid.
38 其女見王卽入水 左右日 大王何不作宮殿 侯女入室當戶遮之 王以爲然 以馬鞭畫地 銅室俄成壯
　 麗 於室中設三席置樽酒 其女各坐其席 相勸飮酒大醉云云(「東國李相國集」, op.cit.)
39 … 王曰 以國業新造 未有鼓角威儀 沸流使者往來 我不能以王禮迎送 所以輕我也 從臣夫芬奴進
　 曰 臣爲大王取沸流鼓角 … 於是扶芬奴等三人 往沸流取鼓而來 沸流王遣使告曰云云 王恐來觀
　 鼓角 色暗如故 松讓不敢爭而去 … 松讓欲以立都先後爲附庸 王造宮室 以朽木爲柱 故如千世
　 松讓來見 竟不敢爭立都先後(「東國李相國集」. ibid.)
40 母(글쓴이 註: 柳花)日 汝父去時 有遺言 吾有臧物 七嶺七谷石上之松 能得此者 乃我之子也
　 類利自往山谷 搜求不得 疲倦而還 類利聞堂柱有悲聲 其柱乃石上之松 木體有七稜 類利自解之
　 曰 七嶺七谷者七稜也 石上松者柱也 起而就親之 柱上有孔 得毁劍一片 … 王(글쓴이 註: 東明
　 王)出所有毁劍一片合之 血出連爲一劍 王謂類利曰 汝實我子 有何神聖乎 類利應聲擧身 聳空乘
　 牖中日 示其神聖之異 王大悅 立爲太子(「東國李相國集」, ibid.)(「三國史記」에는 飛翔 부분
　 이 없다.)

리 신화의 요건을 잘 나타낸다. 그리고 아들 朱蒙에게 五穀의 종자를 전해 준 柳花[41] 또한 穀母神의 성격을 띤, 文化英雄의 면모를 지닌다.

•〈바리공주〉[42]: 巫祖神話다. 父王이 딸만 일곱을 낳자 홧김에 막내딸(바리데기)을 버렸는데 왕 부부가 병들어 죽자, 막내딸이 부모를 살리고 죽은 이의 영혼을 저승길로 인도하는 신이 된다는 내용이다. 강님처럼, 인간에게 가장 절실한 수명·재생을 주관하는 신으로, 서천 서역의 藥水와 開眼水 그리고 재생에 필요한 뼈살이꽃, 살살이꽃, 피살이꽃을 구하기 위해 겪는 바리데기의 시련은 문화영웅의 자격을 갖추기 위한 과정으로 이해된다.

•〈당금애기〉(제석본풀이)[43]: 스님이 동냥 가는 길에 당금아기에게 임신을 시킨다. 집에서 내쫓긴 당금아기는 석함 속에서 쌍둥이 삼형제를 낳는다. 삼형제는 부친을 찾아가 각각 신으로 점지받고, 당금아기는 삼신이 되어 이 세상에 인간이 태어나게 한다는 내용으로, 〈초공본풀이〉와 전개가 유사하다. 스님은, 당금아기 모르게 동냥자루 밑을 슬그머니 타 놓아 시주 쌀이 땅바닥으로 새게 한 후 이를 줍느라 날이 저무니 당금아기의 방에 들어가 동침한다. 그러고는 박씨 세 개를 주며 아들 삼형제를 낳거든 박덩굴을 따라 오라 한다. 힘들게 찾아간 아들이 몇 차례의 시험과 확인 과정(斷指合血)을 거치는 점은, 위에서 본 바대로 신화의 필수적 요건이다.

---

41 朱蒙臨別 不忍睽違 其母曰 汝勿以一母爲念 乃裏五穀種以送之 … (「東國李相國集」, ibid.)
42 金泰坤(1985), op.cit.
     盈德의 〈바리데기〉에서는, 바리데기가 약물의 소재를 아는 동수자와의 오줌싸기
     내기에서 그를 속이지 못하고 여자임이 탄로나 혼인하게 되는데, 이는 후대의 변
     모라고 생각한다.(〈바리데기〉, 崔正如·徐大錫, 「東海岸巫歌」, 螢雪出版社, 1974)
43 崔正如·徐大錫, ibid., pp. 72~110.

4. 文化英雄의 意味

먼저 쌍둥이(《천지왕본풀이》), 세쌍둥이 형제(《초공본풀이》)에 관해 검토해 보겠다. 이는 쌍둥이에 대한 신성성에서 비롯된 것으로, 해와 달의 수를 조정하고 최초의 巫司祭가 된 것도 이들이다. 쌍둥이가 자연 특히 天候에 대해서 주술적인 힘을 가지고 있다고 하는 신앙은 널리 분포되어 있는데[44] 우리도 같은 관념임을 알 수 있다. 쌍둥이를 낳는 경우(비정상적인 상태)에는 모든 통과의례가 훨씬 복잡해진다. 쌍둥이는 다른 아이들과 격리되며, 이들의 그릇, 용기는 금기시된다. 그리고 6살이 넘으면 음식을 같이 먹고 같이 춤추는 등의 재통합의례를 실시한다.[45] 여기에서 쌍둥이를 비정상적인 상태라 함은 일종의 외경을 나타낸 것으로 해석된다. 그리고 쌍둥이의 경합도 일종의 통과의례라 하겠다.

우주적 차원에서는 해/달, 이승/저승이 대별되는 쌍분법에 따라 두 쌍둥이로, 그리고 인간의 일에 있어서는 天·地·人의 삼분 체계에 따라 세쌍둥이로 나타났다고 볼 수 있다.[46] 이 점은 天上·地上·地下로 삼분되는 세계관과 대응된다. 이를테면, 獸界를 지하계가 굴절된 것으로 본다면, 문 도령(天上界), 정수남(獸界), 자청비(人間界)로 대변되는 〈세경본풀이〉의 예를 들 수 있다.[47]

이 두(세) 세계를 연결하는 고리로 신화에서는 주로 박덩굴이, 민담에서는 줄(〈해와 달이 된 오누이〉-동아줄, 〈나무꾼과 선녀〉-두레박(의 줄) 등)이 등장한다. 壽命長壽神話인 〈칠성풀이굿〉[48]에서는, 아들들이 무지개 서

---

44 J. Frazer·金相一 譯, 「황금의 가지」, 乙酉文化社, 1975. p. 107.

45 V. Gennep·全京洙 譯, 「通過儀禮」, 乙酉文化社, 1985. pp. 85~87. passim.

46 李秀子, op.cit., p. 115.

47 Cf. 朴敬伸, "제주도 巫俗神話의 몇 가지 특징-〈세경본풀이〉를 중심으로-", 「국어국문학」 제96호, 국어국문학회, 1986. p. 297.

기줄을 타고 부친을 만난다. 박덩굴은 땅속에서부터 위로 벋어 나는 성질을 유추한 것이고 동아줄은 위에서 밑으로 내려옴을 상정한 것이니, 신화의 天地人을 순환하는 체계와 잘 어울리며 민담은 순환하지 않고 地上-天上의 단선체계임을 보이는 것이라고 본다.

脫解는 瓠公을 속임으로써 유능함을 보였고 이로 해서 善治할 수 있었다. 그러나 소별왕은 속임으로 결국 스스로 얻은 것도 없고, 오히려 이승엔 온갖 죄악이 만연하고 복잡해졌다. 이 점이 무속신화와 건국신화 같은 타 신화와의 중요한 차이라고 생각한다. 전자는 저승을 관장하는 신을 받들게 하기 위함이고, 후자는 위대성의 과시에 목적이 있기 때문이다. 즉 무속신화는 이승의 관심을 저승으로 유도하고자 하는 데에 의도가 있고, 건국신화는 인간의 현세적 삶이 중심이 되면서 주인공의 영웅성이나 위대성을 표출하고자 하는 것이니, 그 지향점의 상이함에 기인한 것이다.

〈천지왕본풀이〉에서 대별왕·소별왕 형제가 이승 차지 경쟁을 했다는 것 자체가 현세중심적이다. 이러한 현실적 사고는 저승보다 이승을 차지하기 위한 경쟁으로 나타난다. 악착같고 비양심적인 소별왕이 이승을 차지하게 되어 이승의 질서는 문란하고 저승의 법도는 맑고 공정하다는 것이다. 이러한 逆說은 死靈崇仰을 합리화한 신화라고 생각할 수 있다.[49] 이는 문화영웅의 위계사로서의 속성이 표출된 것인데, 이승이 문란하고 저승이 맑다는 것은 관심을 저승으로 유도하고자 하는 일종의 전제라고 생각한다. 이렇게 보면 創世始祖神話의 人世主導權 競爭 揷話가 人世의 善과 惡이 治者의 德性과 능력에 좌우된다고 본 思考에서 形成된 것이라는 논술[50]은, 타당하긴 하지만, 신화

48 金泰坤(1985), pp. 205~209.

49 徐大錫, "巫歌", 「韓國民俗大觀」 6, op.cit., pp. 495~496. passim.

50 徐大錫, "創世始祖神話의 意味와 變異", 「口碑文學」 4, 韓國精神文化硏究院, 1980. p. 22.

의 一面만을 강조한 관점이라 하겠다. 무속신화가 현세 중심적이라는
의미는 저승에 치성드리고 기원을 함으로써 현세의 고통을 벗을 수
있다는 뜻이며, 따라서 저승은 맑고 공정하게 설정되어 있는 것이다.

　신화는 결국 인간을 위한 것이기 때문에 흥미보다 壽命, 農耕, 治病
등 인간에게 매우 절실한 문제를 이야기한다. 그런데 특히 生/死, 이승/
저승의 중재를 위해서는 반드시 중재자가 필요하게 된다. 父權/父情 뿐
아니라 國家/人間이라는 대립의 초월과 중재 기능을 하는 바리공주[51]
처럼 무속신화에서는 대체로 주인공 스스로 중재 역할을 수행한다.

　중재자가 그 자격을 갖추는 과정은 試鍊(競合, 探索)을 통해서 이루어
지며, 이 과정의 절정은 僞計의 사용이다. 즉 위계사로서의 자격 확인
이다. 위계는 중재의 가장 중요한 수단이라 하겠다. 따라서 중재자는
자연히 문화영웅과 위계사의 면모를 띠게 되는 것이다.

　〈三姓神話〉의 세 神人은, 나이 차례에 따라 나누어 장가들고 활쏘
기로 거처할 땅을 점쳤는데,[52] 활쏘기 主旨는 南蠻 등 다른 지역에도
많다.[53] 활쏘기 재주를 겨루어 경합을 하는 과정은 〈東明王神話〉에서
볼 수 있는 바,[54] 이는 실패하면 파멸로 이어지는 시련이므로, 〈三姓神
話〉와는 그 성격을 달리 한다. 시련 과정이 없는 것은, 이들이 본래적
의미의 문화영웅이라기보다 단순한 시조에 불과하거나 문헌 정착 과
정에서의 개변·첨가일 것이다.

51　金烈圭, "韓國 巫俗信仰과 民俗", 金仁會 外, 「韓國 巫俗의 綜合的 考察」, 高麗大 民族文化
　　研究所, 1982. p. 86.

52　三人年次分娶之 就泉甘土肥處 射矢卜地「高麗史」, 卷五十七 志, 卷第十一 地理 二〉(〈三姓神
　　話〉는 「高麗史」, 「瀛洲誌」, 「耽羅志」 등 여러 곳에 기록되어 있는데 서로 큰 차이가
　　없다.)

53　Cf. 玄容駿, "三姓神話 研究", 「耽羅文化」 第2輯, 濟州大 耽羅文化研究所, 1983. pp. 71~76.

54　松讓以王(글쓴이 註: 東明王)累稱天孫 內自懷疑 欲試其才 乃曰 願與王射矢 以畵鹿置百步內
　　射之 其矢不入鹿臍 猶如倒手 王使人王指環懸於百步之外 射之破如瓦解 松讓大驚云云(「東國李
　　相國集」, op.cit.)

인간은 일체의 분열에 대해 原一性(Priori Oneness)을 회복하는 중간
자 神話의 기능을 체험한다. 즉 神話를 체험한다. 따라서 토템(totem),
王, 巫覡도 중간자라 하겠다.[55] 따라서 무격의 특성을 잘 보여 주는 것
이 중재 기능이고 중재의 핵심은 위계이므로 위계는 신화에서 필수적
이다. 그런데 문화영웅이 위계를 쓴다 함은, 인간의 문명화는 신의 의
도나 본래적 상황이 아니라는 것을 반증하는 것이기도 하다. 환언하
면, 신화는 신들의 이야기에서 출발한 것이지만 결국은 인간사로 귀
결된다는 뜻이다.

通過祭儀가 再生祭儀[56]일 수밖에 없는 이유는 농경에서도 찾을 수
있는데, 농경이 가능하기 위해서는 죽음은 삶에 통합되어야 하기 때
문이다. 그런데 무속신화는 이 점을 명확하게 보여 준다.

그리고 지상으로의 下降에 유의할 필요가 있다. 天降神話는 建國始
祖의 父神格이 하늘에서 靈峰에 降臨한 것에, 渡來神話는 建國始祖나
그의 母神格이 外地에서 배를 타고 건너와 浦口의 "대섬"에 降臨한
것에 초점을 두며, 이 땅의 渡來神話는 天降神話를 바탕으로 한다. 渡
來型은 〈許黃玉渡來神話〉, 〈娑蘇渡來神話〉에서 보듯이 바닷가 쪽에서
주로 나타나며 異人의 출현을 나타내는 한 방법이다. 〈三姓神話〉의 渡
來는 제주도가 섬이라는 점이 크게 작용했겠지만 赫居世, 脫解에서
이미 나타나고 있다.[57] 〈檀君神話〉에서도 신은 하강하고 있는데, 이처
럼 신 출현의 본래 유형은 降臨일 것이다. 그런데 建國·始祖신화에는
降臨과 湧出, 바다를 통한 移入(渡來)이 혼합되어 있어서 본래 유형인
강림이 변형되었음을 짐작하게 한다.

55 黃浿江, "民俗과 神話·文化의 神話的 原理-", 「韓國民俗學」 8, 韓國民俗學會, 1975. pp. 108~
   109. passim.
56 金烈圭, 「韓國 神話와 巫俗 研究」, 一潮閣, 1977. p. 22.
57 Cf. 尹徹重, "韓國 渡來神話의 類型-脫解神話를 기본형으로 삼아서-", 「陶南學報」, 第10
   輯, 陶南學會, 1987. p. 31., pp. 38~42. ff.

湧出은 제주의 신화에 자주 나타난다. 서귀포 〈본향당 본풀이〉의 일문관 바람운님은 제주도 설매국에서 솟아났다. 즉 大地에서 출생한 것이니, 농경과의 연관성을 보인다. 〈三姓神話〉,[58] 건입동 〈내왓당 본풀이〉, 함덕 〈본향당 본풀이〉 그리고 송당 〈본향당 본풀이〉의 신들이 다 솟아났다. 이는 북방의 天孫下降과 남방의 地上湧出, 본토의 산신 관념과 제주의 해양 중시 관념이라는 우주관의 차이로 풀이되는데,[59] 육지와 절연된 남방의 섬이라는 지역적 특성과 농경 사회의 특성이 반영된 것이라고 본다. 그래서 제주의 신화는 降臨 외에도 湧出과 渡來가 혼합된다. 이를테면 송당 〈본향당 본풀이〉에서 男神 도천국은 송당에서 湧出한 수렵 육식신 즉 토착신이고 女神 백주가 외지에서 들어온 농경신인 점은, 〈三姓神話〉와 동일한 맥락을 띠며 농경법의 전래를 보여 준다.

渡來는 주로 여인(가계를 잇는 출산)과 농경을 위함이라고 볼 때, 우리의 神話는 천상으로부터의 下降과 지상으로의 湧出이 기둥을 이루고 있음을 알 수 있다.

우리의 신화를 互讓과 競合의 두 계열로 나누어 볼 때,[60] 競合, 試鍊, 探索은 아버지의 어머니 선택, 아들의 아버지 찾기, 왕위 획득 등에서 두루 나타나는 이중적 通過儀禮이며 世代에 걸쳐 나타나는 의례이다. 이러한 상황은 敍事의 기본 主旨인 葛藤과 그 해소로 수용되기

---

58 太初無人物 三人從地聳出 … 一日見紫泥封藏木函 浮至于東海濱 就而開之 函內有石函 … 開函有青衣處女三人及駒犢五穀種「高麗史」, op.cit.)
　　地上湧出은 "謂曰於座上山頂 雙竹湧生"(「三國遺事」, 卷第三, 塔像 第四, 洛山二大聖 觀音 正趣 調信)에도 보인다. 물론 이때의 雙竹이 人間(男女)을 표상한다는 전제에서다. 그렇다면 제주의 무속신화에는 本土에 전혀 없는 神들의 地中湧出이 있다는 논술(玄容駿(1986), op.cit., p. 219)이나, 湧出이 제주도 무속신화만의 변별적 특징(李秀子, op.cit., p. 204)이라 함은 재고해 볼 필요가 있을 것이다.

59 張籌根, "濟州島 天地創造說話의 文化領域性", 「제주도」 38, 濟州道, 1969. p. 165.

60 Cf. 許椿, "韓國 神話의 系列論-競合과 互讓", 「白鹿語文」 19輯, 濟州大 國敎科, 1992.

때문에 신화·전설·민담·소설은 서로 혼효되고 있다. 그 선후 관계는 차치하고, 〈초공본풀이〉와 〈내 福에 산다〉型 民譚과 〈沈淸傳〉, 〈이공본풀이〉와 〈安樂國傳〉, 〈세경본풀이〉와 〈祝英臺〉 說話와 〈梁山伯傳〉 등의 몇 예를 들 수 있다.

III. 結論

그 신성성을 인정하는 범위가 일정하지는 않지만, 口傳되어 온 巫俗神話는 生死의 넘나듦을 기본 성격으로 하는 신화의 원래 형태를 잘 나타내고 있다. 무속신화 중에서는 지역 특성상 제주도의 것이 가장 원형을 보존하고 있다고 판단된다. 이 글은 이러한 제주도의 무속신화를 주 자료로 하고 다른 신화와 비교하며 문화영웅에 대해 검토하고, 그의 행적에 따른 여러 의미를 고찰하였다.

먼저, 그동안 활발히 논의되지 않았던 文化英雄과 僞計師의 면모를 살피고, 문화영웅은 위계사로서의 속성을 지니고 있음을 자료에서 확인하였다. 문화영웅은 인간에게 해·불·곡식·의술·마력 같은 유익한 문화를 주고 儀式을 제정한다. 문화영웅은, 종종 위계를 쓰는데, 그 二重性과 兩價值性으로 해서 神/人, 混沌/秩序, 生/死, 正/邪, 貧/富, 優/劣, 鬪爭/勝利 등의 二元的 대립 상황의 전형적 조정자다. 신화에서의 위계사는 신성성에 비중이 두어지지만, 후기에 오면서 퇴색되어 민담에서는 惡漢的이고 痴愚的인 데에 초점이 맞춰진다. 삶과 죽음이라는 양극단을 仲裁하기 위해서는 위계사가 필요하다. 따라서 신화의 문화영웅이 위계사의 성격을 띠는 것은 당연하다. 그렇기 때문에 위계사는 害惡과 治病의 양면성을 보이고, 이는 곧 무속신화에서 얘기되는 신들의 성격이다.

중재자가 그 자격을 갖추는 과정이 試鍊(競合, 探索)인데, 이 과정의 절정은 위계의 사용이다. 신들이 능력을 다투는 수수께끼 풀기, 잃어버린 물건 찾기, 주술 경쟁, 활쏘기 시합, 부친(또는 모친, 남편, 아내 될 여인, 환생꽃 등) 탐색, 斷劍 같은 본메를 통한 부친의 認知 등은 일종의 通過儀禮임을 여러 신화에서 확인할 수 있다. 시련은 세대에 걸쳐 나타나며, 대체로 혼인과 신분상승(登極)은 병행된다.

특히 〈천지왕본풀이〉는 이 점을 잘 보여 준다. 위계사인 소별왕이 이승을 차지한 것은, 선망감의 표출이고 죽음에 대한 공포감을 덜고자 하는 의도이며 저승신에게 치성을 드리게 하려는 장치이다. 그러므로 여기에 나타나는 현세 중시 사상과 智謀者에의 傾倒는, 현세 부정과는 다른 차원이다.

〈초공본풀이〉, 〈이공본풀이〉, 〈세경본풀이〉, 〈문전본풀이〉에서도 보듯이, 신화에서는 죽음보다 재생에 초점이 있으며 壽命, 治病, 農耕 등 인간에게 절실한 것이 우선한다. 천상에서 五穀 種子를 가져다 준 〈세경본풀이〉의 자청비는, 아들 朱蒙에게 오곡 종자를 준 柳花나 〈三姓神話〉의 靑衣處女 三人처럼 穀母神이다.

桓雄, 脫解, 朱蒙, 바리공주, 당금아기 등은 전형적인 문화영웅이며, 이들 중 脫解, 朱蒙은 위계사의 면모를 보인다. 〈三姓神話〉의 射矢卜地는 시련과는 성격이 조금 다른데, 이들이 문화영웅이 아닌 단순한 시조이거나 후대의 개변·첨삭일 것이다.

建國始祖神話는 현세적 삶이 중시되면서 주인공의 위대성 과시와 善治에 초점이 있는 데에 비해, 무속신화는 인간의 관심을 저승으로 유도하는 데에 의도가 있으니 그 지향점이 다르다.

쌍둥이는 이승·저승, 천상·지상·지하로 구분되는 세계관을 반영하는 것인데, 〈천지왕본풀이〉, 〈세경본풀이〉에서 예를 찾을 수 있다. 이 두(세) 세계를 연결하는 고리가 신화에서는 박덩굴이, 민담에서는 줄

인데, 신화는 天地人을 순환하는 체계이고 민담은 地上-天上의 단선
체계임을 보여 준다.

　신 출현의 본래 유형은 降臨일 터인데, 湧出은 남방의 섬이라는 제
주의 지역적 특성에 유래한 것이고 大地에서의 출생이라는 점에서 농
경과 유관하다. 渡來는 농경 같은 문화의 외래를 나타낸다. 따라서 제
주의 신화는 降臨, 湧出, 渡來가 혼합되어 나타나고 있다.

　그리고 신화의 시련은 敍事의 갈등으로 수용되어 문학의 여러 양식
에 영향을 준다.

　논의의 폭이 넓어졌으나, 위계사의 국문학에서의 위상 설정과 성격
究明에 一助가 되기를 바란다. 외국의 신화나 본토의 신화를 좀 더 면
밀히 살펴 제주 신화만의 특성을 추출하는 작업을 비롯한 여러 미흡
한 점은 후고를 기약한다.

(「濟州島言語民俗論叢」, 濟州文化, 1992)

5. 濟州 說話 一 考察

I. 緒言—論議의 觀點

척박한 토지와 험한 기후 속의 三災의 孤島요, 안팎으로 당한 수탈과 피침의 역사로 점철된 제주에는, 전해 오는 설화, 무가, 민요 등이 의외로 풍성하다. 설화에 한해 보아도, 자료의 수집과 함께 그 특성을 밝히려는 연구가 상당한 진척을 보이고 있다.[1]

그런데 특정 지역 설화의 특성을 추출하려는 이러한 작업에서는, 자칫 그 우월성을 밝히는 데 중점을 두게 되는 일을 끊임없이 경계해야 한다. 즉, 의도가 앞선 나머지 객관성이 흐트러지지 않아야 한다. 어디까지나 설화의 공통성에 기초한 위에 그 특성을 추출해야 할 것이다.

한 지역의 설화를 볼 때 우리는 흔히 좋다, 나쁘다 하는 가치 판단과 아울러 그 상황이나 결말에 동조하고 미화시키기 쉬운데, 이런 점을 늘 유의해야 한다. 향토 우위에 선, 자기 고장 중심의 이해에 빠지지 않도록 주의하자는 말이다.

---

1 玄容駿, 「濟州島神話」, 瑞文堂, 1976.

——, 「濟州島傳說」(以下 「傳說」), 瑞文堂, 1976.

韓國精神文化研究院 語文學研究室, 「韓國口碑文學大系」(以下 「大系」) 9-1. 9-2. 9-3(濟州道篇), 1980~1983.

濟州大學校 耽羅文化研究所 編, 「濟州 說話集成(1)」(以下 「集成」), 1985.

현길언, 「제주도의 장수설화」(以下 「설화」), 弘盛社, 1981. 등.

이 점을 전제로 하면서 이 글에서는 제주의 설화 중 장수설화2, 풍수설화, 건달설화를 중심으로 설화의 변이 양상, 제주인의 관습, 사고 방식 등을 살펴보고, 아울러 설화에 나타난 여성을 검토하겠다. 생활에 어려운 조건을 극복하기 위한 노력과 소망은 설화에도 잘 반영되고 있는데, 특히 뛰어난 인물이나 풍수에 관한 설화가 많은 것도 한 예라 하겠다. 그리고 설화에 나타난 여성의 여러 면모를 훑어보는 것은, 생활 양식이 본토와 상당 부분 다르고 '女多'의 섬인 제주라서 더 의의가 있지 않을까 한다.

II. 장수설화

먼저 전국적 광포전설인 아기장수 전설을 보겠다. 부모나 관군에 의해 피살되어 땅에 묻힌 아기장수가 어머니의 발설로 재기 직전에 실패하는 이 전설은, 대체로 '출생-초인성 탄로-피살(과 재생 실패)-용마 출현'의 전개를 하고 있다.

비교적 정석적 전개를 보이는 제주의 아기장수 전설 가운데 (1) 베락구룽 (2) 吳察訪 (3) 洪業善 (4) 坪待 부대각 (5) 날개 돋친 密陽 朴氏 (6) 한연 한배임재(이상 「傳說」) (7) 개미목 명당자리 (8) 백정시 (9) 장사나게 한 명당자리 용진굴(이상 「集成」) (10) 江汀 김씨 자손 (「설화」) (11) 장사 양태수 (12) 날개 돋힌 아이(이상 「大系」, '濟州道篇'은 따로 卷數를 밝히지 않음. 이하 같음.)를 주 자료로 삼아 그 특성을 살펴보겠다.

(1)에서 부모가 자식의 날개를 자르는 것은, 만일 관가에서 알게 되면 역적이 났다 하여 삼족이 멸할 게 분명하므로 집안을 위해서 내린

---

2 장사만을 지칭할 때는 구분하였으나, 장수는 장사를 포괄하는 개념으로 쓴다. 제주의 장수설화는 현길언, ibid.에서 검토된 바 있어 논의의 실마리로 삼는다.

결단이다. 가문 보존 의식이 선행한 것인데, 이 점은 여느 설화에서나 공통된 것이다. 결말에서 벼락이 떨어져 벌을 받는 것은, 본토 전설에서 흔하지 않은 경우인데, 그 아이를 거부한 부모까지 일반 민중들은 거부한 것으로 사회의 고정관념에 따라 장수아기를 거부한 현실적인 부모와 장수를 기다리며 살고 있는 제주 사람들 사이의 갈등이라는 지적은 수긍이 가는 점이다. 나아가 왕정 통치하에서의 보편적인 가치관에 대한 제주 사람들의 내면적 저항으로까지 해석한다(「설화」 p. 133). 부모를 관권과 대응시켜 보면 타당성 있게 받아들여진다. (7)에서 보듯 아기장수의 출생과 실패는 거의 風水, 地氣, 斷穴과 관련이 깊은데, (10)에서는 묏자리를 장군 氣가 있다는 이유로 破穴하는 가혹한 제재를 가한다.

(4), (5), (6) 등을 통해서는 날개 제거에 따른 부모의 갈등을 엿볼 수 있다. 이 점을 본토의 전설과 중요한 차이로 파악하기도 한다. 본토 전설의 경우 전설적 경이를 통해 비극적인 감정을 보상하고 지명전설로 영원히 땅 위에 남기려고 하는 데 반해, 제주의 경우는 대부분 인물전설로서 실제 인물의 묘나 사람들의 구전에서 이루어지는 관심이 증거물로 남는다(Ibid., pp. 137~138). (2), (3), (4), (5), (6), (11) 등처럼 날개가 제거된 후에도 힘은 여전하여 장사로서 살아간다. 이로 보면 날개 자체가 힘과 직결되는 것은 아닌 듯하다. 날개는 다른 세계로 비상한다는 상징성에 더 역점이 있다. 장수가 장사로 되었으면서도 현실에 적응하며 장사의 뜻을 펴 살아가는 그 삶의 진지성에 초점을 맞추어, 이를 바로 제주 사람들의 삶의 한 양식으로 풀이하고도 있다(Ibid., p. 140). '힘을 잃은 아기장수', '화적이 되고 만 아기장수' 유형은 힘이 센 이파총(「大系」 6-11(卷數 표시. 이하 같음.)), 하마비를 움직인 아기장수와 조부(7-17), 영남대적 이칠손이(8-7), 화적이 된 아이(8-9) 등의 예를 통해 볼 때, 제주만의 특색이라고 하기에는 무리일 것이나, 상당한 비중을 차

지하고 있다. 예컨대 '어깨를 지져 우둔해진 장사'[3]에서 보면, 자신의 어깨를 지지라고 스스로 알려 준 아기는 보통 사람보다는 힘이 뛰어났지만 힘이 모자라 관군에 뽑히지 못한다. 또 겨드랑이의 날개를 부모가 잘라 크게 되지 못하고 醫院 노릇으로 보낸 최동지(「大系」 1-7, 의원 최동지의 처방), 효심으로 날개를 떼어 버린 후 젊어 죽은 장수(3-3, 효심으로 날개를 떼어버린 장수) 등 상당수 있다. 이 점에 관한 「설화」의 논의를 보자. 이 유형의 제주 지역 전설은 비극적 결말이 상당히 극복되었으며, 지명전설로 고착된 본토에 비해 한 인물의 생애를 이루는 삽화로서 인물전설인 점이 특이하다. 인물을 기다리며 살아왔던 제주 사람들이 만들어 놓은 이 비범한 인물들의 일생에서 제주 사람들의 삶의 방식을 볼 수 있다. 본토의 전설에서는 날개를 가진 '아기'를 전부 거부하였음에 반하여, 제주의 경우는 '날개'만을 거부했다. 즉 본토 전설이 날개 달린 장수를 전면적으로 거부한 데 비해 제주 전설은 '날개가 달려 장수가 된다'는 그 사실만을 거부한 것이다. 본토의 아기장수형 전설이 현실적인 죽음을 용마의 출현을 통해 민중의 가슴속에 아기장수의 영상이 살아 있게 하는데 반해, 장수는 죽더라도 (날개는 제거되더라도) 인간(일상적인 사람)만은 살아 있게 된다는 데 차이가 있다. 아기장수를 죽여야 하는 사회의 일반적 통념과 가치관에서도 차마 그럴 수 없는 부모의 마음은 인간의 본성과 통하는 순수한 것이며 곧 제주 사람들의 의식과 통한다고도 본다(pp. 121~122, pp. 136~139). 장수를 거부하지 않고 그 장수가 될 수 있는 자질만을 거부해서 현실에 적응해 살아가도록 한다는 데, 차별성이 드러난다. 그러므로, 겨드랑이에 날개 돋은 아기장수가, 장수가 아닌 장사로서 한 세상 살아가도록 하는 이 전설 구조는, 주변부 사람들의 좌절한 꿈과 그 삶의 양식을 드러내는 것으로서, 육지부 전설과의 차별성을 분명하게 제시해

---

3 翰林大學校 國文科 編, 「江原口碑文學全集(1)」, 翰林大出版部, 1989. p. 139.

주고 있다는 것이다.4 설득력 있는 해석이지만, 본토의 동일 유형 전설을 대비해 볼 때 조금은 비약적이고 과장된 면이 있다고 생각한다. 덧붙인다면, "아버지는 장도칼을 가져다가 눈물을 머금고 작은 아들의 날개를 딱 찍었다."(4), "만일의 경우 집안이 망할 것을 두려워하여 아까와하면서도 지져버린 것이었다."(6) 등의 예로는 이를 뒷받침하기엔 그 정서 추출에 무리가 있다고 본다.5

(8)은 地官 백정시의 예언대로 태어난 날개 달린 아이가 혼자 전술을 익혀 살다가 행방이 묘연해졌다는 것이요, (9)는 풍수와 연관이 있는 것으로 그의 아내가 날개를 지져 힘을 잃었다 하니 좀 특이한 경우다. (12)는 아기장수가 태어나자마자 피살되는 전형적 예다.

위에서 지적된 대로, 제주의 장수설화가, 지명전설로 고착된 본토에 비해 인물전설로의 성격이 짙으며 비극적 결말이 많지 않음은 중요한 차이다. 이는 아마도 장수의 출현을 갈구하는 제주인의 염원을 반영하는 것이라고 본다. 설화에서는 합리적 설명을 위해 풍수, 단혈과 연관지어 이야기하고 있다. 심지어 朱天子가 났다고, 朱天子 아버지의 묘가 있다는 王侯之地로 운위되고(「集成」 제주 六大 名穴과 주씨 무덤), "제주도에는 화산이지만 名墓가 많이 있어 놓으니까 (역적이 날까보아) 그 목슬 地理에 연구 있는 사롬만 보냈다."(Ibid., p. 384)는 데까지 나아간다. 실현 가능성이 희박한 소망을 상상 속에서나마 이루게 해 주고, 현실로 이루지지 못한 이유를 설명하는 데 매우 유익한 것이 풍수설화다. 그런데 특히 전설이 비극적 결말로 감정을 고조시킨다고 보면,6 전설만이 줄 수 있는 비장감을 많이 상실하고 있다고 하겠다.

---

4 玄吉彦, "說話와 濟州文學", 「耽羅文化」 15號, 濟州大學校 耽羅文化硏究所, 1995. pp. 238~239.

5 부모가 날개를 자를 때의 고민이 「大系」나 「集成」에는 보이지 않는 사실은 재검토를 요하는 부분이다.

6 전설이 반드시 비극적 결말을 보인다는 뜻은 아니다. 그리고 전설의 비극성은

전설이란 장르의 시작은 바로 이 죽음의 정점으로부터 다시 출발하고 있다는 구조적 특질7에 유의할 때 더욱 그러하다. 아기장수는 죽음을 통해 오히려 영원히 살아 있게 된다. 그럼에도 장수가 빨리 나타나기를 절실하게 바라는 향유층이 차마 장수를 죽이지 못하고 살린 것이라고 본다.

단적인 예로, 戲化한 (2)吳察訪(2/2)을 들 수 있다. 담이 크고 재담이 좋은 오 찰방은 벼슬도 방귀 덕으로 얻어 '방귀 찰방'이란 별명을 듣고, 그를 혼내 주려고 팔도 선비들이 씨름하자고 하자 배의 닻줄을 미리 잘라 놓는 꾀로 그들을 물리친다. 여기에는 장수로서의 기개나 힘이 존재하지 않으며, 전설의 민담화를 잘 보여 주는 한 예다.

뜻을 이루지 못한 장수가 逆將이 되는 것은 어쩌면 당연한 결과이리라. 역사적 인물에 아기장수 모티프가 접합된 '金通精 將軍'(「傳說」)의 경우는 전형적인 예다. 날개와는 무관하지만 전봉준(「大系」 5-7), 안규홍(6-12), 안담산(6-12), 강목발이(8-4, 8-10) 등도 제주의 이재수8, 방성칠(이상 「大系」) 등과 함께 이를 잘 보여 준다. 아기장수 전설의 전형적 전개와 다르고 아기장수가 탈출하여 살아나거나 벼슬하는 것이니 종국은 실패한다고 할 수 있겠지만, 아기장수 전설의 '成功型'9에 해당하는 몇 예 중 하나로, 제주의 그것은 부모의 보호로 이루어져 있어 특이하다.

(아들이) 깊이 잠든 틈을 타서 아들의 옷을 벗겨 보았다. 양쪽 겨드랑이

신화나 민담과의 상대적 개념이다.

7 姜恩海, "傳說의 삶과 죽음 以後의 세 變容", 金烈圭 編, 「韓國文學의 두 問題-怨恨과 家系」, 學研社, 1985. p .95.

8 이재수의 경우, 죽은 후 보니 겨드랑이에 날개가 돋았다는 설화도 채록되어 있다.(「설화」 pp. 116~117)

9 崔來沃, 「韓國口碑傳說의 研究」, 一潮閣, 1981. pp. 150~152.

에 날개가 돋아 있지 않은가. 아버지는 겁이 덜컥 났다. 살짝 옷을 입히고 이 말이 절대 새어나가지 않도록 입을 막았다.(2)

(남자로 변한 지렁이가 밤마다 찾아와 통정한 후) 그로부터 허리가 점점 커져서 과부는 옥동자를 하나 낳았다. 아이는 온몸에 비늘이 돋쳐 있었고, 겨드랑이에는 자그마한 날개가 돋아나고 있었다. 과부는 이런 사실을 일체 숨기고 고이 아기를 길렀다.(「傳說」 金通精 將軍)

인물(장수)을 바라는 마음이 컸기 때문에, 아기장수를 보호하고 그나마 있는 인물을 살게 했을 것이다.

(4)에서, 며칠을 생각한 끝에 아버지가 작은아들의 날개를 찍는 순간 쌍둥이는 깜짝 놀라 후다닥 일어났다. 날개를 끊는 줄 알자 큰아들은 날개를 펴고 퍼뜩 밖으로 빠져나가 훨훨 멀리 날아가 버리고, 작은아들은 마당까지 날아가다가 날개가 한쪽 잘렸기 때문에 더 날지를 못하고 떨어졌다. 남게 된 힘이 센 작은아들보다는, 영영 돌아오지 않은 큰아들에게 기대나 염원이 가능성으로 투영되었다고 본다. 장수의 출현이 간절할수록 더 그럴 것이다. 사라진 장수는 언젠가 다시 돌아올지 모르기 때문이다. 훈학이 뛰어나고 묏자리를 잘 본 백정시는, 나라에서 이를 알면 살아날 길이 없을 것 같아 집을 나가 혼자 무술을 배운다. 이여도로 갔는지 확실한 행방을 알 수 없다 하니(「集成」 백정시), 언젠가 돌아올지도 모른다는 막연한 기대를 가질 수 있게 된다. 그런데 "사람들은 지금도 힘센 사람을 보면 부대각 즈손이라 한다. 부대각의 묘는 현재 평대리 남쪽 3킬로미터 떨어진 곳에 있다."((4), p. 171)고 전해지는 경우, 과연 얼마나 향유층의 마음에 깊이 남을 수 있을 것인가는 의문이다.

'무덤이 들면 나쁜 일 일어나는 산'이 기우제와 연관되어 많이 전하고 있는데, 산방산에 묘 안쓰는 이야기(「大系」) 역시 그렇다. 흥미로운 것은, 산방산 위에 산을 쓰면 꼭 장수가 날 禁葬地가 있다는 이 이야

기에, 날개 돋친 아기장수가 두 번째 좌절하는 내용과 같은 이야기가
연결되어 있다는 점이다. "이제 그 저 신체에다가 이 겨드랭이에(겨드
랑이에) 눌겔 돋았다고. 묻언놔둔 신체에. 이제 그 눌겔 돋아서 이제
그 신체가 하늘 옥황더레(옥황으로) 올를랴고(오르려고). 그렇게 올르
며는 이제 그 짜순이(자손이) 어떻게 이제 뭐 장수가 이제 될란가 돼.
그래서 항상 여기엔 산 못쓰게 희여."(p. 638) 하고 장수가 많이 나옴을
과시하고 있다. 화자가 장수에게 호의를 보이고 있는 것과도 연관이
깊다. (7)에서 목사에게 청하여 얻은 將軍地에 부친의 묘를 쓰자마자
날개가 돋은 문 사령은, 좀 참지 못하고 주체할 수 없는 힘으로 궁궐
을 돌아다니며 장난치다가 참수당했다. 이러한 상황을 전하는 화자는
안타까워하며 비판하고 있다("딱게, 이따에 ᄌ기 아방을 묻었어. 이놈의 새끼
가 멍청호 놈의 새끼라. 아방을 묻언 곧 나오난, 그자 내가 터져. 내가 탁 터져. 사
름 못 넘게 내가 지난, 이놈은 잇단 그 상뒤꾼(상두꾼)을 심엉 픽픽 데껴. 이놈이 머
볼써 눌개 돋은 놈이."(p. 38)). 오찰방(9-2)의 경우도 마찬가지다. 날개를 잘
렸어도 힘이 장사여서 역적을 잡으려 하였으나 힘에 부치자 백발노인
(神靈)이 나타나 역적을 잡을 방도를 가르쳐 주었다. 그 공으로 장군 벼
슬을 주려고 신체검사를 하다가 날개 끊은 자국을 보고 "'… 이거 대
단 잘못 됐다. 그리 아녀시민 (아니 했으면) 이거 천아명장 뒐 건디,
이거 춤 아이 뒀다.' 허여서 장군 벼슬은 못주고 그때 찰방과거 하나 …"
(p. 157) 받았다 한다. 화자가 아기장수를 옹호하는 의식은 전국에 공통
적이라 제주만의 특색이라 하기엔 무리이다.

그런데 어머니의 발설로 재기에 실패하는 경우가 나타나지 않아 본
토와의 차별성을 보인다. 창조적이고 긍정적인 면과 야만적이고 불길
한 면을 동시에 지닌 여성의 양면성[10]과 비극성의 고조를 전제하면,

---

10 許椿, "선문대할망 說話 論考-濟州島 巨女說話의 性格", 「韓國文學의 通時的 省察」, 白文
    社, 1993. p. 542.

어머니의 발설로 아기장수가 재기에 실패하는 대목은 이 설화의 절정이라 하겠다. 그럼에도 이 부분이 결여되어 있는 것은, 전설의 민담화과정을 보여 주는 것이기도 하지만, 제주 지역의 전설이 증거물보다인물에 초점을 맞추기 때문에 필요성을 느끼지 못해 자연히 생략된것이 아닌가 한다. 이 설화의 초점이 어디까지나 아기장수의 출현과재생의 실패에 있다고 보면, 전자를 간절히 바라는 향유층의 願望이어려 있는 것이라 본다. 또 화자가 날개에 대해 강하게 부인하는 것도이 이야기를 전설로서보다 민담으로 간주함을 보여 준다(장사 양태수(「大系」): 이 이야기는 사실담이 아니다 또는 과연 사람의 겨드랑이에 날개가 돋았겠느냐. 오찰방(「大系」): 눌개가 돋았다고 말은 해도 어디 머 눌게 돋은 사람은 없을 것이고 아메도 춤 상당이 다싸난(민첩했던) 모냥이여. … 눌게길(날개를) 그차브렷젠(끊어버렸다고) 흐되 아메도 그디 그 씸(힘줄)을 하나 끈어 부린 모냥이여.(pp. 152~153)).

본토인에 대한 대결의식 같은 것 속에 감춰진 것은 섬사람들이 가지는 열등감인데, 이것을 극복하기 위해 그들은 무한한 힘의 소유자로 등장한다는 지적(「설화」 p. 166)에 유의할 만하다. 본토인에 대한 반감 내지 열등감을 노골적으로 드러내는 것은 제주의 지정학적 특징을반영하는 것이요, 이러한 의식이 상당 부분 지금까지 이어지고 있어주목할 필요가 있을 듯싶다. 이 선망과 반감의 양면성이 두드러진 한예로 (2)를 보자.

장안에서는 제주놈(오찰방)이 무서운 도둑을 잡아온다고 야단들이었다.오찰방은 궁중으로 말을 몰아 들어가려 했다. 『이놈, 제주놈이 말을 탄 채로 어딜 들어오려고 하느냐!』 호통 소리가 떨어졌다. 오찰방은 역시 좁은데에서 난 사람이라, 마음이 졸해서 얼른 말에서 내려서 걸어 들어갔다.… 임금님은 오찰방을 (역적을 도모할 우려가 있어서) 옥에 가둔 후, 문초를 해 보니 제주놈이요, 또 궁중에 들어올 때 말에서 내려서 걸어 들어온것을 알았다. 임금님은 안심하였다. 『서울놈 같으면 사형을 시킬 것인데,

제주놈이니 큰일은 못할 것이로다. …』(1/2)

(방귀로 찰방 벼슬을 한 오 찰방에게) 팔도 선비, 장안 한량들이 트집을 잡았다. 『제주놈 도야지 다리 그만 하면 얼마나 줄까?』『서울놈의 네 에미 씹 세 번씩은 주지요.』오찰방은 태연히 대답하고 이만 잡는 것이다. 말하는 꼴이 더욱 분하기 한량없는 노릇이다. (2/2)

나라의 장군은 임금 앞에서도 물을 타는데, 어느 땐 어떵 물을 탄 궁궐로 들어 가는데 그때 영의정이,「생시에 범물(말을 타고 들어가는)은 못홉니다.」호니 그냥 살쭉 물을 부렷거든(버렸거든). 물을 부리니(말에서 내려 임금 앞에 나가니) 그 임금이 호는 말이,「내가 한 道를 지키랴고(지키게 하기 위해서) 끊어 주기로 했는디 지금 물을 느리는 걸 보니, 제주놈은 무음이 즈그니 홀쑤 엇다.」호면서 겨우 찰방을 주었거든. 오찰방이 그렇게 되니 가슴이 여간 서늘호지 아니호여(애석하였다). 화가 나서 돌아오는디 역불(일부러) 그 원수를 갚을랴고 … 서울로 내달아 그 영의정을 죽여버렷.(「설화」)

본토(인)에 대한 강렬한 반감과 선망은 제주 설화의 중요한 단면으로, 무속신화에 보이는 외래신에 대한 호양[11]과도 연관지어 검토해 볼만한 사항이다.

문국성과 소목사(「傳說」)의 경우, 명당에 쓴 묘를 왕명을 받은 소 목사가 옮겨가게 하는 바람에 문국성은 영웅이 되지 못하고 그 집안도 망해버렸다. 풍수와 개인의 삶이 얼마나 깊이 연관되어 있는지 충분히 짐작할 수 있다. 그런데 여기서 글쓴이가 주목하는 점은 이보다, 벼슬을 하지도 않고 전공을 세운 일도 없는 문국성을 왕이 경계하였다는 사실이다.

涯月面 納邑里에 문국성이라는 이가 있었다. 용모가 장군의 형세요, 풍

---

11 Cf. 許椿, "韓國 神話의 系列論-競合과 互讓-",「白鹿語文」9輯, 濟州大 國敎科, 1992.

채가 으리으리하고 힘이 장사였다. 문국성은 서울에 올라가 장안을 주름 잡아 거리낄 데가 없었다. 임금님이 문국성의 행세를 보고는 은근히 걱정 하였다. 이놈이 용모는 장군형인데 너무 협잡스럽게 행세하는 것을 보니, 국가를 해칠 우려가 있다고 생각한 것이다. 그래서 당시 國地理로 있는 蘇牧使를 제주 목사로 보내기로 했다. 지리에 능한 소목사가 문국성의 先墓를 탐색하고 미리 조치를 강구하려 함이다.

서울에 올라가 거리낄 것 없이 장안을 주름잡고 풍채나 힘이 왕이 주목할 정도로 뛰어났다 함은, 소망의 반영이요, 열등감의 반작용으로 풀이된다.

단편적인 내용이긴 하지만, 울릉도 시조 유래담12에 보면, 울릉도의 시조는 날개 돋친 장수인데 본토에서 관군이 쇠붙이로 찍어내는 것을 피하여 온 것이라 하니, 이 점 시사하는 바 크다. 孤島는 독립적 성격을 지닌다. 말하자면 꼭 인물이 있어야 한다는 절실함을 지닌다. 그런데도 그나마 귀한 인물을 자꾸 죽여 없애면, 본토와의 대등한 위치에 서기는커녕 예속될지도 모른다는 염려가 컸으리라 추정된다. 이렇게 본다면 '힘을 잃은 아기장수'가 제주에 친숙하게, 널리 나타나는 것이 수긍이 될 것이다. 전술한 바대로, 이 유형이 타 지역에서도 채록되어 있어서 제주만의 특색이라기에는 무리겠지만, 대부분 단편적이고 제주같이 일정 형식을 갖춘 예가 별로 없다. 인물을 바라는 제주인의 소망이 좀 더 현실적으로 나타났다고 할 수 있겠다. 성공의 폭과 깊이를 상상하면서 향유층의 소망을 충족시키고, 좌절한 아기장수를 가슴 깊이 묻기보다는 그보다 못하더라도 凡人과는 다른 異人을 바라는 제주 인(향유층)의 의식을 반영한 것이라고 본다. 날개 달린 장수가 실제 인물로 이야기되는 것도 사실성을 높이는 데 결정적인 도움을 준다. 이런 점은 "차마 죽일 수 없는, 인간의 본성과 통하는 순수한 것"「설화」

---

12 崔來沃, op.cit., p. 151.

p. 136) 이전의 문제라고 생각한다.

다끄내 정서방, 닥밭 정운디, 새샘이, 다리 송천총, 심돌 부대각, 논하니(이상 「傳說」), 짜망이, 최동이(이상 「集成」), 오찬(「大系」) 등 제주에는 장사가 많다. 장사를 바라는 소망이 반영된 것일 게다. 그런데 제주의 장사들은 食量을 채우지 못하고 배곯은 장사가 유난히 많은데, 아마도 먹을 것이 풍부하지 못한 척박한 환경에 기인한 것이리라. 한 섬 쌀과 돼지 한 마리를 먹어야 겨우 배가 차기 때문에 한 번도 배부르게 먹어 보지 못하고, 무서운 힘이 있다는 것 때문에 관에 잡혀 간 정서방의 죽기 전 소원은 실컷 배불리 먹는 것이었다. 이래서 한 섬 밥과 소 한 마리로 난생 처음 배부르게 먹을 수 있었다. 그런 후 큰 바위를 정 서방의 몸에 달아 바위에 던졌는데도 삼일 동안이나 물 위로 솟구쳐서 '살까요 죽을까요' 하고 어머니에게 물었다. 부모는 살아 나와 배고파 죽는 것보다 지금 죽는 것이 차라리 낫겠다고 생각하여 살라고 하지 않았다(「傳說」 말머리). 제주의 困乏한 삶이 절실하게 드러나 있다. 막산이, 새샘이는 이런 전형이다. 오십 인분의 밥을 한꺼번에 먹고 일 역시 오십 인분을 할 정도로 체구가 크고 힘이 장사였으며 일을 잘 했으나, 배를 채우지 못해 밤마다 도둑질을 해야만 했던 中文里의 종 막산이(「傳說」 막산이)는, 저간의 사정을 짐작하게 한다. 자기를 받아줄 집을 찾아 전전하던 막산이는 翰京面 부근에 숨어 살면서 곡식이나 마소를 뺏어 먹다가 결국은 굶어 죽었다. 천민 출생이어서 여기저기 종노릇을 하던 새샘이도 배가 고파 도둑이 되어 곡식이나 마소를 약탈해 먹었다.

주목할 인물은 정운디다. 닥밭[沙溪]에 살던 정운디는, 겨드랑이에 날개가 돋쳤다는 大靜의 오 찰방을 씨름할 때마다 이겼다. 오 찰방은 좋은 집안의 자식이요, 정운디는 천한 종이다. 오 찰방은 천한 종인 정운디에게 한 번도 이겨 보지 못하자 억울한 마음을 누를 수 없었다.

심지어는 집 지을 재목을 한 짐 가득 지고 쭈그려 앉아 변을 보고 있는 것을 보고 잡아 눌렀어도 끄떡도 않고 오히려 자기만 뒤로 굴러 떨어졌다. 아들이 한탄하는 것을 보다 못한 오 찰방의 부친이 쌀섬을 보내며 정운디에게 한번 져 달라 사정하자 배는 크고 살림은 궁한 정운디는 얼른 이를 수락하였고, 이래서 오 찰방은 딱 한 번 이겨 봤다 한다. 장사가 배를 채우기 어려웠던 사정은, 꼴을 묶으러 간 논하니가 오십 인이 먹을 점심을 혼자 다 먹고 오십 인이 할 일을 했다는 데서 알 수 있다. 논하니는 이때야 처음으로 먹고 싶은 대로 배부르게 한번 먹어보았다는 것이다. 날개가 돋친 오 찰방을 가볍게 이긴 정운디야말로 설화 향유층의 의식이 투영된 것이리라. 정운디는 관에 협력하여, 움부리와 오찬이궤(굴 이름)의 도둑 떼와 새샘이를 잡았다.

오 찰방은 大靜縣에서 태어났다. 아버지는 튼튼한 자식을 낳으려고 임신한 부인에게 소 열두 마리를 먹였는데 딸을 낳았다. 그러자 다음에 임신했을 때는 딸을 낳을지 모른다며 소를 아홉 마리만 먹였다. 이렇게 해서 낳은 아들이 오 찰방이니, 누나에게는 힘을 당할 수가 없었다. 한번은 오 찰방이 높은 절벽에서 나막신을 신은 채 뛰어내렸어도 안전한 것을 본 아버지가 아들의 옷을 살짝 벗겨 보았다. 아버지는 겨드랑이에 돋은 날개를 보고 겁이 덜컥 났지만, 살짝 옷을 입히고 이 말이 절대 새어 나가지 않도록 입을 막았다. 그래서 오 찰방은 도둑을 잡아 임금님을 배알하고 찰방 벼슬을 할 수 있었다(2). 당시 제주 백성들은 일반적으로 생활이 가난하여 이부자리조차 제대로 마련하고 살지 못하던 때인데도(「傳說」 p. 60), 오 찰방의 집안은 자식 낳는다고 귀한 소를 이십여 마리를 먹일 정도로 부유하였다. 또 아들의 기를 죽이지 않기 위해 정운디에게 쌀 섬을 보내 자식과의 씨름에서 져 달라고 부탁할 정도로 살림에 여유가 있었다. 많은 아기장수가 천민 집에서 출생했는데, 오 찰방은 예외적이다. 게다가 오 찰방의 날개를 자르지 않았는데도, 오 찰방은 닥밭 이씨 댁 종인 정운디에게 도저히 당하지 못하였다. 이는 날개 그 자체보다 천민 출신임을 더욱 중시하는 설화 향유층의 의식을 반영하는 것이라 생각되어 퍽 흥미롭다. 장수의 출신이 부유층이니, 향유층은 구태여 날개를 자를 필요성을 느끼지 못했을 것이다. 왜냐하면 '날개'는 곧 '역적'으로 인식되는 바, 기득권을 누리고 있는 양반(또는 토호)이라면 역적과는 비교적 거리가 멀기 때문이겠다. 가문 보존 의식이 상대적으로 더 강했을 집안에서 날개를 감쌌음은 그만큼 역적이 될 가능성이 엷기 때문이 아닌가 한다.

제주 설화를 검토해 보면 인물의 출생이나 실패 이유를 풍수와 연관지어 설명하는 경우가 많다. 풍수설화는 전국 광포설화이긴 하나, 가시나물 김 선생, 도원리 강 훈장, 고 전적(이상 「大系」) 같은 명풍수 이야기가 좁은 땅에 비해 많은 것은, 역으로 地氣에 의해서라도 인물이 나기를 바라는 염원이 반영된 것이라 본다. 아기장수 전설에서 날개 달린 아기가 장사로 살아가는 것도 같은 맥락에서 풀이할 수 있겠다. 제주에 인물이 나오지 않은 것을 斷血 탓으로 돌리는데, '고종달[胡宗旦]형 전설'(「설화」의 명명에 따름.)은 그 대표적인 예라 하겠다. 제주의 풍수설화는 斷脈모티브를 중심으로 얽어졌으면서도 신앙전설로서의 의미를 더 많이 지니고 있어서 제주 사람의 운명이 고종달의 단혈에 의해 결정지워졌다고 보면,[13] 삶을 방향 짓는 풍수에 대한 믿음은 충분히 짐작이 간다. 걸인에게 인색하여 집안이 망했으나, 그 집안의 착한 며느리에게 구원받은 사람이 암행어사가 되어 좋은 묏자리를 잡아 주자 다시 잘 살게 되었다는 설화(「集成」 가시오름 강당장)는 이를 잘 반영한다. 장자못 전설 같은 결말도 좋은 묏자리로 바뀌고 있다. 어느 지역이나 혈에 얽힌 풍수담은 수없이 많다. 명당에 대한 욕구 또한 어디나 같아서 '정성(수완) 들여 명당 얻기'(「大系」의 명명임. 이하 ' '로 표시

13 玄吉彦, op.cit., p. 237. f.

함.)가 대단히 많다. 다른 지역의 아기장수 전설도 풍수 모티프와 깊이 결합되어 있기 마련이다. 그럼에도 제주에서 이 유형의 설화가 갖는 의미는 각별히 부각시켜 보아야 할 것이다.

부언할 점은, 다른 지역에서 채록된 제주도의 장사나 이인 설화에 대한 검토의 필요성이다. 예컨대 제주도 키다리, 제주도의 천하여장사 (이상 「大系」) 등이다. 그리고 바보 이야기(바보 머슴, 바보 가족, 바보 사위, 모자라는 며느리 등)가 거의 없는 것도 '장수(인물)'와 연관지어 살펴볼 일이다.

Ⅲ. 건달설화

타 지역에 비해 제주에 인물설화가 많음은 전술한 바다. 그런데 집성촌이라 할 정도로 서로 血緣으로 맺어져 있는 제주의 인물 중, 주목을 끄는 것은 효자·열녀보다 건달이라 범칭할 수 있는 인물군이다. 제주는 남을 속인다든지 짓궂은 행동을 하기가 비교적 어려운 지역이기 때문이다.

잡보 행실을 하는 건달형 인물은, 지역에 따라 김 선달, 정만서, 정수동, 방학중, 태학중, 진평구 등으로 대표된다. 제주의 경우 변인태가 가장 대표적 인물이고, 강별태, 전만능, 양 장의, 얼쑤 등도 이에 포함되는 예이다.

(1) 변인태: (ㄱ) 西歸鎭 邊仁泰(「傳說」) (ㄴ) 서귀진 베인태 (ㄷ)~(ㅈ) 변인태(9-3: 82(面數. 이하 같음.) 3/3, 390 (3) 2/2, 82 1/3, 407 (4) 2/2, 129 1/2, 390 (3) 1/2, 407 (4) 1/2) (ㅊ) 베인태(이상 「大系」) (ㅋ) 벵인태(「集成」) (2) 전만능 (3) 강별태: 강별태와 정유학 (4) 양 장의: 가령 양장의(이상 「大系」) (5) 얼쑤 (「集成」)를 통해 좀 더 구체적으로 살펴보겠다.

변인태는 西歸鎭의 官屬 下人인데, 지모가 뛰어나고 재치가 있으며 거짓말 잘하기로 유명하였다. 하루는 助防將이 아내를 집(新村)으로 데려가야 하는데 바빠서 변인태더러 모셔가라 했다. 서귀진에서 신촌을 가려면 한라산을 가로질러 넘어가야 한다. 산중의 실정을 잘 알고 있는 변인태는 깊은 산중에서 길을 잃고 산중에서 밤을 새게 하였다. 밤이 깊어 가자 일부러 사람 우는 소리, 여우 우는 소리 등을 내서, 무서워하는 상전 부인을 끼고 누웠다. 그 후 변인태는 술이나 돈이 필요할 때마다 이 일을 구실로 상전 부인에게 가서 받아 먹었다. 또 목사가 먹을 고기를 먹기도 하였다. 고기를 태워 가자 먼 불에 은근히 새로 구워 오라고 하니 望臺의 불에 고기를 들고 서 있은 후 생고기로 가져가 그 고기도 다 먹게 되었다. 나무라는 목사에게 "먼 불에 은근히 구워라 하시기로 멀리 있는 망불에 꿨습니다." 하고 있다(ㄱ). 語戱를 통해 상대를 골리는 것은 가장 일반적인 방법이다. 旌義 현감이 기생을 데리고 다니는 것을 보고 반성하도록 공격할 때도, "역두형은 거딱거딱 우리 ᄉ또 아랫 ᄆ실(마을)도 거딱거딱" 하며 우회적인 수사를 통하고 있다(ㅋ).

이들은 상전을 골려서 향유층의 代償 심리를 만족시켜주고 있다. 중앙과 멀리 떨어져 있는 孤島이기 때문에, 양반이나 土豪의 횡포가 더욱 심했으리라는 것은 쉽게 짐작이 간다. 목사가 도임하면 한라산 遊山으로 백성들에게 폐를 끼침이 자심하자, 강칩이 달려들어서 "이런 놈 놔두민 백성이 어떻게 살겠느냐?" 하며 사또가 받아 놓은 음식상을 발로 차 버렸다. 그래서 강칩은 말꼬리에 상투를 매는 형을 받고 죽었다. 화자는 "下原(서귀포시 중문동의 동네) 날래 강칩 선세가 아마 영웅으로 났던 모양이라." 하며 강칩을 영웅으로 인정하고 있다(「大系」 날래 강칩(姜宅) 선세(先生)). 이를 통해서도 관원의 폐해와 향유층의 의식을 짐작할 수 있다.

'거짓말 해보라는 양반 속여서 골려주기', '윗사람 욕보인 아랫사람'의 대표적 인물인 변인태는, 흔히 '벵인태', '베인태' 등으로 구전되는데, '변인태 전설'(「大系」 9-1 p. 131)이라 할 정도로 향유층의 큰 호응을 받고 있다.

그런데 변인태의 거짓말에는 냉소라기보다 밝은 웃음이 풍기고 있다. 또 상전을 욕보여도 궁지로 몰지 않고 여유 있는 상황을 만든다. 조방장의 아내와 동침해도, 조방장의 고기를 차지해도, 심지어는 조방장을 파직하게 하여도(ㄷ) 그러하다. 목사의 방석을 덥게 하는 것도 직접적 공격보다 자신의 위기 모면에 초점을 두고 있으며(ㅂ), 조방장의 음식을 뺏어 먹어도 적의를 풍기기보다 웃음을 자아낸다(ㅊ). 한두 예를 보인다.

그 조방장이 제주시예 사름이라, 제즈시에 사름이라. 흔 번은 베인태를 불러 가지고, 너 이거 저 우리 本宅의 지어 가라. … 뭐인고 ᄒ니 밧가는 잠데(쟁기) 이서(여기서) ᄒ나 멘들아. 누게(누구) 빌언 멘들아가지고, "이걸 져(지고) 가라"고. … 게난(그러니) 그 때는 한질(해안을 따라 뻗어 있는 일주도로를 가리킴.)로 돌잰(돌려고) ᄒ민 市가 오직 머우퐈게. 경ᄒ니까 산질로, 산질로, 정(지고) 가잰 ᄒ민 수풀 가운디 가민 그(나뭇가지)디(곳에) 걸력, 저디 걸력 오죽이나 고생이여. … 가면서 어떤 연구를 ᄒ고, '이 사름은 파면을 시겨 부려야 되겠다, 나를 이렇게 괴롭게 굴면.' 그래서 져 갔읍니다. 져 가서 ᄒ는디, 갈 때에 조방장안티 물었읍니다. "아니 본맥(本宅)에 져(지고) 가라니 어디 濟州城에 가민 어디가 당신네 댁입니까?" "아, 제주시 가며는 큰 대문 흔(한) 것이 우리 집이다. 큰 대문 흔 집의 져 가라." "예" 갔읍니다. 가가지고, ᄉ띄(使道) 사는 디 큰 대문을 홉니다, ᄉ또. … (사또가 변인태에게 묻기를) "뭐, 밧가는 거? 아, 게니(그러니) 어째서 너 여기 지고 왔나?" "서구포(西歸浦) 조방장이 여기 져 가라곤 해서 져 왔읍니다." "어, 어째서 너 여기 져 왔나?" "아, 제주시예 큰 대문 흔디 꼭 져 가라곤 ᄒ길레 그쟈 여기 져 왔읍니다." "오. 그러냐. 괴약흔 놈 곹으니라고, 그놈(西歸浦 助防將) ᄉ직서(辭職書) 써라."(ㄷ)

혼 조방장은 새로 왔는데, "너 둑(닭)을 혼 머리 잡아서 솖아 와라." "너 둑 잡되, 잡아 삶아 오되 거 고기는 건드리지 말고 오고셍이(물건이 상하거나 수가 줄어지거나 하지 않고 본디 그대로) 솖아 오려믄." … 조방장이 (창자를 긁어 내고 쌀을 넣어 배를 잘 꿰맨) 둑을 영 보니까 둑이 원 털은 없지마는 솖으믄 솖았는지 말았는지 모른 뿐 아니라 오고셍이 그냥 이시니 원 거 뭐 눌(칼날) 대어서 원 끊어 난 것이 엇거든. … "너 이놈. 둑을 창지나 빼여두고 솖아 와야지 창지 채 솖아 와?" "예. 그자 죄송흅니다." 했수댄도(했다고도) 안흉고, 안했수댄도 안흉고, "예 죄송흅니다." "너, 이 거 갖당(가져다가) 먹던지 버리던지…" (닭 배 안의 쌀부터 맛있게 먹는 것을 본 조방장이) "아, 거 먹엄직흉네. 거 이레(이리로) 가정(갖고) 와." "없읍니다. 이거 먹었당 장군님 큰 벵 납니다. 창지 채 둑 먹어 그네 큰일 납니다." 느시(절대) 혼 점 주지 아니흉곡(않고) 다 먹었주.(ㅊ)

전만능은 근래에 살았던 인물인데, 어희를 이용한 해학적이고 악의 없는 행동으로 웃음을 준다. 소는 위턱에 앞니가 없는 게 당연하고, 누구나 장가를 가면 처를 두는데 그 처는 바로 처남의 누님 아니면 누이동생이다. 전만능은 이를 순간적으로 혼동하게 하여 상대를 골탕 먹였다(2). 이름처럼 萬能인 경우다.

강벌태는 본토에 장사를 하러 다닌 사람인데, 본토 사람들에게 외동박(낟알이 하나만 들어 있는 동그란 동백씨)을 버섯씨로 속여 비싸게 팔았다. 또 본토에 가서 소금 배가 들어온다고 酒母를 속여 외상술도 먹었다(3). 사람이 똑똑하고 훌륭해도 본토인이라서 여자들이 시집오려고 하지 않아 홀몸으로 지낸 백亽장(『集成』 백정시)의 예에서 보듯, 외지인에 대한 의식이 경직되어 있으므로 본토인을 우위에서 희롱하는 행동은 상당히 호응을 받았을 것이다.

한 예로, 梁 掌議는 임기응변에 능한 사람으로, 자주 본토에 가서 생활하면서 서울 양반들이나 장사치들을 말로써 골탕 먹인 사람이다. 서울 태학관(성균관) 선비들이 마루의 널을 빼고 그 위에 방석을 놓으니 양 장의가 그 자리에 앉다가 마루 밑으로 빠졌다. 이를 보고 선비들이 웃자, "하관시 대헌(당헌) 상주들이 웃기는 왜 웃느냐?", "조상이 하관홀 때는 슬퍼서 울어도 시원칠 않을텐데 웃기는 …."((4) p. 412) 하여 태학관 선비들을 다 자자손손으로 만들어 버렸다. 제주에서 흑쇠(검은 소) 진상이라 해서 검은 소를 일년에 한 마리씩 임금님께 진상하게 되어 있었는데, 전라 감사가 이것저것 트집을 잡아 받지 않자 이를 안 양 장의가, 진상품 받는 사람이 香火도 아니하고 의관도 정제하지 않고 받냐고 따져서 오히려 삼백 냥을 받고 소를 받게 했다. 또 당시 서울의 상점들은 그저 구경만 하려고 해도 뭘 사겠느냐며 독촉을 하니 사지 않으면 구경도 못하였다. 특히 차린 모습이 촌놈이면 더욱 그러하였다. 자기를 촌놈이라고 얕보는 서울의 저자 거리에서 양 장의는 볏보섭, 어렝이(바닷고기 이름) 낚시 등을 찾으며 서울 상점을 다 구경하였다(4).

특히 본토에 가서 생활한 양 장의의 예에서 잘 나타나는 바, 제주인의 對本土 관념이 잘 드러나 있다. 힘에서뿐 아니라 기지로도 본토인을 이긴 점에 대해 퍽 자랑스럽게 이야기하고 있는 데에서는, 본토에 대한 이분법적인 사고와 함께 선망과 반감이 어우러진 양면적인 의식을 엿볼 수 있다. 이 점은 표현이나 화자의 어조를 통해서도 잘 알 수 있다. 이제 (4)에서 한 부분을 보겠다.

(양 장의는) 제주 태생으로도 서울에 늘 출입호여 가지고 태학관(성균관)엘 가도 제주 粱아무가이 왔다고 호면 태학관 선비들도 뭣이든지 의견으로나 말로나 떨어진단 말이여. … 그 땐 제주 사름과 시방도 좀 차별이 있겠지만 육지 베슬(벼슬) 자리를 흐는 사름과는 비교흐민 차별이 심했주.(p. 412) … 흐난, 제주 있었주마는(제주 사람이었지마는) 제주 양 아무개 흐민 제주 있었주마는, 제주 양 아무개 흐민, 일룸(이름)이 있었주.

변인태 같은 인물 중 경북 지역의 방학중을 보겠다. 방학중은 영해 지방 인물전설의 주인공 중에서 가장 지체가 낮고 가장 보잘것없는 인물이다. 그는 동네 사람들이 먹을 것이 없어서 찧고 있는 떡보리를 빼앗고 남의 아이를 방아 확에다 넣는 짓까지 하니, 이 경우의 파괴는 화적 같은 짓이다. 방학중은 인정을 파괴한다. 상대방이 인정을 그대로 믿는 것을 그대로 믿는 것을 약점 삼아 상대방이 자기의 삶을 그대로 유지할 수 없게 하고, 서로 믿는 것이 없어지게 한다. 거부하고 파괴하기만 하지, 얻는 것도 내세울 것도 없다. 파괴 자체를 목적으로 하고 대안을 제시하는 데는 관심이 없고 그럴 재간도 없다.14 방학중 설화는 친근감을 지니고 후세에 구전되어 오며, 얼마간은 우상화한 것이다. 투쟁의 결과 세계가 개조되지 않으므로 진전이 없는 것이며 허욕을 가진 무리들이 그 상대라고 하겠지만, 방학중의 행위를 두고 '전설적 좌절'이나 '민중의 잠재적 능력을 암시'15하고 있다고 하는 것은 확대된 의미 부여라고 본다. 방학중은 건달의 범주에 드는 인물로, 윗사람에 대한 비판이나 풍자는 부수적이다.

얼쑤는 좀 특이한 예다. 그는 旌義縣의 관노였는데, 현감이 자기 방에 들이는 기생은 반드시 사령 방을 거쳐 들여보내라고 지시하자 이를 기화로 현감 방에 들어가는 모든 기생들과 사전에 관계를 가졌다. 그러고는 자기는 현감의 동생이라고 떠벌리고 다녔으나, 현감은 소문이 번질까 두려워 어떤 벌도 내릴 수 없었다. 이처럼 일개 관노 신분으로 현감을 우롱하였다(5).

'애뜨기' 유형16이라 할 수 있는 변인태 같은 인물은, 본토의 김 선달, 정수동, 방학중 등과 비교해 볼 때, 붙박이라는 점이 주요한 변별

---

14 趙東一, 「人物傳說의 意味와 機能」, 嶺南大學校 出版部, 1979. pp. 279~294. passim.
15 Ibid., p. 284, p. 446.
16 金大琡, "說話에 나타난 階層意識硏究", 「韓國說話文學硏究」, 集文堂, 1994. p. 294.

성이라고 생각한다. 자기 고장을 떠나지 않고 머물러 사느냐 아니면 떠나서 나다니거나 돌아오지 않는가 하는 것은 사회의 기존 질서를 긍정하느냐 아니면 부정하는냐를 뜻한다고 볼 때,[17] 이 점은 대단히 중요하다. 도서 지방의 특색이겠지만, 붙박이라는 점은 곧 행동의 제약을 불러온다. '기존 윤리 관념에 대한 도전'은 이들의 공통점이지만, 붙박이는 자연히 그 표출 방식이 과격하지 않고 공격 대상도 무차별적이진 않다. 이는 방학중과 구별되는 큰 특징이다. 그 방식이 語戲에 의하는 점은 어디나 공통적이지만, 동네 사람의 애를 방아확에 넣는 식의 끔직한 일은 상상할 수도 없다. 양반에 대한 공격도 敵意가 넘치지는 않는다. 冬至에 팔려고 쑤어 놓았다가 날이 풀려서 쉬어 버린 이웃집 할멈의 팥죽 네 동을 팔아 준 김 선달의 일화[18]처럼 훈훈한 인정이 풍긴다. 그리고 집성촌이라 할 정도로 얽혀 살던 제주의 상황과도 연관되는 것일 게다.

　전반적으로 보아 제주에는 '속고 속이기'(『大系』의 분류)가 본토보다 적고 짓궂은 정도가 위험 수위를 넘지 않는 것도 같은 이유일 것이다. 예컨대 전국에 광포되어 있는 '여자 난처하게 하는 내기(하문 보기, 입맞추기 등)', '초상났다고 부의금 거두기', '엉뚱한 짓으로 여자 속여 이용하기' 등은 채록되지 않아서, 엉뚱한 짓으로 상대를 곤경에 빠뜨리는 것도 분별해 가면서 하고 있다. 그래서 그런지 김 선달, 정만서, 방학중 등이 다 자기보다 뛰어난 상대를 만나 낭패를 보는 경우가 있으나, 변인태 등의 경우는 그런 상대를 만난 일이 없다. 이게 붙박이

---

17 Op.cit., p. 416.
18 팥죽 먹으러 온 손님에게 김 선달이 할멈에게 조그만 소리로 물었다. "주인님 초도 좀 칠까요?" 그러자 할멈이, "사람 봐가며 쳐야지, 아무나 치나?" 손님이 이를 듣고 "그 초 좀 많이 쳐 주시오." 하며 양반 행세 하느라 맛도 안 보고 초를 더 쳐서 먹은 후 "죽 맛 좋다. 오랫만에 팥죽다운 팥죽 먹어보네" 하였다. 이런 식으로 쉬어 버린 팥죽을 다 팔아 줬다.

와 떠돌이의 차이점이 아닌가 하는데, 물론 지리적 위치의 차이와 주
민과의 관계에서 기인한 것이라고 생각한다.

IV. 濟州 說話 속의 女性

이 글은 原型像을 탐구하려는 것이 아니고 표출된 의식의 상황을
살피려는 것이므로 무의식의 내면 분석보다 현상 구명에 중점을 두려
한다.

인간은 본래 양면성이 있기 마련이지만, 특히 여성은 이 점이 두드
러진다고 하겠다. 여성은 시어머니와 며느리, 며느리와 딸, 딸과 어머
니, 貞女와 淫女 등의 여러 측면을 지닌다. 그리고 문화영웅 같은 풍
요롭고 창조적이며 앞일을 예지하는 긍정적인 면과 야만적이고 불길
한, 상반된 측면을 동시에 지닌다. 계모도 전실 자식을 죽일 정도로
극악한 반면 그 반대의 경우도 있다. 불에 말미암은 인간의 발전을 시
기한 제우스가 인간에게 불행을 주기 위해 프로메테우스에게 보낸 인
류 최초의 여자 판도라가 '아름다운 邪惡'과 '철저한 欺瞞'으로 이루
어진 역설적 창조물[19]임은 이 점에서 시사하는 바 크다.[20]

우리 설화에는 여성의 우위성이 나타난 예가 퍽 많다. 熊女(檀君神話)
를 위시하여 柳花(東明王神話), 善花公主(薯童說話), 平岡公主(溫達傳), 萬明
(金庾信傳) 등은 다 적극적으로 자신의 의지를 이루고자 한 여성이다.
조선조의 女傑系 小說도 같은 맥락에서 풀이된다.

이러한 여성의 여러 측면이 '女多'의 섬인 제주의 설화에서는 어떻

---

19 G. S. Kirk, *Myth-its meaning and function in ancient and other cultures*, Cambridge University
   Press·University of California Press, 1970. p. 229.

20 許椿, "說話의 女性 硏究(I)", 「常山韓榮煥博士華甲紀念論文集」, 開文社, 1993. p. 430.

게 나타나고 있으며, 본토의 설화와 어떤 점이 같고 다른가? 그 이유
는 무엇인가? 너무나 광범위한 문제이나 화소별로 특징적인 부분을
검토하겠다.

딸을 낳은 데 실망하여 소를 세 마리나 덜 먹인 데서도 남아 선호
관념이 보이나(II-(2)), 제주는 힘센 여자 이야기가 많다. 始興里 玄氏 男
妹(「傳説」) 같은 '오뉘 힘내기'형 설화의 누이는 말할 것도 없지만, 文
萬戶 며느리, 심돌 姜氏 할망, 泰興里 慶金宅 며느리, 애월면 하가리
'쇠 죽은 못'의 유래가 된 과부(이상 「傳説」), 힘이 센 할머니, 들음돌 내
버린 할머니, 신칩 며느리 홍 할망(이상 「集成」) 등 그 예가 많다. 이는
제주에서 차지하는 여성의 위치, 女權의 표출에 상응하는 것이라고 본
다. 제주의 한 마을을 조사한 보고에 따르면, 노동 천시와 학문 숭상은
크게 강조되어 제주에서는 남성이 여성보다 고상하고 높은 지위로 계
급화하였다.[21] 그러나 노동은 곧 경제력의 바탕이라고 볼 때, 글쓴이의
지적이 크게 무리하지 않다고 생각한다. 어머니가 종적을 누설해 피살
되거나 재기에 실패한 아기장수가 제주에는 없는 것도 같은 맥락에서
풀이된다. 전국적으로 광포되어 있는 '사나운 신부 똥 쌌다고 해서 기
죽이기'가 채록되어 있지 않은 것도 그러하다. 물론 전국에 광포되어
있는, 선문대할망 같은 巨女説話와는 그 성격이 다르다.

제주도 무속신화의 진취적 여성상은, 세경본풀이의 자청비에서 잘
드러난다. 자청비는 운명을 스스로 선택하고 이를 이겨냈으므로 농경
을 주관하는 신이 될 수 있었다. 영웅은 남성이고 으레 이들의 시련담
이 주가 되는 문헌신화와 달리 주체적인 여성의 신적 능력을 보이는
뚜렷한 경우다.[22] 그런데 무속신화가 아닌 설화의 경우 딱히 그러한 예
를 찾긴 어렵다. 이를 통해 본다면, 제주 여성이 꼭 진취적이라 할 수

---

21 趙惠貞, "제주도 해녀사회 연구", 韓相福 編 「한국인과 한국 문화」, 尋雪堂, 1982. p. 159.
22 Op.dt., p. 445.

는 없겠다. 명풍수가 후손이 발복할 자신의 묏자리를 알려 주는 자리
에서 남(곧 자신의 아내)은 빼라 했으며, 유언대로 아버지의 머리만 우물
에 넣은 후, 결국 들통난 것은 우려한 대로 어머니의 발설 때문이었다
(「大系」 '여자가 비밀 누설해 망하기(아내는 믿을 수 없다)'). 풍수에 대한 의존
도가 큰 제주에서, 여성의 비밀 누설로 말미암은 실패담이 거의 전하
지 않는 것도 제주에서의 여성의 지위와 깊은 관련이 있다고 본다. 제
주에는 이러한 설화가 '친정의 명당 차지한 딸' 이신(2/2), 딸이 친정 명
당 자리 빼앗은 이야기(「大系」) 두 편 채록되어 있다. 전자는 국사책에
서 읽었다는데 제주 것인지는 불확실하다. 여동생이 일부러 壙中에 물
을 부었다가 시아버지의 묘로 했는데, 권제(중이 부처께 빌기 위해 빌려 가
는 젯메쌀)에 인색하여 응보를 받았다는 내용이다. 드문 결말을 보이는
경우인데, 친정의 명당을 뺏으면 응보를 받는다는 것으로 본다면, 여러
해석의 여지를 남긴다. 명당에는 다 제주인이 있음을 알려 준다고 풀
이하면, 명당 색출을 지상 과제로 여겼던 제주인의 관념을 나타낸다고
도 볼 수 있다. 후자는 탈해왕에 비의된 이야기로, 토함산의 지기를 보
아 명당을 정하며 딸더러 밖에 좀 나가라 했는데 딸이 엿듣고 그 자리
에 자기 시부를 묻었다는 내용이니, 제주와는 별로 연관이 없다.

언제 어디서나 부부 사이는 처첩간의 관계와 밀접히 연관되어 있다.
'아내 버리려는 남편 마음 돌리게 하기'는 진주 낭군 이야기(「大系」)가
채록되어 있으나 제목대로 외지의 이야기다. 제보자의 외지 여행 같은
과거 경력은 나와 있지 않아 알 수 없으나, 이 여성 화자는 민요에도
능해서 진주 낭군 이야기는 민요의 배경 유래가 되는 것을 풀이한 것
이라 하니 제주의 여성과는 큰 연관이 없겠다. 진주에 사는 부부 이야
기인데 남편의 외도에 목을 맨 부인과 아내를 따라 역시 목을 맸다는
내용이다. 그러나 화자의 소망이 실려 있는 그 정서는 같다.

(아내가) 주기 방에(자기 방에) 가서 에 죽어 버리니, 이 이젠 (남편이) 보선(버선)발로 팔짝 뛰어나오멍, "어와둥둥 내 사랑아. 네 죽을 줄 나는 몰랐다. 본처는 백년이고, 둘째 첩은 석덜인데, 네 죽을 줄 나는 몰랐다. …" … 게난(그러니까) 이제 그 남편네도 이자 그 가짜로 이제 그 기생첩 임시 그자 흐썰(조금) 살아보다가 그 본처를 이제 백년끄지 이제 믿고 살라고 흐다보니, 이제 그 처는 남편의 심장(마음)을 몰라가지고 … 나는 이제 죽어야 되겠다 해서, 멩지 석 자로 목을 졸라서 죽었다.

　일정한 선에서 처첩이 같이 공인되며 각각의 생활을 꾸려 나가는 제주의 생활 양식에서 연유한 것이겠지만, 처첩간의 갈등을 말하는 예가 거의 없다. 첩인 노일저대가 본처를 물통에 빠뜨려 죽게 하는 이야기가 한 편 전하는데(「集成」 정이 없는 정소남), 무속신화인 문전본풀이와 같은 내용인 것으로 보아 무속신화가 구술된 것이다.

　다음은 (1) 정이 없는 정소남 (2) 다슴어멍 (3) 남선비와 노일저대 (4) 다슴애기 (5)~(6) 계모의 모략 (7) 오훈장과 그의 계모(이상 「集成」)를 대상으로 계모담을 살펴보겠다. (1)은 처첩간의 갈등에 중점이 있고, (2)는 계모의 학대를 못 이겨 가출한 아이가 과거에 합격하여 대정 현감으로 온 후에 소첩의 아들이 학대받으며 사는 것이 그 시대의 실정임을 알았다는 내용이다. 계모의 학대보다는 서출들의 생활상에 중점을 두고 있다. (3)~(6)은 전형적인 악한 계모를 보여 주고 있는데, (3) 역시 무속신화의 구술이다. (5)는 전처 소생 큰아들이 장가가게 되자 계모가 종을 시켜 신부집의 신방에 가서 紅裙를 훔쳐오게 하여 모략한다는 내용이다. (6)에서는 신랑인 전처 아들의 목을 베어 오게 하는데, 조부 탐색담이다. (5), (6)은 제주 전래의 설화는 아닌 듯한데, "잇날은 대감 정도 뒈민 종덜을 썼어"(p. 123), "옛날 어느 정승 집의 큰 각시가 …"(p. 224) 운운을 통해 볼 때도 그렇다. (7)은 어려서 생모를 잃은 전처 소생을 정성껏 공부시킨 계모 이야기다. 어느 지역이나 계모의 선악 양면이 동시에 전해오지만, 제주의 경우 무속신화인 문전본풀이를 제외하면 계모의 악함이 두드러지지 않는다.

시어머니와 며느리의 갈등은 제주라고 해서 크게 다르진 않아 '시집살이요'는 상당수 채록되어 있으나, 전국에 광포되어 있는 고된 시집살이에 대한 설화가 거의 채록되지 않았다. 이는 구술 장소가 시누이, 동서 등이 섞여 앉은 자리라 그런 탓도 있겠지만, 제주의 가족 생활 권역이 각자 분리되어 있는 것이 더 큰 이유일 것이다. 따라서 '시집살이요'도 본토처럼 구체적인 충돌을 나타내지 않고, 어느 면 골계적이라 할 수 있을 정도의 상황을 보인다. 이 글의 주목적이 아니므로 긴 언급은 피하거니와, 제주에서는 처음부터 시어머니와 며느리는 한 울타리 안에서 동거하지만 취사나 노동이 개별적이므로 실제로는 시댁과 분가되어 있는 상황이다. 대가족제인 본토와 크게 다른 점이며, 자연히 의식도 차이가 많이 생기게 된다. 예컨대 '시어머니 지극히 모셔 일어난 이적'이나 '며느리의 못된 행실 고치기' 등이 전하지 않는 것도 이에 연유한 자연스러운 현상이겠다. 악한 며느리(「大系」)가 한 편 채록되어 있으나, 고부간의 갈등이나 악행이 아니고 종교적인 데 더 의미를 부여하고 있는 설화다. 시어머니가 '나무아미타불' 하고 염불하는 것을 '뒷집의 짐서방'으로 염하라 했다 해서 며느리는 벼락을 맞아 죽는다. 불효해서 재앙을 받는 이야기인 바, 아마 화자가 독실한 불교 신자인 데서도 연유한 것이리라.

V. 結言—說話의 傳播性

어떤 설화의 특성을 한 지역의 개별적인 의미로 특징지을 수는 없을 것이다. 마찬가지로 특정 지역의 설화를 몇 가지 특성 추출로 포괄할 수는 없겠다. 특히 설화의 전파성을 염두에 둘 때 더욱 그러하다.

교통도 불편하고 본토와 많이 떨어져 있는 섬인 제주에는 본토의 여러 역사적 실재 인물의 일화가 많이 구전되고 있다. 설화가 채록된 것이 매스컴이 발달한 최근이라, 여러 측면에서 논의할 수 있겠으나, 설화의 전파성이란 측면에서 살펴보는 것이 타당할 것이다. 이항복(유 벙어리와 이항복, 오성 이항복 (이상 「大系」의 제목. 이하 같음.), 임경업(임경업 장군), 이괄, 홍길동, 강감찬, 사명당(임판서), 허미수(허미수선생, 허미수의 退潮碑), 서화담(허미수선생), 이토정(토정선생), 박문수(박문수 박어사), 임백 호(임백호의 환생), 이퇴계(「集成」) 등 상당히 많다. 또 처용(처용랑), 백설공 주(백설공) 이야기도 설화의 전파성을 보여 주는 유사한 예라 하겠다.

설화의 공통성을 엿볼 수 있게 하는 좋은 예는 '달래나 보지' 설화 다. 인간의 본능과 도덕적으로 용납되지 않는 상황의 충돌을 그리고 있는 이 설화가 혈연적이라 할 제주에서 채록된 사실은 한 편이지만 특기할 만하다. 근친상간적 욕구의 발현인 이 설화는, 남매혼 설화와 연관되는 신화적 요소를 지니지만, 대체로 금기시하는 이야기이기 때 문이다. 그러므로 문둘랭이(「大系」 9-3)의 경우도, 이야기를 마친 뒤 제 보자는 양반의 행동에 대한 어려움과 함께 체통 때문에 그런 사건이 벌어진 것이라고 다시 강조하여 유교적 이념으로 감싸고 있다(p. 1022). 비 오는 여름날 앞서 가던 누이의 비에 젖어 홑옷에 감싸인 몸을 보 고 욕구를 참을 수 없자 "내가 ᄆᆞ음이 아주 쌍놈의 ᄆᆞ음을 먹어서 내 동생을 보고 이제 내가 ᄆᆞ음이 이상케 돼니 에라 못 쓰겠다고" 자책 한 오빠는, "옷고름에 칼 창 뎅기엄시면은(다니고 있으면) 매(아주) ᄆᆞ 른(모른) 어디 사름인처레(사람인 줄) 모른 사름이라도 그걸로 봐서 저 사름은 어디 양반 사름이고 글도 읽곡 이렇게 ᄒᆞᆫ 사름"(pp. 1020~1021) 으로 묘사되어 있다. '달래나 보지' 설화는 본능보다 윤리가 우선하기 때문에 자연적인 귀결이다. 이 설화의 의미 천착은 이 글의 목적이 아니므로 비껴가기로 하나, 달래나 보지 그랬냐는 누이를 통해 볼 때, 이런 이야기를 하는 바탕에는 인간 본능을 긍정하고자 하는 향유층의 의식이 깔려 있다고 하겠다.

'개가하지 않은 며느리를 도운 호랑이' 이야기도 본토 설화의 영향이겠다. 그러면서도 전국적으로 광포되어 있는 '남녀 관계 잘못되기'가 제주에선 채록되지 않은 것도 제주의 지역적 특성을 반영한 것이라 본다.

지금까지 제주 설화의 전반적인 특징과 공통점을 추출하여 보았다. 실제 현상의 기술을 바탕으로 무엇보다 그 현상에 대한 객관적인 해석이 더 중요하다고 볼 때, 이 글은 피상적 검토에 그친 감이 있어 이제 각론에 들어가 좀 더 치밀한 검증이 요구된다.

글쓴이 역시 선입견이나 편견에 사로잡혀 豫斷이 앞서지 않았는가 싶어 조심스러우나, 지금까지 논의한 내용 중 강조점을 정리하면 아래와 같다.

아기장수 전설에서는, 아기를 죽이지 않고 날개만 제거하고 凡人의 삶을 영위하게 한 일이 색다르다고 할 수 있다. 이를 중요한 특징으로 보아 본토와의 변별성을 여기서 찾으려 한다. 아기를 죽이고 재생에도 실패하게 함으로써 가슴속에 깊이 묻어 놓는 것과 우열을 가릴 수는 없겠으나, 죽은 아기가 각자의 가슴속에 영원히 살아있음은 분명하다. 좌절한 꿈을 채워 줄, 가슴 깊은 곳의 한을 풀어줄 인물에 대한 갈망이 크고 급하다는 바람이기도 하다. 차마 아기를 죽일 수 없는 부모의 마음을 인간의 본성이자 제주인의 의식으로 보는 것은, 이 전설의 본래 의미를 생각해 볼 때 얼마간 확대된 관점이 아닐까 한다. 좁은 땅에 비해 풍수설화가 대단히 많고 비중도 큰 것은, 逆으로 地氣에 의해서 인물이 나기를 바라는 염원이 반영된 것이라 본다.

변인태로 대표되는 건달들의 거짓말에는 냉소라기보다 밝은 웃음이 풍기고 있다. 본토에 가서 생활한 양 장의에서는 제주인의 본토관이 잘 드러나 있으니, 본토에 대한 이분법적 사고와 함께 선망과 반감이 어우러진 양면적인 의식을 엿볼 수 있다. 변인태 같은 인물은, 본토의 김 선달, 정수동, 방학중 등과 비교해 볼 때, 붙박이라는 점이 주요한 변별성이라고 생각한다. 붙박이라는 점은 곧 행동의 제약을 불러온다. '기존 윤리 관념에 대한 도전'은 이들의 공통점이지만, 붙박이는 자연히 그 표출 방식이 과격하지 않고 공격 대상도 무차별적이진 않다. 이는 방학중과 구별되는 큰 특징이다.

제주에는 힘센 여자 이야기가 많은데, 이는 제주에서 차지하는 여성의 위치와 女權의 표출에 상응하는 것이라고 본다. 풍수에 대한 의존도가 큰 제주에서, 여성의 비밀 누설에 말미암은 실패담이 거의 전하지 않는 것도 여성의 지위와 깊은 관련이 있다고 본다. 그러나 무속신화를 제외하고는, 제주 여성이 진취적이라 할 예는 찾기 어렵다. 일정한 선에서 처첩이 같이 공인되며 각각의 생활을 꾸려 나가는 제주의 생활 양식에서 연유한 것이겠지만, 처첩간의 갈등을 말하는 예가 거의 없다. 또 제주의 경우 무속신화인 문전본풀이를 제외하면 계모의 악함이 두드러지지 않는다. 고된 시집살이에 대한 설화가 전하지 않는 것 또한 가족 생활 권역이 각자 분리되어 있는 것에 기인한다고 본다.

서사무가를 그대로 구술하는 경우(문전본풀이: 정이 없는 정소남, 남선비와 노일저대. 토산당본풀이: 자운당(이상 「集成」) 등)도 있어서, 제주는 巫儀가 성한 지역임을 알 수 있다.

제주 설화의 異人(名醫 진 좌수, 도술을 지닌 이 좌수, 고 당장, 김 당장 등)이나 여성에 대한 심층적 해석은 후속 작업을 기약한다.

한 가지 흥미 있는 점은 '배비장전'의 무대가 제주임에도, 이러한 유형의 설화가 채록되어 있지 않다는 사실이다. 이 점은 과제로 남긴다.

6. 說話에 나타난 濟州 女性 考

I. 序論—說話의 女性

인간이 사는 어떤 지역이나 집단은 인간 사회가 지닌 공통성을 바탕으로 다른 곳과 구별될 만한 특성을 지니기 마련이다. 이 점을 전제로 할 때, 설화의 공통성에 기초한 위에 제주 설화에 나타난 여성의 제 양상을 검토하여 그 특성을 추출하는 일이 가능하고 또 의의가 있을 것이다. 그러나 특정 지역 설화에 대한 가치 판단이나 우월성을 강조하기 위한 同調나 美化는 경계해야 한다. 최대한 객관성을 유지하여 향토 우위의 이해에 빠지지 않도록 유의해야 할 것이다.

먼저 설화에서 여성은 어떤 면모로 나타나는가를 일별해 보겠다. 인간은 본래 양면성이 있기 마련이지만, 특히 여성은 이 점이 두드러진다. 여성은 시어머니와 며느리, 며느리와 딸, 딸과 어머니, 貞女와 淫女 등의 여러 측면을 지닌다. 또 앞일을 예지하고 文化英雄 같은 풍요롭고 창조적인 긍정적인 면과 야만적이고 불길한, 상반된 면을 동시에 지닌다. 계모도 전실 자식을 죽일 정도로 극악한 반면 정반대의 경우도 있다. 불에서 온 인간의 발전을 시기한 제우스가 인간에게 불행을 주기 위해 프로메테우스에게 보낸 인류 최초의 여자 판도라가 '아름다운 邪惡'과 '철저한 欺瞞'으로 이루어진 역설적 창조물[1]임은

---

1 G. S. Kirk, Kirk, *Myth-its meaning and function in ancient and other cultures,* Cambridge University Press·University of California Press, 1970. p. 229.

이 점에서 시사하는 바 크다.[2]

유교식 제사에서는 제관이 남성이지만, 무속 신앙에서는 주로 여성이 주도한다. 무당은 사회적으로 천민이면서도 제의를 주관하고, 神性과 不淨함을 동시에 지니는 점 또한 시사를 해 준다. 무속신앙에서 제의를 주관하는 것은 대개 女巫이면서도, 국가종교나 민속신앙에서는 여성이 거의 배제되거나 금기시되었다.

꽤 많은 創造譚에서, 때때로 남성과 여성이 동시에 만들어졌음에도, 여성은 때늦은 생각으로 창조되었다. 어떤 이야기에서는 여성은 개꼬리로 만들어졌다. 많은 이야기에서 신은 남성을 창조한 다음 악마를 능가하는 여성을 창조했다고 한다.[3] 이처럼 동서양을 막론하고 여성은 부정적으로 인식되고 있다. 성서의 창세기에도 여성이 남성 다음으로 창조되었기 때문에, 모든 여성은 남성보다 모자란다는 식이다.

'큐피드-사이케형' 설화에서는 여성이 먼저 당부를 어겨 연인을 잃고 고난을 겪는다. 제주의 涯月面 郭支里 앞에 머무를 생각으로 떠내려오던 섬을 본 아낙은, 섬이 떠온다고 소리치며 손가락질하여 그 자리에서 멈추게 하였다.[4] 또 솟아오르는 全北 鎭安의 馬耳山을 보고 산이 솟아오른다고 외쳐 두 산(암산, 숫산)을 멈추어 버리게 하고, 龍潭의 매봉산을 보고 산이 늘어난다고 외쳐 주저앉힌 것도 여성이다.[5] '우물 명당' 설화에서도 여성의 폭로 때문에 문제가 생긴다. 반면, 벼 한 말을 찧어 쌀 한 말이 되거든 일을 도모하라 했음에도 아홉 되 아홉 홉으로 일을 도모하려고 나오는 동생을 말리다가 죽은 사람은 바로 누

---

2 許椿, "說話의 女性 研究(I)",「常山韓榮煥博士華甲紀念論文集」, 開文社, 1993-a. p. 430.

3 M. Leach ed., *Standard Dictionary of Folklore, Mythology and Legend*, Vol.2, New York:Funk & Wagnalls Company, 1949~1950. p. 1180.

4 玄容駿·金榮敦·玄吉彦,「濟州道傳說誌」, 濟州: 濟州道, 1985. p. 26.

5 韓國文化人類學會,「韓國民俗綜合調査報告書」(全北篇), 서울: 文化公報部 文化財管理局, 1971. '馬耳山', '쇠 솟뿌리'

이요, 과제를 제시하고 극복하게 한 것도 아내다.[6]

우리 설화에는 여성의 우위성이 나타난 예가 퍽 많다. 熊女('檀君神話')를 위시하여 柳花('東明王神話'), 善花公主('薯童說話'), 平岡公主('溫達傳'), 萬明('金庾信傳') 등은 다 적극적으로 자신의 의지를 이루고자 한 여성이며, 巫祖神인 바리데기, 國母神인 仙桃山 聖母 또한 여성이다. 우리의 女傑系 小說도 같은 맥락에서 풀이된다.

척박한 토지와 험한 기후 속에서 고단한 삶을 영위해야 했던 절해의 고도 제주에는 그 반작용으로서인지 설화, 민요, 무가 등의 구비문학이 퍽 풍성하다. 힘든 현실에 반한 꿈을 이로써 풀었기 때문이 아닌가 한다. 설화에 한해 보아도, 자료의 수집과 함께 그 특성에 관한 연구가 상당한 진척을 보이고 있다.[7]

채록된 자료를 바탕으로, 제주 설화의 특성을 개관해 본 다음 설화에 나타난 제주 여성의 여러 면모와 그 의미를 특히 설화 향유층의 의식과 연관지어 살펴보려 한다. 제주 설화 자료에 무속신화가 많이 채록되어 있는 것은, 무속이 성행했던 저간의 상황을 짐작하게 한다. 따라서 필요한 경우 무속신화도 검토 대상으로 한다.

여성의 창조성과 파괴성, 능동성과 수동성 같은 다양한 측면이 제주 설화에서는 어떻게 나타나고 있으며, 본토의 설화와 어떤 점이 같고 다른가? 또 그 이유는 무엇인가? 너무나 광범위한 문제이나, 이러

---

6 崔常壽, 「韓國民間傳說集」, 서울: 通文館, 1958. '古池'

　成耆說, 「韓國口碑傳承의 硏究」, 서울: 一潮閣, 1976. '아내의 肖像畵'
7 秦聖麒, 「南國의 傳說」(以下 「南國」), 서울: 學文社, 1959(增補 1978).

　玄容駿, 「濟州島傳說」(以下 「傳說」), 서울: 瑞文堂, 1976.

　韓國精神文化硏究院 語文學硏究室, 「韓國口碑文學大系」(以下 「大系」) 9-1. 9-2. 9-3(濟州道篇), 城南: 韓國精神文化硏究院, 1980~1983.

　濟州大學校 耽羅文化硏究所 編, 「濟州 說話集成(1)」(以下 「集成」), 濟州: 濟州大學校, 1985.

　현길언, 「제주도의 장수설화」(以下 「설화」), 서울: 弘盛社, 1981. 등.

한 작업은 '女多의 섬'인 제주 여성을 대상으로 할 때 더욱 의의를 지
닌다고 생각한다. 이 글은 앞서 제주 설화의 특성을 살펴본 글쓴이의
연구8에서 각론적인 성격을 띠는 것으로, 심층적 검토를 위한 후속 작
업이다. 그리고 原型像을 탐구하려는 것이 아니고 표출된 의식의 상
황을 살피려는 것이므로, 무의식의 내면 분석보다 현상 구명에 중점
을 두려 한다.

II. 濟州 說話의 全般的 性格9

  어떤 설화의 특성을 한 지역의 개별적인 의미로 특징지을 수는 없
을 것이다. 마찬가지로 특정 지역의 설화를 몇 가지 특성 추출로 포괄
할 수는 없겠다. 특히 설화의 전파성을 염두에 둘 때 더욱 그러하다.
본토와 많이 떨어져 있는 섬인 제주에도 이항복, 임경업, 사명당, 허미
수, 박문수, 임백호, 이퇴계 등 본토의 여러 역사적 실재 인물의 일화
가 많이 구전되고 있다. 처용이나 백설공주 이야기도 설화의 전파성
을 보여 주는 유사한 예라 하겠다.
  설화의 공통성을 엿볼 수 있게 하는 좋은 예는 '달래나 보지' 설화
다. 인간의 본능과 도덕적으로 용납되지 않는 상황의 충돌을 그리고
있는 이 설화가 혈연적이라 할 제주에서 채록된 사실('문둘랭이'(「大系」
9-3))은 특기할 만하다. 근친상간적 욕구의 발현인 이 설화는, 남매혼 설
화와 연관되는 신화적 요소를 지니지만, 대체로 금기시하는 이야기이
기 때문이다. 이 설화를 구연하는 바탕에는 인간 본능을 긍정하고자
하는 향유층의 공통된 의식이 깔려 있다. 그러면서도 전국적으로 광포

---

8 許椿, "濟州 說話 一 考察", 「國文學報」 第13輯, 濟州: 濟州大學校 國文科, 1995.
9 Ibid.에서 논의한 바를 토대로 검토한다.

되어 있는 '남녀 관계 잘못되기'(「大系」의 분류와 명명에 따름. 이하 같음.)가
제주에선 채록되지 않은 것도 지역적 특성을 반영한 것이라 본다.

　험난한 환경을 극복하기 위한 노력과 소망은 설화에도 잘 반영되고
있는 바, 뛰어난 인물이나 풍수에 관한 설화가 많은 것도 한 예다. 좁
은 땅에 비해 풍수설화가 대단히 많고 비중도 큰 것은, 역으로 地氣에
의해서 인물이 나기를 바라는 염원이 표출된 것이다.

　'아기장수' 설화에서 부모가 집안을 보존하기 위해 자식의 날개를
자르는 것은 여느 설화에나 공통된 것이다. 그런데 '베락구룽'(「傳說」)
에서는, 벼락이 떨어져 부모가 벌을 받는다. 본토 전설에서는 흔하지
않은 경우인데, 부모를 관권과 대응시켜 보면 지배 체제에 대한 반기
로 볼 수 있다.

　'힘을 잃은 아기장수', '화적이 되고 만 아기장수' 유형은, 전국에
산재해 있으므로 제주만의 특색이라기에는 무리일 것이나, 제주 설화
에서 큰 비중을 차지하고 있다. 吳 察訪, 洪業善, 坪待 부대각, 외도동
密陽 朴氏의 아들, 한연 한배임재, 양태수 등은 날개가 제거된 후에도
힘이 여전하여 장사로 살아간다. 비극적 결말이 완화된 이 유형에서
아기를 죽이지 않고 날개만 제거하여 凡人의 삶을 영위하게 한 일은,
본토와의 변별성을 찾을 수 있는 한 단서이다. 좌절한 꿈을 채워 줄,
묻어두기에는 너무 큰, 가슴 깊은 곳의 한을 풀어줄 인물에 대한 갈망
이 크고 급하다는 뜻이기도 하다. 그러나 차마 아기를 죽일 수 없는
부모의 마음은 제주인의 의식이요, 장수가 장사로 전락하여 非凡人의
삶을 영위하는 것을 주변부 사람들의 좌절한 꿈과 그 삶의 양식을 드
러내는 것으로 봄은,10 본토의 동일 유형 전설을 대비해 보고 이 전설

---

10 「설화」, p. 136.
　　玄吉彦, "說話와 濟州文學", 「耽羅文化」 15號, 濟州: 濟州大學校 耽羅文化硏究所, 1995.
　　pp. 238~ 239.

의 본래 의미를 생각해 볼 때 얼마간 확대된 관점이라고 생각한다. 그리고 부모가 날개를 자를 때의 고민이 「傳說」 외에는 보이지 않는 점도 감안해야 할 것이다.

변인태로 대표되는 건달들의 거짓말에는 냉소라기보다 밝은 웃음이 풍기고 있다. 본토에 가서 생활한 '가령 양장의'(「大系」 9-3)에서는 제주인의 본토관이 잘 드러나 있다. 힘에서뿐 아니라 기지로도 본토인을 이긴 점을 퍽 자랑스럽게 이야기하고 있는 데서, 본토에 대한 이분법적 사고와 함께 선망과 반감이 어우러진 양면적인 의식을 엿볼수 있다. 변인태 같은 인물은, 본토의 김 선달, 정수동, 방학중 등과 비교해 볼 때, 붙박이라는 점이 주요한 변별성이라고 생각한다. 붙박이라는 점은 곧 행동의 제약을 불러온다. '기존 윤리 관념에 대한 도전'은 이들의 공통점이지만, 붙박이는 자연히 그 표출 방식이 과격하지 않고 인정을 파괴하지 않으며 공격 대상도 무차별적이진 않다.

제주에는 힘센 여자 이야기가 많은데, 이는 제주에서 차지하는 여성의 위치와 女權의 표출에 상응하는 것이라고 본다. 풍수에 대한 의존도가 큰 제주에서, 여성의 비밀 누설에서 온 名穴 실패담이 전하지 않는 것도 여성의 지위와 밀접한 관련이 있을 것이다. '우물 속의 명당 터'(「大系」 6-7), '삼천갑자 동방삭의 죽음'(「大系」 8-3), '여자가 돌아누우면 外人이다'(「大系」 7-15) 등과 같은 '여자가 비밀 누설해 망하기(아내는 믿을 수 없다)'가 전하지 않는 점도 같은 맥락이겠다.

뱀 귀신이 딸에서 딸로 뒤를 좇아간다는 사실(「傳說」 '굴칫 영감과 토산당 뱀')과 뱀에 供人되는 여성(「傳說」 '金寧 뱀굴')은 '여자 오줌 맞고 득천을 못한 구렁이'와 함께 여성의 양면성을 보여 주는 예다.

서사무가를 그대로 구술하는 경우(문전본풀이: '정이 없는 정소남', '남선비와 노일저대', 토산당본풀이: '자운당'(이상 「集成」))도 있어서, 제주는 巫儀가 성한 지역임을 알 수 있다.

Ⅲ. 特徵的 諸 樣相과 그 意味

1. 巨女

고대의 한 우주기원설에 의하면 이 세상은 희생이나 원시적 괴물을 통해 만들어지는 바, 이는 혼돈을 상징하며 거대한 거인을 통해 이루어진다.[11] 창조에 관여하게 되는 거인은 대개 남성이다. 여성으로는, 황하를 가로막고 있던 화산을 두 동강이 낸 중국 신화의 九元眞母나 홍수를 다스릴 임무를 띤 樸父의 아내 정도를 들 수 있겠다.

그런데 전국에 광포되어 있는, '선문대할망' 같은 巨女說話는 여성의 창조성을 잘 보여 주고 있다. 일화 중심의 단편적인 내용이지만 본토에도 지형을 만든 안가락, 마고할멈 등이 전한다(「大系」 1-5 '쌍부산, 쌍봉산 이야기', 2-1 '노고할미바우 이야기' 등). 이들은 대체로 과장이 심하지 않고 전설로만 전하고 있어서, 神性이 있으며 신화·전설·민담의 제요소를 갖추고 비속화한 '선문대할망' 설화와는 차이를 보인다.

선문대할망은 치마폭에 흙을 퍼 담아 제주와 한라산을 만들었는데, 그 과정에 신발에서 떨어진 흙덩이들은 360여 개의 오름[岳]이 되었다 한다. 자신의 속옷(또는 갈중이)을 지을 명주 한 동이 모자란다고 다리 놓는 일을 중단하는 바람에 인간을 도우려는 의지는 퇴색되어 버렸지만, 제주인이 소망하는 連陸橋를 놓아 주려 했던 선문대할망은 창조자이며 육지의 문물을 전하려고 시도한 문화영웅이다. 地氣의 맥을 누르는, 파괴적인 강화도 마귀 할멈(「大系」 1-7 '지석묘와 마귀 할멈')에 비하면 그 성격이 더욱 뚜렷해진다. 명주 한 동이 모자라자 할망은 육지

11 M. Eliade, trans. by Willard R. Trask, *The Myth of the Eternal Return or, Cosmos and History*, New York: Princeton Univ. Press, 1974(second printing). p. 20.

와 연결하는 다리를 놓다 말았는데, 이는 다른 지역에서도 흔히 채록되는 이른바 '99型 未完說話'로 극적 전환을 보이는 중요한 홍미소이며 운명적 요소를 나타내는 것이기도 하다. 이 설화는 제주인의 가난보다는 제주의 지리적 위치에 의한 운명과 본토에 대한 선망을 나타낸다. 여기에서 육지에 대한 두 의식-동경과 체념을 볼 수 있다. 할망의 허망한 죽음은 일면 평면적 우주관의 반영일 터이나 설화의 상투적 표현으로 보아야 할 것이다.[12] 역할을 제대로 수행하지는 못했지만 할망은 문화영웅적 면모를 띠며, 본토의 거녀설화보다 창조성이 뚜렷하다는 데 그 의의가 있다.

이처럼 거대한 여신이 창조신으로 등장함은 제주 설화의 한 특성이라고 본다. 다른 지역보다 여성의 역할이 컸던 제주의 상황도 일부분 반영된 것이리라. 물질(潛水)을 비롯해 생계를 위한 활동을 많이 해야 했던 제주 여성들이지만, 그러나 여성의 활동력에서만 거대한 여신이 등장하는 이유를 찾는다는 것은 무리이다. 제주의 지형적 특징 그리고 설화 향유자의 반인 여성들의 소망이 투영된 까닭일 것이다. 이는 거인은 상상 속의 인물이므로 소망을 충족시키기에 적합하다.

2. 力士

딸을 낳은 데 실망하여 소를 세 마리나 덜 먹인 데서는 남아 선호 관념이 보이지만(「傳說」 '吳察訪'), 제주에는 다른 지역에 비해 힘센 여성 이야기가 유난히 많다. 제주도 탐라국 왕은 여자로 천하장사였는데 사신을 데리고 다니다가 발로 차면 죽을 정도로 힘이 셌다는 이야기(「大系」 2-8 '제주도의 천하여장사')를 통해서도 이를 짐작할 수 있다. '始

---

12 Cf. 許椿, "선문대할망 說話 論考―濟州島 巨女說話의 性格", 「韓國文學의 通時的 省察」, 白文社, 1993-b. p. 542, pp. 549~553.

興里 玄氏 男妹'(「傳說」) 같은 '오뉘 힘내기'형 설화의 누이는 말할 것
도 없거니와, 文 萬戶 며느리, 심돌[始興] 姜氏 할망, 泰興里 慶金宅 며
느리, 애월면 하가리 '쇠 죽은 못(牛死池)'의 유래가 된 과부(이상 「傳說」),
힘이 센 할머니, 들음돌 내버린 할머니, 신첩 며느리 홍 할망(이상 「集成」),
한효종의 딸, 김 초시의 누이(이상 「大系」 9-3) 등의 예를 볼 수 있다. 오누
이가 등장한 경우는, 부인이 임신 시에 아들을 낳을 줄 알고 소를 열
마리 잡아먹였으나 딸을 낳는 바람에 다음번에는 아홉 마리 먹였는데
아들을 얻는다. 이렇게 태어난 누이는 그러므로 당연히 동생보다 힘
이 세다. 일례로 김초시의 누이는 듬돌(길거리에 놓아 두어 젊은이들이 힘
내기를 하는, 둥그렇고 큰 바윗돌) 세 개만큼 큰 물방이(연자매)를 가볍게 옮
길 정도다. 그런데 동생이 힘자랑하다가 죽을 위기에 몰리자 씨름판
에 나아가 동생을 이김으로써 그를 구한다. 이 역시 제주에서 차지하
는 여성의 구실과 위치를 반영하는 것이라고 본다.

노동 천시와 학문 숭상 관념은 제주 역시 다르지 않았지만, 노동은
곧 경제력의 바탕이라고 볼 때 제주 여성의 지위도 짐작할 수 있다.
어머니가 종적을 누설해 피살되거나 재기에 실패한 아기장수가 제주
에는 없는 것도 같은 맥락에서 풀이된다. 전국적으로 광포되어 있는
'사나운 신부 똥 쌌다고 해서 기 죽이기'가 채록되지 않은 것 또한 마
찬가지라 풀이된다.

그러나 이들 힘센 여성들은 자신의 힘을 창조적인 데 쓰지 못한다.
그냥 단순히 힘이 세다는 점이 강조될 뿐이다. 여러 이유가 있겠으나,
허벅(물을 길어 나르는 항아리)을 지고 가다가 청년들이 땅에서 뗄까 말까
하는 큰 듬돌(들음돌, 듧돌)을 가뿐히 집어 내던진 며느리를 나무란 문
만호의 행동에서 그 일단을 엿볼 수 있다. 여성의 능력은 밖으로 드러
나지 않아야 한다는 뜻이겠다.

(문 만호는) 곧 며느리에게 회초리를 가져오라고 야단했다. 그리고는 다리를 걷어 세워 그 연한 다리를 대여섯 대 때리면서 야단을 쳤다. "다시도 그런 장난ㅎ겠냐! 남ㅈ들이 노는 물건은 예ㅈ(女子)가 손대는 법이 아니다. 썩 가서 들러다 놓지 못ㅎ겠느냐!"(「傳說」 '文萬戶 며느리')

3. 妻妾

고금을 막론하고 가정불화의 대부분은 처첩간의 알력에서 연유한다. 은의로 맺어진 처와, 성애의 대상인 첩은 불화하기 마련이다. "첩년죽은 편지로다/아따고년 잘죽었다/인두불로 지질년아/담뱃불로 지질년아/고기반찬 갖촌밥도/맛이없어 못묵더니/소곰에밥도 달도달다"[13]고 할 정도로 감정의 대립은 극심하다. 일정한 선에서 처첩이 같이 공인되며 각각의 생활을 꾸려 나가는 제주의 생활 양식에서도, "살챗보리 거적채먹은들/시앗이야 흔집에살며/물이웃언 흔물을먹은들/시앗이야 흔길로가랴/길도다시 빠는수시면/시앗길은 따로나빠게"[14] 같은 노래는, 처의 심정을 잘 나타내고 있다. 섬에서는 마을마다 길을 샘이 정해져 있는데, 샘에 가는 길은 외길이라 첩과 얼굴을 마주치지 않을 수 없어서 더더욱 끓어오르는 감정을 표출하고 있다. "새 사름은 질(제일) 모첨(먼저) 씨덱(媤宅) 오민 잰(빠른) 밤중이(밤쥐) 모냥으로 요레(요리) 호록 저레 호록 ᄒ다마는 질뜬(길든) 사름만 못ᄒ다."[15]는 말은 처의 심정을 대변하고 있다.

그런데 민요와 달리 설화에서는 처첩간의 갈등을 말하는 예가 별로 없다. 첩인 노일저대가 본처를 물통에 빠뜨려 죽게 하는 이야기가 한

13 任東權, 「韓國民謠集 II」, 서울: 集文堂, 1974. p. 296.(진주 지방)
14 좌혜경 편, 「제주섬의 노래」, 서울: 국학자료원, 1995. p. 50.(高橋亨 채록)
15 玄容駿, 「濟州島巫俗資料事典」, 新丘文化社, 1980. '세경본풀이'(제주의 무속신화는 이에 의한다.)

편 전하는데(『集成』 '정이 없는 정소남'), 무속신화인 '문전본풀이'와 같은 내용인 것으로 보아 무속신화를 구술한 것이다.

제주의 堂神話 중 '토산 일뤳당 본풀이'는 처첩간의 관계를 보여 주고 있는 한 예다. 웃손당(上松堂)신의 셋째 아들인 ᄇᆞ르못도의 큰부인은 서당팟 일뤠중저(七日中姐)이고 작은부인은 용왕황제국의 작은딸(末女)이다. 큰부인은, 시부모가 작은부인에게 준다는 땅과 물을 돌아보러 나섰다가 목이 말라 돼지 발자국에 괴어 있는 물을 빨아 먹다가 돼지 털이 코로 들어갔다. 그러자 남편은 不淨하다 하여 마라도로 귀양 보냈다. 이에 작은부인이 귀양은 너무 심하다고 간절히 남편을 졸라 다 함께 데려와 산다.

> 족은부인님이 돌아와서 "큰부인은 어디 갔수가?" "이리저리 부정허여 대정 마래섬(馬羅島)으로 귀양 정배 보네였노라." "그까짓 일에 귀양 정베가 무슨 일이우까. 난 ᄒᆞ를(一日) 멧벡 번 그른 일을 허여집네다. 나도 小國 고양(故鄕)으로 돌아가겠읍네다." "그레면 어찌ᄒᆞ면 고양으로 안가겠느냐?" "귀양을 풀려 옵서." 족은부인이 대 정 마래섬으로 귀양 풀리레 간 보니 큰부인은 일곱 아길 나 ᄃᆞ란 앚아시난(낳아 데리고 앉아 있으니) "설운 성님 귀양 풀리레 오랐수다(왔습니다)." "날ᄀᆞ뜬(나 같은) 걸 귀양 풀려 뭘 홀 것고?" "설운 성님이 안 가키엥 ᄒᆞ민(안 가겠다고 하면) 나도 고양으로 돌아가쿠다(돌아가겠습니다)."

여기에서 처첩간의 반목이나 지위의 격차는 보이지 않는다. 제주시 '궁당(용담동 다끄네) 본향당 본풀이', 성산읍 '수산리 본향당 본풀이', '보목리 본향당 본풀이' 등에서도 처첩(대부인, 소부인) 관계는 비교적 원만하다.

그런데, 처첩 관계를 맺으며 갈등하는 '서귀·동홍 본향당 본풀이'의 고산국과 지산국은 자매간이니 그렇다 치더라도, 일반신 본풀이인 '문전본풀이'에는 처첩간, 첩과 본처 자녀들 간의 갈등과 간교한 첩의 말에 따라 아들들의 간을 꺼내려고 칼을 가는 무능한 남편이 잘 드러나고 있다. 또 자신을 인정하지 않으려는 본처 자식들과 이에 보복하는 첩 사이의 갈등이 나타나기도 한다(안덕면 감산리 '호근이ㅁ루 여드렛당 본풀이').

'문전본풀이'의 첩은 제주 여성이 아닌 듯하다는 추정은 타당성을 지닌다. 남편이 배를 타고 곡식 장사를 떠나 거기서 첩을 얻었기 때문이다. 처(여산부인)는 가난을 벗어나기 위해 돈을 마련하여 남편을 곡식장수로 내보내고, 첩(노일제데귀일의 딸)에 빠져 돌아오지 않는 남편을 찾으러 바다를 건너가는 활동적이고 적극적인 여성이다. 첩은 아양을 떨며 함께 목욕하러 가자고 유인하여 본처를 물에 빠뜨려 죽이고, 자신이 본처인 양 앞을 못 보게 된 남편을 속인다. 중병으로 위장한 첩은 남편에게 뒷밭에 가 중에게 점을 쳐서 처방을 알아오게 하는데, 그 처방인즉 아들들의 애(肝腸)를 내어 먹으면 낫는다는 것이었으며, 그 중은 첩의 연기였다. 처로 표상되는, 영악하거나 간교하지 않고 순진한 인물은 제주 여성의 전형으로 볼 수 있다. 멋없고 우직하고 직선적인 유형이요, 일에는 부지런하나 상냥하게 애교 부릴 줄 모르는 모습이 바로 제주 여성이라는 것이다.[16] 설득력 있는 해석이다. 그런데 한편으로는 선악의 대비를 통해 첩의 간교함을 부각시키기 위한 상투적인 인물 설정이며, 외지인(본토인)에 대한 반감과도 맥이 통함도 간과해서는 안되리라 생각한다. 본토 무속신화의 첩 혹은 계모가 제주보다 특별히 간교하거나 사악하지는 않기 때문이다. 또 '문전본풀이' 같은 전개는 전국적으로 공통된 것이다.

한 예만 보겠다. 열일곱 살에 질대부인과 혼인한 칠성님은 부인이 아들 일곱쌍둥이를 낳자, 이런 일은 금수와 같다며 부인을 진자리에서 소박하고 옥녀부인에게 후실 장가를 가 버렸다. 그러자 질대부인

---

16 金惠淑, "濟州島 神話에 나타난 婚姻 硏究", 「논문집」 第36輯, 濟州: 濟州大學校, 1993. p. 188.

은 스스로 집을 나가서 애들을 버리려 하였으나, 한 중의 충고를 듣고
다시 데려다 기른다. 그 후 아이들이 아버지를 찾아가자 후실인 옥녀
부인은 거짓으로 병든 체한 후 점쟁이와 짜고는, 아이들의 애를 먹어
야 한다고 한다. 이때 커다란 짐승이 나타나 자신의 간을 꺼내 가라
며, 뒷문으로 살며시 보면 옥녀부인의 속셈을 알 수 있을 것이라고 일
러 준다. 이후 옥녀부인의 속셈이 밝혀져 천벌을 받아 죽음을 당하고,
일곱 아이들은 북두칠성이 된다.[17]

이처럼 우리 신화는 競合과 互讓이 주요한 계열을 이루고 있으며,
특히 '삼성신화', '송당 궤눼깃당 본풀이', '서귀·동홍 본향당 본풀이'
를 통해서는 양자의 혼효 현상을 볼 수 있음은 이미 지적한 바다.[18]

조선조의 여성이 남성에게 예속적인 것은, 경제적 독립을 하기가
매우 어려웠던 것도 중요한 원인의 하나라고 생각한다. 이런 면에서
볼, 때 제주는 상황이 달랐으므로 자연히 여성의 지위도 본토와는 다
르다. 적어도 妻가 고급 女婢에 불과하지는 않았으리라는 뜻이다. 섬
의 남자들이 생활의 어려움 때문에 뭍으로 흩어져 돌아오지 않은 자
가 많았다 하니, 제주에서는 첩의 존재를 경제적 측면보다는 다른 측
면(인간적 온정, 강한 자의식, 비교적 높았던 이혼율 등)에서 찾아야 할 것이
다. 1899~1901년 사이에 선교차 제주에 왔던 신부들의 보고서에 의하
면, 당시 제주인에게 통용되는 결혼법은 쉽게 헤어지기도 하고 결합
되기도 하였다[19] 하는 바, 이 점도 처첩 관계의 단면을 보여 주는 단
서가 될 것이다.

제주 여성들이 본토인과는 혼인하려 하지 않았으니, 이도 첩이 용인

---

17 金泰坤, 「韓國巫歌集 Ⅲ」, 裡里: 圓光大 民俗學研究所, 1978. '칠성풀이'(고창 지역)
18 許椿, "韓國 神話의 系列論—競合과 互讓—", 白鹿語文 第9輯, 濟州: 濟州大學校 國語敎育科,
　　1992.
19 金玉姬, "濟州島 天主敎의 受容 展開過程", 「耽羅文化」 第6號, 濟州: 濟州大學校 耽羅文化硏
　　究所, 1987. p. 152.

되는 단서가 되지 않을까 한다. 訓學이 뛰어나고 묏자리를 잘 본 高山의 백정시도 제주인이 아니라서 홀몸으로 살았다.(고산에 백정시라고 잇엇다 흡니다. …… 백스장이 그렇게 사롬이 훌륭흐고 똑똑흐고 해서 여기 와서 마누라 읎이 살앗거든요. 육지 사롬이라고 시집가질 아니흐여노니까.(「集成」 '백정시'))

그래서인지 처첩 관계를 말하는 제주의 설화는 보이지 않는다. '아내 버리려는 남편 마음 돌리게 하기'는 '진주 낭군 이야기'(「大系」 9-3)가 채록되어 있으나 제목대로 외지의 이야기다. '의좋은 세 처'(「大系」 9-2)는 장가들러 가던 한 신랑이 여러 곡절을 겪으면서 아내를 셋 맞이하게 되고 그들이 난 아들들도 다 과거에 급제하고 화목하게 살았다는 내용인데, 이 역시 제주의 이야기는 아니다. 그리고 '여자로 둔갑한 호랑이의 수단에 넘어가기' 같은 경우 즉 아내가 질투 때문에 남편의 행방을 알려 주는 類의 이야기도 없다.

4. 繼母

계모담은 대체로 계모의 악함을 나타내기 마련이다. 악한 계모는 무속신화에도 나타나고 있는 바, 혈연관계가 부부 관계보다 앞선다는 사고를 보여 주고 있다. 그런데 무속신화에서는 설화와는 달리 전실 딸이 아닌 전실 아들과 계모 사이의 갈등으로 이야기가 전개되고 있으며, 아버지의 존재가 이야기에 드러나 있다. 설화에서는 대체로 전실 딸에 대한 계모의 박대와 이 계모에 대한 징벌이 두드러진다. 전실 자식을 학대하는 계모의 악행을 강조하는 것은, 첩에 대한 적대적 감정의 표출의 한 단면이다.

현재 채록되어 있는 것 중 (1) '정이 없는 정소남' (2) '다슴어멍' (3) '남선비와 노일저대' (4) '다슴애기' (5)~(6) '계모의 모략' (7) '오훈장과 그의 계모'(이상 「集成」)를 대상으로 살펴보겠다. (1), (3)은 무속신화다. (1)은 처첩간의 갈등에 중점이 있고 (2)는 계모의 학대를 못이겨 가출한 아이가 과거에 합격하여 대정현감으로 온 후에, 소첩의 아들이 학대받으며 사는 것이 그 시대의 실정임을 알았다는 내용이다. 계모의 학대보다는 서출들의 생활상에 중점을 두고 있다. (3)~(6)은 전형적인 악한 계모를 보여 주고 있다. (3)에서는 첩(계모)의 간계에 빠진 남편이 스스로 아들의 간을 꺼내려고 칼을 간다. 무능하고 주견이 없는 남편의 전형을 볼 수 있다. (5)는 전처 소생 큰아들이 장가가게 되자, 재산이 큰아들에게만 갈 것을 걱정한 계모가 종을 시켜 신부집의 신방에 가서 紅裩를 훔쳐오게 하여 모략한다는 내용이다. 결백을 밝히기 위해 집을 나선 신부는 점쟁이 노파를 만나 신랑집을 알아낸 후 남복으로 시아버지에게 가서 누명을 벗는다는 것이다. 다분히 혼사장애와 밀접한 연관을 지닌, 성인식을 나타낸 설화이다. (6)에서는 계모가 신랑인 전처 아들의 목을 베어 오게 하는데, 일종의 조부 탐색담이다. 그런데 (5), (6)은 제주 전래의 설화는 아닌 듯하다. (7)은 어려서 생모를 잃은 전처 소생을 정성껏 공부시킨 계모 이야기다. 어느 지역이나 계모의 선악 양면이 동시에 전해오지만, 제주의 경우 무속신화인 '문전본풀이'를 제외하면 계모의 악함이 두드러지지 않는다.[20]

그런데 Ⅲ-3.에서 든 고창 지역의 '칠성풀이'나, 부여 지역의 '칠성굿'은, 제주의 '문전본풀이'와 같은 전개를 보인다. 한꺼번에 일곱 아들을 낳은 매화부인은 남편(칠성님)의 탄식에 그만 세상을 떠난다. 그런데 남편이 늘 전실 자식을 근심하자, 계모(용예부인)는 꾀병을 앓고 일곱 형제가 가서 간을 가져와야 낫는다고 한다. 그러자 생모의 화신인 금사슴이 나타나 자기의 간을 주어 보낸다. 용예부인은 그 간을 만지작거리다가 하늘에서 벼락이 떨어져 두더지로 변한다. 그래서 두더지란 짐승은 그 죗값으로 하늘만 보면 눈이 멀어 죽는다.[21] 이처럼 무

20 Cf. 許椿(1995), op.cit., pp. 182~183.

속신화는 正이 邪를 물리치는 권선징악적 요소를 더욱 강하게 띠게
되므로 인물의 행동이 양극단을 달리게 되기 마련이다. 따라서 제주
의 무속신화('문전본풀이')에서 계모가 간악함은 공통된 현상이라서, 큰
비중을 둘 수 없겠다.

　위의 예에서도 보듯이, 계모가 전실 자식에게 악하게 대하는 것은
대개 남편의 사랑을 뺏긴다는 위기의식에 기인한 것인데, 이 점은 고
소설에서도 잘 드러나는 바다.

5. 姑婦

　시어머니와 며느리의 갈등은 제주에서도 크게 다르진 않아 '시집살
이요'는 상당수 채록되어 있으나, 고된 시집살이에 관한 설화는 전국
에 광포되어 있는 것임에도 제주에서는 거의 채록되지 않았다. 이는
구연 장소가 시누이, 동서 등이 섞여 앉은 자리라 그런 탓도 있겠지만,
제주의 가족 생활 권역이 각자 분리되어 있는 것이 더 큰 이유일 것이
다. 또한 '시집살이요'도 본토처럼 구체적인 충돌을 나타내지 않고, 어
느 면 골계적이라 할 수 있을 정도의 상황을 보인다. 제주에서는 시어
머니와 며느리가 한 울타리 안에서 동거하지만, 취사나 노동이 개별적
이므로 실제로는 시댁과 분가되어 있는 상황이다. 대가족제인 본토와
크게 다른 점이며, 자연히 의식도 차이가 많이 생기게 된다. 심지어 장
남이라 하더라도 아들이 혼인하면 부모와 동거하기보다는 살림을 따
로 내는 것이 일반적이고, 한 울타리에 있더라도 대부분이 부엌과 庫
房을 따로 만들어 독립적으로 생활한다. 고부간의 갈등은 이러한 특유
의 생활 방식과 경제적 자립으로 그 정도가 크게 심각하지는 않다. 물
론 이는 본토의 직계 가족 구조와 상대적인 의미에서다.

---

21 金泰坤, 「韓國巫歌集 Ⅰ」, op.cit. '칠성굿'(부여 지역)

따라서 눈 먼 시어머니에게는 지렁이를 잡아다 볶아 주고 자기만 고기를 먹은 고약한 며느리가 벼락을 맞아 죽고 그 혼은 두더쥐가 땅 속에서 지렁이만 먹고 살게 되었다는 유의 이야기[22]가 제주에서는 나 오기 힘들다. '시어머니 지극히 모셔 일어난 이적'이나 '며느리의 못 된 행실 고치기' 등이 전하지 않는 것도 이에 연유한 자연스러운 현상 이겠다. '악한 며느리'(「大系」 9-3)가 한 편 채록되어 있으나, 고부간의 갈등이나 악행을 말하는 게 아니고 종교적인 데 더 의미를 부여하고 있는 설화다. 시어머니가 '나무아미타불' 하고 염불하는 것을 '뒷집의 짐서방'으로 염하라 했다 해서 며느리는 벼락을 맞고, 구렁이로 환생 한다. 불효해서 재앙을 받는 이야기인 바, 아마 제보자가 독실한 불교 신자인 데도 원인이 있을 것이다. 이런 유의 이야기가 으레 그렇듯, 교훈적인 언설로 끝을 맺는다.

> 응, 죄 받아서 이제 어머니를 이제 '나무아미타불 나무아미타불' 허는 디 이제 '뒷칩이 짐서방' '뒷칩이 짐서방' 헙데다. 그리 해부니까 이제 天 이 하늘에서 다 천이 감동해가지고(모두 알아서). 요런 얘기 이제, 메누리 가 나쁜 이제, 죄로. 이제, 이 사람은 죽어서 아주 구렝이 이제 지옥, 아주 구렝이로 탄생허여 가지고 지옥에 갔다고 흐는 말이쥬.

시집살이에 관련한 설화가 한 편 채록되어 있는데, 일반적인 상황 을 그리고 있으며 본토에서도 같은 이야기가 많이 전하고 있는 점으 로 보아 제주 특유의 것은 아니다. 착하고 부지런하지만 도무지 말이 없자 벙어리인 줄 알고 친정으로 돌려보내기로 하고 가는 길에 푸드 득 나는 꿩을 보고 노래를 부르자 다시 데려온다는 내용이다. 시집가 기 전에 뒷집 사는 할머니를 찾아갔더니, 귀 막아 삼 년, 말 못해 삼

---

22 任東權, 「韓國의 民譚」, 서울: 瑞文堂, 1972. '악한 며느리'

년, 눈 어두워 삼 년을 지내라 하자 그대로 따라 했다는 것이다(「南國」 '말이 없는 며느리'). 말을 못한다고 쫓겨난 며느리가 친정 동네 다 와서 "우리 동네 까치는 나를 보니 반가워서 짖는구나." 하자 따라오던 시아버지가 도로 데리고 갔다는 식이다.

그런데 '시어머니 지극히 모셔 일어난 이적'은 없으니, 이는 아마도 아들 내외와 시부모가 각각의 살림을 사는 제주의 관습이 반영된 것이리라. 그래서인지 '며느리의 못된 행실 고치기'도 없다. 이를 통해 보더라도 설화 특히 민담은 그들의 생활 방식을 그대로 보여 주고 있다.

제주에는 호랑이 이야기가 거의 없지만, 열녀인 경우는 예외적이 아닐 수 없다. '열녀와 호랑이'(「大系」 9-1)는 개가하지 않은 며느리를 도운 호랑이 이야기다. 시아버지를 살리기 위해 자신의 애를 호랑이에게 던져준 며느리(「大系」 9-2 '며느리의 효도') 같은 유형은 전국에 광포되어 있다.

6. 寡婦

인간 본래의 성적 욕구에 관한 설화가 본토에 상당량 전해져 오는데도 제주에서는 채록되지 않은 것은, 전하지 않는 것이 아니고, '시집살이요' 같은 구연 상황과 깊은 연관이 있을 것이다. 구태여 村婦의 밀회를 그린 사설시조 같은 것을 들지 않더라도, 서민들의 성에 대한 개방적 태도는 다음을 보아도 잘 알 수 있다.

어이려뇨 어이려뇨 이룰 어이려뇨/싀어머니 소뎌남딘 밥 담듯가 놋쥬걱 잘늘 부르질너꾀야 이룰 어이ᄒ려뇨 싀어머니/져 아가 ᄒ 걱졍마라 우리도 졈어셔 만이 겻거보앗노라[23]

---

[23] 「靑丘永言」, 서울: 通文館, 1946. p. 147.

불화한 고부 사이에서도, 놋주걱을 부러뜨린 실수가 다행히 시어머니 聞夫의 밥을 담다가 저지른 것이기에 너그러웠던 것이다.

'이간장 둘데업서 친고벗을 차자가니/이집도 가장잇고 저집도 가장잇네'(寡婦歌) 하며 獨守의 외로움을 곱씹는 절절함에도, 특히 조선조는 여성을 효과적으로 통제하는 수단으로 개가를 금지하고 정절을 강조하였다. 그러나 유교 이데올로기의 강한 영향 속에서도 제주는 그나마 여유가 있었다. 늘 사고 위험이 도사리고 있고 이 위험에 남편을 잃은 사람이 비교적 다수이기 때문에 과부가 천시되지는 않은 듯하다. 오히려 첩이 묵인될 수밖에 없던 상황이기에 욕구를 해소할 수 있었던 점도 성에 관한 이야기가 많이 전하지 않는 한 원인일 것이다.

제주에는 과부가 성에 굶주리거나 다시 좋은 배필을 구하기 위해 꾀를 쓴다든가 하는 설화가 없다. '과부 개가해 잘 되기', '과부 개가시키기'는 물론 '동침하고 간 떠돌이 잊지 못하는 과부', '상사병 치료하기' 같은 설화가 채록되지 않음은, 孤島인 데다 남자가 적고 첩이 용인되었던 제주의 지역적 특성과 무관하지 않다고 본다.

과부를 보쌈한 이야기가 전하고 있는데(「大系」 9-2 '푸대쌈'), 이러한 풍습은 어디나 마찬가지였다. 그날따라 친정 부모를 뵈러 간 홀어미의 집을 봐 주러 온 옆집의 홀아비를 어떤 사람이 홀어미로 잘못 알고 보쌈해 와 우선 자기 누이동생과 동침하게 하였다. 그 바람에 홀아비는 졸지에 그의 누이동생을 아내로 삼고 홀어미까지 데리고 살았다는 이야기로, 한 편의 희극이다. 친정에 다녀온 홀어미가 고운 새 각시를 보고 그 연유를 알고는, "아 잘 됐수다. 이거 나도 어느제 어떻게야 뒈는지 모르고, 모르니까, 나도 당신흐고 살아불겠다."며 자청한다. 이런 유화는 제주에서만 채록되는 것이 아니고 또 이 한 편으로는, 비약적인 추론이지만, 설화 향유층의 성에 대한 개방적인 태도를 볼 수 있겠다.

7. 其他

제주의 '아기장수' 설화는 어머니의 발설로 재기에 실패하는 경우가 나타나지 않아 본토와 차별성을 띤다. 여성의 부정적 모습이 결정적인 순간에 사라지고 있다. 이는 제주 설화의 여성이 차지하는 위치를 단적으로 나타낸다고 본다. 어머니의 발설로 아기장수가 재기에 실패하는 대목은 이 설화의 절정이라 하겠다. 그럼에도 이 부분이 결여되어 있는 것은, 일면 제주의 女權과도 관계가 있을 것이며 한편으로는 전설의 민담화 과정을 보여 준다. 그리고 무엇보다도 제주 지역의 전설이 증거물보다 인물에 초점을 맞추기 때문에 그 필요성을 느끼지 못해 자연히 생략된 것이 아닌가 한다. 이 설화의 초점이 아기장수의 출현과 재생의 실패에 있다고 보면, 전자를 간절히 바라는 향유층의 願望이 어려 있는 것이라 본다. 또 제보자가 날개에 대해 강하게 부인하는 것도 이 이야기를 전설로서보다 민담으로 간주함을 보여 준다.[24] 특이하게 아내가 남편의 날개를 자르는 경우도 채록되어 있으나(「集成」 '장사 나게 한 명당 자리 용진굴'), 명당에 중점을 두고 있는 이야기다.

모성이 앞서는 경우는 '金通精 將軍'(「傳說」)에서 볼 수 있는데, 이 설화는 '날개'라는 신이성이 대를 물리는 특이한 예다. 과부와 지렁이 사이에서 태어난 아이는 온몸에 비늘이 있었고, 겨드랑이에는 자그마한 날개가 돋아나고 있었다. 과부는 이 일을 숨기고 고이 아기를 길렀다. 이러한 사실은 당연한 일처럼 죽이는 아기장수에 대한 긍정적 태도이다. 그런데 고려조가 시대 배경이며 집안에 대한 언급이 없는 점을 감안할 때 가문 보존 의식이 선행할 여지가 없다고 보아, 이 경우를 크게 부각시킬 수 없겠다.

---

24 Cf. 許椿(1995), op.cit., p. 168.

　김방경과 김통정이 대치했을 때 김통정이 진을 치고 있는 토성에 들어갈 수가 없어 성 주위를 돌고만 있는 김방경에게, 쇠문 아래 풀무를 걸어 놓고 두 이레 동안 불어 보라고 알려 준 사람은 바로 업저지다. 또 성문이 무너지자 김통정이 쇠방석을 바다 위로 던지고 그 곳에 날아가 앉자, 업저지는 장수를 새와 모기(또는 파리)로 변하게 해 날아가 잡도록 묘책을 알려 준다. 그 업저지는 김통정의 아이를 임신하고 있었다고 한다. 전세가 불리해진 김통정이 급히 사람들을 성안으로 들여놓고 성의 철문을 잠갔는데, 이때 너무 급히 서두는 바람에 그만 업저지를 들여놓지 못하고 성문을 닫아버렸다. 미래를 깊이 생각하지 않고 가볍게 입을 연 것은 여자지만, 김통정과 업저지의 갈등에서 말미암은 것이므로 업저지의 태도는 당연한 귀결이다. 이러한 상황은 김통정을 패배시키기 위해 짜여진 구성이므로 특별한 의미를 둘 수 없겠다.

　전편을 검토해 볼 때, 김통정의 아이를 임신한 그 업저지는 제주인으로 추정된다. 이 설화의 의미를 여러 가지로 해석할 수 있겠지만, "생존을 위협하고 있는 현실적 상황이나 또는 외세(제주라는 입장)에 대한 반응의 결과"(「설화」 p. 148)로 볼 수 있겠다. 업저지로 대표되는 제주인들은 자신들과는 무관하게 전장이 되는 것을 원하지 않는다. 이 점은 그 후 몽고 세력과의 대립 상황과도 상통한다. 이를 표출하는 인물로 업저지(여성)가 선택된 것은 예민한 감정을 나타내기에는 여성이 적합하였기 때문일 것이다.

　무속신화의 진취적 여성상은 제주의 '세경본풀이'의 자청비에게 잘 나타난다. 자청비는 운명을 스스로 선택하고 이를 이겨냈으므로 농경을 주관하는 신이 될 수 있었다. 영웅은 남성이고 으레 이들의 시련담이 주가 되는 문헌신화와 달리 주체적인 여성의 신적 능력을 보이는 뚜렷한 경우다. 바리데기, 당금애기, 가믄장아기 등이 불가피하게 상황을 수용한 것인 데 비해, 자청비는 스스로 상황을 선택한 점에서 다르다.25 '내 복에 산다'계 설화(제주 무속신화의 경우는 '삼공본풀이')의 셋째 딸은 타의로 집에서 쫓겨났으며, 숯 굽는 터의 금덩이는 노력에 의해 이루어진 것이 아니므로, 자신의 삶을 적극적으로 타개했다고 보기 어렵다. 무속신화가 아닌 경우에는 딱히 그러한 예를 찾긴 어렵다. 이를 통해 본다면, 제주 여성이 자신의 운명을 개척할 정도로 진취적이라 할 수는 없겠다.

'친정의 명당 차지한 딸'은 두 편(「大系」 9-3 '이신', '딸이 친정 명당 자리 빼앗은 이야기') 채록되어 있으나, 제주와 별 관련이 없는 듯하다.

男效才良 女慕貞烈(「千字文」)라 했듯이, 貞烈은 여자의 필수 덕목이었다. 그래서인지 효녀, 열녀 같은 규범적 여성은 어디나 빈번히 전해져 온다. 제주에서도 國只('烈女 國只'), 용수리의 고씨('節婦岩'), 신촌리 김씨댁 며느리('新村 金宅 孝婦', 이상 「傳說」), '토영 열녀', '열녀 송천향', '열녀 이씨'(이상 「大系」 9-1, 9-3) 등 적잖은 예가 전한다.

정절이 무조건적으로 강제할 성격의 것이 아님은 '어려운 사정 있어도 정절 지키기'에 보이는 열녀 시험에서 잘 드러난다. 주막을 하며 홀로 사는 누이는 정절을 지켰는데 믿었던 자기의 아내는 십여 명과 상관했다는 이야기는 여자가 정절을 지키는 일이 얼마나 힘든지 보여 준다(「大系」 2-8 '열녀만이 뽑을 수 있는 화살', 4-5 '정조 깨끗한 여자' 등). 그럼에도 淫女는 도덕적으로 지탄받을 인물이므로 징악적인 이야기가 상대적으로 많이 전한다.

주어진 상황을 극복하고 그 한계를 벗어나고자 한 여성도 많다. 知人之鑑의 여성은 민담에 자주 나오는 것으로, 남편감임을 알아보고 적극적으로 행동한 경우를 예시할 수 있겠다(「南國」 '굴묵하니(아궁이지기)'). 자청비의 맥을 이은 듯한, 여성의 적극적 행동을 볼 수 있다. 그

---

25 許椿(1993-a), op.cit., p. 445.

런데 순종형 여성을 벗어나 나태한 남편을 독려하여 남편을 출세시킨
여성의 예를 보기 어렵다. 조선조의 여성은 남편의 지위에 따라 대우
받기 마련이었으나, 제주는 그 정도가 비교적 덜했다고도 볼 수 있겠
다. 제주의 한 마을을 조사한 바에 따르면, 그 마을 여성들의 특징으
로 자주성을 들고 있다. 이들은 상부상조하지만 남에게 의존하지 않
는다. 부모나 남편에게는 물론 자식에게도 기대하지 않는다. 남성들간
의 유대감, 남녀 간의 내외 풍습, 대가족 내에서 각 구성원이 지켜야
할 수많은 도리, 자식 없는 과부의 수절, 아버지의 권위에 대한 복종
등 육지 농경 문화에서 중시되는 유교적 규범들이 이곳에서 간과되고
있는 점26과도 맥이 통한다. 그런데도 愚夫에 대한 賢妻에 대한 설화
가 없는 것은, 당장 호구지책을 마련해야 하는 생활의 간고함과 행동
반경의 지리적 한계에 연유한 것이라 본다. 男服女人 같은 자기실현
이야기는 현실에서는 너무나 먼 이야기인지도 모르겠다.

정도의 차이는 있지만, 본토 설화에는 나타나는 신분혼에 관한 이
야기가 거의 채록되지 않는다. 제주는 班村과 浦村이 구분되어 반촌
인 중산간촌에서 포촌이라고 천시하는 어촌과의 통혼을 기피하였으
나, 신분 유지를 위한 통혼권의 문제가 크게 대두되지는 않는 듯하다.
무속신화에서는 계층내혼제적 요소와 함께 족외혼, 지역외혼제적인
성격을 띠지만.27 실제로는 촌락내혼제의 속성이 강한 때문일 것이다.

그런데 안덕면 사계리 ᄀᆞ느락당의 당신 吳氏 아미는 대정 향교 守
僕의 딸로 미모가 출중하였다. 한 선비와 사랑에 빠졌으나 신분의 벽
을 넘을 수 없자, 향교에서 자살하고 ᄀᆞ느락당의 당신으로 좌정하였
다('ᄀᆞ느락당 본풀이'). 여기에서 보면 신분혼 의식이 철저하게 나타나다.

---

26 趙惠貞, "제주도 해녀사회 연구", 韓相福 編, 「한국인과 한국 문화」, 서울: 尋雪堂,
    1982. p. 159, p. 163.
27 金惠淑, op.cit., p. 179.

그러나 班村, 中村, 民村이 일정한 정도를 유지하며 통혼권만은 지키려 했던 본토와 비교해 본다면, '신분의 유지'라는 점에서 양자는 그 성격을 달리 한다고 생각한다.

　조혼에 관련한 설화가 없는 것도 한 특징이다. 어린 신랑을 맞은 신부의 답답한 심정을 토로하거나, 어린애에게 장가간 늙은 총각이 부부 관계 때문에 고민하기도 하는 등으로 조혼의 어려움을 하소연하는 예가 없다.

　한 가지 흥미로운 점은 원귀, 특히 처녀 귀신(손각시) 이야기가 채록되지 않은 점이다. '버림받은 여자 원귀 되어 보복하기' 같은 이야기는 설화의 단골 화제인데, 무속이 번성한 제주에 원귀가 등장하지 않는 점은 앞으로 구명해야 할 부분이다. 유사한 설화로 '원혼의 도움' (「大系」 9-1)이 있긴 하다. 원귀가 되어 보복하는 것과 반대로 은혜를 갚는데, 남성들이 흔히 하는 戲談에 가깝다. 얼굴이 얽어 늦도록 혼인을 하지 못한 한 처녀가 스스로 한강에 빠져 죽었는데, 이를 보고 구하러 간 한 머슴이 시신을 범했다. 그런데 그 혼이 머슴의 꿈에 나타나 은혜를 갚겠다며 총각에게 돈을 벌게 해줬다는 이야기이니, 제주의 설화가 아닌 듯하다.

　그리고 광포설화인 '친정아버지 박대한 딸의 거짓말'이 제주에도 있으나(「大系」 9-2 '엄판서의 딸들'), 判書, 江原監司의 이야기고 금강산에 살며 벌어진 일이므로 제주의 특성을 나타낸 것이라 하기엔 무리이다.

IV. 享有層의 意識

　제주도가 넓지는 않지만 牛羊虎獅가 사방에 있어서 큰 大患이 잘 미치지 않는다는 설화("牛島는 소섬, 양은 飛揚島, 범호자는 대정 범섬[虎島],

정의 사ᄌᆞ섬. 우양호사가 ᄉᆞ방에 잇으니까니 제주도가 어떤어떤 큰 대환은 잘 미치지 안훈다는 거주.” (「集成」 ‘설문대 할망’)에서 보듯이, 제주 설화에는 내우외환에 따른 방어 본능이 잠재되어 있다. 그리고 이처럼 풍수지리에 깊이 의존하고 있다.

선문대 할망이 본토(진도)와 다리를 놓아 주겠다고 약속했으나 명주한 동이 모자라서 뜻을 이루지 못했다는 데서는, 제주의 궁핍한 생활상 그리고 본토에 대한 선망과 운명에 대한 체념 등을 알 수 있다.

“옛날어른덜/산때예들은(살았을 때 들은) 말로어허어/가마귀ᄆᆞ루(南元邑 新禮1里) 펄개(南元邑 泰興里)ᄭᆞ지간/바꽈단먹었지 …… 구제기(소라)훈사발에 밧하나썩/풋죽훈사발에 밧하나썩 사났져(「大系」 9-3 ‘맷돌노래’)”에서도 잘 드러나듯이, 소라 한 그릇에 밭 하나를 바꿔 버리고 무명을 짜서 쌀과 교환하기 위해 등짐을 지고 동서로 걸어다닐 정도로 간고한 삶이었기에 인물을 기다리는 심정은 절실하였을 것이다. 이러한 소망은 地氣와 밀접히 연관되어 있는데, 이 점은 부친의 묘를 잘 쓴 후 돋기 시작한 남편의 날개를 잘라 버린 아내 이야기를 전하는 제보자의 언설에서도 알 수 있다.

> 허니깐 고 집에 그 며누리가, 이러니깐 며누릴 잘 헤야 뒙주. 게니깐 이 멍청헤 노니까, 집안이 안 뒐라니까 아, 거 첨 자는 집에 조는 며느리가 들어와 가지고 말야. 요게 데가린 돌아갓던 모양이라. 이 의심스럽거든. 뭔가 의심스럽단 말야. …… 요 윤디로 그냥 싹 지져 버린 거라.(「集成」 ‘장사 나게 한 명당 자리 용진굴’)

제주 여성이 스스로의 삶을 적극적으로 개척해 나간다는 점은 다분히 환경적 조건에 따른 것이며, 본토에 대한 상대적 상황이지, 제주가 母權社會임을 의미하는 것은 아닐 것이다.[28] 여기서의 적극성은, 생활

---

28 金惠淑, “가족의 성격을 통해 본 제주인의 의식구조-여성을 중심으로-”, 「논문집」

에 대한 것이지 예컨대 '劍女'29에서 볼 수 있는 탈규범적이고 이례적인 경우는 찾을 수 없다. 한 女婢가 주인댁 처녀와 함께 검술을 익혀 원수를 갚은 다음 자청하여 명성이 높은 선비의 소실이 되었다. 그러나 그가 奇士라는 명성에 미치지 못함을 알고는 따끔한 충고를 남기고 그의 곁을 떠난다는 내용이다.

남아 선호 관념은 제주도 공통적이어서 설화 전반에 걸쳐 나타난다. 여자로 태어났기 때문에 큰일을 치르지 못한다는 한탄도 곳곳에 보인다.

> (김 초시의 누이가 씨름에서 우승하여 상으로 미녕(무명) 여덟 필을 받아 오자, 동생이) "아이고, 이드리 짐초신(김 초시의 아버지 곧 자기 아버지) 어떠난 (자기 누나를) × 돈젼(돈게 하여) 내우지 안흐던고. 남ᄌ로 나시민 좋을 겐다." …… (김 초시가) 우의(나이가 위인) 누이ᄀ라(누이에게), "무사 × 아니 돈안 나서게." 여자로 난 써먹지 못했다고.(「大系」 9-3 '김초시와 그의 누이')

'며느리의 효도'(「大系」 9-2)는 71세의 남성이 구연한 것인데, 제보자는 후세 사람들에게 '훌륭한 교훈'도 되겠다는 조사자의 말에 고무된 듯하다. 이러한 의식은 어느 지역이나 마찬가지다.

왜 계모는 대개 악인으로 등장하는가? 악한 계모는, 전처 소생의 착한 아이를 통한 선악의 대비를 위한 것 외에도, 남성의 이기심(제보자가 남성일 경우)과 여성의 동일시와 질투심(제보자가 여성일 경우)이 같이 어우러져 든 인물이기 때문일 것이다. 애정을 확고히 하기 위한 방법 또한 악랄하기 때문에 지탄을 받는다. 이 점은 처첩간의 관계에서도 마찬가지로, 선악의 극단적 대립을 통해 勸懲하고 있다. 계모설화에서

제34집(인문·사회과학편), 濟州: 濟州大學校, 1992. p. 480.
29 李佑成·林熒澤 編, 「李朝漢文短篇集(中)」, 서울: 一潮閣, 1978. '劍女'.

자식의 일에 무관심할 뿐 아니라 심지어 자식을 해치려 한 아버지는, 탐욕에 눈이 먼 수령에 비의될 수 있겠다. 이 점은 어느 지역이나 마찬가지일 것이다.

무속신화인 '문전본풀이'에는 殺父 모티프가 잘 나타나 있다. 막내아들인 녹디셍인이 계모인 노일제데귀일의 딸의 흉계를 밝히자, 親父인 남선비는 달아나다가 정낭에 목이 걸려 죽어 주목지신·정살지신이 되고 계모는 벽을 뜯고 뒷간으로 도망쳐 목을 매 변소의 신(厠道婦人)이 되었다. 그런데도 일곱 형제는 죽은 위에 다시 복수하려고 계모의 두 다리를 찢어 드딜팡(용변 시 디디고 앉게 걸쳐 놓은 넓고 얇은 돌)으로 만들고 머리는 끊어 돝도고리(돼지 먹이 통)로 하고 머리털은 끊어 던지니 바다의 패(해조류의 일종)가 되었다. 입을 끊어 던지니 바다의 솔치가 되고 손톱·발톱은 쇠굼벗·돌굼벗(딱지조개의 일종), 배꼽은 굼벵이, 항문은 대전복·소전복이 각각 되었다. 나머지 육신은 폭폭 빻아서 바람에 날려 버리니 각다귀·모기가 되었다. 이 정도로 계모에 대해 잔인할 정도로 철저히 응징한다.

그런데 박수가 아닌 제보자에 의해 채록된 같은 이야기를 검토해 보면, 조금은 유화된 결말을 보인다(이제 저 거세기 큰각시 조왕할망(부엌신), 남선빈 門前하르방, 이제 노일저댄 죽언ᄒ난 데강인(대가리는) 돗도고리, 兩脚은 지들낭ᄒ난. 경ᄒ는 이 그 통시(변소)에 오라난 거 조왕에도 못 오곡 조왕에도 거 통시에도 못 간단다. 경ᄒ연 잘 살더라 ᄒ단다(「集成」'남선비와 노일저대')., 아방(정소남)은 경ᄒ난 베 ᄋ젼(가져서) 목메어정 죽으레 정낭에 돌고, 이제 어멍은 다시 아무도 못 보는디 칙간(厠間)에 간 목메영 죽젠 칙간에 베 ᄋ젼 강 목메여 죽고.(「集成」'정이 없는 정소남')). 이 차이는 기억력과 전승력에서 오는 것이겠으나, 실제의 제주 실정과도 연관이 있다고 본다. 계모가 응징받는 이 설화의 제보자가 두 편 다 여성인 점 또한 시사하는 바 있다.

제주 여성의 烈에 대한 관념을 보여 주는 설화로 '호랑이 김좌수'(「集成」)가 있다. 衣貴里 김 좌수의 며느리는 별 갈등 없이 개가하고 거지가 된 전남편을 만나자 자기를 되찾아가는 방법까지 일러 주며 따라나선다. 광포되어 있는 '烈不烈 설화'와 맥이 닿아 있는 것으로, 물론 설화의 인물은 개성을 지니기 어려워 단정할 바는 아니나, 의식의 일단을 엿볼 수 있지 않을까 한다. 가난하게 살 팔자인 아들을 위해 김 좌수가 복력이 좋은 며느리와 둘이서만 알고 세 항아리 가득 엽전을 묻었는데, 집을 나가 개가한 후 벌써 여러 자식을 거느리고 살던 며느리가 거지가 된 전남편을 만나자 같이 고향으로 돌아와 묻어 두었던 돈으로 여러 자식을 낳고 잘 산다는 이야기다. 제보자가 남성이라서 전남편을 섬긴 사실에 더욱 힘을 준 듯하다.

> 아닐께 김좌수 아딜은 어멍, 아방 오꼿 그만 죽어부리니 뭐 이거 걸렝이 뒈연. … 싹 쓸어먹언 흐니 예청(부인)은 그만 나가 볏어(버렸어). … 예청(부인) 년은 어디 東面에 가 가지고란 아무 것도 어선 좃과 불만 들른 놈 만나도 흐루 백미 쑬 서 말짜리니까니 부재로 못살 이유가 실게꽈(있을 겝니까)? 그냥 아딜 두어개 나 놓고 부재 해설란 흔난 무쉬(마소), 토지, 집 치레해연 사는 판이란 말이여. … (새서방에게) "당신이 나 가부려도 그만 흐민 당신이 살 만침이 뒈고 아딜 성제, 똘 성제 오란 나시니까니 그만흐민 씨 전종도 홀 것이고 내 의북이 꽉 찾으니 저 의복이라그네 똘덜 살아가그네 옥거덜랑 다 똘덜 갈라 줍서, 난 떠납니다, 홀 수 없는 일이우다."

'시집살이요'는 혼자 탄식처럼 부르는 것이지만, 설화는 시집 식구들과 관련된 사람이 모여 있는 자리에서 구연해야 하기 때문인지 시집살이에 관한 설화는 찾기 어렵다. 제주는 혈연의 결집이 매우 강한 곳이다. 따라서 더더욱 전국에 광포되어 있는 '억센 시어머니를 길들인 며느리'는 찾아볼 수 없다. '행실이 음란한 아내', '고생하는 남편 버린 여자' 등 또한 광포설화임에도 제주에 전하지 않는 것은 상당 부분 특히 청중을 비롯한 구연 상황에서 연유한 것이라 보는 것이 타당하겠다.

남매혼 설화와 연관되는 신화적 요소를 지닌 '문둘랭이'(『大系』9-3))
는 인간의 본성을 표출하고 있어 특기할 만하다. 물론 구연 시에는 다
른 그것처럼 유교적 윤리로 포장되어 있으니, 오빠는 양반의 체통을
지키기 위해 자결한 것으로 풀이하고 있다. 비 오는 여름날 앞서 가던
누이의 비에 젖은 홑옷에 감싸인 몸을 보고 욕구를 참을 수 없던 오
빠는, '쌍놈의 마음'을 끊기 위해서 일을 저지른다. 이야기를 마친 뒤
제보자와 청중은 양반의 행동에 대한 어려움과 함께 체통 때문에 그
런 사건이 벌어진 것이라고 다시 강조하였다.

> (조사자: 아주 거 재미난 말이우다(말입니다). 옛날에 그 선비라고 혼 것
> 때문에 곡혼 마음에.) 곡혼 ᄆ음에 (청중: 양반 양반 그 신분을 지키젠 ᄒ
> 난 그렇게 뒈분 거주(되어 버린 거주). 요새 ᄀ트면 뭐 거.) (그리고 난 뒤
> 제보자는 양반의 행동에 대한 어려움과 함께 체통 때문에 그런 사건이 벌
> 어진 것이라며 죽게 된 경위와 아울러 누이가 울게 된 연유에 대해 다시
> 잠깐 이야기해 주었다.)

"달라ᄒ지(달라고 하지) 달라ᄒ지"하고 외쳤던 누이의 행동과 금기
시하는 이 이야기를 구연하는 바탕은, 인간 본능을 긍정하고자 하는
의식이다. 그러나 본능과 규범의 상충은 비극적 결말을 맺기 마련이다.

V. 結論

설화의 전파성을 감안할 때, 어느 지역의 설화를 몇 가지 특성만으
로 논단할 수는 없겠다. 게다가 특징적인 양상을 추출하기 위해서는
상황을 얼마간 극단화하기 마련이므로 무리가 있을까 조심스럽지만,

이러한 작업은 나아가 지역 문화를 파악하는 데 일조가 되리라 믿는 다. 채록된 자료를 토대로 부분부분 본토와 비교하면서 설화에 나타 난 제주 여성을 살펴본 결과를 정리해 보겠다.

創造/破壞, 神性/不淨 같은 여성의 양면성은 설화에 많은 형태로 나 타나고 있다. 그런데 우리 설화에는 웅녀, 유화를 위시하여 평강공주, 바리데기 등 적극적으로 자신의 의지를 이루고자 한 여성이 한 줄기 를 이루고 있다. 이러한 상황이 특히 제주 설화에는 잘 드러나 있다.

우선 선문대할망으로 대표되는 巨女說話는 여성의 창조성을 잘 보 여 준다. 신화·전설·민담의 제 요소를 갖추고 문화영웅적 면모를 띠 고 있으며, 본토의 거녀설화보다 창조성이 뚜렷하다. 이는 다른 지역 보다 여성의 역할이 컸던 제주의 상황도 일부분 반영된 것이며, 제주 의 지형적 특징과 함께 설화 향유자의 반인 여성들의 소망이 투영된 것이다. 풍수에 대한 의존도가 큰 제주에서, 여성의 비밀 누설에서 온 名穴 실패담이 전하지 않는 것도 제주에서의 여성의 지위와 깊은 관 련이 있다고 본다.

제주에는 유난히 힘센 여성에 관한 이야기가 많은데, 힘센 제주 여 성은 본토에서도 채록되어 있다. 그러나 이들은 자신의 힘을 창조적 인 데 쓰지 못하는데, 여성의 능력은 밖으로 드러나지 않아야 한다는 전통적 관념 때문이겠다.

일정한 선에서 처첩이 같이 공인되며 각각의 생활을 꾸려 나가는 제주의 생활 양식에서 연유한 것이겠지만, 처첩간의 갈등을 말하는 예가 별로 없다. 또 제주 여성들이 본토인과는 혼인하려 하지 않았으 니, 이도 처첩 관계가 흔한 것에 한 단서가 되지 않을까 한다. 대부분 의 무속신화에서도 처첩간의 반목이나 지위의 격차는 보이지 않으나, '문전본풀이'에는 처첩간, 첩과 본처 자녀들 간의 갈등과 무능한 남편 이 극명하게 드러나 있다. '문전본풀이'의 첩은 제주 여성이 아닌 듯하다는 추정은 퍽 타당하다. 그러면서도 이는 선악의 대비를 통해 첩의 간교함을 부각시키기 위한 상투적인 인물 설정이며, 외지인(본토인)에 대한 반감과도 맥이 통하는 점도 간과해서는 안되리라 생각한다. 본토 무속신화의 첩이나 계모가 제주보다 특별히 간교하거나 사악하지는 않기 때문이다. 그러나 감산리 호근 '여드렛당 본풀이'에서도 보듯이, 전실 자식과의 갈등은 첨예하게 나타난다.

어느 지역이나 계모의 선악 양면이 동시에 전해 오지만, 제주의 경우 무속신화인 '문전본풀이'를 제외하면 계모의 악함이 두드러지지 않는다. 무속신화는 正이 邪를 이기는 권선징악적 요소를 더욱 강하게 띠게 되므로 인물의 행동이 양극단을 달리게 되기 마련이다. 이 예를 통해 볼 때도 무속신화('문전본풀이')에서 제주의 계모가 간악함은, 공통된 현상이므로 큰 비중을 둘 수 없겠다. 계모담은 대체로 계모의 악함을 나타내기 마련이다. 드물지만 선한 계모도 있는데, '오훈장과 그의 계모'(「集成」)는 어려서 생모를 잃은 전처 소생을 정성껏 공부시킨 계모 이야기다.

시어머니와 며느리는 한 울타리 안에서 동거하지만 취사나 노동이 개별적이므로 실제로는 시댁과 분가되어 있는 상황이다. 이는 대가족제인 본토와 크게 다른 점이며, 자연히 의식도 차이가 많이 생기게 된다. 그렇다 할지라도 고부간의 갈등이 없을 수 없으나, 구체적인 충돌 상황보다 추상적 관념을 골계적으로 표현하고 있다. 이는 제주의 생활 방식 외에도, 집성촌이라 할 정도로 얽혀 있는 인간관계와 이에 따른 구연 상황과 밀접한 연관이 있다고 본다. 예컨대 '시어머니 지극히 모셔 일어난 이적'이나 '며느리의 못된 행실 고치기' 등이 전하지 않는 것도 이에 연유한 자연스러운 현상이겠다.

인간 본래의 성적 욕구에 관한 설화가 본토에 상당량 전해져 오는데도 제주에서는 채록되지 않은 것은, 전술한 바와 같은 구연 상황과 깊은 연관이 있을 것이다. 그리고 첩이 묵인될 수밖에 없던 상황이기에 욕구를 해소할 수 있었던 점도 성에 관한 이야기가 많이 전하지 않는 한 원인일 것이다.

제주도의 진취적 여성상은 무속신화인 '세경본풀이'의 자청비에서 잘 드러난다. 영웅은 남성이고 으레 이들의 시련담이 주가 되는 문헌신화와 달리 주체적인 여성의 신적 능력을 보이는 뚜렷한 경우다. 그런데 무속신화가 아닌 경우, 딱히 그러한 예를 찾긴 어렵다.

정도의 차이는 있지만, 본토의 설화에는 나타나는 신분혼에 관한 이야기가 거의 없는 것을 볼 때, 신분 유지를 위한 통혼권의 문제가 크게 대두되지는 않은 듯하다.

한 가지 흥미로운 사실은, 도체비(도깨비) 이야기는 많은데 비해, 귀신 특히 손각시 이야기가 채록되지 않은 점이다. '버림받은 여자 원귀되어 보복하기' 같은 처녀 원귀가 등장하지 않는 것은 현실 생활을 중시하는 의식의 한 단면을 보여 주는 것이다.

본토의 설화 나아가 외국의 설화와 대비하는 작업과 좀 더 심층적인 해석은 후속 작업을 기약한다.

(「耽羅文化」 16호, 1996)

7. 선문대할망 說話 論考
―濟州島 巨女說話의 性格―

I. 緒言

제주에 산재한 奇人說話 중 가장 특이한 예가 아마도 선문대할망 설화[1]일 것이다. 斷片的이면서도 신화의 전설화 내지 민담화 현상을 잘 보여 주고 있으며 제주인의 의식이 두드러지게 표출되어 있는 점에서 그러하다.

선문대할망은 제주도를 만든 창조신이므로 天地創造神話[2]로, 巫俗的 神話[3]로 향유자의 의식에 따라 自然傳說[4]로 분류되고 있다. 또 자

---

1 신화를 넓은 의미의 전설로 보기도 하고 童話를 별도로 구분하는 등 설화의 갈래에 대한 논의가 많지만, 설문대·설문데·선문데·선맹듸·세명뒤할망 등 이칭이 많은 이 선문대할망 설화는 위의 여러 성격을 공유하고 있으므로 별도로 구분하지 않고 설화라 한다.

2 張籌根, "韓國口碑文學史 上", 「韓國文化史大系」 10, 高麗大 民族文化硏究所, 1976. pp. 657~658.

蘇在英, 「韓國說話文學硏究」, 崇田大學校 出版部, 1984. pp. 27~28.

3 秦聖麒, 「南國의 傳說」(增補版), 學文社, 1978. pp. 105~106. 분류 기준에 관한 설명은 없이 제주의 설화를 巫俗的 神話, 地緣的 傳說, 土俗的 民譚, 歷史的 說話로 나누었는데, 선문대할망 설화에 이어지는 오백장군 설화는 地緣的 傳說로 분류하고 있어서 이 설화의 혼효 상황을 짐작할 수 있다.

4 玄容駿, 「濟州島傳說」, 瑞文堂, 1976. pp. 27~32., p. 294. 제주도 전설을 山岳·島嶼·池沼·平野 등 자연사상의 이야기인 自然傳說, 忠孝·烈女·異人·名醫·壯士·女傑 등의 역사적 사건과 인물에 대한 설명인 歷史傳說, 風水·俗信 등의 민간신앙에 관한 信仰傳說로 나누고, 선문대할망 설화를 自然傳說에 포함시키고 있다. 이는 전설의 발생

연물(의 신령), 인공물, 식물 등과의 관계가 특이한 유형(움직이고 멈추기)으로 보아 '움직일 만한데 멈추기'의 하위 유형인 '거인 움직이고 자취 남기'로 분류되기도 한다.5 여기에 비속화한 부분도 있어서 설화의 여러 층위가 혼효되어 있는 전형적 예이다.

「漂海錄」(張漢喆), 「耽羅誌草本」(李源祚)에도 전하는 이 설화에 관한 직접적 논술은 많지 않은데,6 제주도의 여신 중 선문대할망은 무속제의의 대상이 아닌 巨女라는 점에서도 그 성격을 살펴볼 필요가 있다고 생각한다. 이 글은 먼저 巨人(巨女)說話의 전반적 성격을 타 지역과의 비교를 통해 검토하고, 선문대할망 설화의 몇 가지 특성을 추출하여 평석하고자 한다.

II. 巨人(巨女)說話의 全般的 性格

巨石이 숭배의 대상이 되듯, 보통 사람과 유다른 巨人도 역시 경외의 대상이 되어 왔다. 이 경우, 巨石처럼 돌의 크기·모양·항구성·견고성 같은 돌의 성질에 의하는 것이 아니고, 그 힘과 체구에서 나온 것이다. 거인설화는 자연물의 기원에 관한 것, 이민족에 대한 상상 또는 시적 상상력이 만들어 낸 것이 대부분이다. 따라서 거인은 흔히 창조

목적에 의한 분류인데, 自然傳說은 곧 說明的 傳說(Wayland D. Hand, "Status of European and American Legend Study", *Current Anthropolgy*, Vol.6., No.4., pp. 443~444)을 말한다.

5 韓國精神文化研究院 語文研究室 編, 「韓國口碑文學大系」(이하 「大系」) 別冊 附錄(1)(趙東一 外, 韓國說話類型分類集), 韓國精神文化研究院, 1989. p. 14, pp. 490~491.

6 張籌根, "濟州島女神考", 「濟州文化」 創刊號, 全國文總濟州支部, 1957. 6.
任東權, "선문대 할망 說話考", 「제주도」 17號, 濟州道, 1964. 10.
李成俊, "선문대할망說話研究", 「國文學報」 10輯, 濟州大 國語國文學科, 1990. 등.

에 관여하게 된다.

창조신은 대개 게으른 神性을 지니고 있어서 신화에 편입되지 못하기도 한다. 종족에 따라서는 지구, 인간, 동물의 기원 뿐 아니라 종족 분할, 씨족, 예식, 농작물, 신앙 집단 등의 기원신화를 지니고 있다. 창조에 관여한 文化英雄은 많은 현상의 기원과 죽음이 끝이 아니면 안된다는 사실들에 책임을 지고 있다. 신으로부터 많은 책임과 권한을 위탁받았다는 뜻이다.

거인은 에스키모(Eskimo)와 북미 인디언(Indian) 신화에 빈번히 나타나는데, 외형상 인간, 짐승 또는 새로 나타난다. 반드시는 아니지만, 대개 거인은 남성이고 거의 언제나 食人的인 경향이 있다. 에스키모 신화의 토니트(Tornit: 에스키모 신화의 큰 괴물), 미국 남서부의 食人鳥나 인간 형체를 하고 있는 거대한 생물[Big Owl] 등을 들 수 있다. 에콰도르(Ecuador)의 전설에서는, 거인족은 단단한 돌로 깊은 우물을 뚫고 여자들과 인디언을 죽인 다음 비역질을 즐기다 신의 분노를 사서 번개와 함께 멸망했다. 그리스(Greece) 신화의 지상에서 용출한 거인족[Gigantes]은 발에 큰 毒蛇를 두고 있는, 엄청나게 큰 인간이다. 호머(Homer)는 분명히 이들을 야만족으로 간주하였다. 이 거인족은 지진이나 화산 같은 현상에 책임이 있는, 일종의 地靈으로 보인다.[7]

고대의 한 우주기원설에서도 이 세상은 희생이나 원시적 괴물을 통해 만들어진 바, 이는 혼돈을 상징하며 광대한 거인을 통하여 이루어진다.[8] 이들 거인은 그리스 신화의 사이클로프스(Cylopes)나 센토

---

7 M. Leach, ed., *Standard Dictionary of Folklore, Mythology and Legend*, Vol.1, New York, Funk & Wagnalls Company, 1949~1950. pp. 259~260., pp. 453~454. passim.

8 M. Eliade, trans. by Willard R. Trask, *The Myth of the Eternal Return or, Cosmos and History*, Princeton Univ. Press, 1974(second printing). p. 20. 그 예로 바빌로니아(Babylonia) 창조신화의 거인인 티아마트(Tiamat), 북구의 巨魔 이미르(Ymir), 중국의 Pan-Ku(盤古),북구의 原人 푸루사(Purusa) 등을 들고 있다.

(Centaur)처럼 半人半馬 또는 외눈박이 거인 같은 괴물이다.[9]

북미 인디언 신화에서 무심코 운위되고 당연시되는, 창조자나 문화영웅의 할머니는 그녀의 손자[Habotchkilawetha]를 무색하게 하고 종교적 儀式 뿐 아니라 신화에서도 선도역을 맡고 있다. 창조자의 할머니는 글루스캡(Glooscap)이나 마나보조(Manabozho) 전설의 독특한 화소인데, 북동·중앙 삼림지대 신화의 일관된 특징이다.[10]

중국에서는 수만 리를 열 발자국에 간다는 巨人들이 모인 龍伯國, 용감한 거인족 蚩尤, 한 번에 천 리를 뛴다는 父族, 거인 尺郭, 누우면 10만여 평의 땅을 덮었다는 長翟 등이 전한다. 천지가 나뉘자 다시 붙을까 두려워 머리로 하늘을 떠받치고 발로 땅을 버티고 섰느라고 키가 자꾸 커져 구만 리나 된 盤古는, 오랜 세월이 흘러 천지가 군자 그때야 숨을 거두었다. 자기 능력을 과시하기 위해 황하 가운데를 가로막고 있던 화산을 손발로 뒤흔들어 두동강이를 낸 巨靈(九元眞母), 키가 천 리나 되고 上帝에게서 홍수를 다스릴 임무를 맡았던 樸父와 그의 아내도 거인의 대표적 예로 들 수 있다. 그런데 樸父 부부는 治水를 게을리 했기 때문에 황하의 물이 맑아질 때까지 벌을 받고 있다.[11] 이들은 신화로 기록되어 전하고 있으며 별다른 변이를 보이지는 않는다.

일본의 경우 男神인 大人彌五郎(九州 地方), 大太法師(關東 地方) 등의 거인담이 전한다. 이들은 흙을 부어 富士山을 만들었으며 榛名山에 걸터앉고 남신임에도 利根川에 빨래했다고 전한다. 大始祖神(冲繩 地方)은 땅과 붙어 있던 하늘을 밀어 올렸고, 天秤棒에 해와 달을 메고 다니다 부러져 서로 떨어졌다고 한다.[12]

---

9 G. S. Kirk, *Myth-its meaning and function in ancient and other cultures*, Cambridge University Press. University of California Press, 1970. p. 170.

10 M.Leach, op.cit., p. 260.

　S.Thompson, *The Folktale*, The Dryden Press, New York, 1946(AMS Press, 1979). p. 310.

11 袁珂 著·鄭錫元 譯, 「中國의 古代神話」, 文藝出版社, 1987. pp. 29~277. ff.

거인은 異人의 한 부류다. 거인은 외양부터 凡人과 다르고 뛰어난
능력을 지녔으므로 선망과 경외의 대상이 되어 많은 이야기가 구전되
어 오고 있으며, 율리시스(Ulysses), 천일야화, 가르강튀아(Garguntua),
걸리버(Gulliver) 여행기 등 이인의 행적이 작품에 나타나기도 한다. 상
상을 넘을 정도로 거대하고 힘이 세므로 하늘과 땅을 분리시켜 하늘
을 받친다든지 산을 옮기는 등의 일도 해 낸다. 그러므로 거인에게는
언중의 소망이 투영되기 마련이다. 절의 돌다리를 밟으니 돌이 부러
질 정도로 힘이 세고 신장이 十一尺이나 되는 眞平王[13]도 尙武的인 당
시 신라인의 꿈이 투사된 것이니, 거인은 곧 영웅이었다.

위에서 거인(남성)에 관해 살폈는데 巨女에 관한 기록이나 구전도 상
당량 전한다. 「三國史記」에는 키가 十八尺이나 되는 巨女의 시체가 떠
내려왔다는 기사가 보이는데, 백제의 멸망을 암시한 징조 중의 하나로
예를 들었다.[14] 도행이 깊은 法祐和尙을 보고 하강하여 부부의 연을 맺
은 聖母大王은 장신일 뿐 아니라 힘도 세고 술법을 쓸 줄도 알았다.[15]

꽤 많은 創造譚에서, 때때로 남성과 여성이 동시에 만들어졌음에도,
여성은 때늦은 생각으로 창조되었다. 어떤 이야기에서는 여성은 개
꼬리로 만들어졌다. 많은 이야기에서 신은 남성을 창조한 다음 악마
를 능가하는 여성을 창조했다.[16] 아기장수 전설에 나타나듯 여성은 대
체로 현실적이고 보수적인 성격을 띠는데 山 移動 傳說이나 우물 명
당에서도 여자의 폭로로 때문에 문제가 생긴다. 사회적인 남존여비와
여성 천대는 설화에서 여성이 파탄을 일으키는 장본인으로 표출된

12 張籌根(1976), op.cit., p. 659. f.
13 第二十六 白淨王 謚眞平大王 … 身長十一尺 駕幸內帝釋宮 踏石梯 二石幷折(「三國遺事」 卷 第
　 一, 紀異 第一, 天賜玉帶)
14 八月 有女屍浮生草津 長十八尺 … (「三國史記」 卷 第二十八, 百濟本紀 第六, 義慈王)
15 … 見一長身大力之女 自言聖母天王 謫降人間 與君有緣 適用手術 以自媒耳遂夫婦 … (李能和,
　 「朝鮮巫俗考」, 「啓明」 19號, 啓明俱樂部, 1927. 法祐和尙)
16 M. Leach, op.cit., p. 1180.

다.[17] 일례로 큐피드-사이케(Cupid and Psyche)형 설화에서는 여자가 먼저 당부를 어겨 남성을 잃고 고난을 겪는다. 제주의 涯月面 郭支里 앞에 머무를 생각으로 떠내려오던 섬을 보고 섬[飛揚島]이 떠온다고 소리치며 손가락질하여 그 자리에서 멈추게 한 것도 여자이고,[18] 솟아오르는 全北 鎭安의 馬耳山을 보고, 산이 솟아오른다고 외치는 바람에 두 산(암산, 숫산)을 멈추어 버리게 하고, 龍潭의 매봉산을 보고 산이 늘어난다고 외쳐 주저앉힌 것도 여자이다.[19] 반면 벼 한 말을 찧어 쌀 한 말이 되거든 일을 도모하라 했음에도 아홉 되 아홉 홉으로 일을 도모하려고 나오는 동생을 말리다가 죽은 사람은 바로 누이(여성)다.[20]

위에서 소략하게나마 살핀 대로 巨人(巨女)은 상반된 측면을 보인다. 창조적이고 문화영웅의 면모를 띠고 있으며 앞일을 예지하는 긍정적인 면과 야만적이고 불길한 면을 동시에 지니고 있다. 특히 여성은 이런 점이 두드러진다.

다른 지방을 보면 안가락, 마고할멈 등 巨女가 만든 지형 이야기가 많이 채록되어 있다.[21] 역시 선문대할망처럼 巨女로서 산천을 만드는 이야기를 증거를 대서 설명하고 있는데, 어느 한 지형에 얽힌 이야기이므로 일화 중심의 斷片的인 전설로 전해 오는 점은 선문대할망 설화도 같다. 이들은 대체로 과장이 심하지 않고 전설로만 전하고 있어서, 神性이 있으며 신화·전설·민담의 제 요소를 갖추고 비속화한 선문대할망 설화와 차이를 보인다. 오누이 힘내기 설화에 보이는 누이는 여걸이지만 巨女는 아니다.

---

17 崔來沃, 「韓國口碑傳說의 研究」, 一潮閣, 1981. p. 160. f.
18 玄容駿·金榮敦·玄吉彦, 「濟州道傳說誌」, 濟州道, 1985. p. 26.
19 韓國文化人類學會, 「韓國民俗綜合調査報告書」(全北篇;崔吉城 採錄), 文化公報部 文化財管理局, 1971. pp. 584~585.
20 崔常壽, 「韓國民間傳說集」, 通文館, 1958. pp. 16~17. 古池.
21 「大系」 1-5 쌍부산, 쌍봉산 이야기, 2-1 노고할미바우 이야기. 등.

제주의 女傑傳說은 文 萬戶 며느리, 심돌[始興] 姜氏 할망, 始興里 玄氏 男妹, 泰興里 慶金宅 며느리, 吳 察訪의 누이 등을 들 수 있는데, 이들은 숨은 力士지만 巨人은 아니다. 또 이들에게는 처음부터 선문 대할망 같은 신성이 없으니 그 성격이 다르다.

이제 범위를 좁혀 제주도의 대표적 巨女說話인 선문대할망에 관해 살펴보겠다.

Ⅲ. 선문대할망 說話의 特性

선문대할망 설화는 근래에 여러 번 채록되었는데,[22] 그 내용은 대동 소이하고 斷片的이다. 이제 개요를 보면 아래와 같다.[23]

　　A. 선문대할망은 한라산을 베고 누우면 다리가 바다에 잠길 정도로 키 가 크고 힘이 세었다. 한 발은 제주 서남쪽 加波島에, 또 한 발은 동북쪽 日出峰에 디디고 바닷물에 빨래를 하는 정도였다. 涯月面 郭支里에 솥덕(돌 따위로 솥전이 걸리도록 놓는 것) 모양으로 바위 셋이 있는데 할망이 솥

---

22 張籌根(1957), op.cit.
　玄容駿, op.cit.
　秦聖麒, op.cit.
　———, 「南國의 民譚」, 螢雪出版社, 1979.
　玄容駿·金榮敦, 「大系」 9-1, 9-2, 9-3, 1980~1983.
　玄容駿·金榮敦·玄吉彥, op.cit.
　——————, 「濟州 說話集成(1)」, 濟州大 耽羅文化硏究所, 1985. 등.
　채록에 따른 차이가 거의 없으므로, 앞으로 출전은 꼭 필요한 경우에만 밝힌다.
23 논술을 위해 글쓴이가 임의로 재구성하여 단락을 나누었다. 이 글의 의도가 이 설 화 자체의 정밀한 구조 분석에 있지 않으므로 대본은 위의 주 22)에 의하고, 채록 에 따른 사소한 변이는 일일이 명기하지 않는다.

을 얹어 밥을 해 먹었던 곳이다. 이때 할망은 앉은 채로 애월리의 물을 솥에 떠 넣었다 한다.

B. 서귀포 앞 섶섬의 큰 두 구멍은 할망이 한라산을 베개 삼아 누울 때 발을 잘못 뻗쳐 생긴 구멍이다. 巨人이라 食量이 커서 대죽범벅(수수범벅)을 먹고 똥을 싼 것이 산(굿상망오름)이 되었다. 할망이 치마폭에 흙을 퍼 담아 쏟아 부어 제주와 한라산을 만드는 도중에 흘린 흙덩이가 도내 360여개의 오름[岳]들이다.(흙 일곱 삽으로 한라산을 만들었고, 할망의 나막신에서 떨어진 흙덩이가 오름들이라고도 한다.) 할망의 센 오줌 줄기에 동강 난 육지 한 조각이 소섬[牛島]이다. 그 오줌 줄기가 하도 세차서 깊이 파였기 때문에, 지금도 이 바다는 조류가 세어 파선하는 일이 많다. 또 흙이 너무 많아 보여 주먹으로 봉우리를 친 것이 움푹 파인 드랑쉬[月郎峰]이고, 빨래를 하다가 빨랫방망이로 산 한쪽을 잘못 때리니 굴러가서 山房山이 되었다.

C. 할망이 島民들에게 명주 백 동(1동은 50필)을 모아 속옷(또는 갈중이) 한 벌을 해 주면 육지까지 다리를 놓아 주겠다고 하여 도내의 명주를 모두 모았으나 한 동이 모자라 뜻을 이루지 못하였다. 그 다리를 놓다 만 흔적이 지금 翰林의 긴 곶[岬](또는 朝天의 엉장매코지)이며, 新村의 암석에 있는 큰 발자국은 그때의 자취라고 한다.

D. 할망이 아들 오백 형제를 낳고 자식들을 먹이기 위해 큰 가마솥에 죽을 끓이다가 그만 솥에 빠져 죽고 말았다. 죽을 먹은 다음에야 이 사실을 안 자식들이 슬픔을 견디지 못하고 통곡하다가 바위로 굳으니 곧 五百將軍峰이다.

E. 할망과 하르방이 성기를 이용해 물고기(또는 사슴)을 잡아 요기하였다. 할망이 한라산에서 소변을 보는데 포수에 쫓긴 멧돼지며 사슴들이 동굴인줄 알고 들어가 피하는 바람에 한 일 년 반찬을 하였다. 하르방의 성기가 갈대 길이 세 배만이나 했다.

F. 할망이 키 큰 것을 자랑하여 용소[龍淵], 서귀포 西烘里의 홍리물 등 물마다 깊이를 시험하고 다니다가 밑이 터진 한라산 물장오리에 빠져 죽었다.

A.는 선문대할망이 얼마나 컸는가를 과장하여 이야기하고 있는데,

대개의 설화에서 보듯이 상상이 가능하도록 그 고장의 지형으로 설명
하고 있다. 여기에서 창조신으로서의 가능성을 볼 수 있고, 이 설화가
신화였으리라는 추정을 할 수 있지 않을까 한다. B.는 할망이 거구임
을 보일 뿐 아니라 지형의 유래를 밝히는 전형적 자연전설이다. 한라
산을 인격화한 것이 바로 선문대할망이다. 그런데 하필 여신으로 상
정하였을까 하는 점을 생각해 볼 필요가 있겠다. C.역시 지형의 유래
를 밝히는 것이나, 설화에 흔히 보이는 이른바 99型 未完說話[24]의 이
야기가 결부되어 있다. 이 유형의 역점은 가난이나 결핍이 아니고 극
적 전환에 있다. 이 설화는 육지와의 연결을 소망한 것이지만 제주인
의 궁핍상을 나타낸 것은 아니라고 생각한다. D.는 오백장군 전설로
단독으로 전해지기도 하는데, 아들이 오백 명이나 되는 점 또한 할망
이 凡人과 크게 다름을 보이는 점이기도 하지만, 이 자체로 완결된 한
편의 이야기인 점으로 보아 후대에 선문대할망에 결부된 것이라고 본
다.[25] E.는 이 설화가 신화에서 흥미에 비중을 둔 민담으로 변이된 예
인데 선문대하르방까지 등장하여 비속화·희화화하고 있다. 그 정도를
실감 나게 묘사하고 있는데, 이는 할망에 대한 단순한 친근감에서 나
아가 신성성이 사라져 버린 후대에 異人을 격하시키는 것이 훨씬 흥
미를 자아내기 때문일 것이다. F.에서는 교만에 대한 교훈성과 신의
죽음을 본다. 반드시 그렇지는 않지만, 교훈성과 아울러 재생하지 못
하고 인간으로 전락한 신의 허망한 죽음은 이 설화의 특성을 말해 준
다. 전설의 통상적 비극성과는 이미 궤를 달리 하고 있음을 알 수 있

---

24 崔來沃, op.cit., p. 168., p. 216. 완전·성공(100) 직전의 실패(99)로 극적인 전환을 보
   이는 설화로, 아기장수, 효자 호랑이, 강감찬·허미수 탄생 설화 등 상당수의 예를
   들 수 있다.
25 오백장군의 어머니가 선문대할망이 아닌 "어떤 어머니"(玄容駿, op.cit., p. 52), "한
   할머니"(秦聖麒,「南國의 地名由來」, 濟州民俗研究所, 1960. pp. 125~126)이며, 오백장군
   설화가 선문대할망과 별개로 분류되어 있기도 하다.

다. 그리고 물장오리의 밑이 터졌다는 것은 湧出과 연관되는 제주인의 육지관을 보여 준다. 島嶼 지방이 대개 그러하듯, 제주에서는 신이 솟아오르는 일이 많다.26

위에서 제기한 선문대할망 설화의 몇 가지 문제를 검토해 보겠다. 이 설화는 아마도 처음엔 신화였을 것이다. 한라산을 비롯한 제주의 여러 오름을 만들었다는 점에서 뿐 아니라 「漂海錄」의 기록이나 '산신굿'을 보아서도 알 수 있다.27 그렇다면 틀림없이 神 출현에 관한 이야기가 있었을 터이나 구전되지 아니한다. 憲宗代의 「耽羅誌草本」에도 神女라 하며 소개하고 있으나 기사 내용은 신화적인 색채가 엷어져 있다.28 추론컨대 천지창조의 신이 후세에 산신으로 좁혀졌다고 보는 것이 타당하다고 생각한다. 이 과정에서 특정 지형(소섬, 드랑쉬, 섶섬, 굿상망오름, 조천 바닷가의 곳 등)과 연계되어 전설화하고 E.에 예시된 대로 선문대하르방까지 등장하여 性的으로 卑俗化하기까지 하여 홍미 위주의 민담적 요소가 짙게 가미되었음을 알 수 있다. 그 예로

---

26 Cf. 玄容駿, "三姓神話硏究", 「耽羅文化」 2號, 濟州大 耽羅文化硏究所, 1983. pp. 58~60.
   許椿, "濟州島 巫俗神話의 文化英雄 考", ──刊行委 編, 「玄容駿博士華甲紀念 濟州島言語民俗論叢」, 圖書出版 濟州文化. 1992. pp. 303~304.
   해저로부터의 용출은 南加州 유만(Yuman)族의 전형적 기원신화로 보고된 바도 있다(M. Leach, op.cit., p. 260). 신의 용출이나 밑 터진 물장오리를 두고 설화 전승 민중의 평면적 지구관으로 해석(cf. 張籌根(1957), op.cit., p. 35)함은 일면만을 강조한 것으로, 설화가 과학적이고 논리적으로만 향유되지는 않는다는 점에서 비약적 견해라고 본다.

27 或起拜漢挐而祝曰 白鹿仙子 活我活我 詵麻仙婆 活我活我 … 又傳邃古之初 有詵麻姑 步涉西海 而來游漢挐云 古今者 所以祈於詵麻 白鹿者 無所控訴而然也(「漂海錄」 初五日條)
   예한로 영주산 저물フ이 당해서/선맹듸할망으로 논흐면/그물フ에 드러사서 육지로 내조/드리 노아주마 흐시다가/백명지를 없어 예시건못흐니 …(張籌根(1957), op.cit., p. 37)(밑줄 글쓴이, 이하 같음.)

28 上古有一神女 號曰沙曼頭姑 身長幾與天 齊手倚漢挐山頂 足涉滄海而美波 常有自言曰 此土人製我一衣 則我必連橋於大陸 … 州東新村 有巨人跡印 在巖石上 至今稱曼姑足跡云(「耽羅誌草本」 卷三, 奇聞篇)

巨神이 그늘을 짓고 농사를 망친 죄로 붙들려 볼기를 맞게 되어 관원들이 경상도까지 달려갔다든지, 거인 할아버지가 여름에 더워서 낙동강에 나와 성기로 다리를 놓았더니 그 위를 걷던 사람들이 담뱃재를 떠는 바람에 움츠려서 다 빠져 죽었다는 외설담을 들 수 있는데,29 선문대할망 설화도 이 같은 상황을 보인다.

완결된 제작물인 문학에 비해 신화는 결말이 열려 있는 과정이므로, 신화는 누구나 조금씩 자기의 것을 가미할 수 있다.30 그러나 신화를 이처럼 비속화한 경우는 그 원인과 과정을 살필 필요가 있다. 여러 면을 고려할 수 있으나 熊女의 入窟, 脣吻을 三截한 柳花, 鷄觜撥落한 閼英,31 변신 경쟁을 한 解慕漱, 卵生으로 棄兒 과정을 겪거나, 수수께끼를 풀고 高空跳躍을 한 朱蒙·琉璃, 저승을 다녀오는 무속신화의 주인공들 등에서 볼 수 있는 일련의 시련 과정-입사의식을 거치지 않은 것이 중요한 원인이 될 것이다. 선문대할망의 탄생이나 혼인에 관한 내용이 없는 사실도 마찬가지로 생각된다. 신화의 종교적 의의나 신성성이 엷어지면 그 신화는 전설, 민담으로 변하기 마련이다.32

오백장군 설화도 처음에는 선문대할망 설화와 별개로 존재했을 것이다. 오백장군의 어머니는 아들들이 돌아와 먹을 죽을 끓이다가 발을 잘못 디디어 그만 죽솥에 빠져 죽었는데, 선문대할망 같은 거구로는 수긍되기 어려운 죽음인데다가 물장오리에서 큰 키를 뽑내다가 죽었다는 결말이 더 걸맞기 때문이다. 두 이야기가 따로따로 전승되고도 있는 점도 한 반증이다. 아들을 오백 명이나 둘 만한, 凡人과 달라

---

29 張籌根(1976), op.cit., pp. 658~659.
30 K. K. Ruthven·金明烈 譯, 「神話」, 서울大學校 出版部, 1987. p. 79.
31 是日 沙梁里閼英井邊 有雞龍現而左脇誕生童女 姿容殊麗 然而脣似雞觜 將浴於月城北川 其觜撥落 因名其川曰撥川 … 仍以女爲后「三國遺事」卷一, 紀異 第一, 新羅始祖 赫居世王)
32 이 설화의 향유자들은 전설로 인지하고 있다("… 그건 옛날 전설이곡. … 거 다 전설로 흐는 말입쥬."(「大系」 9-2 설문대 할망)).

야 하는 巨女로는 선문대할망이 적격이기 때문에 후대에 와서 두 이
야기가 결합되었을 것이다.

여기에서 짚어볼 점은 설화의 교훈성에 대해서다. 어머니가 죽은
줄도 모르고 죽을 먹은 아들들은, 맨 막내아우가 죽을 먹으려고 솥을
젓다가 뼈다귀를 발견하고 나서야 어머니의 죽음을 알게 된다. 동생
은 어머니를 끓인 고기죽을 먹은 불효의 형들과 같이 있을 수 없다며
遮歸島로 달려가 한없이 울다가 바위가 되고 형들도 모두 바위로 굳
어져 버렸다. 불효를 나타낸다 하더라도, 고의가 아니었지만, 어머니
를 끓인 고기죽을 먹는 정도의 일은 드물다. 그러니 아들들이 바위로
굳는 정도의 결과는 오히려 가벼운 징벌이다. 이러한 교훈성은 전설
에서 더욱 두드러지니, 즉 전설의 윤리성이다.

伯夷·叔齊가 굶어 죽기 직전 천제가 사슴을 보내 젖을 빨려 살렸는
데, 사슴을 먹었으면 하고 생각하는 순간 사슴이 도망가 버려 그들은
그만 굶어 죽었다.[33] 염불만 열심히 하는 노인에게 관음보살이 하루
세 끼 먹을 쌀을 바위 밑에 두었는데 노인이 욕심을 내서 몇십 번씩
쌀을 빼자 그만 쌀이 나오지 않게 되었다.[34] 이러한 類話는 수없이 많
은데 모두 윤리성을 강조하고 있다.

선문대할망은 늘 키 큰 것을 자랑하며 뽐내서 제주의 물마다 깊이
를 시험해 보다가 물장오리에 빠져 죽었는데, 교만이 빚은 당연한 결
과다. 대체로 비극적 상황이 야기되는 전설과 달리 창조신인 선문대
할망이 이처럼 전혀 神답지 않게 죽는 것에서도 신화의 전설화 또는
민담화 현상[35]을 볼 수 있다. 할망의 탄생(신 출현)에 대한 이야기가 구
전되지 않는 원인을 여기서도 찾을 수 있지 않을까 한다. 할망이 죽솥

---

33 袁珂, op.cit., p. 315.
34 崔常壽, op.cit., pp. 101~102. 쌀바위(米岩)
35 低級文化民族의 思考法이라 보는 이 설화의 斷片性, 突發性, 直觀性(張籌根(1957), op.cit.,
　　p. 31)도 이러한 장르(genre) 간의 混淆가 중요한 한 원인이 되었다고 본다.

에 빠져 죽은 것은, 교만함 때문에 물에 빠져 죽는 것보다는 비극적이어서 거인 할망의 행적에 걸맞다. 또 구태여 결부시킨다면, 할망은 '창조자의 祖母' 역을 맡고 있다고 하겠다. 이러한 까닭으로 '오백장군 설화'가 '선문대할망 설화'에 결부되었다고 본다.

선문대할망이, 밑이 터져 한없이 깊은 한라산의 물장오리에 빠져 죽었음은, 우리에게 세 가지 사실을 알려 준다. 즉 교훈성, 神 湧出의 가능성 그리고 신화의 전설(민담)로의 변이이다.

C.는 제주인의 육지에 대한 소망 내지 동경을 보여 준다. 이러한 99型 未完說話는 빈번하게 표출되고 있는 설화의 중요한 흥미소로서 완성 직전에 실패하는 운명을 나타내고 있다. 할망은 키가 너무 큰 탓으로 옷을 제대로 입을 수가 없어서 속옷(또는 갈중이) 한 벌을 만들어 주면 육지까지 다리를 놓아 준다고 하였으나, 島民들이 힘껏 모았어도 아흔아홉 동밖에 되지 않았다. 속옷 한 벌 만드는 데는 명주 백 동이 든다. 그래서 할망은 다리를 놓다 중단하였는데 그 자취가 朝天·新村 등지에 남아 있다는 것이다. 대체로 창조신은 게으르기 마련이다. 여기에서 속옷은 이 설화가 민담적 요소로 변이되었음을 나타내기도 하고,[36] 속옷은 갈중이보다 짧으므로 할망의 巨軀를 말해 주는 것이기도 하다.

갈중이를 만들어 주지 못하자 할망은 다리 놓는 일을 중단했을 뿐 아니라, 島內 산줄기에 혈을 불어넣어 주려다 그만두었다. 한라산에 봉우리가 아흔아홉 개밖에 없는 것도 할망이 백 개를 채우지 않았기 때문이며, 그래서 한라산에는 왕도 범도 다른 맹수도 안난다고 한다.[37] 초공본풀이에서도 임정국대감 부부는 아들을 보려고 백일불공

---

36 Ibid., p. 34.
37 Ibid., p. 33. 다른 채록본에는 중국에서 온 스님이 맹수를 없애 주고 백 골이었던 봉우리를 아흔아홉 골로 만들었다 한다.(玄容駿(1976), op.cit., pp. 17~18. 아흔아홉

을 드린 후에 점검한 布施(上白米, 中白米)가 백 근에서 한 근이 모자란 아흔아홉 근 밖에 안되어서 사내자식을 점지 받지 못하고 딸아이(ᄌᆞᆽ지 맹왕아기씨)를 점지 받게 된다.[38] 이러한 점들을 고려할 때 명주가 모자란 것이 제주인의 가난 탓이라거나 명주 백 동을 구하지 못한 섬의 恨스러움을 본다[39] 함은, 설화의 속성을 감안해 보면 너무 경직된 해석이라고 생각한다. 다리가 놓이지 않은 것은 지형(섬)을 운명으로 받아들이려는 사고의 반영일 것이다. 未完이, 신이 아닌 인간 즉 島民에 의한 것이므로 이들의 운명을 합리화하고 이에 순응하려는 의식의 발단이다. 여기에서 제주인의 육지에 대한 상반되는 두 의식-憧憬과 諦念을 엿볼 수 있다.

이 설화의 특성을 살피기 위해서는, 여성의 양면성과 함께 왜 하필 여신인가 하는 점을 주목해야 한다.

이처럼 거대한 여신이 창조신으로 등장함은 제주 설화의 한 특성이라고 본다. 다른 지역보다 여성의 역할이 지대했던 제주의 상황이 일부분 반영된 것이리라. 제주도 탐라국 왕은 여자로 천하장사였는데 사신을 데리고 다니다가 발로 차면 죽을 정도로 힘이 셌다는 이야기,[40] 키가 너무 커서 제주의 포목을 다 걷어도 모자라 육지의 포목을 보태서야 겨우 옷 한 벌을 지을 정도였다는 이야기,[41] 下加里 북쪽 쇠 죽은 못(牛死池)의 과부 이야기[42] 등을 통해서도 그 편린을 짐작할 수 있다. 본토의 巨女로는 마고할미(마고선녀)가 대표적이다. 麻(瑪)姑仙女

곧) "아흔아홉봉 전설"(「大系」 4-2) 같은 이런 유의 99峰 설화는 도처에 많다.

38 玄容駿, 「濟州島巫俗資料事典」, 新丘文化社, 1980. p. 148. 초공본풀이
39 編輯部 編, 「濟州道誌」 下, 濟州道, 1982. p. 861.
――――, 「제주도」(한국의 발견 11), 뿌리깊은나무, 1983. pp. 234~235.
40 「大系」 2-8 제주도의 천하여장사
41 「大系」 6-12 제주도 키다리
42 玄容駿(1976), op.cit., pp. 32~33. 쇠 죽은 못

는 거대한 바위를 장식품으로 허리에 찰 정도로 巨女인데 키가 커서
달도 사이의 바닷물이 겨우 넓적다리에 닿을 정도였다. 마고선녀 바
위라는 세모난 바위는 뾰족한 위쪽에 구멍이 통해 있고, 그 구멍은 곧
매어 단 끈을 통한 곳이라고 한다. 支石墓와 큰 바위를 공기돌로 썼다
든가 거대한 족적을 남겼다는 일화도 전한다.[43] 노고할미나 안가닥할
무이도 같은 종류의 이야기다.[44]

巫祖神인 바리데기, 國母神·護國神으로 짐작되는[45] 仙桃山 聖母[46]
도 여성이지만, 이들은 창조적 활동이 다소 미약하다는 점에서 선문
대할망과 다르다고 하겠다. 물질을 비롯해 생계를 위한 활동을 많이
해야 했던 제주 여성들이지만, 이로 보면 여성의 활동력에서만 거대
한 여신이 등장하는 이유를 찾는다는 것은 무리이다. 아마도 제주에
서의 여성의 위치와 함께 제주의 지형적 특징 그리고 설화 향유자의
반인 여성들의 소망이 투영된 때문으로 보인다. 거인은 상상 속의 인
물이므로 소망을 충족시키기에 적합하였을 것이다.

이 설화의 특성은 여성을 능력 있는 거인으로 만든 점 외에도 여성
의 양면성에서 찾아야 할 것인데, 타 지역의 설화에서도 이 점은 다르
지 않다. 단군신화, 동명왕신화를 비롯하여 여러 무속신화나 아기장수
설화에서 보듯,[47] 설화에서의 여성은 풍요나 창조의 긍정적인 면과 불

43 崔常壽, op.cit., p. 363. 麻(瑪)姑仙女 바위

44 「大系」 1-7 지석묘와 마귀할멈, 1-7 마귀할멈 손자국 바위, 6-5 마고할미, 2-1 노고
   할미바우 이야기, 7-1 안가닥할무이, 8-2 마고할매와 피왕성, 8-10 호부래비너더렁
   의 유래 등.

45 孫晉泰, 「民俗學論攷」, 民學社, 1975. p. 201.
   金鉉龍, 「韓國古說話論」, 새문社, 1984. p. 154.

46 「三國史記」 卷 第十二, 新羅本紀 第十二
   「三國遺事」 卷五, 感通 第七, 仙桃聖母隨喜佛事.

47 Cf. 許椿, "說話의 女性 硏究(I)", ──刊行委 編, 「常山韓榮煥博士華甲紀念論叢」, 開文社,
   1993.

길과 파탄의 부정적인 면을 아울러 지닌다. 불에서 온 인간의 발전을
시기한 제우스(Zeus)가 인간에게 불행을 주기 위해 프로메테우스
(Prometheus)에게 보낸 인류 최초의 여자 판도라(Pandora)가 '아름다운
邪惡'과 '철저한 欺瞞'으로 이루어진 역설적 창조물임[48]은 시사하는
바 크다. 선문대할망도 지형을 창조하기도 하고 다리를 놓아 주려다
만 심술궂은 면도 있다.

　다음 선문대할망의 문화영웅적 면모를 검토해 보겠다. 대부분의 신
화는 문화영웅이 지형을 조성하여 변화시키는 데 미친 영향에 관련한
것이라 해도 과언이 아니다. 신으로부터 인간에게 문화를 가져다 주는
문화의 전달자가 문화영웅이고 창조자·변형자인데, 僞計師(trickster)처
럼, 문화영웅적인 성격이 퇴색되면서 민담화·희화화한다. 위계사는 대
체로 신화에서는 진지하고 민담에서는 코믹(comic)한데[49] 그 전형적인
한 예가 바로 선문대할망이다. 제주 신화의 여러 신들이 도덕적인 특징
을 지니지 않을 수 없는 이유가, 신의 신분으로 간택되는 기준이 바로
인간의 행복을 도와주려는 선량한 의지와 그렇게 할 수 있는 능력 때문
이라는 서술[50]을 수용한다면, 선문대할망 설화가 민담화한 한 원인이
설명될 수 있겠다. 한라산을 만들고, 제주인이 소망하는 連陸橋를 놓아
주겠노라 약속한 할망은 창조자이며 육지의 문물을 전하려고 시도한
문화영웅이다. 그런데 명주 한 동이 모자라다고 다리 놓는 일을 중단하
는 바람에 인간을 도우려는 의지는 퇴색되어 버렸다. 강화도의 마귀할
멈은 그 행동이 地氣의 맥을 누르는 파괴적인 데 비하여 선문대할망은
창조적이다. 그러나 문화영웅으로서의 뚜렷한 행적 -인류에게 五穀을

48 G. S. Kirk, op.cit., p. 229.
49 許椿, "古小說의 人物 硏究-仲裁者를 中心으로-", 延世大 大學院 博士學位論文, 1986, p. 24.
　　──, 주 26), p. 288. f.
50 양영수, "한국 신화와 그리스 신화의 비교연구-제주도 신화를 중심으로-", 「濟州島
　　研究」 8輯, 濟州島研究會, 1991. p. 204. f.

심는 방법을 알려 준다든지 인간에게 불을 전해 준다든지 하는 등의 행적을 보이지는 않는다.[51] 이는 신화가 전설(민담)화해 가는 과정에서 여러 행적이 逸失된 탓도 있을 것이고, 할망이 육지까지 다리를 놓지 못한 데에도 원인이 있을 것이다. 또 할망은 창조자에 걸맞지 않은 죽음을 맞는데, 이 설화가 斷片的으로 전해지는 한 원인이기도 하다.

IV. 結言

지금까지 여러 측면에서 선문대할망 설화를 조명해 보았다. 이 설화는 신화·전설·민담의 제 요소를 아울러 가지고 있고 斷片的으로 전승되며 무엇보다도 巨女에 관한 이야기라는 점에서 특이하다. 이 글은 먼저 巨人(巨女)說話의 성격을 전반적으로 살펴보고 이 설화가 지닌 특성을 타지역 설화와의 비교에 유의하면서 검토하였다.

여기에서 제기된 몇 가지 문제를 결론 삼아 정리해 보면 다음과 같다.

巨人은 凡人과 다른 체구와 힘으로 인해 동경의 대상이었다. 쉽게 접할 수 없는 상상 속의 인물이므로 거인에게는 수용층의 소망이 투영되기 마련이다. 거인은 대개 창세설화에 등장하여 문화영웅의 역할을 수행하는데 巨女의 경우는 창조적이고 파괴적인 여성의 양면성을 아울러 보인다.

---

51 다음 예는 특이한 경우로 할망의 공리적 성격도 보여 준다.

　表善面 해안의 한 모살(큰 백사장)은 灣이 길어 파도가 들이치고 가옥이 침수하며 매년 어린애가 나가 놀다 빠져 죽었다. 할망이 명주로 속옷을 만들어 주면 모살을 메꾸어 준다고 해서 도민들이 옷감을 모아 할망에게 명주로 속옷을 만들어 주었더니 하룻밤 사이에 나무를 베어 바다에 깔아 백사장을 만들었다. 지금도 潮水가 나간 다음에 사장의 모래를 헤쳐 보면 실제로 굵은 나무들이 썩어 깔려 있다.(張籌根(1957), op.cit., p. 33)

선문대할망 설화는 애초엔 신화였을 것이다. 한라산을 인격화한 설화인데, 할망이 한라산을 비롯한 제주의 여러 지형을 창조했으며 제의의 대상이었다는 점에서 그러하다. 특정 지형과 결부된 신화는 애초부터 전설·민담화할 소지를 안고 있다. 그렇다 하더라도 이 설화가 신화로 남지 못하고 비속화·희화화한 것은 다음의 몇 가지 원인 때문이라고 본다. 무엇보다 다른 신화에 보이는 시련 즉 入社儀式, 成熟祭儀를 거치지 않은 것이 큰 원인이다. 할망은 제주인이 간절히 소망했던, 육지와 연결하는 다리를 놓아 주지 않아 문화영웅으로서의 역할을 다하지 못했다. 게다가 다리를 놓다가 중단하여 능력이 있는데도 인간을 도우려는 의지가 매우 부족한 점도 신으로 계속 남기에는 곤란한 요인이다. 神的이지도 못하고 재생하지도 못하는 할망의 허망한 죽음은 이미 전설의 비극성과도 거리가 있다. 큰 키를 교만하게 자랑하다가 밑이 터진 물장오리에 빠져 죽은 할망의 죽음은 오백장군 설화와 함께 교훈성을 나타내고 있는데 전설의 윤리적 한계라는 점에서 신화의 전설 내지 민담화 현상을 반영하고 있다. 그리고 탄생-신 출현에 관한 설명이 없는 점도 민담화할 소지를 보이는 것이다. 할망이 요구한 옷이 갈중이 같은 겉옷에서 속옷으로 구전되는 것도 이러한 예일 것이나, 할망의 巨身을 강조하고자 하는 의도도 있다고 생각한다.

할망의 죽음은 일면 평면적 우주관의 반영일 터이나 설화의 상투적 표현으로 보아야 할 것이다. 오백장군 설화가 별개로 채록되는 것을 보아도 후대에 결부된 것이라 보는 것이 타당할 것이다.

할망이 원한 속옷(또는 갈중이)을 지을 명주가 한 동이 모자라는 아흔아홉 동밖에 되지 않아 육지와 연결하는 다리를 놓다 말았는데, 이는 다른 지역에서도 흔히 채록되는 이른바 99型 未完說話로 극적 전환을 보이는 중요한 흥미소이며 운명적 요소를 나타내는 것이기도 하다. 그러므로 이는 제주인의 가난함보다는 제주의 지리적 위치에 의한 운명과 육지에 대한 선망을 나타낸다. 여기에서 육지에 대한 두 의식-동경과 체념을 볼 수 있다.

이 설화의 핵심은 왜 하필 한라산이나 여러 오름을 창조한 신이 여성이냐 하는 데 있다. 여기에는 제주에서의 여성의 발언권이나 활동력도 얼마간은 결부되었을 것이다. 그러나 본토와 비교해 볼 때 큰 차이가 없으므로, 섬인 지리적 위치와 여성 소망의 투영 그리고 여성의 양면성에서 찾는 것이 더 온당할 것이다. 여성의 창조성과 생산성은 크게 발휘되기도 하지만, 솟아오르던 산을 그 자리에서 멈추게 하는 경망성과 파괴성은 심술로 나타나서 할망은 더 이상 다리를 놓지 않는다.

본토의 거녀설화는 대체로 단순한 지형전설로 설화의 여러 성격이 혼재하지 않는다. 그런데 선문대할망 설화는 설화의 여러 측면을 공유하여 신화의 전설(민담)화 현상을 나타내며, 역할을 제대로 수행하지는 못했지만 할망은 문화영웅적 면모를 보인다. 또 본토의 거녀설화보다 창조성이 뚜렷하다는 데 그 의의가 있다고 생각한다.

(「韓國文學의 通時的 省察」, 白文社, 1993)

1. 民謠 研究의 몇 問題

I. 緒言

구비문학의 여러 분야 중 민요는 수집·정리를 통한 민속지의 작성이나 연구 성과에서 상당한 진척을 보이고 있다. 한국의 민속을 조사하고 분석하는 데는 행정력을 동원한 조선총독부가 식민 통치의 기초 자료 수집을 위해 대대적으로 나섰으며, 여기에 참가한 사람 중 高橋亨은 민요에 관해서도 數篇의 논고를 남겼다. 또 市山盛雄은 〈朝鮮民謠の研研〉(1927)를 단행본으로 내기도 했다. 거의 같은 시기에 孫晋泰, 金東煥, 金在喆, 李在郁, 金台俊, 金思燁, 宋錫夏 등이 민요에 관한 斷片的인 논고를 발표하였다. 민족문화운동의 일환으로 벌인 민요 수집 작업은 상당한 성과를 거두어 〈朝鮮童謠集〉(嚴弼鎭, 1924)을 필두로 〈朝鮮口傳民謠集〉(金素雲, 1933), 〈民謠集〉(趙潤濟, 1935), 〈朝鮮民謠選〉(林和, 1939), 〈朝鮮民謠集成〉(金思燁·崔常壽·方鍾鉉, 1948), 〈朝鮮의 民謠〉(成慶麟·張師勛, 1949) 등이 속속 출간되었다. 최근의 〈韓國口碑文學大系〉(韓國精神文化研究院, 1980~)에 이르기까지 많은 자료집과 연구 논저가 발표되고 있으나 재고해 봐야 될 점들이 있어, 이를 〈朝鮮民謠研究〉(高晶玉, 1949)를 중점적으로 검토하면서 논의하고자 한다.

"原始藝術로서의 民謠 一般과 庶民文學으로서의 朝鮮民謠"라는 부제가 붙어 있는 〈朝鮮民謠研究〉[1]는 광복 후 민요 연구의 불모지에 학적 체계를 세워 출간된 본격적 연구서로서[2] 자료집으로서의 양면적 가치를 지니고 있다. 김소운이 민요 자료를 집대성했다면 高晶玉은 연구의 이론을 세웠다고 하겠는데, 그 자신도 "… 一般的으로는 民俗學의 對象밖에 되지 않는 民謠를 當々히 朝鮮文學의 王座로 끌어 올렸다."(高, P. 9)고 자부하고 있는, 민속학 연구 一期(1920~1945, 黎明期)[3]의 대표적 학자이다. 嶺南 地域 민요 조사를 통해 이루어진 이 책은 시대에 따른 변천에도 주의를 기울였다는 점에서 아직 이와 대치하는 개론서가 나오지 않았다[4]는 평까지 받고 있는데, 계몽성보다 논증을 위주로 한 점과 구비 전승의 사적 환원을 꾀했다는 점에서 그 의의를 찾을 수 있다.

이 글에서는 순차적 검토를 하지 않고 글쓴이가 추출한 문항별로 살펴보겠다. 즉 民謠 硏究 方法論, 用語, 民謠의 槪念·範疇, 民謠의 發生, 分類, 律格, 特質, 現代의 民謠 등으로 나누어 살피고 끝으로 民謠史 서술의 문제점을 논하겠다. 그리고 부분부분 대안을 제시하기도 하겠지만, 우선은 앞으로 해결해야 할 쟁점을 적출하는 선에서 그치려 한다

그 외 〈韓國民謠史〉(任東權), 〈口碑文學槪說〉(張德順 外), 〈韓國民謠硏究〉(任東權), 〈韓國民謠의 史的 硏究〉(鄭東華), 〈濟州島民謠硏究〉(金榮敦), 〈한국 노동 민요 연구〉(金武憲)[5] 등도 아울러 검토하였다.

---

1 高晶玉, 朝鮮民謠硏究, 首善社, 1949. (이하 '高'로 略함.)

2 이전에 두 권의 연구서가 출간되었으나 전반적이고 본격적인 연구로는 미흡한 감이 있다.
   周王山, 朝鮮民謠槪論, 東洋푸린트社, 1947.
   成慶麟·張師勛, 民謠와 鄕土鄕器, 尙文社, 1948.

3 金泰坤, "韓國의 學譜(民俗學界)", 大韓日報, 1972.11.20. 민속학 연구를 四期로 나누고 선구자로는 一然을 꼽고 있다.

4 趙東一, 구비문학의 세계, 새문社, 1980. p. 297.

5 任東權, 韓國民謠史, 文昌社, 1964.
   張德順 外, 口碑文學槪說-口碑傳承의 韓國文學的 考察-, 一潮閣, 1971.

II. 本論

가. 研究 方法

먼저 高晶玉의 민요관을 보면, "… 民謠 自體는 어디까지나 文學·音樂·舞踊 等의 高次的 獨立 藝術을 이를테면 分家해 내어 놓고 自身은 沒落한 宗家와 같은 文明 속의 一殘存物이다.(高, 序, p. 2)", "民謠는 오직 民俗學의 對象인 것이다.(高, p. 7)" 하여 고정된 시각을 견지하고 있다. 그런데 민요를 민속학의 대상이라고 단정해 버리면서도 실제의 작업은 문학적 연구가 될 수밖에 없었다. 민요는 미적 가치를 지닌 언어예술이라는 점에서, 그 자체의 독립성을 인정해야 할 것이다. 우리의 민요 연구와 수집이 민족의식의 각성이라는 면에서 본격적으로 시작되긴 했지만, "民族文化의 保全策(高, p. 1)"이나 "民族生活史의 一面을 밝히는 것(任史, pp. 3~4)"에 연구 목적이나 의의를 두려 함은 온당치 못한 자세라고 생각한다. 이는 독립 과학으로서의 민속학이라는 문제와도 연관되어 있는 바, 다음의 지적은 민속학의 개념에 관한 문제를 제기하고 있다.

만일 영국 민속학의 主潮인, 근대화 이전의 原始殘存文化의 인류학적 비교 연구로 본다면 우리의 입장으로서 과연 어떠한 학문적 當爲를 갖느냐 하는 의문이 생긴다. 또 독일계 민속학처럼 민족의 基盤文化의 총체적 연구로 본다면 사회과학의 다른 분과와의 관계가 문제된다.6

任東權, 韓國民謠硏究, 宣明文化社, 1974.
鄭東華, 韓國民謠의 史的 硏究-特質과 發達을 中心으로-, 一潮閣, 1981.
金榮敦, 濟州島民謠硏究-女性勞動謠를 中心으로, 조약돌, 1983.
金武憲, 한국 노동 민요 연구, 延世大大學院 博士學位論文, 1986.
(이하 각각 '任史, 張, 任究, 鄭, 金榮, 金武'로 略함.)

또 외국 문학 이론의 공식적 적용을 지양하고, 민요에 반영된 의식
이나 생활상 등을 추출하는 연구와 더 나아가 민요 자체의 문예미를
파악할 수 있는 심층적이고 포괄적인 예술 이론의 정립이 요구된다.

모든 학문이 그러하듯, 방법론에 얽매일 필요는 없지만 방법론이
確乎하지 않은 연구는 無用에 가깝다고 하겠다. 현재 문헌적 방법에
서 현장론적 방법까지 두루 원용되고 있는데, 어떤 방법을 적용하든,
민요 연구 시 빠지기 쉬운 함정인 가치 평가에서의 절대주의적 관점
을 특히 경계해야 할 것이다.

민요는 辭說·機能·唱曲의 세 부문이, 결합의 정도에 차이는 있지만,
어우러져 이루어진다. 文學的·民俗的·音樂的인 것이 같은 차원의 분
류인지는 재고해야 하겠지만, 사설 중심의 연구가 주가 되어 온 상황
이므로 기능과 창곡도 감안해야 할 것이며 여기에서 민속이나 음악과
의 공동 연구의 필요성도 제기된다.

덧붙여, 민요 수집에 대해 살펴보겠다. 고대 중국에서 볼 수 있는 것
처럼 "爲政者의 公利的인 民謠에의 關心은 〈詩經〉에 歷々히 나타나 있
다.(高, p. 3)" 문자 이전의 우리 전승 민요들도 〈三代目〉에 기록되었을 것
이나 아쉽게도 佚傳되었다. 민요 수집 방법은 세종조 朴堧의 상소문과
禮曹 啓文에 제시되어 있으니, 舊樂을 詳悉하여 자진해서 바치면 관직
을 주고 各道州縣에 영을 내려서 民俗歌謠를 수집하고자 하고 있다.7
이 계획이 큰 성과를 거두지는 못했으나, 우리는 옛 문헌 기록에서 민
요(의 흔적)를 발견 할 수 있다. 연구 초기엔 대개 간접 조사를 하였으나

---

6 沈雨晟, "論著를 통해 본 民俗學硏究 30年", 讀書生活, 讀書生活社, 1976. 2월 호. p. 104.
7 ··· 譜法尙存 其歌詞舊本 意必有傳寫 私藏者焉 願令中外 悉求我朝舊時歌曲 如有詳悉本 自
   告進呈者 賞之以職 則舊樂之缺 庶可塡補矣 (《世宗實錄》 卷四七 十二年 庚戌 二月)
   ··· 獨民俗歌謠之詞 無採錄之法 實爲未便 自今依古者採詩之法 令各道州縣 勿論詩章俚語 關
   係五倫之正 足爲勸勉者及其間 曠夫怨女之謠 未免變風者 悉令搜訪每年歲抄採上送 從之
   (《世宗實錄》 卷六一 十五年 癸丑 九月)

요즘은 직접 조사를 통해 자료의 신빙성을 더해 주고 있다. 더 바람직한 일은 사설의 채록뿐 아니라 採譜 작업도 같이 진행하는 것이며, 이 점은 음악과의 공동 작업을 통해서 성과를 거둘 수 있을 것이다.

민요 各篇에는 그 民謠가 불리는 地域性이 짙게 깔리는 것이 민요의 屬性(金榮, p. 5)이기는 하지만, 일정 지역의 특수성을 밝힌 연구나 사설 중심의 연구는 이들이 총합을 이룰 때에야 비로소 큰 의의를 갖게 된다고 생각한다. 민요 연구는, 민요의 문학적 형상성과 민요에 나타난 사상 탐구, 나아가 지배 세력, 비판 세력, 잠재 세력의 서로 다른 세계관 파악과 그 의미 해명 그리고 민요 자체의 문예미 추출에 역점이 두어져야 할 것이다.

나. 用語 定立

개념과 연관되는 문제이며 민요론에 한한 현상은 아니지만, 용어의 사용이 논자마다 달라서 합일이 요구된다. 몇 예를 살펴보겠다.

'辭說·機能·唱曲'은 "리듬, 동작, 말(文句)(高, pp. 19~25), 歌詞(張, pp. 79~82), 가락" 등으로 혼용되고 있다. 민요 분류 시 협의의 민요를 가리키는 '純粹民謠(高, p. 43)'[8]를 '本源的 民謠(金榮, p. 6)'라 하기도 한다. 가창 방식은 '先後唱, 交換唱, 獨唱(齊唱)(張, p. 83)' 등이 있는데, '先唱衆答型, 交換唱, 獨唱, 混合唱(獨唱-合唱)(鄭, p. 95), 交唱(金榮, p. 40)' 등의 용어를 쓰기도 한다. 이들은 내용의 차이는 없으므로 적절한 용어로 합일되었으면 한다.

'後斂'은 '餘音, 받음소리, 뒷소리, 葉, 後小節, 口音, 調律素(詞)' 등과 동의어로 쓰이는데, 다른 것들이 기능을 표현한 명칭인데 반해 후렴은 형태적 특성을 표현한 용어라는 개념상의 문제가 있다(鄭, p. 48).

---

8 高晶玉은 抒情民謠와 敍事民謠를 포괄하는 개념으로 썼다.

후렴이 일반화된 말이고 '斂'을 대표하는 것이긴 하지만 학술 용어의 정확성을 기한다는 의미에서 '初斂, 中斂, 後斂(鄭, p. 48)' 등으로 쓰는 것이 옳을 것이다. 다만 餘音과 後斂은 '받음소리' 여부와 '斷片性'의 기준이 모호하므로, 구분하는 것(鄭, p. 48) 보다는 後斂으로 포괄하는 것이 좋을듯싶다.

'韻律'은 '律動'과 '律格'의 포괄적 개념인데, 律動이 抒情的 발휘의 根源的 要因이 되는 音聲的 활동이라면, 이것의 규칙적 表現 形態가 律格이라 하겠다(鄭, p. 20). 韻과 律은 엄연히 구분되어야하며, 운율론의 주 대상은 장단·고저·강약을 속성으로 하는 율격이므로 '律格'이 더 적확한 용어일 것이다.

다음은 '歌, 謠, 노래, 소리'에 대해서다. 高晶玉은 "노래 이름을 붙임에 있어 慣習上 或은 語調上「謠」字 代身「歌」字를 쓰기로 한다. 그러나 이것은 嚴密히 따지면 不當한 用法인 것(高, p. 102)"이라면서, "「謠」字는 謠言·謠傳과 같이 使用되어, 바야흐로 民謠의 謠의 本質을 들어내고 있는 것이다.(위와 같음.)" 하며 '謠'를 쓰는 것이 옳다고 하고 있다. 그러나 실제 분류에서는 '보리타작노래, 모심기노래(移秧歌), 타령, 九九歌, 한글풀이 …(高, pp. 96~486)'처럼 '歌, 謠, 노래'를 혼용하고 있으며, 대체로 '移秧歌, 김매는노래, 베틀요 …9(任兗, pp. 40~52), 모심기노래(移秧歌), 베틀노래 …'10처럼 '謠(노래)'를 사용하고 있다. 그런데 '맷돌 노래, 방아 노래, 따비질 노래, 밭 가는 노래 …'11처럼 '노래'를 주로 쓴 경우도 있고, '바느질소리, 물레소리, 삼삼기소리 …(金武, pp. 50~52)'처럼 '소리'로 통일한 경우도 있다.12 '놀다'에서 파생된 '노래'는 유희성이나 오락

---

9 任東權, 韓國民謠集 I -VI, 東國文化社·集文堂, 1961~1981.

10 徐元燮, 鬱陵島 民謠와 歌辭, 螢雪出版社, 1982.

11 金榮敦, 濟州島民謠硏究 上, 一潮閣, 1965. (1984. 重版)

12 鄭東華도 '民謠'에 대한 우리말은 '소리'가 옳다고 하였으나(鄭, p. 9) 실제 작업에서는 '歌, 謠, 노래, 소리'를 혼용하고 있다.

성이 근원이며, '소리'는 우리 선조(민중)들이 '소리한다'고 써 왔을 뿐
아니라 자연의 소리요, 생명의 소리며, 바람소리, 새소리 등 미천한 민
중과 관계가 깊은 육성이고 民聲이기 때문(金武, p. 20)이라고 金武憲은
'소리'의 당위성을 역설하고 있다. 글쓴이는 다음 두 가지 이유에서
'소리'가 더 타당한 용어라고 생각한다. '소리'는 노동과 관계 깊은 민
요의 개념에 더 가깝고, 현지의 노래 이름이 대개 '소리'라는 점이다
(따비질소리, 밧가는 소리, 흑벙에 두드리는 소리, ㄱ랫놀래, ㄱ래ㄱ는 소리 …(金榮,
p. 25)). '謠(노래)'가 굳어져 가는 상황이지만 재고를 요하는 사항이다.

뒤의 '槪念·範疇, 分類'에서 서술하겠지만, '童謠'를 '讖謠'의 뜻으
로 쓰는 것은 잘못이다. "말이 도리에 적절하여 참서 따위와는 아주
다르니 대장부의 老成한 意趣를 어린아이도 노래로 부른 것", "宮內
의 여러 가지 일들을 당시 사람들이 풍자한 말"[13]이라는 동요에 대한
설명을 보면, 조선조에는 동요는 곧 참요의 뜻으로 썼음을 알 수 있
다. 그러나 지금은 동요와 참요를 글자 그대로의 뜻대로 써서 이 둘을
구분해야 할 것이다. 참요를 '政治民謠'[14]라고 한 경우도 있으나, 친숙
도나 다른 용어와의 형평성 그리고 의미의 포괄성을 생각해 볼 때 '童
謠'와 구분하여 '讖謠'라 하는 게 온당할 듯싶다.

다. 槪念·範疇論

高晶玉은, "… 被侵略民族의 文化란 實로 悲慘하기 짝이 없는 꽃이
되고 마는 것이다. 우리가 사랑하는 朝鮮文學이 이 悲慘한 後者의 標
本이니 …(高, p. 35)" 하며 "… 根本的으로는 依然히 言語란 文學에 있어

---

13 童謠自康衢始 然切切道理之言 殊異乎符讖 文夫老成之意 而童幼亦習而歌之也. (《星湖先生僿
說), 卷二二, 經史門) 余聞閭里童謠語無根因傳播一世 或有知根者曰 皆有宮內一時之說話也.
(같은 책, 卷九, 人事門)
14 黃正洙, 韓國 政治民謠 硏究, 延世大大學院 碩士學位論文, 1986.

서 生命의 核心이다. … 如上의 意味에서 나는 아무런 特殊한 新局面
도 認定할 수 없는 漢文學은 이를 敬遠할 것이다. … [作者의 有無가
文學과 非文學을 가려 내는 標準이 될 수 없으므로] 口傳되어 오다가
어느 時期에 文學으로 固定된 것이 非文學이라면 民謠 外에도 多量의
非文學을 認定할 수밖에 없다.(高, pp. 36~37)"고 말하고 있다. 민요 같은
구비문학의 중요성을 강조하고 있으며, 민요 역시 피침략민족의 설움
을 나타내는 약소민족의 문학이라는 것 그리고 한문학은 우리 문학의
범주에 들 수 없다는 것 역시 강조하고 있다. 그런데 민요는 被侵略民
族의 설움보다 오히려 被侵奪階層의 설움을 표현한 것이 많고, 한글
통용 이전 또 그 이후에도 민요는 한문으로 기록되었다. 또 동양의 共
同文語는 한문이었으므로 이를 전혀 도외시할 수는 없거니와, 민요의
속성상 기록되어 전하는 것이 드물다는 실정을 감안해야 할 것이다.

高晶玉은 한글 창제 이전의 가요 중 〈迎神君歌〉, 〈兜率歌〉(歌詞不傳),
〈薯童謠〉, 〈風謠〉, 〈處容歌〉, 〈海歌〉, 〈井邑詞〉 그리고 高麗歌謠의 태반
이상을 민요로 보고 있는데(高, pp. 29~30, p. 49),[15] 고려가요를 "그 大部分
이 口傳되어 모든 것이 李朝에 들어 비로소 固定된 것이란 點, 그 內容
이 情恨에 치우치고 있는 點, 歌詞가 二·三聯에 不過하게 짧고 거진 例
外없이 後斂이 붙어 있는 點(高, pp. 30~31)" 등을 들어 민요로 보고 있다.

各篇을 논할 필요는 없겠으나, 〈會蘇曲〉, 〈箜篌引〉, 〈黃鳥歌〉, 〈迎神
君歌〉, 〈兜率歌〉(歌詞不傳), 〈海歌〉 등을 민요로 보는 데는 대체로 일치
하고 있다. 高晶玉은 〈禱千手觀音歌〉, 〈兜率歌〉(月明), 〈彗星歌〉 등을
민요(종교민요)로 보고 있고(高, p. 33), 任東權은 〈薯童謠〉, 〈風謠〉, 〈獻花

---

15 설명의 편의상 歌名은 '高'를 따름. 이하 같음. 高晶玉은 〈箜篌引〉, 〈黃鳥歌〉, 乙巴素作
   時調 等은 後人의 擬作이 確實하다(高 P. 29)하고, 〈薯童謠〉, 〈風謠〉 등도 唐樂의 影響을
   입어 形成되기 始作한 新羅 貴族階級의 樂律에 맞추어서 改作된 노래이므로 現存 鄕歌
   는 結局엔 다 같은 장르의 그 當時 創作歌謠(高 P. 52)라고 설명하고 있다.

歌〉, 〈禱千手觀音歌〉, 〈處容歌〉 등을 민요로 꼽으며 〈禱千手觀音歌〉는 무가와 같은 광의의 민요라 하고 있다(任史, pp. 33~42). 또 〈薯童謠〉와 〈風謠〉만을 민요로 인정하는 등16 학자마다 조금씩 견해가 다르다. 고려가요에 대해 高晶玉은 "麗謠의 大部分은 純粹한 民謠거나 不然이면 個人創作의 民謠化한 노래이며 … 그걸 記錄한 知識人에 依해서 洗練·修飾된 것일 것이다.(高, p. 40)" 하여 대부분이 민요거나 문자 정착시 윤색이 가해진 것으로 보고 있다. 대체로 麗謠를 민요로 보고 있는데(任史, p. 59, 鄭, pp. 227~231),17 鄭炳昱은 〈雙花店〉을 분석하면서 "… '별곡' 즉 고려가요는 지금까지 속요라고 생각해 온 바와 같은 民謠로 처리할 것이 아니라는 점을 들지 않을 수 없다. … 따라서 본가(글쓴이 주: 雙花店)는 고려시대의 속요가 아니라 훌륭한 창작시였다는 단안을 내릴 수 있을 줄로 안다."18 면서 여요를 개인의 창작시로 보고 있다.

위에서 본 바와 같이 후대에 문자로 정착된 옛 가요에 대해서는 이견이 많다. 〈箜篌引〉을 비롯한 상대가요는 배경 설화나 표현 기법을 볼 때 민요임이 확실한 듯하다. 〈普賢十願歌〉를 제외한 향가는 작품별로 나누는 것이 일반적이나, 작자가 알려진 것이라 할지라도 '月明, 希明, 忠談'처럼 작자명 자체가 설화적인 점19이 많은 사실을 생각해 보면 민요이거나 민요에서 변형된 것이라고 생각한다. 여요를 '민요적 노래의 정착, 지식층의 창작시, 궁중가악의 가사' 등 여러 가지로 보고 있는데, 〈雙花店〉은 민요의 改刪이라고 보는 것이 정확할 것이다. 여하튼 여요가 민요와 깊은 관련이 있음은 사실이나, 〈高麗史〉,

---

16 趙潤濟, 韓國詩歌史綱, 乙酉文化社, 1958. (初版, 博文書館, 1937) pp. 51~52.
　　張德順, 國文學通論, 新丘文化社, 1960. p. 93. 등.
17 趙潤濟, 韓國文學史, 探求堂, 1971. pp. 60~61. (初版, 1963)
　　李泰極, 時調槪論, 새글사, 1974. p. 250. 등.
18 鄭炳昱, 國文學散藁, 新丘文化社, 1960. p. 123.
19 Cf. 崔喆, 향가의 본질과 시적 상상력, 새문社, 1983.

〈樂學軌範〉, 〈樂章歌詞〉 등이 조선조 초·중엽에 이루어졌음을 감안해 보면, 기록 자체를 경시한다든지 단순한 표현상의 문제를 들어 민요로 단정하는 것은 좀 성급한 태도라고 생각한다. 향가·여요의 문제는 계속 숙제로 남을 듯한데, 상대가요라 해서 충분한 검증을 하지 않고 민요에 편입시키는 일은 지양해야 할 것이다.

다음, 민요를 협의·광의로 나눈다면 광의의 민요에 들 무가, 원시가요, 俗歌(雜歌, 노랫가락)(鄭, p. 14)의 처리 문제가 있다. 이 점에 대해서는 우선, 민요를 협의·광의로 나눌 필요가 있겠는가 하는 점부터 신중히 검토해 봐야 할 것이다.

민요의 개념을 먼저 살펴보고 상술하겠다. 高晶玉은 '民'이란 한자에서 민요의 개념을 추출하고 있는데 個에 對한 民, 君·官에 對한 民, 國에 對한 民으로 字義를 풀이하고 있다(高, pp. 10~14). 즉 민요 제작자의 문제, 향유 계급의 문제, 국가가 아닌 민족의 노래라는 세 가지를 제시하면서, 통치계급과 민중의 관계를 시조와 민요의 예를 보이며 설명하고 있다.

"民衆의 純眞한 感情이 修飾없고 技巧없이 말로 하여진 노래",20 "一個民族의 自然的 共同心音의 表現"21 등 막연하나 대동소이한데, 대체로 노래인 것, 구비전승인 것, 비전문적인 민중의 노래이며 그 음악적·문학적 성격도 민중적일 것, 생활상 필요에서 창자 스스로가 즐기는 것(張, pp. 75~76)으로 정리할 수 있다.

그렇다면 巫歌(神歌), 佛歌, 俗歌(雜歌) 등을 민요에 포함시켜야 될 것인가 하는 문제를 살펴보자. 먼저 무가(신가), 불가 같은 민간신앙요가 비전문적인가 하는 의문이 생긴다. 잡가는 문학적으로는 시조

---

20 金志淵, "朝鮮民謠에 對하여", 朝鮮 141號, 1929, 7.
　　崔喆·薛盛璟 編, 민요의 연구, 正音社, 1984. 再引.
21 周王山, 주 2), p. 28.

형과 동일하며 가곡이나 시조와는 음악적으로만 구별되는데, 민요·
가사의 하위 범주 또는 독립장르로 보는 등 이견이 많다. 高晶玉은
잡가를 유행가에 포함시켜 민요로 보았고(高, pp. 43~44), 독립 장르를
주장하는 鄭在鎬는 잡가의 특성을 민요와 대비하여 다섯 가지로 들
고 있는 바,22 노동을 바탕으로 하지 않는 전문적 가객(唱者)의 노래라
는 점, 민요보다 이해하기 어려운 사설의 내용, 한자 숙어나 한시문
을 써서 소박미가 사라진 점, 인생무상이나 경치 등을 주로 읊은 내
용의 차이, 형식의 다양성 등이다. 무가, 불가, 속가(잡가)는 민요와
타 장르와의 경계선에 있거나 두 가지의 특성을 어느 정도는 공유하
고 있는 데서 개념 규정의 어려움이 생긴다. 그러나 모든 문학 장르
는 상호 영향을 받고 있으므로 가장 가까운 곳에 소속시켜 분류해야
할 것이다.

또 原始歌謠(鄭, p. 14)를 광의의 민요에 넣는 것도 재고해야 할 것이다.

장편서사민요라 할 수 있는 譚歌(高, p. 13)(Ballad, Story Song)는 오히려
판소리에 가깝다23고 생각한다. 그리고 〈十杖歌〉, 〈小春香歌〉 등은 대
단히 전문적이어서 민요라 하기엔 약간의 문제가 있다.

童謠를 민요가 아닌 것으로 보고 제외하거나24 광의의 민요에 넣기
도 하는데, 동요를 민요와 분리하는 것은 타당성이 결여된 것이라고
생각한다. 아동들은 민중이 아니라는 논리 때문인지 아니면 양의 寡
少때문인지는 몰라도, 동요는 아동만이 부르는 것이 아니며25 아동들

---

22 鄭在鎬, 韓國雜歌全集 I-IV, 啓明文化社, 1984. 附 '雜歌攷'(民族文化硏究, 高麗大, 6號,
   1972) p. 46.
23 金東旭, 韓國歌謠의 硏究(續), 宣明文化社, 1975. p. 304.
24 高晶玉은 總角謠(童男謠), 處女歌(童女謠)를 廣義의 民謠 中 第二期 民謠라 하여 截然히 구
   별하고 있으며, 童男童女間答體謠밖에는 그들 獨自의 生活感情의 具體的 表現이 없고
   또 實地로 그들은 成人의 노래를 그대로 부른다 하여 童男童女間答體謠, 童女謠만을
   設定하고 있다(高, p. 449).
25 高橋亨, "朝鮮の民謠", 朝鮮 201號, 1932.(崔喆·薛盛璟 編, 주) 20, p. 70. 再引)

이 성인의 노래를 그대로 부르지도 않거니와 민요가 꼭 노동과 결부 되어야 할 이유는 없기 때문에, 동요는 당연히 민요에 포함되어야 할 것이다. '童謠'는 뒤의 分類論에서 재론하겠다.

라. 發生論

민요의 발생은 기원의 문제인데 네 가지로 쟁점을 요약할 수 있다.
첫째, 개인·집단제작설 또는 이의 절충설.
둘째, 노동·의식·유희기원설.
셋째, 동시발생설, 전후계기설.
넷째, 순수민요와 종교민요의 선후 문제.

대체로 개인보다 집단제작설을 지지하는 편인데(高, pp. 10~12), 高晶玉은 "朝鮮에 있어서도 歌辭·內房歌辭의 民謠化한 노래에는 個人說이, 그러고 純粹民謠에는 集團說이 安當(高, p. 13)"하다면서 일면 절충적 의견을 제시하고 있다. 개인이 창작하는 것과 널리 불리는 것은 다르며 공동으로 창작된 것이라는 의견은 추정에 불과하다. 그러므로 위의 예문에서 보듯이 各篇에 따라 다르다고 생각한다. 따라서 민요를 공동작이면서 개인작26이라고 보는 절충적 견해가 타당하지 않을까 한다.

功利說과 享樂說 중에서는 노동에서 기원을 찾는 공리설이 널리 인정을 받고 있다(Cf. 高, pp. 18~19). 農謠의 기원을 祭天儀式에서 찾기도 하는데(任究, pp. 301~362), 굿을 하면서 부르거나 놀면서 부르는 노래도 곧 나타났을 터이나, 노래의 기원은 굿이라기보다 노동27이라는 반론

---

26 趙東一, 敍事民謠硏究, 啓明大 出版部, 1970. p. 165.
27 ——, 한국 시가의 전통과 율격, 한길사, 1982. p. 37.

에 부딪히게 된다. 그러나 '아 ―', '하 ―'와 같은 의미 없는 소리가 민요의 원형이라 볼 때, 단순한 유희에서 기원했을 가능성도 배제해서는 안 될 것이다.

文學과 音樂과 動作, 이 세 가지가 동시에 발생했는지 음악과 동작이 선행되고 문학적 요소가 뒤에 첨가되었는지는 명확하지 않으나 前後繼起說이 유력하다. 문학이 他 藝術보다 文明的인 所以(高, p. 24)이며 無意味한 辭說의 반복적 형태가 어느 정도 발전되어 오다가 類似音 反復의 싫증을 피하여 그 사이사이에 적당한 의미 있는 辭說이 끼어들었다(任究, p. 306)고 하겠다.

전술한 것처럼 의미 없는 소리가 선행되었다고 할 때, 純粹民謠는 勞動民謠보다 먼저 이루어졌다[28]고 함이 타당할 것이다.

마. 分類論

유형 분류 방법으로 우선 형태에 의한 분류를 들 수 있다. 대표적 유형으로 高晶玉은 '△ㅁ△ㅁ ○○△ㅁ(高, p. 501)'를 들고 있으며, 'AA×A×A×B…' 등처럼 任東權은 다섯 유형, 鄭東華는 열다섯 유형으로 나누고 있다(鄭, pp. 74~86). 형식적 특질을 분석한 이러한 유형 분류는 미학적 작업을 위한 기초 작업으로서, 분석 자체에 큰 의미는 없다고 하겠다.

분류는 민요 연구의 입문이자 결론이라 하겠다. 앞에서 든 세종조 박연은 상소문에서 민요 분류 방법을 제시하고 있는데, 人倫世敎에 관한 것은 正風으로 하고 綱常에 부끄러운 것은 變風으로 하자는 것이다.[29] 〈詩經〉의 風·雅·頌과 대비되는 것으로, 분류법의 과학성을 떠

---

28 任東權, "韓國口碑文學史", 韓國文化史大系 5, 高麗大 民族文化硏究所, 1967. p. 707.

29 如此然後 擇其歌曲之詞 其中君臣道合 父子思深 夫婦節義 兄弟友愛 朋友諸信 賓主同歡 發於
   性情之正 有關於人倫世敎者 以爲正風 其男女相悅 淫遊姦慝 逞欲無恥 有愧於綱常者 以爲變風

나서, 매우 의의 있는 일이다.

〈朝鮮口傳民謠集〉(金素雲), 〈朝鮮民謠選〉(林和), 〈朝鮮民謠集成〉(金思燁外) 등에서는 민요 분류는 하였으나 분류 기준은 제시되지 않았다. 高晶玉은 열한 가지의 분류 기준을 제시하고, 자신의 분류는 내용, 歌者의 성과 연령, 노래와 민족 생활의 결합을 종합한 것이라고 설명하였다(高, pp. 96~98). 열한 가지 기준은 內容, 歌者의 性·年齡, 歌唱 地域, 노래의 時代性(新古), 노래와 民族生活의 結合, 노래의 形態, 曲調 또는 名稱, 長短(길이), 韻律, 表現上의 傾向(高, pp. 97~98) 등이다. 그리고 어떠한 내용의 노래를, 누가, 무엇을 할 때 부르는가를 살펴(高, pp. 101~102) 분류하고자 하였으며, 지금도 대체로 위의 틀을 벗어나지 못하고 있다.

任東權은 唱者의 年齡·性別, 主題 및 內容, 歌唱 過程의 세 조건을(任究, p. 43), 張德順(外)은 機能, 歌唱 方式, 唱曲, 律格, 장르, 唱者, 時代, 地域의 여덟 가지 조건별 분류를(張, p. 82), 鄭東華는 時代, 年齡 및 性別, 機能, 內容 및 題目의 분류 단계와 機能, 構成, 主題, 歌唱, 主題 및 職能上의 複合의 분류 기준을 제시하였는데(鄭, p. 143), 대체로 내용과 기능별 분류를 가장 기본적 기준으로 보고 있다(鄭, 위와 같음., 金榮, p. 14).

설명을 위해 실제의 분류를 큰 항목만 잠시 소개하겠다.

一. 男謠: 1. 勞動謠 2. 打鈴 3. 兩班노래 4. 道德歌 5. 醉樂謠 6 .近代謠 7. 民間信仰謠 8. 輓歌 9. 警世歌 10. 生活歌 11. 政治謠 12. 傳說謠 13. 語戲謠 14. 遊戲謠 15. 情歌 16. 童男童女問答體謠

二. 婦謠: 1. 시집살이 노래 2. 作業謠 3. 母女愛戀歌兩 4. 女歎歌 5. 烈女歌 6. 꽃노래 7. 童女謠

　　　　(高, pp. 495~496)

《世宗實錄》卷四七, 十二年 庚戌 二月)

一. 機能: 勞動謠, 儀式謠, 遊戲謠, 非機能謠

二. 歌唱方式: 先後唱, 交換唱, 獨唱(齊唱)

三. 唱曲: 歌唱民謠, 吟詠民謠

四. 律格: 1音步格民謠, 2音步格民謠, 3音步格民謠, 4音步格民謠, 分聯體民謠, 連續
體民謠

五. 장르: 敎述民謠, 抒情民謠, 敍事民謠, 戱曲民謠

六. 唱者: 男謠, 婦謠, 童謠

七. 時代: 옛날노래, 중년노래(近代謠)

八. 地域: 各道別로 나눈다.

     (張, pp. 82-83)

一. 民謠: 가. 勞動謠

     A. 男性의 勞動謠 B. 女性의 勞動謠

     나. 信仰性謠

     A. 佛敎謠 B. 民間信仰謠

     다. 內房謠

     A. 女歎歌 B. 시집살이謠 C. 讚遊謠 D. 生活謠 E. 季節謠

     라. 戀情謠

     A. .問答謠 B. 情愛謠 C. 情謠

     마. 輓歌

     바. 內房謠

     A. 짐승打令 B. 鳥類打令 C. 飮食打令 D. 花草打令 E. 其他의 打令

     사. 說話謠

二. 童謠: 가. 動物謠

     A. 鳥類謠 B. 짐승謠 C. 昆虫謠 D. 魚類謠

     나. 植物謠

     A. 나무노래 B. 풀노래 C. 採菜謠

다. 戀慕謠

라. 愛撫, 자장謠

A. 자장謠. B. 愛撫謠

마. 情緖謠

A. 家族謠 B. 感傷謠 C. 情婚謠

바. 自然謠

사. 諷笑謠

아. 語戲謠

자. 數謠

차. 遊戲謠

카. 其他謠

(任究, pp. 40~52)

I. 勞動謠篇: 一. 맷돌, 방아노래 二. 해녀의 노래 三. 김매는 노래 四. 타작노래
五. 망건노래 六. 양태노래 七. 밭밟는 노래 八. 꼴베는 노래 九. 멸치 후리는
노래 十. 기타 노동요

II. 打令類篇: 一. 옛타령 二. 잡요 三. 만가

III. 童謠篇: 一. 동요 二. 자장가 三. 어희요

(金榮敦, 〈濟州島民謠研究 上〉)

Cf. 1〕 勞動謠

(1) 農業謠 (20 製粉謠 (3) 漁業謠 (4) 伐採謠 (5) 冠網謠 (6)雜役謠

(以下 非勞動謠)

2〕 儀式謠

3〕 타령類

(1) 옛타령 (2) 雜謠

4〕 童謠

(金榮, pp. 25~26. 濟州島 民謠에 限定한 分類임.)

O 複合的 樣式(民謠)

　　俠義의 民謠 - 純粹民謠(노동요, 情戀謠, 輓歌, 成造歌, 打令), 童謠

　　廣義의 民謠 - 巫歌, 原始歌謠, 俗歌(雜歌, 노래가락)

　　　　(鄭, p. 14.)

⑴ 機能上 分類

　　① 機能謠 - 勞動謠, 儀式謠(輓歌, 成造歌, 佛敎歌, 民間信仰謠), 遊戲謠(무용
및 놀이 수반)

　　② 非機能謠 - 純粹歌唱民謠(情戀謠, 打令)

⑵ 構成上 分類

　　① 抒情民謠 ② 敍事民謠 ③ 戲曲民謠 ④ 敎述民謠

⑶ 主題別 分類

　　① 情戀謠 ② 嘆謠 ③ 勞動謠 ④ 信仰謠(宗敎的 民謠) ⑤ 情·義謠 ⑥ 諧謔謠
⑦ 享樂謠

⑷ 歌唱上 分類

　　① 歌唱民謠 ② 吟詠民謠(誦書 포함)

⑸ 主題 및 職能上의 복합적 분류

　　① 勞動謠 ② 情戀謠 ③ 女嘆謠 ④ 情·義謠 ⑤ 輓歌 ⑥ 뱃소리 ⑦ 成造歌
⑧ 打令 ⑨ 娛樂謠 ⑩ 信仰謠 ⑪ 俗歌 (鄭, pp. 143~145)

8. 口碑傳承

　　81. 民謠

　　　811. 男謠: 1. 勞動謠 2. 儀式謠 3 .打令 4. 說話謠 5. 語戲謠 6. 數謠 7. 問答
謠 8. 譏謠

　　　　812. 婦謠: 1. 勞動謠 2. 生活謠

　　　　813. 童謠: 1. 諷笑謠 2. 놀이謠 3. 語戲謠 4. 辱說謠

　　　　814. 巫歌: 1. 迎神歌 2. 享宴祈願歌 3. 敍事巫歌 4. 神意問答歌. 5. 逐神歌
　　　　　　6. 送神謠

補 81. A. 立唱 2. 座唱

81. B. 1. 動作同伴 2. 無動作

81. C. 1. 自己伴奏 2. 他伴奏 3. 無伴奏

81. D. 1. 合唱

     (文化人類學會)[30]

그외 주제별(〈朝鮮民謠選〉), 지역별(〈朝鮮口傳民謠集〉, 〈朝鮮의 民謠〉), 창자별("朝鮮民謠의 分類"[31]), 여기에 연령과 성별까지 감안한 분류(〈朝鮮民謠集成〉), 장르별 분류(〈敍事民謠研究〉) 등을 들 수 있다.

전술한 대로 高晶玉의 분류를 크게 벗어나지 못하고 있는데, 더 많은 민요가 수집될 가능성이 있으나 아직은 모은 자료를 놓고 분류할 수밖에 없다. '분류'는 단순히 나누어서 묶음 짓는 것이 아니고 나뉜 것들의 동질성을 해명하는데 그 목적이 있다. 세계적으로 과학적인 분류는 아직 이루어지지 않았지만[32] '분류'의 본질을 염두에 두면서 문제를 제기해 보겠다.

민요는 복합적 주제가 많아 분류에서 임의성이나 자의성이 개재될 여지가 많다. 또 "機能, 唱曲, 歌詞의 삼요소의 상호 관계가 반드시 고정적인 것은 아니며 기능이 없는 민요도 있고(노랫가락, 도라지, 천안삼거리 등) 가사가 반드시 고정되어 있는 것이 아니고, 때에 따라 변모되기도 하고 새로이 창작된 가사가 混入되기도 한다."[33] 그러나 일관된 기준을 가질 필요가 있는 분류에서는 辭說 중심이 되어야 하지 않을까 한다. 해서 대분류로 機能, 소분류로 唱者, 실제 작업인 그 하위분류는 辭說을 중심으로 하되, 唱曲에 의한 것은 실제의 작업이 어렵기도 하

---

30 韓國文化人類學會, "韓國民俗資料分類表(民謠部分)", 文化人類學 4輯, 1971.

31 高渭民, "朝鮮民謠의 分類", 春秋, 1941. 4., 崔喆·薛盛璟 編, 주 20), p. 201.

32 G, Malcom Laws, Jr., *Narrative American Balladry*, Philadelpia : The American Folklore Society, 1964, p. 11. (鄭, p. 141. 再引)

33 金大幸, 韓國詩의 傳統 研究, 開文社, 1980, p. 14.

거니와 문학적 의의가 크지 않은 일이므로 제외하는 것이 좋다고 생
각한다. 다만 소분류에서조차 기능과 사설을 혼합(종합)하는 것은 바
람직하지 않다. "打令은 曲이 특수하게 정해져서 전해오는 旋律謠이
다."34 그러므로 타령이 예컨대 노동요와 같은 차원의 분류에 들어가
는지 의문이다.

민요만을 복합적 양식으로 본다든지, 민요를 향가(시가), 소설, 수필,
연극과 같은 차원의 독립 장르로 설정하는 것35도 납득이 가지 않는
다. 따지자면 판소리도 대표적인 복합적 양식이며, 민요는 시가, 소설
같은 서사, 서정의 하위 분류이기 때문이다. 또 한 지역을 위주로 한
분류(金榮, pp. 25~26)나 특정 분야를 대상으로 한 분류(金武, pp. 50~52)는
이 성과가 민요 전체에 적용될 수 있거나 민요 전체의 분류에 기여할
수 있을 때 비로소 의의를 갖게 될 것이다.

민요 자료가 계속 발굴되는 상황이므로 문화인류학회의 분류처럼
이어질 수 있는 공백을 두어야 하는데, 이 점은 설화 등의 구비문학
분류에도 두루 해당되는 것이다.

앞에서 보인 예를 바탕으로 민요 분류의 큰 혼란을 지적해 보겠다.

첫째, 民謠와 童謠를 구분·분리하는 문제다. 민요 분류에서 동요를
제외하거나(高) 민요와 동요를 같은 차원에 두는 것(任晥)은 재고해야
할 것이다. 엄밀히 따지자면 민요의 한 모퉁이에 몰아넣어 庶子格으
로 다루어질 것이 아니라, 민요와는 바탕이 다른 동요의 특성을 살려
分家獨立시킴이 옳다36면서도 제주도 민요를 勞動謠·타령類·童謠로
三大分한 것37은 동요를 분가 독립시키는 어려움을 반증하는 것이기

---

34 위의 책, p. 22.
35 우리어문학회, 國語國文學要綱, 大學出版社 (高晶玉의 分類) (張德順, 주 16), pp. 38~39.
　　再引)
36 金榮敦, "童謠", 韓國民俗大觀 Ⅵ, 高麗大 民族文化硏究所, 1982. pp. 354~395. (金榮, p. 15.
　　再引)

도 하다. 글쓴이는 앞에서 동요가 민요에 포함되어야 할 두 가지 이유
를 들었는데 실제 작업에서 분가 독립을 시키면 동요의 위상을 정하
는 일이 거의 불가능하다.

둘째, 其他謠(任究)를 둔 일이다. 장르 구분에서 '其他' 또는 '混合'을
두는 것은 동질성 해명에 별 도움이 되지 않거니와, 심하게 말하면 분
류의 의의를 상실한다고까지 하겠다.

셋째, 기준의 일관성 문제다. 기준의 종합이라고 하는 것은 대·소항
목에 따라 다른 적용을 말하는 것이지 소항목 분류에서 내용, 창자,
기능 등을 섞으라는 뜻은 아니다. 그리고 남녀 공통적 가창의 민요를
남요에 넣은 것은 뚜렷한 근거가 없는 일이다. 마찬가지 이유로 참요
를 남요에 포함한 것도 한번 더 살펴봐야 할 것이다. 童女謠를 따로
설정하는 것도 별 의의가 없다.

넷째, 민요의 개념·범주 문제다. 이 점이 해결되어야 좀 더 합리적
인 분류를 할 수 있을 것인데, 무가를 따로 설정하여 민요의 하위 개
념으로 둔 예(文化人類學會)도 이와 관련된다. 앞에서 거론한 바 있는데,
사설시조, 가사와의 관계도 정립해야 할 것이다. "民族精神의 時調 形
式에의 侵寇(高, p. 56)"라 하며 "普通 이런 것을 그 길이에만 置重하여
長時調 其他의 名稱을 使用하나 其實은 이런 노래들은 이미 時調가
아닌 것으로, 나는 이를「破型노래」라 부른다.(위와 같음.)" 하여 "民謠情
神의 勝利(高, p. 58)"를 말하나, 민요적 분위기만을 보고 민요에 포함하
는 것은 너무 비약적이다. 時調的 주제가 安逸·風流만이 아님은 자명
하다. 雜歌가 민요의 하위 분류인가 하는 점도 의문이다. 또 '成造歌'
가 어떻게 노동요와 같은 차원에서 분류(鄭)될 수 있겠는가?

다섯째, 분류 題名과 謠名에 관련한 것이다. 예컨대 '女歎謠'는 워낙
범위가 넓은 것이어서 '시집살이노래'와 같은 항목으로 설 수 있을지

---

37 金榮敎, 주 11).

(高) 의문이다. 분류표는 일목요연해야 하므로 분류 제명을 붙이는 데
도 신중을 기해야 할 것이다. '情愛謠', '情謠'(任㘦), '情戀謠', '情·義謠'
(鄭) 등은 그 차이가 한눈에 들어오지 않는다. 또 '生活謠'(任㘦) 같은 막
연한 분류명은 명확한 것으로 바꿔야 할 것이다. 그리고 謠名을 붙일
때는 현지의 謠名을 우선해야 할 것이다.

다시 한번 역설하고자 하는 것은, 민요의 범위를 포괄적으로 잡아
무가, 불가, 잡가 등을 포함하는 일을 지양해야 한다는 점이다. 향가,
사설시조, 가사까지 민요의 범주에 넣지 말고 가장 가까운 분야로 과
감히 돌려 줘야 될 것이다.

바. 律格論

律格論의 대상은 音數律, 音步律, 句數律, 後斂句, 反復律 등의 모든 韻
律構成의 要素(鄭, p. 21)가 되겠으나 문제되는 것은 音數律, 音步律이다.

四·四, 三·三, 五·五, 六·四(三·三·四), 四·五調와 不整調로 나누어
四音節이 중심이고 變數로 三 또는 五의 振幅을 인정(高, pp. 57~64)하고
있는 연구에서 크게 벗어나지 않고 있으니(任㘦, p. 243), 四音이 가장 빈
도수가 높은 기본형[38]이라는 것이다(鄭, pp. 22~23). 또 三音을 전통 운
율로 보고, 漢文化의 영향에서 변질된 것이 四音이라고 보고 있기도
하다(高, p. 56).[39]

音數律로는 律格의 특질을 파악하기 어렵기 때문에 音步律이 제기
되어[40] '모든 音節의 等時性'이라는 점에서 "우리 韓國語 律文 測定을
爲한 우리들의 言語는 끝내 어떻든 均等音들의 連續 群合마냥 파악"[41]

38 趙東一, 주 26), p. 97.
39 鄭炳昱, 한국고전시가론, 新丘文化社, 1979, p. 34.
40 鄭炳昱, "古詩歌韻律論序說", 외솔최현배선생환갑기념논문집, 思想界社, 1954.
   李能雨, "字數考(音數律法) 代案", 論文集(人文·社會系) 7輯, 서울大學校, 1958. 등.

함이 낫겠다는 의견이 나오게 되었다. 음보율이 음수율과 밀접한 관계에 있지만 음절 수가 다르더라도 시간적 길이는 같다고 생각한다. 많은 이론을 들지 않더라도 시조창을 상기하면 수긍이 갈 것이다. 따라서 음절 수에 얽매일 필요는 없다. 우리 민요에는 一·二·三·四音步格의 유형이 있는데, 통계자료나 민요 형태의 주종이 並列 構造인 점을 볼 때 二音步格이 기본구조인 듯하다(鄭, pp. 39~40).[42] 그러나 四音步格이 가장 흔하다(張, p. 93)는 주장이 있으며, 음보 자체에 유동성이 있으므로 좀 더 고구해 봐야 할 문제다. 첨언하면, 통계는 부분적인 관찰이될 가능성이 있으며, 민요 各篇 발생 시기를 추정하기가 매우 어려운 상황에서 어느 것을 통계의 대상으로 삼느냐 하는 문제가 남는다.

사. 韓國 民謠의 特質

우리 민요의 형식적 특질은 앞에서 언급하였으므로 이제 내용적 특질을 살펴보겠다. 우리 민요의 특질로, 高晶玉은 婦謠의 量的·質的 優勢, 豊富한 諧謔性, 風流를 解하는 점, 儒敎 敎理의 浸潤, 庶民의 支配階層에 對한 順從性과 女性의 男性에 對한 服從性의 規範化, 無常醉樂的 傾向, 生活苦의 全面的 侵蝕 등 일곱가지를 들고(高, pp. 497~500), 其他 特質로 鄕土的 多樣性이 적은 점과 舞踊謠의 稀貴를 지적하고 있다(高, pp. 504~505). 任東權은 婦謠의 質的 優勢, 農家의 豊艶, 諧謔性 豊富, 儒敎的 順從性 등 네 가지를 들면서(任究, p. 227), 민요에 나타난 민족성으로 諦念, 樂天性, 素朴性, 道義性, 遊墮性, 信仰性, 宿命性 등 여덟 가지를 꼽고 있다(任究, p. 181). 鄭東華는 한국 민요에 나타난 사상을 浪漫思想, 平和愛護思想, 宿命思想, 虛無思想, 忠孝思想(儒敎思想), 巫

---

41 李能雨, 위의 논문, p. 209.
42 金大行, 주 33), pp. 20~92.

覡思想, 佛敎思想, 道敎思想으로 나누어 살피고, 樂天性, 消極性, 順從性, 忍耐性(끈기), 은근성, 純朴性, 情·義性(情誼와 義理性), 享樂性, 勤勉性 등 아홉 가지를 민족성으로 들고 있다(鄭, pp. 117~140). 張德順은 생산에서 오는, 靜觀的인 휴식의 즐거움이 아닌, 사는 보람으로 가득 찬 活動的이고 積極的인 즐거움, 道德律에 끝까지 구애되지 않는 자유롭고 건강한 生活, 運命論에 치우치지 않은 現實主義, 勞動의 괴로움, 시집살이 괴로움, 苦難을 해결하려는 意志, 苦難 克服의 批判情神, 遊興的이고 頹廢的인 情緖('노랫가락'처럼 日帝下의 虛脫感 표현), 抗日意識 등을 민요에 나타난 민중의식으로 들고 있다(張, pp. 106~111). 제주도 노동요에 두드러진 島民意識으로, 忍苦·不屈意識, 自彊·力行意識, 自主·守分을 들며, 이를 한마디로 自彊不息意識이라 요약한 견해(金榮, pp. 124~137)도 있다.

민요를 대하는 관점에 큰 차이가 있음을 알 수 있는데, 검토 대상으로 한 민요에 따라 추출한 특성도 달라질 것이며 이는 나아가 사관과도 연관된다. 한국 민요의 주류를 悲哀的이라고 보는 것[43]이 일반적인데, 우리 민족이 겪어온 역사를 생각할 때 자연히 이렇게 되었을 것이니 풍부한 해학의 이면에 깔린 비애를 간파해야 할 것이다. 그러나 그 사이에 보이는 진취성, 적극성 또한 간과해서는 안 된다. 우리 민요에 대한 수집·연구가 1910년 대부터야 조금씩 행해졌고[44] 그나마 식민통치의 수단으로 실시되었기 때문에 享樂的 내용이 많이 수집되고 遊樂的이라는 관점이 강조되었으며 연구에 참여한 사람이 高橋亨 같은 日人이었음에 유의해야 할 것이다. 더구나 향락성의 대표적인 예로 흔히 거론하는 '노랫가락'은 일제의 强占이란 시대적 상황에서 나온 것이기 때문이다.

---

43 趙東一, 주 26), p. 164.
44 1912年, 朝鮮總督府 調査.

아. 現代의 民謠

高晶玉은 "民謠는 劇的 民謠, 歌辭的 民謠, 純粹民謠, 童謠로 分類할 수 있으며 여기에 現代에의 關心이 要請된다면 流行歌, 創作新民謠 等 이 追加될 것(高, p. 43)"이라면서 현대의 민요에 대해 일찍부터 관심을 보였다.

대개 일제를 비판하거나 당시의 시대상을 반영한 노래나 해방 후의 정세를 나타낸 것을 들 수 있는데 다음과 같은 종류다.

> 新作路 복판에 하이야가 달리고
> 하이야 속에는 젊은 년놈 노란다.
> 나제 나제나 밤에 밤에나 짝사랑이로구나(任史, p. 256)

> 日本놈 일어난다. 美國을 믿지 말고
> 쏘聯에 속지 말고 조선 사람 조심하라(任史, p. 259)

金岸曙, 金素月, 朴木月의 민요적인 시, 尹石重의 동요는 創作民謠 의 발생을 시사해 주고 있지만(Cf. 任史, pp. 237~241), 이 항에서 언급하 려는 것은 現今의 대중가요에 대해서다. 지금 史的인 고찰을 하려 함 은 과욕이지만 대중가요를 항상 유념할 필요가 있다. 예부터 전해 오 던 노래가 아니더라도, 널리 불리게 되어 앞으로 계속 이어지면 민요 가 된다고 생각한다. 또 '新아리랑'처럼 원래의 곡조에 가사만 바꾸어 부르는 경우도 많다. 요즘의 '노가바' 모임도 주목할 대상이라고 본다. 일부 운동권에서 부르던 소위 '運動歌謠'가 일반화하여 가고 있는 현 상도 마찬가지다.

작자가 알려지지 않았거나, (의도적이든 아니든) 감춰졌거나 또는

알려졌거나를 불문하고 시일이 지나면 민요로 굳어질 노래가 상당히
있다는 점, 널리 불려지는 改詞曲이 있다는 점은 주목에 값한다. 민요
채집 시에도, 불려지는 계층과 지역에 유의하면서 젊은이들이 부르는
노래에 관심을 가져야 할 것이다.

자. 民謠史

지금까지 살핀 各論은 '史' 서술을 위한 것이었다 해도 과언이 아니
다. 모든 연구 성과는 '史'에 종합되고 반영되며 그 결산·종착점이 바
로 '史'이기 때문이다. '史' 서술은 橫으로는 類型 분류, 從으로는 시대
구분이 완결된 다음에야 비로소 가능할 것이다. 이제 민요사 서술에
서 염두에 두었으면 하는 사항을 비판적 관점에서 논의해 보겠다.

먼저 민요사 성립의 타당성 여부를 검토해 보아야 한다. 즉 과연 민
요사는 가능한가 하는 점이다. 구비문학을 포함한 모든 문학은 일회
적으로 끝나는 것이 아니고 同代의 他 장르에 혹은 후대에 직·간접적
으로 영향을 주는 것이기 때문에 당연히 민요사는 성립되고 또한 이
를 기술·정립해야 할 것이다. 다만 구전되는 민요의 속성상 문자로 기
록되어 전해지는 것이 극소수인데다가 그나마 문자 정착 이전의 노래
를 어떻게 처리할 것인가, 적층문학의 특수성을 '史'에 어떻게 반영할
것인가 하는 점 들을 심각히 고려해야 한다. 민요 발생 시기와 기록(정
착) 연대의 차이를 감안해야 한다는 뜻이기도 한다.

'英雄의 一代記'를 통해 고소설과 현대 소설의 맥락을 검증하듯,[45]
예컨대 '시집살이謠'를 대상으로 사설이나 창곡의 변모를 추적하거나
二音步(또는 三·四音步) 민요의 변화 과정을 통해 그 변천 과정을 구명

---

45 金烈圭, "民譚의 傳記的 類型", 韓國民俗과 文學硏究, 一潮閣, 1971.
　　趙東一, "英雄의 一生, 그 文學史的 展開", 東亞文化 10輯, 서울大 東亞文化硏究所, 1971. 등.

하는 등의 연구는 '史' 서술을 충실하게 하는 것이다.

다음은 민요사와 국문학사와의 관계 설정이다. "文學이 없었던 때에도 民謠는 있었으므로 國文學史보다는 民謠史가 先行(任史, p. 13)"한다는 견해는 구비문학은 국문학사와 별개라는 전제에서 나온 것이다. 이는 지금 거의 拂拭된 견해지만, 민요사는 국문학사의 한 부문에 지나지 않음을 재확인하고자 한다. 문자 유무가 국문학사 서술의 걸림돌은 아니라는 점이다. 이는 全史와 個別史와의 관계와 연관된다.

민요 자체만을 가지고 '史'를 서술하려 하지 말고 다른 장르와의 관계도 고려하면서 全史의 큰 테두리 안에서 논해야 한다. 시대구분도 이와 마찬가지임은 물론이다.

'史' 서술에 가장 중요한 문제는 사관이다. 사관에는 민족주의 사관을 비롯한 여러 사관이 있으나 글쓴이가 말하고자 하는 점은, 민요의 역사는 지속적이냐 단절적이냐 하는 본질적 문제와 基層 民衆의 노래인 민요가 상층부의 문학 형식과 내용을 선도했는가, 대등한 위치에서 상호 영향을 주었는가 또는 민요가 일방적인 영향을 받았는가 아니면 서로 완전한 별개로 존재했었는가 하는 것이다. 또 구비문학을 포함한 문학을 역사의 추진력으로 보는가 아니면 문학은 단순히 시대를 반영한다고 보는가에 따라 서술 방향이 크게 달라질 것이다. 민요사 서술에는 '基層文學의 葛藤과 克服'이라는 적극적 자세가 요구된다.

이는 자연히 민요의 사적 위치와 결부된다. 민요는 과연 "서민 문학의 王座的 위치(鄭, p. 157)"에 있다 할 만하고, 기녀와 광대의 문학 역시 우리 문학의 보고라 하겠다. 그러나 민요만이 민중의 감정을 표출하고 있지는 않으며, 민중과 밀접하다 해서 그것이 문학적으로 우수하다는 이론은 성립하지 않는다. 민요에 대한 국수적·맹목적이라고까지 할 만한 감정을 넘어 객관적 위치에서의 검증이 요구된다.

민요의 사적 위치와 관련하여 논의할 사항은 상승 또는 하강문화재설

이다. 趙東一은 다음 도표를 제시하며 상승문화재설을 지지하고 있다.[46]

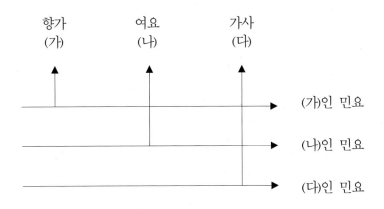

상층의 시가가 민요에 영향을 미친 바도 있기는 하지만, 시가와 민요의 기본적인 관계는 민요의 형식을 일단 받아들이면서 시가가 성립된 것[47]이며 (가), (나), (다)인 민요가 원래부터 병존하다가 문학사의 일정한 시기에 그 중 어느 것이 상층의 시가로 상승했다[48]고 하는 주장인데 글쓴이도 이와 견해를 같이 한다. 그런데 이는 민요 중 우수한 작품이 다른 장르로 상승했다는 뜻이 아니고 다른 장르의 바탕이 되었다는 말로 해석하여 민요와 다른 장르와의 성격을 대비한 것이라고 보아야 할 것이다. 민요는 下級文學·低級文學이 아니며, 민요는 그 자체로서 독립적이라는 점을 인정해야 하겠다.

그리고 특정 지역의 민요 연구 성과[49]를 포용해야 할 것이며, 예컨

46 조동일, 주 27), p. 36.
47 위의 책, p. 37.
48 위와 같음.
49 成均館大 國文科, 安東文化圈學術調查報告書, 成均館大, 1967.
  秦聖麒, 南國의 民謠, 濟州民俗文化硏究所, 1968.
  鄭東華, "楊平(抱川·安城·龍仁·驪州·利川·漣川)地方의 民謠攷", 畿甸文化硏究 Ⅲ, Ⅴ, Ⅵ,

대 '嶺南士林', '湖南歌壇'처럼 일정 지역의 민요 연구를 통한 地方民
謠圈을 설정하여 연구의 폭을 넓힐 수 있을 것이다.

민요가 문자로 기록된 것은 고려 중기 이후라 하겠는데 그 후에도
간혹 기록되었으나 한문으로 표기되었다. 구전되는 것이 민요의 특성
이므로 옛 문헌에 기록된 민요는 오히려 주변권이 아닌가 한다.

또한 민요의 評釋 작업이 선행된 뒤에야 민요의 분류나 시대 추정
이 가능해질 것이다.

그러면 時代區分에 대한 실제 작업을 살펴보겠다.

1. 三國時代 以前의 民謠

2. 三國時代의 民謠

3. 高麗時代의 民謠

4. 李朝時代의 民謠

　　　　① 世宗祖

　　　　② 世祖祖

　　　　③ 成宗祖

　　　　④ 中宗祖

　　　　⑤ 高宗祖

5. 現代民謠

　　　　① 日帝時代의 民謠

　　　　② 8·15解放 以後의 民謠

Ⅶ, Ⅷ, Ⅸ, Ⅹ, 仁川敎大, 1973~1979.

趙東一, 경북민요, 螢雪出版社, 1977.

呂榮澤, 울릉도의 傳說·民謠, 正音社, 1978.

崔來沃, 전북민요, 螢雪出版社, 1979.

徐元燮, 주 10).

金榮敦, 주 11).

───, 주 5).

姜騰鶴, 旌善 아라리의 硏究, 集文堂, 1988. 등.

(任史, pp. 17~257)

　왕조별 구분인데 조선조의 민요(대체로 讖謠)가 많이 전해지는 시
기를 특기하였다.

Ⅰ. 古代民謠〈生成期〉(原始時代-新羅末 10세기)
　　1. 原始民謠〈形成期〉(原始時代-6세기)
　　　原始時代-鄕歌(佛敎 및 漢字가 輸入되어 文學作品에 實用되기 이전)
　　2. 三國時代의 民謠〈成長期〉(7-10세기)
　　　鄕歌 곧 佛敎 및 漢字 輸入後- 新羅末
Ⅱ. 中古民謠〈爛熟期〉(10-15세기)
　　　高麗建國-한글 創制
Ⅲ. 近古民謠〈隆盛期〉(15-19세기)
　　　한글 創制-甲午更張
　　　1. 民謠의 沈滯時代(15-16세기)
　　　　世宗-壬亂
　　　2. 民謠의 隆盛時代(16-19세기)
　　　　壬亂後-甲午更張
Ⅳ. 現代民謠(19-20세기)
　　　甲午更張-현재
　　　1. 反抗民謠〈衰退期〉(19-20세기)
　　　　甲午更張-해방
　　　2. 해방 후 民謠(20세기)
　　　　해방-6·25

　　　3. 6·25 후의 民謠
　　　　(鄭, p. 155)

왕조와 역사적 사건을 종합한 구분으로 세기별로 가르고 있다. 고려 시대까지는 민요의 발전 양상을 기준 삼고, 이 기간 동안 민요에 강한 영향을 미쳤을 漢字의 輸入時期를 한 구획점으로 보았으며 민요에 차용된 '鄕歌'를 기준으로 삼아 三國時代와 統一新羅時代를 구분하였다(鄭, p. 152).

시대구분은 당시 사회 구조와 문학 담당층의 변화, 역사적 사실과 문학적 사실 등을 交合하여 하는 것이 바람직하지만 실제로는 매우 어렵다. 또 총체적 역사와 개별적인 문학사 그리고 인접 학문(국어사, 음악사 등)과의 상호 관계 하에 이루어져야 할 것이다.

먼저 用語 문제를 들 수 있다. '中古', '近古'는 다 '古代'에 포함되는 '古代'의 하위 분류이므로 '中古', '近古' 하면 그 이전은 '上古'가 되어야 한다. 甲午更張까지 '古代'였는지 의문이며 '近古' 다음에 바로 '現代'가 온 것도 어색하다. 이는 용어 개념의 문제와 용어 선택의 신중성을 말해 주는 것이다.

민요는 특히 시대 변동에 민감하기 때문에 단순한 왕조의 변화뿐 아니라 격변 시기의 사건을 구획 삼는 것이 좋을 듯하다. 王亂, 東學革命 같은 큰 사건은 문학의 다른 장르 외에도 정치·경제 등의 타 분야에 끼친 영향이 막대하다.

민요는 구전되는 것이어서 문자로 기록된 것이 극소수이므로 한글 창제 자체는 민요사에서 큰 의미가 없다고 생각한다. 지금까지 기록되어 전하는 것을 볼 때, 차라리 世宗祖, 世祖祖 들로 구분하는 것도 한 방법이다. 한글 창제가 민요 쇠퇴의 직접적 요인(Cf. 鄭, p. 156)인지는 의문이다. 그러나 한글 문학 창작의 시발점이라는 점, 기록문학과 구전문학은 상보적이라는 점 그리고 다른 장르와의 균형을 고려할 때 한글 창제를 구획점으로 삼는 것이 무리가 없을 것이다.

시대구분에서 가장 문제되는 것은 '近代'의 설정이다. '近代'의 개

넘이나 기점, 성립 여부에 대해서는 논란이 분분한 실정이다.[50] '甲午更張'부터 현대의 민요로 본 鄭東華는 이때를 外來文化의 유입으로 인한 民謠의 衰退期(Cf. 鄭, pp. 156~157)라고 하고 있으나, 문학사적으로 갑오경장 자체는 큰 의의가 없다고 본다. 모든 가설은 현상의 정확한 파악을 위해서 있고, 국문학사를 주체적 전개의 관점으로 대해야 한다고 글쓴이는 믿는다. 민요를 포함한 문학의 변천을 생각해 보면, 갑오경장보다는 적어도 19C 중반으로 끌어 올려 '近代'를 설정하는 것이 바람직하다. 그리고 민요사에서는 '光復' 못지않게 '韓日倂合'도 한 구획점이 되어야 할 것이다.

Ⅲ. 結言

지금까지, 연구 방법, 용어, 개념·범주, 발생, 분류, 율격, 특질, 현대의 민요, 민요사 등 아홉 분야에 걸쳐, 〈朝鮮民謠硏究〉(高晶玉)를 중심으로, 연구사적 검토를 하면서 민요 연구의 제 문제를 점검해 보았다.

논의한 바를 정리하면 다음과 같다.

민족문화의 보전책이나 잔존문화의 연구라는 민요 연구의 시각을 넘어 민요 자체의 문예미를 추출할 수 있는 포괄적인 문예이론의 정립이 요구된다. 나아가 민요를 통한 지배 세력, 비판 세력, 잠재 세력의 상이한 세계관 파악과 그 의미 해명에까지 연구가 심화하여야 할 것이다.

'歌, 謠, 노래, 소리'에서부터 '純粹民謠, 童謠, 先後唱, 交換唱, 後斂, 律格' 등에 이르기까지 용어의 정확한 개념 규정과 용어 사용의 합일

---

50 '近代'에 대한 여러 논점은 이 글에서의 목적이 아니므로 할애한다.

이 필요하다. '謠(노래)'가 일반적이지만 글쓴이는 '소리'가 더 타당한 용어라고 생각한다. '소리'는 노동과 관계 깊은 민요의 개념에 더욱 가깝고 현지의 謠名이 대개 '소리'라는 점에서, 유희성·오락성을 나타내는 '노래'보다 좋을 듯하다. 그리고 '斂'은 '初斂, 中斂, 後斂'으로 명확히 구분해야 할 것이고 '韻律'은 '律格'으로 써야 정확한 용어다.

그리고 민요는 被侵略民族의 설움과 아울러 被侵奪階層의 설움을 나타내고 있다.

上代歌謠를 모두 민요에 편입하는 것은, 민요인가, 민요적 요소가 있는가, 민요의 범주는 어디까지인가 하는 점에서 재고해 볼 필요가 있다. 따라서 歌名, 作者名부터가 설화적인, 鄕歌는 그렇다 하더라도, 조선조 초·중엽에 기록된 麗謠를 민요로 단정하는 데는 무리가 있다. 巫歌, 佛歌, 雜歌 등을 광의의 민요에 포함하는 것이 일반적이나, 혼합적인 장르는 면밀한 검토로 더 가까운 장르에 돌려 주고 민요에서 제외하는 것이 바람직하다. 譚歌(거의 쓰지 않는 용어지만)는 전문성과 서사성에서 민요라 하기에는 약간의 문제가 있다. 아동들이 성인의 노래를 꼭 그대로 부르지도 않거니와 민요가 반드시 노동과 결부될 이유는 없기 때문에, 童謠를 민요에서 제외하는 것은 부당하다. 또 '童謠'와 '讖謠'는 명확히 구분해서 써야 할 것이다.

민요 各篇에 따라 다르지만, 민요는 개인작이며 공동작이라는 절충설이 타당하며, 민요의 遊戱起源說을 전적으로 배제할 수는 없다.

분류는 종합적 분류를 하되 문학적인 것을 우선하여 사설 중심으로 하고, 같은 차원의 분류에서는 기준의 일관성을 유지해야 할 것이다. 글쓴이는, 大分類는 機能, 小分類는 唱者, 실제 작업인 그 하위 分類는 辭說을 기준으로 하는 방법을 생각해 보았다. 民謠와 童謠를 분리하는 것은 동요가 민요의 하위 개념이라는 점에서, '其他謠'를 두는 것은 분류 의의를 상실할 가능성이 짙다는 점에서 바람직하지 못하다.

律格은 음수율보다 음보율이 중심이 되는데 우리 민요의 기본 구조가 몇 음보인지는 더 고구할 사항이다.

우리나라 민요의 특질을 일방적으로 悲哀라고 속단해서는 안 될 것이다. 그 사이사이에 보이는 진취성과 적극성을 놓쳐서는 안 된다. '享樂性'은 일제 강점하의 시대 상황과 민요 수집의 동기, 과정을 감안해 판단해야 할 것이다. 흔히 '향락성'의 대표적인 예로 드는 '노랫가락'은 일제 때 성행한 노래이다.

작자 불명이든 아니든, 원래의 곡조에 개사만 한 것이든 아니든 간에, 일반화되어 널리 불리는 노래는, 민요 채집 시에도, 그 계층과 지역에 유의하면서 관심을 가져야 할 것이다.

'史'는 모든 연구의 결산이요, 종착점이다. 민요사 서술은 다음 몇 가지를 고려하면서 이루어져야 한다.

民謠史는 가능한가 하는 민요사 성립의 타당성 여부를 먼저 검토하고 적층문학의 특수성을 어떻게 기술할 것인가를 심각히 고려해야 한다. 아울러 민요 발생 시기와 기록 연대의 차이도 고려해야 한다. 또한 민요사와 국문학사, 국문학 全史와 個別史와의 관계 정립이 절실하다. 그리고 史觀의 확립은, 민요의 역사는 지속적인가 단절적인가 하는 근본적 문제와 결부되는 선결 과제이다. 다음은 민요의 사적 위치에 관련해서다. 민요는 下級·低級 文學이 아니며, 문학의 다른 장르에 많은 영향을 주고(부분적으로는 영향을 받은 경우도 있겠지만) 그 바탕이 된 장르다. 그러므로 민요와 다른 장르를 상대적으로 비교하여 논하는 일은 바람직하지 못하다. 그리고 특정 지역의 민요 연구 성과가 반영되어야 할 것이다. 민요가 문자로 기록된 것은 고려 중기 이후이며 그나마 극소수이므로, 민요의 구전성을 상기할 때, 옛 문헌에 기록된 민요는 오히려 주변권이라고 생각한다. 그리고 인접 학문의 역사 또는 총체적 역사와 개별적 문학사와의 상호 관계에도 유의해야 할 것이다.

실제의 연구 결과(任史, 鄭)를 볼 때, 용어의 개념과 정확성 그리고 시대구분을 재고해야 하리라 생각한다. '近代'의 개념은 논란이 많은데 그 기점 설정은 문학사 정립을 위해 퍽 중요하다. 民謠史에서도 '甲午更張'보다는 19C 중반으로 잡아 '近代'를 설정하는 것이 좋겠다. 그리고 '韓日倂合'은 '光復'과 더불어 한 구획점이 되어야 할 것이다. 어느 가설이든 현상의 정확한 파악을 위해 있는 것이므로 굳이 왕조사에 맞추려 하기보다는 사회적 격동기의 사건을 경계 삼는 것도 한 방안이다. 문학의 다른 장르보다 사회상황과 밀접한 것이 민요이므로 왕조의 교체와 격변기 사건을 아울러 감안해야 할 것이다.

나아가 民謠事典, 民謠分布圖가 만들어지고, 음악과의 공동연구도 이루어져야 할 것이다.

가다금 글쓴이의 단견을 피력하기도 하였으나 뚜렷한 대안을 제시하지 못하고 산만하게 문제점만 나열한 듯싶다. 그러나 일단 해결해야 할 문제를 파악하여 정리했으니 민요 연구에 보탬이 되기를 바란다. 앞으로 적출한 문제점들에 대해 더 자세한 대안을 제시할 것을 스스로 기약한다.

(「國文學報」 10집, 1990)

2. 鄕歌의 作者와 享有層

I. 導言

失傳鄕歌를 포함해도 수십 수밖에 전하지 않으며 방증 자료가 영성함에도 그동안 향가 연구는 괄목할 만한 성과를 거두었으나, 아직 語釋이나 개념부터 합일되지 않은 상태다. 게다가 향가가 전하는 자료에 대한 해석과 본문 訂誤에 대한 논란도 정리되었다고 하기 어렵다.

향가의 작자와 향유층에 대한 논의도 향가에 대한 개념 정립과 자료 해석에 밀접하게 연관되어 있다. 향가는 불교문학인가 화랑문학인가, 주술적 가요인가 민요인가 아니면 앞의 여러 성격이 혼효된 것인가 하는 각각의 관점에 따라 자연히 다른 결론이 도출된다. 향가는 특정 장르라기보다는 우리 노래를 두루 일컫는 말로 보아야 할 것이나, 논의의 폭을 좁히기 위해 여기에서는 향찰로 표기된 신라와 고려의 노래에 한한다.

작자와 향유층 연구는 작품 또는 그 장르를 이해하는 바탕이라 할 것이다. 이제 향가의 작자와 향유층에 관한 기존 연구 성과를 검토하고, 이를 통해 드러난 문제 해결의 한 단서를 월명사와 충담사를 통해 모색해 보겠다.

II. 研究 成果 檢討

지금까지 논의된 향가의 작자 문제는, 실존 인물로 보는 경우와 설화적 인물로 보는 경우로 대별된다. 전자는 다시 「三國遺事」(이하 「遺事」) 원문을 존중하는 자세와 작자를 역사상의 실존 인물에서 찾으려는 노력으로 나누어 볼 수 있다.

가. 실존 인물설

「遺事」를 비롯한 향가 관련 기록을 존중하는 자세는 향가 연구의 기본이라고까지 할 수 있을 것이다. 그런데 기록을 따르되, 讀法에 따라 작자가 달라지는 경우로 禱千手觀音歌와 願往生歌를 들 수 있다.

한기리의 여인 希明의 다섯 살 아이가 갑자기 눈이 멀자 그 어머니가 아이를 안고 분황사 좌전 북벽의 천수대비상 앞에서 아이로 하여금 노래를 지어 기도하게 하자 눈을 떴다는 도천수관음가에서는, '畵千手大悲前 令兒作歌禱之 遂得明'의 해석이 논점이다. 기존의 논의를 세세히 소개할 겨를은 없으나, 아이가 노래를 지어 불렀다고 보는 경우[1]와 희명으로 보는 관점[2]으로 대별할 수 있다. 어떤 승려가 만들어

---

1 梁在淵, "古歌作者名疑", 「論文集」 7輯, 中央大, 1962.
　成鎬周, "鄕歌의 作者와 그 周邊 問題", "千手大悲歌에 대한 一考察", 「韓國詩歌研究」, 釜山: 第一文化社, 1993.
　史在東, "鄕歌 作者에 對한 新考察", 「靑苑」 8號, 大田商高, 1964.
　李家源, 「韓國漢文學史」, 民衆書館, 1961.
　崔南善, "三國遺事 解題", 「增補 三國遺事」, 民衆書館, 1954.
2 梁柱東, 「古歌研究」, 博文出版社, 1957(初版: 1943). (「增訂 古歌研究」, 一潮閣, 1965)
　金東旭, 「韓國歌謠의 研究」, 乙酉文化社, 1961.
　朴魯埻, 「新羅歌謠의 研究」, 悅話堂, 1982.
　金承璨, "禱千手大悲歌", ―― 編, 「鄕歌文學論」, 새문社, 1969.

놓은 사뇌가 형식의 기도문으로 추정하기도 한다.3 그런데 기도문이
란 일종의 정형이기 때문에 어머니에게 안겨 갈 정도의 다섯 살 아이
라 해서 부르지 못할 이유가 없다고 본다. 기원은 당사자가 직접 했을
때 더 효과적이라고 본다면 더욱 그렇다. 그러나 이 경우 현전하는 바
와 같은 정제된 형태는 기록화 과정에서 윤색이 된 것이고 처음엔 퍽
단순한 구절이었을 것이다.

원왕생가의 경우, '其婦乃芬皇寺之婢 蓋十九應身之一 德嘗有歌云'
에서 德을 어디에 붙여 읽느냐에 따라 작자가 달라진다. 광덕 처를 십
구응신의 하나로 보는 데는 의의가 없으나, 一德을 붙여 읽으면4 노래
를 부른 주체는 광덕 처가 되고, 띄어 읽으면5 광덕이 된다. '嘗有歌'
는 '일찍이 노래가 있었다'는 뜻이므로 광덕 이전부터 전승되어 온 노
래로,6 광덕(처)을 포함한 모든 불도들이 부른 것으로 정형화한 의식
가이므로 작자 미상으로 보기도 한다.7 또 엄장,8 제삼자인 승려,9 집
단10으로도 본다. 그런데 광덕 처가 관음보살의 화신이라면 왕생을 원
했던 사람은 광덕이 된다. 또한 '有歌'가 '作歌'의 뜻으로 쓰였고 '嘗'
은 광덕이 직접 겪었던 일을 표현한 것이라 보면, 이 작품은 광덕이
지은 노래라고 보아야 할 것이다.

林基中, "鄕歌歌謠作者의 機能類型", 앞의 책.

羅景洙, 「鄕歌文學論과 作品硏究」, 集文堂, 1995.

3 趙東一, 「한국문학통사 1」, 知識産業社, 1982(제3판: 1994).

4 小倉進平, 「鄕歌及び吏讀の硏究」, 京城帝大, 1929.

梁柱東, 위의 책.

5 權相老, 「朝鮮文學史」, 一般프린트社, 1947.

金東旭, 주 2).

6 崔喆, 「新羅歌謠硏究」, 開文社, 1979.

7 成鎬周, 주 1).

8 金秉權, "願往生歌의 作者推定考", 「語文敎育論叢」 5輯, 釜山大 國敎科, 1981.

張珍昊, 「新羅鄕歌의 硏究」, 螢雪出版社, 1994.

9 金學成, 「韓國古典詩歌의 硏究」, 圓光大 出版局, 1980.

10 尹榮玉, "願往生歌", 「鄕歌文學論」, 주 2).

향가 작자를 역사적 실존 인물에서 찾으려는 노력은, 작가는 실존 인물인데 설화화하였다는 관점과 작가로 기록된 사람은 가창자에 지나지 않고 원작자는 따로 있다는 관점이 어우러져 있다. 忠談師의 속명은 李純[11]이요, 원왕생가의 실제 작자는 元曉[12]이며, 處容은 지방 호족의 자제[13] 또는 이슬람 상인[14]이라는 등의 예를 볼 수 있다. 武王으로 기록된 서동요의 작자를 東城王,[15] 無寧王,[16] 元曉[17]로 추단하는 견해도 있다. 분명히 드러난 향가 작자와 노래 내용의 주인공을 구분하여 보는 일[18]이나, 향가 작자들의 원래 이름은 따로 있으되 전해지지만 않을 뿐이니 그들을 가공인물 즉 실존했던 인물이 아니라고 판단할 수는 없다는 관점[19] 또한 맥을 같이 한다. 후자는, 창작 또는 번안한 노래가 차츰 그 작자를 잊을 만큼 대중화하여 '창작 가요의 민요화'라 할 만한 결과를 가져왔다는 의견[20]과 상통한다.

나. 설화 인물설

향가 작자를 설화상의 가공인물로 보는 견해[21]는, 우선 설화 내용과

---

11 金善琪, "찌이빠노래", 「現代文學」 147號, 現代文學社, 1966.
12 金思燁, "元曉大師と願往生歌", 「朝鮮學報」 27號, 日本: 天理大, 1963.
13 李佑成, "三國遺事所載 處容說話의 一分析", 「金載元博士回甲記念論叢」, 乙酉文化社, 1969.
14 李龍範, "處容說話의 一考察", 「震檀學報」 32號, 震檀學會, 1969.
15 李丙燾, "薯童說話에 대한 新考察", 「歷史學報」 1號, 歷史學會, 1952.
16 史在東, "薯童說話", 「藏菴池憲英先生華甲記念論叢」, 大田: 湖西出版社, 1971.
17 金善琪, "쏘뚱노래", 「現代文學」 151號, 現代文學社, 1967.
18 林基中, 「新羅歌謠와 記述物의 研究」, 二友出版社, 1981.
19 朴魯埻, 주 2).
20 金宅圭, "鄕歌研究의 回顧와 展望", 「新羅의 言語와 文學」, 한국어문학회, 1974.
21 成鎬周, 주 1).
　　崔喆, 「향가의 문학적 해석」, 延世大 出版部, 1990.
　　李在銑, "新羅 鄕歌의 語法과 修辭", 「鄕歌의 語文學的 研究」, 西江大 人文科學研究所, 1972.

작명의 일치를 중요한 이유로 들고 있다. 충간하는 노래를 지어 바친 忠談師, 얼굴을 밖에 붙여 역신의 침입을 막은 處容, 마를 캐어 팔던 아이 薯童, 득명을 바랐던 希明, 널리 공덕을 닦은 廣德, 달 밝은 밤에 피리를 불며 문 앞 큰 길을 지나다닌 月明師, 혜성을 없앤 融天師, 왕에게 신의와 충성을 바친 信忠, 재주 있고 노래 잘 부른 永才 등 慕竹旨郞歌, 獻花歌, 風謠의 작자를 제외하고는 이처럼 설화 내용과 작자명이 상통점을 보이고 있다는 점에 주목한 결과다.

이 추단은, 자연히 향가를 설화적 문맥을 살리기 위해 들어간 삽입가요로 간주하는 관점이 전제된다. 처용가는 본래의 무가 위에 덧붙인 삽입가요, 서동요는 무왕조의 삽입가요로 본다.[22] 원왕생가를 전승가요적 성격을 띤다고 보거나,[23] 원왕생가와 광덕설화는 각기 개별 문맥으로 전승되다가 몇 가지 일치점 때문에 후대에 결합된 것으로 보는 점[24]도 같은 맥락이다. 반면 시가가 독립된 기재 양식을 갖추고 있지 않다고 해서 이를 설화에 예속시켜서는 안 되며 배경 설화는 향가 이해를 위한 보조 자료라고 보는 경우도 있다.[25]

시가에 산문적인 배경 설명이 수반되는 일은 극히 자연스러운 현상이라 하겠다. 물론 그 역의 경우도 마찬가지다. 「遺事」 기록은, 산문기록이 단순히 향가가 불려진 동기에 관한 설명에 불과한 경우와 향가가 이미 서사문학의 문맥에 밀착되어 있어 그것 없이는 서사구조 자체에 훼손이 생기게 되는 경우로 나눌 수 있는데,[26] 어느 경우든 산

---

22 金東旭, 주 2).

　林基中, 주 18).

　黃浿江, "薯童謠硏究", 「新羅文化」 3·4合輯, 東國大 新羅文化硏究所, 1987.

23 崔喆, 주 6).

24 成基玉, "願往生歌의 生成背景 硏究", 「震檀學報」 51號, 震檀學會, 1981.

25 朴魯埻, 주 2).

　崔喆, 주 21).

26 金烈圭, "鄕歌의 文學的 硏究 一斑", 「鄕歌의 語文學的 硏究」, 주 21).

문 기록은 향가의 성격 규명에 영향을 주고 있다.

특히 향가와 배경설화가 병립된 서동요와 처용가가 쟁점이 되는데, 「遺事」의 篇名과 條名을 감안할 때 이 노래들은 삽입가요로 간주하는 것이 온당하겠다. 그러나 어느 경우든 향가가 시가로서 독립적 위치를 가지는 데 결격 사유가 되지는 않는다. 요는 "'설화의 역사화'와 '역사의 설화화'가 어우러져 장르적인 성격이 모호한 「遺事」의 산문 기록"[27]을 어떻게 보느냐는 점이 논의의 핵심이라고 생각한다. 향가 작자의 경우, 일연의 의도와는 상관없이 이들이 어느 정도 설화화한 인물임은 인정해야 할 것이다. 이들이 실존 인물이 아니라는 의미는 아니고, 불교를 처음으로 빛나게 했다는 뜻인 元曉(「遺事」), 後頭高骨인 强首, 메추리처럼 옷을 꿰매 입은 百結先生(「三國史記」, 이하 「史記」) 등에서 보듯 전기적 인물도 설화적 명명이 됨을 감안해야 한다는 말이다. 향가 작자 중 信忠은 正史인 「史記」(新羅本紀 景德王)에 이름이 전하는 인물이다. 또 「遺事」와 꼭같은 내용인, 怨歌의 배경 설화가 「三國史節要」에도 실려 있다. 그럼에도 신충을 왕에게 신의와 충성을 다했다 해서 붙여진 설화상의 인물로 단정하는 것은 무리가 있다. 일연은, "삼화상전을 살피니 신충은 봉성사에 있었다 했는데 서로 혼동된다. 신문왕과 경덕왕은 백여 년의 차가 있으므로 혹 전생의 일이라면 모르되 여기서 말하는 신충과는 다른 인물임이 분명하니, 마땅히 자세히 살펴야 할 것이다(按三和尙傳 有信忠奉聖寺 與此相混 然計其神文之世距景德 已百餘年 況神文與信忠 乃宿世之事 則非此信忠明矣 宜詳之(「遺事」 信忠掛冠))."처럼 석연치 않은 곳에는 주를 달고 있다. 이로 보면 일연은 치밀한 고증을 하려는 자세로 임하고 있으며, 신충이라는 이름을 일연이 지은 것은 아님을 알 수 있다.

서동이 훗날 백제 무왕이 되었다는 기록은 正史와는 전혀 동떨어진

기록이지만, 그렇다고 해서 일연의 「遺事」 기술 태도를 일방적으로
치부할 수는 없다. 서동요가 실린 武王條 기사를 보아도, 확실한 사실
에 대해서는 자신의 의견을 단정적으로 기록하고도 있으나(額曰彌勒寺
國史云王興寺 --- 至今存其寺), "고본엔 무강이라 했으나 백제엔 무강이 없
다(古本作無康 非也 百濟無武康).", "삼국사에는 무왕이 법왕의 아들이라
했는데 여기에서는 과부의 아들이라 했으나 자세하지 않다(三國史云 是
法王之子 而此傳之獨女之子 未詳)."고 앞뒤에 주를 단 것을 볼 때, 일연은
충실한 기록을 남기려 했음을 알 수 있다. 사실의 문맥에다 설화적 영
험을 부회·윤색한 「遺事」 기록의 특수성[28]을 감안할 때, 향가 기사 전
체를 설화로만 보려는 관점은 지양해야 할 것이다. 「遺事」의 배경 설
화는 그 성격을 일률적으로 규정할 수 없겠다. 「遺事」 소재 향가 모
두를 두고 그 작자를 실존 인물 또는 설화적 인물로 단정하는 것은
무리라고 생각한다.

III. 作者 硏究의 諸 側面
―月明師, 忠談師의 경우

앞에서 검토한 연구 성과를 바탕으로, 이제 월명사와 충담사를 통
해 향가 작자 연구의 여러 측면을 살펴보고 타당한 방향을 모색해 보
겠다.

월명사는 신라 제35대 경덕왕 때 사람으로 祭亡妹歌와 兜率歌를 남
겼지만, 그의 신분은 모호하다. 다른 향가 작자도 그렇지만 무엇보다

---

28 黃浿江, "삼국유사와 향가", 「삼국유사의 종합적 검토」, 韓國精神文化硏究院,
    1987. p. 531.

그에 관한 기록이 너무 영성하기 때문이다. 「遺事」에서 그의 신분을 짐작할 수 있는 기록을 보면 다음과 같다.

王使召之 命開壇作啓 明奏云 臣僧但屬於國仙之徒 只解鄕歌 不閑聲梵 王曰 旣卜緣僧 雖用鄕歌可也 明乃作兜率歌賦之(月明師 兜率歌)

경덕왕 때에 두 개의 해가 나타나 열흘 동안이나 사라지지 않았다. 그러자 연승을 청하여 散花功德을 짓게 하면 사라질 것이라는 日官의 말에 따라 단을 정결히 하고 왕이 청양루에 나가 연승을 기다렸다. 이 때 월명사가 지나가자 단을 열고 글을 짓게 하니 "신승은 다만 국선의 무리에 속해 있는지라 향가를 알 뿐 범패는 잘 모릅니다." 하고 사양하였다. 이에 왕이 "이미 연승으로 뽑혔으니 비록 향가라도 괜찮다." 하니 도솔가를 지어 바쳤다는 것이다.

월명사의 신분에 대해 의견이 분분한 것은 기록의 양면성 때문이다. 월명사의 말은, 향가를 부르는 국선지도는 제의를 주관하기 어려운 당시의 상황을 말해 주고 있다. 화랑도가 주술적·무격적 성격이 있음은 이미 연구되었으나,[29] 이 사실과 월명사의 신분이 바로 연결되지는 않는다. 달밤에 큰 길을 거닐며 피리를 불었더니 달이 멈춘 적이 있어서 그 길을 月明里라 했고 월명사 역시 이로 말미암아 이름이 드러났다고 하니, 월명사라는 이름이 僧名은 아닌 듯하다.[30] 그러나 설화적 명명법을 감안하면 이 사실이 월명사의 신분을 밝히는 데 단서가 되지는 않는다.

「遺事」에는 승려로 볼 수 없는 사람마저 승려로 적은 예가 있으니, 광덕과 엄장, 居士를 沙門이라 하고 있다(廣德 嚴莊, 憬興遇聖). 물론 일연

---

29 李基東, 「新羅骨品制社會와 花郎徒」, 一潮閣, 1984.
30 朴魯埻, "월명사론", 나손선생추모논총간행위원회 編, 「韓國文學作家論」, 現代文學社, 1991. p. 54.

이 승려이므로 자료 선별 자체에 얼마간 편파적이었으리라는 점은 짐
작이 가지만, 그의 「遺事」 기록 태도로 미루어 볼 때, 이를 일차 자료
의 훼손이라 하기에는 무리라고 생각한다. 또 이런 점을 감안하더라
도 일관의 '緣僧'을 청해야 한다는 말에 따랐고 월명사가 자신을 '臣
僧'이라 칭한 사실을 소홀히 넘겨서는 안 되겠다. 문헌 비판과 해석은
당연히 필요하지만 일차적으로는 기록을 신뢰해야 할 것이다. 특히
이처럼 단편적인 기록에 의존해야 할 경우는 더욱 그러하다. 자신은
국선의 무리이므로 聲梵은 모른다는데도 왕은 '旣卜緣僧'이라며 향가
라도 좋다고 하였으니, 월명사는 화랑도가 아닌 승려의 자격으로 노
래를 불러 日怪를 물리쳤다. 국선의 무리에 속한다는 것이 곧 불승임
을 부정하는 뜻이라 보긴 어렵다. 승려와 화랑도의 신분을 겸비했을
가능성이 높기 때문이다. 월명사를 僧侶郞徒(郞僧),[31] 呪師郞僧,[32] 巫的
(巫佛融合의) 神僧[33] 등으로 보는 것은 다 이런 사정을 반영한 것이라
고 생각한다. 국선 즉 화랑은 곧 무당이니 월명사는 불승이 아니라는
견해[34]는, 토속신앙을 바탕으로 유불선을 받아들인 것이 화랑도라는
점에서 일리가 있지만, 기사 문면('緣僧', '臣僧')을 볼 때 수긍하기 어렵
다. 현전의 향가를 놓고 볼 때 '향가=화랑의 문학' 또는 '향가의 작가
=화랑'이라는 등식은 성립되지 않으며, 향가의 작자층에 '화랑'은 없
고 '郞徒' 그것도 좀 더 좁혀서 말하자면 '郞徒僧'이 있을 뿐이라는 지
적[35]은, 이와 연관지어 경청할 만하다.

---

31 金煐泰, "僧侶郞徒考", 「佛敎學報」 7輯, 東國大 佛敎文化硏究所, 1970.
　　朴魯埻, 앞의 논문.
32 林基中, 주 2).
33 尹榮玉, "新羅歌謠의 硏究", 嶺南大 博士學位論文, 1979.
　　尹敬洙, 「鄕歌·麗謠의 現代性 硏究」, 집문당, 1993.
34 羅景洙, 주 2).
35 朴魯埻, "鄕歌의 歷史·社會學的 硏究성과 되짚어 보기", 「鄕歌硏究의 反省的 考察」(第7會
　　慕山學術硏究所 發表要旨), 1996.10. pp. 37~38.

그런데 월명사가 왜 '不閑聲梵'했을까? 그가 승려로서의 소임보다
는 주로 화랑단에서 차지하고 있던 직분에 더욱 충실을 기하고 있었
기 때문이라고 생각할 수도 있다.[36] 월명사가 해외 유학을 하지 않은
탓에 이국어로 되어 있는 범패를 부르기 어려웠을 것[37]이라고도 하나,
당의 新風인 범패는 9세기 중엽 이후의 일이고 그 이전부터 전해 오
던 신라풍의 범패(곧 당의 古風)는 승려라면 대체로 부를 줄 알았다고
한다.[38] '비록 향가라도 좋다.'는 것은, 산화공덕에는 원칙적으로 범패
를 불러야 함을 말해 준다. 그렇다면 월명사가 범패 창을 하지 못한
것은, 안 한 것으로 풀이하는 쪽이 타당할 것이다. 즉 불교 전파에는
범패보다 우리 노래를 부르는 편이 낫다고 판단했을 것이고, 또 독실
한 불자인 경덕왕[39]도 이 점을 수용한 것이라 생각한다. 여기에 토속
신앙과 결합된 신라 호국 불교의 한 특성이 있다고 하겠다. 향가의 주
술력은 향가 자체에도 있지만 노래를 읊은 사람의 수양과 정성에 좌
우된다고 보면, 어떤 형식을 취하느냐는 크게 중요하지 않았으리라고
생각한다.

일연은, 도솔가를 산화가라 이르는 것은 잘못이며 도솔가와 산화가
는 분명히 다르다고 하고 있다. 또 경덕왕은, 산화공덕을 꼭 범패로
하지 않아도 되기 때문에 향가라도 좋다고 했을 것이다. 그렇다면 도
솔가는 이 노래에 대한 명칭이고, 산화가는 산화 의식에 쓰인 범패를
가리키는 것이라고 생각한다.

國仙之徒의 一人인 월명사가 四天王寺에 기거했던 것은, 오히려 그
가 巫人으로서 國事에 祈福을 담당했던 신분이었음을 증명한다는 견

---

36 朴魯埻, 주 30), p. 56.
37 柳孝錫, "呪術的 鄕歌와 密教呪言의 關係樣相", 「泮橋語文」 2집, 成大 國文科, 1990. p. 141.
38 朴魯埻, 주 30), p. 56.
39 경덕왕은 가뭄이 심하자 大賢을 불러 金光經을 외우게 하여 비를 빌게 하였으며
    (「遺事」, 賢瑜珂 海華嚴), 釋眞表에게 보살계를 받기도 한 불도였다(「遺事」 眞表傳簡).

해가 있다.[40] 월명사가 피리의 명인이었다는 점에서 피리는 巫具일 가능성도 높다. 당과의 대립 상황에서 국가 수호를 위해 세워진 사천왕사는 正統佛寺가 아니며 불교보다는 무속과의 거리가 훨씬 가깝고, 신라에서는 이것이 무속과 결합하여 호국신으로 믿어졌다는 것이다. 그러나 신라의 불교 신앙이 종파를 가리지 않고 호국 불교였으며 明朗法師가 창건한 사천왕사가 대표적인 호국 사찰이었음을 상기한다면, 월명사는 호국 불교에 투철한 낭도 승려로 봄이 온당하지 않을까한다. 월명사가 결과적으로 무격의 기능을 하게 되었지만 그가 巫人은 아니다. 제관의 기능은 당연히 일반 승려(緣僧)가 해야 하지만 낭도인 승려도 좋다는 뜻으로 봐야 할 것이다. 왕이 연승을 기다리고 있을 때 마침 월명사가 천맥사 남쪽 길을 가고 있었다(時有月明師 行于阡陌時[寺]之南路). 길 이름이 붙을 정도로 널리 알려진 월명사인데도 왕은 특별히 그를 지목하지 않았고, 지나가다가 눈에 띄어 지명받았다. 물론 이게 인연이라면 인연이지만, 일연이 월명사의 祭官으로서의 능력이나 신분을 강조하고 싶었다면 '때마침' 지나가다가 만난 것으로 서술하지는 않았을 것이다.

신라의 화랑 또한 기복에 따른 巫的 기능이 있었고, 진흥왕 때 양가 자녀도 불도가 될 수 있게 한 뒤로는 화랑도 중에서 승려가 나왔으리라 짐작할 수 있다. 월명사가 향가를 지어 죽은 누이의 제를 지내고 피리를 잘 불었던 풍류도로서의 화랑의 면모를 보이지만, '화랑도=무교'는 아니므로 이를 들어 무속적인 요소라 단정하긴 어렵다.「遺事」가 승려의 기록이라 불교에 치우친 점을 감안하더라도, 그를 巫人으로 추단할 근거는 빈약하다고 생각한다. 비약적 해석이 되지 않도록 문면을 존중하는 것이 더 설득력을 지닌다고 본다.

우리나라에 玄妙之道가 있는데 이를 風流道라 한다. 진실로 三敎를

---

40 羅景洙, 주 2).

포함하여 모든 이를 감화시키니, 공자의 뜻과 노자의 종지와 석가의
교화가 함께 있다(「史記」 眞興王). 이를 통해 보면 화랑도가 불교를 수용
한 것은 당연하다. 이처럼 三敎가 넘나들었다면 낭도와 승려의 신분
을 겸하는 것은 오히려 자연스럽다고 본다. 승려나 화랑 중 반드시 어
느 한쪽에만 속해야 되는 것은 아닐 것이다. 이와 관련하여 최근 소개
된 「花郎世紀」 필사본을 통한 논의41는 주목할 만하다. '雲上人'이란
표현과 찬기파랑가의 '흰 구름 따라 떠 간 달'이란 구절에 의거하여
충담사를, 젓대(笛)를 잘 불었고 왕 앞에서 聲梵으로 노래하지 않고 군
이 향가를 부른 점으로 보아 國仙之徒 월명사를 '향가를 잘 하고 淸遊
를 좋아한 낭도(雲上人)'로 추정하고 있다. 그러나 승려와 화랑의 신분
을 공유한 이들의 신분을 꼭 어느 쪽에 비중을 두어 따질 수는 없는
것 아닌가 한다.

현전 향가만 보아도 개인적 서정시, 민요, 무가 등의 여러 장르들이
있는데 이들을 한데 묶어서 그 작자층을 모든 계층의 사람들로 보는
것은, 당연한 귀결이면서 하나마나한 논의가 될 위험이 있다.42 이 점
을 감안하여 특정 장르의 작자층을 구분하여 볼 필요는 있으나, 이는
곧 향가의 작자나 향유층이 다양하고 폭넓음을 의미하는 것이지 논의
자체가 무의미하지는 않다.

결론적으로 향가 작자를 통틀어서 실존 인물로 보거나 설화적인 인
물로 보는 것은 무리이고 작품과 작자에 따라 개별적으로 생각해야
할 것이다. 향가 작자가 다 설화적인 인물이라면 결국 모든 향가는 민
요라는 결론에 이르게 된다. 또 설화적 문맥을 史實로만 보면 그 이면
에 내재된 허구성을 간과하게 된다. 그리고 불교, 무교, 화랑도 등에서

---

41 金學成, "鄕歌의 장르體系", 「鄕歌文學硏究」(黃浿江敎授定年退任紀念論叢), 一志社, 1993.
42 成昊慶, "향가 연구의 함정과 그 극복 방안", 「第31回 全國國語國文學硏究發表大會鈔」,
     國語國文學會, 1988.

어느 한쪽에만 비중을 두어도 바른 답을 얻을 수 없겠다.

이 점을 재확인하는 의미에서 충담사를 살펴보겠다. 충담사는 安民歌와 讚耆婆郎歌 두 편을 남겼는데, 월명사처럼 화랑에도 속해 있었는지는 확실하지 않지만, 충담사가 승려임은 문면에 확실하다.

> (王)謂左右曰 誰能途中得一員榮服僧來 於時適有一大德 威儀鮮決 徜徉而行 左右望而引見之 王曰非吾所謂榮僧也 退之 更有一僧 被衲衣負櫻筒(一作荷簣) 從南而來 王喜見之 邀致樓上視其筒中 盛茶具已 曰汝爲誰也 僧曰忠談 曰何所歸來 僧曰 僧每重三重九之日 烹茶南山三花嶺彌勒世尊 今玆旣獻而還矣 王曰 寡人亦一甌茶有分乎 僧乃煎茶獻之 茶之氣味異常 口中異香郁烈 王曰朕嘗聞師讚耆婆郎詞腦歌 其意甚高 是其果乎 對曰然 王曰然則爲朕作理安民歌 僧應時奉勅歌呈之 王佳之 封王師焉 僧再拜固辭不受(「遺事」景德王 忠談師 表訓大德)

경덕왕이 구한 사람은 榮服僧이었는데, 그는 위의 있고 鮮決한 大德도 물리치고 衲衣를 입고 櫻筒을 든 허름한 차림의 승려였다. 영복승은 단순히 차림새를 두고 이르는 말이 아니고 도력을 지닌 승을 가리킨다.

경덕왕이 불교나 불승에 대한 신뢰보다 다른 쪽에 경도되어 승려가 아닌 다른 신분의 사람을 찾았을 가능성도 있다.[43] 그러나 문면을 정독해 볼 때, 충담사의 복장이 특히 화랑의 모습이라 할 수는 없겠다. 또 왕이 구태여 威儀鮮決한 고승을 물리친 것은 일찍이 그 뜻이 매우 높다고 들은 찬기파랑가의 작자인 충담사를 기다린 것임을 알 수 있고, 충담사가 올린 차 맛이 보통과 다르고 찻잔 속에서 보통과 다른 향기가 풍겼다 함은 충담사의 범상함을 표출하기 위한 과정이라고 본다. 이를 반드시 충담사가 낭도임을 확인하는 절차로 간주할 수는 없겠다. 충담사는 표훈대덕과 함께 당시에 이름이 드러난 고승이었음을

---

43 羅景洙, 주 2), p. 359.

짐작할 수 있는데, 호국신인 五岳三山神이 나타난 어려운 상황에서 위난을 구할 사람이 필요했던 것이다. 충담사는 茶具만을 들고 다니는 허름한 차림인 無慾의 승려였고 따라서 안민가를 지어 바친 뒤 지위에 연연하지 않고 왕사를 굳이 사양하였다.

안민가의 사상적 배경을 유교적 윤리 의식, 미륵신앙을 바탕으로 한 융화되고 합일된 세계,[44] 보살의 대승적 정신,[45] 화랑도적인 사상[46] 등 여러 가지로 해석하고 있으나, 그 바탕이 어떻든, 승려라 해서 치국 이념이 담긴 노래를 짓지 못할 까닭이 없다. 왜냐하면 백성을 편안히 다스리는 노래를 지으라는 명에 따른 것이고, 安民의 원리는 불교보다는 유교적 이념이 훨씬 가까웠을 것이다. 더욱이 신라의 불교가 호국 불교적 성격이 짙고 충담사를 여기에 투철한 승려로 본다면, 그가 평소 치국 이념에 무관심했을 리가 없다. 그래서 노래를 지으라는 왕명에 이내 응할 수 있었다.

그런데 화랑도는 유교를 수용했으므로 이에 대한 이해 또한 필요하였다. 따라서 화랑을 찬미한 노래인 찬기파랑가[47]를 지은 충담사는, '화랑에 소속된 무당의 일인'[48]이라기보다 월명사처럼 낭도와 승려의 신분을 공유하고 있었다고 본다. 또 「遺事」에서는 僧으로 단정하고 있으므로, 重三과 重九日에 南山 三花嶺의 미륵세존께 차를 올린 일에 애써 다른 의미를 부여하려고 할 필요가 있을지 의문이다.

讚耆婆郎歌 해석은, 그 사상적 기저를 彌陀思想으로[49] 보든, 彌勒思

---

44 尹榮玉, 「新羅詩歌의 研究」, 螢雪出版社, 1988.

45 鄭尙均, 「韓國古代詩文學研究」, 翰信文化社, 1984.

46 羅景洙, 주 2).

47 耆婆에 대해 花郎 외에 金耆(金善琪, 주11)), 表訓大德(金鍾雨, 「鄕歌文學研究」, 宣明文化社, 1974), 彌勒의 化身(崔喆, 「鄕歌의 文學的 研究」, 새문사, 1983), 佛典의 Jiva(張珍昊, 주8)) 등 여러 가지로 추정하고 있으나, 잣나무에 견줄 정도로 고절한 인품을 지닌 화랑으로 본다.

48 羅景洙, 주 2), p. 363.

想으로[50] 보든, 秘密 神呪的으로[51] 보든 간에, 불교적 성향을 중시하는
관점, 유불습합적 관점,[52] 화랑도적 관점,[53] 상징·수사적 관점[54]으로
나뉜다. 어떤 관점에 의하든, 문면을 따르면 충담사는 덕이 높은 승려
요, 호국 신앙에 투철한 인물임을 알 수 있겠다. 설령 이 노래의 제작
모티브가 그 무렵 쇠퇴·약화의 일로를 걷고 있던 화랑단의 형세를 애
석하게 여긴 나머지 미련과 아쉬움 내지 그것의 재생을 은근히 기대
하는 심정에서 짓게 된 것[55]이라 하더라도, 이게 곧 충담사가 화랑이
란 증거는 되지 못한다. 지은이가 승려라고 해서 반드시 불교계 가요
인 것은 아니고, 이상적인 화랑 기파랑을 애도하며 그리워하는 정감
이 넘치는 서정가요[56]임을 참고할 필요가 있다. 이는 제망매가를 불교
가요가 아닌, 지극히 평범한 市井人·자유인의 가식 없는 죽음관이 반
영된 순수 서정시로 보는 것[57]과 맥을 같이 한다고 하겠다.

충담사나 월명사는 사천왕사에서 나라의 안녕을 빈 인물이다. 그들
은 권부에 있지는 않았지만, '화랑의 전통을 자기대로 잇고 미륵을 숭
상하는, 국선지도에 속한 승려'[58]들이다. 충담사를 巫覡으로 파악하고

49 梁柱東, "新羅歌謠의 佛敎文學的 優秀性", 「鄕歌研究」(國文學論文選 1), 民衆書館, 1977.
50 金承璨, 「韓國上古文學研究」, 釜山: 第一文化社, 1979.
    崔喆, 주 47).
    尹榮玉, 주 44).
51 金鍾雨, 주 47).
52 金東旭, 「國文學槪說」, 民衆書館, 1962.
53 朴魯埻, 주 2).
    崔聖鎬, 「新羅歌謠研究」, 文賢閣, 1984.
    羅景洙, 주 2).
54 金烈圭, 「韓國民俗과 文學研究」, 一潮閣, 1971.
    李在銑, 주 21).
55 朴魯埻, 주 2), p. 221.
56 崔聖鎬, 주 53).
57 朴魯埻, "〈祭亡妹歌〉의 해석", 金烈圭·申東旭 編, 「三國遺事의 文藝的 研究」, 새문社,
    1982.
58 趙東一, 주 3), p. 150.

도 있으나, 그러면 월명사를 위시한 향가 작자는 대부분 巫人이고 따라서 고대 시가를 항상 제의와 연관지어 공식적인 해석밖에 할 수 없게 된다. 게다가 삼국시대만 해도 고등 종교가 자리 잡은 사회였다고 보면, 이러한 해석은 나아가 향가의 문학성까지 획일화할 위험성도 내포하고 있다고 하겠다. '水·月·女' 등의 유대가 원천적으로 生成力 象徵이며 보편적 민속 신앙의 대상임에 주목하여, 불교에 귀착시켜 설명한 종래의 견해를 비판한 연구59는 향가 해석에 큰 진전을 보였다. 그러나 원형적 사유를 모든 문학작품에 적용하려 하면 해당되는 작품에 한계가 있으며 작품 해석이 단순화할 가능성도 배제할 수 없겠다.

작자명이 설화 내용과 깊은 관련이 있음을 모두 우연의 일치로 돌릴 수는 없으며, 「遺事」 기술 시 설화 내용에 맞추어 일연이 작명했을 가능성도 부인할 수 없다. 그러나 향가와 관련된 인물 중 일부는 실존 인물(得鳥, 竹旨, 耆婆 등)이고 일부는 가공인물인 점은 납득하기 어렵다. 그리고 전술한 대로, 古記에 충실하려 했던 일연의 「遺事」 기술 태도로 미루어 볼 때, 향가 작자를 일괄적으로 설화적 인물 또는 미상으로 보는 것은 설득력이 부족하다. 설령 후세에 붙여진 이름일지라도 일연이 붙인 이름은 아닌 듯하다. 또 역사적 인물이라 하더라도 전기적 사실에 의거하여 이름이 지어진 경우가 많다. 따라서 향가의 작자는 개별 작품에 따라 달리 보아야 할 것이며, 기록의 문면을 존중하는 관점이 온당하다고 본다. '기록 자체를 그대로 믿으려는 趨向에서 빚어지는 혼미와 착오'60와 일차 자료에 대한 자의적 해석은 구분되어야 마땅하다. 향가와 관련 설화는 일단 역사적 사실로 인식하되 「遺事」 기록의 설화성을 충분히 감안해야 할 것이다. 그 설화는 구전 또는 기

59 金烈圭, 주 54).
60 池憲英, "鄕歌의 解讀·解釋에 關한 諸問題", 「鄕歌麗謠의 諸問題」, 太學社, 1991. p. 7.

록되는 과정에서 자연히 서동요, 헌화가, 처용가의 龍蛇 모티프, 異流 交媾 모티프 같은 신화소와 결합하였다고 하겠다. 이렇게 본다면 현전 향가 작자의 신분은 승려가 많으나 이들은 화랑과 깊은 연관을 가지고 양자의 신분을 공유한 낭도 승려라 함이 타당할 것이다. 낭승은 신분이고 재를 집전했다 함은 그 역할에 대한 언급이기 때문에, 낭승을 巫人으로 볼 수는 없다고 생각한다.

IV. 鄕歌의 享有層

향가의 향유층 문제는 작자와 연관되어 부분적으로 논의해 왔다. 향가의 중요한 문학사적 의의는 다양한 계층이 향수했다는 데서도 찾을 수 있겠다. 향가의 작자나 향유층 연구는 향가의 성격 규정과 밀접히 연관되어 있는 바, 향가는 국민문학[61]인가 귀족문학[62]인가 하는 점이다. 한마디로 말할 수는 없지만, 향가의 다양한 여러 장르적 성격 자체가 향가의 국민문학적 위상을 보이는 것이라 생각한다. 향찰로 표기되기는 하였지만 이는 고려 시대 일연에 의해 정리된 것이고, 당시에는 노래로 많이 불려졌을 것이다. 진성여왕이 위홍과 대구화상에게 명해 향가를 수집하여 「三代目」을 편집하게 한 사실(「史記」 眞聖王)은, 국민문학으로서의 향가의 위상과 함께 향가와 불교의 긴밀한 관계를 잘 보여 준다. 향가 수집이 왕명으로 이루어진 사실은 향가가 민심 동향 파악에 매우 유용했음을 증명하는 것이고, 아울러 향가가 민간에 널리 유포되어 애창되고 있었음을 반증하는 것이다.

「遺事」와 「大華嚴首座圓通兩重大師均如傳」(이하 「均如傳」)에서 향가

---

61 趙潤濟, 「韓國文學史」, 探求堂, 1963.
62 鄭炳昱, 「國文學散藁」, 新丘文化社, 1959.

의 향유층을 시사해 주는 몇 구절을 통해 이 점을 확인해 보겠다.

明又嘗爲亡妹營齋 作鄕歌祭之 --- 羅人尙鄕歌者尙矣 盖詩頌之類歟 故往往能
感動天地鬼神者非一(「遺事」 月明師 兜率歌)
大王誠知窮達之變 故有身空詞腦歌(「遺事」 元聖大王)
王曰朕嘗聞師讚耆婆郞詞腦歌 其意甚高 是其果乎 對曰然 王曰然則爲朕作理安
民歌(「遺事」 景德王 忠談師 表訓大德)
賊怪而問其名 曰永才 賊素聞其名 乃命□□□作歌(「遺事」 永才遇賊)
夫詞腦者 世人戱樂之具 --- 右歌(普賢十願歌)播在人口 往往書諸墻壁(「均如傳」
歌行化世分)

월명사는 향가를 지어 일괴를 퇴치하고 향가로 누이의 제를 지낸
다. 신라인들은 향가를 숭상하였고 향가가 천지 귀신을 감동하게 한
적이 한두 번이 아니었다고 하니, 향가가 원시 신앙과 밀접한 연관이
있음을 알 수 있다. 왕이 窮達의 변화를 잘 알았므로 신공사뇌가가 있
었다 함은, 왕 자신이 월명사 같은 역할을 하려 했다고 추정할 수 있
다. 왕도 향가의 의취가 매우 높다고 들어 알고 있었으며,[63] 이를 재확
인하는 물음에 충담사는 사양하지 않고 그렇다고 답한다. '其意甚高'
라 함은 세련되고 정제된 귀족문학이란 의미로도 확대해서 해석할 수
있겠다. 화랑인 기파랑과 죽지랑을 찬모한 노래나 함께 바둑을 두면
서 자신을 잊지 않겠다고 한 말을 지키지 않은 것을 원망하여 지은
노래를 통해서는, 향가가 상류층에서도 널리 사랑받았음을 알 수 있
다. 도적들도 영재의 이름을 들어 알고 있었으며 하필 그에게 노래를
짓게 한 사실을 보더라도 불교와 향가의 대중성을 확인할 수 있다. 향

---

63 경덕왕이 충담사에게 찬기파랑가의 제작 여부를 물은 대목은 픽션이거나 일연의
의도적인 삽입일 것이라는 주장도 있으나(高雲基, "一然의 世界認識과 詩文學 硏究",
延世大 博士學位論文, 1993. p. 177), 일연의 「遺事」 기술 태도로 보아 일단 문면을 중
시하는 것이 온당하다고 본다.

가는 사람들의 입을 통해 널리 전파되고 글자로 적히기도 했다. 도천
수관음가 또한 희명이 서민이고 애가 다섯 살이었음을 감안하면 향가
의 대중성을 짐작하게 해 준다. 물론 이는 작품의 문학적 가치와는 별
개 문제다.

　향가는 불법을 널리 펴서 사람들에게 도움을 주기 위한[洪法利人(「均
如傳」 解釋諸章分)] 수단이기도 하였다. 그러자면 당연히 그 노래는 일반
인들이 쉽게 수용할 수 있는 형식을 따랐을 것이다. 향가란 형식은 지
극히 대중적인 것임을 알 수 있으니, 균여 자신도 '거친 노래(荒歌)'라
하고 있음에 유의할 필요가 있다. 이 말은 겸사이겠으나 그 이면에는
대중성을 강조하는 뜻이 강하다. 戱樂之具란 말 역시 단순히 즐기는
오락성보다 대중적 친밀감을 나타낸 말이다. 따라서 포교에 적절했으
니, '세속의 이치에 기대지 않고는 낮은 바탕을 이끌 길이 없고, 비속
한 언사에 의지하지 않고는 큰 인연을 드러낼 길이 없기 때문이다(不
憑世道 無引劣根之由 非寄陋言 莫現普因之路(「均如傳」 歌行化世分)).' 大安이나
元曉처럼 대중의 말과 노래로 설법하는 노래(和請)로 포교했던 俗講僧
들의 방법을 사용하지 않고, 균여는 世人戱樂之具인 향가를 택하여 普
賢行願品을 노래했다.[64]

　향가의 呪力 또한 포교에 결정적인 기여를 했으리라 짐작이 간다.
향가를 열심히 외움으로써 沙平郡 那必級干의 병이 나았고, 大穆皇后
의 병환도 呪願으로 고쳤으며, 靈通寺 白雲房의 精怪 또한 향가를 벽
에 붙여 없앴다(「均如傳」 歌行化世分, 感通神異分, 感應降魔分).

　중국 사람들에게 널리 읽히고자 普賢十願歌를 한역한 崔行歸는, 우
리나라의 才子, 名公은 唐詩를 아는 데 반해서 중국의 鴻儒, 碩德은

---

64 일반적으로 和請을 향가와 동일시하거나 같은 범주로 보고 있으나, 여기에서는 향
　가는 선율 악기를 동반한 '노래(歌樂)'고 화청은 長短樂器의 반주에 의한 단조로운
　'소리'라서 서로 다른 계통이라는 견해(金學成, 주 41), pp. 68~69)에 따랐다.

향가를 알지 못함을 한탄했다. 중국인은 서문 외에는 알기 어렵고 우리나라 선비들이 들을 때는 노래에 빠져 쉽게 외우고는 그만이라, 다 반쪽의 이로움만 얻을 뿐 각각 온전한 공을 놓치고 있다는 것이다.

而所恨者 我邦之才子名公 解吟唐什 彼土之鴻儒碩德 莫解鄕謠 矧復唐文如帝網交羅 我邦易讀 鄕札似梵書連布 彼土難諳 --- 而唐人見處 於序外以難詳 鄕士聞時 就歌中而易誦 皆沾半利 各漏全功(「均如傳」 譯歌現德分)

고려 시대는 한문이 번성한 시대여서 향가가 문학적으로 대접을 받지는 못했지만, '노래에 빠져서 쉽게 외운다.' 함은 향가의 대중적 친밀도를 말해 준다. 다만 지식인층에서는 향가가 신라 시대처럼 애창되지 않았으리라고 짐작할 수 있겠다. 보현십원가보다 약 150년 뒤에 나온 悼二將歌는 睿宗이 친히 지은 것으로, 한시를 따로 지은 것을 보아 당시에도 향가를 짓는(부르는) 경향은 면면히 이어져 왔음을 알 수 있다(睿宗大王 --- 仍賜御製四韻一絶 短歌二章 (「壯節公申先生實紀」)).

지금까지 논의한 점을 종합해 볼 때, 향가는 신라는 말할 것도 없고 고려 시대(기록상 확인할 수 있는 것은 적어도 12세기초)까지 왕을 위시한 각 층에서 짓고 불렀음을 짐작할 수 있다. 드러난 작자나 향유층을 살필 때, 향가를 신라 상층 문화의 소산이라 할 수는 없겠다. 「三代目」이 전하지 않으므로 단정할 수는 없으나, 각층에서 지어 불렀으므로 收集鄕歌하여 정사에 도움을 받고자 한 것이고, 이는 곧 향가의 국민문학적 성격을 잘 말해 준다. 그런데 한문의 성행으로 향가는 차차 위축되었고, 따라서 향찰로 표기된 노래에 대한 기록도 전하지 않고 있다.

V. 結言

몇 번 정리된 향가 연구사[65]에서 보듯, 향가 연구는 다방면에 걸쳐 많은 진전을 이루었다. 향가 작자와 향유층 문제는 향가의 범주나 자료 해석과 밀접하게 연관되어 있어서, 아직 합일점을 찾지 못한 부분이 많다.

지금까지 논의된 향가의 작자는, 실존 인물로 보는 경우와 설화적 인물로 보는 경우로 대별된다. 전자는 다시 「遺事」 원문을 존중하는 자세와 작자를 역사상의 실존 인물에서 찾으려는 노력으로 나누어 볼 수 있다. 풍요 같은 민요류를 제외하고는 특정인의 작품으로 보는 것이 옳다고 생각한다.

향가 특히 정제된 형식의 향가에 대한 작자 문제는, 월명사와 충담사의 예에서 보듯, 화랑과 승려의 두 신분을 겸한 낭도 승려의 존재와 역할을 인정한다면 무리가 없을 것이다. 승려, 낭도, 무격 중에 꼭 어떤 신분이라야 하는 것은 아니다. 호국 불교가 성한 신라에서 승려가 화랑도와도 인연을 맺어 활동하고 치국 이념을 노래로 지어 올린 일은 당연하다. 추론하자면, 벌써 경덕왕 대에 오면 국가적 의례는 고등 종교인 불교 의식으로 대체되는 과정이 아니었던가 한다. 향가가 여러 장르를 포함하고 있음을 볼 때 작자 또한 다양할 수밖에 없으나, 주요 작자층은 이들로 보는 것이 온당하다. 물론 여기에는 향가의 개념 규정이 선행되어야 하는 과제가 있다.

일연의 「遺事」 기록 태도를 볼 때, 지금 전하는 향가 작자는 당시에 그렇게 알려진 것이지 일연이 임의로 이름 짓지는 않았을 것이므로,

---

65 金宅圭, 주 20).
黃浿江, "鄕歌硏究 70年의 回顧와 展望", 「韓國學報」, 31輯, 一志社, 1983.
楊熙喆, "향가·여요 연구의 회고와 전망", 第35回 全國國語國文學大會發表文, 1992.

우선 기록의 문면을 인정하는 자세가 선행되어야 하리라 생각한다. 향가 작자를 통틀어서 실존 인물 또는 설화적인 인물로 보는 것은 무리이고 작품과 작자에 따라 개별적으로 생각해야 할 것이다.

향가의 향유층은 신라는 말할 것도 없고 고려 시대까지 왕을 위시한 여러 층에 걸쳐 있다. 이로 본다면 승려의 작품이나 화랑과 연관된 작품이 많은 것은 기록자의 성향에 따른 것이고, 각층의 작품이 많았으리라 추정된다. 향가를 수집하여 「三代目」을 만든 것은 政事에 도움을 받기 위한 것으로 판단되는 바, 이는 곧 향가의 국민문학적 성격을 잘 나타내고 있다고 하겠다.

일견 중론이 산만한 것 같으나 이처럼 다양한 모색 과정을 거쳐서야 비로소 향가문학에 대한 진수를 찾을 수 있다고 믿는다. 더하여 당시 사회에 대한 연구가 깊어질수록 좀 더 적확하고 폭넓은 해석을 얻을 수 있을 것이다.

(「韓國古典詩歌史」, 集文堂, 1997)

3. 유배문학 연구의 몇 문제 *

I. 緒言

   삼국시대부터 있었고[徙邊刑] 고려 시대에도 행해졌지만[歸鄕刑], 주
로 조선 시대에 형벌의 한 종류로 시행한 流刑은 특히 무기형이라는
점에서도 五刑-笞, 杖, 徒, 流, 死- 가운데 死刑에 버금가는 무거운 벌이
다. 자의든 타의든 大夫의 상당수가 정쟁에 연루되지 않을 수 없었으
므로, 이들이 정배되는 일이 자주 있었다. 물론 중인층이나 사건에 연
루된 서민층도 있었지만, 아무래도 사대부가 流刑의 주 대상이 되었
기 때문에 자연히 예술-문학과 유배는 깊은 연관이 있다. 무려 500권
에 이르는 茶山의 저술, 西浦의 勞作 구운몽, 秋史와 圓嶠의 독특하고
완숙한 경지의 서체는 모두 유배지에서 완성한 것이다. 流刑이 한 인
간의 삶과 예술-문학에 또 政事에 얼마나 영향을 주었으며, 그 결과가
작품에 어떻게 나타났는지를 검토하는 일은 퍽 의의 있고 중요한 일
이다.
   논의를 전개하기 위해 먼저 기존 연구 성과를 아주 간단히 살펴보
고, 이를 바탕으로 연구 방향을 검토해 보자는 뜻에서 몇 가지 제언하
겠다.

---

* 이 글은 2011.11.25.의 영주어문학회 학술대회 기조 발표문을 보완한 것임.

II. 旣存 硏究 成果

문학에 한정해 보더라도, 지금까지 유배와 관련된 작품과 작가에 대해 여러 방향으로 깊은 연구가 이루어졌고, 200여 편의 유배문학 관련 연구 성과[1]를 지금쯤은 좀 세부적으로 정리하여 한 단계 비약하는 계기로 삼을 필요가 있다. 여기에서 이를 일일이 거론할 수는 없으나, 기존 연구 작업을 대체로 세 방향으로 나눠볼 수 있겠다.

첫째는 서지적 연구로, 해당 작품의 내용과 작가, 당시의 사회 상황 등을 고찰하는 연구다. 유배된 속사정을 충분히 알아야 작품에 대한 깊은 해석도 이루어지므로, 연구의 초석이 되는 기초 작업이다. 작품의 문학적 형상화 정도를 가늠할 수 있게 하는 선행 작업이기도 하다.

유배 죄인(이하 '유배인')이 유배지에 얼마나 학문적 영향을 주었고 유배가 작품에 얼마나 큰 영향을 주었는지, 문학작품에서 유배 때문에 달라진 점은 무엇인지도 검토한다. 이를 위해서는 자연히 유배 과정, 유배인의 현실 인식과 심리 상태, 동류 집단의 의식 또한 파악할 필요가 있다. 유배인이 남긴 일기, 편지, 시 등의 각종 기록을 통해 유배 과정과 유배지에서의 경험을 밝히는 작업도 마찬가지다. 최근의 연구는 대체로 여기에 많은 힘을 쏟고 있는 듯하다.

유배에서 오는 글쓰기 방식 연구[2]도 유배가 끼친 영향을 구체적으로 살핀 것이다.

둘째는 서지적 연구를 바탕으로, 작가의 의식 상태와 갈등 양상을

---

1 국립도서관 소장 도서(2011.9. 현재)를 기준으로 할 때 약 210편이다.
2 이종묵, 「조선전기 위리안치의 체험과 그 형상화」, 박무영, 「거세된 언어와 사적 전언-이광사의 유배체험과 글쓰기 방식」, 유정선, 「예의와 현실 사이의 거리-유배가사 〈쵀환재적가〉에 나타난 유배 체험과 글쓰기」, 최기숙, 「예술가의 유배 체험과 내적 성찰-조희룡의 유배 체험과 글쓰기」, 이상 이대 한국문화연구원, 『한국문화연구』 9 (특집 한국의 유배체험과 글쓰기 문화), 2005.

통해 내면 세계와 그 변화 과정 등을 살피는 연구[3]로, 이를 통해 더욱 정치한 작품 해석이 가능해진다. 물론 이 바탕에는 서지적 연구가 선행되어야 한다.

셋째는 개별적인 작품의 문학적 형상화와 이면의 깊은 의미를 밝히는 본격적인 작품 연구인데, 이 부분은 좀 소홀한 면이 없지 않다. 각작품 연구가 충분히 이루어져 집적이 되어야 이를 바탕으로 비로소 유배문학의 특성을 밝히고[4] 각 작품의 사적 위상을 밝힐 수 있다.

이처럼 다방면으로 깊은 연구가 이루어져 많은 성과를 내고 있으나 더 생각해 볼 분야도 있다.

III. 몇 가지 提言

1. 流配文學의 槪念 定立

먼저 유배문학의 개념을 확실히 할 필요가 있으니, 별 전제 없이 막연히 얘기하는 유배문학의 범주를 설정해야 한다.

유배문학은 '귀양지를 소재로 하거나 귀양지에서 지은 (가사) 작품'[5]을 일컫는 게 일반적이지만, 유배지에서 겪고 느낀 일 외에도 '유배지로 가고 해배되어 가는 과정에서 일어난 사건과 감정을 그린 작품'도 포함하여 그 범위를 넓히는 게 온당하다고 본다.

---

3 이재준, 「유배가사 갈등 구조 및 사대부 집단의식의 변화 양상과 그 의미」, 서울
  시립대 석론, 2010. 등.
4 유배문학의 특성을 정리한 연구로, 우부식, 「유배가사 연구」, 충남대 박론, 2005.
  조동일, 「유배문학의 특성과 양상」, 앞의 책. 등이 있다.
5 ──── 편찬부, 『한국민족문화대백과사전』 17, '유배가사' 항(집필: 이종출), 한국
  정신문화연구원, 1991.

유배문학은 넓게 보아 여정과 유배지의 경관과 풍속을 기록한 기행 문학의 일종이라고 하겠지만, 기행문학 성격을 띠되 단순한 기행이 아니니 재고해 볼 점이 있다.

그나마 中途付處, 本鄕安置도 있긴 하지만, 遠地定配, 極邊定配, 邊遠定配, 絶島定配, 減死定配에 爲奴나 充軍, 선초의 全家徙邊 등 유배는 참으로 힘들고 무거운 무기형이며, 유배 중 사약을 받기도 하고 잊혀지거나 끊임없는 정쟁에 연루되어 끝내 해배되지 않은 경우도 있었다. 유배 기간에 학문과 예술에 업적을 남긴 이도 있지만, 울분에 쌓여 절망 속에서 일생을 지낸 이도 있다. 靜庵 趙光祖는 유배 35일 만에 사약을 받았고, 圓嶠 李匡師는 23년간의 유배 생활 중에 세상을 떴으며, 靜軒 趙貞喆은 제주에서 27년간이나 유배 생활을 했다. 물론 위도로 귀양간 白雲居士 李奎報처럼, 귀양이 바로 풀릴 것으로 믿고 여기저기 유람한 사람도 있지만, 유배와 기행은 그 성격이 좀 다를 수밖에 없다.

後松 柳義養의 유배 6개월간의 기록인「南海聞見錄」은 흔히 유배 기행록, 기행기사라 하는데, 기행문학, 해양문학, 표류문학, 견문록 등과의 연관성을 구체적으로 밝혀야 유배문학이라는 장르가 명확해진다.

2. 實態 調査와 關聯 資料 集成

유배문학의 전모를 파악하기 위해서는 먼저 유배인에 대한 실태 조사와 유배 관련 자료 정리가 선행되어야겠다. 그래야 이 자료를 바탕으로 전체적인 면모를 파악할 수 있고, 이를 토대로 면밀한 분석을 통해 각 지역에 유배된 개개인의 특성도 알 수 있다.

특히 조선 시대의 대표적인 유배지인 제주도, 진도, 거제도, 흑산도, 남해도 등은 '대대적으로' 조사해야 한다. 다른 지역도 크게 다르지 않지만, 예컨대 제주의 유배인이 정확히 몇 명인지도 확실하지 않은 실정이다.6 물론 조사 기준에 따라 숫자는 유동적이다.

「고려사」, 「조선왕조실록」, 개인 문집의 유배 일기 등등의 자료를 정리하고 유배문학 작품도 집성해야 한다. 나아가 수많은 자료를 번역하고 소개하려면, 이러한 작업을 개인이 하기 어려우므로 기관이 주관해야 효과적일 게다.

이를테면, 『강진 유배 인물』7, 『제주 유배문학 자료집1』8 같은 작업이 선례가 될 수 있겠다.

孤山 尹善道는 여러 번 유배를 갔는데, 생활이 간고한 것도 아니고 관직에서 밀려났다고 크게 힘들어하지는 않은 것 같다. 고산은 유배 중 주위의 산천을 구경하러 다니기도 했다.

제주에는 光海君, 尤庵 宋時烈, 北軒 金春澤, 星湖 李翼, 勉菴 崔益鉉, 雲養 金允植, 南岡 李承薰 등도 유배되었는데, 冲菴 金淨의 「濟州風土錄」, 葵窓 李健의 「濟州風土記」 특히 桐溪 鄭蘊의 「大靜縣東門內圍籬記」는 유배지인 제주의 실상과 부정적인 인상을 생생하게 전하고 있다. 이처럼 사람마다 집안이나 신분, 연계 당파, 재산 등이 다 다르기 때문에 이런 점도 일일이 파악해서 정리할 필요가 있겠다.

같은 지역 출신이 유배 간 기록을 모아 정리해도 의미가 있을 듯싶다. 한곳으로 유배 간 경우라면 더 흥미로운 주제가 나오겠지만, 지금까지 외지로 유배 간 예를 모아 보는 작업이 별로 없었다. 이들 유배인은 출신 지역이 같으니 정서의 공통성 등을 추출해 보는 일도 퍽 흥미로운 일일 듯싶다. 그런데 이 같은 작업도 유배인에 대한 실태 조

---

6 최근 김재형은 조선 시대 제주 유배인을 4개 지역에 261명으로 조사하고 261명의 신분 계층별로 분석하였다. (김재형, 「조선시대 제주유배인 실태분석과 특징」, 제주대 석론, 2011. pp. 23~36)

7 강진군 문화재연구소 편, 『강진 유배 인물』, 강진군 문화재연구소, 2008.

8 양진건 편, 『제주유배문학자료집』1, 제대 출판부, 2008.

사와 관련 자료의 집성이 선행되어야 이루어질 수 있다.

3. 流配의 善循環 또는 惡循環
一現地人의 反應과 官의 配慮 程度

消災洞으로 귀양 간 三峯 鄭道傳은 그곳의 순박한 사람들이 자기를
옛친구처럼 대해 주는 것에 감동해서 글[消災洞記]을 남겼다.9 겨울에
는 갖옷 한 벌, 여름에는 葛衣 한 벌로 일찍 자고 늦게 일어나며, 기거
와 행동에 구속되지 않고 음식도 뜻대로 먹었다. 두어 학자와 강론하
다가 개울을 따라 산골짜기를 오르내리는데, 피곤하면 쉬고 즐거우면
걷고, 경치 좋은 곳을 구경하다가 시를 읊조리느라 돌아가는 걸 잊을
정도10라 했으니, 정도전의 귀양-유배 상황을 짐작할 수 있다. 고향집
에 간 것처럼 비교적 자유로운 생활이 일반적이었는지는 다른 사람의
경우를 비교 검토해야 알 수 있지만, 조선의 예에 비춰 본다면 일반적
이라고 할 수는 없다.

정조 시해 미수 사건에 연루되어 제주도에 유배된 靜軒 趙貞喆은
이 일로 아내 홍 씨가 자결하는 일까지 겪었다. 게다가 역모에 연루된
탓인지 제주 목사와 막료들의 핍박으로 특히 滋甚한 고생을 했다. 얼
굴이 豊厚해지고 안색까지 좋아지는 것은 틀림없이 쌀밥을 먹었기 때
문일 것이라면서 쌀의 출처를 찾는다고 주위를 조사하여 곤욕을 치르
기도 했다. 술이나 고기는 물론 서책까지 금하고 이웃과의 접촉도 막
을 뿐 아니라 作統法으로 감시했다. 이러한 상황에 바다가 주는 절망

---

9 居人淳朴無外慕 力田爲業延其尤也 家善釀 延又喜飮 每酒熟 必先觴予 客至 未嘗不置酒 日
   久益恭 … 或逢田父野老 班荊而坐 相勞問如故(『三峯集』(『韓國文集叢刊』 5))
10 … 予寒一裘暑一葛 早寢晏起 興居無拘 飮食惟意 與二三學者 講論之餘 貪緣溪磵 登降巖谷 倦
   則休 樂則行 其遇佳處 徘徊瞻眺 嘯詠忘歸 …(위의 책)

감이 더해졌을 것이다. 오죽하면 제주 유배 때의 시 모음을 「靜軒瀛海
處坎錄」이라 했겠는가. 그래서 제주는 땅도 인심도 다 나쁘다(天下最
惡地 莫如耽羅境 … 大抵耽羅島 人心天下惡)고 한탄하고 있다. 그러면
서도 保授主人들의 목숨을 건 好意와 자신을 감싸다 죽은 洪允愛를
칭찬하고 못 잊어 한다. 이 와중에 「耽羅雜詠」도 남겼으니 그 기록 정
신은 높이 살 만하다. 조정철은 환갑이 다 되어 해배 후 동래부사, 형
조판서, 중추부지사 등을 역임하였다. 특이하게도 환갑에 제주목사로
부임하여 洪義女之墓를 세웠다.

薄庭 金鑢의 경우는 더 다양하고 자세하다. 한겨울에 함경도 慶源
으로 가다가 좀 나은 富寧에 유배되어 갔는데, 그때의 일기를 「坎窞日
記」라고 한 것을 보면 가는 길이 얼마나 험난했을까 짐작이 간다. 관
원들이 유배 가는 이에게서 입고 먹으면서 지나는 곳마다 뺏는 바람
에 마을이 소란할 정도로 유배 길은 고통스러웠으며, 관장들의 핍박
과 軍牢의 행패도 심했다.[11] 이런 상황에서도 끊임없이 일기를 적어
기록으로 남긴 덕분에 유배인의 행장이나 유배지에 이르는 과정과 심
정 등을 어느 정도 짐작할 수 있다.[12] 유배를 통해 가난한 사람들을
이해하게 되고 이 경험은 그의 문학에 큰 자리를 차지하게 되었다. 또
부령에서 평생을 못 잊은 府妓 蓮姬와도 인연을 맺고, 그를 그리워하
는 심정을 切切히 토로한다(「思牖樂府」). 그는 유배 중 여기저기 유적을
둘러보면서 마음을 다스렸으니, 유배 생활은 관장의 배려에 따라 크
게 달라짐을 알 수 있겠다.

---

11 盖他公人以謫客爲衣飯 所過藉買侵漁 閭里騷擾/州縣之逼脅 興儓之侵侮 難以筆舌聲也(「坎窞日
  記」 二十二日丁亥/初十日乙巳)(『薄庭遺藁』, 啓明文化社, 1984)
12 이불, 반팔 겉옷, 두루마기, 사서삼경, 운서, 요강, 비옷 하나씩에 동전 육백 닢의 단
  출한 행장으로 먼 길을 떠나, 모진 하늘을 원망하며 고통을 못 이겨 물에 빠져 죽
  으려고도 하였다.(行李則一衾 一半臂 一周衣 七書正文七卷 韻冊一卷 銅葉六百 虎子一及雨
  具而已/悠悠蒼天 胡寧忍余/北向痛哭 欲赴水死(위의 책, 十四日己卯/十四日己卯/十六日辛巳))

浮費債까지 부담하고 자비로 유배 가는 길에서 받는 관의 대접 방식은 퍽 다양하다. 白沙 李恒福, 孤山 尹善道처럼 경유지의 수령이 노비까지 제공하기도 했고, 유생 李必益처럼 한겨울에 마천령을 그것도 한밤중에 넘어가는 고생을 하기도 했다.13

함경도 明川으로 유배간 謙窩 金鎭衡은 유배 길에 北關의 수령에게 대접도 잘 받고 기생과도 놀면서 경개를 유람한 과정을 「北遷歌」를 통해 보여 주었다. 강진으로 유배되어 처음에 기거할 방도 못 얻어 고생한 茶山 丁若鏞은, 강진의 兵馬虞侯와 船遊도 했다.

이들의 내력을 보인 것은, 유배 전과 후의 작품에 나타난 차이, 해배 후 다시 관직에 올라 지방의 수령이든 조정의 관직이든 정사에 참여했을 때의 영향 등을 생각해 보자는 뜻에서다. 다양한 삶과 서민의 정서, 관원의 횡포 등을 뼈저리게 겪고 나서의 사고가 얼마나 긍정적 또는 부정적으로 작용했는지 작품으로 검증이 필요하다고 생각한다.

그리고 많은 유배인이 謫所에서 글을 가르쳐 제자를 길렀는데 이들이 지역에 끼친 영향을 글을 통해 검토하고, 제자가 관직에 올라 어떻게 했는지도 추적해서 연결해 볼 만하다.

같은 流刑을 당해도 사람마다 겪는 상황이 다르기 때문에 객관성에서 유배의 기록을 그대로 믿을 수는 없겠다. 누구나 자신이 겪는 고통은 매우 심하다고 느끼기 때문이다. 한 예로, 유배에서 풀려난 淸潭 李重煥이 여기저기를 답사하여 각지의 인심 등을 기록했는데, 전라도와 평안도는 가 보지 않았다. 그가 睦虎龍과 연루되어 유배 간 과정을 살펴보면 자신과 관련된 부분은 어느 정도의 편견을 가지고 서술하였음을 짐작할 수 있다. 개인적 경험이 크게 작용하는 유배 관련 기록과

---

13 김경숙, 「조선시대 유배길」, 역사문제연구소, 『역사비평』 67, 2004. pp. 269~281.에서 유배 일기를 통해 본 유배 길을 원로대신, 조정 관료, 위리안치 죄인, (관직 없는) 일반 사족으로 나누어 실례로 설명하고 있다.

작품의 특성을 감안하면서 살펴야 하겠다.

4. 流配地에 따른 差異

유배지가 본토, 섬, 본토의 벽지냐에 따라 겪는 경험과 감정이 다르기 때문에 자연히 작품에 반영된 상황도 다르다.

아무래도 멀고 섬이 많은 전라도에 많이 가는 바람에 유배객이 너무 많아 감당하기 힘들다고 영조 때는 감사가 장계를 올릴 지경이었다. 중죄일수록 유배지까지의 거리가 먼데 특히 바다가 가로막은 섬은 절망감을 주기에 충분하였다.

이를테면 제주도, 진도, 거제도, 흑산도, 남해 등 집중적으로 유배 간 곳에 대한 기록을 통해 한 고장을 서로 어떻게 다르게 보았고 그 상황이 작품에 어떻게 반영되었는지를 면밀히 살피는 것도 필요하고 흥미로운 작업이 될 것이다.

환경의 급격한 변화에 따라 사대부 나아가 인간의 삶은 어떻게 바뀌는지 또 그런 상황을 작품에 어떻게 형상화하였는가 검토하는 작업도 필요하겠다. 이른바 '군자'를 지향하는 자세가 더욱 굳어졌는지, 현실적으로 변용되었는지 작품을 분석해 볼 일이다. 또 비장미, 골계미 등에서 위주가 된 것 무엇인지, 왜 그렇게 했는지를 유배인의 의식 변화에서도 찾아본다. 그런데 무슨 변화나 고착은 장소(유배지)가 주는 영향도 적지 않다고 본다. 멀찍이 격리된 장소와 달라진 풍토 외에도 신체적 활동까지 극히 제약하는 圍籬安置는 더했을 것이다. 그러면 자연히 유배지에 부정적 인상을 갖게 된다.

5. 流配 受容 態度 比較—時代, 流配地, 身分, 性別 等.

유배 가서 겪는 자세도 시대와 사람에 따라 다르니, 자탄, 연군 등 유배인의 의식도 작품을 통해 짐작할 수 있다.

선초에 남해로 유배된 自庵 金緣는 「花田別曲」에서 보듯, 상황을 희망적으로 받아들이려고 했다.

萬言詞를 남긴 安肇煥(安肇源)은 楸子島에서, 雜直의 壺山 趙熙龍은 荏子島에서 식량 동냥까지 하면서 지냈다. 흔히 「北遷歌」와 대비되는 「萬言詞」는 특히 신분-계층의 차이에서 온 듯한 심정을 진솔하게 표출하고 있다.

글이나 그림 같은 학식이나 별다른 재주가 없는 사람들은 더 고생했을 것이다. 이 같은 악조건 속에서도 호기심을 잃지 않고 「牛海異魚譜」를 남긴 金鑢나 「玆山魚譜」를 쓴 巽庵 丁若銓처럼, 고립된 환경이라 오히려 더 성숙하여 깊은 울화를 학문과 예술로 발전시킨 경우는 특히 주목된다.

유배인의 유형 수용 태도를 시대나 지역-유배지, 신분, 성별 등에 따라 비교해 보는 것도 필요하겠다. 특히 유배인의 지체 차이, 문반과 무반 차이는 受刑에도 영향을 주었다. 이들이 남긴 작품을 통해 이들의 유사점과 상이점 그리고 그 의미를 추출하는 일은 전면적으로 검토해야 할 과제다. 거론 대상이 대부분 특정인에게 집중되고 국한되어 있는 지금 상황에서는 더욱 필요한 작업이다. 「紅羅歌」, 「萬言詞」, 「續思美人曲」, 「北遷歌」 등의 가사들에 나타나는 표현이나 생각도 문반, 무반을 포함한 신분의 차이와 연관지어 생각해 볼 만하다.

벌열 가문-경주 김씨-의 출신인 金正喜는 제주에서 圍籬安置되었지만 집주인이 방을 2개나 마련해 주어 하인들을 재우고 손님까지 맞이할 수 있었으며, 집에서 김치, 장조림 등의 반찬도 보내왔다.[14] 軟禁된

중죄인임에도 출입이 원활한 편이었다.

여성의 경우, 기록이 많지 않고 주로 노비로 지냈는데 처지가 더 비참했다.

광해 때 仁穆大妃의 어머니는 5년간 제주에 유배되어 막걸리를 팔아 생계를 유지했는데, 이게 母酒라는 일화가 전한다.

6. 統合的 觀點의 重要性

미시적 연구 못지않게 그 당시 사회의 전체적 흐름과 함께 보는 거시적 관점이 동반되어야 한다. 사대부의 유배는 특히 당파 의식이나 당시의 정세와 밀접한 연관이 있으므로 전체적인 상황을 지배하는 세계관에 주목해야 한다.

그러나 일종의 사례 연구인 개별적 인물에 함몰되는 데서 벗어나야 한다. 당연히 본령인 문학적 연구가 중심이 되어야 하니, 저변과 핵심을 아우르는 자세가 중요하다. 지금은, 유배인의 억울한 심경이 표출된 상황과 유배의 주변 기록에 중점을 두고, 정작 작품의 아름다움과 문학적 형상화 천착에는 소홀한 점이 적잖다. 유배인의 기록을 따라가며 얽히고설킨 관계와 유배인의 심리를 좇다 보니 정작 중요한 문학성 연구는 놓치는 일이 적지 않다는 말이다.

유배 관련 작품의 여러 장르 이를테면 한시, 한문 산문, 국문 가사, 소설 등의 차이나 공통점, 특징도 생각해 볼 일이다. 민요나 설화에 나타난 유배는 향유층의 의식을 보여 주는 예이기도 하다.

---

14 Cf. 정성현, 『일상으로 본 조선시대 이야기2』, 청년사, 2001. pp. 195~196.

7. 史的 研究 ― 位相 定立

유배문학의 개별 작품 연구를 집적하여 유배문학의 사적 흐름-그 변화 양상과 원인을 해석해서 문학사에서 위상을 정립해 주는 작업이 문학 연구의 마무리라고 할 수 있겠다. 개별 작품 연구에서 나아가 계열별 작품군 각기 다른 장르의 유배문학 등을 유형별로 자리 잡아 줄 필요가 있다.

IV. 結語

앞에서 더 폭넓은 유배문학 논의를 위해 기존 연구 성과를 살펴본 후, 유배문학의 개념 정립, 실태 조사와 관련 자료 집성, 유배의 선순환 또는 악순환 검증, 유배지에 따른 차이, 유배 수용 태도, 통합적 관점, 사적 연구 등 몇 가지를 지적했다.

몇 사람에게 집중되어 있는 연구 대상도 확대해야 하겠다. 여기에 流刑의 본보기가 된 중국을 비롯한 동양은 물론 서양의 유배 관련 문학과도 본격적으로 비교·대비하면 우리나라 유배문학의 특성과 위상을 파악할 수 있을 것이며, 현대의 유배문학이라 할 만한 추방문학이나 옥중문학과의 연관성도 생각해 볼 만하다.[15]

유배문학 연구는 그동안 가사, 한시를 위주로 많이 이루어졌는데, 이제 유배문학 장르를 확대하고 다양화해서 설화, 일기, 영화, TV 극, 창극 등으로도 넓혀 나가야 할 것이다.[16]

---

15 Cf. 조동일, 주4), pp. 9~13.(단테와 許筠 (柳宗元, 蘇軾)), p. 29.
16 남해군은 김만중 문학상 조례를 제정하고, 유배 문학관을 세워 유배 역사 체험관 문도 열었다. 유독 유배인이 많은 제주에서도 추사 문화 예술제를 5회째 열었고,

개별 연구의 함정에만 빠져서도 안 되지만 이 모든 것은 다 문학 연구의 본령인 작품의 문학적 형상화, 아름다움의 추구라는 핵심을 위해 존재하는 작업임은 물론이다.

(「瀛洲語文」 제23집, 2012)

최근에 제주대 스토리텔링연구개발센터 주관으로 '추사 유배길'을 위시해서 '성안 유배길', '면암 유배길' 등 유배 관련 문화를 현대에 접목하고 확대하는 작업을 진행하고 있다. 제주의 오현단에는 유배인인 金淨, 鄭蘊, 宋時烈 등의 위패가 있는데, 이들의 행적을 중심으로도 사업을 계획하고 있다고 한다.

참고문헌

I-1. 韓國 神話의 系列論—競合과 互讓—

「三國遺史」(一然, 民族文化推進會, 1973)
「東國李相國集」(李奎報, 「高麗名賢集」 I, 成大 大東文化研究所 980)
「高麗史」(東亞大 古典研究室 譯註, 太學社, 1977)
「耽羅紀年」(金錫翼) (「耽羅文獻集」, 濟州道 教育委員會, 1975)
金榮振, 「忠淸道巫歌」, 螢雪出版社, 1982.
金泰坤, 「韓國巫歌集」 1, 集文堂, 1971.
孫晉泰, 「朝鮮神歌遺篇」, 鄕土研究社, 東京, 1930.
崔正如・徐大錫, 「東海岸巫歌」, 螢雪出版社, 1974.
玄容駿, 「濟州島巫俗資料事典」, 新丘文化社, 1980.
赤松智城・秋葉隆, 「朝鮮巫俗の研究」 上, 大阪屋號書店, 서울, 1937.

姜恩海, "韓國神話의 方位와 創業主 形成의 分節論", 金烈圭 編, 「韓國文學의
　　　두 問題-怨恨과 家系」, 學研社, 1985.
高光敏, "당본풀이에 나타난 葛藤과 對立-松堂.細花.西歸堂 본풀이의 경우-", 「耽
　　　羅文化」 第2號, 濟州大學校 耽羅文化研究所, 1983.
金戊祚, 「韓國神話의 原型」, 正音文化社, 1989.
金烈圭, "韓國 神話의 몇 가지 局面", 國際文化財團 編, 「韓國의 民俗文化」,
　　　1982.
―――, "韓國의 神話", 「韓國民俗大觀」 6, 高麗大 民族文化研究所, 1982.
―――, 「韓國文學史」, 探求堂, 1983.
―――, "〈洛山二聖〉과 神秘體驗의 敍述構造", 金烈圭 編, 「三國遺史와 韓國文
　　　學」, 學研社, 1983.
金泰坤, "韓國 巫俗神話의 類型", 「古典文學研究」 第4輯, 韓國古典文學研究會,
　　　1988.
―――, "韓國 巫俗神話의 類型과 異本의 分布 硏究, 「省谷論叢」 第19輯, 省谷
　　　學術文化財團, 1988.
金和經, "西歸浦 本鄕堂 본풀이의 構造分析", 「口碑文學」 5, 韓國精神文化研究
　　　院, 1981.
羅景洙, "韓國 建國神話 研究", 全南大 大學院 博士學位論文, 1988.

徐大錫, "創世始祖神話의 意味와 變異", 「口碑文學」 4 , 韓國精神文化研究院, 1980.

───, "巫歌", 「韓國民俗大觀」 6, 高麗大 民族文化研究所, 1982.

───, 「韓國巫歌의 研究」, 文學思想社, 1980.

───, "韓國 神話와 民譚의 世界觀 研究-대칭적 세계관의 검토", 「국어국문학」 제101호, 국어국문학회, 1989.

宋孝燮, 「三國遺事說話와 記號學」, 一潮閣, 1990,

辛德龍, "檀君神話의 意味", 慶熙大 民俗學研究所 編, 「韓國의 民俗」 3, 시인사, 1986.

梁重海, "三姓神話와 婚姻址", 「國文學報」 3輯, 濟州大 國語國文學會, 1970.

楊熙喆, "時間論을 통한 祖-父-子 三代 素材의 主題的 變容考", 金烈圭 編, 「韓國文學의 두 問題-怨恨과 家系」, 學研社, 1985.

尹徹重, "韓國 渡來神話의 類型-脫解神話를 기본형으로 삼아서-", 「陶南學報」 第10輯, 陶南學會, 1987.

李相日, "變身說話의 理論과 展開-韓獨事例의 비교검토를 중심으로", 成均館大 博士學位論文, 1978.

李秀子, "제주도 무속과 신화 연구", 梨大 大學院 博士學位論文, 1989.

任晳宰, "우리나라의 天地開闢神話", ─── 刊行委員會 編, 「耕學金敎博士華甲紀念 教育學論叢」, 1977.

張籌根, "濟州島 天地創造說話의 文化領域性", 「제주도」 38, 濟州道, 1969.

趙東一, "英雄의 一生-그 文學史的 展開", 「東亞文化」 10輯, 서울大 東亞文化研究所, 1971.

秦聖麒, "巫俗神話에서 보는 黑白兩派", 「國語國文學」 第31號, 國語國文學會, 1966.

許椿, "古小說의 人物 研究-仲裁者를 中心으로-", 延世大 大學院 博士學位論文, 1986.

──, "濟州島 巫俗神話의 文化英雄 考", ─── 刊行委員會 編, 「玄容駿博士華甲紀念 濟州島言語民俗論叢」, 圖書出版 濟州文化, 1992.

玄吉彦, "제주도의 오누이 장사 전설", 「耽羅文化」 創刊號, 濟州大 耽羅文化研究所, 1982.

玄容駿, "三姓神話研究" 「耽羅文化」 第2輯, 濟州大 耽羅文化研究所, 1983.

───, 「濟州島 巫俗 研究」, 集文堂, 1986.

黃浿江, "民俗과 神話-文化의 神話的 原理-", 「韓國民俗學」 8, 韓國民俗學會,

1975.

Dundes, Alan, *The Morphology of North American Indian Folktales,* Folklore
　　　　Fellows Communications, No. 195, Helsinki, Suomalainen Tiedeakatemia,
　　　　1964.

Greimas, A. J., *Sémantique structurale,* Paris,Larousse, 1966.

Leach, E., Social Anthropology, Oxford University Press, 1982.

Lévi-Struss, C.·김진욱 譯, 「構造人類學」, 종로서적, 1983.

Propp, V., Morphology of the Folktales, 1928 (trans.by Laurence Scott, Univ.of
　　　　Texas Press, Austin&London, 1970).

Ruthven, K. K.·金明烈 譯, 「神話」, 서울大學校 出版部, 1987.

Scholes, Robert·위미숙 譯, 「문학과 구조주의」, 새문社, 1987.

I-2. 韓國 神話의 系列論(續)

「三國史記」(金富軾, 民族文化推進會, 1973)

「三國遺事」(一然, 民族文化推進會, 1973)

「東國李相國集」(李奎報, 「高麗名賢集」 I, 成大 大東文化研究, 1980)

「高麗史」(東亞大 古典研究室 譯註, 太學社,1977)

「瀛洲誌」(國立圖書館 所藏本: ── 編纂委員會 編, 「耽羅遺事」, 1987)

金泰坤, 「韓國巫歌集」 I, 集文堂, 1971.

崔正如·徐大錫, 「東海岸巫歌」, 螢雪出版社, 1974.

玄容駿, 「濟州島巫俗資料事典」, 新丘文化社, 1980.

赤松智城·秋葉隆, 「朝鮮巫俗の研究」 上, 大阪屋號書店, 1937.

姜恩海, "韓國 神話와 女性主義 文學論", 「韓國學論集」 제17집, 啓明大 韓國學
　　　　研究院, 1990.

金鉉龍, 「韓國古說話論」, 새문社, 1984.

徐大錫, 「韓國巫歌의 研究」, 文學思想社, 1980.

임재해, 「민족설화의 논리와 의식」, 지식산업사, 1992.

許椿, "古小說의 人物 研究―仲裁者를 中心으로―", 延世大 大學院 博士學位論
　　　　文, 1986.

────, "韓國 神話의 系列論―競合과 互讓", 「白鹿語文」 第9輯, 濟州大 國語敎
　　　　育科, 1992.

──, "濟州島 巫俗神話의 文化英雄 考", ── 刊行委員會 編,「玄容駿博士華甲紀念 濟州島言語民俗論叢」, 濟州文化, 1992.

──, "說話의 女性 研究(I)", ── 刊行委員會 編,「常山韓榮煥博士華甲紀念論文集」, 開文社, 1993.

洪石影, "彌勒寺址의 緣起說話攷-薯童說話를 중심으로-", 국어국문학회 편,「民俗文學研究」, 정음사, 1981.

Auden. W. H., "The Quest Hero", S. N. Grebstein, ed., *Perspectives in Contemporary Criticism,* N.Y., Harper & Row Publishers, 1968.

Dundes Alan., *The Morphology of North American Indian Folktales*, Folklore Fellows Communications, No. 195., Helsinki, Suomalainen Tiedeakatemia, 1964.

Leach. E., *Social Anthropology*, Oxford University Press, 1982.

I-3. 說話의 女性 研究(Ⅰ)

「三國史記」(金富軾, 民族文化推進會, 1973)

「三國遺事」(一然, 民族文化推進會, 1973)

「東國李相國集」(李奎報,「高麗名賢集」I, 成大 大東文化研究, 1980)

「帝王韻紀」(李承休, 上全)

金泰坤,「韓國巫歌集」I, 集文堂, 1971.

語文研究室 編,「韓國口碑文學大系」, 韓國精神文化研究院, 1980~1989.

柳增善,「嶺南의 傳說」, 螢雪出版社, 1971.

崔正如·徐大錫,「東海岸巫歌」, 螢雪出版社, 1974.

韓國文化人類學會,「韓國民俗綜合調查報告書」(全北篇: 崔吉城 採錄), 文化公報部 文化財管理局, 1971.

玄容駿,「濟州島傳說」, 瑞文堂, 1976.

───,「濟州島巫俗資料事典」, 新丘文化社, 1980.

───·金榮敦·玄吉彥,「濟州道傳說誌」, 濟州道, 1985.

赤松智城·秋葉隆,「朝鮮巫俗의 研究」上, 大阪屋號書店, 1937.

姜恩海, "韓國神話의 方位와 創業主 形成의 分節論", 金烈圭 編,「韓國文學의 두 問題-怨恨과 家系」, 學研社, 1985.

───, "韓國 神話와 女性主義 文學論",「韓國學論集」제17집, 啓明大 韓國

學硏究院, 1990.

金鉉龍, 「韓國古說話論」, 새문社, 1984.

朴敬伸, "제주도 巫俗神話의 몇 가지 특징-〈세경본풀이〉를 중심으로-", 「국어국
　　문학」 제96호, 국어국문학회, 1986.

徐大錫, 「韓國巫歌의 硏究」, 文學思想社, 1980.

孫晉泰, 「民俗學論攷」, 民學社, 1975.

千惠淑, "傳說의 神話的 性格에 관한 硏究", 啓明大 大學院 博士學位論文,
　　1987.

崔來沃, 「韓國口碑傳說의 硏究」, 一潮閣, 1981.

許椿, "古小說의 人物 硏究─仲裁者를 中心으로─", 延世大 大學院 博士學位論
　　文, 1986.

────, "韓國 神話의 系列論─競合과 互讓", 「白鹿語文」 第9輯, 濟州大 國語敎
　　育科, 1992.

────, "濟州島 巫俗神話의 文化英雄 考", ──── 刊行委 編, 「玄容駿博士華甲紀
　　念 濟州島言語民俗論叢」, 圖書出版 濟州文化, 1992.

────, "선문대할망 說話 論考─濟州島 巨女說話의 性格─", ──── 刊行委 編,
　　「月湖全圭泰博士華甲紀念論叢」, 1993.

현길언, 「제주도의 장수 설화」, 弘盛社, 1981.

Greimas A. J., *Sémantique structurale,* Paris, Larousse, 1966.

Kirk, G. S., *Myth-its meaning and functions in ancient and other cultures,*
　　Cambridge University Press·University of California Press, 1970.

Leach, Maria., ed., *Standard Dictionary of Folklore, Mythology and Legend,*
　　2Vols, New York, Funk&Wagnalls Company, 1949~1950.

Lévi-Strauss C., The Structural Study of Myth, in: *Myth, A Symposium,* J.A.F.,
　　Vol.78., No.270., 1955.

Thompson, Stith. *The Folktale,* The Dryden Press, New York, 1946(AMS Press,
　　1979).

I-4. 說話와 古小說의 虎

「三國遺事」
「高麗史」
「大東野乘」, 卷五八. 延平日記

「薄庭叢書」, 卷十二. 桃花流水館小藁

「松都紀異」

「世宗實錄地理誌」

「旬五志」

「新增東國輿地勝覽」

「於于野談」

「燕巖集」

「芝峯類說」

「破睡篇」

「韓國民俗綜合調查報告書」(全北篇)

「韓國口碑文學大系」, 韓國精神文化研究院, 1980.

「活字本 古典小說全集」(亞細亞文化社, 1976)

「舊活字本 古小說全集」(仁川大 民族文化資料叢書①, 1983)

金美蘭, “古代小說에 나타난 變身모티브 硏究”, 延世大 博士學位請求論文, 1983.

金烈圭, 「韓國의 神話」, 一潮閣, 1976.

金鉉龍, 「韓國古說話論」, 새문社, 1984.

金光淳, 「慶北民譚」, 螢雪出版社, 1978.

朴桂弘, 「韓國民俗硏究」, 螢雪出版社, 1973.

朴恩實, “韓國說話에 나타난 援助者 硏究”, 梨花女大 碩士學位論論, 1981.

朴湧植, 「韓國說話의 原始宗教思想研究」, 一志社, 1984.

배도식, “武安 龍虎놀이 硏究”, 「韓國民俗學」 16輯, 韓國民俗學, 1983.

成耆說, 「韓國口碑傳承의 硏究」, 一潮閣, 1976.

────, 「韓日民譚의 比較研究」, 一潮閣, 1979.

孫道心, 「虎狼이」, 서울신문사, 1974.

孫晋泰, 「韓國民族說話의 硏究」, 乙酉文化社, 1947.

李樹鳳, “忠北의 虎譚研究”, 「새터姜漢永教授古稀紀念 韓國판소리·古典文學研究」, 亞細亞文化社, 1983.

任東權, 「韓國民俗學論攷」, 宣明文化社, 1971.

任東權, 「韓國의 民譚」, 瑞文堂, 1972.

張德順, 「韓國說話文學研究」, 서울大學校 出版部, 1971.

張籌根, “韓國의 神堂形態考”, 「韓國民俗學研究論文選」, 一潮閣, 1982.

曺喜雄, "韓國動物譚 Index", 「文化人類學」 5輯, 1972.

───, "韓國의 動物譚", 「韓國古典文學硏究」(白影 鄭炳昱先生 還甲紀念論叢 Ⅲ), 新丘文化社, 1983.

崔來沃, "韓國孝行說話의 性格硏究", 「韓國民俗學」 10輯, 韓國民俗學會, 1977.

───, 「韓國口碑 傳說의 硏究」, 一潮閣, 1981.

───, 「全北民譚」, 螢雪出版社, 1982.

崔常壽, 「韓國民間傳說集」, 通文館, 1958.

韓國口碑文學會編, 「韓國口碑文學選集」, 一潮閣, 1980.

Arne Antti, *Verzeichnis der Märchentypen(1910). The Types of the Folktale,* Translated & Enlarged by Stith Thompson, Indiana Univ.

Propp V., *Morphology of the Folktale*(trans. by Laurence Scott, Austin & London), Univ. of Texas Press, 1968.

Meletinsky E., Structural-Typological Study of Folktales. in ed. by Pierre Maranda, *Soviet Structural Folkloristics,* The Hague: Mouton, 1974.

I-5. 說話에 나타난 호랑이의 特性—「한국 호랑이 이야기」 검토를 겸하여—

「三國遺史」

「高麗史」

「朝鮮王朝實錄」

「龍飛御天歌」

「溪西野譚」

「記聞叢話」

「東稗洛誦」

「藫庭叢書」(金鑢)

「韓國口碑文學大系」(韓國精神文化硏究院 語文學硏究室, 1980~1989)

「韓國民俗綜合調查報告書」(全北篇)(文化財管理局, 1977)

「한국호랑이 이야기」(李家源, 東西文化社, 1977)

「호랑이」(孫道心, 서울신문사, 1974)

金泰坤, "민간신앙 속의 호랑이", 「한국 민속문화의 탐구」, 국립민속박물관, 1996.

朴桂弘, 「韓國民俗硏究」, 螢雪出版社, 1973.

孫晉泰, 「韓國民族說話의 研究」, 乙酉文化社, 1947.

李符永, "韓國說話文學의 深層分析(4~5)", 「文學思想」 4~5號, 文學思想社, 1973.1~2.

李樹鳳, "忠北의 虎譚研究", 「韓國판소리·古典文學研究」(새터姜漢永敎授古稀紀念), 亞細亞文化社, 1983.

張德順, "虎傳說", 「韓國說話文學研究」, 서울大學校出版部, 1970.

曺喜雄, "韓國動物譚 Index", 「文化人類學」 5輯, 文化人類學會, 1972.

─── , "韓國의 動物譚", 「韓國古典文學研究」(白影鄭炳昱先生還甲紀念論叢, 新丘文化社, 1983.

崔來沃, "韓國孝行說話의 性格研究", 「韓國民俗學」 10輯, 韓國民俗學會, 1977.

崔仁鶴, "민화에 보이는 호랑이", 「한국 민속문화의 탐구」, 앞 책.

黃浿江, "韓國民族說話와 호랑이", 「國語國文學」 55~57號, 國語國文學會, 1972.

許椿, "說話와 古小說의 虎", 「연세어문학」 18輯, 延世大 國文科, 1985.

─── , "古小說의 人物 研究─仲裁者를 中心으로─", 延世大 大學院 博士學位論文, 1986.

I-6. 民譚과 古小說의 敍述者

「於于野談」 上(「國文學資料」 第四輯, 通文館(프린트본), 1960)

「古小說全集」(仁川大 民族文化研究所編, 1983)

「活字本 古典小說全集」(東國大 韓國學研究所編, 1976)

「古小說板刻本全集」(金東旭 編, 延世大 人文科學研究所·羅孫書屋, 1973~1975)

金東旭 校注, 「短篇小說選」, 民衆書館, 1976.

金炳國, "판소리의 文學的 陳述方式", 「國語教育」 34, 1979.

─── , "고대 소설 敍事體와 敍述視點", 李相澤·成賢慶 編, 「韓國古典小說研究」, 새문社, 1983.

金允植, 「文學批評用語事典」, 一志社, 1976.

金烈圭, 「韓國民俗과 文學研究」, 一潮閣, 1971.

─── , 「韓國人의 유머」, 中央新書 26, 1978.

─── 外, 「民談學槪論」, 一潮閣, 1982.

金鉉龍, 「韓中小說說話比較研究」, 一志社, 1976.

成耆說, 「韓日民譚의 比較研究」, 一潮閣, 1979.

李康沃, "조선 후기 야담집 所載 敍事體의 장르 規定과 敍述視覺類型設定 試考", 「韓國學報」 29집, 1982.

李京雨, "於于野談研究", 「國文學研究」 33집, 서울대, 1976.

李相日, "변신설화의 유형분석과 原初思惟", 「大東文化研究」 8집, 成大, 1971.

李佑成 外, 「李朝漢文短篇集(下)」, 一潮閣, 1978.

任東權, 「韓國의 民譚」, 瑞文堂, 1972.

張德順, 「韓國說話文學研究」, 서울大學校 出版部, 1971.

────── 外, 「口碑文學槪說」, 一潮閣, 1979.

張籌根, 「韓國口碑文學史」 上, 高麗大 民族文化研究所 編, 제10권, 1976.

趙東一, "民譚構造의 美學的・社會的 意味에 關한 一考察", 「韓國民俗學」 3집, 1970.

Booth Wayne C., Distance and Point of View. P. Stevick ed., *The Theory of the Novel*, Ma cmillan Co., New York, 1967.

Brooks   C. & Warren Robert P., *Understanding Fiction, Second edition,* New York, 1959.

Chatman S., *Story and Discourse : Narrative Structures in Fiction and Film,* Itahka, Cornell Univ. Press. 1978.

Friedman N., Point of View in Fiction, P. Stevick, ed., 앞 책.

Hernadi P., *Beyond Genre* : New Direction in Classification, 1972.

金埈五 譯, 「장르論」, 文章社, 1983.

Leach, Maria., ed., *Standard Dictionary of Folklore, Mythology and Legend,* 2Vols, New York, Funk&Wagnalls Company, 1949~1950.

Lubbock P., *The Craft of Fiction,* New York, 1921.

Lüthi, Max Das *europäische Volksmärchen,* Bern, 1968.

李相日 譯, 「유럽의 民話」, 中央新書 23, 中央日報社, 1978.

Orlik Axel, Epic Laws of Folk Narrative, Alan Dundes ed., The Study of Folklore, Prince-Hall, Inc., 1965.

Shipley Joseph T. ed., *Dictionary of World Literature* , Littlefield, Adams & Co., 1976.

Wellek R. & Warren A., *Theory of Literature.* New York, Harcourt, Brace & World, Inc. 1956.

白鐵・金秉喆 共譯, 「文學의 理論」, 新丘文化社, 1980.

I-7. 僞計譚 研究

「莊子」

金光淳, 「慶北民譚」, 螢雪出版社, 1978.

金基鎬, "한국 트릭스터담 연구-호랑이 이야기를 중심으로-", 영남대 박사학위논문, 2001.

金東旭, 「韓國歌謠의 研究」, 乙酉文化社, 1961.

金烈圭, 「韓國文學史」, 探求堂, 1983.

나수호, "〈토끼전〉과 북미원주민 설화에 나타난 트릭스터 비교 연구", 서울대 석사학위논문, 2002.

孫晋泰, 「韓國民族說話의 研究」, 乙酉文化社, 1947.

——— 語文研究室 編, 「韓國口碑文學大系」, 韓國精神文化研究院, 1980~1989.

李家源, 「한국호랑이 이야기」, 東西文化社, 1977.

李佑成·林熒澤 編譯, 「李朝漢文短篇集(上, 中, 下)」, 一潮閣, 1973~1978.

이진성, 「그리스 신화의 이해」, 아카넷, 2004.

李漢吉, "속임/속음의 서사구조-트릭스터(Trickster) 유형을 중심으로-", 서강대 석사학위논문, 1988.

任晳宰, 「韓國口傳說話1」, 平民社, 1990.

趙東一, 「人物傳說의 意味와 機能」, 嶺南大學校 出版部, 1979.

曺喜雄, "韓國動物譚 Index", 文化人類學會, 文化人類學 5輯, 1972.

崔來沃, 「全北民譚」, 螢雪出版社 1982.

許椿, "說話와 古小說의 虎", 「연세어문학」 18輯, 1985.

——, "古小說의 人物 研究—仲裁者를 中心으로—", 연세대 박사학위논문, 1986.

——, "濟州島 巫俗神話의 文化英雄 考", 「濟州島言語民俗論叢」, 濟州文化, 1992.

——, "濟州 說話 一 考察", 濟州大 國文科, 「國文學報」 13輯, 1995.

——, "說話에 나타난 호랑이의 特性—「한국 호랑이 이야기」 검토를 겸하여", 洌上古典研究會, 「洌上古典研究」 10輯, 1997.

Babcock-Abrahms, Barbara, A Tolerated Margin of Mess: The Trickster and His Tales Reconsidered, *J.F.I.* Vol.XI, 1974.

Dove, Mourning (Humishuma), *Coyote Stories,* Univ. of Nebraska Press, Lincoln and London, 1990. Chipmunk and Owl-Women.

Erdoes, Richard and Ortiz, Alfons. selected and edited, *American Indian Myths and Legends,* Pantheon Books, New York, 1984.

Gordon, Stuart, *The Encylopedia of Myths and Legends,* Headline Book Publisning, London, 1994.

Greenway, John, *Literature among the Primitives,* Folklore Associated, Hatboro, Pennsylvania, 1964.

Hathaway, Nancy, *The Friendly Guide to Mythology,* 2002. (신현승 옮김, 「세계 신화 사전」, 세종서적, 2004)

Jacobs, Melville, *The Content and Style of an Oral Literature-Clackamas Chinook Myths and Tales,* Univ. of Chicago Press, Chicago, Illinois, 1959.

Jobes, Gertrude, *Dictionary of Mythology, Folklore and Symbols,* The Scarecrow Press, Inc. 1961.

Kirk, G. S., *Myth-its meaning and functions in ancient and other cultures,* Cambridge University Press·University of California Press, 1970.

Leach, E., *Social Anthropology,* Oxford University Press, 1982.

Leach, Maria. ed., *Standard Dictionary of Folklore, Mythology and Legend* (Volume 2), New York, Funk&Wagnalls Company, 1950.

Lévi-Strauss, Claude, "The Structual Study of Myth", *Journal of American Folklore,* 1955.

─────────────·김진욱 譯, 「構造人類學」, 종로서적, 1983.

Radin, Paul, *The Trickster: A Study in American Indian Mythology,* Greenwood Press, 1956.

─────────, *The World of Primitive Man,* New York, 1957.

Stonequist, Everett V., *The Marginal Man: A Study in the Subjective Aspects of Culture Conflict,* Univ. of Chicago, 1930.

Thompson, Stith. *The Folktale,* The Dryden Press, New York, 1946(AMS Press, 1979).

II-1. 濟州 說話 硏究의 몇 問題

「高麗史」(東亞大學校 古典硏究室 譯編, 1987)

「南槎錄」(金尙憲, 朴用厚 譯)(「耽羅文獻集」(제주도 교육위원회, 1975) 所收)

「耽羅志」(李元鎭, 金行玉 譯)(위 책)

「擇里志」(李重煥)(李泳澤 譯註, 三中堂, 1975)

金榮敦, 「濟州島民謠硏究 上」, 一潮閣, 1965.

文化公報部 文化財管理局, 「韓國民俗綜合調査報告書」(濟州道篇), 1974.

語文硏究室編, 「韓國口碑文學大系」(9-1, 9-2, 9-3), 韓國精神文化硏究院, 1980~1983.

濟州道, 「濟州의 民俗 III」(說話·民謠·俗談), 1995.

秦聖麒, 「南國의 傳說」(增補版), 學文社, 1978.

─────, 「南國의 民譚」, 螢雪出版社, 1979.

玄容駿, 「제주도 傳說」, 瑞文堂, 1976.

─────, 「濟州島巫俗資料事典」, 新丘文化社, 1980.

玄容駿·金榮敦·玄吉彦, 「濟州道傳說誌」, 濟州道, 1985.

───────────────, 「濟州 說話集成(1)」, 濟州大 耽羅文化硏究所, 1985.

赤松智城·秋葉隆, 「朝鮮巫俗の硏究」 上, 大阪屋號書店, 1937.

高在奐, 「濟州島俗談硏究」, 集文堂, 1993.

金永德, "濟州道의 蛇神信仰에 關한 硏究", 延世大 敎育大學院 碩士學位論文, 1982.

김영석, "제주도 풍수설화 연구", 동아대 교육대학원 석사학위논문, 1993.

金榮敦, 「濟州島民謠硏究」, 도서출판 조약돌, 1983.

─────, "민요 사설에 드러난 제주민의 삶", 「오늘의 민요와 민중의 삶」, 한국 역사민속학회 심포지움(1992. 12. 5).

金恒元, "濟州島 住民의 正體性에 관한 硏究", 서울대 大學院 博士學位論文, 1990.

杜錫球, "江原道 東海岸 地域 說話考", 「關東民俗學」 第10·11合輯, 關東大學校 江陵無形文化硏究所, 1995.

朴德垠, '珍島 民譚의 構造 硏究', 「語文論叢」 제6호, 전남대 어문학연구회, 1982.

양영수, "한국 신화와 그리스 신화의 비교연구-제주도 신화를 중심으로-", 「濟州島硏究」 8輯, 濟州島硏究會, 1991.

─────, "제주 신화에 나타난 공존과 사랑의 원리:그리스 신화와의 비교를 중심으로", 「濟州島硏究」 제14집, 濟州學會, 1997.

柳玗善, "全南의 康津·光陽 民譚比較-"샛서방 이야기"를 중심으로-", 「湖南文化研究」 第17輯, 全南大 湖南文化研究所, 1987.

柳玗善·朴德垠, "康津 民譚의 構造 研究", 「湖南文化研究」 第12輯, 全南大 湖南文化研究所, 1982.

──────·宋孝燮, "광양 민담의 구조와 의미", 「湖南文化研究」 第13輯, 全南大 湖南文化研究所, 1983.

유철인, "지역연구와 제주학", 신행철 외, 「제주사회론2」, 한울아카데미, 1998.

李起旭, "濟州島 蛇神崇拜의 生態學", 「濟州島研究」 제6집, 1989.

───, "제주도 문화의 정체성에 관한 연구", 「한국문화인류학」 21집, 한국문화인류학회, 1989.

───, "韓國의 島嶼文化:西南海 島嶼를 中心으로", 「島嶼文化」 제11집, 木浦大 島嶼文化研究所, 1993.

李符永, 「韓國民譚의 深層分析」, 集文堂, 1995.

이상철, "제주학 연구의 성과와 과제:사회과학적 측면에서"(제주학회 주최, 제14차 전국 학술 대회(1998. 11.13.~14), "제주학회 20년의 회고와 전망" 발표 요지)

李秀子, 「說話 話者 研究」, 박이정, 1998.

이향아, "한국문학에 있어서 지역적 특질", 「호남문학 연구 어디까지 왔나」, 호남대 인문사회과학연구소(제1회 학술발표회), 1994.

任弘宣, "濟州島 傳說에 드러난 濟州島民의 意識 研究", 崇田大 大學院 碩士學位論文, 1983.

張籌根, "濟州島의 學術資料의 價値", 「濟州島研究」 제1집, 濟州島研究會, 1984.

전경수, "제주학:왜 어떻게 할 것인가", 「濟州島研究」 제14집, 濟州學會, 1997.

───, "地域研究로서 濟州學의 방법과 전망"(제주학회 주최, 제14차 전국 학술대회(1998. 11.13.~14), "제주학회 20년의 회고와 전망" 발표 요지)

조혜정, "한국의 가부장제에 관한 해석적 분석", 임돈희 외, 「성, 가족, 그리고 문화」, 집문당, 1997.

秦聖麒, "濟州島의 뱀信仰", 「韓國文化人類學」 第10輯, 韓國文化人類學會, 1978.

최인학, 「구전설화연구」, 새문社, 1994.

卓明煥, "濟州 蛇神信仰에 對한 小考-兎山堂 뱀信仰을 中心으로-", 「韓國文化人類學」 第10輯, 韓國文化人類學會, 1978.

許椿, "古小說의 人物 研究-仲裁者를 中心으로-", 延世大 大學院 博士學位論文, 1986.

――, "濟州島 巫俗神話의 文化英雄 考", 「濟州島言語民俗論叢」, 圖書出版 濟州文化, 1992.

――, "韓國 神話의 系列論-競合과 互讓-", 「白鹿語文」 第9輯, 濟州大 國敎科, 1992.

――, "說話의 女性 研究(I)", 「常山韓榮煥博士華甲紀念論文集」, 開文社, 1993.

――, "韓國 神話의 系列論(續)", 「語文學論叢」, 學文社, 1993.

――, "濟州 說話 ― 考察", 「國文學報」 第13輯, 濟州大學校 國文科, 1995.

――, "說話에 나타난 濟州 女性 考", 「耽羅文化」 第16號, 濟州大學校 耽羅文化研究所, 1996.

玄吉彦, "風水(斷脈) 說話에 대한 一考察-濟州文化의 說話的 基層 接近을 위한 試圖-", 「韓國文化人類學」 제10집, 韓國文化人類學會, 1978.

玄吉彦·金永和, "濟州 說話를 통한 濟州島精神 考究-堂神 본풀이와 人物(壯士) 傳說을 中心으로-", 「논문집」 제12집(인문학편), 제주대학교, 1980.

현길언, 「제주도의 장수설화」, 弘盛社, 1981.

――, "제주도의 오누이 장사 전설", 「耽羅文化」 創刊號, 濟州大 耽羅文化研究所, 1982.

――, "제주학 연구 방법론:문학을 중심으로", 「濟州島研究」 제14집, 濟州學會, 1997.

玄丞桓, "「내 복에 산다」系 說話 研究", 濟州大學校大學院 博士學位論文, 1992.

玄容駿, 「濟州島 巫俗 研究」, 集文堂, 1986.

――, "濟州島 神話와 儀禮形式에서 본 문화의 系統", 「耽羅文化」 第13號, 濟州大學校 耽羅文化研究所, 1993.

黃浿江, "民俗과 神話-文化의 神話的 原理-", 「韓國民俗學」 8, 韓國民俗學會, 1975.

Thompson, S., The Folktale, The Dryden Press, New York, 1946(AMS Press, 1979).

Wheelwright, P., "神話에 대한 意味論的 接近", 김병국·김영일·김진국·최정무 編譯, 「文學과 神話」, 大邦出版社, 1983.

II-2. 濟州 說話의 特性 硏究

「續陰晴史」(金允植)

「濟州風土錄」(金淨)

「耽羅志」(李元鎭)

金榮敦, 「濟州島民謠硏究 上」, 一潮閣, 1965.

金泰坤, 「韓國巫歌集1」, 集文堂, 1971.

白鹿語文學會, "松堂里 學術調査報告"(濟州大 國敎科), 「白鹿語文」 13집, 1997.

孫晋泰, 「朝鮮神歌遺篇」, 東京: 鄕土硏究社, 1930.

呂英澤 編, 「울릉도의 傳說·民謠」, 正音社, 1984.

鬱陵郡, 「鬱陵郡誌」, 1989.

任東權, 「韓國의 民譚」, 瑞文堂, 1972.

任晳宰, 「韓國口傳說話」(1~12), 평민사, 1987~1993.

─────·張籌根, 「關北地方巫歌(追加篇)」, 文敎部, 1966.

좌혜경 편, 「제주섬의 노래」, 국학자료원, 1995.

秦聖麒, 「南國의 傳說(增補版)」, 學文社, 1978.

崔來沃, 「全北民譚」, 螢雪出版社, 1982.

崔仁鶴, 「韓國民譚의 類型 硏究」, 仁荷大出版部, 1994.

韓國口碑文學會 編, 「韓國口碑文學選集」, 一潮閣, 1977.

韓國精神文化硏究院 語文硏究室 編, 「韓國口碑文學大系」, 韓國精神文化硏究院, 1978~1988.

玄容駿, 「濟州島 傳說」, 瑞文堂, 1976.

─────, 「濟州島巫俗資料事典」, 新丘文化社, 1980.

─────, 「濟州島民譚」, 제주문화, 1996.

─────·金榮敦·玄吉彦, 「濟州 說話集成(1)」, 濟州大 耽羅文化硏究所, 1985.

赤松智城·秋葉隆, 「朝鮮巫俗の硏究」 上, 大阪屋號書店, 1937.

권태효, "제주도 김통정이야기의 당신화 및 전설로의 변용양상", 한국구비문학회, 「口碑文學硏究」 제8집, 1999.

金大琡, 「韓國說話文學硏究」, 集文堂, 1994.

─────, "구비 열녀설화의 양상과 의미", 韓國古典文學硏究會, 「古典文學硏究」 第9輯, 1994.

─────, "구비 효행설화의 거시적 조망", 한국구비문학회, 「口碑文學硏究」 제3집,

1996.

金烈圭, 「韓國의 傳說」, 中央日報社, 1980.

金恒元, "濟州島 住民의 正體性에 관한 硏究", 서울대 大學院 博士學位論文, 1990.

송성대, 「문화의 원류와 그 이해」, 파피루스, 1998.

李起旭, "濟州島 蛇神崇拜의 生態學", 濟州島硏究會, 「濟州島硏究」 제6집, 1989.

張長植, 「韓國의 風水說話 硏究」, 民俗苑, 1995.

조동일, 「인물전설의 의미와 기능」, 영남대학교 출판부, 1979.

조성륜, "조선 후기 제주도 지방의 신분 구조", 韓國社會史硏究會, 「한국의 전통사회와 신분구조」, 文學과 知性社, 1991.

許椿, "韓國 神話의 系列論-競合과 互讓-", 「白鹿語文」 第9輯, 濟州大 國敎科, 1992.

──, "濟州島 巫俗神話의 文化英雄 考", 「濟州島言語民俗論叢」, 圖書出版 濟州文化, 1992.

──, "선문대할망 說話 論考", 「韓國文學의 通時的 省察」, 白文社, 1993.

──, "說話의 女性 硏究(I)", 「常山韓榮煥博士華甲紀念論文集」, 開文社, 1993.

──, "韓國 神話의 系列論(續)", 「語文學論叢」, 學文社, 1993.

──, "濟州 說話 一 考察", 「國文學報」 第13輯, 濟州大學校 國文科, 1995.

──, "說話에 나타난 濟州 女性 考", 「耽羅文化」 第16號, 濟州大學校 耽羅文化硏究所, 1996.

──, "濟州 說話 硏究의 몇 問題", 洌上古典硏究會 編, 「洌上古典硏究」 제11집, 太學社, 1998.

玄吉彦, 「제주도의 장수설화」, 弘盛社, 1981.

───, "제주문화의 기저와 성격", 「전환기 제주문화의 방향 모색」(제주국제협의회 제10회 학술회의 발표 요지), 1999.

───·金永和, "濟州 說話를 통한 濟州島精神 考究-堂神 본풀이와 人物(壯士) 傳說을 中心으로-", 「논문집」(인문학편) 제12집, 제주대학교, 1980.

황인덕, "이야기꾼 유형 탐색과 사례 연구", 한국구비문학회, 「口碑文學硏究」 제7집, 1998.

II-3. '三姓神話' 硏究-成果와 課題-

姜晶植, "三姓神話의 傳承樣相", ── 刊行委 編, 「濟州文化硏究」, 제주문화, 1993.

김공칠, 「방언학」, 신아사, 1977.

金戊祚, "三神神話의 階層的 秩序", 「韓國傳統文化硏究」第3輯, 曉星女大 韓國傳統文化硏究所, 1987.

金宗業, 「耽羅文化史」, 조약돌, 1986.

文武秉, "濟州島 堂信仰 硏究", 濟州大 大學院 博士學位論文, 1993.

朴用厚, "瀛洲誌에 대한 考察", 「濟州島史硏究」創刊號, 濟州島史硏究會, 1991.

石宙明, 「濟州島隨筆」, 寶晉齋, 1968.

────, 「濟州島資料集」, 寶晉齋, 1971.

양중해, "삼성신화와 혼인지", 「國文學報」 3, 濟州大學 國語國文學會, 1970.

이기문, 「국어 어휘사 연구」, 동아출판사, 1991.

李能和, 「朝鮮女俗考」, 學文閣, 1968.

李東林, "濟州島 神話에 대한 管見", 「國語國文學報」創刊號, 東國大 國語國文學科, 1958.

李淸圭, "제주도 지석묘 연구(1)", 「耽羅文化」 4호, 濟州大學校 耽羅文化硏究所, 1985.

────, "제주도 토기에 대한 일고찰", 「耽羅文化」 6호, 濟州大學校 耽羅文化硏究所, 1987.

────, "三姓神話에 대한 고고학적 접근", 「三姓神話의 綜合的 檢討」(發表要旨), 濟州大學校 耽羅文化硏究所, 1993.

────, "상고시대 제주도의 문화와 역사", ── 刊行委 編, 「濟州文化硏究」, 제주문화, 1993.

張籌根, "三姓神話 解釋의 한 試圖", 「국어국문학」 22, 國語國文學會, 1960.

────, 「韓國의 神話」, 成文閣, 1961.

────, 「韓國의 鄕土信仰」, 을유문화사, 1975.

────, "濟州島 堂神信仰의 構造와 意味", 「濟州島硏究」 3輯, 濟州島硏究會, 1986.

────, "口傳神話의 文獻神話化 科程-濟州島 堂神本풀이의 三姓始祖神話化를 中心으로", ── 刊行委 編, 「宜民李杜鉉敎授停年退任紀念論文集」, 1989.

———, "三姓神話의 形成과 文獻定着過程", 「三姓神話의 綜合的 檢討」(發表要旨), 濟州大學校 耽羅文化研究所, 1993.

全京洙, "上古耽羅社會의 基本構造와 運動方向", 「濟州島研究」 4輯, 濟州島研究會, 1987.

———, "濟州研究와 用語의 脫植民化", —— 刊行委 編, 「濟州島言語民俗論叢」, 제주문화, 1992.

———, "乙那神話와 耽羅國 散考", 「濟州島研究」 9輯, 濟州島研究會, 1992.

———, "乙那神話의 文化傳統과 脫傳統", 「三姓神話의 綜合的 檢討」(發表要旨), 濟州大學校 耽羅文化研究所, 1993.

許南春, "三姓神話 一考察", —— 刊行委 編, 「濟州島言語民俗論叢」, 제주문화, 1992.

———, "三姓神話의 神話學的 考察", 「三姓神話의 綜合的 檢討」(發表要旨), 濟州大學校 耽羅文化研究所, 1993.

許椿, "濟州島 巫俗神話의 文化英雄 考", —— 刊行委 編, 「濟州島言語民俗論叢」, 제주문화, 1992.

玄丞桓, "제주도 설화에 나타난 문화계통", —— 刊行委 編, 「濟州文化研究」, 제주문화, 1993.

玄容駿, "堂굿의 儒式化와 三姓神話", 「제주도」 14, 제주도, 1964.

———, "韓·日 神話의 比較", 「論文集」 8輯, 濟州大學, 1976.

———, "三姓神話研究", 「耽羅文化」 2號, 濟州大學校 耽羅文化研究所, 1983.

———, "韓國神話와 祭儀", ——刊行委 編, 「月山任東權博士頌壽紀念論文集」, 集文堂, 1986.

———, "濟州島 開闢神話의 系統", 「濟州島研究」 5輯, 濟州島研究會, 1988.

———, "濟州島 堂神話考", 「巫俗神話와 文獻神話」, 集文堂, 1992.

———, "濟州島 神話와 儀禮形式에서 본 文化의 系統", 「耽羅文化」 13號, 濟州大學校 耽羅文化研究所, 1993.

Eliade M.·이동하 역, 「聖과 俗」, 학민사, 1988.

II-4. 濟州島 巫俗神話의 文化英雄 考

「三國遺史」(一然, 民族文化推進會, 1973)

「東國李相國集」(李奎報, 「高麗名賢集」 I, 成大 大東文化研究, 1980)

「高麗史」(東亞大 古典研究室 譯註, 太學社, 1977)

〈배뱅이굿〉(李殷官 唱本, 金東旭, 「韓國歌謠의 硏究」, 乙酉文化社, 1961. 所收)
金泰坤 編, 「韓國의 巫俗神話」, 集文堂, 1985.
孫晉泰, 「朝鮮神歌遺篇」, 鄕土硏究社, 東京, 1930.
秦聖麒, 「南國의 巫歌」, 濟州民俗文化硏究所, 1960.
玄容駿, 「濟州島巫俗資料事典」, 新丘文化社, 1980.

金烈圭, 「韓國의 神話」, 一潮閣, 1976.
───, 「韓國 神話와 巫俗 硏究」, 一潮閣, 1977.
───, 「韓國 神話의 몇 가지 局面」, 國際文化財團 編, 「韓國의 民俗文化」,
    1982.
───, "巫俗信仰과 民俗", 金仁會 外, 「韓國 巫俗의 綜合的 考察」, 高麗大
    民族文化硏究所, 1982.
───, "韓國의 神話", 「韓國民俗大觀」 6, 高麗大 民族文化硏究所, 1982.
金泰坤, "韓國 巫俗神話의 類型", 「古典文學硏究」 第4輯, 韓國古典文學硏究會,
    1988.
朴敬伸, "제주도 巫俗神話의 몇 가지 특징-〈세경본풀이〉를 중심으로-, 「국어국
    문학」 제96호, 국어국문학회, 1986.
徐大錫, "創世始祖神話의 意味와 變異", 「口碑文學」 4, 韓國精神文化硏究院,
    1980.
───, "巫歌", 「韓國民俗大觀」 6, 高麗大 民族文化硏究所, 1982.
───, 「韓國巫歌의 硏究」, 文學思想社, 1980.
───, "韓國 神話와 民譚의 世界觀 硏究-대칭적 세계관의 검토", 「국어국문
    학」 제101호, 국어국문학회, 1989.
尹徹重, "韓國 渡來神話의 類型-脫解神話를 기본형으로 삼아서-", 「陶南學報」
    第10輯, 陶南學會, 1987.
李相日, "變身說話의 理論과 展開-韓獨事例의 비교검토를 중심으로", 成均館大
    博士學位論文, 1978.
李秀子, "제주도 무속과 신화 연구", 梨大 博士學位論文, 1989.
張德順, "民譚", 「韓國民俗大觀」 6, 高麗大 民族文化硏究所, 1982.
張籌根, "濟州島 天地創造說話의 文化領域性", 「제주도」 38, 濟州道, 1969.
曹喜雄, "트릭스터(TRICKSTER)譚의 史的 小考", 成耆說·崔仁鶴 共編, 「韓國·
    日本의 說話硏究」, 仁荷大學校 出版部, 1987.
許椿, "古小說의 人物 硏究-仲裁者를 中心으로-", 延世大 博士學位論文, 1986.

――, "韓國 神話의 系列論―競合과 互讓", 「白鹿語文」 第9輯, 濟州大 國語育科, 1992.

玄吉彦, "힘내기型 傳說의 構造와 그 意味-神話와 敍事巫歌의 構造對比를 통하여-", ―― 刊行委員會 編, 「延岩玄平孝博士回甲記念紀念論叢」, 螢雪出版社, 1980.

玄容駿, "三姓神話硏究", 「耽羅文化」 第2輯, 濟州大 耽羅文化硏究所, 1983.

――, 「濟州島 巫俗 硏究」, 集文堂, 1986.

黃浿江, "民俗과 神話-文化의 神話的 原理-", 「韓國民俗學」 8, 韓國民俗學會, 1975.

Babcock-Abrahms, Barbara, A Tolerated Margin of Mess: The Trickster and His Tales Reconsidered, *J.F.I.* Vol.XI, 1974.

Frazer, J.·金相一 譯, 「황금의 가지」, 乙酉文化社, 1975.

Gennep, V.· 全京洙 譯, 「通過儀禮」, 乙酉文化社, 1985.

Kirk, G. S., *Myth-its meaning and functions in ancient and other cultures,* Cambridge University Press·University of California Press, 1970.

Leach, E., *Social Anthropology,* Oxford University Press, 1982.

Leach, Maria., ed., *Standard Dictionary of Folklore, Mythology and Legend,* 2Vols, New York, Funk&Wagnalls Company, 1949~1950.

Lévi-Strauss, C.·김진욱 譯, 「構造人類學」, 종로서적, 1983.

Radin, Paul, *The World of Primitive Man,* New York, 1957.

Scholes, Robert·위미숙 譯, 「문학과 구조주의」, 새문社, 1987.

Stonequist, Everett V., *The Marginal Man: A Study in the Subjective Aspects of Culture Conflict,* Univ. of Chicago, 1930.

Thompson, Stith. *The Folktale,* The Dryden Press, New York, 1946(AMS Press, 1979).

Weston, Jessie L.·정덕애 譯, 「제식으로부터 로망스로」, 文學과 知性社, 1988.

II-5. 濟州 說話 一 考察

濟州大學校 耽羅文化硏究所 編, 「濟州 說話集成(1)」, 1985.
韓國精神文化研究院 語文學研究室, 「韓國口碑文學大系」, 1980~1989.
翰林大學校 國文科 編, 「江原口碑文學全集(1)」, 翰林大 出版部, 1989.
현길언, 「제주도의 장수설화」, 弘盛社, 1981.

玄容駿, 「濟州島傳說」, 瑞文堂, 1976.

姜恩海, "傳說의 삶과 죽음 以後의 세 變容", 金烈圭 編, 「韓國文學의 두 問題-
    怨恨과 家系」, 學研社, 1985.
金大璇, 「韓國說話文學研究」, 集文堂, 1994.
趙東一, 「人物傳說의 意味와 機能」, 嶺南大學校 出版部, 1979.
趙惠貞, "제주도 해녀사회 연구", 韓相福 編, 「한국인과 한국 문화」, 尋雪堂,
    1982.
崔來沃, 「韓國口碑傳說의 研究」, 一潮閣, 1981.
許椿, "韓國 神話의 系列論—競合과 互讓—", 「白鹿語文」 9輯, 濟州大 國教科,
    1992.
——, "說話의 女性 研究(I)", 「常山韓榮煥博士華甲紀念論文集」, 開文社, 1993.
——, "선문대할망 說話 論考—濟州島 巨女說話의 性格—", 「韓國文學의 通時
    的 省察」, 白文社, 1993.
玄吉彦, "說話와 濟州文學", 「耽羅文化」 15號, 濟州大學校 耽羅文化研究所,
    1995.
Kirk G.S., *Myth-its meaning and function in ancient and other cultures,*
    Cambridge University Press·University of California Press, 1970.

II-6. 說話에 나타난 濟州 女性 考

「靑丘永言」(通文館, 1946)
金泰坤, 「韓國巫歌集 I, III」, 圓光大 民俗學研究所, 1971~1978.
成耆說, 「韓國口碑傳承의 研究」, 一潮閣, 1976.
李佑成·林熒澤 編, 「李朝漢文短篇集(中)」, 一潮閣, 1978.
任東權, 「韓國의 民譚」, 瑞文堂, 1972.
———, 「韓國民謠集 II」, 集文堂, 1974.
좌혜경 편, 「제주섬의 노래」, 국학자료원, 1995.
濟州大學校 耽羅文化研究所 編, 「濟州 說話集成(1)」, 濟州大學校, 1985.
秦聖麒, 「南國의 傳說」, 學文社, 1959(增補 1978).
崔常壽, 「韓國民間傳說集」, 通文館, 1958.
韓國文化人類學會, 「韓國民俗綜合調查報告書」(全北篇), 文化公報部 文化財管
    理局, 1971.

韓國精神文化硏究院 語文學硏究室, 「韓國口碑文學大系」, 韓國精神文化硏究院, 1980~1989.

玄容駿, 「濟州島傳說」, 瑞文堂, 1976.

─────, 「濟州島巫俗資料事典」, 新丘文化社, 1980.

玄容駿·金榮敦·玄吉彦, 「濟州道傳說誌」, 濟州道, 1985.

金玉姬, "濟州島 天主敎의 受容 展開過程", 「耽羅文化」 第6號, 濟州大學校 耽羅文化硏究所, 1987.

金惠淑, "가족의 성격을 통해 본 제주인의 의식구조-여성을 중심으로-", 「논문집」 제34집(인문·사회과학편), 濟州大學校, 1992.

─────, "濟州島 神話에 나타난 婚姻 硏究", 「논문집」 第36輯, 濟州大學校, 1993.

趙惠貞, "제주도 해녀사회 연구", 韓相福 編, 「한국인과 한국 문화 」, 尋雪堂, 1982.

許椿, "韓國 神話의 系列論―競合과 互讓―", 「白鹿語文」 9輯, 濟州大學校 國敎科, 1992.

────, "說話의 女性 硏究(I)", 「常山韓榮煥博士華甲紀念論文集」, 開文社, 1993-a.

────, "선문대할망 說話 論考―濟州島 巨女說話의 性格―", 「韓國文學의 通時的 省察」, 白文社, 1993.

────, "濟州 說話 一 考察", 「國文學報」 第13輯, 濟州: 濟州大學校 國文科, 1995.

현길언, 「제주도의 장수설화」, 서울: 弘盛社, 1981.

─────, "說話와 濟州文學", 「耽羅文化」 15號, 濟州大學校 耽羅文化硏究所, 1995.

Eliade M., trans. by Willard R. Trask, *The Myth of the Eternal Return or, Cosmos and History,* Princeton Univ.Press, 1974(second printing).

Kirk G.S., *Myth-its meaning and function in ancient and other cultures,* Cambridge University Press.University of California Press, 1970.

Leach M. ed., *Standard Dictionary of Folklore, Mythology and Legend,* 2Vols, New York, Funk&Wagnalls Company, 1949~1950.

II-7. 선문대할망 說話 論考

「三國史記」(金富軾)(民族文化推進會, 1973)

「三國遺事」(一然)(民族文化推進會, 1973)

「漂海錄」(張漢喆)(「人文科學」 6輯, 延世大學校, 1961)

「耽羅誌草本」(李源祚)(濟州大學校 耽羅文化研究所, 1989)

韓國精神文化研究院 語文研究室編, 「韓國口碑文學大系」 1-5, 1-7, 2-1, 2-8, 4-2, 6-5, 6-12, 7-1, 8-2, 8-10, 9-1, 9-2, 9-3, 韓國說話類型分類集, 韓國精神文化研究院, 19880~1989.

李能和, 「朝鮮巫俗考」, 「啓明」 19號, 啓明俱樂部, 1927.

秦聖麒, 「南國의 地名由來」, 濟州民俗研究所, 1960.

──── ,「南國의 傳說」(增補版), 學文社, 1978.

────, 「南國의 民譚」, 螢雪出版社, 1979.

崔常壽, 「韓國民間傳說集」, 通文館, 1958.

韓國文化人類學會, 「韓國民俗綜合調查報告書」(全北篇: 崔吉城 探錄), 文化公報部 文化財管理局, 1971.

玄容駿, 「濟州島傳說」, 瑞文堂, 1976.

────, 「濟州島巫俗資料事典」, 新丘文化社, 1980.

玄容駿・金榮敦・玄吉彦, 「濟州道傳說誌」, 濟州道, 1985.

────────────, 「濟州 說話集成(1)」, 濟州大 耽羅文化研究所, 1985.

袁珂 著・鄭錫元 譯, 「中國의 古代神話」, 文藝出版社, 1987.

金鉉龍, 「韓國古說話論」, 새문社, 1984.

蘇在英「韓國說話文學研究」, 崇田大學校 出版部, 1984.

孫晉泰, 「民俗學論攷」, 民學社, 1975.

양영수, "한국 신화와 그리스 신화의 비교연구-제주도 신화를 중심으로-", 「濟州島研究」 8輯, 濟州島研究會 ,1991.

李成俊, "선문대할망說話研究", 「國文學報」 10輯, 濟州大 國文科, 1990.

任東權, "선문대 할망 說話考", 「제주도」 17卷, 濟州道, 1964.

張籌根, "濟州島女神考", 「濟州文化」 創刊號, 全國文總濟州支部, 1957.6.

────, "韓國口碑文學史 上", 「韓國文化史大系」 10, 高大 民族文化研究所, 1976.

崔來沃, 「韓國口碑傳說의 研究」, 一潮閣, 1981.

編輯部 編, 「제주도」(한국의 발견 11), 뿌리깊은 나무, 1983.

――――, 「濟州道誌」 下, 濟州道, 1982.

玄容駿, "三姓神話研究", 「耽羅文化」 2號, 濟州大 耽羅文化研究所, 1983.

許椿, "古小說의 人物 研究―仲裁者를 中心으로―", 延世大 大學院 博士學位論
    文, 1986.

――, "濟州島 巫俗神話의 文化英雄 考", ―― 刊行委 編, 「玄容駿博士華甲
    紀念 濟州島言語民俗論叢」, 圖書出版 濟州文化, 1992.

――, 說話의 女性 研究(I)", ―― 刊行委 編, 「常山韓榮煥博士華甲紀念論
    叢」, 1993.

Eliade M.,t rans. by Willard R. Trask, *The Myth of the Eternal Return or, Cosmos
    and History,* Princeton Univ. Press, 1974(second printing).

Hand D.Wayland, "Status of European and American Legend Study", *Current
    Anthropolgy,* Vol.6., No.4.

Kirk G.S., *Myth-its meaning and function in ancient and other cultures,*
    Cambridge University Press·University of California Press, 1970.

Leach M.,ed., *Standard Dictionary of Folklore,Mythology and Legend,* 2Vols, New
    York, Funk&Wagnalls Company, 1949~1950.

Ruthven K.K.·金明烈 譯, 「神話」, 서울大學校 出版部, 1987.

Thompson S., The Folktale, The Dryden Press, New York, 1946(AMS Press,
    1979).

〈부록〉
1. 民謠 研究의 몇 問題

「朝鮮王朝實錄」(世宗祖)
「星湖先生僿說」(李瀷)
姜騰鶴, 「旌善 아라리의 研究」, 集文堂, 1988.
高晶玉, 「朝鮮民謠研究」, 首善社, 1949.
金大幸, 「韓國詩의 傳統 研究」, 開文社, 1980.
金東旭, 「韓國歌謠의 研究(續)」, 宣明文化社, 1975.
金武憲, 「한국 노동 민요 연구」, 延世大大學院 博士學位論文, 1986.
金烈圭, 「韓國民俗과 文學研究」, 一潮閣, 1971.

金榮敦, 「濟州島民謠研究 上」, 一潮閣, 1965(1984. 重版).

──, 「濟州島民謠研究-女性勞動謠를 中心으로」, 조약돌, 1983.

金志淵, "朝鮮民謠에 對하여", 「朝鮮」141號, 1929.7.

金泰坤, "韓國의 學譜(民俗學界)", 大韓日報, 1972.11.20.

徐元燮, 「鬱陵島 民謠와 歌辭」, 螢雪出版社, 1982.

成慶麟·張師勛, 「民謠와 鄕土鄕器」, 尙文社, 1948.

成均館大 國文科, 「安東文化圈學術調査報告書」, 成均館大, 1967.

沈雨晟, "論著를 통해 본 民俗學研究 30年", 「讀書生活」, 讀書生活社, 1976. 2월 호.

呂榮澤, 「울릉도의 傳說·民謠」, 正音社, 1978.

李能雨, "字數考(音數律法) 代案", 「論文集」(人文·社會系) 7輯, 서울大學校, 1958.

──, 「韓國民謠研究」, 宣明文化社, 1974.

李泰極, 「時調槪論」, 새글사, 1974.

任東權, 「韓國民謠集」Ⅰ-Ⅵ, 東國文化社·集文堂, 1961~1981.

──, 「韓國民謠史」, 文昌社, 1964.

──, "韓國口碑文學史", 「韓國文化史大系」5, 高麗大 民族文化研究所, 1967.

──, 「韓國民謠研究」, 宣明文化社, 1974.

張德順, 「國文學通論」, 新丘文化社, 1960.

── 外, 「口碑文學槪說-口碑傳承의 韓國文學的 考察-」, 一潮閣, 1971.

鄭東華, "楊平(抱川·安城·龍仁·驪州·利川·漣川)地方의 民謠攷", 「畿甸文化研究」Ⅲ, Ⅴ, Ⅵ, Ⅶ, Ⅷ, Ⅸ, Ⅹ, 仁川敎大, 1973~1979.

──, 「韓國民謠의 史的 研究-特質과 發達을 中心으로-」, 一潮閣, 1981.

鄭炳昱, "古詩歌韻律論序設", 「외솔최현배선생환갑기념논문집」, 思想界社, 1954.

──, 「國文學散藁」, 新丘文化社, 1960.

──, 「한국고전시가론」, 新丘文化社, 1979.

鄭在鎬, 「韓國雜歌全集」Ⅰ-Ⅳ, 啓明文化社, 1984.

趙東一, 「敍事民謠研究」, 啓明大 出版部, 1970.

──, "英雄의 一生, 그 文學史的 展開", 「東亞文化」10輯, 서울大 東亞文化研究所, 1971.

──, 「경북민요」, 螢雪出版社, 1977.

──, 「구비문학의 세계」, 새문社, 1980.

──, 「한국 시가의 전통과 율격」, 한길사, 1982.

趙潤濟, 「韓國詩歌史綱」, 乙酉文化社, 1958(初版, 博文書舘, 1937).

───, 「韓國文學史」, 探求堂, 1971(初版, 1963).

周王山, 「朝鮮民謠槪論」, 東洋프린트社, 1947.

秦聖麒, 「南國의 民謠」, 濟州民俗文化硏究所, 1968.

崔來沃, 「전북민요」, 螢雪出版社, 1979.

崔喆, 「향가의 본질과 시적 상상력」, 새문社, 1983.

───·薛盛璟 編, 「민요의 연구」, 正音社, 1984.

韓國文化人類學會, "韓國民俗資料分類表(民謠部分)", 「文化人類學」 4輯, 1971.

黃正洙, 「韓國 政治民謠 硏究」, 延世大大學院 碩士學位論文, 1986.

2. 鄕歌의 作者와 享有層

權相老, 「朝鮮文學史」, 一般프린트社, 1947.

高雲基, "一然의 世界認識과 詩文學 硏究", 延世大 博士學位論文, 1993.

金東旭, 「韓國歌謠의 硏究」, 乙酉文化社, 1961.

───, 「國文學槪說」, 民衆書館, 1962.

金秉權, "願往生歌의 作者推定考", 「語文敎育論叢」 5輯, 釜山大 國敎科, 1981.

金思燁, "元曉大師と願往生歌", 「朝鮮學報」 27號, 日本: 天理大, 1963.

金善琪, "찌이빠노래", 「現代文學」 147號, 現代文學社, 1966.

───, "쏘뚱노래", 「現代文學」 151號, 現代文學社, 1967.

金承璨, "禱千手大悲歌", ─── 編, 「鄕歌文學論」, 새문社, 1969.

───, 「韓國上古文學硏究」, 釜山: 第一文化社, 1979.

金烈圭, 「韓國民俗과 文學硏究」, 一潮閣, 1971.

───, "鄕歌의 文學的 硏究 一斑", 「鄕歌의 語文學的 硏究」, 西江大 人文科
    學硏究所, 1972.

金煐泰, "僧侶郎徒考", 「佛敎學報」 7輯, 東國大 佛敎文化硏究所, 1970.

金鍾雨, 「鄕歌文學硏究」, 宣明文化社, 1974.

金宅圭, "鄕歌硏究의 回顧와 展望", 「新羅의 言語와 文學」, 한국어문학회, 1974.

金學成, 「韓國古典詩歌의 硏究」, 圓光大 出版局, 1980.

───, "鄕歌의 장르體系", 「鄕歌文學硏究」(黃浿江敎授定年退任紀念論叢), 一
    志社, 1993.

羅景洙, 「鄕歌文學論과 作品硏究」, 集文堂, 1995.

朴魯埻, 「新羅歌謠의 硏究」, 悅話堂, 1982.

───, "〈祭亡妹歌〉의 해석", 金烈圭·申東旭 編, 「三國遺事의 文藝的 硏究」,

새문社, 1982.

─────, "월명사론", 나손선생추모논총간행위원회 編, 「韓國文學作家論」, 現代文學社, 1991.

─────, "鄕歌의 歷史·社會學的 研究성과 되짚어 보기", 「鄕歌研究의 反省的 考察」(第7會 慕山學術研究所 發表要旨), 1996.10.

史在東, "鄕歌 作者에 對한 新考察", 「靑苑」 8號, 大田商高, 1964.

─────, "薯童說話", 「藏菴池憲英先生華甲紀念論叢」, 大田: 湖西出版社, 1971.

成基玉, "願往生歌의 生成背景 研究", 「震檀學報」 51號, 震檀學會, 1981.

成昊慶, "향가 연구의 함정과 그 극복 방안", 「第31回 全國國語國文學研究發表大會鈔」, 國語國文學會, 1988.

成鎬周, "鄕歌의 作者와 그 周邊 問題", "千手大悲歌에 대한 一考察", 「韓國詩歌研究」, 釜山: 第一文化社, 1993.

梁在淵, "古歌作者名疑", 「論文集」 7輯, 中央大, 1962.

梁柱東, 「古歌研究」, 博文出版社, 1957(初版: 1943). (「增訂 古歌研究」, 一潮閣, 1965)

─────, "新羅歌謠의 佛教文學的 優秀性", 「鄕歌研究」(國文學論文選 1), 民衆書館, 1977.

楊熙喆, "향가·여요 연구의 회고와 전망", 第35回 全國國語國文學大會 發表文, 1992.

柳孝錫, "呪術的 鄕歌와 密教呪言의 關係樣相", 「泮橋語文」 2집, 成大 國文科, 1990.

尹敬洙, 「鄕歌·麗謠의 現代性 研究」, 집문당, 1993.

尹榮玉, "願往生歌", 「鄕歌文學論」, 앞 책.

─────, "新羅歌謠의 研究", 嶺南大 博士學位論文, 1979.

─────, 「新羅詩歌의 研究」, 螢雪出版社, 1988.

李家源, 「韓國漢文學史」, 民衆書館, 1961.

李基東, 「新羅骨品制社會와 花郎徒」, 一潮閣, 1984.

李丙燾, "薯童說話에 대한 新考察", 「歷史學報」 1號, 歷史學會, 1952.

李龍範, "處容說話의 一考察", 「震檀學報」 32號, 震檀學會, 1969.

李佑成, "三國遺事所載 處容說話의 一分析", 「金載元博士回甲記念論叢」, 乙酉文化社, 1969.

李在銑, "新羅 鄕歌의 語法과 修辭", 「鄕歌의 語文學的 研究」, 앞 책.

林基中, "鄕歌歌謠作者의 機能類型", 「鄕歌文學論」, 앞 책.

———,「新羅歌謠와 記述物의 研究」, 二友出版社, 1981.

張珍昊,「新羅鄕歌의 研究」, 螢雪出版社, 1994.

鄭炳昱,「國文學散藁」, 新丘文化社, 1959.

鄭尙均,「韓國古代詩文學研究」, 翰信文化社, 1984.

趙東一,「한국문학통사 1」, 知識産業社, 1982(제3판: 1994).

趙潤濟,「韓國文學史」, 探求堂, 1963.

池憲英, "鄕歌의 解讀·解釋에 關한 諸問題",「鄕歌麗謠의 諸問題」, 太學社, 1991.

崔南善, "三國遺事 解題",「增補 三國遺事」, 民衆書館, 1954.

崔聖鎬,「新羅歌謠研究」, 文賢閣, 1984.

崔喆,「新羅歌謠研究」, 開文社, 1979.

——,「鄕歌의 文學的 研究」, 새문사, 1983.

——,「향가의 문학적 해석」, 延世大 出版部, 1990.

黃浿江, "鄕歌研究 70年의 回顧와 展望",「韓國學報」, 31輯, 一志社, 1983.

———, "薯童謠研究",「新羅文化」 3·4合輯, 東國大 新羅文化研究所, 1987.

———, "삼국유사와 향가",「삼국유사의 종합적 검토」, 韓國精神文化研究院, 1987.

小倉進平,「鄕歌及び吏讀の研究」, 京城帝大, 1929.

3. 유배문학 연구의 과제

『三峯集』(『韓國文集叢刊』 5)
『薄庭遺藁』(啓明文化社, 1984)

강진군 문화재연구소 편,『강진 유배 인물』, 강진군 문화재연구소, 2008.

김경숙,「조선시대 유배길」, 역사문제연구소,『역사비평』 67, 2004.

김재형,「조선시대 제주유배인 실태분석과 특징」, 제주대 석사학위논문, 2011.

박무영,「거세된 언어와 사적 전언-이광사의 유배체험과 글쓰기 방식」, 이대 한국문화연구원,『한국문화연구』 9, 2005.

양진건 편,『제주 유배문학 자료집』 1, 제대 출판부, 2008.

우부식,「유배가사 연구」, 충남대 박사학위논문, 2005.

유정선,「예의와 현실 사이의 거리-유배가사〈환재적가〉에 나타난 유배 체험과 글쓰기」, 이대 한국문화연구원,『한국문화연구』 9, 2005.

이재준, 「유배가사 갈등 구조 및 사대부 집단의식의 변화 양상과 그 의미」, 서
        울시립대 석사학위논문, 2010.
이종묵, 「조선전기 위리안치의 체험과 그 형상화」, 이대 한국문화연구원, 『한국
        문화연구』 9, 2005.
정성현, 『일상으로 본 조선시대 이야기2』, 청년사, 2001.
조동일, 「유배문학의 특성과 양상」, 이대 한국문화연구원, 『한국문화연구』 9,
        2005.
최기숙, 「예술가의 유배 체험과 내적 성찰-조희룡의 유배 체험과 글쓰기」, 이대
        한국문화연구원, 『한국문화연구』 9, 2005.
한국정신문화연구원 편찬부, 『한국민족문화대백과사전』 17, 한국정신문화연구원,
        1991.

찾아보기

제주대학교 탐라문화연구원

총　　장 : 허향진
원　　장 : 김동윤
운영위원 : 김동전, 김은석, 김태호, 이상철, 이동철, 이창익, 조성식, 현승환
편집위원 : 현승환, 고성훈, 김양식, 김찬회, 김창민, 서영표, 이창기, 정창원, 주강현, 한창훈,
　　　　　　Hur Nam Lin

저자 _ 허 춘

　연세대
　연세대 대학원(문학박사)
　워싱턴대학교(U.W.) 객원교수
　현 제주대 국문과 교수

　『언론 매체의 우리 말글』, 『고전 읽기』(공저), 『대학생의 글쓰기』(공저), 「고소설의 인물
　연구」, 「고소설의 우연성 재검토」 외

탐라문화학술총서 20
제주 설화 연구 ──────────────

초판 인쇄 : 2016년 12월 23일
초판 발행 : 2016년 12월 30일

저 자 허 춘
발행인 한정희
발행처 경인문화사
총괄이사 김환기
편집부 김지신 나지은 박수진 문성연 유지혜
관리·영업부 김선규 하재일 유인순
출판신고 제406-2007-000136호
주 소 경기도 파주시 회동길 445-1 경인빌딩 B동 4층
전 화 031-955-9300 / 팩 스 031-955-9310
ISBN 978-89-499-4250-6 93910
가 격 37,000원

ⓒ 2016, Kyung-in Publishing Co, Printed in Korea
* 파본 및 훼손된 책은 교환해 드립니다.